신라의 목간과 금석문

지은이 **김 창 호**

1950년 경북 구미 출생, 경북대학교 대학원 사학과 수료, 문학박사
경주대학교 문화재학부 교수, 문화재청 문화재전문위원, 울산광역시 문화재위원, 경상북도 문화재전문위원

주요 저서
『한국 고대의 금석문과 목간』, 『고신라 금석문의 연구』, 『한국 고대 불교고고학의 연구』, 『삼국시대 금석문 연구』, 『고신라 금석문과 목간』, 『한국 고대 목간』, 『신라 금석문』, 『고구려와 백제의 금석문』, 『한국고대와전명문』, 『고신라목간』 외 논문 다수

신라의 목간과 금석문

김창호 지음

초판 1쇄 발행 2025년 8월 14일

펴낸이 오일주
펴낸곳 도서출판 혜안

등록번호 제22-471호
등록일자 1993년 7월 30일

주소 04052 서울시 마포구 와우산로 35길 3(서교동) 102호
전화 02-3141-3711~2 / **팩스** 02-3141-3710
이메일 hyeanpub@daum.net

ISBN 978-89-8494-751-1 93910

값 45,000 원

신라의 목간과 금석문

김 창 호 지음

혜안

책머리에

 신라 목간은 1975년 월지 발굴에서 처음으로 61점이 출토되었다. 그때는 적외선사진의 촬영도 할 장비가 없어서 육안으로 목간을 보고 판독하는 것이 고작이었다. 그래서 판독안이 여럿이 나와 있다. 월지 목간의 연대가 8세기 3/4분기에 집중되어 있는 점은 하나의 수수께끼이다. 월지 목간에서 논쟁의 초점은 洗宅이라는 관직이 侍從·文翰기구인지 아니면 俸供기구인지 여부이다. 辛=六干=大干으로 동일하며, 이것이 큰 우두머리란 뜻임을 알지 못하고 해석을 하여서 문제가 되었다. 四△子를 '네 마리의 짐승'이라고 번역했으나 四(王)子로 읽으면 '네 사람의 왕자들의 머리와 몸을 沐浴시켜서 나무로 만든 깔개에…했다'로 해석되어 봉공기구설은 설득력을 잃게 되었다. 월지 유적처럼 관등과 관직이 적게 나오는 유적도 드물 것이다. 洗宅 3점이 61점의 목간 가운데 관직의 전부이고, 관등을 가진 사람은 한 사람도 없다.
 월지 목간에서 辛자가 나오는데 이를 다양하게 접근했으나 결론은 없다. 심지어 郊祀와 관련해서 辛방향으로까지 보았다. 그 해답은 창녕 계성에서 출토된 토기명문에서 나왔다. 大干을 큰 우두머리란 뜻으로 사용하니, 官에서 이를 막았다. 그래서 같은 뜻의 六干을 사용하니 이것도 막았다. 그래서 같은 말의 辛을 사용했다. 辛자는 大干이란 뜻의 신라에서 만들어진 최초로 그 연유를 알 수 있는 신라 국자이다.

이와는 달리 월성해자 목간 33점이 출토되었는데 명활성에서 월성으로 이궁한 때가 488년인데도 불구하고, 아쉽게도 5세기 목간은 없고, 6세기 전반 목간은 4점이나 있어서 그나마 다행이다. 월성해자 9번 목간에 신라 목간 가운데 한 목간에서 나온 牟喙部, 習比部가 나왔으나 학계에서는 별로 주목하지 않았다. 더구나 本彼部를 추정하여 복원한 가설까지 나왔으나 반응이 없다.

신라의 목간과 금석문을 논하는 자리라서 그렇지만 백제 금석문에 대해서 한 마디하고 지나가고 싶다. 백제의 금석문이나 목간은 4세기는 물론 5세기의 것도 백제인이 직접 쓴 것은 없다는 사실이다. 왕릉원 29호분에서 출토된 造此是建業人也란 전명을 제외할 때, 5세기 금석문도 백제에는 없다. 이 전의 명문은 6세기 초에 만들어진 송산리 6호분의 梁官瓦爲師矣보다 앞서는 것으로 왕릉원 29호분의 피장자가 문주왕이나 삼근왕임을 말해주고 있다. 七支刀가 4세기가 될 수 없다는 사실을 금석문을 공부한 지 40년이나 지나서 알게 되었다. 造此是建業人也명전은 5세기 후반에 만들어진 것이라면 분명히 중국 남조 齊人이 쓴 것이다. 백제 七支刀의 연대를 369년으로 보면, 왜에 유리하기 때문이다. 일본 전체 학계가 국수주의자라는 해석이 가능하다. 한국의 학자 가운데에서도 369년설을 믿지 않는 사람은 거의 없다.

논어 목간은 부여 쌍북리 유적, 인천 계양산성 유적, 김해 봉황동 유적에서 출토되었다. 1m 이상으로 그 길이가 길기 때문에 그 용도에 대해서는 기본적으로 小京이나 지방의 관리가 논어를 학습하기 위한 용도로 사용했다는 학습설, 학습 교재로 사용했다는 설, 신라의 소경이나 지방의 학교에서 행한 석전 의식에 사용되었다는 가설이 제기되고 있고, 그 위세를 과시하기 위한 시각목간설 등이 나와 있다. 4면 또는 5면으로 된 논어목간은 목간의 글자 순서를 알기가 어렵게 되어 있어서 학습설은 성립되기 어렵다. 학교에서 석전의식에 사용된 발견 장소가 지방학교라야 하는데 그러한 증거가 없다. 그 위세를 과시하기 위한 시각목간설은 무기 등으로 보이는 것이 오히려 좋을 것이다. 여기에서는 고고학에서 일반적으로 사용되고 있는 祭祀와 관련된 것으로 본다.

　대구 팔거산성 목간은 10점만이 묵서가 남아있으나 그 중요성은 아무리 강조해도 지나치지 않다. 14번 목간에 근거하여 나온 월경지 문제, 王私 문제, 도성제 문제 등을 필두로 1번 목간의 壬戌年, 6번과 7번 목간의 丙寅年의 절대 연대를 482년과 486년으로 보게 되었다. 왜냐하면 경주 명활산성, 보은 삼년산성, 문경 고모산성과 함께 대구 팔거산성의 축성 방법이 5세기 중후반의 기법을 사용하고 고분고고학에 의한 신라 토기에 기초한 까닭이다. 『삼국사기』에 나오는 보은 삼년산성의 470년 축성설은 큰 도움이 되었다.

　문헌 쪽에서는 창녕비와 『일본서기』에 의해 함안 성산산성 목간의 연대를 560년경으로 보고 있다. 고고학 쪽에서는 최근 부엽층 안에서 목간과 함께 공반 출토된 신라의 인화문녹유도기를 7세기 전반으로 편년하고, 이에 의거하여 산성의 초축을 7세기 전반의 늦은 시기로 보고 있다. 또 부엽층에서 출토된 토기는 6세기 중엽을 중심으로 하나 연대 폭이 특히 넓으며, 성벽 초축은 6세기 중엽에, 내보축을 덧붙이고 부엽층을 조성한 동벽의 개축 시기는 7세기 초에 이루어졌다는 가설도 있다. 이 두 가지 가설은 모두 목간이 나온 성산산성의 동벽 부엽층의 초축을 7세기 전반 내지 7세기 초로 보고 있다. 이렇게 되면 『삼국사기』 권40, 잡지9, 직관하, 무관조에 나오는 '十停 (或云三千幢) 一曰音里火停 二曰古良夫里停 三曰居斯勿停 衿色靑 四曰參良火停 五曰召參停 六曰未多夫里停 衿色黑 七曰南川停 八曰骨乃斤停 衿色黃 九曰伐力川停 十曰伊火兮停 衿色綠 並眞興王五年置'라는 기록의 召參停이 함안이므로 543년에 召參停이 설치되었다는 사실과 모순되고, 법흥왕 몸녀이 울주 천전리서석 추명과 『삼국사기』와 1년의 시차가 있고, 及伐尺이란 경위가 545년 적성비에서는 없었다는 것과 모순된다. 따라서 성산산성의 목간은 540~542년으로 본다.

　함안 성산산성 목간에서 가장 시급히 해결해야 될 과제의 하나로 奴(人)

을 들 수가 있다. 15개의 군명 가운데에서 다른 군에서는 나오지 않고, 오직 仇利伐이라는 군명에서만 나오고 있다. 추정 목간 4점을 포함할 때 노인 목간은 12점이나 된다. 私奴婢라면 다른 군에서는 단 1명도 나오지 않아서 문제가 된다. 고구려의 被征服民이라면 고구려의 옛 땅인 及伐城 등에서 노인이 나와야 한다. 현재 노인은 구리벌에서만 나오고 있다. 그것도 짐꾼(종)을 거느리고 짐을 운반하고 있다. 이렇게 짐꾼(종)이 주인인 노인을 대신해서 짐을 져서 운반하는 짐은 함안 성산산성 근처의 바닷가에서 오는 것이라고 판단된다. 따라서 노인은 소금생산자이다.

253점이나 출토된 함안 성산산성 목간에서는 양쪽에 홈이 패어 있는 목간의 용도를 밝힐 수 있는 절호의 기회라고 생각한다. 6세기의 함안 성산산성 목간에 7~9세기 일본 목간의 결론을 대입해서 하찰로 보아왔다. 이른바 하찰설은 움직일 수 없는 것으로 보였다. 그런데 함안 성산산성 목간 가운데 7쌍의 쌍둥이 목간이 있다. 이들을 비교해 보니 글씨체가 다 다르게 되어 있어서 출발지에서 한 번 만들어지고, 도착지인 성산산성에서 또 한 번 만들어졌다. 이렇게 두 번씩 만들어진 목간은 역역 목간을 포함하여 공진물에 꼽혀 있는 것이 출발지에서 만든 것이고, 성산산성에서 만든 것은 장부로 사용된 것으로 판단된다. 우리가 볼 수 있는 것은 장부로 사용된 것이다.

王私 목간에 대해 알아보기로 하자. 이는 단순히 지명 정도로 생각하다가 王·王室의 私屬人으로 정리되었다. 그런데 대구 팔거산성 14번 목간의 뒷면에 米一石私란 구절이 있어서 함안 성산산성에 나오는 斗石과의 대비로 王私가 많은 곡식을 내는 땅으로 보았다. 그런데 王私 목간은 253점의 함안 성산산성 목간에서는 5점이 출토되었고, 10점의 대구 팔거산성에서는 3점이 나왔다. 그 비율은 성산산성 목간에서는 2%미만으로 나오나, 대구 팔거산성에서는 30%나 된다. 5세기에 있어서 30%란 수치는 대단히 큰 것으로서 王私의 사속인설에 한 문제점이 될 수가 있다.

울주 천전리서석 원명에 나오는 沙喙部葛文王의 友인 於史鄒安郞을 반절로 읽어서 엇추안랑으로 읽고서 화랑 이름으로 보았다. 문헌에도 화랑이 아니고는 郎으로 끝나는 인명 표기가 없어서 화랑의 시작을 525년으로 올려다 잡았다. 그 외에 30명 정도 나오는 울주 천전리서석의 화랑 이름을 조사하였다. 울주 천전리서석 원명과 추명에 나오는 夫乞支妃는 원명에는 麗德光妙로 추명에서는 夫乞支妃로 나온다. 夫乞支妃의 所屬部가 문헌의 통설대로 牟喙部라면 추명에 반드시 나와야 하는데 나오지 않는다. 夫乞支妃는 법흥왕의 재취이나 그 이야기는 문헌에는 없다. 법흥왕 사후에 여승이 되어서 『삼국유사』 왕력에는 永興寺에 살았다고 한다.

포항냉수리신라비에서는 503년으로 보아서 沙喙部至都盧葛文王을 지증왕으로 보게 되면 지증왕의 성이 김씨에서 박씨로 바뀌게 된다. 중고의 왕비족을 모량부라고 보아 왔으나 왕비족은 沙喙部 박씨이다. 울진 성류굴 암각 명문의 재검토에서는 종래에 명문의 癸亥年을 543년 또는 663년으로 보아 왔으나 인명 표기의 대비로 723년 또는 783년으로 보았고, 신라 下古의 인명 표기 부분에서는 이 시기에 나오는 중요한 인명 표기들을 조사하여 명문의 인명 표기와 비교하였고, 명문의 내용 부분에서는 '癸亥年(723년 또는 783년) 三月에 성류굴 주인인 荷智 大奈麻가 끝의 뭐로써 이 산의 뭐를 잡아서 五十人이 먹었다. 아는 사람들은 大息하게 먹었다. 음식을 만든 사람인 刀人의 이름은 △△이다.'로 그 내용을 추측하였다.

마지막으로 好太王명동령명문에서는 好太王이 시호인 平安好太王의 약칭으로 그 시기가 광개토태왕 즉위 60주년이 되는 辛卯年을 451년이라고 보았다. 광주 선리 기와명에 대해서는 『삼국사기』 지명 비정에서 고구려 지명은 13곳이고, 통일신라의 지명은 6곳이다. 이를 郡·縣으로 구분해 보면, 군의 지명이 11곳, 현의 지명이 8곳이다. 기와의 관수관급제를 北漢受國蟹口(草)라는 명문을 통해서 北漢이 받은 나라의 蟹口의 기와란 뜻에서 그렇게 보았다. 선리 기와의 제작 시기를 고려 건국초의 반란과 관련지어서 918년이나 가까운 시기로 보았다. 선리 기와가 해구나 각 지명이 있는 곳에 있지 않고, 선리에 있는 이유를 반란, 전쟁 등으로 지붕에 올라가지 못하고, 선리에 남아있었다고 보았다.

  이 책을 내는 데 금석문을 공부하도록 이끌어주시고, 돈 때문이면 하지 마라, 개설서를 쓰지 말라, 논문의 여러 사람이 쓴 곳을 써라 등으로 말씀하시면서 학인의 길을 가르쳐주신 영원한 롤 모델이신 허흥식 선생님께 감사한다. 한문에 밝으시고 자상하게 사료 비판에 대해 가르쳐주신 문경현 선생님께 감사한다. 불교사를 가르쳐주시고, 서울의 큰 학회나 학자의 모습을 이야기해주신 채상식 교수님께 감사한다. 날카로운 질문으로 바르게 인도한 한기문 교수와 이동주 교수에게 감사한다. 자료를 보내주고 고고학을 가르쳐준 조성윤 박사와 유한성 원장에게 감사한다. 일본의 자료를 알려주고 기와를 가르쳐준 고정룡 교수에게 감사한다. 고고학을 가르쳐주시고 일본의 고고학대회에 초청해주신 노가미 죠스케 선생님께 감사한다. 끝으로 도서출판혜안의 오일주 사장님께 진심으로 감사의 말씀을 드리고, 김태규 실장님을 비롯한 실무를 담당한 관계직원 여러분께도 감사의 마음을 전한다.

글 싣는 차례

책머리에 ⋯⋯⋯⋯⋯⋯⋯⋯⋯⋯⋯⋯⋯⋯⋯⋯⋯⋯⋯⋯⋯⋯⋯⋯⋯⋯⋯⋯⋯⋯⋯⋯ 5

제1장 경주 왕경 목간

제1절 경주 월성해자 신8번 목간의 해석 ⋯⋯⋯⋯⋯⋯⋯⋯⋯⋯⋯⋯⋯ 23
　　1. 머리말 ⋯⋯⋯⋯⋯⋯⋯⋯⋯⋯⋯⋯⋯⋯⋯⋯⋯⋯⋯⋯⋯⋯⋯⋯⋯⋯ 23
　　2. 목간의 판독 ⋯⋯⋯⋯⋯⋯⋯⋯⋯⋯⋯⋯⋯⋯⋯⋯⋯⋯⋯⋯⋯⋯⋯ 24
　　3. 목간의 연대 ⋯⋯⋯⋯⋯⋯⋯⋯⋯⋯⋯⋯⋯⋯⋯⋯⋯⋯⋯⋯⋯⋯⋯ 26
　　4. 관직명의 검토 ⋯⋯⋯⋯⋯⋯⋯⋯⋯⋯⋯⋯⋯⋯⋯⋯⋯⋯⋯⋯⋯⋯ 31
　　5. 목간의 해석 ⋯⋯⋯⋯⋯⋯⋯⋯⋯⋯⋯⋯⋯⋯⋯⋯⋯⋯⋯⋯⋯⋯⋯ 33
　　6. 맺음말 ⋯⋯⋯⋯⋯⋯⋯⋯⋯⋯⋯⋯⋯⋯⋯⋯⋯⋯⋯⋯⋯⋯⋯⋯⋯⋯ 35

제2절 경주 월성해자 출토 9번 목간의 部名과 里名 ⋯⋯⋯⋯⋯⋯⋯ 36
　　1. 머리말 ⋯⋯⋯⋯⋯⋯⋯⋯⋯⋯⋯⋯⋯⋯⋯⋯⋯⋯⋯⋯⋯⋯⋯⋯⋯⋯ 36
　　2. 자료의 제시 ⋯⋯⋯⋯⋯⋯⋯⋯⋯⋯⋯⋯⋯⋯⋯⋯⋯⋯⋯⋯⋯⋯⋯ 37
　　3. 9번 목간의 검토 ⋯⋯⋯⋯⋯⋯⋯⋯⋯⋯⋯⋯⋯⋯⋯⋯⋯⋯⋯⋯⋯ 39
　　4. 남산신성비 제3비의 里制 ⋯⋯⋯⋯⋯⋯⋯⋯⋯⋯⋯⋯⋯⋯⋯⋯⋯ 45
　　5. 고신라의 부제 ⋯⋯⋯⋯⋯⋯⋯⋯⋯⋯⋯⋯⋯⋯⋯⋯⋯⋯⋯⋯⋯⋯ 47
　　6. 맺음말 ⋯⋯⋯⋯⋯⋯⋯⋯⋯⋯⋯⋯⋯⋯⋯⋯⋯⋯⋯⋯⋯⋯⋯⋯⋯⋯ 48

제3절 경주 월지 출토 洗宅 목간의 해석 문제 ················· 49
  1. 머리말 ··· 49
  2. 지금까지의 연구 ······································· 50
  3. 191번 목간 ·· 51
  4. 보고서 1번 목간 ······································ 52
  5. 185번 목간 ·· 55
  6. 맺음말 ··· 65

제2장 고신라 지방 목간

제1절 대구 팔거산성의 王私 −함안 성산산성 목간의 王私와 함께− ············ 69
  1. 머리말 ··· 69
  2. 팔거산성의 고고학적 환경 ··························· 71
  3. 지금까지의 연구 ······································· 73
  4. 王私명문의 제시 ······································ 77
  5. 王私의 의미 ··· 79
  6. 石私의 의미 ··· 81
  7. 맺음말 ··· 83

제2절 대구 팔거산성 출토 14번 목간의 연구 현황 ··········· 85
  1. 머리말 ··· 85
  2. 지금까지의 연구 ······································· 86
  3. 목간의 판독 ··· 91
  4. 앞면의 내용 ··· 92
  5. 뒷면의 내용 ··· 95
  6. 맺음말 ··· 99

제3절 김해 양동산성 출토 목간 ······························· 100
  1. 머리말 ··· 100
  2. 지금까지의 연구 ······································· 101
  3. 목간의 연대 표시 문제 ······························· 103
  4. 除麥 문제 ··· 104

5. 맺음말 ··· 107

제4절 고신라 산성에서 출토된 城下麥 목간 ···················· 109
   1. 머리말 ··· 109
   2. 자료의 제시 ·· 110
   3. 지금까지의 연구 ·· 111
   4. 下의 의미 ··· 114
   5. 팔거산성 下麥 목간의 위치 ······························ 117
   6. 城下麥 목간의 검토 ·· 118
   7. 城下麥 목간의 해석 ·· 119
   8. 맺음말 ··· 121

제3장 함안 성산산성 목간

제1절 함안 성산산성 목간에 보이는 負 ··························· 125
   1. 머리말 ··· 125
   2. 자료의 제시 ·· 126
   3. 仇利伐 목간 ·· 127
   4. 沙喙部 목간 ·· 134
   5. 맺음말 ··· 136

제2절 함안 성산산성 목간에 보이는 稗類 ························ 137
   1. 머리말 ··· 137
   2. 자료의 제시 ·· 138
   3. 稗類가 많은 까닭 ·· 142
   4. 稗發 목간 ··· 142
   5. 지명+稗類 목간 ·· 143
   6. 稗類 목간의 해석 ·· 144
   7. 맺음말 ··· 151

제3절 함안 성산산성 목간의 공진물 수송체계 ·················· 152
   1. 머리말 ··· 152
   2. 지명의 검토 ·· 153

    3. 역과 조운 ·· 160
    4. 城下麥 목간의 중간 검수지설 ······················· 160
    5. 의사쌍둥이 목간의 담세자설 ·························· 162
    6. 稗發 목간 ·· 163
    7. 맺음말 ··· 165

제4절 함안 성산산성 목간의 연구 현황 ····················· 166
    1. 머리말 ··· 166
    2. 목간의 제시 ·· 167
    3. 奴(人) 목간 ··· 190
    4. 제작 시기 ·· 193
    5. 용도 ·· 195
    6. 王私 목간 ··· 196
    7. 맺음말 ··· 199

제5절 함안 성산산성 출토 仇利伐 목간 ····················· 201
    1. 머리말 ··· 201
    2. 자료의 제시 ·· 202
    3. 奴(人)과 負가 있는 것 ································· 204
    4. 負만 있는 것 ·· 208
    5. 仇利伐＋촌명＋인명으로 된 것 ···················· 209
    6. 맺음말 ··· 210

제6절 함안 성산산성 출토 복수 인명 목간 ··············· 211
    1. 머리말 ··· 211
    2. 자료의 제시 ·· 213
    3. 역역 관련 목간 ··· 216
    4. 공진물 관련 목간 ··· 217
    5. 문서 목간 ·· 218
    6. 奴(人) 목간 ··· 220
    7. 맺음말 ··· 222

제7절 함안 성산산성 출토 이른바 荷札의 제작지 ········· 223
    1. 머리말 ··· 223
    2. 성산산성에 나오는 지명 ······························ 227

3. 성산산성 목간의 유형 ··· 229
   4. 목간의 제작지 ··· 248
   5. 맺음말 ·· 251

제8절 함안 성산산성 장부목간의 실체 ····················· 252
   1. 머리말 ·· 252
   2. 荷札說의 검토 ·· 253
   3. 역역 목간의 자료 제시 ···································· 257
   4. 역역 보충 ·· 261
   5. 공진물의 보충 ·· 262
   6. 목간의 제작 시기 ·· 264
   7. 맺음말 ·· 266

제9절 함안 성산산성 목간의 용도에 관하여 ·············· 268
   1. 머리말 ·· 268
   2. 지금까지의 연구 ··· 270
   3. 하찰설 ·· 272
   4. 명적설 ·· 273
   5. 7점의 쌍둥이 목간 ·· 275
   6. 맺음말 ·· 278

제4장 울주 천전리서석

제1절 울주 천전리서석에 나타난 화랑 ····················· 281
   1. 머리말 ·· 281
   2. 자료의 제시 ··· 282
   3. 화랑의 시작 시기 ·· 282
   4. 화랑 관련 석각 ··· 286
   5. 맺음말 ·· 294

제2절 울주 천전리서석에 보이는 夫乞支妃 ··············· 295
   1. 머리말 ·· 295
   2. 지금까지의 연구 ··· 296

3. 인명의 분석 ·· 303
4. 법흥왕의 再娶 ·· 311
5. 법흥왕 사후의 행적 ··· 312
6. 맺음말 ··· 313

제5장 신라 금석문

제1절 포항 냉수리비의 건립 연대 ·· 317

1. 머리말 ··· 317
2. 인명의 분석 ·· 317
3. 단락의 구분과 해석 ··· 324
4. 건립 연대 ··· 328
5. 맺음말 ··· 331

제2절 율령반포 전후의 고신라의 관등 ······································· 333

1. 머리말 ··· 333
2. 율령제에서의 묘제 변화 ··· 334
3. 5세기의 관등 ··· 342
4. 6세기의 관등 ··· 344
5. 맺음말 ··· 346

제3절 경주 多慶 와요지에서 구워진 와전명문 ························· 348

1. 머리말 ··· 348
2. 지금까지의 연구 ··· 349
3. 유적 개요 ··· 350
4. 調露二年漢只伐部명전 ··· 351
5. 漢只·漢명평기와 ··· 358
6. 맺음말 ··· 360

제4절 고신라 丁巳·習陵명 인각와의 묘주 ································· 361

1. 머리말 ··· 361
2. 미탄사지의 개요 ··· 362
3. 백제 인각와의 개요 ··· 364

    4. 丁巳·習陵명 인각와 묘주 ·· 365
    5. 丁巳·習陵명 기와의 조와 시기 ·································· 373
    6. 맺음말 ·· 374

제5절 고신라 금석문에 보이는 大等 ·· 376
    1. 머리말 ·· 376
    2. 냉수리비 ·· 377
    3. 봉평비 ·· 380
    4. 적성비 ·· 384
    5. 창녕비 ·· 385
    6. 마운령비 ·· 389
    7. 맺음말 ·· 391

제6절 울진 聖留窟 암각 명문의 재검토 ··································· 392
    1. 머리말 ·· 392
    2. 자료의 제시 ··· 393
    3. 명문의 작성 연대 ··· 394
    4. 下古의 인명 표기 ··· 397
    5. 명문의 내용 ··· 403
    6. 맺음말 ·· 404

제7절 신라 금석문에 보이는 6두품 ·· 406
    1. 머리말 ·· 406
    2. 문헌자료의 제시 ··· 407
    3. 금석문 자료 ··· 409
    4. 문헌에서의 성씨 검토 ·· 412
    5. 맺음말 ·· 417

제8절 서울 호암산성 출토의 청동숟가락명문 －명문평기와 명문의 연대와 함께－
    ··· 419
    1. 머리말 ·· 419
    2. 자료의 제시 ··· 421
    3. 명문기와의 연대 ··· 424
    4. 선리 출토 후삼국 기와 ·· 424
    5. 숟가락명문의 검토 ··· 430

6. 맺음말 ·· 432

제9절 금석문 자료로 본 나말여초 기와의 생산소비체제 ············ 434

   1. 머리말 ·· 434
   2. 통일신라시대 ··· 436
   3. 고려시대 전기 ··· 440
   4. 나말여초 ·· 443
   5. 맺음말 ·· 456

제6장 기 타

제1절 경주 금척리고분군의 소속부 ·· 461

   1. 머리말 ·· 461
   2. 고신라 6부의 위치 ·· 462
   3. 금석문 자료 ·· 466
   4. 금척리고분군의 소속부 ·· 470
   5. 맺음말 ·· 473

제2절 고고 자료로 본 신라사의 시대구분 ···································· 474

   1. 머리말 ·· 474
   2. 문헌에 보이는 시대구분 ·· 475
   3. 고고학 자료에 의한 시대구분 ·· 477
   4. 맺음말 ·· 481

제3절 영남지방 橫穴式石室墳 연구에 대한 몇 가지 제언 ·········· 482

   1. 머리말 ·· 482
   2. 곽과 실의 구분 ··· 483
   3. 횡혈식석실의 도입 배경 ·· 485
   4. 횡혈식 고분의 기와 ·· 486
   5. 계층 문제 ·· 487
   6. 마크 ·· 489
   7. 맺음말 ·· 491

제4절 정원2년명저평영암구림리비 ·· 492
    1. 머리말 ··· 492
    2. 비문의 판독 ··· 493
    3. 猪坪制 ··· 498
    4. 맺음말 ··· 499

제5절 新羅壽昌郡護國城八角燈樓記의 호국성 위치 ·············· 501
    1. 머리말 ··· 501
    2. 지금까지의 연구 ·· 505
    3. 등루기에 보이는 팔각등루 ····································· 513
    4. 호국성의 정체 ·· 520
    5. 호국성의 위치 ·· 525
    6. 맺음말 ··· 530

제6절 양주 대모산성 출토 태봉 목간의 토착신앙 ················ 532
    1. 머리말 ··· 532
    2. 목간의 판독 ··· 533
    3. 목간의 해석 ··· 535
    4. 토착신앙 ·· 536
    5. 맺음말 ··· 545

제7절 일본 稻荷山고분 출토의 철검명문 ································ 546
    1. 머리말 ··· 546
    2. 연구 약사 ·· 549
    3. 명문의 제시 ··· 555
    4. 한국 고대 문자자료에서 본 연대 ························· 556
    5. 동아시아 4세기 금석문 ·· 568
    6. 전문의 해석 ··· 570
    7. 맺음말 ··· 573

책을 마무리하며 ·· 577

참고문헌 ·· 582

찾아보기 ·· 594

제1장

경주
왕경 목간

제1절 경주 월성해자 신8번 목간의 해석

1. 머리말

월성해자에서는 32점의 목간이 출토되었다.[1] 월성이 왕궁이 된 것은 488년부터 680년경까지 200년 가까이이다. 월성해자에서는 6세기 전반의 목간이 4점밖에 없다. 그것도 540년대의 것이 대부분이다. 월지에서 나온 51점보다도 적다. 월지 목간은 약제 목간, 습서 목간, 문호 목간, 식품부찰 목간, 세택 목간, 辛番 목간 등으로 분류가 되지만 월성해자 목간은 그 내용 파악이 어려운 것이 많다. 월성해자 9번 목간은 部制와 里制 연구에 중요한 자료이지만 단일 논문조차 없다.

신라 초기의 왕궁으로 488년 이전에는 금성과 명활성이 있었다.[2] 488년은 명활성에서 금성으로 돌아가지 않고, 월성으로 가서 금성시대의 종말을 의미한다. 금성의 위치에 대해서 여러 가지 가설이 있어서 발굴조사 등은 생각하지도 못했으나 이제는 첨성대 근처의 남쪽 발천을 경계로 하여 북쪽으로 완만하게 연결되다가 첨성로 남쪽에서 둔덕처럼 비정상적인 단이 형성되어 있고, 이 볼록한 형태의 둔덕이 핑크뮬리 군락지를 중심으로 동서방향으로 연결되는 양상이다. 발천 북쪽의 첨성대 주변의 微高地는 정남향으로 발천 남쪽의 북향하는 지형에 비해서 주거환경이 좋고, 여기에

---

1) 윤재석 편저, 『한국목간총람』, 2022.
2) 금성에 대해서는 주로 지금까지의 고고학적 발굴 성과를 토대로 하여서 조성윤, 「고고자료로 본 신라 금성의 위치 시론」 『신라문화유산』 6, 2022란 좋은 논문이 나와 있다.

서도 3~4세기경의 후기와질토기 등이 출토된 것을 토대로 하고, 금성이 월성보다 먼저 축조되었고, 월성 서북쪽에 금성이 위치한다는 기록에 의지하여 이곳이 신라 최초의 도성인 금성으로 보아서 발굴조사도 해야 할 것 같다. 그래야 5세기 목간을 왕궁 유적에서 볼 수가 있을 것이다.

여기에서는 먼저 목간의 판독을 시도하겠다. 다음으로 신8번 목간의 연대에 대해 살펴보겠다. 그 다음으로 관직명을 검토하겠다. 마지막으로 목간을 해석하겠다.

2. 목간의 판독

삼면에 묵서가 있는 드문 삼면목간이다. 제①행은 22자로 보인다. 첫 번째 글자와 두 번째 글자는 모두 알 수가 없다, 연간지인 이를 한 글자로 보고 있으나[3] 두 글자로 보아야 한다. 그래서 첫 번째 글자를 한자 앞으로 당겨서 설정하였다. 9번째 글자와 10번째 글자는 甘文으로 추독하고 있으나 함안 성산산성에서 甘文 목간이 6점이 나오고 있지만 甘文城과 甘文으로 나올 뿐, 甘文村으로 나온 예가 없어서 따르기 어렵다. 17번째 글자는 모르는 글자로 읽는 견해와[4] 白자로 읽는 견해가 있으나[5] 白자로 읽는다. 18번째 글자는 淚자로 읽는 견해와[6] 모르는 글자로 보는 견해가 있으나[7] 모르는 견해에 따른다. 21번째 글자는 모르는 글자로 읽는 견해와[8] 太자로

---

3) 전경효, 「2018년도 출토 월성해자 삼면목간에 대한 기초적 검토」『목간과 문자』 27, 2021, 294쪽 ; 하시모토 시게루, 「신라 문서목간의 기초적 검토-신 출토 월성해 자 목간을 중심으로-」『영남학』 77, 2021, 194쪽.
4) 전경효, 앞의 논문, 2021, 294쪽.
5) 하시모토 시게루, 앞의 논문, 2021, 194쪽.
6) 전경효, 앞의 논문, 2021, 294쪽.
7) 하시모토 시게루, 앞의 논문, 2021, 194쪽.
8) 전경효, 앞의 논문, 2021, 294쪽.

읽는 견해가 있으나9) 太자로 읽는다. 22번째 글자는 쑥자로 읽는 견해와10) 等자로 추독한 견해가 있으나11) 여기에서는 等자로 읽는다. 23번째와 24번째에 모르는 글자가 있었다고 보는 견해와12) 원래부터 없었다고 보는 가설이 있으나13) 후자에 따른다.

제②행에 있어서 첫 번째 글자를 沙자로 복원한다. 6번째 글자를 智자로 읽는 견해와14) 知자 또는 智자로 읽는 견해가 있으나15) 智자로 읽는다. 9번째 글자는 昜자로 읽는 견해와16) 前자로 읽는 견해가 있으나17) 昜자로 읽는다.

제③행에 있어서 1~5번째 글자를 △金川一伐로 읽는 견해와18) 合十五石의 네 글자로 복원하는 가설이 있다.19) 후자에서는 그 근거로 6세기 신라에서 수치 합계를 표시할 때, 위에서 검토한 목간에 '米十斗酒作米四斗幷十四斗'로 있듯이 '幷'으로 표현한 경우와 적성비 '合五人之'처럼 合자를 쓰는 경우가 있다. 명활산성비(551년)에는 '幷二人'과 '合高十步長十四步三尺三寸' 둘 다 있다라고 했으나 稻, 粟, 稗, 大豆처럼 곡식의 종류가 달라도 합쳐진 예는 없다. 따라서 전자의 판독이 옳다. 이상의 판독 결과를 제시하면 다음과 같다.

  제1면 △△年正月十七日 △△村在幢主再拜白△廩典太等

---

9) 하시모토 시게루, 앞의 논문, 2021, 194쪽.
10) 전경효, 앞의 논문, 2021, 294쪽.
11) 하시모토 시게루, 앞의 논문, 2021, 194쪽.
12) 전경효, 앞의 논문, 2021, 294쪽.
13) 하시모토 시게루, 앞의 논문, 2021, 194쪽.
14) 전경효, 앞의 논문, 2021, 294쪽.
15) 하시모토 시세루, 앞의 논문, 2021, 194쪽.
16) 전경효, 앞의 논문, 2021, 294쪽.
17) 하시모토 시게루, 앞의 논문, 2021, 194쪽.
18) 전경효, 앞의 논문, 2021, 294쪽.
19) 하시모토 시게루, 앞의 논문, 2021, 194쪽.

제2면 (沙)喙部弗德智小舍易稻參石粟壹石稗參石大豆捌石

제3면 (井)金川一伐上內之 所白人登彼礼智一尺 文尺智重一尺

3. 목간의 연대

본 목간의 연대를 추정하는 데에는 여러 가지 방법이 있겠으나 여기에서는 使人이 당주의 예속관이 되는 시기가 545년이나 그 직전으로 보이는 단양신라적성비인 점을 근거로 이 문제에 대해 접근해 보고자 한다.

使人이란 직명은 중성리비, 봉평비, 영천청제비 병진명, 적성비에서만 나오고 있다. 중성리비와 영천청제비 병진명에서는 말단 중앙관으로, 봉평비와 적성비에서는 지방관으로 나오고 있다. 使人의 개요를 알아보기 위해 441년의 중성리비부터[20] 살펴보기로 하자. 우선 중성리비의 인명 분석을 제시하면 다음의 〈표 1〉과 같다.

〈표 1〉 중성리비의 인명 분석표

직명	출신지명	인명	관등명
	(喙部)	折盧(智)	王
	喙部	習智	阿干支
	沙喙	斯德智	阿干支
	沙喙	尒抽智	奈麻
	喙部	牟智	奈麻
本牟子	喙	沙利	
위와 같음	위와 같음	夷斯利	
白爭人	喙	評公斯弥	
위와 같음	沙喙	夷須	
위와 같음	위와 같음	牟旦伐	
위와 같음	喙	斯利	壹伐
위와 같음	위와 같음	皮末智	
위와 같음	本波	喙柴	干支

20) 중성리비의 요체는 豆智 沙干支의 宮(居館)과 日夫智의 宮(居館)을 빼앗아 沙喙部 牟旦伐에게 주라는 것이다.

제1절 경주 월성해자 신8번 목간의 해석   27

위와 같음	위와 같음	弗乃	壹伐
위와 같음	위와 같음	金評△	干支
使人		祭智	壹伐
奈蘇毒只道使	喙	念牟智	
	沙喙	鄒須智	
	위와 같음	世令	
	위와 같음	干居伐	
	위와 같음	壹斯利	
	蘇豆古利村	仇鄒列支	干支
	위와 같음	沸竹休	
	위와 같음	壹金知	
	那音支村	卜步	干支
	위와 같음	走斤壹金知	
	위와 같음	珎伐壹昔	
		豆智	沙干支
		日夫智	
	(沙喙)	牟旦伐	
	喙	作民	沙干支
使人		卑西牟利	
典書		與牟豆	
	沙喙	心刀哩	

祭智壹伐使人은 왕경인으로 볼 수가 있다. 여기까지 16명이 6세기 금석문에 나오는 대등 집단이다. 使人을 지방관으로 보는 것은 상황 판단이다. 문제는 뒤의 使人이 중앙인 곧 6부인지 지방민지가 문제이다. 이 부분은 끊으면 제4단락으로 다음과 같다.

喙作民沙干支 使人卑西牟利 白口 若後世更導人者 與重罪

喙作民沙干支가 한 사람의 인명 표기이다. 喙은 출신부명, 作民은[21]

---

21) 이를 집안 우산하 3319호분 출토의 권운문와당 명문인 '太歲在丁巳五月廿日 爲中郞及夫人造盖墓瓦 又作民四千 餕盦△用盈時興詣 得享萬歲'에 나오는(여호규, 「1990년대 이후 고구려 문자자료의 출토 현황과 연구 동향」, 『신발견문자 자료와 한국고대사 연구』, 한국고대사학회 하계 세미나 자료집) 作民 용례 등으로 이문기, 「포항중성리신라비의 발견과 그 의의」, 『한국고대사연구』56, 2009, 29~30쪽에서 백성을

인명, 沙干支는 관등명이다. 使人卑西牟利가 한 사람의 인명 표기이다. 使人은 직명, 卑西牟利는 인명이다. 4단락을 해석하면 '喙 作民 沙干支, 使人인 卑西牟利가 입으로 아뢰기를 만약에 후세에 다시 남에게 주는 자는 重罪를 부여한다.'가 된다. 使人인 卑西牟利를 喙 作民 沙干支와 함께 후세에 다시 남에게 주는 자는 중죄를 부여한다고 하므로 喙 作民 沙干支와 함께 6부인으로 보인다.

이 중성리비의 使人은 지방인으로 보이기보다 왕경인(6부인)으로 보이는바, 그 근거는 다음과 같다.

첫째로 사인은 후술할 영천청제비 병진명에서 6부인인 喙部 소속으로 나온다.

둘째로 지방관으로 나오는 경우, 봉평비에서는 阿大兮村使人, 葛尸條村使人, 男弥只村使人으로 나오고, 적성비에서는 勿思伐城幢主使人으로 전부 지명을 수반하고 있다.

셋째로 중앙관이라면 영천청제비 병진명의 예처럼 임시적으로 볼 수가 있고, 임시 지방관으로 볼 수가 없다.

넷째로 지방관은 임시직으로 보이는 확실한 使人의 예가 없는 데 대해, 중앙의 6부인의 경우는 영천청제비 병진명의 확실한 예가 있는 점이다.

524년의 봉평비에 나오는 使人만을 따로 떼어서 인명을 제시하면 다음 〈표 2〉와 같다.

〈표 2〉 봉평비의 使人

직명	출신지명	인명	관등명	비고
阿大兮村使人		奈尒利		杖六十의 杖刑
葛尸條村使人		奈尒利	阿尺(외11)	
男弥只村使人		翼糸		杖百의 杖刑
위와 같음		於卽斤利		杖百의 杖刑

만들다로 해석하고 있다. 作民의 사람 수나 백성을 군대로 만든다든지 하는 구체적인 내용이 없어서 따르기 어렵다. 일반적으로 이 고분이 漢人 고관 무덤으로 추정되는 점도 주목된다. 중성리비의 작민은 인명 표기 방식으로 볼 때 인명이다.

阿大兮村使人은 杖六十의 杖刑을[22] 받고 있다. 외위도 없다. 葛尸條村使人은 阿尺이란 외위를 가지고 있고, 장형도 면하고 있다. 男弥只村使人이란 지방관 2명은 모두 관등이 없고, 杖百의 杖刑을 받고 있다. 장형을 받은 3명은 관등이 없는 공통점을 가지고 있다. 그래도 직명은 그대로 갖고 있다. 이들은 모두 지방민 출신임을 쉽게 알 수가 있다. 이들 지방관 4인 가운데 3인은 524년 正月 15일의 소금 축제에[23] 시범적인 예로 杖刑을 맞은 것으로 보인다. 그래서 직명은 유지하고, 관등명은 삭탈된 형벌을 장형과 함께 받은 것으로 짐작된다.

다음으로 使人의 예로는 536년의 영천청제비 병진명이 있다. 이 병진명의 인명 표기를 제시하면 다음의 〈표 3〉의 영천청제비 병진명의 인명 분석표와 같다.

〈표 3〉 영천청제비 병진명의 인명 분석표

職名	出身地名	人名	官等名
使人	喙	△尺利智	大舍苐
위와 같음	위와 같음	尺次鄒	小舍苐
위와 같음	위와 같음	述利	大烏苐
위와 같음	위와 같음	尺支	小烏
위와 같음	위와 같음	未苐	小烏
一支△人		次弥尒利	
위와 같음		乃利	
위와 같음		內丁兮	
위와 같음		使伊尺	
위와 같음		只伊巴	
위와 같음		伊卽刀	
위와 같음		衆礼利	
위와 같음		只尸△利	干支
위와 같음		徙尒利	

---

22) 杖刑은 禾耶界城과 失火遺城의 전투에 참가하지 않았거나 전투에서 잘못을 저질렀기 때문으로 추측된다.
23) 함안 성산산성 仇利伐 목간에서만 나오는 奴人과 봉평비에 나오는 奴人은 노비가 아닌 소금 생산자로 외위도 갖는다.

이 영천청제비 병진명은 536년에 세워진 것이다. 이에는 길이를 나타내는 하나치인 淂이 5번이나 나오고,[24] 步·尺·寸은 나오지 않고 있다. 그래서 월지 출토비에서는 步가 나와서 그 상한이 536년이 되고, 외위의 완성을 고려할 때, 그 하한은 540년경이 된다.[25] 喙(部) 출신의 5명이 大舍第(1명), 小舍第(1명), 大烏第(1명), 小烏(2명)이 나오고 있다. 使人의 직명을 가진 5명의 탁부인의 인명이 나열되어 있다. 이들 5명은 영천 청제의 축조를 위해 파견된 임시직으로 보인다. 지금까지 금석문에 있어서 임시직이 나오는 예는 영천청제비 병진명밖에 없다. 중성리비의 사인이 6부인인지 지방민인지를 알 수 있는 잣대가 될 것이다.

마지막으로 545년이나 그 직전에 세워진 적성비의 勿思伐城幢主使人那利村△△△△(△)에서 勿思伐城幢主의 관할 영역을 那利村으로 볼 수도 있으나 比子伐軍主의 출신지는 沙喙部이고, 比子伐停助人은 喙部이므로 比子伐軍主의 관할지를 喙部까지 볼 수가 없다. 따라서 勿思伐城幢主의 관할지를 那利村으로 단정할 수는 없다. 使人은 使人 또는 ~村使人으로 있다가 幢主가 개설되어 勿思伐城幢主使人식 곧 당주의 예속관으로 완성되었다. 곧 시기는 적성비가 중요하나 524년의 봉평비에는 ~村使人이 나와서 양자 사이에 차이가 있다. 勿思伐城幢主使人으로 使人이 완성된 시기는 외위제가 완성된 540년경이다.[26]

---

24) 모르는 하나치가 나오는 것은 서봉총 은합 명문에 斤兩이 나오는 데 대해, 무령왕릉 출토 왕비의 은팔찌에서는 은의 양을 헤아리는 하나치로 主가 나온다. 최근에 발굴된 부여 동남리 49-2번지 출토 목간에서도 金의 무게를 主로 헤아리고 있다.

25) 신라의 경위와 외위가 완성된 시기는 함안 성산산성 목간에서 及伐尺이란 경위명이 나오고, 그 완성된 시기를 524년의 봉평비와 545년이나 그 직전에 만들어진 적성비 사이에 해당된다. 따라서 『삼국사기』 권34, 잡지3, 지리1, 康州 咸安조에 나오는 咸安郡 法興王 以大兵 滅阿尸良國 一云阿那加耶 以其地爲郡이란 한 기록을 중시할 때, 신라 관등명의 완성은 540년경이다.

26) 김창호, 『한국 고대 목간』, 2020, 90쪽. 한 가지 첨언할 것은 함안 성산산성 목간에는 及伐尺이란 경위명이 나오는데, 이를 592년으로 보면 신라 관등제의 완성이 592년이 된다. 신라 관등의 완성은 524년 봉평비와 545년이나 그 직전에 세워진 적성비의 사이이다.

따라서 본 목간에서는 幢主가 나오나 그 예속관인 使人이 나오지 않아서 6세기 전반으로 볼 수가 있고, 小舍란 경위가 나오고 있어서 536년 영천청제비 병진명을 소급할 수 없다, 적성비에도 大舍와 大烏란[27] 경위가 나오고 있어서 그 선후를 가늠할 수가 없으나 △△村在幢主가 나오고 있어서 545년이나 그 직전에 세워진 적성비보다는 빠른 듯하다. 본 목간의 幢主가 고신라 금석문과 목간에서 나오는 가장 오래된 예가 된다. 따라서 월성해자 신8번 목간의 발굴로 고신라 최고의 幢主의 예를 추가한 셈이다.

4. 관직명의 검토

稟典太等은 『삼국사기』 권38, 잡지7, 직관지 상에 '執事省 本名稟主(或云祖主) 眞德王五年改爲執事部 興德王四年又改爲省 中侍一人 眞德王五年置 景德王六年改爲侍中 位自大阿湌至伊湌爲之 典大等二人 眞興王二十六年置 景德王六年改爲侍郞 位自奈麻至阿湌爲之'라고 되어 있는데 이 典大等에 沙喙部弗德智小舍가 소속되는 줄로 해석하고 있으나[28] 沙喙部弗德智小舍는 幢主使人일 가능성이 있고, 전대등에 소속된 관리는 아니다.

沙喙部弗德智小舍의 소속부를 沙喙部라고 단정하는 것은 모량부 곧 牟喙部는 중고 금석문에서 나온 예가 없기 때문에 한 자가 있으면 沙喙部라고 보았다. 561년 창녕비에서 比子伐軍主는 沙喙部, 比子伐停助人은 탁부 출신이고, 568년 마운령비에서는 △△軍主는 박부 출신이고, 이를 보좌하는 助人은 사탁부 출신이다. 그렇다면 沙喙部弗德智小舍가 使人이라면 △△村

---

27) 이 大烏를 大烏之라고 한 까닭은 之가 경위에 붙는 존칭인 줄 모르던 시절에 글자를 아무리 보아노 판독할 수가 없사 종결사인 之사로 읽은 것이 그 유예가 되었다. 현지 조사 결과 之자는 아니고 무슨 글자인 지 읽을 수가 없었다. 같은 비에서 관등이 높은 大舍는 존칭의 어미가 없고, 보다 낮은 大烏에 붙을 까닭이 없다.
28) 하시모토 시게루, 앞의 논문, 2021, 195쪽 및 197쪽.

在幢主의 출신부는 탁부로 추정된다.

△△村在幢主는29) 幢主의 직명이다. 幢主는30) 금석문에서는 다음과 같이 나온다.

鄒文村幢主
勿思伐城幢主使人(545년이나 그 직전, 적성비)
大等与軍主幢主道使与外村主(561년, 창녕비)31)
~道使幢主(591년, 남산신성비 제5비)

鄒文村幢主가 갖는 관등이 及干支라 6두품이라서 廩典太等에 再拜함으로 해석됨에 따라 6두품이 廩典太等에 再拜한 것이 된다. 廩太典은 『삼국사기』 권38, 잡지7, 직관지 상에 '典大等二人 眞興王二十六年置 景德王六年改爲侍郞 位自奈麻至阿湌爲之'라고 되어 있어서 문제가 되지 않는다. 廩典에 6두품의 관등을 갖는 及干支가32) 再拜할 대상자가 있어서 더욱 그러하다.

勿思伐城幢主使人의 使人은 幢主의 예속관으로 월성해자 신8번 목간에

---

29) 직명만 나오는 예가 하남 이성산성 목간에 있으므로 이를 소개하면 다음과 같다.
  전면 : 戊辰年正月十二日朋南漢城道(使)~(缺失)
  측면 : 湏城道使村主前南漢城火△~(缺失)
  후면 : △△浦△△△△△~(缺失)
  이를 해석하면 '668년 정월 12일에 벗인(또는 벗과) 남한성도사와 ~와 수성도사와 촌주는 남한산성의 벌 앞에서 ~했다.'가 된다.

30) 幢主를 군의 장으로 단정하고 있으나 591년 남산신성비 제5비에 ~道使幢主란 직명이 나오고, 441년의 중성리비에는 奈蘇毒只道使, 443년 냉수리비에는 耽須道使만이 나온다. 중성리비와 냉수리비에서는 軍主나 幢主가 隨駕하지 않고, 道使만이 수가하고 있어서 이를 행정촌의 장이나 현의 장으로 볼 수가 없고, 군의 장으로 보아야 될 것이다.

31) 大等与軍主幢主道使与外村主에서 大等, 軍主, 外村主는 창녕비의 隨駕人名에서 찾을 수 있으나 幢主와 道使는 찾을 수 없어서 이에 대한 다양한 가설이 나오고 있다. 幢主가 道使에 앞서 나오는 점에 의해 幢主만을 군의 장으로 보는 생각이 은연중에 생겼다.

32) 幢主가 경위명인 관등을 가진 예로는 鄒文村幢主의 及干支가 유일하다.

나오지 않아서 본 목간의 연대 설정에 중요한 자료이다.

△△村在幢主의33) 在가 관등명에 포함되는 예는 545년이나 그 직전에34) 세워진 적성비의 高頭林城在軍主等밖에 없다. 在에 주목할 때 본 목간은 6세기 전반으로 보인다.35)

5. 목간의 해석

△△年正月十七日은 목간의 작성 연대이나 파실되어 자세한 것은 알

---

33) 본 목간의 幢主를 중앙관청에 보고한 자로 보기도 하나 이는 신8번 목간에 대한 이두의 해석 차이에 기인한 것이다.
34) 40여 년간 금석문을 공부해도 북한산진흥왕순수비의 연대를 561~568년으로 보아 왔다. 최근에 북한산비의 연대를 새로 알게 되었다. 북한산비문에는 정확한 연대를 알려주는 간지나 연호가 없어 여러 학설이 있는데, 대체로 진흥왕 16년(555) 또는 진흥왕 29년(568) 무렵으로 보는 경우가 일반적이다. 전자는 진흥왕이 16년(555)에 북한산을 순수하였다는 『삼국사기』의 기록을 토대로 이때 비석을 세웠다고 본다. 후자는 비문의 내용이 568년에 세워진 「마운령 신라 진흥왕 순수비」, 「황초령 신라 진흥왕 순수비」와 비슷한 점, 비문 중에 '南川軍主'가 보이는데 이를 '진흥왕 29년(568) 10월 北漢山州를 폐하고 南川州를 설치했다'는 『삼국사기』 기사와 연결된다는 점 등을 근거로 한다. 여기서는 '후자의 시각에 따라 본 비석이 568년 10월 이후에 세워졌다고 보고자 한다.'라고 하였다. 결국 북한산비의 건립 연대를 마운령비·황초령비의 건립 시기인 568년 8월 21일 癸未보다 늦은 568년 10월 이후로 보았다. 이 가설은 다음과 같은 점에서 문제점을 안고 있다.
첫째로 북한산비의 서두에 △△△△△△△△가 남는데 이는 △△年△月△△日로 복원되어 太昌元年歲次戊子가 복원될 공간이 없다는 점이다.
둘째로 북한산비의 △△(使大等)喙末智大奈의 경우 마운령비와 황초령비에서 大等喙部未知大奈末로 나와서 그가 대등으로 승진했음을 알 수가 있어서 문제가 된다. 이상의 이유에서 북한산비를 마운령비와 황초령비보다 이른 것으로 본다. 그러면 그 시기는 언제일까? 울주 천전리석추명(539년)에 법흥왕이 己未年(539년)七月三日에 죽었다고 나오는 바, 『삼국사기』·『삼국유사』에는 법흥왕의 사망 시기가 540년으로 되어 있어서 1년의 시차가 있다. 그렇다면 '진흥왕 29년(568) 10월 北漢山州를 폐하고 南川州를 설치했다'는 『삼국사기』의 기사도 1년 빨리 보아야 한다. 결국 북한산비는 567년에 건립되었다고 볼 수밖에 없다.
35) 김창호, 『고구려와 백제의 금석문』, 2022, 341쪽.

수가 없다. 그 시기는 536~545년경으로 추정되지만 △△부분이 남아 있었더라면 좋았을 것이라는 아쉬움이 남는 부분이다.

　△△村在幢主가 稟典太等에게 再拜하고 白△한 내용은 무엇이었을까? △△村在幢主가 근무하는 곳은 어떤 곳일까? △△村在幢主처럼 在자가 직명이 들어가는 예는 적성비의 高頭林城在軍主等이 더 있다.36) 고두림성의 위치는 충북 온달성으로 가는 길목의 재 이름이 고드름재라고 부르고 있어서 온달성이라고 생각한다. 고두림성은 545년 당시에 신라의 최전방이다. 그렇다면 △△村在幢主가 근무하는 곳도 6세기 전반 신라의 최전선으로 보여서 전방의 방어이야기로 짐작된다.

　(沙)喙部弗德智小舍가 바꾼 稻參石, 粟壹石, 稗參石, 大豆捌石은 최전방으로 가지고 갈 것인가? 아니면 가족들에게 줄 것인가? 오랫동안 국경을 지키다가 집에 돌아와서 가족들에게 두부 등을 만들어서 영양식을 하는 것으로 보인다.

　金川一伐上內之는 '金川 一伐이 上(△△村)에서 內(六部)로 갔다.'로 해석된다. 그렇다면 文武 가운데 어느 부분이 뛰어나서 신분제가 엄격한 신라에서 출세를 했을까? 아마도 武라고 생각된다. 金川一伐에서 金川은 인명, 一伐은 외위명이다.37)

　所白人登彼礼智一尺에서 所白人은 잘 나오지 않는 직명이다. 이두문서에서 한문식으로 해석되어서 아뢰는 바의 사람이 된다. 所白人登彼礼智一尺에서 所白人은 직명, 登彼礼智는 인명, 一尺은 관등명이다.

　文尺智重一尺에서 文尺은 직명, 智重은 인명, 一尺은 관등명이다. 문척이란 직명은 남산신성비 제1·2·3·9비에 나온다.

　전문을 해석하면 '△△年 正月 十七日에 △△村在幢主가 稟典太等에 再拜하고 白△했다. (沙)喙部 弗德智 小舍가 稻參石, 粟壹石, 稗參石, 大豆捌石을

---

36) 하시모토 시게루, 앞의 논문, 2021, 197쪽에서 2016-W150번을 이러한 유례로 보고 있으나 이는 전혀 관계가 없는 것이다.
37) 신라시대에 외위를 가진 사람이 중앙 6부에 들어가서 일을 하는 유일한 예이다.

아울러서 바꾸었다. 金川 一伐은 上(△△村)에서 內(6부)로 갔다.[38] 所白人인 登彼礼智 一尺, 文尺인 智重 一尺이다.'가 된다.

6. 맺음말

먼저 목간의 전체를 새로 판독하였다. 제②행에서 昜자 또는 前자로 읽어 왔던 것을 昜자로 읽은 것은 조그마한 소득이다.

다음으로 목간의 연대를 적성비의 적전으로 보고, 영천청제비 병진명의 건립 연대인 536년보다는 뒤로 보았다.

그 다음으로 廩典太等과 △△村在幢主를 중심으로 주요 직명을 검토하였다.

마지막으로 단편적인 목간의 인명에 나오는 직명과 중요한 내용 등을 소개하면서 목간의 전체 내용을 해석하였다.

---

38) 그래서 지방민이 모두 갖는 직명도 없다.

제2절 경주 월성해자 출토 9번 목간의 部名과 里名

1. 머리말

경북 경주시 인왕동 387-1번지에 자리한 月城은 널리 알려진 宮城址이다.[1] 월성 혹은 반월성은 南川(혹은 蚊川)이 ㄱ자로 꺾이는 북안에 자리 잡고 있다. 북으로 해자, 발천이 흐르고, 서북쪽사선 방향으로, 첨성대-월성 북 고분군(대릉원, 쪽샘고분군, 노동동고분군, 노서동고분군)이 자리한다. 동북쪽으로는 월지와 동궁이 있고, 동남쪽으로는 국립경주박물관이 있고, 남쪽으로는 傳仁容寺址와 南山이 있다. 서쪽으로는 계림, 교촌, 120호분 등이 있다.

고고학적 조사를 통해 동문지와 석축해자와 월성 북편, 계림, 첨성대 일대에 삼국시대 수혈 주거지, 굴립주건물지와 통일신라시대 적심건물지 군을 확인하였다. 목간은 월성 북편 수혈 해자에서 출토되었다. 해자는 월성 성벽 외곽에 위치한 방어시설로서 북쪽은 성벽 기저부를 따라 땅을 파고 인공으로 도랑을 만들고 내부에는 물을 담수하며 남쪽은 자연천인 남천을 활용하여 외부 침입을 차단하는 기능을 하였다. 성벽 방향에 따라 '가, 나, 다, 라' 4개 구역으로 구획하여 조사를 진행한 결과 해자의 대략적인 규모를 알 수 있게 되었다. 해자는 석축해자와 연못식해자와, 수혈해자로 구성되어 있었다.

수혈해자는 월성 북편에 溝 형태로 굴착하여 조성되었으며, 그 폭은

---

1) 본고의 머리말과 2항은 윤재석 편저, 『한국목간총람』, 2022에서 전제하였다.

약 50m내외로 확인되었다. 수혈해자 내부퇴적층에서는 이단투창고배, 단각고배, 단판연화문수막새 등 삼국시대로 판단되는 유물이 출토되고, 석축해자 내부퇴적층에서는 지그재그문 대부완, 중판연화문수막새 등 통일신라시대 유물이 출토되었다. 이로 보아 삼국시대에 수혈해자를 축조하여 사용하다 신라가 통일하기 전후한 시점에 석축해자로 바꾸어서 9세기 이후까지 사용한 것으로 보인다.

월성해자 목간은 1980년대 발굴조사 중에 수혈해자의 뻘층에서 수습되었다. 목간은 모두 1-②호 해자에서 출토되었다. 묵흔이 확인되는 목간이 25점이고, 판독이 가능한 목간이 25점이다. 이외에 묵흔이 확인되지 않았으나 목간의 형태를 지닌 목간류는 79점이다. 이후 2015년부터 2017년에 걸친 월성 '다'구역 1~3호 해자의 정밀 발굴조사를 통해 석축해자 하층에 수혈해자에서 목간 8점과 목간형 목제품 50여점이 추가로 출토되었다. 수혈해자를 폐쇄하고 그 위에 석축해자와 월지가 축조되었음을 알 수 있다.

여기에서는 먼저 월성해자 9번 목간을 제시하겠다. 다음으로 9번 목간을 검토하겠다. 그 다음으로 남산신성비 제3비의 里制를 검토하겠다. 마지막으로 고신라의 부제에 대해 검토하겠다.

2. 자료의 제시

월성해자 목간은 모두 1호 수혈해자에서 출토되었다. 해자의 축조 과정, 그리고 각각의 공반 유물 등으로 볼 때, 월성해자 목간의 제작 연대는 7세기 후반을 내려가지 않는 것으로 보고 있다. 월성해자 목간은 수혈해자가 유지되던 시기의 유물이며, 목간의 중심 연대는 목간의 내용, 출토 층위와 공반 유물들을 고려할 때 6~7세기 중후반으로 이해되고 있다. 이같은 사정을 염두에 둔다면 석축해자와 함께 조성된 것으로 보이는 월지 출토 목간보다는 앞선다.

따라서 월성해자 목간은 6세기에서 7세기 전반 신라궁성 주변의 문서행정과 국가 운영 등을 이해하는 데 중요하다. 2006년에는 『월성해자 발굴조사보고서Ⅱ』가 간행되면서 목간의 출토상황과 세부적인 내용들이 정리되었다. 2011년에는 국립가야문화재연구소에서 『한국목간자전』을 간행하였는데, 이를 통해 다시 한번 월성해자 목간에 대한 판독이 다듬어졌다. 2018년 월성해자에 대한 정밀조사 과정에서 새롭게 목간 8점이 추가되었다.

9번 목간은 4면목간으로 완형이다. 이 목간의 판독으로 習比部, 牟喙이라는 신라 6부의 아래에 里로 편제된 지역이 있음을 알게 되어 신라 왕경 6부 구조를 이해하는 데 중요하다. 그러면 9번 목간을 판독해 제시하면 다음과 같다.[2]

목간 9번 (4면목간, 완형, 25×1.4×1.3)
① ▲習比部上里今受   山南置上里今受   阿今里不   岸上里不   (▲)(本彼部)
② △△受 △上受 尤祝△ 除[井]受 開[池]受 赤里受 △△受 △△△△ △里不有 △△
③ △下南川受   △△禺受   [   ]北受   多比刀不有   [   ]△伐土不有
④ [   ]里不   伐[品里]受 赤居伐受 麻支▲ | 牟喙 仲里受 新里受 上里受 下里受

里別로 受는 받았다는 뜻이고, 不은 받지 못했다는 뜻이다. 不有는 아니 있다, 곧 없다는 뜻이고, △伐土不有는 △伐한 토지는 없다는 뜻이다.

里가 습비부는 4개, 추정 본피부는 19개, 牟喙部는 4개이다. 이 里의 숫자가 전체 각 부별 里數인 것 같다. 뒤의 〈표 1〉에서 습비부, 모량부,

---

2) ▲는 부의 시작 표시임.

한지부는 그 세력이 한미하여 관등을 가진 사람이 한 사람의 인명 표기도 없었다. 그렇다면 부별로 가장 차이가 나는 것이 里의 숫자이다. 里의 숫자는 탁부가 가장 많고, 그 다음이 사탁부, 그 다음이 본피부의 순서이고, 습비부, 한지부, 모량부는 비슷할 것이다. 里의 숫자는 월성해자 9번 목간에서 습비부와 모량부가 모두 4개로 같은 것은 주목되어야 할 것이다.

3. 9번 목간의 검토

1) 習比部 목간명

망성리와요지에서는 680년에 ##習部, ##習府, ##, # 등의 기와 명문이 있다. 이 기와 명문은 망성리와요지에서 나온 것은 최초의 보고자는 몰랐고,[3] 그 뒤에 알게 되었다.[4] 그 연대는 다경요에서 나오는 것으로 추정되는 調露二年명쌍록보상화문전이나 漢只, 漢명과 월지 등에서 반출되어서 680년으로 보고 있다.[5]

망성리와요지에서 나오는 ##習部, ##習府, ##, # 등의 명문기와는 儀鳳四年皆土명기와의 수나 양에 있어서 1/10~1/100밖에 되지 않는다.[6] #마크 때문에 한때 습비부의 상징 마크로 보아왔으나 도교의 벽사마크임이 밝혀졌다. 679년에는 儀鳳四年皆土명기와를 수나 양에 있어서 그토록

---

3) 박홍국, 「월성군 내남면 망성리 와요지와 출토와에 대한 고찰」『영남고고학』 5, 1988.
4) 조성윤, 「신라 습부명 명문와의 의미」『신라문화유산연구』 3, 2019.
5) 학계의 통설이나 더 검토해야 할 여지도 있다. 습비부와 한지부의 기와 연대를 알 수 있는 자료는 調露二年명보상화문전밖에 없기 때문이다.
6) 儀鳳四年皆土명기와는 기와로서 완성된 기와로서 문무대왕기와라고 불릴 정도로 수나 질의 측면에서 완벽한 기와이다.

많게 생산하다가 680년에는 ##習部, ##習府, ##, # 등의 기와를 그 규모를 줄여서 생산하는 데에는 이유가 있었을 것이다. 가장 큰 이유는 기와 가마의 주인이 탁부에서 습비부로 바뀐 데에 있는 듯하다.7) 그러면 고신라에서 땅이나 가마의 주인이 바뀐 예가 있는지 궁금하다. 441년에 세워진 중성리비의 요체는 豆智沙干支의 宮(居館)과 日夫智의 宮(居館)을 빼앗아 (沙喙部의) 牟旦伐에게 주라는 것으로 망성리의 가마가 탁부에서 습비부로 그 주인이 바뀌는 것은 가능한 일로 보인다.

망성리 와요지에서 ##習部, ##習府, ##, # 등의 문양에 #마크가 나오는 것이 주목된다. 이는 도교의 벽사 마크로 475년 호우총의 호우가 고구려에서 만든 것으로8) 신라 최초의 예이다. 그 뒤에 경주 화곡동 등에서 나온 예가 있으나9) 망성리 와요지처럼 많이 나오기는 처음인 듯하다. 이 벽사 마크도 당시의 와전은 관수관급제이므로10) 국가의 승인아래에 벽사 마크를 넣었을 것이다. 신라에는 불교 이외에 도교도 들어와 있었음 뜻하는 것으로 보인다.

망성리 와요지에 있어서 679년에 儀鳳四年皆土명기와에서 680년에 ##習部, ##習府, ##, # 등의 문양에 #마크가 나오는 기와로 바뀌는 것에는 기와의 양이나 수가 1/10~1/100으로 줄어들어서 언뜻 이해가 되지 않는다. 지금까지의 성과에 의하면 망성리 와요지는 679년과 680년에 전혀 다른 기와를 만들다가 끝이 난 요지이다. 기와 가마를 만들 때에는 몇 가지 조건이 필요하다. 첫째로 기와를 만드는 흙이 좋아야 한다. 둘째로 가마에 사용할 땔감으로 쓸 나무가 가까운 곳에 많아야 한다. 셋째로 물이 많아야 한다. 넷째로 교통이 편리해야 한다. 다섯째로 바람의 방향이 중요하다.

---

7) 김창호,「儀鳳四年皆土명 기와의 또 다른 의미」『고신라목간』, 2023, 625쪽.
8) 김창호,「호우총의 호우 명문」『고구려와 백제의 금석문』, 2022.
9) 이동주,「경주 화곡 출토 在銘土器의 성격」『목간과 문자』10, 2013.
10) 토기와 기와가 관수관급제임에 대해서는 김창호,「경주 성건동 677-156번지 출토 토기 명문」『고구려와 백제의 금석문』, 2022 참조.

이런 조건을 갖추고 있었던11) 망성리 와요지가 679년에 탁부 등 6부에서 습비부로 양도되고, 680년을 끝으로 폐쇄되었다고 하는 것은 선뜻 이해가 되지 않는다. 망성리 와요지에서 출토된 평기와에는 儀鳳四年皆土명기와나 ##習部, ##習府, ##, # 등의 문양에 #마크가 나오는 기와처럼 글자가 없는 것도12) 있어서 더욱 그러하다. 망성리 와요지가 습비부 월경지의 좋은 예이다.

망성리 와요지에서는 儀鳳四年皆土명기와도13) 679년에 구웠다. 이 기와는 내남면 망성리 기와 가마터, 사천왕사지, 인왕동절터, 국립경주박물관 부지, 월지, 월성 및 해자, 첨성대, 나원리 절터, 칠불암, 선덕여고 부지, 동천동 택지 유적, 나정, 발천 등 경주 분지 전역에서 출토되고 있다. 그래서 儀鳳四年皆土명기와를 문무대왕기와라고까지14) 부르고 있다. 이 많은 기와를 망성리 와요지에서만 생산했을까? 그것도 679년 한해에 미약한 습비부만으로 조와를 했을까? 아마도 불가능했을 것이다. 왕족인 탁부와 왕비족인 사탁부에도 기와를 만드는 와공이 있었을 것으로 추정된다. 이들의 도움이 없이는 679년과 680년의 동궁 창건은 불가능했을 것이다. 그래서 679년 儀鳳四年皆土명기와에 나오는 皆土를 喙部 출신의 총감독으로 보았다. 그러면 문제는 679년에는 喙部를 중심으로 한 신라 6부가 연합해서 만든 것이 儀鳳四年皆土명기와라고 한다면 680년에는 習部(習比部)가 망성리 와요지의 주인이었다. 678년이나 그 이전은 어느 부의 와요지일까? 아마도 습부의 와요지로 판단된다.

---

11) 안강 육통리 기와 가마터가 경주에서 멀리 떨어진 이유로 가마터의 조건 가운데에서 소지가 되는 흙이 백제 웅진성의 가마들과 가장 유사했다고 판단되는바, 이에 대해서는 후고를 기다리는 바이다.
12) 박홍국, 앞의 논문, 1988.
13) 박홍국, 앞의 논문, 1988.
14) 儀鳳四年皆土명기와를 신라에서 만든 본격적인 기와로 필자는 문무대왕기와라고 부른다.

2) 牟喙部 목간명

먼저 모량부 곧 牟喙部는 문헌에서 왕비족 박씨로 보아왔다. 이 가설이 과연 옳은지를 먼저 조사해 보자. 신라 중고 금석문에 부별로 나오는 인원수를 조사해 제시하면 다음의 〈표 1〉과 같다.

〈표 1〉 중고 금석문에 나타난 각 부명별 인명의 수

비명	탁부	사탁부	본피부	불명	계
봉평비	11	10	1	3	25
적성비	7	3		2	12
창녕비	21	16	1	2	40
북한산비	5	3			8
마운령비	11	6	2	1	20
황초령비	11	4		5	20
계	66	42	4	13	125

〈표 1〉에 있어서 524년에 건립된 봉평비에서는 탁부 11명, 사탁부 10명, 본피부 1명, 불명 3명으로 총 25명이다. 545년이나 그 직전에 세워진 적성비에서는 탁부 7명, 사탁부 3명, 불명 2명으로 총 12명이다. 561년에 세워진 창녕비에서는 탁부 25명, 사탁부 14명, 본피부 1명, 불명 3명으로 총 39명이다. 561~568년에 세워진 북한산비에서는 탁부 5명, 사탁부 3명으로 총 8명이다. 568년에 세워진 마운령비에서는 탁부 11명, 사탁부 6명, 본피부 2명, 불명 1명으로 총 20명이다. 568년에 세워진 황초령비에서는 탁부 11명, 사탁부 4명, 불명 5명으로 총 20명이다. 각 부별 인원수는 탁부 66명, 사탁부 40명, 본피부 4명, 불명 14명으로 총 125명이다. 따라서 문헌에서 왕비족으로 보아왔던 모량부 박씨는 중고 시대에 한미한 세력으로 왕비족이 아니다. 왕비족은 사탁부이다.

모량부가 왕비족 박씨가 아닌 증거는 울주 천전리서석에서도 찾을 수 있다. 우선 울주 천전리서석 원명과 추명을 해석해 제시하면 다음과 같다.

원명 : '乙巳年(525)에 喙部葛文王이 찾아 놀러 오셔서 비로소 谷을 보았다. 古谷이지만 이름이 없었다. 谷의 善石을 얻어서 만들었고, (…)以下를 書石谷이라고 이름을 붙여 字作△했다. 아울러 놀러(온 이는) 妹인 麗德光妙와 友인 於史鄒安郞의 3인이다.

이때에 作切人은 尒利夫智奈麻와 悉淂斯智大舍帝智이다. 作食人은 宋知智壹吉干支의 妻인 居知尸奚夫人과 貞宍智沙干支의 妻인 阿兮牟弘夫人이다. 作書人은 第ᘔ尒智大舍帝智이다.'

추명 : '지난 날 乙巳年(525)六月十八日 새벽에 沙喙部徙夫知葛文王, 妹(인 麗德光妙)와 (友인) 於史鄒安郞의 3인이 함께 놀러 온 이후로 六(月)十八日에는 해마다 (書石谷을) 지나갔다.

(沙喙部徙夫知葛文王이) 妹王(법흥왕)을 생각하니, 妹王은 죽은 사람이다.

乙巳年에 王(沙喙部徙夫知葛文王)은 돌아가신 其王妃(沙喙部徙夫知葛文王의 妃)인 只沒尸兮妃를 愛自思(사랑하여 스스로 생각)했다. 己未年七月三日에 其王(沙喙部徙夫知葛文王)과 妹가 함께 書石을 보러 谷에 왔다. 이때에 함께 3인이 왔다. 另卽知太王妃인 夫乞支妃, 徙夫知(葛文)王, 子인 郞△△夫知가 함께 왔다.

이때에 作切臣은 喙部의 知禮夫知沙干支와 △泊六知居伐干支이다. 私臣은 丁乙尒知奈麻이다. 作食人은 貞宍知波珎干支의 婦인 阿兮牟呼夫人과 尒夫知居伐干支의 婦인 一利等次夫人과 居禮知△干支의 婦인 沙爻功夫人이며, 나누어서 함께 지었다.'

원명의 주인공 3인은 沙喙部(徙夫知)葛文王, 友인 於史鄒安郞, 妹인 麗德光妙로 모두 沙喙部출신으로 짐작된다. 그렇지 않았다면 다른 部名이 표기되어야 할 것이다.

추명의 주인공 3인은[15] 추명 제⑥행에 此時共三來가 나오고 있어서 3명이 분명하다. 추명 제⑤행의 其王과 추명 제⑦행의 徙夫知王으로 보면

沙喙部徙夫知葛文王은 포함된다. 추명 제⑦행에 나오는 子인 郎△△夫知로 沙喙部徙夫知葛文王의 아들인 郎△△夫知를 들 수가 있다. 추명 제⑤행에 나오는 妹가 있다. 妹가 另卽知太王妃夫乞支妃가 아니라면 제⑥행에 나오는 此時共三來의 三을 초과하게 된다. 따라서 另卽知太王妃夫乞支妃를 沙喙部 徙夫知葛文王의 妹로 보아야 한다. 그래서 부득이하게 추명의 3명도 모두 沙喙部 출신이 된다. 另卽知太王妃夫乞支妃는 모량부 출신이라고 알려져 있다. 이는 잘못이다.

　沙喙部徙夫知葛文王의 妹인 另卽知太王妃夫乞支妃를 거느리고 있는 沙喙部徙夫知葛文王을 법흥왕의 弟인 입종갈문왕일 수는 없다. 법흥왕과 徙夫知葛文王은 妻男妹夫 사이로 추명 제③·④행에 각각 나오는 妹王도 徙夫知葛文王이 법흥왕을 불렀던 간접 호칭으로 보인다.

　모량부는 금석문에 남산신성비 제2비에 苔大支村道使 수喙 所叱△知 大烏로 나온 것이 인명 표기로는 유일하다. 그리고 월성해자 9번 목간에서 나온 牟喙(部)가 있다. 습비부, 한지부, 모량부에서는 지금까지 금석문에서 비록 통일신라시대인 680년 월지에서 나온 조로2년명쌍록보상화문전명문에 나온 小舍가 가장 높으나 4두품이라서 漢只部와 習比部와 牟喙部의 3부는 가장 높은 관등을 가진 사람의 신분을 5두품으로 추정하는 바이다.

3) 추정 本彼部 목간명

　본피부가 나오는 인명 표기는 금석문에 종종 나온다.[16] 앞의 〈표 1〉에서 신라 중고에 있어서 모두 4명 이상의 예가 있고, 441년 중성리비에 3명이 있는데 干支를 경위로 가진 인명이 두 명이나 되어서 본피부의 제일 높은

---

15) 추명의 원문에 대해서는 제5장 제2절의 울주 천전리서석에 보이는 夫乞支妃 참조.
16) 목간에서 본피부가 복원된 예는 월성해자 9번 목간이 처음인 바, 이에 대해서는 박성현, 「월성 해자 목간으로 본 신라의 왕경」『목간과 문자』 20, 2018 참조.

신분이 6두품임을 알 수가 있다. 443년 냉수리비의 2명 모두 干支란 관등을 가지고 있어서 본피부의 최고 신분이 6두품임을 알 수가 있다. 524년 봉평비에서는 촉波部의 부족장으로 단 1사람의 인명이 나오는데 그의 관등명은 五△(△)이다. 이도 또한 6두품으로 보인다. 561년 창녕비에서 인명이 沙尺干이라서 본피부의 최고의 신분이 6두품임을 알게 해준다.

4. 남산신성비 제3비의 里制

고신라의 里制를 알 수 있는 자료로 월성해자 9번 목간이외에 이를 알 수 있는 자료로 남산신성비 제3비가 있다. 이를 상세히 알기 위해 제2비와 함께 제시하면 다음의 〈표 2〉와 같다.

〈표 2〉 남산신성비 제2·3비의 인명 분석표

제2비				제3비				집단 구분
직명	출신지명	인명	관등명	직명	부명	인명	관등명	
阿旦兮村道使	沙喙	勿生次	小舍	部監等	喙部	△	大舍	A
仇利城道使	沙喙	級知	小舍	〃	〃	仇生次	大舍	
苔大支村道使	牟喙	所叱△知	大烏					
郡中(上人)	沙刀城	平西利之	貴干					B
〃	九利城	首△利之	撰干					
匠尺	沙戶城	可沙里知	上干					
文尺		美吹利之	一伐	文尺	〃	仇辛	小舍	
作上人	阿大兮村	所平之	上干	里作上人	〃	只冬	大舍	C
工尺	〃	可尸利之	一伐	〃	〃	文知	小舍	
文尺	〃	淂毛疋之	一尺	文尺	〃	久匠	吉士	
面石捉人	〃	仁尒之	一伐	面石捉人	〃		△	
△石捉人	〃	自叱兮之	一尺	〃	〃		大烏	
△石捉人	〃	一安尒之	彼日	石捉人	〃	△下次	大烏	
小石捉人	〃	兮利之	彼日	小石捉人	〃		小烏	

〈표 2〉에서 남산신성비 제2비와 제3비의 비교할 때, 남산신성비 제3비의 喙部 主刀里의 인구수가 문제이다. 학계에서는 대개 남산신성비 제2비의

阿大兮村을 자연촌으로 보고 있다. 과연 자연촌이 맞는지를 자연촌이 나온 신라 둔전문서를 통해 조사해 보자. 먼저 둔전문서에서 남녀별·연령별 인구수를 조사해 보자. 4개 둔전의 총인구수는 442명이다.17) 4개 둔전의 총호구수는 41호이다.18) 442명을 41로 나누면 10.78이 나온다. 695년 자연촌의 1세대당 인구가 10.78명일 때 행정촌의 인구수는 얼마나 될까? 간접적인 자료이지만 통일신라시대의 군현의 수를 조사해보기 위해서 이를 도시하면 다음의 〈표 3〉과 같다.

〈표 3〉 통일신라시대의 행정 구역

州名	州數	小京數	郡數	縣數	비고
尙州	1		10	31(30)	통일전 신라 강역
良州	1	1	12	34	〃
康州	1		11	30(27)	〃
漢州	1	1	28(27)	49(46)	통일전 고구려 강역
朔州	1	1	12(11)	26(27)	〃
溟州	1		9	25	〃
熊州	1	1	13	29	통일전 백제 강역
全州	1	1	10	31	〃
武州	1		15(14)	43(44)	〃
計	9	5	120(17)	298(293)	

* 『삼국사기』 지리지에 의거하여 작성했으나 ( ) 속의 것은 『삼국사기』, 경덕왕16년조에 의거하였음.

둔전문서에서 A촌은 10호에 127명, B촌은 14호에 112명, C촌은 7호에 57명, D촌은 10호에 95명이다. 총호수는 41호이다. 이를 평균하면 10.78명이 된다. 호수의 평균은 10.25호이므로 10.78명에다 10.25를 곱하면 110.495명이 된다. 고구려, 백제, 고신라에는 縣制가 없었다고 판단된다. 행정촌이 현을 대신한 것으로 판단된다. 喙部主刀里의 인구수는 남산신성비 제2비에 나오는 阿大兮村과 마찬가지로 100명 전후가 되었다고 판단된

---

17) 旗田 巍, 『朝鮮中世社會史硏究』, 1972, 437쪽의 제4표.
18) 旗田 巍, 앞의 책, 1972, 438쪽의 제5표.

다. 그러면 습비부와 모탁부의 총 인원수는 각각 400명이다. 추정 본피부는 1,900명이나 된다.

자연촌 11명으로서는 제2비에서 관리직인 관등을 가진 자가 7명이므로 누가 일을 해서 성을 쌓을 수가 있을까? 남산신성비 등 비석이나 함안 성산산성 목간 등에 나오는 성촌명은 모두가 행정촌으로 본다. 그렇지 않고 자연촌과 행정촌으로 나누어지면 어떤 비석이나 목간에서는 행정촌이고, 어떤 비석이나 목간에서는 자연촌이라서 혼도되기 때문에 안 된다. 자연촌의 11명으로는 축성 작업에는 남자가 6명 이하라서 관등을 갖는 인원도 다 못 채운다. 남자 정원이 50명 정도는 되어야 축성 작업을 할 수가 있다.

5. 고신라의 부제

주지하는 바와 같이 신라에는 6부가 있었다. 喙部, 沙喙部, 本彼部, 牟喙部, 漢只部, 習比部가 그것이다. 6부에 대한 내부 구조가 남산신성비 제3비에 主刀里라고 나옴에도 그 이상의 진전은 없었다. 신라 6부 연구하면 6부의 위치 비정이 고작이었다. 6부의 내부 구조에 대한 논의는 거의 없었다. 신라 6부를 금석문 자료와 고분 자료를 통해서 탁부(왕족)와 사탁부(왕비족)은 읍남고분군, 금척리고분군은 본피부, 모탁부, 한지부, 습비부의 공동무덤으로 비정하고, 금척리고분군에서는 금관이 출토될 수 없음을 밝힌다.

월성해자 9번 목간은 고신라 6부 연구에 있어서 새장을 열었다. 습비부와 모탁부가 나오고, 또 본피부를 추정할 수 있음은 중요하다. 특히 리가 많이 나와서 신라 6부 연구에 중요한 디딤돌 역할을 할 것 같다. 이들 里名으로 중심으로 한 전론은 없었다. 里의 인원수를 모르다가 4개의 리 인원수는 400명 전후로 볼 수가 있어서 중요하다.

지금 6부의 위치 비정에 있어서 최대의 문제점은 경주 분지에서는 2단투창고배가 발견되지 않는다는 사실이다.[19] 읍남 고분군에서 발굴했다고 하면 나오는 2단투창고배가 주거지인 경주 분지에서는 나오지 않고 있다. 5세기의 신라 사람들이 경주 분지 바깥에서 살았거나 2단투창고배가 제의에만 사용하고 생활용으로는 사용하지 않았다는 증명이 필요하다. 이 두 가지의 가설은 성립되기 어렵다. 이 시기의 경주와 대구는 고분, 내, 토성, 주거지가 세트를 이루는 것으로 보아왔다. 그런데 경주에서는 경주 분지에 2단투창고배가 없어서 5세기에는 경부 분지에 사람이 살지 않았다고 해석해야 된다. 현재까지의 고고학적인 자료나 그 성과로 보아서 이를 해석할 수가 없다. 월성에서 4세기의 이른바 人身供犧가 나왔지만[20] 5세기의 유물만은 빠져있다. 경주 분지에서 5세기의 2단투창고배가 없어도 6부의 각 부별 위치 비정은 계속되어 왔다. 앞으로의 연구가 기대된다.

6. 맺음말

먼저 월성해자 9번 목간을 목간의 출토된 분위기와 더불어서 그 내용을 상세하게 소개하였다.

다음으로 월성해자 9번 목간에 나오는 습비부, 모탁부, 추정 본피부를 지금까지 나온 금석문 자료를 통해서 검토하였다.

이어서 남산신성비 제3비의 里制를 신라 둔전 문서를 통해서 습비부와 모탁부의 총 인구수가 각각 400명쯤, 추정 본피부는 1,900명쯤이나 된다.

마지막으로 읍남고분군의 주인공은 왕족인 탁부와 왕비족인 사탁부이고, 금척리고분군의 주인공은 본피부, 모탁부, 한지부, 습비부의 공동 무덤이라고 보았다.

---

[19] 조성윤, 「신라 고분의 종말과 도시의 재편」, 『신라학연구』 18, 2015.
[20] 人身供犧가 되려고 하면 살순장 등 강제적인 요소가 발견되어야 하는데 그러한 요소가 없어서 그냥 죽은 자의 무덤으로 보기로 한다.

제3절 경주 월지 출토 洗宅 목간의 해석 문제

1. 머리말

경주 월지에서는 61점의 목간이 출토되었다. 더 중요한 것은 1975년에 우리나라 최초로 목간이 출토되었다는 사실이다. 61점이라는 목간 수는 경주에서 가장 많은 수치이며, 신라 전체 목간에서도 성산산성 목간 253점 다음으로 많다. 월지 목간은 藥材 목간, 習書 목간, 門號 목간, 食品付札 목간이 있으며, 어디에도 넣기가 곤란한 것으로 洗宅 목간과 辛番(審) 목간이 있다. 이 가운데 辛番(審) 목간은 아직까지 실마리를 잡지 못하고 있으며, 洗宅 목간은 어느 정도 윤곽이 드러나 있는 것이다.

洗宅 목간인 185번 목간은 辛番도 포함되어 있어서 오리무중의 辛番을 해결하지 않으면 안 된다. 辛番을 해결하기 위해서는 辛자가 최초로 나온 창녕 계성리 고분의 토기 명문부터 그 실마리를 찾지 않으면 안 된다. 금석문이나 목간에서 그 답은 항상 가까이에 있다는 점을 상기하면서 논지를 전개해 가려고 한다.

여기에서는 먼저 洗宅 목간의 지금까지의 연구에 대해 살펴보기로 하겠다. 다음으로 191번 목간에 대해 살펴보겠다. 그 다음으로 보고서 1번 목간에 대해 살펴보겠다. 마지막으로 185번 목간에 대해 살펴보겠다.

2. 지금까지의 연구

　1975년에 문화공보부 문화재관리국 경주문화재발굴조사단에 의해 조사된 월지 목간을 처음 1978년에 소개한 『안압지발굴조사보고서』에서는[1] 월지 목간에 관부명으로는 세택이 유일하다고 지적하였다. 세택은 '內省에 예속되어 있던 侍從 및 秘書·文筆 담당 기관'으로 보았다. 그리고 목간의 연대가 경덕왕대에 해당되는 것에 주목하여 경덕왕 정치개혁이 洗宅과 같은 文翰기구를 중심으로 단행되었다고 추정하였다.[2]
　2012년 이후에 세택이 주목을 받고 있으며, 文翰기구설을 비판하여 목간의 내용 검토를 통해서 궁중의 잡역을 수행했다는 주장이 나왔다.[3] 여기에서는 월지 목간에는 8세기 중후반의 세택 모습이 반영되어 있다고 하여 '궁중의 잡역을 수행했던 하급의 내정관부'였으며, '국왕과 왕실 가족의 일상적인 궁중생활을 뒷바라지하는 하급의 供奉機構'로 규정했다. 그리고 9세기 후반에 文士的 소양을 가진 신료가 배속되면서 시종·문한기구로 탈바꿈하였다고 시기적 변화를 강조하였다.
　위의 견해를 적극적으로 수용하면서 월지 목간의 연대를 8세기 중·후반으로 한정할 수 없다고 하면서 '宮內의 雜役은 시종 洗宅=中書省의 기본적인 職掌'이었고, 唐의 환관기구였던 內侍省에 대응되는 기관으로 보았다.[4]
　이러한 주장들에 대해서 종래의 통설을 지지하는 가설이 나왔다.[5] 곧 세택은 하급의 궁중잡역이 아니라 국왕을 위한 중요한 업무를 했다고 해석하고 시종과 시종의 기능을 수행하는 국왕과 동궁의 측근기구라는

---

1) 문화공보부 문화재관리국, 『안압지발굴조사보고서』, 1978.
2) 문화공보부 문화재관리국, 앞의 책, 1978, 292~296쪽.
3) 이문기, 「안압지 출토 木簡으로 본 新羅의 洗宅」 『한국고대사연구』 65, 2012 ; 이문기, 「新羅 洗宅(中書省)의 機能과 官制的 位相의 變化」 『역사교육논집』 51, 2013.
4) 이재환, 「新羅의 宦官 官府에 대한 試論-洗宅(중서성)의 성격에 대한 재검토-」 『목간과 문자』 21, 2018.
5) 김수태, 「통일신라시대의 洗宅 재론」 『영남학』 73, 2020.

통설적인 가설이 여전히 유효하다고 했다.

3. 191번 목간

월지 출토 목간의 洗宅에는 인명＋관등명이 나오지 않는 데 대해서 그 이유를 밝히지 않았다. 그러한 예가 있는지도 살펴보지 못하고서 세택을 하급의 관부로 치부했다. 인명＋관등명이 없이 관직명만 나오는 예를 제시하면 하남 이성산성 목간이 있다.

전면：戊辰年正月十二日朋南漢城道(使)~(缺失)
측면：湏城道使村主前南漢城火△~(缺失)
후면：△△浦△△△△△~(缺失)

이를 해석하면 '668년 정월 12일에 벗인(또는 벗과) 남한성도사와 ~와 수성도사와 촌주는 남한산성의 벌 앞에서 ~했다가 된다.'
실제로 『삼국사기』 권38, 잡지7, 직관지 중에

洗宅 景德王改爲中書省 後復故 大舍八人 從舍知二人
洗宅 大舍四人 從舍知二人

이라고 나온다.
그러면 191번 목간에 대한 판독문부터 살펴보기로 하자.

보고서　　(앞면)△寓(?)洗宅(?)　(뒷면)△審寫(?)洗宅△
이기동　　(앞면)寓(?)洗宅寶(?)　(뒷면)寫(?)洗宅
고경희　　(앞면)△寓(?)洗宅(?)　(뒷면)△審(寫?)洗宅△

박방룡　　　(앞면)寓(?)洗宅寰(?)　(뒷면)寫(?)洗宅
이용현　　　(앞면)△洗宅△　　　 (뒷면)△洗宅△
이문기　　　(앞면)△賣洗宅處　　 (뒷면)△賣洗宅處
橋本繁　　　(앞면)曹洗宅家　　　 (뒷면)曹洗宅家
김창호　　　(앞면)寓(?)洗宅寰(?)　(뒷면)寫(?)洗宅

이를 해석하면 '머물기를 세택의 畿內 땅에, 쓰기를 세택이라고 한다.'가 된다.[6] 이를 부찰로 보기도 한다.[7] 이를 「△賣洗宅處」로 읽어서 '△이 세택이라는 곳에 판다.'라는 뜻으로 보았다. 그리고 某處나 某人이 어떤 물품을 세택에게 팔았다는 사실이 기록되어 있음으로 물품 구입처가 세택임을 판매자가 기록하여 판매했던 물품을 매달아 두었던 부찰로 보았다.

4. 보고서 1번 목간

보고서　(앞면) 洗宅呈二輿四像(?)一頭△△△△△木(等?)松(?)△
　　　　(뒷면) 十一月七日典(其?)壹(臺?)思林
이기동　(앞면) 洗宅 呈二輿四像(?)一頭(이하 5자미상)木(等?)松(?)
　　　　(뒷면) 十一月七日典(其?)壹(臺?)思林
고경희　(앞면) 洗宅 呈二輿四像(?)一頭(이하 5자미상)木(等?)宋(?)△
　　　　(뒷면) 十一月七日典(其?)壹(臺?)思林
박방룡　(앞면) 洗宅 呈二輿四像(?)一頭(이하 5자미상)木(等?)松(?)△
　　　　(뒷면) △△十一月七日典(其?)壹(臺?)思林

---

6) 이를 김창호,「경주 월지 출토 목간의 洗宅」『한국고대의 금석문과 목간』, 2024와 김창호,「경주 월지 목간의 洗宅에 관등명이 없는 까닭」, 2024에서는 曹洗宅家(191번 앞면) 曹洗宅家(191번 뒷면)으로 판독했으나 잘못된 것이다.

7) 이문기, 앞의 논문, 2012, 179~182쪽.

이용현   (앞면) 十一月卄七日 典臺 思林

(뒷면) 洗宅△二興四十一頭△△△△△木△△△

이문기   (전면) 洗宅白之 二興前四△子頭身沐浴△△木松茵

(좌측면) △迎△入日△了

(후면) 十一月卄七日典左 思林

윤선태   (전면) 洗宅白之 二典前四△子頭身沐浴△△木松茵

(좌측면) △迎△入日△△

(후면) 十一月卄七日典△ 思林

橋本繁   (전면) 洗宅白之 二典前四△子頭身沐浴△△木松茵

(좌측면) △迎△入日△△

(후면) 十一月卄七日典左 思林

김창호   (전면) 洗宅白之 二典前四△子頭身沐浴△△木松茵

(좌측면) △迎△入日△△

(후면) 十一月卄七日典大舍 思林

전면과 좌측면을 어떻게 해석하는가에 따라 세택 목간의 궁중의 잡역을 수행했던 하급의 내정관부인지 아니면 문한기구인지를 밝힐 수가 있다. 四△子는 '어떤 동물의 새끼 네 마리'이며, '머리와 몸을 물로 깨끗이 씻었다.'고 해석하고 좌측면의 마지막 글자를 了로 판독하여 소나무로 만든 목제 깔개를 세택이 받아들여 어떤 행위를 마쳤다는 의미로 해석했다, 이 목간은 이들 두 가지 업무를 수행한 세택이 업무 완료를 보고하는 전달문서이고, 세택이 궁중의 잡역을 담당하는 증거로 보았다.8) 四△子를 어떤 동물의 새끼로 보는 것에는 부정적이나 씻거나 씻기는 행위와 관련된 용품과의 관련성을 추정할 수 있다고 하여 세택이 관련된 업무를 다른 典과 연계하여 담당했다고 추정했다.9) 앞면의 四△子는 四(王)子로 복원해 '세택의 (△△

---

8) 이문기, 앞의 논문, 2012, 182~188쪽 및 194쪽.
9) 이재환, 앞의 논문, 2018, 214쪽.

△大舍가) 二典에 아뢰기를 네 사람의 왕자가 頭身 목욕을 하고 몸을 닦고서 소나무로 된 깔개에 (눕혔었습니다.)'로[10] 해석된다. 계속해서 좌측면은 파실이 심하여 해석이 어려우나 '맞아서 들어오는 날은 △일이다.'가 된다. 뒷면에서는 典이 나와서 이를 고신라의 예를 제시하면 다음과 같다. 월성해자 신8번 목간을 판독하고 해석하여 제시하면 다음과 같다.

제1면 △△年正月十七日△△村在幢主再拜△淚廩典△岑△△
제2면 △喙部弗德智小舍易稻參石粟壹石稗參石大豆捌石
제3면 (并)△金川一伐上內之所白人登彼礼一尺文尺智重一尺

△△年 正月十七日에 △△村在幢主가 △淚한 廩典에 再拜해서 △岑△△했다. (沙)喙部 弗德智 小舍가 稻(벼) 參石과 粟(조) 壹石과 稗(피) 參石과 大豆(콩) 捌石을 아울러 바꾸었다. 金川 一伐은 上(△△村)에서 內(신라 6부)로 갔다(지방민이면서 중앙의 일을 했다는 뜻이다). 所白人은 登彼礼 一尺이고, 文尺은 智重 一尺이다.

기존에 월성해자 출토 목간12번에 典大等이 있었는데 신발견 목간신3번에서는 典中大等이 나왔다. 두 목간의 전문을 제시하면 다음과 같다.

四月一日典大等教事
勺舌白故爲△教事△△
△△△△△△△△(월성해자 출토 목간12호)

이를 해석하면 4월 1일에 典大等이 教事했다. 勺舌하여 아뢴 까닭으로 教事했다.

---

10) 이 구절의 해석으로 세택이 궁중의 잡일을 하는 사람이 아니라는 강력한 증거가 될 수가 있다. 세택의 성격이 문한기구로 본 가설에 따르고 싶다.

제3절 경주 월지 출토 洗宅 목간의 해석 문제 55

典中大等赴告沙喙及伐漸典前
阿尺山△舟△至△愼白△△
急陞爲在之
文人周公智吉士 ● (월성해자 출토 목간신3번)

阿尺을 외위로 보고 있으나[11] 文人周公智吉士에 따를 때, 文人(직명), 周公智(인명), 吉士(관등명)가 되어서 외위는 아니다. 특히 文人(직명)은 직명인 文作人(대구무술명오작비), 書尺(남산신성비 제1·2비), 文尺(남산신성비 제4비)와 같이 출신지명이 생략되는 전형적인 고신라(6세기 후반)의 인명 표기이다. 이를 해석하면 '典中大等이 사탁(부) 급벌점전의 앞에 赴告했다. 阿尺山△에 배가 이르러 삼가 아룁니다. 급히 막음이 있었다고 하셨다. 文人(직명)周公智(인명)吉士(외위명)가 썼다'가 된다.
목간 12호의 전대등과 목간신3호의 전중대등은 동일하다고 판단된다. 551년의 명활산성비의 郡中上人과 591년의 남산신성비 제9비의 郡上人은 동일하기 때문이다. 남산신성비 제2비의 郡中(上人)과도 郡上人은 동일하다. 따라서 典大等과 典中大等은 동일하다. 후면을 해석하면 '十一月卄七日에 典大舍 思林이다.'가 된다.

5. 185번 목간

보고서　　　　△立迷急得附(?)高城墟(?)(武?)
이기동　　　　立(?)迷急得隋(?)高城△正(武?)
고경희　　　　△立迷急得(?)高城墟(?)　(武?)墨書

---

11) 윤선태, 「월성 해자 목간의 연구 성과와 신출토목간의 판독」, 『동아시아 고대 도성의 축조의례와 월성해자 목간』(한국목간학회 창립 10주년 기념 국제학술회의), 2017, 76쪽.

이성시   △送急使牒高城塩走
이용현   △送急使牒高城塩(혹은 繼)走
박방룡   △立迷急得(借)高城 △疋
               辛△△△△△△
윤선태   (앞) 辛[丑]△△△△△
               (뒤) △迷急使牒高城[驢]一疋
이용현2안   △送遣使牒高城塩走
               辛審院宅△△△一品(伸)上
윤선태 2안   △送遣使條高城醢缶
               辛審洗宅△△瓮一品仲上
이용현 최종안 △遣急使牒高城塩(繼)走
               △△ △△
橋本繁안   辛審洗宅△△瓮一品仲上(앞면)
               △遣急使條高城醢缶(뒷면)
김창호   ① △迷急使牒高城塩疋(앞면)
               ② 辛審洗宅△△瓮一品仲上(뒷면)

먼저 辛에 대해 조사해 보자. 辛과 관련된 大干에 대한 연구는 이들이 모두 중소형고분에서만 출토되고 있는 점이 중요하다. 먼저 大干에 대한 연구는 이들이 모두 중소형고분에서만 출토되고, 『삼국사기』권39, 잡지8, 직관 中, 瓦器典조에는 瓦器典 景德王改爲陶登局 後復故 干一人 史六人에 소속된 도공 감독자의 직명이 干인 점을 근거로 대간을 토기를 만드는 장인의 우두머리로[12] 보았다.[13]

---

[12] 干은 瓦器典의 관리일 뿐, 토기를 만드는 기술자는 아니다. 이에 대해서는 김창호, 「경주 성건동 677-156번지 출토 토기 명문」, 『고구려와 백제의 금석문』, 2022 참조.

[13] 西谷 正, 「朝鮮三國時代の土器の文字」, 『古代のアジア』, 1991, 376쪽.

뒤이어서 大干을 계성고분군을 만든 창녕의 재지 족장으로 보아야 한다는14) 주장이 나왔다.15) 신라에서는 그러한 유례를 찾을 수가 없고, 대가야의 大王명유개장경호와 같이 창녕 지방의 재지 족장의 칭호로 보아야 한다는 주장이다.16) 이는 창녕 지방의 정치적 특수성을 강조하면서 상당 기간 독자적 세력으로17) 볼 수 있다는 것이다.18)

이에 대해 명문토기가 주로 중소형고분에서 출토되는 점과19) 아울러 출토 토기의 편년이 6세기 중엽을 소급하지 않는 점과20) 干의 원형은 干支이며, 6세기 중엽이 지나야 支가 탈락되어서 干으로만 표기되는 점을 근거로 창녕 지방의 상당 기간 독자세력설에 의문을 제기하고 있다.21)

먼저 재지족장의 칭호로 파악하는 것은 같지만 시기와 의미를 달리한다는 견해가 있다.22) 여기에서는 창녕 지방의 정치세력을 교동고분군과 계성고분군으로 나누고 나서, 각각 신라에 병합된 이후에 각각 述干의 외위를 받았으나23) 계성고분에서 자체적으로 더 높은 大干을 창출해내어서 임의로 토기에 새겼다고24) 보았다. 6세기 중엽이 되면 교동고분군은

---

14) 재지족장이라면 중소형고분이 아니라 대형고분에 묻혀야하기 때문에 따르기 어렵다. 중소형고분의 피장자는 외위를 받지 못한 계층으로 보인다.
15) 武田幸男,「伽耶~新羅の桂城〈大干〉-昌寧·桂城古墳群出土土器の銘文について-」『朝鮮文化研究』 1, 1994, 65~73쪽.
16) 大王명유개장경호의 大王은 뚜껑과 몸통에 모두 大王이 거울 문자로 써져 있어서 대가야의 대왕과는 관련이 없고, 大干과 마찬가지로 신라의 외위도 받을 수 없는 계층으로 보인다.
17) 창녕 지방은 계성고분군이 사민정책의 일환으로 조성된 고분이라서 상당기간에 걸쳐서 신라에서 인정한 독사석인 세력으로는 보기가 어렵다.
18) 백승충,「문헌을 통해 본 고대 창녕의 정치적 동향」『고대 창녕지역사의 재조명』, 2011, 52~53쪽.
19) 김재홍,「신라 왕경 출토 명문토기의 생산과 유통」『한국고대사연구』 73, 1992, 259쪽.
20) 신식렬,「창녕지역출토토기명문'大干'의 섬보」『시억과 억사』 3, 1997, 104쪽.
21) 주보돈,「한국 고대의 토기명문」『유물에 새겨진 고대문자』, 1997, 12~15쪽.
22) 선석렬, 앞의 논문, 1997, 111쪽.
23) 교동고분군과 계성고분군에서 각각 述干이란 외위를 받았다는 증거가 없어서 추측의 단계를 벗어나지 않고 있는 점이 문제이다.

사라지고 없을 때이고, 6세기 중엽에 창녕 계성고분군은 축조의 절정기이라서 문제이다.

이보다 신라에 영속된 성격을 보다 강조한 가설도 있다.[25] 여기에서는 원래의 칭호인 干支에서 干으로 변화한 것을 신라 관등의 표기와 연관이 있다고 보고, 大干을 干群외위의 분화 과정에서 생긴 上干의 이칭으로 보았다.

2020년 창녕 계성고분에서 출토된 명문토기를 집대성하여 大干으로 판독할 수 없으며, 辛으로 판독해야 된다는 가설이 나왔다.[26] 여기에서는 창녕 지역의 족장의 휘호가 아니라 의례용 토기라고 보았다.

창녕 계성고분군은 창녕군 계성면 계성리, 명리, 사리에 걸쳐서 위치한 대규모 고분군으로 2019년 2월 26일에 사적 547호로 지정되었다. 대체로 대형고분이 중심에 있는 서쪽의 계남리고분군과 동쪽의 사리고분군·명리고분군으로 나누어지며, 직경 20m 이상의 대형고분 10여 기를 포함하여 모두 261기의 봉토분이 산재해 있다.[27]

1917년 처음으로 고분에 대한 분포도가 조선고적조사연구회에 의해 작성되었고, 1967년 문화재관리국에 의한 5호분의 발굴을 시작으로 여러 차례 발굴조사가 이루어졌다.

1976년에 구마고속도로 건설을 계기로 사리고분군 쪽에 대한 발굴조사가 이루어졌는데 해당지역을 A, B, C지구로 나누어, C지구 전체와 A·B지구 중 도로구간에 포함된 일부분을 발굴하였고, 이때 이른바 大干명토기가 처음으로 알려졌다.[28] A지구 6호분 옆에서 나온 옹관묘를 구성했던 鉢形토기에 보고서에 六干으로 판독되는 명문이 확인되었으며,[29] B지구 1호분의

---

24) 토기와 기와는 관수관급제이기 때문에 함부로 大干 등의 글자를 새길 수는 없다.
25) 주보돈, 앞의 논문, 1997, 58쪽.
26) 홍승우, 「창녕 계성 고분군 출토 토기 명문의 재검토」 『신라문화』 57, 2020.
27) 박천수, 『비화가야』, 2019 ; 하승철, 「창녕 계성고분군의 성격과 정치체의 변동」 『야외고고학』 18, 2013.
28) 정중환·정징원·김동호·심봉근, 『창녕계성고분군발굴조사보고서』, 1977.

접시에서 辛자가 보이고,30) 10호분에서 출토된 뚜껑달린굽다리접시(有蓋高杯)의 뚜껑에 大자가, 굽다리접시에 辛자가 새겨져 있음을 보고하고 있다.31) C지구 3호분에서는 小甁토기에도 명확히 판독하지는 않았지만 六干이나 辛자가 새겨져 있다고 보고하였다.32) 이밖에 B지구 5호분에서 末자가 있는 小甁모양토기,33) C지구 3호분에서 巾자가 새겨진 굽다리접시가 출토되었다.34)

    1994년 구마고속도로 확장 공사 때문에 부산대학교 박물관에서 긴급발굴조사를 하였는데,35) A지구와 B지구의 남은 부분을 조사하였다. 이번 발굴에서도 A지구 13호분에서 나온 뚜껑과 고배, B지구 40호분에서 출토된 고배에서 비슷한 자형의 명문이 확인되어서 이를 大干으로 판독하였다.36) B지구 27호분에서 단경호에 辛자가 있다고 판독했다.37)

    1998년 국도 5호선의 확장공사 등으로 명리고분군쪽에 대한 추가조사가 이루어졌는데, 1994년 조사지역의 동쪽 지역을 Ⅰ~Ⅳ지구로 나누어, Ⅰ·Ⅲ지구는 경남고고학연구소가, Ⅱ·Ⅲ지구는 호암미술관이 발굴하였다.38) Ⅰ지구 5호분의 대부호의 뚜껑과39) 20호분 주구의 유개고배에서,40) Ⅱ지구 8호분의 고배 2기와41) 33호분 굽달린 주발,42) 44호분의 뚜껑과 고배에서

---

  29) 정중환·정징원·김동호·심봉근, 앞의 책, 1977, 41쪽.
  30) 정중환·정징원·김동호·심봉근, 앞의 책, 1977, 281쪽에 유물 사진이 있다.
  31) 정중환·정징원·김동호·심봉근, 앞의 책, 1977, 297쪽에 유물사진으로 제시하고 있다.
  32) 정중환·정징원·김동호·심봉근, 앞의 책, 1977, 329쪽.
  33) 정중환·정징원·김동호·심봉근, 앞의 책, 1977, 153쪽 및 290쪽.
  34) 정중환·정징원·김동호·심봉근, 앞의 책, 1977, 329쪽 및 369쪽 및 410쪽.
  35) 부산대학교 박물관,『창녕계성고분군』, 1995.
  36) 부산대학교 박물관, 앞의 책, 1995, 27쪽 및 223쪽.
  37) 부산대학교 박물관, 앞의 책, 1995, 81쪽.
  38) 호암미술관,『창녕 계성 고분군(상)·(하)』, 2000 ; 경남고고학연구소,『창녕 계성 신라 고분군』, 2001.
  39) 경남고고학연구소, 앞의 책, 2001, 61쪽 및 63쪽 및 520쪽.
  40) 경남고고학연구소, 앞의 책, 2001, 111쪽 및 113쪽 및 548쪽.

도 六干 또는 大干이 발견되었다.[43]

　이렇게 계성고분군 중 사리와 명리고분군 지역에서 22점에 달하는 명문 토기가 출토되었는데, 가장 많이 나온 것은 大干이다. 이들 명문들은 다른 곳에서는 확인되지 않는 독특한 것으로 주목을 받아 왔다. 첫 발견 시점에서는 六干이나 辛으로 판독하였으나 大干으로 판독한 견해가 주류를 이루었다. 이를 도시하여 제시하면 다음의 〈표 1〉과 같다.

〈표 1〉 창녕 계성고분 출토 명문 일람표

연번	기존 판독	출토위치(무덤 지구와 번호)	토기의 종류	글씨방향
1	大干(六干)	A-6	鉢形土器(甕棺)	정
2		B-10②①과 세트]	有蓋高杯·高杯	정
3		C-3	小瓶	정
4		A-13	有蓋高杯·蓋	정
5		A-13	高杯	역
6		B-40	有蓋高杯·高杯	역
7		Ⅰ-5	有蓋臺附壺·蓋	정
8		Ⅰ-20	有蓋高杯·高杯	정
9		Ⅱ-8	高杯	정
10		Ⅱ-8	有蓋高杯·高杯	정
11		Ⅱ-33	臺附盌	정
12		Ⅱ-44	有蓋高杯·高杯	정
13	辛	B-1	杯	정
14		B-27	短頸壺	정
15		Ⅱ-44	蓋	정
16	卅	B-43	高杯	횡
17		Ⅲ-15	蓋	정
18	末	B-5	小瓶	정
19	巾	C-3	高杯	정
20	大	B-10①②와 세트]	有蓋高杯·蓋	정
21	A	Ⅰ-26	蓋	정
22		Ⅰ-26	有蓋高杯·蓋	정

---

41) 호암미술관, 앞의 책, 2000, 183~184쪽.
42) 호암미술관, 앞의 책, 2000, 407쪽 및 409쪽 및 412쪽.
43) 호암미술관, 앞의 책, 2000, 506쪽 및 513쪽 및 515쪽 및 517쪽.

창녕 계성 출토 토기 명문은 대개 3점 이상이 출토된 자료로 大干, 六干, 辛의 3종류가 있다. 그 밖에 卅, 末, 巾, 大, A의 글자와 문양도 있으나 그것은 소수이고, 주류는 大干, 六干, 辛이다. 大干, 六干, 辛에 대해서는 대개 六干은 大干과 같은 것으로 보아왔다.[44] 辛은 월지 등의 辛審龍王, 龍王辛審, 本宮審番, 辛番洗宅, 辛番東宮洗宅 등과 관련지어 왔다. 6세기 중엽의 창녕 계성고분의 辛자는 월지 출토의 辛자와 100년 이상의 시기적인 차이가 있고, 6세기 중엽 계성고분 출토 토기의 辛자는 辛으로 되어 있지 않다. 6세기 신라 금석문에서의 辛자는 㖋으로 되어 있다.

그렇다면 창녕 계성 출토 토기 명문의 辛자는 다른 글자일 가능성도 있는 듯하다. 먼저 창녕 고분에서 가장 많이 나오는 것으로 추정되는 大干은 누구나 판독이 가능한 글자이다. 그 다음에 나온 것으로 추정되는 六干도 누구나 大干과의 연장선상에서 판독이 가능하다. 마지막으로 나온 것으로 추정되는 辛자는 六干의 합자인 줄은 상상하기가 쉽지 않다. 곧 토기는 관수관급제라서[45] 토기의 생산은 관에서 주도하고 있다. 그 증거가 『삼국사기』, 잡지, 직관지에 瓦器典 景德王改爲陶登局이란 구절이 나와서 기와와 토기를 같은 곳에서 관장했음을 알 수 있다. 토기가 관에서 관장했기 때문에 大干을 새기고 싶어도 새길 수가 없다. 그래서 값을 치르고 새겼는데 안 된다고 하니까 六干을 새기고, 다시 안 된다고 하니까 값을 치르고 六干의 합자인 辛자를 새겼다. 문자명이 나온 고분의 축조 순서도 대체로 일부 중복이 되나 大干이 나온 고분→ 六干이 나온 고분→ 辛(六干의 합자)이 나온 고분의 순서일 것이다.

이들 문자가 나온 고분들은 6세기중엽 경으로 595년으로 추정되는 乙卯

---

44) 홍승우, 앞의 논문, 2020.
45) 918~935년의 넉넉잡아 5년간 사이의 어느 때에 만들어진 광주 선리에서 출토된 北漢受國蟹口船家草는 '北漢이 받은 나라의 蟹口의 船家의 기와.'로 해석된다. 北漢은 기와의 소비지가 되고, 蟹口의 船家가 기와 생산지가 된다. 이들은 나라의 통제를 받는다고 國자가 있다. 기와나 토기는 모두 관수관급제임을 알 수가 있다.

年於宿知迊干명이 나오는 於宿知迊干묘보다 앞서는 고분들이다. 모두가 신라의 외위를 받기를 갈구하던 때이다.[46]

여기에서 신라 경위제와 외위제를 제시하면 다음과 같다.

〈표 2〉 봉평비와 창녕비의 관등 복원

	창녕비				봉평비		
1	一伐干			1	一伐干支		
2	伊干			2	伊干支		
3	迊干			3	迊干支		
4	波珍干			4	波珍干支		
5	大阿干			5	大阿干支		
6	阿干			6	阿干支		
7	一吉干	1	嶽干	7	一吉干支	1	嶽干支
8	沙干	2	述干	8	沙干支	2	述干支
9	及伐干	3	高干	9	及伐干支	3	高干支
10	大奈麻	4	貴干	10	大奈麻	4	貴干支
11	奈麻	5	撰干	11	奈麻	5	撰干支
12	大舍	6	上干	12	大舍帝智	6	上干支
13	舍知	7	干	13	舍知帝智	7	下干支
14	吉士	8	一伐	14	吉之智	8	一伐
15	大烏	9	一尺	15	大烏帝智	9	一尺
16	小烏	10	彼日	16	小烏帝智	10	彼日
17	造位	11	阿尺	17	邪足智	11	阿尺
경위		외위		경위		외위	

그래서 신라의 외위인 嶽干·述干·高干·貴干·上干·干 등은 모칭할 수가 없고, 외위에 없는 大干을 모칭했다. 중소형고분의 피장자인 이들은 대형고분의 피장자는 외위를 받았기 때문에 大干 등을 모칭할 필요가 없다. 이 大干은 피장자 등과 토기를 만드는 감독자인 관리가 함께 저지른 비리로 짐작된다. 문제는 누가 토기에 글씨를 썼느냐 하는 점이다. 무덤의 피장자

---

46) 신라의 외위의 소멸시기를 『삼국사기』 40, 잡지9, 외위조에 674년에 외위가 없어진 것으로 되어 있으나 673년 계유명아미타삼존불비상에 백제의 유이민에게 경위를 주고 있어서 673년에 이미 외위가 소멸된 것으로 보아야 할 것이다. 591년에서 673년 사이의 지방민이 나오는 인명 표기가 없어서 외위의 소멸 시기를 정확히 알 수가 없다.

제3절 경주 월지 출토 洗宅 목간의 해석 문제   63

이냐? 아니면 토기 감독자이냐가 문제이다. 창녕이 신라에 편입된 시기 이후에 있어서 창녕 출신의 신라 지방민이 글씨를 썼을 가능성이 클 것으로 짐작된다. 결국 辛자는 大干의 뜻으로[47] 창녕 출신의 신라 지방민이 만든 신라 國字로 보인다.

신라의 국자는 고상가옥인 창고를 나타내는 椋(경), 탈곡한 벼를 나타내는 丑, 탈곡한 보리를 나타내는 失, 소금생산자를 나타내는 奴 등이 있다.[48] 이들이 어떻게 국자로 만들어졌는지는 알 수가 없으나 辛은 그 경과를 알 수가 있다.[49] 결국 大干=六干=辛으로 辛자는 신라에서 만들어진 그 경과순서를 알 수 있는 최초의 국자이다.

월지 185번 목간을 해석할 차례가 되었다. 이의 해석을 위해 먼저 전문부터 다시 한 번 제시하면 다음과 같다.[50]

△迷急使牒高城壅卍　　(앞면)
辛番洗宅△△瓮一品仲上 (뒷면)

이를 해석하면 '…하고[51] 헤매는 급한 使者의[52] 書牒을 高城의 壅卍가[53]

---

47) 그러나 大干=六干=辛=큰 우두머리의 뜻으로 계성 중소형고분의 주인공들이나 결코 외위를 가질 수 없는 계층이다. 외위를 가질 수 있는 계층은 대형 고분의 피장자로 보인다. 외위는 가장 밑의 阿尺부터 가장 위의 嶽干까지 중관등제가 없어서 干군과 비간군의 구분이 신분제에 반영되지는 않는 것 같다. 왜냐하면 간군은 嶽干, 述干, 高干, 貴干, 撰干, 上干, 干의 7관등이나 되고, 비간군은 一伐, 一尺, 彼日, 阿尺의 4관등뿐으로 신분제가 보통 피라미드형인 셈과는 자이가 너무나도 크게 나기 때문이다.
48) 이에 대해서는 김창호, 「한국 고대 國字 椋·失·丑·奴에 대하여」 『한국고대의 금석문과 목간』, 2024.
49) 이 밖의 한국고대 국자에 대해서는 윤선태, 「고대 목간 및 금석문에 보이는 고유한자의 양상과 구성 원리」 『동양학』 80, 2020 참조.
50) 하시모토 시게루, 「월지(안압지) 출토 목간의 연구 동향 및 내용 검토」 『한국고대사연구』 100, 2020에서는 앞면과 뒷면을 바꾸어서 판독하고 있다.
51) 이를 '당황하고'로 복원해 해석하면 어떨지 모르겠다.
52) 急使를 백미선, 「백제 무령왕릉대의 急使」 『사림』 65, 2018, 125~126쪽에서는

大干(=六干=辛=큰 우두머리)의 차례가 되어서 洗宅(인 大舍)에게 △△瓮一品仲(과 같이) 바쳤다.'가54) 된다.55)

왕에게 직속된 존재이고, 왕에게 위임을 받은 권위를 바탕으로 직접 고성에 가서 왕의 명을 수행하여 물품을 가져왔음을 알 수 있다고 했으나 急使는 송산리 6호분에서도 나오며, 무령왕릉에서는 使才, 中方, 上方 등도 나와서 塼을 쓰는 위치를 가리킬 가능성이 크다. 왜냐하면 急使라면 전돌에 써서 구워서 표시하지는 않았을 것이기 때문이다.

53) 이를 醓缶로 읽어서 윤재석편저, 『한국목간총람』, 2022, 235쪽에서 전면과 후면에 각각의 다른 시기의 목간으로 보기도 하나 이는 어디까지나 월지의 목간이므로 일본식으로 풀어서는 안 된다고 판단된다. 甕缶로 읽어서 앞면과 뒷면을 동일한 시기의 것으로 보고 풀이해도 해석이 잘된다. 앞면과 뒷면이 있는 목간에서 그 시기를 달리하는 목간의 확실한 예가 한국 고대 목간에서는 그 유례가 거의 없어서 따르기 어렵다. 그러면 이 185번 목간을 일본식으로 읽어서 해석해 보기 위해서 전문을 다시 한번 제시하면 다음과 같다.
△迷急使牒高城醓缶(앞면)
辛番洗宅△△瓮一品仲上(뒷면)은 '…하고, 헤매는 급한 使者가 (또는 의) 書牒을 高城의 醓缶에 바치고(주고), 큰 우두머리가 차례인 洗宅(인 大舍)에게 △△瓮 一品仲과 같이 바쳤다.'가 된다. 아니면 '…하고, 헤매는 급한 使者가 (또는 의) 書牒을 高城의 醓缶에게 주었다. 큰 우두머리가 차례인 洗宅(인 大舍)에게 △△瓮 一品仲을 바쳤다.'가 된다. 또는 牒자가 條자라면 '…하고, 헤매는 급한 使者가(또는 의) 조건을 高城의 醓缶에게 알렸다(또는 使者가 알린 조건은 高城의 醓缶[술잔과 장군이다). 큰 우두머리의 차례인 洗宅에게 △△瓮 一品仲을 바쳤다.'가 된다. 高城이 술잔과 장군을 만드는 유명한 도요지가 아니기 때문에 어딘가 이상하다. 高城이라고 적힌 최북단의 신라 영토에서 월지에까지 와서 폐기된 이 목간을 주목할 필요가 있다. 곧 앞면을 △迷急使牒高城甕缶 로 읽어서 뒷면의 辛番洗宅△△瓮一品仲上과 연결시켜서 해석할 필요가 있다. 이 185호 목간만은 缶를 缶로 읽어서는 해석이 어렵다.

54) 缶자가 나오는 다른 월지 목간에 대해서도 살펴보기로 하자.
월지 212번 목간
庚子年五月十六日(앞면)
辛番猪助史缶(뒷면)은 '경자는 5월 16일에 큰 우두머리의 돼지젓갈을 담은 장군'이 된다.
월지 222번 목간
三月卄一日作獐助史缶(肆)는 '3월 21일에 만들었다. 노루젓갈을 담은 장군은 4번째이다.'가 된다.

55) 이를 김창호, 『한국 고대 목간』, 2020, 283쪽에서는 '△米가 急使牒을 高城의 甕缶에게 내렸는데, 辛審洗宅에 △△瓮一品 곧 仲上(品)을 가져오라'는 것으로 해석했으나 이는 辛자가 큰 우두머리란 뜻의 국자임을 모르고 해석하여서 잘못된

6. 맺음말

먼저 지금까지의 견해에서는 세택을 문한기구로 보아왔으나 하급시종기구나 내시기구로 본 가설도 나왔으나 시종·문한기구설을 지지하였다.

191번 목간에서는 (앞면)寓(?)洗宅寰(?) (뒷면)寫(?)洗宅으로 판독하고, 이를 '머물기를 세택의 畿內 땅에, 쓰기를 세택이라고 한다.'로 해석하였다.

보고서 1번 목간에서는

(전면)　　洗宅白之 二典前四△子頭身沐浴△△木松茵
(좌측면)　△迎△入日△△
(후면)　　十一月卅七日典大舍 思林

으로 판독하고, 이를 '세택이 아뢰기를 二典에게, 네 사람의 왕자가 頭身 목욕을 하고 몸을 닦고서 소나무로 된 깔개에 (눕혔습니다.) 맞아서 들어오는 날은 △일이다. 一月卅七日에 典大舍인 思林이다.'가 된다.

185번 목간은

△迷急使牒高城壅正　　　(앞면)
辛番洗宅△△瓮一品仲上　(뒷면)

로 읽고서, 이를 해석하면 '…하고, 헤매는 급한 使者의 書牒을 高城의 壅正가 大干(=六干=辛=큰 우두머리)의 차례인 洗宅(인 大舍)에게 △△瓮 一品仲(과 같이) 바쳤다.'가 된다.

것이다.

제2장

고신라 지방 목간

제1절 대구 팔거산성의 王私
－함안 성산산성 목간의 王私와 함께－

1. 머리말

고신라 시대의 목간은 경주를 중심으로 하는 왕경 목간과[1] 산성에서 주로 출토되는 지방 목간으로 2분할 수가 있다. 고신라 지방 목간은 함안 성산산성, 김해 양동산성, 하남 이성산성, 부산 배산산성, 대구 팔거산성 등이 그 예이다. 지방 목간 고신라의 목간 가운데 산성에서 출토되지 않는 예는 경산 소월리 목간이[2] 있다. 산성은 퇴뫼식산성이든[3] 포곡식산성이든[4] 상관없이 반드시 물이 필요하다. 물은 저습지나 샘에서 취득하며, 무기와 식량 등과 함께 반드시 필요하다. 산성에서 목간이 나오는 곳은 대개 저습지 유적이다.

함안 성산산성에서 출토된 253점의 목간은[5] 삼국시대 목간의 절반이상을 차지하고 있다. 성산산성에서와 같은 다량의 목간 유물이 나오는 예를 다시는 기대할 수가 없을 것이다. 성산산성 출토 목간에 대한 연구는 다 끝난 것이 아니라 이제 시작에 불과하나. 그 좋은 예가 그냥 시녕 정도로 보아온 王私를 심도 있게 연구한 본격적인 논문이 나온 것은 2022년

---

1) 월성해자 출토 목간과 월지 출토 목간이 유명하다.
2) 甘末谷 등이 지명 10여 개와 田, 畓 등의 토지 종류와 結, 負의 토지 면적이 나온다.
3) 한 산봉우리의 8부 능선 근처를 둘러싼 비교적 작은 산성이다.
4) 산봉우리와 골짜기를 합쳐서 둘러싼 산성으로 비교적 큰 산성이다.
5) 253점의 성산산성 목간은 고대의 한국 목간 가운데 가장 유명하다.

의 일이다. 목간에 대한 논문은 대부분이 묵서 판독에 지면을 할애하고 있다. 목간 판독에 절대적으로 필요한 적외선 사진과 그 설명을 제외할 때 논문의 지면은 원고지로 70매 채우기도 어렵다.

함안 성산산성 목간은 경산 소월리 유적 목간을 제외할 때 대부분이 인명 표기이다. 간혹 이를 잘못 끊어 읽는 예가 있었다. 함안 성산산성 목간 가운데 仇利伐 목간에서만[6] 나오는 奴人 목간의 奴人이 앞사람에 붙는 관등명류임에도 뒷사람에 붙는 것으로 보아서 노비로 해석하기도 한다. 奴人은 간혹 나오는 외위명과 함께 앞사람에 붙기 때문에 奴人을 노비라고 해석할 수가 없다. 奴人 다음에 나오는 사람이 노비일 가능성이 없고, 짐꾼이므로 奴人 목간에서의 노비설은 문제가 된다.

아직까지 고신라 목간의 연구는 걸음마 단계이다. 목간에 대한 심도 있는 연구라기보다는 목간의 판독과 소개에 그치고 있다. 깊이 있는 연구가 필요함에도 불구하고 목간의 판독에 대한 여러 가지 표시는 일본의 것을 따르고 있다. 같다는 표시가 신라식으로는 ㄹ 임에도 불구하고 일본식인 ヶ를 사용하고 있다.[7] 일본에서는 목간은 주로 7세기나 그 이후의 것이고, 우리처럼 6세기의 것은 거의 없다. 일본의 목간을 모른다고 한국의 삼국시대 목간을 연구할 수 없는 것도 아니다. 중국이나 일본의 목간 자료는 어디까지나 참고자료일 뿐이다.

한국 고대 목간은 한국목간학회가 조직되어 체계적인 연구를 하고 있다. 그래서 『목간과 문자』란 학회지도 1년에 두 번 내고 있다. 이 학회지가 신 출토 목간 논문을 모으고 있다. 신 발견 금석문 논문도 실리고 있다. 목간 논문은 발굴조사에서 나온 목간을 적외선 촬영의 결과 얻어진 것이다. 앞으로 발굴조사는 점차 증가하는 경향이므로 목간의 출토는 그 수가 증가할 것이다.

---

6) 이외에도 仇利伐 목간은 割書가 있는 점, 負가 있는 점, 本波, 阿那, 末那, 未那, 前那 등이 없는 점, 稗, 麥 등의 곡식 표시가 없는 점 등의 특징을 가지고 있다.

7) 短冊型이란 용어도 일본식 한자어다. 우리말로는 긴 사각형이 적당하다.

한국에서 목간을 전공하는 학자는 그렇게 많지 않다. 목간만을 전문적으로 연구하는 학자가 일본에는 많다. 중국에도 많다. 아직까지 우리 목간 자료의 출토량은 중국이나 일본에 비해서 무척이나 적다. 우리나라의 목간은 5세기로 올라가는 것은 거의 없다. 전부가 6세기나 그 이후의 것이다. 목간 연구의 가장 큰 문제는 정설이 없다는 것이다. 함안 성산산성 목간만 하더라도 532년설, 540년경설, 560년설, 592년설, 7세기 전반설로 나뉘고 있다. 성산산성 목간이 253점이나 되어도 여러 가설이 나오는데, 하물며 10점 미만이 나오는 산성 유적 목간의 경우는 더욱 여러 가설이 있을 수 있다.

여기에서는 먼저 대구시 북구 노곡동에 위치한 팔거산성의 고고학적인 환경을 살펴보겠다. 다음으로 지금까지 선학들의 연구에 대해 간단히 살펴보겠다. 그 다음으로 王私명문을 제시하겠다. 그 다음으로 王私의 의미에 대해 살펴보겠다. 마지막으로 石私의 의미에 대해 살펴보겠다.

2. 팔거산성의 고고학적 환경

목간이 출토된 대구 팔거산성은 대구시 북구 노곡동 산1-1번지 일대에 위치한다. 산성 인근에 동천동 취락 유적,[8] 팔달동 유적,[9] 칠곡 생활유적,[10] 구암동 고분군[11] 등 청동기시대부터 삼국시대에 이르는 주거지나 고분 유적이 조사되었다. 이 산성에 대한 지표조사는 1999년 대구대학교 박물관이 실시하였고,[12] 또 2015년에는 (재)영남문화재연구원 등에 의해 팔거산

---

8) (財)嶺南文化財硏究院,『大邱 東川洞 聚落遺蹟 본문1 본문2 사진』, 2002.
9) 慶北大學校博物館,『大邱 八達洞 遺蹟』, 1993 ; (財)嶺南文化財硏究院,『大邱 八達洞 遺蹟 I』, 2000.
10) 慶北大學校博物館,『大邱 漆谷 生活遺蹟』, 2006.
11) 嶺南大學校博物館,『鳩巖洞 古墳 發掘 調査 報告』, 1978 ; (財)嶺南文化財硏究院, 『大邱 鳩巖洞1號墳』, 2018.

성에 대한 학술 연구가 수행되었으며,[13] 2018년에는 (재)화랑문화재연구원이 시굴조사를 진행하였다. (재)화랑문화재연구원에서는 2020년 10월부터 발굴조사를 진행하였다. 먼저 시굴조사 결과 산성의 수구, 치,[14] 문지, 건물지, 추정 집수지, 축대, 성벽 등이 확인되었다. 그리고 발굴조사의 결과 삼국시대에서 통일신라시대에 이르는 석축 7기, 집수지 2기, 계단지, 배수로, 수구 등이[15] 발견되었다. 현재까지 고신라의 목간은 집수지 등 저습지 유적에서 출토되고 있는데, 주로 산성이 가장 많다. 그 예를 간단히 제시하면 다음의 〈표 1〉과 같다.

〈표 1〉 신라 산성 출토 목간 일람표

산성 이름	시기	숫자	유형	출토 시기
함안 성산산성	540년경	282[16]	하찰, 문서, 역역	1991~2016
대구 팔거산성	480년대	16	하찰, 문서, 역역	2021~2022
김해 양동산성	583년경	3	하찰	2018
하남 이성산성	668년경	14	문서	1986
부산 배산산성	675년경	1	문서	2017
안성 죽주산성	6세기 후반~7세기 전반	2	미상	2006~2010
서울 아차산성	6~7세기	1	미상	2015
남원 아막성	6~7세기	1	하찰	2020
창녕 화왕산성	9~10세기	4	주술	2002~2005
인천 계양산성	통일신라시대	2	논어 목간	2003~2005
장수 침령산성	9~10세기	1	문서 목간[17]	2016~2017

현재까지 팔거산성에서 출토된 목간은 총 16점이다. 이들 목간은 추정

---

12) 대구대학교 박물관, 『大邱 八莒山城 地表調査報告書』, 1999.
13) (재)영남문화재연구원·대구시 북구청, 「팔거산성의 구조적 특성과 학술적 가치」 『구암동 고분군·팔거산성의 문화유산 가치와 활용방안 학술대회 자료집』, 2016.
14) 고구려 산성의 한 가지 특징이다.
15) 산성에서 반드시 존재하는 우물에 대한 언급도 없다.
16) 이 숫자는 목간의 총수로 국사편찬위원회 한국사데이터베이스에 의한 것이고, 함안 성산산성 목간에서 묵서가 있는 수도 253점가량이나 된다.
17) 이 문서 목간의 전문은 '別道中在道使村~'으로 이를 해석하면 '다른 길에 있는(같은 편이 아닌) 道使와 村主 (등이 침입해 와서~)'로 해석이 가능할 듯하다.

집수지 2호에서 출토되었는데, 그 토층은 위쪽부터 4개의 토층으로 구성되어 있다. Ⅰ층은 집수지 2호 폐기 이후 함몰된 지형을 평탄화하기 위해 조성한 성토층이며, Ⅱ층은 집수지 폐기 이후 일정기간 방치되면서 생성된 자연퇴적층이다. 또한 Ⅲ층은 목재 구조물이 붕괴되는 과정에서 집수지 가장자리의 토사가 유입된 층으로 다량의 할석이 들어 있다. Ⅳ층은 목재 구조물 내부에 퇴적된 회청색과 회색 泥土層이다. 이 토층에서 단경호, 甕, 1단투창고배의 각부편 등이 출토되었다.[18] 특히 Ⅰ층에서 통일 무렵부터 제작된 印花紋土器 조각이 발견되었다. 이를 통해 통일 이전인 7세기 중엽을[19] 전후한 무렵 집수지가 폐기되었음을 알 수 있다.

3. 지금까지의 연구

목간을 최초로 가장 많이 직접 보고서 보고하는 학자는[20] 16점의 목간 가운데 묵서가 있는 10점의 목간을, 글자 낱낱의 적외선 사진을 공개하면서 그 판독문을 발표하였다. 壬戌年을 602년으로 보고, 丙寅年을 606년으로 각각 보고 문헌을 통해서 7세기 무렵 신라의 군사 및 행정체계 속의 팔거산성의 역할을 짐작하였다. 麥과 稻가 등장하므로 한 해의 상반기라기보다는 하반기라고 보았다. 下麥과 王私에 대해서도 주목하였다.

한국의 고대 목간으로 학위를 하고, 한국의 목간에 밝은 일본학자는[21]

---

18) 보통 산성에서는 기와가 출토되는데, 기와에 대한 언급은 없다. 이상한 일이다. 이는 팔거산성이 한 번도 군치가 된 적이 없는 점을 나타내주는 것일지도 모른다. 7세기 중엽부터는 지방의 관아나 산성에도 기와가 나타나는데, 이에 대한 언급이 없어서 이상하다. 7세기 기와를 팔거산성에서 보았다는 이동주 교수의 교시를 받았다.
19) 신라 기와에 있어서 지방에 기와가 들어가는 시기는 7세기이므로 팔거산성이 7세기 후반에 산성으로서의 그 기능을 잃었다면 기와가 나오지 않을 수도 있을 것이다.
20) 전경효, 「대구 팔거산성 출토 목간 소개」『목간과 문자』 28, 2022.

王私와 城下麥에 대해서 새로운 견해를 발표하였다. 王私는 왕사의 뒤에 공통적으로 촌명+인명이 나오니 이 촌명이 왕·왕실의 직할지이며 인명은 거기에 예속된 사람으로 보았다. 城下麥의 下자는 월성해자 신출토8번 목간과 정창원 좌파리가반 문서의 下에 의해 내린다는 뜻으로 해석했다.

한국 고대의 고문서와 목간에 밝은 학자는[22] 王私를 『삼국사기』의 私臣·私母에 주목하여 왕·왕실과 관련된 뜻으로 추정하였다. 또 王私의 뒤에 나오는 촌명을 왕·왕실의 직할지로, 인명을 거기에 예속된 사람으로 본 가설에 힘입어서[23] 王私의 私를 私屬人으로 해석하고, 이들은 노인 집단과 달리 천민 신분이 아니라고 보았다. 이들은 지방 촌락에 외거하면서 私屬 관계로 왕이나 왕족, 6부 세력, 지역 유력층에게 긴박되어 私를 공진하는 존재들이라고 보았다.[24]

2022년에 금석문을 전공한 사람에 의해서 팔거산성의 王私 목간과[25] 城下麥 목간에[26] 대한 전혀 다른 가설이 나왔다. 여기에서는 팔거산성 목간 14번의 뒷면 米一石私에 주목하고, 함안 성산산성 목간 2007-45번 등에 나오는 斗石과의 비교를 통해 王私를 많은 곡식을 생산하는 땅으로 보았다. 城下麥의 下자도 월성해자 신8번 목간과 정창원 좌파리가반문서의 새로운 해석을 통해 下의 반대의미로 예를 든 上자를 동사가 아닌 것으로[27] 보았다.

---

21) 하시모토 시게루, 「함안 성산산성 목간의 '王私'와 '城下麥'」 『신라사학보』 54, 2022.
22) 윤선태, 「대구 팔거산성 출토 신라 지방목간」 『신라학리뷰』 1, 2022.
23) 하시모토 시게루, 앞의 논문, 2022.
24) 가령 16번 목간 安居利干支 私 男谷村支之까지 干支私라고 해석 王私의 준범주에 넣고 있는 점은 따르기 어렵다.
25) 김창호, 「고신라 목간에 보이는 王私에 대하여」 『한국고대와전명문』, 2022.
26) 김창호, 「함안 성산산성 城下麥 목간의 재검토」 『한국고대와전명문』, 2022.
27) 上米를 쌀을 상납하다로 해석하면 한문식 해석 방법이지 이두식 해석 방법이 아니다. 정창원 좌파리가반 부속문서에 있어서 다른 한문식 해석 방법의 예가 없는 점도 문제이다.

2022년 한국고대의 율령으로 학위를 해서, 금석문, 목간, 문헌에 밝은 학자에 의해 팔거산성의 목간에 대한 논문이 나왔다.[28] 여기에서는 대구 지역의 『삼국사기』·『고려사』 등의 고기록과 고분군과의 비교 등으로 고고학적인 환경을 치밀하게 조사하였다. 그리고 王私의 私를 왕(실)의 사적 예속인으로 새롭게 인식하였고, 城下麥 목간의 下의 의미와 十五石, 十五斗石, 十一斗石 등의 의미에 대해 언급하였다.[29]

2023년 한국의 고대 목간으로 학위를 한 목간 전문가는 다시 대구 팔거산성의 목간에 대한 견해를 공포하였다.[30] 여기에서는 종래의 자신의 논지를 유지하면서 14번 목간을 本△△[　](앞면) 米一石稻(?)(뒷면)으로 판독하여서 많은 곡식을 생산하는 땅이란 가설을 입론의 여지가 없게 했다. 稻의 판독에는 뒷면 정면이 아니라 측면을 이용한 점과 왜 米一石稻(?)가 될 수 있는지에 대한 해명이 필요하다. 같은 곡물을 나타내는 벼를 도정한 것인 米와 탈곡하지 아니한 稻가 공존하고 있는데, 탈곡하지 아니한 벼를 수납한 관청은 없는 것이 문제이다.

2023년 위의 반론에 대한 비판이 나왔다.[31] 여기에서는 팔거산성 목간 14번의 뒷면을 米一石私로 판독하고서 王私를 많은 곡식을 생산하는 땅으로 해석하였다. 그리고 망성리요의 ##習部·##習部習명·#마크[32] 등의 기와 명문을 제시했다. 이 기와는 680년경으로 추정되고 있다.[33] 이들 기와

---

28) 홍승우, 「대구 팔거산성 출토 신라 목간 검토」, 『대구사학』 149, 2022.
29) 여기에서는 팔거산성 14번 목간 夲波部△△村△△△△(앞면) 米一石私(뒷면), 팔거산성 16번 목간 安居利干支 私 男谷村支之, 성산산성 9번 목간.石蜜日智私(앞면) 勿利乃(旡)花文稗(뒷면)(이를 石蜜日智와 私勿利와 乃(旡)花文이 낸 稗이다로 새로 해석한다.) 등을 준왕사로 보고 있으나 이들은 모두 쌀을 표시하는 하나치거나 지명이나 인명의 일부이다.
30) 하시모토 시게루, 「신라 지방제도와 목간-대구 팔거산성목간의 기초적 검토를 중심으로-」 『목간에 반영된 고대 동아시아의 법제와 행정제도』, 경북대학교 인문학술원 HK+학술단 제5회 국제회의, 2023.
31) 김창호, 「대구 팔거산성 출토 목간의 재검토」, 『고신라목간』, 2023.
32) 도교 벽사 마크라는 것은 일본의 지방 목간 전문연구자 平川 南의 가설이 유명하다. 이는 #자가 아니라 가로 세로로 세 줄씩 그은 九의 약체이다.

명문은 習比部를 가리키는 것으로 보고, 망성리 일대를 습비부로 본 가설이 있다.34) 망성리 일대에는 방리제의 흔적이 없어서 습비부라기보다는 습비부에 소속된 월경지로서의 부명으로 보는 쪽이 타당할 듯하다. 다음으로 보상화문전과 악부인동문암막새가 출토되어35) 한지부로 추정되고 있는 현곡 다경와요지가 있다. 다경와요지 출토로 짐작되는 전명이 있다. 月池에서 나온 雙鹿寶相華文塼片의 다음과 같은 銘文이 그것이다.

調露二年/漢只伐部君若小舍~/三月三日作康(?)~

이를 해석하면 다음과 같다.

調露 2年(680)에36) 漢只伐部의37) 君若 小舍가 (監督)했고, 3月 3日에 作康(?)이 (만들었다)

君若 小舍는 監督者이고, 作(康?)~는 製瓦匠의 人名이 된다.38) 이 명문에 나오는 월지와 그 주위에서는 漢只, 漢, 漢只伐部 등의 명문이 나온다. 이들 漢只 등 관련 기와 명문은 다경요에서 구워진 것으로 추정하고 있다. 그렇다면 다경 일대를 漢祇部의 월경지가 있었던 곳으로 볼 수 있다.39)

---

33) 월지에서 함께 나오는 調露二年명보상화문전의 연대인 680년에 근거하고 있다.
34) 조성윤, 「고고자료로 본 新羅六部의 범위와 성격」, 『신라문화유산연구』 2, 2018 참조.
35) 김성구, 「다경와요지 출토 신라와전소고」, 『미술자료』 33, 1983.
36) 종래 8세기 중엽으로 보아온 보상화문전의 연대를 680년으로 소급해 보게 되었다.
37) 漢只伐部란 부명은 673년 계유명아미타삼존불비상에서 사라져 있고, 신라에서 부명이 사라진 때는 662년 태종무열왕비이다. 이 한지벌부는 680년이므로 잔존 요소이다.
38) 이를 종래에는 調露二年漢只伐部君若小舍~三月三日作康(?)~(개행)를 調露二年(680)에 한지벌부의 군약소사가 三月三日에 지었다로 해석하고 있으나 이는 잘못된 해석으로 단 年號+인명표기로 구성됨을 분명히 밝힌 해석 방법이다.
39) 본피부에 소속된 현재의 모량리, 사탁부에 소속된 蘇豆古利村과 那音支村이 있던

따라서 14호 목간의 本彼部△△村의 판독은 정확하다고 사료된다.

2023년에 대구 팔거산성 목간에 관한 전론이 나왔다.[40] 여기에서는

  60(031)번 巴珎兮城下(麥)~   (앞면)
        巴珎兮村   (뒷면)
 2007-44(133)번 夷津支城下麥王私巴珎兮村 (앞면)
        弥次二石   (뒷면)

을 주목하고 있으나 양촌(60번의 巴珎兮村과 2007-44번의 巴珎兮村)에서 나오는 同名異稱일 뿐 아무런 의미가 없다. 480년대의 팔거산성 목간에서는 王私 목간이 巴珎兮村은 10점 가운데 3개로 30%나 되나, 540년대의 성산산성에서는 253점 가운데 5개로 2%가 되지 않는다. 기존 촌락 명칭인 巴珎兮村 대신에 王私巴珎兮村이 탄생했다고 보기[41] 어렵다. 성산산성의 목간은 잔존양태이기 때문이다. 王私巴珎兮村을 가변적인 명칭이라고 했으나[42] 잔존양태를 보이는 성산산성에서는 그렇게 보기가 어렵다.

4. 王私명문의 제시

이제 함안 성산산성 王私 목간 5점과 대구 팔거산성 王私 목간 3점을 해석할 차례가 되었다.

 현재의 포항 중성리 일대, 습비부에 소속된 현재의 망성리 일대, 중성리비의 두 개의 촌명이 나오고 啚이 두 개가 나온다. 이는 월경지로 볼 수가 있을 듯하나. 이에 대해서는 고를 달리하여 상론하고자 한다.
40) 이수훈, 「대구 팔거산성 출토 목간의 검토」, 『역사와 경계』 64, 2023.
41) 이수훈, 앞의 논문, 2023, 208쪽.
42) 이수훈, 앞의 논문, 2023, 208쪽.

성산산성 목간

2번　　　　甘文城城下麥甘文本波王私(앞면)　文利村知利兮負(뒷면)
　　　　　'甘文城(군명) 下의 麥은 甘文(군명) 本波(땅 이름)이고 王私(땅 이름)인 文利村(행정촌명)의 △利兮△가 낸 얼마이다.'

6번　　　　王私烏多伊伐支△負支
　　　　　'王私(땅 이름) 烏多(군명) 伊伐支(행정촌명)의 △負支이다.'

2006-25번　王私烏多伊伐支卜烋
　　　　　'王私(땅 이름) 烏多(군명) 伊伐支(행정촌명)의 卜烋이다.'

2007-44번　夷津支城下麥王私巴珎兮村(앞면)　弥次二石(뒷면)
　　　　　'夷津支城 下의 麥은 王私(땅 이름) 巴珎兮村(행정촌명)의 弥次가 二石을 낸 것이다.'

V-164번　　三月中鐵山下麥十五斗(앞면)　王私△阿礼村波利足(뒷면)
　　　　　'三月에 鐵山 下의 麥 十五斗를 王私(땅 이름) △阿礼村(행정촌명)의 波利足이 낸 것이다.'

팔거산성

3번　　　　(卯)年王私所利(珎)習△△麥石
　　　　　'~(卯)年(547년?) 王私(땅 이름) 所利(珎)習(행정촌명)의 △△가 낸 麥 1石이다.'

6번　　　　丙寅年(王私)△(分)△△休
　　　　　'丙寅年 (王私)(땅 이름) △(分)△(행정촌명)의 △休이다.'

15번　　　△村王私禾△△(之)
　　　　　'△村 王私(땅 이름) 禾△△(행정촌명)의 △(之)이다.'

5. 王私의 의미

王私와 비슷한 말로 法私가 695년 작성의 신라둔전문서에 나온다. B촌(薩下支村) 戶口 부분이 그것이다. 우선 관계 부분을 적기하면 다음과 같다.

合孔烟十五 計烟四余分二 此中仲下烟一余子
下上烟二余子 下仲烟五並余子 下ㆍ烟六以余子五 法私一

이 法私에 대해서는 일반적으로 法幢軍團과 관련되어 해석하고 있다.[43] 최근 들어와 法은 신라국법을, 私는 왕 및 왕실을 뜻하는 것으로 본 견해가 나왔다.[44] 그래서 法私를 신라국법에 따라 징발되어 특히 왕실에 出仕하여 잡역 등을 부담하는 역역종사자로 보았다. 그런데 法私가 余子와 같은 위치에 있어서 사람으로 풀이된다. 따라서 法私는 법당군당과 관련된 것으로 보는 통설이 옳다.

私를 왕·왕실과 관련된다고 추정한 근거는 私臣과 私母이다. 私臣에 대해서는 『삼국사기』 권4, 신라본기, 진평왕 44년(622) 2월조에 '以伊湌龍樹 爲內省私臣 初王七年大宮·梁宮·沙梁宮三所各置私臣 至是治內省私臣一人 兼掌三宮'이라고 하였고, 『삼국사기』 권39, 직관지에 '內省 景德王八年改爲殿中省 後復故 私臣一人 眞平王七年 三宮各置私臣 大宮和文大阿湌 梁宮首盻夫阿湌 沙梁宮弩知伊湌 至四十四年 以一員兼掌三宮 位自衿荷至太大角干 惟其人則授之 亦無年限 景德王又改爲殿中令 後複稱私臣'이라고 나온다. 그래서 私臣은 왕 및 왕족의 거소인 여러 궁을 관장했으나 私臣의 私는 왕의 사적·개인적 영역 나아가서 왕·왕실 그 자체를 함의했다고 보았다.

私母에 대해서는 『삼국사기』 권39, 직관지, 본피궁조에 '本彼宮 神文王元年置 虞一人 私母一人 工翁二人 典翁一人 史二人'이라고 나온다. 私母가

---

43) 旗田巍, 『朝鮮中世史會史の硏究』, 1972, 432~434쪽.
44) 木村誠, 「統一期新羅村落支配の諸相」 『人文學報』 368, 2006, 8~15쪽.

本彼宮을 관장했다고 보고서, 私母의 私도 私臣의 私와 같이 왕실과 관련되는 것으로 보았다.45)

私臣, 私母는 경영체로서 宮을 통하여 왕실의 토지, 예속민의 관리와 관련되었을 가능성이 있다. 王私도 그러한 왕·왕실이 소유하는 토지, 예속민과 관련이 있는 말로 추정된다. 王私 목간의 뒤에는 촌명+인명이 나오므로 이 촌명이 왕·왕실 직할지이며, 인명은 거기에 예속된 사람으로 보았고, 王私 목간은 왕실 직할지 주민이 성산산성에 역역 동원된 것으로 해석하였다.46)

王私 목간의 출발점이 된 신라 둔전문서의 法私의 私가 왕실을 나타내지 않고 사람을 나타내서 문제가 되고, 촌명+인명의 앞에 오는 것은 직명이나 本波, 阿那, 末那 등의 특수한 지명이 올 수 있고, 사람은 올 수가 없다. 팔거산성의 15호 목간인 △村王私禾△△△(之)에서 촌명 뒤에 王私가 나오고 있어서 이 王私를 왕·왕실의 직할지에 있는 사람들로서는 풀 수가 없다. 그러면 무엇일까? 王私가 직명은 아니므로 本波, 阿那, 末那 등과 같은 특수한 지명일 가능성이 있다. 그 근거가 되는 자료로 팔거산성 14호 목간 本彼部△△村△△△△(앞면) 米一石私(뒷면)가 있다. 이 자료의 私의 의미가 무엇일까? 주목되는 자료로 성산산성에서 출토된 2점의 城下麥 목간이 있다. 우선 관계 전문을 제시하면 다음과 같다.

2007-45　　　　甘文城下△米十一斗石喙大村卜只次持△
2016-W116　　小南兮城麥十五斗石大村~

2007-45번 목간과 2016-W116번 목간에서 斗石이란 하나치가 눈에 띈다. 이를 팔거산성 14호 목간의 石私와 비교하면 私가 많은 부피를 표시하는 하나치로 보인다. 私는 왕의 사적·개인적 영역 나아가서는 왕·왕실 그

---

45) 木村誠, 앞의 논문, 2006, 10쪽.
46) 하시모토 시게루. 앞의 논문, 2022, 209쪽.

자체를 의미하는 것이 아니라 많은 부피를 나타내는 하나치이다. 왜냐하면 石보다 많은 부피를 나타내기 때문이다.

그러면 우리나라 고대의 도량형제에서 『대한자사전』에도 안 나오는 도량형이 있는지 여부를 보자. 서봉총 출토의 은합 명문에 나오는 은을 헤아리는 도량형을 제시하면 三斤六兩이다. 520년에 만들어진 무령왕릉 출토 은천명은 庚子年二月多利作大夫人分二百卅主耳의 主가 은을 헤아리는 하나치이다. 다 아는 바와 같이 신라 축성비에서 거리를 나타내는 하나치는 步, 尺, 寸이다. 이에 대해 536년에 세워진 영천청제비 병진명에는 淂이 많이 나온다. 私도 主나 淂과 마찬가지로 우리가 모르는 부피를 나타내는 하나치로 판단된다.

결국 王私는 많은 양의 곡식을 생산하는 땅 이름이다.[47] 本波, 阿那, 末那 등의 특수한 지명에 불과하다. 이에 관한 자료는 앞으로 6세기 전반이나 5세기 목간 자료가 나와야 그 정확한 의미를 규명할 수 있을 것이다. 여기에서는 本波, 阿那, 末那 등의 특수한 지명과 같은 땅 이름으로 본다. 本波, 阿那, 末那 등의 특수한 지명에 대해서는 그 실체 규명이 되지 않고 있어 앞으로 자료 출현을 기다릴 수밖에 없다.

6. 石私의 의미

팔거산성 14호 복간 本彼部△△村△△△△(앞면) 米一石私(뒷면)가 있다. 여기에서의 石(섬)이므로 쉽게 이해가 되지만 石 다음에 나오는 私는 생소하다. 이와 구조적으로 닮은 것으로 두 점의 城下麥 목간이 있다. 설명의 편의를 위해 이를 제시하면 다음과 같다.

---

[47] 王私에 있어서 王은 크다 또는 많다는 뜻이고, 私는 石보다 많은 양의 곡식을 가리킨다. 결국은 王私는 많은 양의 곡식을 생산하는 땅 이름으로 보인다.

2007-45   甘文城下△米十一斗石喙大村卜只次持△
2016-W116   小南兮城麥十五斗石大村~

　2007-45번 목간과 2016-W116번 목간에서 斗石이란 하나치가 눈에 띈다. 이를 팔거산성 14호 목간의 石私와 비교하면 私가 많은 부피를 표시하는 하나치로 보인다. 이렇게 우리가 모르는 무게나 길이 단위를 나타내는 하나치의 예가 있는지 문제이다. 우선 무게 단위부터 살펴보기 위해 451년의 서봉총 은합 명문을 제시하면 다음과 같다.

	銀盒 蓋內		銀盒 外底			
	②	①	③	②	①	
1	太	延		三	△	1
2	王	壽	斤	月	壽	2
3	敎	元		△	元	3
4	造	年		太	年	4
5	合	太		王	太	5
6	杆	歲		敎	歲	6
7	用	在		造	在	7
8	三	卯		合	辛	8
9	斤	三		杆		9
10	六	月				10
11	兩	中				11

　여기에서의 은의 무게는 三斤六兩으로[48] 斤兩으로 되어 있다. 그런데 520년에 만들어진 백제 무령왕비의 은팔찌 명문은 庚子年二月多利作大夫人分二百卅主耳로[49] 은의 무게를 모르는 단위인 主란 하나치가 사용되고

---

[48] 銀盒 外底에는 六兩, 銀盒 蓋內에는 三斤 六兩으로 된 점을 근거로 은합 본체를 만드는 데에는 은이 六兩이 들고, 뚜껑을 만드는 데에는 三斤 六兩이 들었다고 해석하기도 하나 은합 전체를 만드는 데에 三斤 六兩이 들었다고 보아야 할 것이다.

[49] 이 은팔찌는 多利가 만든 것으로 금속기에 제작자가 나오는 거의 유일한 인명 표기이다.

있다.

　신라시대의 길이를 나타내는 하나치는 步尺寸이다. 남산신성비 등에서 예외없이 사용되고 있다. 그런데 536년의 영천청제비 병진명에서는 사전에도 안 나오는 길이를 나타내는 하나치가 사용되고 있다. 곧 淂이란 길이를 나타내는 하나치가 5번이나 나온다. 따라서 私는 主나 淂과 마찬가지로 부피(양)을 나타내는 하나치로 판단된다.

　私는 부피(양)을 나타내는 하나치로 지명+인명으로 구성된 인명 표기 앞에 온 예가 없다. 인명 표기인 출신지명+인명 앞에는 직명이 올 수 있고, 本波, 阿那, 末那 등의 땅 이름이 올 수가 있어서 王私도 많은 곡식을[50] 생산할 수 있는 땅 이름으로 보고자 한다.

7. 맺음말

　먼저 대구에서 출토된 팔거산성의 목간을 중심으로 주변 지역의 고고학적인 환경에 대해서 간단히 살펴보았다.

　다음으로 연구 부분에서는 지금까지 王私에 대한 논문이 모두 5연구자의 5가지 연구 성과가 있다. 4학자는 王私를 말 자체에 의해 王·王室의 사속인으로 보고 있다. 한사람만이 팔거산성 14번 목간의 石私에 의해 곡식을 많이 생산하는 넓은 땅으로 보고 있다.

　그 다음으로 王私명문의 제시 부분에서는 함안 성산산성 王私 목간 5점과 대구 팔거산성 王私 목간 3점의 제시와 함께 이를 해석하였다.

　그 다음으로 王私의 의미 부분에서는 근거가 되는 자료로 팔거산성 14호 목간 本彼部△△村△△△△(앞면) 米一石私(뒷면)이 있다. 이 자료의 私의 의미가 무엇일까? 주목되는 자료로 성산산성에서 출토된 2점의 城下麥

---

50) 王私에 있어서 王은 크다와 많다를 뜻하고, 私는 石보다 많은 부피(양)을 뜻한다. 곧 王私는 많은 양의 곡식을 생산하는 땅이란 뜻이다.

목간이 있다. 우선 관계 전문을 제시하면 다음과 같다.

  2007-45   甘文城下△米十一斗石喙大村卜只次持△
  2016-W116   小南兮城麥十五斗石大村~

 2007-45번 목간과 2016-W116번 목간에서 斗石이란 하나치가 눈에 띤다. 이를 팔거산성 14호 목간의 石私와 비교하면 私가 많은 부피를 표시하는 하나치로 보인다. 私는 왕의 사적·개인적 영역 나아가서는 왕·왕실 그 자체를 의미하는 것이 아니라 많은 부피를 나타내는 하나치이다.[51] 왜냐하면 石보다 많은 부피를 나타내기 때문이다.

 마지막으로 石私의 의미 부분에서는 팔거산성 14호 목간의 石私와 비교하면 私가 많은 부피를 표시하는 하나치로 보인다. 私는 부피(양)을 나타내는 하나치로 지명+인명으로 구성된 인명 표기 앞에 온 예가 없다. 인명 표기인 출신지명+인명 앞에는 직명이 올 수 있고, 本波, 阿那, 末那 등의 땅 이름이 올 수가 있어서 王私도 많은 곡식을 생산할 수 있는 땅 이름으로 보고자 한다.

---

51) 곡식을 많이 넣는 것으로 짚으로 만든 섶 또는 섬이 있었다. 이를 사전에서 찾으니 없고, 입곱날 섬 또는 다섯날 섬이 있다고 한다. 일곱날 섬은 곡식 30말이 들어가는 것이라고 한다.

제2절 대구 팔거산성 출토 14번 목간의 연구 현황

1. 머리말

대구 팔거산성 출토 목간은 우리나라에서 나온 목간 가운데 가장 이른 시기의 목간이다. 1번의 壬戌年은 482년, 6번과 7번의 丙寅年은 486년에 각각 만들어진 것이다.[1] 이 목간은 처음에는 602년과 606년으로 보았다. 경주 명활산성, 보은 삼년산성, 문경 고모산성과 함께 대구 팔거산성은 5세기 중후반의 석성으로 알려져 있다.

팔거산성에는 두 개의 집수지가 있었다. 오래된 목조 집수지에서 목간이 모두 나왔다. 목조 집수지는 석성의 축성와 함께 만들어졌다. 이 목조 집수지에서 출토된 토기를 알 수 있는 대구 팔거산성에 대한 1차보고서가 나왔다.[2] 여기에서는 토기를 중심으로 목조 집수구의 연대를 추적해 보자. 장경호 구연부,[3] 대부장경호,[4] 고배류 구연부[5] 등은 5세기 후반경으로 보이고, 나머지 유물들은 6세기 1/4분기로 보인다는 것이다.[6] 신라 고분의 편년은 금관총에서 출토된 尒斯智王명문의 尒斯智王이 눌지왕이므로[7] 그

---

1) 김창호, 「대구 팔거산성 출토 목간 3론」, 『한국고대의 금석문과 목간』, 2024 ; 김창호, 「대구 팔거산성 출토 목간-이수훈박사의 반론에 답함-」『한국고대의 금석문과 목간』, 2024.
2) 화랑문화재연구원, 『대구 팔거산성 I 』, 2023.
3) 화랑문화재연구원, 앞의 책, 45쪽 도면 6 7.
4) 화랑문화재연구원, 앞의 책, 46쪽 도면 7-9.
5) 화랑문화재연구원, 앞의 책, 52쪽 도면 8-18.
6) 팔거산성 목조 집수지 출토 토기 편년에 대해서는 조성윤 박사의 교시를 받았다.
7) 김창호, 「신라 금관총의 尒斯智王과 적석목곽묘의 편년」『新羅史學報』32, 2014.

연대가 458년이 되어서 5세기 4/4분기로 보아온 금관총 편년을 30년을 소급시켜야 한다.8) 그러면 팔거산성 토기들의 연대는 6세기 4/4분기에서 30년을 소급시켜서 5세기 4/4분기 곧 480년대가 된다. 곧 1번 목간의 壬戌年은 482년, 6번 목간과 7번 목간의 丙寅年은 486년이 된다.

팔거산성 목간에는 王私 목간이 3점인데, 10점에 대비하면 30%나 된다. 5점이 나온 함안 성산산성 목간은 253점에 대비하면 2%가 안 된다. 王私 목간은 480년대에 전성기를 이루다가 540년대에 많이 줄어든 것 같다. 城下麥 목간만 하더라도 함안 성산산성에서는 4%가 안 되나 대구 팔거산성에서는 10%나 된다. 팔거산성의 7번 목간에서는 함안 성산산성 목간의 城下麥 목간과는 달리 下麥 다음에 城名이나 村名이 없다.

여기에서는 먼저 지금까지의 연구를 살펴보도록 하겠다. 다음으로 목간의 판독에 대해 살펴보겠다. 그 다음으로 앞면의 내용에 대하여 살펴보겠다. 마지막으로 뒷면의 내용에 대해서 살펴보겠다.

2. 지금까지의 연구

대구 팔거산성 출토 목간 소식은 2020년 4월 28일에 공식 발표되었다.9) 그 이전에 3월 24일부터 국립경주문화재연구소는 팔거산성의 조사기관인 (재)화랑문화재연구소와 협력하여 목간을 인수받아 적외선 사진 촬영 등을 실시하였다. 자문단에 의한 판독회 등이 실시되었고, 2022년 1월 21일에 최초로 목간에 대한 논고가 나왔다.10) 여기에서는 100장의 적외선 사진과 함께 판독문을 제시하였다. 3번, 6번, 9번의 王私 목간과 7번 목간의

---

8) 김창호, 「호우총의 호우 명문」『고구려와 백제의 금석문』, 2022, 166쪽.
9) 문화재청 보도자료, 「대구 팔거산성에서 대구 최초로 신라 목간 출토」, 2020. 4. 28일자.
10) 전경효, 「대구 팔거산성 출토 목간 소개」『신출토 문자자료의 향연』, 한국목간학회 제37회 정기발표회, 2022.

下麥 목간을 정확히 판독했으며, 1번 목간에 나오는 壬戌年을 602년, 6번과 7번 목간에 나오는 丙寅年을 606년으로 각각 보았다.

 같은 해에 함안 성산산성의 王私와 城下麥에 대한 논문을 쓰면서 대구 팔거산성 목간에 대해 언급하였다.11) 약 10년 전에는 王私는 그 수효도 적고 해서 단순히 지명 정도로 이해했다.12) 그 뒤에 王私에 대한 본격적인 연구가 나왔다.13) 여기에서 私를 왕·왕실과 관련된다고 추정한 근거는 私臣과 私母이다. 私臣에 대해서는 『삼국사기』 권4, 신라본기, 진평왕 44년 (622) 2월조에 '以伊湌龍樹爲內省私臣 初王七年大宮·梁宮·沙梁宮三所各置私臣 至是治內省私臣一人 兼掌三宮'이라고 하였고, 『삼국사기』 권39, 직관지에 '內省 景德王八年改爲殿中省 後復故 私臣一人 眞平王七年 三宮各置私臣 大宮 和文大阿湌 梁宮首盼夫阿湌 沙梁宮弩知伊湌 至四十四年 以一員兼掌三宮 位自衿荷至太大角干 惟其人則授之 亦無年限 景德王又改爲殿中令 後複稱私臣'이라고 나온다. 그래서 私臣은 왕 및 왕족의 거소인 여러 궁을 관장했으나 私臣의 私는 왕의 사적·개인적 영역 나아가서 왕·왕실 그 자체를 함의했다고 보았다.14)

 私母에 대해서는 『삼국사기』 권39, 직관지, 본피궁조에 本彼宮 神文王元年置 虞一人 私母一人 工翁二人 典翁一人 史二人이라고 나온다. 私母가 本彼宮을 관장했다고 보고서, 私母의 私도 私臣의 私와 같이 왕실과 관련되는 것으로 보았다.15)

 私臣, 私母는 경영체로서 宮을 통하여 왕실의 토지, 예속민의 관리와 관련되었을 가능성이 있나. 土私노 그러한 왕·왕실이 소유하는 토지, 예속민과 관련이 있는 말로 추정된다고 하였다.

---

11) 하시모토 시게루, 「함안 성산산성 목간의 '王私'와 '城下麥'」 『신라사학보』 54, 2022, 201~202쪽.
12) 윤선태, 「함안 성산산성 출토 신라 하찰의 재검토」 『사림』 41, 2012, 174쪽.
13) 하시모토 시게루, 앞의 논문, 2022.
14) 하시모토 시게루, 앞의 논문, 2022, 207~209쪽.
15) 木村誠, 「統一新羅村落支配の諸相」 『人文學報』 368, 2006, 10쪽.

성하맥에 대해서는 왕·왕실의 직할지에서 역역 동원된 사람에게 거점성이 麥을 지급한 것으로 해석하여 가령 2007-44번 夷津支城下麥王私巴珎兮村(앞면) 弥次二石(뒷면) 이는 '夷津支城(군명) 아래의 보리를 王私(땅 이름)인 巴珎兮村(행정촌명)(행정촌인 파진혜촌을 대표해서) 弥次(인명)가 낸 2石이다.'16)가 된다. 이를 '夷津支城이 麥을 王私(왕실의 직할지)인 巴珎兮村의 弥次에게 二石 내린다.'로 해석하는 것은17) 보리가 함안 성산산성에 낼 공진물임을 잊은 해석으로 이 목간이 함안 성산산성에서 나올 이유가 없다.

  2022년 고문서와 목간에 밝은 학자에 의해서 대구 팔거산성 목간에 대한 논문이 나왔다.18) 여기에서는 王私를 私屬人이라고 규정하고 함안 성산산성 목간의 奴(人)도 그러한 관계라고 주장하였다.

  2022년 한국 고대 율령으로 학위를 하고 금석문과 목간에도 밝은 학자에 의해서 팔거산성 목간에 대한 논문이 나왔다.19) 여기에서는 대구 팔거산성의 고고학적인 환경에 대해 치밀하게 조사하고, 私자가 들어있는 함안 성산산성 목간과 대구 팔거산성 목간을 전부 해석하여 제시하였다. 15(11)斗를 1石으로 하는 의미임도20) 강조하고 있다. 또 7번 '丙寅年次谷鄒ㆍ下麥易大(豆)石'을 '丙寅年(486)에 次谷鄒ㆍ 아래의 보리는 (次谷鄒ㆍ를 대표해서) 易大(豆)가 1石을 낸 것이다.'21)로 해석된다. 이 목간의 下를 '거점성에서 내려보내는'이라는 의미가 될 수가 없으며, '~의'라는 처격 혹은 소유격 조사적 성격의 의미를 가진 것으로 보는 것이22) 타당하다고 하였다.

---

16) 2石은 1石의 잘못으로 보인다.
17) 하시모토 시게루, 앞의 논문, 2022, 215쪽.
18) 윤선태, 「대구 팔거산성 출토 신라 지방목간」, 『신라리뷰』 1, 2022.
19) 홍승우, 「대구 팔거산성 출토 신라 목간 검토」, 『대구사학』 149, 2022.
20) 홍승우, 「함안 성산산성 목간의 물품 기재방식과 성하목간의 서식」, 『목간와 문자』 21, 2018, 88~89쪽 ; 하시모토 시게루, 앞의 논문, 2022, 214~215쪽.
21) 이 팔거산성 목간에는 城名 또는 촌명이 下麥 다음에 없다. 이는 필자의 해석이고 홍승우는 연(丙寅年)+지명(次谷)+인명(鄒ㆍ)+下麥+易+곡물(大豆)+양(石)으로 해석했다.
22) 홍승우, 앞의 논문, 2022.

2023년 이 王私에 대해 정면으로 비판하는 가설이 제시되었다.23) 王私 목간의 출발점이 된 신라 둔전문서의 法私의 私가 왕실을 나타내지 않고 사람을 나타내서 문제가 되고, 촌명+인명의 앞에 오는 것은 직명이나 本波, 阿那, 末那 등의 특수한 지명이 올 수 있고, 사람은 올 수가 없다. 팔거산성의 15번 목간인 △村王私禾△△△(之)에서 촌명 뒤에 王私가 나오고 있어서 이 王私를 왕·왕실의 직할지에 있는 사람들로서는 풀 수가 없다. 그러면 무엇일까? 王私가 직명은 아니므로 本波, 阿那, 末那 등과 같은 특수한 지명일 가능성이 있다. 그 근거가 되는 자료로 팔거산성 14번 목간 本彼部△△村△△△△(앞면) 米一石私(뒷면)가 있다. 이 자료의 私의 의미가 무엇일까? 주목되는 자료로 성산산성에서 출토된 2점의 城下麥 목간이 있다. 우선 관계 전문을 제시하면 다음과 같다.

2007-45　　　甘文城下△米十一斗石喙大村卜只次持△
2016-W116　　小南兮城麥十五斗石大村~

2007-45번 목간과 2016-W116번 목간에서 斗石이란 하나치가 눈에 띈다. 이를 팔거산성 14호 목간의 石私와 비교하면 私가 많은 부피를 표시하는 하나치로 보인다. 私는 왕의 사적·개인적 영역 나아가서는 왕·왕실 그 자체를 의미하는 것이 아니라 많은 부피를 나타내는 하나치이다.24) 왜냐하면 石보다 많은 부피를 나타내기 때문이다.

2023년 신라지방제도로 학위를 하고, 근자에 목간을 전문적으로 다루는 학자에 의해 대구 팔거산성 목간에 대한 논문이 나왔다.25) 여기에서는

---

23) 김창호, 「고신라 목간에 보이는 王私에 대하여」 『한국고대와전명문』, 2022. 355~357쪽.
24) 곡식을 많이 넣는 것으로 짚으로 만든 섬 또는 섬이 있었다. 이를 사전에서 찾으니 없고, 입곱날 섬 또는 다섯날 섬이 있다고 한다. 일곱날 섬은 곡식 30말이 들어가는 것이라고 한다.
25) 이수훈, 「대구 팔거산성 출토 목간의 검토」 『역사와 경계』 64, 2023.

14번 목간의 뒷면을 米(물품) 一石(물품을 담은 용기)인데 私的인 것이라고 해석하고 있다.

2024년 종래대로 王私를 왕·왕실의 私屬人으로 보지 않고 해석한 견해가 나왔다.26) 2023년에 나온 王私의 왕·왕실의 사속인설이 맞는지 여부를 조사해 보자. 먼저 이를 함안 성산산성에서 나온 목간을 통해서 검토해 보기로 하자.

   2007-45번   甘文城下(麥)米十一(斗)石(喙)大村卜只次持去
   Ⅴ-164번   三月中鐵山下麥十五斗   (앞면)
                  王私△河礼村波利足(뒷면)
   Ⅴ-165번   甘文(城)下麥十五石甘文(앞면)
                  本波加本斯(稗)一石之(뒷면)
   2016-W94번   甘文城下麥十五石甘文本波(앞면)
                  伊次只去之(뒷면)
   2016-W116번 小南兮城麥十五斗石大村~

이상의 5개 목간에서 곡식 麥을 표기하는 데에 특이하다. 2007-45번은 甘文城下(麥)米十一(斗)石(喙)大村卜只次持去의 (麥)米十一(斗)石에서 보면 11두가 1섬이다로 해석된다. 2016-W116번 小南兮城麥十五斗石大村~은 麥十五斗石에서 보리쌀 15말이 1섬이다가 된다. Ⅴ-164번 三月中鐵山下麥十五斗(앞면) 王私△河礼村波利足(뒷면)에서 麥十五斗이지만 보리쌀 15말이 1섬이다가 된다.27) Ⅴ-165번 甘文(城)下麥十五石甘文(앞면) 本波加本斯(稗)

---

26) 김창호, 「대구 팔거산성의 목간-이수훈박사의 반론에 답함-」 『한국 고대의 금석문과 목간』, 2024.
27) 稗一石, 稗石, 稗一, 稗는 모두 稗一石과 같은 뜻인 피 1섬으로 보이고, 稗發은 피 1바리란 뜻으로 古陁(안동)에서 성산산성까지 피 1바리(섬)을 소에 싣고 왔다가 간 것으로 해석된다. 稗發 목간은 각 지역에서 내는 공진물의 운반비용을 국가가 아닌 공진물을 내는 개인이 부담하는 것으로 보인다고 해석할 수 있는 근거가

一石之(뒷면)과 2016-W94번 甘文城下麥十五石甘文本波(앞면) 伊次只去之 (뒷면)에서 두 목간에 나오는 15섬을 그대로 15섬으로 보기도 하지만,[28] 斗자가 생략되었다고 해석해서 15두 1섬의 뜻으로 볼 수가 있을 것이다.[29] 그렇다면 대구 팔거산성 14번 목간 本波部△△村△△△△(앞면) 米一石私 (뒷면)의 米一石私를 쌀 1섬 곧 1私(의 양으)로 냈다가[30] 된다. 따라서 王私는 넓은 땅이란 뜻이 됨을 다시 한번 확인하였다.[31] 여기에서 특이한 모습의 공진물의 양단위를 발견할 수가 있다. 十一(斗)石, 十五斗, 十五石, 十五斗石 등이 그것이다. V-165번과 2016-W94번에서 두 번 나오는 十五石 은 十五斗一石으로 이해할 수가 있다.[32]

3. 목간의 판독

대구 팔거산성 14번 목간에 대한 판독은 다음과 같은 여러 견해가 있다. 판독문이 나온 순서대로 제시하면 다음과 같다.

전경효[33]

　　　本波部△△村△△△△(앞면) 米一石私[34](뒷면)

된다.
[28] 김창석,「함안 성산산성 목간을 통해 본 신라의 지방사회 구조와 수취」,『백제문화』 54, 160쪽.
[29] 홍승우, 앞의 논문, 2018, 88~89쪽 ; 하시모토 시게루, 앞의 논문, 2022, 214~215쪽.
[30] 米一石私가 되지 않는 경우도 있었는데 그 가운데는 米十石私 등이 있었을 것으로 보이나 워낙 자료가 없어서 더 이상의 추측은 하지 않고 그만두기로 한다.
[31] 김창호, 앞의 논문, 2022, 354~355쪽에서 성산산성 2007-45번 甘文城下(麥)米十一 (斗)石(喙)大村卜只次持去와 성산산성 2016-W116번 小南兮城麥十五斗石大村·에 서 두 번이나 나오는 斗石과 팔거산성 14번 목간의 米一石私의 石私를 대비시켜서 私를 많은 곡식을 내는 땅으로 보았다.
[32] 홍승우, 앞의 논문, 2018, 88~89쪽 ; 하시모토 시게루, 앞의 논문, 2022, 214~215쪽.
[33] 전경효, 앞의 논문, 2022.

하시모토 시게루35)

　　　本波部△△村△△△△(앞면) 米一石私(뒷면)

윤선태36)

　　　本波部△△村△△△△(앞면) 米一石私(뒷면)

김창호37)

　　　本波部△△村△△△△(앞면) 米一石私(뒷면)

홍승우38)

　　　本波部△△村△△△△(앞면) 米一石私(뒷면)

하시모토 시게루39)

　　　本△△[　　](앞면) 米一石△(稻?)(뒷면)

이수훈40)

　　　本△△△村△△△△(앞면) 米一石私(뒷면)

4. 앞면의 내용

대구 팔거산성 14번 목간은 처음에 대하는 순간에 신라 6부제의 새로운 자료라는 생각이 들었다. 왜냐하면 本波部에 소속된 △△村이 나오기 때문이다. △△村이 本波部에 소속된다면 다른 부에 소속된 촌도 있었을 것은 명백한 이치였기 때문에 흥분하였다. 그래서 이에 대한 논문을 2023년에

---

34) 마지막 획이 우측으로 넘어가서 아래로 그어짐.
35) 하시모토 시게루, 앞의 논문, 2022, 217쪽.
36) 윤선태, 앞의 논문, 2022, 44쪽.
37) 김창호, 앞의 논문, 2022, 331쪽.
38) 홍성우, 앞의 논문, 2022, 22쪽.
39) 하시모토 시게루, 「신라의 지방지배와 목간-대구 팔거산성목간의 기초적 검토를 중심으로-」『제5회 국제학술회의』, 경북대학교 인문학술원 HK+사업단, 70쪽.
40) 이수훈, 앞의 논문, 2023.

발표하였다.41) 논문을 쓰고 나서 이것이 잘못되었다는 것을 곧 알게 되었다. 습비부가 있던 내남 망성리에서는 習部라는 부명이 나오고, 漢只伐部가 있던 현곡 다경에는 와요지가 들어갈 만할 뿐 마을이 들어갈 면적의 평지가 없음을 알게 되었다. 그래서 월경지쪽으로 눈을 돌리게 되었다.

越境地는42) 越入地, 飛入地, 飛越地, 飛地라고도 한다. 한국사 속에 발생했던 월경지는 일찍이 후삼국시대부터 자료에 그 존재가 나타난다. 하지만 그 이전부터 존재했을 가능성도 매우 높다. 고려시대를 거쳐 조선시대에 이르면, 전국 각지에 크고 작은 월경지가 폭넓게 분포했음이 확인된다. 조선시대의 월경지는 각종 지리지와 고지도를 통해 어느 정도 그 위치와 실상을 파악할 수 있다. 그리고 그에 기초하여 고려시대의 월경지를 고증할 수도 있다.

월경지의 발생과 유지에는 다양한 원인이 개입된다. 지방 행정구역의 신설과 개편, 조정의 과정에서 나타나기도 하고, 재난이나 전란, 경작지 개척 등의 이유로 주민들이 이주하면서 발생하기도 한다. 한국사 속에 나타났던 월경지는 '발생 원인과 지리적 입지', '발생 기원 단위' 등의 두 가지 기준을 가지고 복합적인 관점에서 분류할 수 있다. 한번 설정된 월경지는 본읍에서의 강렬한 집착 등이 지속되어 오랫동안 유지되는 경향을 보였다. 조선시대의 월경지는 상당수가 고려시대로부터 기원한 곳들이다. 조선후기까지도 전국 각지에 100여 곳 이상 존재하던 월경지는 1906년 (광무 10) 지방 행정구역 개편을 통하여 대부분 소멸되었다. 다만 일부 월경지는 여전히 남아 있다가 1914년 일제의 지방 행정구역 개편으로 완전히 소멸하였다.

그런데 월경지가 전근대시기의 소산인 것만은 아니다. 현대에도 지방 행정구역의 개편 및 조정의 과정에서 지역 주민들의 이해관계가 반영될 때 월경지가 발생하고 유지된다. 지금도 전라북도 완주군과43) 대구광역시

---

41) 김창호, 「목간과 와전명으로 본 고신라의 도성제」 『고신라목간』, 2023.
42) 이 부분은 인터넷에 나온 것을 그대로 전제한 것이다.

달성군에는 읍·면 단위의 월경지가 존재하고 있으며,[44] 그 외 몇몇 지역에서도 여전히 월경지적 입지를 지닌 곳들이 확인된다.

현곡 다경요에서는 漢只, 漢只伐部, 漢 등의 명문이 나오는 것으로 추정하고 있어서 한지부의 월경지라고 볼 수가 있다. 내남 망성리요에서는 習部 등의 와편과 함께 儀鳳四年皆土명기와가 나오고 있다. 이 기와는 내남면 망성리 기와 가마터, 사천왕사지, 인왕동절터, 국립경주박물관 부지, 월지, 월성 및 해자, 첨성대, 나원리 절터, 칠불암, 성덕여고 부지, 동천동 택지 유적, 나정, 발천 등 경주 분지 전역에서 출토되고 있다. 그래서 儀鳳四年皆土명기와를 문무대왕기와라고까지[45] 부르고 있다. 이 많은 기와를 망성리 와요지에서만 생산했을까? 그것도 679년 한해에 미약한 습비부만으로 조와를 했을까? 아마도 불가능했을 것이다. 왕족인 탁부와 왕비족인 사탁부에도 기와를 만드는 와공이 있었을 것으로 추정된다. 이들의 도움이 없이는 679년과 680년의 동궁 창건은 불가능했을 것이다. 그럼 습부가 망성리기와요를 가질 수 있는지 여부를 조사해 보자. 신라 중고의 부별 인원수를 제시하면 다음의 〈표 1〉과 같다.

〈표 1〉 중고 금석문에 나타난 각 부명별 인명의 수

비명	탁부	사탁부	본피부	불명	계
봉평비	11	10	1	3	25
적성비	7	3		2	12
창녕비	21	16	1	2	40
북한산비	5	3			8
마운령비	11	6	2	1	20
황초령비	11	4		5	20
계	66	42	4	13	125

---

43) 이서면이 완주군에서 떨어져 있다.
44) 달성군에서 다사읍과 하빈면은 달성군의 군청이 있는 논공읍, 화원읍, 현풍읍, 가창면에서 떨어져 있다.
45) 儀鳳四年皆土명기와를 신라에서 만든 본격적인 기와로 필자는 문무대왕기와라고 부른다.

〈표 1〉에서 봉평비는 탁부 11명, 사탁부 10명, 본피부 1명, 불명 3명으로 계 25명이다. 적성비는 탁부 7명, 사탁부 3명, 불명 2명 계 12명이다. 창녕비는 탁부 25명, 사탁부 14명, 본피부 1명, 불명 3명 계 39명이다. 북한산비는 탁부 5명, 사탁부 3명, 계 8명이다. 마운령비는 탁부 11명, 사탁부 6명, 본피부 2명, 불명 1명, 계 20명이다. 황초령비는 탁부 11명, 사탁부 4명, 불명 5명으로 계 20명이다. 총계는 탁부 66명, 사탁부 40명, 본피부 4명, 불명 14명으로 총인원수는 125명이다. 탁부와 사탁부 집단을 정치와 군사를 담당했다고 보면, 66명의 탁부 출신과 42명의 사탁부 출신을 모두 진골이나 6두품으로 보아야 된다. 국가 차원의 금석문에서 총 나오는 인명이 125명 가운데 탁부와 사탁부가 108명으로 86.4%나 된다. 망성리와요지를 679년 儀鳳四年皆土명기와도 만들었다고 보기는 어렵다. 儀鳳四年皆土는 儀鳳四年에 皆土가 기와 제작의 총감독으로서 그 출신부명은 탁부라고 〈표 1〉을 통해서 추측할 수가 있다. 따라서 망성리와요지는 탁부의 월경지로 보인다. 680년이 되어서 탁부에서 습비부로 그 월경지를 넘긴 것이 아닌지라고 추측하는 바이다.

5. 뒷면의 내용

　성산산성 목간에서 王私의 뒤에 공동적으로 '촌명＋인명'이 나오니, 이 촌명이 왕·왕실의 직할지이며, 인명은 거기에 예속된 사람으로 볼 수 있다고 했다.[46] 대구 팔거산성의 목간도 이에 준하여 생각하고 있다. 그 뒤에 王私를 왕·왕실의 私屬人으로 정리되었다.[47] 이에 대해서 뒷면의 石私를 전혀 다른 각도에서 풀이한 견해가 나왔다.[48] 여기에서는 팔거산성

---

46) 하시모토 시게루, 앞의 논문, 2022, 209쪽.
47) 윤선태, 앞의 논문, 2022, 50쪽.
48) 김창호, 앞의 논문, 2022, 355~357쪽.

14번 목간 本彼部△△村△△△△(앞면) 米一石私(뒷면)이 있다. 여기에서의 石(섬)이므로 쉽게 이해가 되지만 石 다음에 나오는 私는 생소하다. 이와 구조적으로 닮은 것으로 두 점의 城下麥 목간이 있다. 설명의 편의를 위해 다시 한 번 이를 제시하면 다음과 같다.

2007-45　　　甘文城下△米十一斗石喙大村卜只次持△
2016-W116　　小南兮城麥十五斗石大村~

2007-45번 목간과 2016-W116번 목간에서 斗石이란 하나치가 눈에 띈다. 이를 팔거산성 14호 목간의 石私와 비교하면 私가 많은 부피를 표시하는 하나치로 보인다. 이렇게 우리가 모르는 무게나 길이 단위를 나타내는 하나치의 예가 있는지 문제이다. 우선 무게 단위부터 살펴보기 위해 451년의 서봉총 은합 명문을 제시하면 다음과 같다.

	銀盒 蓋內		銀盒 外底			
	②	①	③	②	①	
1	太	延	三	三	△	1
2	王	壽	斤	月	壽	2
3	敎	元		△	元	3
4	造	年		太	年	4
5	合	太		王	太	5
6	杅	歲		敎	歲	6
7	用	在		造	在	7
8	三	卯		合	辛	8
9	斤	三		杅		9
10	六	月				10
11	兩	中				11

여기에서의 은의 무게는 三斤六兩으로[49] 斤兩으로 되어 있다. 그런데

---

49) 銀盒 外底에는 六兩, 銀盒 蓋內에는 三斤 六兩으로 된 점을 근거로 은합 본체를 만드는 데에는 은이 六兩이 들고, 뚜껑을 만드는 데에는 三斤 六兩이 들었다고

520년에 만들어진 백제 무령왕비의 은팔찌 명문은 庚子年二月多利作大夫人 分二百卅主耳로50) 은의 무게를 모르는 단위인 主란 하나치가 사용되고 있다.51)

신라 시대의 길이를 나타내는 하나치는 步尺寸이다. 남산신성비 등에서 예외없이 사용되고 있다. 그런데 536년의 영천청제비 병진명에서는 사전에도 안 나오는 길이를 나타내는 하나치가 사용되고 있다. 곧 浔이란 길이를 나타내는 하나치가 5번이나 나온다. 따라서 私는 主와 浔과 마찬가지로 부피(양)을 나타내는 하나치로 판단된다.

私는 부피(양)을 나타내는 하나치로 지명+인명으로 구성된 인명 표기 앞에 온 예가 없다. 인명 표기인 출신지명+인명 앞에는 직명이 올 수 있고, 本波, 阿那, 未那 등의 땅 이름이 올 수가 있어서 王私도 많은 곡식을52) 생산할 수 있는 땅 이름으로 보고자 한다.

이에 대해 팔거산성 목간 14번 뒷면을 '米(물품)—石(물품을 담는 용기)인데 私的인 것임'으로 해석하면서53) 王私를 종래대로 왕·왕실의 私屬人으로 해석하였다. 이보다 앞서서 14번 목간의 뒷부분을 米 1석, 개인 물품으로 해석한 견해도 나왔다.54)

이에 대해서 이를 함안 성산산성에서 나온 목간을 통해서 검토해 보기로 하자.

해석하기도 하나 은합 전체를 만드는 데에 三斤 六兩이 들었다고 보아야 할 것이다.
50) 이 은팔찌는 多利가 만든 것으로 금속기에 제작자가 나오는 거의 유일한 인명 표기이다.
51) 부여 동남리 49-2번지 출토 목간에서 金을 표시하는 단위로 主가 나온다. 이에 대해서는 김창호, 「부여 동남리 49-2번지 출토 목간에 대하여」『고신라목간』, 2023 참조.
52) 王私에 있어서 王은 크다와 많다를 뜻하고, 私는 石보다 많은 부피(양)을 뜻한다. 곧 王私는 많은 양의 곡식을 생산하는 땅이란 뜻이다.
53) 이수훈, 앞의 논문, 2023, 204쪽.
54) 홍승우, 앞의 논문, 2022, 31쪽.

2007-45번   甘文城下(麥)米十一(斗)石(喙)大村卜只次持去
V-164번   三月中鐵山下麥十五斗(앞면)
            王私△河礼村波利足(뒷면)
V-165번   甘文(城)下麥十五石甘文(앞면)
            本波加本斯(稗)一石之(뒷면)
2016-W94번 甘文城下麥十五石甘文本波(앞면)
            伊次只去之(뒷면)
2016-W116번 小南兮城麥十五斗石大村~

　이상의 5개 목간에서 곡식 麥을 표기하는 데에 특이하다. 2007-45번은 2007-45번 甘文城下(麥)米十一(斗)石(喙)大村卜只次持去에서 (麥)米十一(斗)石에서 보면 11두가 1섬이다로 해석된다. 2016-W116번 小南兮城麥十五斗石大村~은 麥十五斗石에서 보리쌀 15말이 1섬이다가 된다. V-164번 三月中鐵山下麥十五斗(앞면) 王私△河礼村波利足(뒷면)에서 麥十五斗이지만 보리쌀 15말이 1섬이다가 된다.[55] V-165번 甘文(城)下麥十五石甘文(앞면) 本波加本斯(稗)一石之(뒷면)과 2016-W94번 甘文城下麥十五石甘文本波(앞면) 伊次只去之(뒷면)에서 두 목간에 나오는 15섬을 그대로 15섬으로 보기도 하지만,[56] 斗자가 생략되었다고 해석해서 15두 1섬의 뜻으로 볼 수가 있을 것이다.[57] 그렇다면 대구 팔거산성 14번 목간 本波部△△村△△△△(앞면) 米一石私(뒷면)의 米一石私를 쌀 1섬 곧 1私(의 양으)로 냈다가[58] 된다.

---

55) 稗一石, 稗石, 稗一, 稗는 모두 稗一石과 같은 뜻인 피 한 섬으로 보이고, 稗發은 피 1바리란 뜻으로 피 1섬이라는 뜻으로 古阤(안동)에서 성산산성까지 피 1섬을 소에다 싣고 왔다가 간 것으로 해석된다. 稗發 목간은 각 지역에서 내는 공진물의 운반비용을 국가가 아닌 공진물을 내는 개인이 부담하는 것으로 보인다고 해석할 수 있는 근거가 된다.

56) 김창석, 「함안 성산산성 목간을 통해 본 신라의 지방사회 구조와 수취」, 『백제문화』 54, 160쪽.

57) 홍승우, 앞의 논문, 2018, 88~89쪽 ; 하시모토 시게루, 앞의 논문, 2022, 214~215쪽.

58) 米一石私가 되지 않는 경우도 있었는데 그 가운데는 米十石私 등이 있었을 것으로

따라서 王私는 넓은 땅이란 뜻이 됨을 다시 한번 확인하였다.59)

6. 맺음말

먼저 지금까지 나온 견해들을 王私를 사속인으로 보는 가설을 비롯하여 지금까지 나온 모든 가설들을 살펴보았다.

다음으로 목간의 판독에 대해서 살펴보았으나 14번 목간의 앞면은 그 역할을 충분히 다한 목간이므로 중요하기는 마찬가지이다.

그 다음으로 앞면 목간의 本波部△△村△△△△는 어떻게 판독하든 상관없이 도성제와 월경지 연구에 있어서 그 역할을 다 하였다.

마지막으로 뒷면 목간의 米一石私란 판독은 정확하며, 2007-45번과 2016-W116번과의 비교로 많은 곡식을 생산하는 땅이란 뜻이 된다.

보이나 워낙 사료가 없어서 더 이상의 추측은 하시 않고 그만두기로 한다.
59) 김창호, 앞의 논문, 2022, 354~355쪽에서 성산산성 2007-45번 甘文城下(麥)米十一(斗)石(喙)大村卜只次持去와 성산산성 2016-W116번 小南兮城麥十五斗石大村~에서 두 번이나 나오는 斗石과 팔거산성 14번 목간의 米一石私의 石私를 대비시켜서 私를 많은 곡식을 내는 땅으로 보았다.

제3절 김해 양동산성 출토 목간

1. 머리말

　김해 양동산성 목간은 대성동고분박물관이 2018년 4월 12일부터 7월 24일까지 실시한 김해 양동산성 2차 발굴조사에서 출토되었다. 이때에 양동산성에서 3점의 목간이 출토되었고, 그 유적은 저습지 유적이라고 한다.
　김해 양동산성 목간은 모두 3점으로 1점만이 완형이고, 나머지 2점은 일부가 파실되었다. 연대에 대해서는 출토 유물과 연간지인 癸卯年으로 볼 때 583년이라고 보고 있다.[1] 이 583년이라는 목간 연대는 대부분 동의하고 있는 듯하다. 3점의 목간을 두고서 판독이나 그 내용의 해석에서 전혀 다르게 대립된 가설이 나오고 있다.
　김해 양동산성 출토 목간 3점은 除麥을 탈곡한 보리로 보는 것이나 제1번 목간의 11·12번째 글자를 破日로 읽어서 彼日로 해석하기도 하고, 함안 성산산성 목간 V-175번의 △那只稻米 등을 '△那의 只稻가 낸 米이다.'로 해석하지 않고 稻米를 숙어로 보아서 '아직 탈곡하지 않은 쌀을 뜻하는 것으로 보는 신설을[2] 내놓았다. 米는 탈곡한 쌀이라고도 하는 신설을 내놓았다.[3] 이는 잘못된 것이다. 왜냐하면 米는 도정한 쌀이기 때문이다.

---

1) 이수훈, 「김해 양동산성 출토 목간의 검토」, 『역사와 세계』 58, 2020.
2) 하시모토 시게루, 「김해 양동산성 목간 판독문의 재검토」, 『목간과 문자』 32, 2024.
3) 하시모토 시게루, 앞의 논문, 2024, 147쪽.

여기에서는 먼저 지금까지 양동산성의 출토 목간에 대한 지금까지 나온 가설들을 소개하겠다. 다음으로 목간의 연대 표시 문제를 금석문 자료와 함께 검토하겠다. 마지막으로 除麥 문제를 정창원 좌파리가반부속문서를 통해서 검토하겠다.

2. 지금까지의 연구

먼저 발굴을 담당한 보고자는 1번 목간만을 癸(辛)卯年十月栗村爲(百)刀兮△△△麥石으로 판독하고 2번과 3번은 판독하지 않고 있다.[4] 1번 목간을 하찰로 보았다.

2020년에 들어서 김해 양동산성 목간 3점에 대한 연구 성과가 나왔다.[5] 그 개요를 해석을 중심으로 제시하면 다음과 같다.

 1번 癸卯年七月栗村百刀公磚日除麥石
   '癸卯年 七月에 栗村의 百刀公과 磚日除가 발송(운송 또는 수령)한 보리의 섬(石)'
 2번 麥六十个石
   '보리 60개 섬(石)'
 3번 (干)形室背此其知村
   '(丁)形室 뒤에 此其知村…'

이에 대해서 한국고대목간을 전공한 일인학자는 전혀 다른 각도에서 목간의 판독과 해석을 하였다.[6] 이를 비판적으로 검토하면 다음과 같다.

---

4) 김해시 대성동고분박물관, 『김해 양동산성 집수지 유적』, 2020, 76쪽.
5) 이수훈, 앞의 논문, 2020.
6) 하시모토 시게루, 앞의 논문, 2024.

1번　癸卯年十月栗村爲刀了破日[7]除麥[8]石
2번　除(?)麥本大(?)石으로 읽고서 해석은 하지 않고 除麥에 주목하였다.

가 된다. 이를 팔거산성 2번 목간과 대비시켜서 보고 있어서 이를 인용하면 다음과 같다.

팔거산성 7번 목간 丙寅年次谷鄒ヽ下麥易大(豆)石은 '丙寅年(486)에 次谷鄒ヽ(군명) 아래의 보리를 易大(豆)가 1石을 냈다.'가 되어서 양동산성 2번과는 대비가 되지 않는다.

계속해서 함안 성산산성 목간 V-175(200)번 ~△那只施米 곧 '~△의 那只가 施米를[9] 낸 것이다.'를 △那只稻米로[10] 읽어서 2007-45(134)번 甘文城下(麥)米[11]十一(斗)石(喙)大村卜只次持(去) 곧 '甘文城 下의 (麥)米 十一(斗)石은 (喙)大村의 卜只次持(去)가 낸 것이다.'와 대비시켜서 보았다.

3번 목간은 △△年十一月此其智村 곧 '(癸卯)年 11월에 此其智村…'으로 해석된다.

---

7) 이를 波日과 같은 외위로 보았다. 그러면 신라시대의 외위는 2가지 종류가 있게 된다. 破日을 波日이라고 읽는 것은 551년의 명활산성비에 의거하였고, 이것 외의 외위에서 다른 글자로 적힌 예가 한 번이라도 있으면, 破日을 외위로 인정할 수가 있으나 그러한 예가 없다. 외위 11관등은 모두 한자까지도 전부 꼭 같다.
8) 除麥의 除를 동사로 보거나 除麥을 탈곡한 보리로 보았다. 후자에 대해서는 장을 달리하여 필자의 견해를 밝히겠고, 除를 동사로 보는 것은 1번 목간 전체를 해석해 보면 除가 동사가 아님을 알 수 있다. 1번 목간을 필자 나름대로 해석하면 '癸卯年 七月에 栗村의 爲刀了와 破日除가 麥 1石을 냈다.'가 된다. 앞으로 신설이나 목간의 내용을 논할 때, 반드시 목간에 대한 해석문을 낼 것을 제안하는 바이다.
9) 『呂氏春秋』에 施米而不香이라고 나온다.
10) 이를 이렇게 읽으면 '△那의 只稻가 낸 米이다.'가 된다.
11) 城下麥 목간의 13점 모두를 염두에 두면 (麥)米의 米자는 잘못 써져서 들어간 글자로 보인다. 이를 稻米로 읽어서 V-175와 함께 稻米는 '아직 탈곡하지 않는 쌀'을 뜻하고, 탈곡한 것은 米라고 한다고 했으나 이는 명백한 잘못이다. 稻米란 숙어는 없고, 米는 도정한 쌀이기 때문이다.

3. 목간의 연대 표시 문제

신라 6세기 비문에 있어서 연대 표시 방법에 대해서 조사해 보자.

신라 6세기 금석문에 있어서 연대 표시 방법에는 4가지의 예가 있는바, 이를 조사해 보자.

울진 봉평비에서와 같이 甲辰年正月十五日(524)로 표기되며, 그 예가 가장 많다.

울주 천전리서석 을축명에서와 같이 乙丑年九月中(543)으로 표기되며, 그 예가 두 번째로 많다.

그 다음으로 乙卯年於宿知述干의 乙卯年(595)인데 이를 자꾸만 묵서명이라고 하고 있으나[12] 고분의 石扉에 새겨진 비문이다. 乙卯年처럼 쓴 것이 3번째 예이다. 그 예로 441년 중성리비의 辛巳(年), 451년 好太王명청동방울 명문의 辛卯年이 있다.

마지막으로 김해 양동산성의 1번 목간에 나오는 癸卯年七月栗村爲刀了破日除麥石의 癸卯年七月이다. 이러한 예는 태천 농오리산성 마애석각밖에 없다. 1957년 가을 태천 고급중학교에서 향토사 연구를 목적으로 농오리산성을 조사하던 중에 자연 암벽에서 글자를 발견하고, 신의주 역사박물관에 보고하였다. 이에 동 박물관에서는 1958년 초 마애석각을 조사하여 학계에 알려지게 되었다. 우선 설명의 편의를 위해 전문을 소개하면 다음과 같다.

① 乙卯年八月前部
② 小大使者於九婁治
③ 城六百八十四間

乙亥年의 연대 문제를 여기에서는 小大使者란 관등명에 의해 접근해

---

12) 국사편찬위원회 한국사데이터베이스의 신라 항목.

보고 싶다. 小大使者를 小使者나 大使者의 별칭으로 볼 수도 있으나 小大使者는 小使者나 大使者가 분화되기 이전의 관등명으로 해석된다. 그렇다면 乙亥年은 太使者가 나오는 충주고구려비의 건비 연대인 458년경보다 앞서는 시기인 435년으로 보고자 한다. 375년은 아직까지 고구려에서 석문이 4세기의 것은 알려진 바가 없고, 4세기의 금석문 자료로서는 기와 명문밖에 없고, 4세기의 관등명 자료도 동시대 자료로서는 알려진 예가 없다. 농오리산성 마애석각 전문을 해석하면 다음과 같다. '乙亥年(435) 8월에 前部 小大使者인 於九婁가 城 64間을 治하였다(쌓았다).'

양동산성 3번 목간을 어떻게 읽을지가 문제이다. 곧 (干)形室背此其知村으로 읽을 것인지 아니면 (癸卯)年十一月此其智村으로 읽을 것인지가 문제이다. 1번 목간의 내용을 염두에 두고서 판독한 것이 후자이다. 같은 癸卯年이라도 七月과 十一月로 그 작성 시기가 달라서 七月로 보기도 어려워서 우선 여기에서는 후자인 十一月로 읽는 견해에13) 따른다.

4. 除麥 문제

除麥을 탈곡한 보리로 보고 있으나14) 정창원 좌파리가반 부속문서에 탈곡한 보리를 뜻하는 한자의 국자가 있어서 이를 소개해 보기로 하자. 관계 전문을 제시하면 다음과 같다.

  (앞면) 犭接五
       馬於內 上犭一具上仕之 犭尾者上仕而汚去如

---

13) 하시모토 시게루, 앞의 논문, 2024, 141쪽.
14) 보리는 추수한 보리로는 이삭이 떨어져서 운반하지 않는다. 보리이삭줍기가 유행하는 것도 이 때문이다. 탈곡한 보리인 失이나 도정한 보리인 麥으로 운반하고 보관한다.

巴川村正月一日上米四斗一刀大豆二斗四刀二月一日上米

四斗一刀大豆二斗四刀三月米四斗

(뒷면)　　米十斗失受

永忽知乃末受丑二石上米十五斗七刀　之直大舍受失二石

上米十七斗丑一石十斗上米十三斗　熱△山大舍受丑二石

上米一石一斗

　　正倉院 佐波理加盤附屬文書를 해석해 보면 '彡接五는 물품 창고의 일련 번호, 馬於內(지명)에서 上等의 彡(貂) 1구를15) 바쳤다. 그 꼬리도 바쳤으나 더럽혀졌다.' '巴川村에서 正月 一日에 上米 四斗一刀, 大豆 二斗四刀를 바쳤고, 二月一日에 上米 四斗一刀, 大豆 二斗四刀를 바쳤고, 三月에 米四斗를 바쳤다.' 이 두 가지는 모두 貢物 문서이다.

　　뒷면으로 넘어가 보자. '…米十斗, 失을 받았는데16)…이다. 永忽知 乃末이 (국가로부터 녹봉으로) 받은 것은 丑 二石, 上米 十五斗七刀이다.17) 之直

---

15) 彡를 사슴으로 본 학자도 있으나(이수훈, 「정창원 좌파리가반부속문서의 검토」, 『역사와 경계』, 2022) 사슴은 꼬리를 중요시하지 않는다. 역시 담비인 貂가 옳다. 사슴의 가죽은 잘 사용하지 않는다.

16) 하시모토 시게루, 「釜山 盃山城木簡의 기초적 검토-佐波理加盤附屬文書와의 비교를 중심으로-」『신라사학보』52, 2021, 465쪽에서 '受失'은 관인이 국가로부터 받지 못했다. '失受'는 반대로 '국가가 관인으로부터 규정대로 받지 못했다.'로 해석하고 있으나 지나친 해석이다. 왜냐하면 失이 보리이기 때문이다. 곧 '受失'은 '받은 보리는' 정도가 될 것이다. '失受'는 '보리를 받았다.' 정도로 해석된다. 실제로 受失를 억지로 해석했으나 受失이란 말은 현재까지의 금석문, 목간, 고문서에서 나온 바가 없는 점을 주목해야 될 것이다.

17) 上米十五斗七刀를 '米(쌀) 十五말 七되를 上納했다'고 일본학계에서는 해석하고 있으나 여기에서는 上米를 上品쌀로 해석하고, 녹봉의 하나라고 해석한다. 앞의 공물 문서에 二月一日上米四斗一刀大豆二斗四刀三月米四斗라고 해서 米도 나오고, 上米도 나오기 때문이다. 上米가 '쌀을 바치다'로 해석하려고 하면 米上이 되어야 이두어법에 맞다. 上米를 '쌀을 바치다'로 해석하는 것은 한문식 해석 방법이다. 한문식 해석 방법을 사용한 예가 정창원 좌파리가반 부속문서에는 없다.

大舍가 받은 것은 失 二石, 上米 十七斗, 丑 一石十斗, 上米 十三斗이다. 熱△山 大舍가18) 받은 것은 丑 二石, 上米 一石一斗이다.' 이는 祿俸문서이다.

여기에서는 丑은 도정하지 않고, 탈곡한 뒤의 벼를19) 의미하고, 失은 쌀, 보리, 조, 콩, 기장의 5곡20) 가운데 도정하지 않고 탈곡한 보리를 의미한다.21) 丑은 논벼로 탈곡한 벼, 失은 밭벼일 가능성도 고려해 보았으나22) 가능성은 없는 것으로 보았다.

---

18) 之直 大舍와 熱△山 大舍의 大舍(합자)를 亡羅[무래로 읽는 가설(이수훈, 앞의 논문, 2022)이 나왔으나 이곳에는 녹봉문서이므로 관등명이 들어갈 자리이고, 두 명의 전혀 상관없는 사람의 인명이 두 사람이나 亡羅로 끝나는 것은 이상하다. 역시 大舍합자로 보는 쪽이 타당하다고 사료된다.

19) 이는 필자의 견해이고, 일본학계에서는 丑을 탈곡하지 않고, 짚에 나락 이삭이 붙어있는 탈곡하지 않는 벼를 가리키고 있다. 이에 대해서는 하시모토 시게루, 앞의 논문, 2023, 47쪽에 나와 있다. 정창원 좌파리가반 부속문서의 공물문서의 공물품이나 녹봉문서의 녹봉품 平川 南, 앞의 논문, 2010, 13쪽에 동일한 관료의 出納 点檢을 받은 㯮창고에 있던 것으로 丑을 탈곡하지 않는 벼로 보면, 㯮(경)이 좁아서 안 된다. 丑을 탈곡한 벼로 보아야 한다.

20) 좌파리가반 부속문서에 上米, 米, 丑, 大豆가 나오는 데에도 불구하고, 丑(탈곡한 벼) 다음으로 중요한 곡식인 보리가 안 나오는 것에 대해서 주목할 필요가 있었다.

21) 녹봉 문서에서 之直大舍受失二石과 熱△山大舍受丑二石은 구조적으로 같다. 之直大舍受失二石에서 之直大舍가 失(보리)二石을 받았다고 해석되는 점과 熱△山大舍受丑二石에서 熱△山大舍가 丑(벼)二石을 받았다고 해석되는 점은 주목해야 할 것이다. 失受가 米十斗失受…에 보이는 점과 부산 배산산성 목간에 보이는 점은 주목된다. 부산 배산산성 목간에서는 곡물명이 나오지 않고 있다. 그 이유를 간과해 왔다. 왜냐하면 失이 보리의 탈곡한 낟알이란 사실을 몰랐기 때문이다. 배산산성 목간에서 촌명이 있는 것은 좌파리가반 부속문서의 巴川村이 나오는 공물 문서를 따랐고, 受로 적어서 月別로 날짜를 적은 것도 공물 문서를 따랐지만 곡식의 명칭이 없고, 受, 失受라는 한자는 공물 문서에는 없고, 녹봉 문서에만 나온다. 그래서 배산산성의 목간을 해독하기가 어려웠다. 연구자들은 모두 좌파리가반 부속문서를 비교의 대상으로 했으나 배산산성 목간에 월별로 날짜가 나오는 데에도 불구하고 丑(벼), 大豆, 上米, 米 등의 곡식은 찾지 못했다. 배산산성 목간에서 失受의 失이 보리 낟알로 추정되는 바이다. 그래야만 배산산성 목간의 해석이 된다. 이 목간으로 관인층인…米十斗失受(乃末 그보다 높은 관등을 가진 자)와 관인층인 之直大舍와 배산산성 목간에 나오는 △今知(빈민구제 대상인 평민)도 보리밥을 먹었다고 판단된다.

22) 丑과 失은 삼국시대의 우리의 國字로 보는 쪽이 설득력이 있는 듯하다. 이에 대해서는 「한국 고대 國字 㯮·失·丑·奴에 대하여」『한국고대의 금석문과 목간』,

이 정창원 좌파리가반 부속문서에서 上米의 上자를 전부 '上納하다'로 해석하고 있다.23) 뒷면의 내용은 녹봉문서이므로 上자를 上納했다란 의미로 해석할 수가 없다. 왜냐하면 녹봉문서에서는24) 국가에서 녹봉을 받는 문서이므로 上米를 상납할 수가 없다. 따라서 녹봉문서의 上米는 米를 上納했다고 해석할 것이 아니라 上(品)米로 해석해야 된다. 공물문서의 上米도 녹봉문서의 上米가 上(品)米인 점과25) 三月米四斗란 구절이 있어서 上米를 上(品)米로 본다.

이상에서 失이 탈곡한 보리를 나타내므로 除麥을 탈곡한 보리로 보기는 어렵고, 除자는 양동산성 1·2번 목간에서는 모두 인명의 일부라고 보는 바이다.

5. 맺음말

먼저 지금까지 나온 선학들의 가설을 검토했다. 그래서 다음과 같은 결론을 얻었다. 목간 1번에 대한 3가지 판독과 해석을 나름대로 하여 이를 癸卯年十月栗村爲刀了破日除麥石으로 읽고서 '癸卯年十月에 栗村의

2024 참조.
23) 하시모토 시게루, 「배산성 출토 목간과 고대 조세제도」『국가사적 지정을 위한 배산성지학술대회』, 2023.
24) 지금까지 어느 가설에서나 정창원 좌파리가반 부속문서를 공물문서와 녹봉문서로 구분하는 것은 모든 견해가 일치되고 있다. 하시모토 시게루는 이를 무시하고, 上米의 上를 '上納하다'로 해석하고 있으나 녹봉문서에서 나와서 받은 봉록물을 도정해서 국가에 도리어 바친다는 푸川 南의 가설을 추종하고 있다. 上자를 上納하다로 보았기 때문에 나온 가설로 일고의 가치도 없다. 왜냐하면 녹봉으로 받은 곡식을 도정하여 다시 국가에 바치는 예가 우리나라에서는 없다.
25) 上米가 녹봉문서에서는 上(品)米, 공물문서에서는 米를 '上納하다'로 해석되면 공문을 읽는 사람이 혼란스러워 안 된다. 모두 上米는 上(品)米로 본다. 정창원 좌파리가반 부속문서에 있어서 上米를 米를 상납하다로 해석하는 것은 이두적인 해석이 아닌 한문식 해석이다. 그러한 한문식 해석이 정창원 좌파리가반 부속문서에서는 없다.

爲刀了와 破日除가 낸 麥1石이다.'로 해석했고, 2번 목간은 除(?)麥本大(?)石으로 읽고서 해석은 하지 않았다. 3번 목간은 △△年十一月此其智村…으로 판독했고, '(癸卯)年 11월에 此其智村…'으로 해석된다.

다음으로 6세기 목간의 연대 표시에 대해서 살펴보았다. 울진 봉평비에서와 같이 甲辰年正月十五日(524)로 표기되며, 그 예가 가장 많다. 다음으로 울주 천전리서석 을축명에서와 같이 乙丑年九月中(543)으로 표기된 예가 두 번째로 많다. 乙卯年於宿知述干의 乙卯年(595) 표기가 세 번째이다. 이 양동산성 목간은 가장 적은 예가 있는 癸卯年十月로 되어 있다.

마지막으로 1번 목간에 나오는 除자를 麥과 합쳐서 除麥을 도정하지 않는 보리로 보았으나 정창원 좌파리가반부속문서에 도정하지 않는 보리가 失로 나와서 따르기 어렵고, 除를 동사로 보기도 했으나 여기에서는 인명의 일부로 보았다.

제4절 고신라 산성에서 출토된 城下麥 목간

1. 머리말

 한국의 고대 목간은 종이가 없던 시대에 종이 대신에 나무를 깎아서 긴 사각형에 가깝게 만든 데에 붓으로 한자를 쓴 것이다. 1면에만 글씨가 있는 것이 있고, 앞면과 뒷면의 양면으로 된 것이 있고, 드물게는 4면으로 된 문서목간이 있다. 고구려의 예는 없고, 백제 사비성 시대의 왕경과 지방 목간, 고신라의 왕경과 지방 목간, 통일신라의 왕경과 지방 목간 등이 있다. 목간의 대부분은 인명표기가 주류를 이루고 있다. 인명표기는 신라의 경우는 직명+출신지명+인명+관등명이고,[1] 백제의 경우는 직명+부명+관등명+인명의 순서이다. 그래서 금석문과 목간을 연구하는 데에 있어서 인명표기의 중요성은 아무리 강조해도 지나치지 않다.
 함안 성산산성 목간에는 城下麥 목간이 있다. 이를 공진물의 수납으로 甘文(城) 등을 그 예로 들었다. 목간의 제작지가 성산산성이 아닐 경우에 타당하나 성산산성일 경우에는 그렇게 볼 수가 없다. 城下麥 목간은 목간에 적힌 내용이 복잡하게 되어 있다. 그래서 어느 목간에서는 나오지 않고, 성산산성 목간에만 나오는 독특한 것이다. 그래서 공진물의 수납의 구체적인 예로 보았다. 10여 예가 나오는 城下麥 목간은 그 형식도 다양하다. 10여 개의 성차맥 목간이 어디에도 공진물의 수납이라는 구체적인 예는 없다. 오히려 성하맥 목간이 복잡하게 되어 있으며, 다른 곳의 지방 목간에

---

[1] 이를 잘못 해석하여 仇利伐 목간의 奴人을 노예로 보는 잘못을 범한 예가 종종 있다.

는 없고, 성산산성과 팔거산성 목간에만 있을 뿐이다. 성하맥 목간 전체를 열심히 조사하면 성산산성과 팔거산성 목간에만 城下麥 목간이 있는지 이유를 알 수 있다. 이것이야말로 목간 연구에 있어서 기본이 되는 것이다. 성하맥 목간이 존재하는 이유를 알아야 한다. 그래야 성하맥 목간의 성격을 규명할 수 있다. 이를 금석문 자료나 성산산성 목간에서 찾을 수 없고, 오로지 성산산성과 팔거산성의 城下麥 목간을 통해서만 찾을 수 있다.

대구 팔거산성과 함안 성산산성에서는 독특한 문틀을 가지고 있는 城下麥 목간이 있다. 대구 팔거산성 1점, 함안 성산산성 10점 모두 11점이다. 팔거산성의 묵서가 있는 목간이 10점이므로 10%, 성산산성은 묵서가 있는 총목간수가 253점이므로 3.95%에 각각 해당된다. 성하맥 목간은 그 문틀은 복잡하지만 내용은 다른 일반 목간보다 별로 다른 것이 없다. 왜 복잡한 형식의 목간을 만들었는지 그 이유는 두 지역 산성이 발굴을 끝마쳤으나 알 수가 없다. 무슨 이유가 있어서 성하맥 목간을 만들었는지는 다른 발굴로 자료가 나올 때까지 미룰 수밖에 없다.

여기에서는 먼저 팔거산성의 1개 목간과 성산산성 10개 목간을 제시하겠다. 다음으로 지금까지 성산산성 등의 성하맥에 대한 선학들의 업적을 제시하겠다. 그 다음으로 下의 의미에 대해 조사하겠다. 그 다음으로 팔거산성 下麥 목간의 위치에 대해 살펴보겠다. 마지막으로 자료를 해석하겠다.

2. 자료의 제시

城下麥 목간이나 疑似 城下麥 목간을[2] 제시하면 다음과 같다.

---

[2] 의사 성하맥 목간은 城下麥으로 나오지 않고, 城麥 등으로 나오는 경우이다. 그 대표적인 예가 성산산성 목간의 2016-W116번 小南兮城麥十五斗石大村~과 대구 팔거산성의 7번 목간의 丙寅年次谷鄒㐌下麥易大(豆)石이 있다. 특히 팔거산성

대구 팔거산성

7번　丙寅年次谷鄒ㄨ下麥易大(豆)石

함안 성산산성

2번　　　　甘文城下麥甘文本波王私(앞면)　文利村知利兮負(뒷면)
60번　　　巴珎兮城下(麥)(결락)(앞면)　巴珎兮村(결락)(뒷면)
2006-1번　　甘文城下麥本波大村毛利只(앞면)　一石(뒷면)
2007-44번　夷津支城下麥王私巴珎兮村(앞면)　弥次二石(뒷면)
2007-45번　甘文城下(麥)米十一(斗)石(喙)大村卜只次持去
2007-304번　夷津支城下麥烏列支負(앞면)　△△△石(뒷면)
V-164번　　三月中鐵山下麥十五斗(앞면)　王私△河礼村波利足(뒷면)
V-165번　　甘文(城)下麥十五石甘文(앞면)　本波加本斯(稗)一石之(뒷면)
2016-W94번　甘文城下麥十五石甘文本波(앞면)　伊次只去之(뒷면)
2016-W116번　小南兮城麥十五斗石大村~3)

3. 지금까지의 연구

1) 城에 예속된 또는 아래 설

먼저 城에 예속된 또는 아래 설에 대해 살펴보기로 한다. 이들 견해는 기재양식에는 차이가 나되 城下麥 목간이 다른 성산산성 물품꼬리표 목간과 공통된 내용을 이루는 것으로 보고 있다.

7번 목간에서는 下麥 다음에 城名이나 촌명이 없는 점이 주목되어야 할 것이다.
3) 이 밖에 V-170(195)번 ~△稗十五斗(앞면) ~(뒷면)을 △△[下麥]十五斗로 읽어서 성하맥으로 하시모토 시게루(「함안 성산산성 목간의 왕사와 성하맥」, 『신라사학보』 54, 2022, 210쪽)는 보고 있으나 十五斗에 의한 판독으로 보여서 제외하였다.

2012년 연구는 城下를 城에 下(예속)된 지역이라는 뜻으로 보고, 城下 다음 지명이 城이 주도하여 麥을 부담시킨 지역이라고 했다.[4] 또 城下麥 목간의 기재양식에 대해 城은 예하 촌락단위를 포괄하는 상위지역으로 세금을 수집했고, 麥(米)은 세금으로 내야 할 기본곡물, 斗石은 세금꾸러미 한 섬의 환산량, 村名은 세금을 납부한 촌락 지명, 人名은 그에 거주하는 납부자 인명으로 보았다.[5]

2018년 연구는 城下麥 목간의 완전한 기재양식을 [연월中＋대단위지명(~城)＋下＋물품명＋계량기준＋소단위지명＋인명＋負＋물품명＋양＋행위＋之]로 복원했다.[6] 日 다음에는 처격조사인 中자가 올 수 없고, 負자는 仇利伐 목간의 특징으로 城下麥 목간에는 절대로 올 수 없고, 맨 마지막의 之자는 인명의 일부라서 문제가 된다. 물품명이 두 번 나오는 것은 앞의 물품량이 원래 납입해야 될 혹은 발송해야 될 물품이고, 뒤에 나오는 것이 실제 납입된 혹은 발송할 물품이며, 두 개가 서로 다르다면 둘 다 기재해야 되고, 만약에 같다면 둘 중 하나는 생략하여도 좋다고 이해하였다. 기재내용은 특이하지만 城下麥 목간도 다른 부착목간들과 대동소이한 서식으로 보았다.

2021년 연구는 下를 상하관계를 나타내는 말로 이해하여 앞에 나오는 ~城이 뒤에 나오는 지명의 상급단위로 추정하였다.[7] 城下麥 목간은 기본 기재양식 물품명을 앞으로 이동시킨 것에 불과하고 麥을 상위 지명 바로 뒤에 쓴 것은 잘 보이게 한 것, 분류의 편의를 감안한 것으로서 체크포인트에서 장부에 기재하기 위해 정리할 때 필요한 것이라고 지적했다.

---

4) 윤선태, 「함안 성산산성 출토 신라 하찰의 재검토」, 『사림』 41, 2012, 172~175쪽.
5) 윤선태, 「함안 성산산성 출토 신라목간의 연구성과와 과제」, 『한국의 고대목간Ⅱ』, 2017, 485~487쪽.
6) 홍승우, 「함안 성산산성 목간의 물품 기재방식과 성하목간의 서식」, 『목간과 문자』 21, 2018, 85~93쪽.
7) 이용현, 「성산산성 목간에 보이는 신라의 지방경영과 곡물·인력 관리-城下麥 서식과 本波·喙의 분석을 중심으로-」, 『동서문화』 17, 2021, 17~21쪽.

2) ~城이 下한 설의 검토

城下麥의 下를 동사로 보고서, 이를 ~城이 下한 麥으로 이해한 설에 대해 검토하기로 한다.

2012년 연구는 처음으로 '城에서 下(送·行)한 麥'이란 뜻으로 보았다. 麥 같은 공진물을 먼저 村으로 모으고, 그 다음에 州를 비롯한 중요거점인 城에 收合되고, 城이 성산산성 등 특정한 목적지로 발송하는 역할을 담당하였다고 추정했다.[8] 목간에 나오는 인명에 대해서는 수량이 뒤에 나오는 것(2006-1번 목간 등)은 擔稅者, 앞에 나오는 것(2007-45번 목간 등)은 輸送者로 보았다.

2018년 연구는 城下麥을 '~城에서 보리를 내려주었다', 혹은 '~城에서 내려준 보리'로 보았지만,[9] 머리말에서 언급했듯이 뒤에 오는 村名과 人名 부분은 곡식을 받는 수신자로 해석했다.[10] 城 예하 여러 村의 사람들이 성산산성에 존재했고, 해당 성은 이들에게 일정량의 곡식을 내려주고 있었던 것이며, 고대 일본에서 仕丁들에게 지급된 養米와 비슷한 성격으로 보았다.

2022년 함안 성산산성에 나오는 王私를 왕·왕실이 소유하는 토지, 예속민과 관련이 큰 것으로 보고서 城下麥의 下를 동사로 보고, 이를 '城이 내린 麥'으로 보았다.[11] 下를 동사로 보는 예는 직접 제시하지 못하고,[12] 下와 반대되는 上의 예를 들었다. 이에 대해서는 후술하기로 한다.

---

8) 이수훈, 「성산산성목간의 성하맥과 수송체계」, 『지역과 역사』 30, 2012, 169~174쪽.
9) 홍승우, 앞의 논문, 2018, 86~93쪽.
10) 이는 명백한 잘못이나. 성산산성에 나오는 촌명과 인명은 수신자일 수가 없다. 왜냐하면 수신자는 성산산성이기 때문이다.
11) 하시모토 시게루, 앞의 논문, 2022, 211~216쪽.
12) 성산산성 목간에 있어서 동사는 4점의 문서목간을 제외할 때 249점의 물품꼬리표에는 없다. 따라서 城下麥 목간의 下를 동사로 보기가 어렵다.

4. 下의 의미

 2022년 연구는 함안 성산산성에 나오는 王私를 왕·왕실이 소유하는 토지, 예속민과 관련이 큰 것으로 보고서 城下麥의 下를 동사로 보고, 이를 城이 내린 麥으로 보았다.13) 下를 동사로 보는 예는 직접 제시하지 못하고,14) 下와 반대되는 上의 예를 들었다. 그 예가 524~545년 사이에 작성된 월성해자 신8호 목간과15) 670년대에 작성된16) 일본 正倉院 佐波理加盤付屬文書이다. 여기에서 먼저 월성해자 신8호 목간의 전문과 그 해석문을 제시하면 다음과 같다.

  제1면   △△年正月十七日△△村在幢主再拜△淚廩典△똣△△
  제2면   △喙部弗德智小舍易稻參石粟壹石稗參石大豆捌石17)
  제3면   (幷)金川一伐上內之所白人登彶礼一尺文尺智重一尺

 '△△年 正月十七日에 △△村在幢主가 △淚한 廩典에 再拜해서 △똣△△ 했다.18) (沙)喙部 弗德智 小舍가 稻(벼) 參石과 粟(조) 壹石과 稗(피) 參石과 大豆(콩) 捌石을 아울러 바꾸었다. 金川 一伐은 上(△△村)에서 內(신라 6부)로 갔다(지방민이면서 중앙의 일을 했다는 뜻이다).' 所白人은 아뢰는 바의 사람이란 뜻으로 목간의 내용을 중앙 관청에 직접 보고한 사람으로

---

13) 하시모토 시게루, 앞의 논문, 2022, 211~216쪽.
14) 성산산성 목간에 있어서 동사는 4점의 문서목간을 제외할 때 241점의 물품꼬리표에는 없다. 따라서 城下麥 목간의 下를 동사로 보기가 어렵다.
15) 김창호, 「월성해자 목간 신8번의 재검토」, 『고신라목간』, 2023.
16) 舍를 大舍의 합자한 예가 전 명문에 나온 예는 673년의 계유명아미타삼존불비상밖에 없다. 754~755년 사이에 작성된 신라화엄경사경에서는 大舍가 5번 나오고, 舍가 두 번 나온다.
17) 전경효, 앞의 논문, 2021, 294쪽에서는 易자를 昜자로 읽고 있으나 여기에서는 뜻이 통하는 易자로 새로 읽었다.
18) △똣△△이 (沙)喙部 弗德智 小舍의 직명일 가능성도 있다.

직명이고, 登彼礼는 인명, 一尺은 외위명이다. 文尺은 직명으로 목간을 작성하고 쓴 사람이고, 智重은 인명, 一尺은 외위명이다.

정창원 좌파리가반부속문서에 대해 조사해 보기로 하자.

우선 丑과 失의 의미가 문제이다. 吏讀 전문가에 의해 최초로 丑과 失에 대한 견해가 나왔다.[19] 곧 失은 實의 假借표기로서 '잣'을 가리키는 것으로 볼 수 있고, 丑은 '秋(楸)'의 가차표기로서 '호두(胡桃, 楸子, 가래)를 가리키는 것'이라고 했다. 일본 고대사에 밝은 일본 학자의 이에 대한 연구 성과가 나왔다.[20] 여기에서는 '丑'은 어떤 곡물, '失'은 '受失'로서 받지 못했다는 뜻으로 이해했다. 그 뒤에 신라 고문서와 목간에 대해 조예가 깊은 사학자에 의해 좌파리가반문서에 대한 가설을 내놓았다.[21] 여기에서는 '丑'은 12개월의 월봉, '失'은 '지난달에 유고로 인해 수령하지 못했던 前月의 월봉'으로 해석하였다.

2010년에 들어와 일본의 지방목간 연구 전문가가 正倉院 佐波理加盤附屬 文書를 전혀 새로운 각도에서 연구하였다.[22] 여기에서는 '丑'을 '籾' 곧 탈곡하기 전의 쌀을 뜻하는 한자로 보고,[23] '上米'를 '上(納)한 쌀'로 이해하

---

19) 남풍현,「第二新羅帳籍에 대하여」『미술자료』 19, 1976 ;「일본 정창원 소장의 신라출납장」『이두연구』, 2000, 287~288쪽.
20) 鈴木靖民,「正倉院佐波理加盤附屬文書의 解讀」『末松保和博士古稀記念 古代東アジア史論集』上, 1978 ;『古代對外關係史의 硏究』, 1985, 347~349쪽.
   여기에서는 좌파리가반 부속문서의 작성 시기를 天平勝寶 4年(752)에 작성된 買新羅物解에 기입된 迊羅五重鋺이 정창원 창고에 납입된 과정을 중시하여 752년 이전으로 보았다. 배산산성 목간의 작성 연대가 675년이고, 大舍가 금석문에서 합자되는 예는 673년의 癸酉銘阿彌陀三尊佛碑像에 있어서 正倉院 佐波理加盤附屬 文書의 작성 시기를 670년대로 보아야 되고, 이 문서가 일본의 정창원에 들어간 시기는 752년 이전으로 보아야할 것이다.
21) 윤선태,「正倉院 所藏 '佐波理加盤附屬文書'의 新考察」『국사관논총』 74, 1997, 304~309쪽.
22) 平川 南,「正倉院佐波理加盤附屬文書의 再檢討-韓國木簡調査から-」『日本歷史』 750, 2010.
23) 탈곡하기 전의 쌀은 볏짚이 붙어있는 벼로 이는 표이다. 표은 탈곡을 하지 않으면 운반과 보관이 어려워서 안 된다. 우리나라에서 탈곡한 벼로 주로 漕運을 통해 운송하고, 탈곡한 벼로 보관한다. 탈곡하지 않고 보관하려고 하면 보관 창고가

고, 문서 뒷면의 내용을 '관청이 관청에 수납되어 있던 표을 각 관인에게 지급하여 이를 탈곡하여 上納하게 했다는 것을 알 수 있는 기록'이라고[24] 해석하였다.

이제 설명의 편의를 위해 정창원 좌파리가반 부속문서의 전문부터 제시하면 다음과 같다.

 (앞면) 彡接五
     馬於內 上彡一具上仕之 彡尾者上仕而汚去如
     巴川村正月一日上米四斗一刀大豆二斗四刀二月一日上米
     四斗一刀大豆二斗四刀三月米四斗

 (뒷면) 米十斗失受
     永忽知乃末受丑二石上米十五斗七刀 之直奋受失二石
     上米十七斗丑一石十斗上米十三斗 熱△山奋受丑二石
     上米一石一斗

正倉院 佐波理加盤附屬文書의 뒷면은 녹봉문서이기 때문에 뒷면을 '永忽知 乃末이 丑(탈곡한 벼)를 2石을 받았고, 上米(上品米)를 15말 7되 받았고, 之直奋가 받은 失(탈곡한 보리)는 2石, 上米(上品米)는 17말, 丑(탈곡한 벼)는 1石 10말, 上米는 13말이고, 熱△山奋가 받은 丑은 2石, 上米는 1石 1말이다.'로 해석되고, 上米를 '米를 上納하다'로 해석할 수는 없다.

  엄청나게 커야하기 때문에 그 비용이 엄청나게 든다. 볏짚은 노천에 그냥 재어 놓으면 되고, 탈곡한 벼의 낟알을 보관하면 보관비용이 훨씬 적게 든다.
24) 上米를 上納하는 쌀로 해석했으나 上米는 上品쌀로 판단되며 받은 녹봉 품목 중 하나로 판단된다. 녹봉의 품목으로는 上米이외에도 丑(벼), 失(보리)가 있다.

5. 팔거산성 下麥 목간의 위치

대구 팔거산성은 경주 명활산성, 보은 삼년산성, 문경 고모산성과 함께 5세기 중후반의 산성이다. 이 가운데 삼년산성은 470년이라는 절대 연대를 가지고 있다. 팔거산성은 초기에는 壬戌年은 602년, 丙寅年은 606년으로 보았다.[25] 그러다가 60년을 소급시켜서 각각 542년, 546년으로 보았다.[26] 다시 60년을 소급시켜서 482년, 486년으로 각각 보게 되었다.[27] 목간은 목조 집수지에서 나왔으며, 이는 초축할 때부터 성의 축성과 그 시기를 같이하여 만들어졌다고 한다. 성에서의 물은 대단히 중요함은 누구라도 인식할 것이다. 그렇다면 목간의 연대도 5세기 후반으로 보아야함으로 480년대로 보았다. 화랑문화재연구원, 『대구 팔거산성Ⅰ』, 2023에서 목조 집수지에서 나온 45쪽의 도면 6-7(장경호 구연부), 46쪽의 도면 7-9(대부장경호), 522쪽의 도면 8-18(고배류 구연부)는 5세기 후반경, 나머지는 6세기 1/4분기로 본다는 것이다.[28] 신라 고분의 편년은 금관총에서 尒斯智王명명문이 나와서 尒斯智王이 눌지왕임이 밝혀졌다. 이 금관총을 5세기 4/4분기로 보아왔다. 금관총의 연대가 458년이므로 신라 고분의 연대를 30년을 소급시켜야 한다.[29] 그러면 목조 집수지의 많은 유물들의 연대인 6세기 1/4분기는 5세기 4/4분기 곧 480년대가 된다.

대구 팔거산성 목간의 연대가 480년대라면 함안 성산산성 목간의 연대인 540년대보다는 훨씬 빠르게 된다. 팔거산성 7번 목간의 또다시 전문부터 제시하면 다음과 같다. 7번 丙寅年次谷鄒ㆍ下麥易大(豆)石과 가장 유사한 성산산성 목간을 제시하면 다음과 같다. Ⅴ-164번 三月中鐵山下麥十五斗(앞

---

25) 진경효, 「대구 팔거산성 출토 목간 소개」 『新出土 文字資料의 饗宴』, 2022.
26) 김창호, 「대구 팔거산성 출토 목간에 대하여」 『한국고대와전명문』, 2022.
27) 김창호, 「대구 팔거산성 출토 목간 삼론」 『한국고대의 금석문과 목간』, 2024.
28) 이에 대해서는 조성윤 박사의 교시를 받았다.
29) 김창호, 「호우총의 호우 명문」 『고구려와 백제의 금석문』, 2022, 166쪽.

면) 王私△河礼村波利足(뒷면) 두 목간에서 7번은 年干支가 있고, 城자가 없으며, V-164번에서는 三月中에서 연간지는 알기 때문에 적지 않았고, 城자가 없어서 가장 고형식의 성하맥 목간으로 해석된다.

2016-W116번 小南兮城麥十五斗石大村~의 목간에서 下자가 없어서 下자가 내리다는 뜻으로 보기 어렵다. 만약에 下자가 내리다는 뜻이라면 성하맥 목간에서 가장 먼저 없어지지 않았을 것이다. 곧 성하맥에서 초창기 방법대로 城자를 먼저 없애면 아무런 불편함이 없을 것이다. 또 2006-1번 甘文城下麥本波大村毛利只(앞면) 一石(뒷면)과 2007-44번 夷津支城下麥王私巴珎兮村(앞면) 弥次二石(뒷면)과 2007-304번 夷津支城下麥烏列支負(앞면) △△(二)石(뒷면)에서 해석하기가 어색하다. 성산산성 10점의 목간 중에서 2016-W116번만이 下자가 탈락하고 없어서 성하맥 목간이 없어지기 시작하는 시기로 판단된다.

6. 城下麥 목간의 검토

城下麥 목간은 현재까지는 480년대의 대구 팔거산성 목간에서 1점과 함안 성산산성 목간에서 10점만 나오고 있다. 많은 연구 성과에도 불구하고 의견의 일치를 보지 못하고 있다. 城下麥 목간은 城名＋下麥＋공진물의 양＋지명＋인명의 순서이다. 물론 성명＋하맥＋지명＋인명＋양의 순서도 있는데 어느 것이나 그 내용은 꼭 같다.

6개의 목간이 출토된 甘文城에서는 城下麥 말고 1점이 더 있다. 이를 제시하면 다음과 같다.

10번   甘文本波居村旦利村伊竹伊
            '甘文의 本波(본독 또는 본방죽)인 居村旦利村의 伊竹伊가 역역을 담당하러 간다.'

甘文城 목간은 6점 가운데 5점이 城下麥 목간이라서 다른 목간 자료는 없다. 다음으로 많이 나오는 곳이 夷津支城이다. 모두 2개의 城下麥 목간이 있다. 이진지성에서는 2007-30번 夷(津)支士斫石村末△△烋(앞면) 麥(뒷면)의 목간이 있어서 城下麥 목간만이 麥을 공반하지 않음을 알 수 있다. 그러면 城下麥 목간에서는 왜 城下麥이라는 색다른 문틀을 하고 있을까? 무슨 이유가 있을 것 같은데 그 이유가 궁금하다. 10개의 城下麥 목간에 있어서 城下麥을 빼도 문제가 되는 목간은 1개도 없다. 이 점이 중요하다. 城下麥이 없어도 되는데 왜 문틀을 만들어서 넣었는지가 궁금하다. 城下麥 문틀은 특정한 것의 표시일 가능성이 있다. 그렇게 하기 위해서 城下麥이란 문틀을 만들었을 것이다.

그 문틀의 비밀이야말로 城下麥 목간을 이해하는 지름길이다. 下자에 집착하여 동사로 보는 등의 가설이 있었으나[30] 해석하여 연구자를 설득하는 데 실패하고 말았다. 下의 가장 기본이 되는 의미는 '아래'이다. 아래로 보고서 한 城下麥 목간을 해석해 보기로 하자.

2006-1번 甘文城下麥本波大村毛利只(앞면) 一石(뒷면)은 '甘文城의 아래의 보리는 本波(본독 또는 본방죽)의 大村(을 대표해서) 毛利只가 낸 一石이다.'가 된다.

7. 城下麥 목간의 해석

이제 대구 팔거산성에서 출토된 1점과 함안 성산산성에서 출토된 10점의 城下麥 목간을 해석할 차례가 되었다. 이를 전부 해석하면 아래와 같다.

7번 　　　　丙寅年次谷鄒ㆍ下麥易大(豆)石

---

30) 하시모토 시게루, 앞의 논문, 2022, 214쪽.

120 제2장 고신라 지방 목간

　　　　　　　'丙寅年(486)에 次谷鄒 ˋ 아래의 보리는 (次谷鄒 ˋ 를 대표해
　　　　　　　서) 易大(豆)가 1石을 낸 것이다.'³¹⁾

2번　　　　　甘文城下麥甘文本波王私(앞면) 文利村知利兮負(뒷면)
　　　　　　　'甘文城(군명) 아래의 보리는 甘文(군명)의 本波(땅 이름)이
　　　　　　　고 王私(땅 이름)인 文利村(행정촌명)의 知利兮負가 (행정촌
　　　　　　　인 문리촌을 대표해서) (1石을) 낸 것이다.'³²⁾

60번　　　　　巴珎兮城下(麥)(결락)(앞면) 巴珎兮村(결락)(뒷면)
　　　　　　　'巴珎兮城(군명) 아래의 보리는 巴珎兮村(행정촌명)의 (행정
　　　　　　　촌인 파진혜촌을 대표해서) 누군가가 (1石을) 낸 것이다.'

2006-1번　　　甘文城下麥本波大村毛利只(앞면) 一石(뒷면)
　　　　　　　'甘文城(군명) 아래의 보리는 本波(땅 이름)인 大村(행정촌
　　　　　　　명)의 (행정촌인 대촌을 대표해서) 毛利只(인명)가 낸 一石
　　　　　　　이다.'

2007-44번　　夷津支城下麥王私巴珎兮村(앞면) 弥次二石(뒷면)
　　　　　　　'夷津支城(군명) 아래의 보리를 王私(땅 이름)인 巴珎兮村(행
　　　　　　　정촌명)(행정촌인 파진혜촌을 대표해서) 弥次(인명)가 낸
　　　　　　　1石이다.'³³⁾

2007-45번　　甘文城下(麥)米十一(斗)石(喙)大村卜只次持去
　　　　　　　'甘文城(군명) 아래의 (麥)米 十一(斗)1石은 (喙)大村(행정촌
　　　　　　　명)(행정촌인 탁대촌을 대표해서) 卜只次持去(인명)이 낸
　　　　　　　것이다.'

---

31) 이 팔거산성 목간에는 城名 또는 촌명이 下麥 다음에 없다.
32) 이를 하시모토 시게루, 앞의 논문, 2022, 216쪽에서는 '甘文城이 麥을 甘文에 있고, 本波(?)王私(왕실의 직할지)인 文利村의 知利兮負에게 내린다.'로 해석하고 있으나 그러면 이 목간은 함안 성산산성에 올 필요가 없다.
33) 이를 하시모토 시게루, 앞의 논문, 2022, 215쪽에서는 '夷津支城이 麥을 王私(왕실의 직할지)인 巴珎兮村의 弥次에게 二石 내린다.'로 해석하는 것은 보리가 함안 성산산성에 낼 공진물임을 잊은 해석으로 이 목간이 성산산성에서 나올 이유가 없다.

2007-304번   夷津支城下麥烏列支負(앞면) △△△石(뒷면)
　　　　　　'夷津支城(군명) 아래의 보리는 烏列支(행정촌명)(행정촌인 오열지를 대표해서) 負△△(인명)가 낸 1石이다.'

V-164번   三月中鐵山下麥十五斗(앞면) 王私△河礼村波利足(뒷면)
　　　　　　'三月에 鐵山(군명) 아래의 보리 十五斗(1石)은 王私(땅 이름)인 △河礼村(행정촌)(행정촌을 대표해서) 波利足(인명)이 낸 것이다.'

V-165번   甘文(城)下麥十五石甘文(앞면) 本波加本斯(稗)一石之(뒷면)
　　　　　　'甘文(城)(군명) 아래의 보리 十五(斗)1石은 甘文(군명)(감문군을 대표해서) 本波(땅 이름) 加本斯(稗)一石之(인명)가 낸 것이다.' 또는 '甘文(城)(군명) 아래의 보리 十五斗1石은 甘文(군명)(감문군을 대표해서) 本波(땅 이름) 加本斯(인명)와 (稗)一石之(인명)가 낸 것이다.'

2016-W94번 甘文城下麥十五石甘文本波(앞면) 伊次只去之(뒷면)
　　　　　　'甘文城(군명) 아래의 보리 十五斗1石은 甘文(군명)(감문군을 대표해서) 本波(땅 이름) 伊次只去之(인명)가 낸 것이다.'

2016-W116번 小南兮城麥十五斗石大村~
　　　　　　'小南兮城(군명) 보리 十五斗1石은 大村(행정촌명)(행정촌인 대촌을 대표해서) 누구가 낸 것이다.'

8. 맺음말

　먼저 대구 팔거산성 1점, 함안 성산산성 10점 모두 11점의 성하맥 목간을 판독하여 정확하게 소개하였다.
　다음으로 지금까지 나온 선학들의 견해를 성하맥 목간의 下에 대한 의미를 중심으로 일별하였다.

그 다음으로 下의 의미를 下자의 용례가 없어서 월성해자 신8번 목간과 정창원 좌파리가반부속문서의 上자를 上納하다로 해석하는 것에 대해 두 개를 모두 명사로 보아서 반론을 펼쳤다.
　그 다음으로 480년대에 만들어진 팔거산성 목간은 성산산성의 V-164과 유사하여 연간지와 성하맥의 城자가 없는 목간이라서 가장 오래된 것이었고, 성산산성 목간은 전체적인 입장에서 볼 때 없어지기 시작한 때로 보았다.
　그 다음으로 城下麥 목간의 문틀이 공진물을 바치는데 있어서 그 군이나 행정촌을 대표해서 바치는 것으로 해석하였다.
　마지막으로 대구 팔거산성 1점, 함안 성산산성 10점 모두 11점의 성하맥 목간을 쉽게 해석하여 제시하였다.

제3장

함안 성산산성 목간

제1절 함안 성산산성 목간에 보이는 負

1. 머리말

　함안 성산산성 목간은 253점이나 출토되어 단일 유적으로는 그 숫자가 가장 많다. 10여 개의 군명 가운데 구리벌의 출토 목간 숫자가 20여 점으로 가장 많다. 구리벌 목간에서는 割書가 있는 것[두 줄로 쓰기], 奴(人)이 있는 것, 負가 있는 것 등을 그 특징으로 한다. 구리벌 목간에 대한 연구는 중요하지만 노인 문제만 하더라도 학계에서는 의견의 일치를 보지 못하고 있다. 부의 문제도 짐이라는 포괄적인 견해가 제출된 이래로[1] 대개 이에 따르고 있으나 새로운 자료의 출현과 목간의 재해석으로 다시 볼 부분도 있다.
　奴人은 524년 울진 봉평비에서 나온 바가 있으나 負는 아직까지 성산산성 말고는 다른 목간에서 나온 바가 없다. 負에 대한 연구는 구리벌 목간의 해명에 중핵을 이루고 있는 奴人 목간의 해명에도 도움이 될 수 있고, 신라사 해명에도 도움이 될 수 있을 것이다. 木簡에 보이는 '負'의 의미를 結負制의 負(생산량의 수량단위)가 아닌 '다른 곳으로 옮기려고 쟁기거나 꾸려 놓은 물건(荷物)=짐'으로 이해하였다.[2] 또 이러한 '負(짐)'로 꾸려지는

---

1) 이수훈, 「함안 성산산성 출토 목간의 稗石과 負」 『지역과 역사』 15, 2004. 負는 여러 가설이 있어 왔으나 219번 목간의 方△日七村冠(앞면) 此負刀寧負盜人有(뒷면)에서 此負刀寧負盜人有를 이 짐은 도녕의 짐이고, 盜人이 있었다로 해석되어 짐[負]이 분명하다. 이 219번 목간이 발굴되기 이전에 이수훈, 앞의 논문, 2004, 21~31쪽에서 이미 負자를 다른 곳으로 옮기려고, 챙기거나 꾸러 놓은 물건[荷物] 즉 짐[負]을 가리키는 것으로 정확하게 해석하였다.

물품은 奴(人)뿐만 아니라3) 일반민도 생산하였다. 아쉽게도 '負(짐)'의 구체적인 내용물이 무엇인지는 알 수 없지만, '石(섬)'이라고 표기하지 않고 '負(짐)'로 구분·표기한 것에서 볼 때, 곡물이 아닌 다른 종류의 물품인 듯하다. 또한 '負(짐)'로 꾸려지는 물품이 어느 한 지역에만 한정되는 것이 아니라 다양한 지역에서 다양한 물품으로 구성되어졌다고 판단된다고 하였다.

여기에서는 먼저 자료의 제시를 목간 번호 순서에 따라서 하겠다. 다음으로 구리벌 목간을 노인과 부가 나오는 목간, 부만 나오는 목간, 노인과 부 모두 없는 목간으로 나누어 검토하였다. 마지막으로 沙喙部負에서 문헌의 통설대로 모량부가 왕비족이 아닌 사탁부가 왕비족임을 조사하였다.

2. 자료의 제시

243번	仇利伐/仇阤介一伐/尒利△負
5(244)번	仇利伐 △德知一伐奴人 塩 (負)
33(006)번	仇利伐/彤谷村/仇礼支 負
35(008)번	內恩知 奴人 居助支 負
36(009)번	仇利伐/只卽智奴/於△支 負
37(010)번	~內只次奴 湏礼支負
38(011)번	~比△湏奴/介先利支 負
40(013)번	~阿卜智村介礼負
57(029)번	~弘帝沒利 負
2006-10번	仇利伐△△奴△△支 負
2006-24(080)번	仇利伐/ 比多智 奴 先能支 負

2) 이수훈, 앞의 논문, 2004, 36쪽.
3) 負(소금)를 奴人은 만들지 않았다고 판단된다. 밑에 있는 종을 시켰을 것이다.

2006-27(083)번	末甘村/ 借刀利(支) 負
2006-31(090)번	(仇利伐)~(앞면) 一古西支 負(뒷면)
2007-8(097)번	~△一伐奴人毛利支 負
2007-18(107)번	(仇利)伐/△△只△/△伐支 負
2007-27(116)번	仇利伐/郝豆智奴人/△支 負
2007-31(120)번	仇利伐 仇阤知一伐奴人 毛利支 負
Ⅳ-582(169)번	仇利伐 記本礼支 負
Ⅳ-587(173)번	仇利伐(앞면) △伐彡△村 伊面於支 負(뒷면)
Ⅳ-591번	仇(利伐) △△智(奴)人 △△△ 負
2016-W89(212)번	丘利伐/卜今智上干支 奴/△△巴支 負
2016-W92(213)번	仇利伐/夫及知一伐 奴人/ 宍巴礼 負
2016-W104(214)번	沙喙部負

3. 仇利伐 목간

1) 奴人과 負가 나오는 목간

우선 仇利伐＋인명＋奴(人)＋인명＋負를 살펴보기로 하자.

2006-10번	仇利伐△△奴△△支 負
	'仇利伐의 △△가 奴이고, 그의 짐을 △△支가 졌다.'
2006-24번	仇利伐 比多湏 奴 先能支 負
	'仇利伐의 比多湏가 奴이며, 그의 짐은 先能支가 졌다.'
2007-27번	仇利伐/郝豆智奴人/△支 負
	'仇利伐의 郝豆智가 노인이며, 그의 짐은 △支가 졌다.'
Ⅳ-591번	仇(利伐) △△智奴(人) △△△ 負

'仇(利伐)가 △△智가 奴(人)이며, 그의 짐을 △△△가 졌다.'

그 다음으로 仇利伐+인명+외위명+奴人+인명을 조사해 보자.

2007-31번　　仇利伐 仇阤知一伐奴人 毛利支 負[4]

---

4) 윤선태, 「함안 성산산성 출토 신라 하찰의 재검토」 『사림』 41, 2012에서는 다음과 같이 주장하였다(이경섭, 「함안 城山山城 출토 新羅木簡 연구의 흐름과 전망」, 『목간과 문자』 10, 2013, 86쪽에서 재인용-).
25번 仇利伐 仇阤(智)一伐/尒利△支
2007-8번 仇(阤)△一伐 奴人 毛利支 負
2007-31번 仇利伐 仇阤知一伐奴人 毛利支 負
2007-8호와 2007-31호 목간은 쌍둥이 목간으로 여기에 기재된 仇阤知一伐이 25호 목간의 仇阤(智)一伐과 동일한 인물로 보고, 仇阤知一伐은 노인이 아니라고 하였다. 그래서 仇利伐 仇阤知一伐奴人 毛利支 負를 仇利伐 仇阤知一伐의 노비, 毛利支의 負로 해석하였다. 이럴 경우 당시 신라에서 노비가 납세의 의무를 지닌 수취의 대상자로 보았다.
25번 仇利伐 仇阤(智)一伐/尒利△支는 仇利伐 仇阤(智)一伐의 종(노비)인 尒利△支가 짐을 지다로 해석된다. 양자가 동일인이 아닐 가능성이 크다.
奴人은 외위도 가질 수 있는 소금 생산자인 동시에 公民으로 奴婢의 뜻일 수는 없다. 仇利伐 仇阤知一伐奴人 毛利支 負에서 奴人은 一伐과 함께 仇阤知란 인명의 뒤에 붙는 관등명류이다. 신라의 인명 표기에서는 직명+출신지명+인명+관등명의 순서로 기재된다. 이 가운데 직명과 출신지명은 생략될 수 있으나 인명+관등명은 반드시 기재된다. 노인은 관등명류이므로 노인의 뒤에 오는 인명이 아닌 앞사람의 신분 표시이다. 따라서 仇利伐 仇阤知一伐奴人 毛利支 負에서 奴人을 중심으로 하여 해석하면 仇利伐 仇阤知가 一伐인 동시에 奴人이며, 그의 종(노비)인 毛利支의 짐이다가 된다. 노인이 奴婢를 뜻하는 것은 아니고, 소금을 생산하는 사람이다. 물론 짐의 주인은 仇利伐 仇阤知一伐奴人이다. 毛利支의 신분은 종(노비)으로 판단된다. 왜냐하면 노인은 소금 생산자를 가리킬 뿐, 노비라는 신분 표시로 볼 수가 없다. 만약에 2007-8호와 2007-31호 목간은 쌍둥이 목간으로 여기에 기재된 仇阤知一伐이 25호 목간의 仇阤(智)一伐과 동일한 인물로 보아도 소금 생산자로 一伐(외위 8관등)의 외위를 가진 유력자는 농사 등 다른 수입원이 있어서 그것을 성산산성에 낼 수도 있다. 2007-8호와 2007-31호 목간은 쌍둥이 목간으로 여기에 기재된 仇阤知一伐奴人이 25번 仇利伐 仇阤(智)一伐/尒利△支로 나오기 때문에 노인이 아니라는 증거는 되지 못한다. 2007-8호와 2007-31호 목간 仇利伐 仇阤知一伐奴人 毛利支 負의 仇阤知와 25번 仇利伐 仇阤(智)一伐/尒利△支의 구타지가 만약에 동일인이면 仇利伐 仇阤(智)一伐인 구타지가 노인과 농업 지주로서의 두 가지 역할을 했을 것이다. 동일인이 아닐 가능성이 더 클 것이다. 왜냐하면

'仇利伐의 仇陁知가 一伐이고 奴人이며, 그의 짐을 毛利支가 졌다.'

2016-W89번   丘利伐/卜今智上干支奴人/△△巴支負

'丘利伐의 卜今智가 上干支이고 奴人이며, 그의 짐을 △△巴支가 졌다.'

2016-W92번   仇利伐/夫及知一伐 奴人/宍巴礼 負

'仇利伐의 夫及知가 一伐이고 奴人이며, 그의 짐을 宍巴礼가 졌다.'

마지막으로 仇利伐＋인명＋외위명＋노인을 조사해 보자.

5번   仇利伐△德知一伐奴人 塩 (負)

'仇利伐의 △德知 一伐이며 奴人인 그가 소금[塩]을 져서 낸 것이다.'

이 8점의 奴(人)목간 이외에 추정 구리벌 목간이 4점이 더 있어서 이를 제시하면 다음과 같다.

35번   ~內恩知奴人居助支 負

'(仇利伐의) 내은지 奴人이며, 그의 짐을 거조지가 졌다.'

37번   ~內只次奴湏礼支 負

'(仇利伐)의 내지차가 노이며, 그의 짐을 수예지가 졌다.'

38번   ~比夕湏奴尒/先(利)支 (負)

25번 목간에 仇利伐 仇陁(智)一伐/尒利△支에서 一伐이란 관등명만 있고, 奴人의 표시인 노인이 一伐 다음에 없어서 동일인이 아닐 가능성이 크다. 노인이란 소금 생산자이므로 신분 표시하는 데에서 당시에는 자긍심을 갖고 있어서 인명 표기에 반드시 표시했을 것이기 때문이다.

2007-8번   '(仇利伐의) 비석수노가 노이며, 선리지가 그의 짐을 졌다.'
~一伐奴人毛利支 負(2007-31번 목간과 쌍둥이 목간이다)
'(仇利伐의 구타지가 一伐이며,) 奴人이며, 그의 짐을 모리지가 졌다.'

여기에서 奴人이 소금생산자임은 몇 가지 근거가 있어서 이를 제시하면 다음과 같다.

첫째로 奴人은 노비를 종(짐꾼)으로 부리는 사람으로 종을 둔 사람이 노비인 예가 우리나라에서는 없다.

둘째로 奴人은 上干 등을 소유한 자도 있어서 신라에서는 노비가 외위를 가진 예가 없어서 문제점으로 지적된다.

셋째로 구리벌이 奴人이 있지만 古陁 등 다른 10여 개의 군에서는 奴人(노비)이 없는 이상한 국가가 되는 점이다.

넷째로 仇利伐 목간에는 할서[두 줄로 쓰기]라는 특이한 방법으로 지명을 기재하는 방법이 있다. 3번과 34번 목간 仇利伐/上彡者村 波婁(/는 할서 표시) 등의 예가 있다. 1번 목간의 仇利伐/上彡者村(앞면)[5] 乞利(뒷면),

---

[5] 이수훈, 「新羅 中古期 行政村·自然村 문제의 검토」, 『한국고대사연구』 48, 2007, 55~63쪽에서 仇利伐/上彡者村이 행정촌+자연촌(구리벌은 행정촌이 아니라 군임)의 관계라면 해당 인물의 출신지를 행정촌인 구리벌로 밝혀도 됨에도 불구하고 굳이 상삼자촌이라고 밝힐 이유가 없고, 2007-31번 목간 仇利伐/仇陁(利)一伐과 5번 목간 仇利伐△德知一伐奴의 예에서 행정촌 다음에 곧바로 인명이 오고 있는 점, 11번 목간 鳥欣弥村卜兮, 14번 목간 大村伊息智 등에서 자연촌+인명이 되어서 일관성이 없이 혼란스럽다는 점 등에서 상삼자촌은 행정촌이란 것이다.
구리벌 보다 상삼자촌을 작게 써서 이를 자연촌으로 보는 근거로 삼고 있으나 이는 구리벌 목간에서만 나오는 割書[두 줄로 쓰기] 때문이다. 할서는 구리벌 목간에서만 나오기 때문에 구리벌 이외의 목간에서는 자연촌이 없게 된다. 구리벌에서만 자연촌이 존재하고, 다른 지명인 고타, 추문 등에서는 할서가 없어서 자연촌이 없게 된다. 그러면 고타, 추문 등에서 자연촌이 없는 이유가 궁금하다. 그 이유를 제시하지 못하면 할서로 쓴 상삼자촌 등도 행정촌으로 보아야 할 것이다. 할서의 경우 글자를 작게 쓰는 이외의 다른 방법은 없다. 이는 자연촌을 표시하는 것과는 전혀 관계가 없다. 예를 들면 구리벌 목간의 촌명 가운데 유일하게

제1절 함안 성산산성 목간에 보이는 負 131

3번과 34번 목간(쌍둥이 목간)의 仇利伐/上彡者村波婁에서 上彡者村은 행정촌으로『삼국사기』지리지의 康州 咸安郡 領縣인 召彡縣이다. 구리벌은 함안군에서 바닷가인 마산시에[6] 이르는 지역이라서 바닷가에 위치한다. 그리고 또 다른 奴人이 나오는 울진 봉평염제비에서는 봉평이 바로 바닷가에 있다. 바닷가의 입지는 소금생산의 필수적인 조건이다.

다섯째로 구리벌 목간의 노인은 전부가 군 소속으로 행정촌 출신은 단 1명도 없다. 다른 목간에서는 행정촌 출신과 군 출신이 공존하고 있다.

여섯째로 奴人이 上干支 등 외위명과 함께 앞사람을 꾸미고 있는데, 이런 예는 함안 성산산성 목간에서는 없다.

일곱째로 奴人을 노비로 보면, 함안 성산산성 목간에 평민, 관인층(귀족) 등으로 신분을 나타내는 말이 나와야 되는데도 불구하고 그러한 단어가 나오지 않아서 문제이다.

여덟째로 奴人이란 말이 나오는 함안 성산산성 목간과 울진 봉평비 모두가 鹽자가 판독된 예가 있는 점이다.

2) 負만 나오는 목간

그 다음은 仇利伐＋촌명＋인명＋負로 된 예를 조사해 보기로 하자.

33번　　　　仇利伐/(彤)谷村/仇礼支 負
　　　　　　'仇利伐의 (彤)谷村의 仇礼支의 負(짐)이다.'
2006-31번　　(仇利伐)~(앞면) 一古西支 負(뒷면)
　　　　　　'(仇利伐)의 ~의 一古西支의 負(짐)이다.'

割書가 아닌 Ⅳ-587.仇利伐(앞면)/△伐彡△村 伊面於支 負(뒷면)와 39번 鄒乂比尸河村과 54번 鄒文△△村과 2007-30번 夷津(支)(末那)石村에서는 구리벌의 경우에서처럼 할서로 쓰지 않고 있다. 할서는 구리벌 목간에서만 나오고, 구리벌 이외에서는 단 한 예도 나온 예가 없다.

6) 2010년 7월 1일 창원시에 통합되기 이전의 마산시를 지칭한다.

2007-18번   仇利伐/(衫伐)只(村)同伐支 負
           '仇利伐의 (衫伐)只(村)의 同伐支의 負(짐)이다.'
2007-53번   仇利伐/習肜村/ 牟利之 負
           '仇利伐의 習肜村의 牟利之의 負(짐)이다.'
Ⅳ-587번   仇利伐(앞면)△伐彡△村 伊面於比支 負(뒷면)
           '仇利伐의 △伐彡△村의 伊面於比支의 負(짐)이다.'

  5명의 인명은 모두 仇利伐郡에 소속되어 있는 행정촌의 이름으로 판단된다. 앞에서의 상삼자촌이 행정촌이므로 5개의 촌명도 모두 행정촌으로 보아야 할 것이다.
  그 다음은 仇利伐+인명+負로 된 목간에 대해 알아보자.

2007-55번   仇利伐今尒次負
           '仇利伐의 今尒次의 負(짐)이다.'
Ⅳ-495번   仇利伐谷△△ (負)
           '仇利伐의 谷△△의 (負)이다.'
Ⅳ-582번   仇利伐 記本礼支 負
           '仇利伐의 記本礼支의 負(짐)이다.'

  이들 목간은 모두 구리벌에 직접 소속되어 있다. 郡名인 구리벌의 소속자도 구리벌이 군으로 역할을 하는 동시에 행정촌으로서의 역할을 함을 보여준다. 군에서 직접 자연촌을 지배할 수는 없고, 행정촌을 지배할 것이다.
  負만 나오는 목간에서 負가 米, 麥, 稗 등의 곡식을 가리킨다면 응당 곡식의 이름을 썼을 것이다. 바닷가에서 잡은 물고기는 역역인의 영양식에 좋았을 것이다.[7] 그래서 負를 바다에서 잡은 물고기를 염장한 것으로 해석해 두고자 한다. 고등어, 갈치 등의 물고기를 소의 짐을 싣는 기구인

제1절 함안 성산산성 목간에 보이는 負 133

길마 등에 싣는 것보다 사람의 지게가 더 편리해서 특별히 負로 표기하였다. 負는 짐이란 뜻과 짐을 지다란 뜻을 모두 가지고 있고, 이는 전술한 해석에서 충분히 보았다고 생각한다.

3) 奴人과 負 모두 나오지 않는 목간

仇利伐 목간에서 奴人과 負가 모두 없는 목간이다. 이를 예로 들면 다음과 같다.

  1(232)번   仇利伐/上彡者村(앞면) 乞利(뒷면)
                 '仇利伐의 上彡者村의 乞利이다.'
  3(222)번   仇利伐/上彡者村波婁
                 '仇利伐의 上彡者村의 波婁이다.'
  4번   仇利伐/仇失了一伐/尒利△支
                 '仇利伐의 仇失了 一伐과 尒利△支가 낸 것이다.'
  34(007)번   仇利伐/上彡者村 波婁
                 '仇利伐의 上彡者村의 波婁이다.'
  2007-20(109)번 仇利伐/~智
                 '仇利伐의 ~智이다.'
  2016-W62(209)번 仇利伐/上三者村△△△△
                 '仇利伐의 上三者村의 △△△△이다.'

위의 자료 가운데 3번과 34번은 쌍둥이 목간이다. 4번 목간은 2명이 나오는데 한 명은 一伐이란 외위명을 가지고 있다. 외위를 가지고 있는 仇利伐의 유력자가 奴人과 負란 표시도 없다. 이 목간은 仇利伐 목간에서 인명이 복수가

---

7) 負가 채소일 가능성도 있다.

될 수 있음을 나타내주고 있다. 왜 공진물인 稗, 麥, 米의 표시가 없을까?

4. 沙喙部 목간

먼저 중고의 沙喙部가 왕비족인지 아니면 문헌의 통설대로 모량부가 왕비족인지 여부를 조사하기 위해서는 另卽知太王妃夫乞支妃를 沙喙部徙夫知葛文王의 妹로 보아야 한다.[8] 그래서 부득이하게 추명의 3명도 모두 沙喙部 출신이 된다. 另卽知太王妃夫乞支妃는 모량부 출신이라고 알려져 있다. 이는 잘못이다. 여기에서 중고 금석문에 나오는 부별 인원수를 제시하면 다음의 〈표 1〉과 같다.

〈표 1〉 중고 금석문에 나타난 각 부명별 인명의 수

비명	탁부	사탁부	본피부	불명	계
봉평비	11	10	1	3	25
적성비	7	3		2	12
창녕비	21	16	1	2	40
북한산비	5	3			8
마운령비	11	6	2	1	20
황초령비	11	4		5	20
계	66	42	4	13	125

---

8) 울주 천전리서석 추명의 해석을 설명 편의를 위해 제시하면 다음과 같다.
"지난날 乙巳年(525) 六月十八日 새벽에 沙喙部徙夫知葛文王, 妹(인 麗德光妙)와 (友인) 於史鄒安郎의 3인이 함께 놀러온 이후로 六(月)十八日에는 해마다 (書石谷을) 지나갔다.
(沙喙部徙夫知葛文王이) 妹王(법흥왕)을 생각하니, 妹王은 죽은 사람이다.
乙巳年에 王(沙喙部徙夫知葛文王)은 돌아가신 其王妃(沙喙部徙夫知葛文王의 妃)인 只沒尸兮妃를 愛自思(사랑하여 스스로 생각)했다.
己未年七月三日에 其王(沙喙部徙夫知葛文王)과 妹가 함께 書石을 보러 谷에 왔다. 이때 함께 3인이 왔다. 另卽知太王妃인 夫乞支妃, 徙夫知(葛文)王, 子인 郎△△夫知가 그들이다.
이때 作切臣은 喙部의 知禮夫知沙干支와 △泊六知居伐干支이다. 私臣은 丁乙尒知奈麻이다. 作食人은 貞宍知波珎干支의 婦인 阿兮牟呼夫人과 尒夫知居伐干支의 婦인 一利等次夫人과 居禮知△干支의 婦인 沙爻功夫人이며, 나누어서 함께 지었다."

〈표 1〉에서 봉평비는 탁부 11명, 사탁부 10명, 본피부 1명, 불명 3명으로 계 25명이다. 적성비는 탁부 7명, 사탁부 3명, 불명 2명 계 12명이다. 창녕비는 탁부 21명, 사탁부 16명, 본피부 1명, 불명 2명 계 40명이다. 북한산비는 탁부 5명, 사탁부 3명, 계 8명이다. 마운령비는 탁부 11명, 사탁부 6명, 본피부 2명, 불명 1명, 계 20명이다. 황초령비는 탁부 11명, 사탁부 4명, 불명 5명으로 계 20명이다. 총계는 탁부 66명, 사탁부 42명, 본피부 4명, 불명 13명으로 총인원수는 125명이다. 곧 모량부 소속은 단 1명도 없어서 왕비족이 될 수 없고, 사탁부가 왕비족이다.

沙喙部徙夫知葛文王의 妹인 另即知太王妃夫乞支妃를 거느리고 있는 沙喙部徙夫知葛文王이 법흥왕의 弟인 입종갈문왕일 수는 없다. 법흥왕과 徙夫知葛文王은 妻男妹夫 사이로, 추명 제③·④행에 각각 나오는 妹王도 徙夫知葛文王이 법흥왕을 불렀던 간접 호칭으로 보인다.

負가 나오는 예로 2016-W104(214)번 沙喙部負가 있다. 이를 푸는데 간접적인 자료로 다음과 같은 것이 있다.

Ⅳ-597(183)　　正月中比思(伐)古尸次阿尺夷喙(앞면)
　　　　　　　羅兮落及伐尺幷作前瓷酒四斗瓮(뒷면)
　　　　　　　'正月에 比思(伐)의 古尸次 阿尺의 夷(무리)와 喙(部) 羅兮落 及伐尺(경위명)이 아울러 前瓷酒 四斗瓮을 만들었다.'

목간 Ⅳ-597(183)번에서 만든 술은 전체 4말로 전체 성산산성의 역역자에게 나누어 주기에는 대단히 적은 술이다. 아마도 역역의 지도자에게 준 것으로 보이고, 술을 만든 곳은 성산산성으로 추정된다. 그래서 喙部 술 만드는 기술자 羅兮落 及伐尺(경위명)이 동원된 것이 아닌가 한다. 그러면 2016-W104(214)번 沙喙部負에 나오는 負는 탁부의 것과 마찬가지로 술로 짐작되는데,[9] 당시 수도였던 경주에서 가지고 왔다면 짐을 負로 표기할 수 없을 것이다. 함안에서 조달했기 때문에 負를 사용했을 것이다.

5. 맺음말

먼저 沙喙部負를 비롯하여 함안 성산산성에서 출토된 負가 나오는 목간을 국사편찬위원회 한국사데이터베이스의 순번에 따라 전부 소개하였다.

다음으로 奴人과 負가 나오는 것을 살펴보았는데, 이는 소금생산자의 목간으로 소금생산자가 되는 이유를 7가지 제시하였고, 負만 나오는 목간은 소로 운반하는 것보다 사람이 지게로 운반하는 것이 편리하다고 보았다.

마지막으로 종래에는 문헌적인 관점에서 모량부가 왕비족으로 보아왔으나 중고시대 국가 차원의 금석문에서는 모량부 출신이 1명도 없고, 사탁부가 왕족인 탁부에 뒤이어서 그 인원이 많고, 울주 천전리서석의 분석에서 另卽智太王妃夫乞支妃가 사탁부 출신이다. 沙喙部負를 사탁부에서 술을 공진물로 내었다고 보았다.

---

9) 왕족인 탁부에서 술 만드는 기술을 냈다면 이에 버금가는 부인 왕비족인 사탁부도 술을 내야 되지 다른 공진물로서는 격이 맞지 않는다. 사탁부란 표시만 있고, 누가 내었는지에 대한 것은 기술되지 않는 점도 주목된다.

제2절 함안 성산산성 목간에 보이는 稗類

1. 머리말

　함안 성산산성 목간 중에서 공진물로는 稗가 가장 많다. 米가 3점, 麥이 14점, 稗類가 83점이다. 稗類는 稗石이 46점, 稗가 27점, 稗一이 3점, 稗一石이 2점이나 모두 稗一石이란 뜻으로 보인다. 그 외에 稗發도 5점이 있다. 전체 83%로 압도적으로 稗類가 많다. 공진물을 받을 때 쌀, 보리쌀, 피 가운데 어느 것을 내도 좋으니 1석만을 내라는 공고가 있었지 싶다. 그렇지 않고서 어떻게 피를 가장 많이 낼 수가 있을까? 함안 성산산성을 축조할 때를 전후하여 흉년이 들어서 그렇지 싶다. 가뭄이 들면 논에는 벼 대신에 피를 심어야 한다. 피는 쌀이나 보리쌀에 비해서 그 가격이 훨씬 싸다.
　피를 공진물로 바치는 예가 주류인 것은 함안 성산산성이 처음이자 마지막이지 싶다. 정창원 좌파리가반 부속문서에도 공물문서와 녹봉문서에 모두 쌀과 도정하지 않은 벼인 표과 도정하지 않은 보리인 失과 콩인 大豆와 上米가 나올 뿐 피에 대한 언급이 없다.
　여기에서는 먼저 稗가 나오는 목간을 세시하겠다. 그 다음으로 稗類가 많은 까닭에 대해 조사하겠다. 그 다음으로 稗發 목간에 대해 조사하겠다. 그 다음으로 지명+稗類 목간을 조사하겠다. 마지막으로 稗類 목간의 해석을 하겠다.

2. 자료의 제시

7(229)번　　　仇伐干好律村卑尸稗石
8(230)번　　　及伐城秀乃巴稗
9(233)번　　　竹尸弥牟レ于支稗一
11(227)번　　　鳥欣弥村卜兮稗石
12(228)번　　　上莫村居利支稗
13(238)번　　　陳城巴兮支稗
18번　　　　　△△△△△支稗
20(239)번　　　古阤伊骨利村△(앞면) 仇仍支稗發(뒷면)
21(245)번　　　屈仇△△村~(앞면) 稗石(뒷면)
28(001)번　　　古阤伊骨利村阿那(衆)智卜利古支(앞면) 稗發(뒷면)
29(002)번　　　古阤新村智利知一尺那△(앞면) 豆于利智稗石(뒷면)
30(003)번　　　夷津支阿那古刀羅只豆支(앞면) 稗(뒷면)
31(004)번　　　古阤一古利村末那(앞면) 毛羅次尸智稗石(뒷면)
32(005)번　　　上弗乃你村(앞면) 加古波(孕)稗石(뒷면)
41(014)번　　　陳城巴兮支稗
42(015)번　　　及伐城立(龍)稗石
44(017)번　　　土莫村居利支稗
45(018)번　　　夷津阿那休智稗
50(023)번　　　昂盖陽村末稗石
52(024)번　　　仇伐阿那舌只稗石
59(030)번　　　石蜜日智私(앞면) 勿利乃(冘)花文稗(뒷면)
61(032)번　　　△節△家(城)夫鄒只△(앞면) 城稗石(뒷면)
62(033)번　　　△△△支村(앞면) △△△奚稗石
61(032)번　　　△節△家(城)夫鄒只△(앞면) 城稗石(뒷면)
62(033)번　　　△△△支村(앞면) △△△奚稗石(뒷면)

67(037)번	~加礼~(앞면) ~刀稗(뒷면)
71(041)번	~利次稗石
72(042)번	~△一伐稗
73(043)번	~伐稗石
74(044)번	及伐城只智稗石
79(048)번	伊伐支△△波稗一
80(049)번	及伐城△△ 稗石
2006-4(066)번	夷津本波只那公末△稗
2006-6(070)번	陽村文尸只 稗
2006-7(071)번	買谷村古光斯珎于(앞면) 稗石(뒷면)
2006-8(072)번	勿利村倦益介利(앞면) 稗石(뒷면)
2006-9(073)번	次ヽ支村知你留(앞면) 稗石(뒷면)
077번	㗊△△△△利稗
2006-30(089)번	古阤伊骨村阿那(앞면) 仇利稿支稗發(뒷면)
2006-37번	~△村△△麥石
2007-1(092)번	~竹㶱弥支稗石
2007-4(093)번	㗊盖次尒利△尒稗
2007-6(095)번	仇伐 末那沙刀(礼)奴(앞면) 弥次(分)稗石(뒷면)
2007-7(096)번	丘伐稗
2007-9(098)번	~本(波)跛智(福)△古△~(앞면) ~支云稗石(뒷면)
2007-11(100)번	古阤一古利村末那(앞면) 殆利夫稗(石)(뒷면)
2007-12(101)번	伊伐支鳥利礼稗石
2007-14(103)번	古阤一古利村末那仇△~(앞면) 稗石(뒷면)
2007-15(104)번	勿思伐 豆只稗一石
2007-16(105)번	㗊盖介欲弥支稗
2007-17(106)번	古阤一古利村△~(앞면) 乃兮支稗石(뒷면)
2007-22(111)번	㗊盖奈夷(利)稗

2007-23(112)번	及伐城文尸伊稗石
2007-24(113)번	及伐城文尸伊急伐尺稗石
2007-25(114)번	古阤一古利村阿那弥伊△久(앞면) 稗石(뒷면)
2007-26(115)번	~古心△村~稗石
2007-28(117)번	巾夫支城夫酒只(앞면) 稗一石(뒷면)
2007-29(118)번	波阤密村沙毛(앞면) 稗石(뒷면)
2007-33(122)번	古阤一古利村末那沙見(앞면) 日糸利稗石(뒷면)
2007-34(123)번	伊大兮村稗石
2007-35(124)번	(礼)乡利村(앞면) 湏△只稗石(뒷면)
2007-36(125)번	栗村稗石
2007-37(126)번	仇伐阿那内欣買子(앞면) 一万買 稗石(뒷면)
2007-38(127)번	古阤△利村△~(앞면) 稗石(뒷면)
2007-40(129)번	巾夫支城△郞支稗一
2007-42(131)번	及伐城登奴稗石
2007-43(132)번	伊伐支村△只稗石
2007-46(135)번	小伊伐支村能毛礼(앞면) 稗石(뒷면)
2007-47(136)번	珎淂智△ 仇以稗石
2007-48(137)번	丘伐稗石
138번	~△ 尒利稗
2007-54(143)번	赤伐支局村助吏支稗
2007-58(147)번	伊智支村彗△利(앞면) 稗(뒷면)
2007-61(157)번	買谷村物礼利(앞면) 斯珎于稗石(뒷면)
2007-64(159)번	上弗刀你村(앞면) (敬麻)古稗石(뒷면)
2007-D(151)번	伊竹支△△△稗
2007-E(152)번	~△支負稗
Ⅳ-578(165)번	~之毛羅稗
Ⅳ-579(166)번	麻旦△利(앞면) 麻古稗石(뒷면)

167번	仇△△稗石
Ⅳ-588(174)번	~智△△(앞면) 稗石(뒷면)
Ⅳ-590(176)번	及伐城日沙利稗石
179번	及伐城文尸△稗石
Ⅳ-595(181)번	古阤一古利村阿波(앞면) 阤ヽ支稗發(뒷면)
Ⅴ-163(189)번	古阤一古利村阿波(앞면) 阤ヽ只稗發(뒷면)
Ⅴ-171(196)번	盖山鄒勿負稗
Ⅴ-172(197)번	~村虎弥稗石
2016-W28(201)번	~史村△~(앞면) ~利夫稗石(뒷면)
2016-W34(203)번	今(卒)巴漱(宿)尒財利支稗
2016-W35(205)번	盖村仇之毛羅稗
2016-W66(207)번	丘伐未那早尸智居伐尺奴(앞면) (能)利智稗石(뒷면)
2016-W73(211)번	巾夫支城 仇智支稗~(앞면) ~(뒷면)

稗石으로 나온 예가 46개이고, 稗로 나온 예가 27개이고, 稗一로 나온 예가 3개이고, 稗一石으로 나온 예가 2개이고,[1] 稗發로 나온 예가 5개이다. 稗發로 나온 예는 모두 현재의 안동인 古阤에서 소나 말에다 짐을 싣고 함안 성산산성까지 온 것으로 해석할 수밖에 없다. 그러나 發 자체의 글자는 麥자가 아닌 發자라서 稗發로 읽을 수밖에 없다.

稗石을[2] 稗一石으로 해석할 때, 공진물을 내는 것은 전부가 1석이 된다. 그러면 稗石이 稗一石이므로 공진물은 전부 稗一石을 낸 것이 된다. 稗만 나오는 것도 稗一石을 낸 것으로 볼 수밖에 없다.

---

[1] 稗石, 稗, 稗一, 稗一石은 모두가 稗一石으로 동일한 것으로 본다.
[2] 稗石을 곡식을 담는 용기로 해석할 때, 이는 성산산성에 내는 공진물이 될 수가 없어서 稗一石으로 해석한다.

3. 稗類가 많은 까닭

米가 3점, 麥이 14점, 稗類가 78점이다. 稗類는 稗石이 46점, 稗가 27점, 稗一이 3점, 稗一石이 2점이나 모두 稗一石이란 뜻으로 보인다. 그 외에 稗發도 5점이 있다. 전체 공진물 속에서 米가 3%, 麥이 14%, 稗類가 83%이다. 이렇게 稗類가 공진물 가운데 거의 대부분을 차지하는 것은 공진물을 거두는 국가에서 쌀, 보리쌀, 피 가운데 어느 것을 내어도 좋으나 1石만을 내라는 명령이 내려졌기 때문이라고 판단된다. 그래서 공진물을 내는 자들의 전부가 이득을 보는 稗類로 몰린 것이 그 원인이라고 판단된다.

4. 稗發 목간

함안 성산산성 목간에서 稗發 목간은 모두 5점이 나왔다. 모두가 안동의 옛 지명인 古阤의 예뿐이다. 그러면 관계 자료부터 제시하면 다음과 같다.

20(239)번   古阤伊骨利村△(앞면) 仇仍支稗發(뒷면)
28(001)번   古阤伊骨利村阿那(衆)智卜利古支(앞면) 稗發(뒷면)
2006-30(089)번   古阤伊骨村阿那(앞면) 仇利稿支稗發(뒷면)
Ⅳ-595(181)번   古阤一古利村本波(앞면) 阤ˇ支稗發(뒷면)
Ⅴ-163(189)번   古阤一古利村本波(앞면) 阤ˇ只稗發(뒷면)

이 자료는 發자를 麥자로 보기도 했다.[3] 글자를 자세히 보면 麥자와는

---

3) 김창호, 『한국 고대 목간』, 2020, 146~149쪽.

자획이 다르고, 稗麥이라는 단어가 이상하여 發로 바꾸어서 읽었다. 그래서 이를 바리라고 보았다.4) 이 5점의 목간도 결국은 稗一石을 소등에 싣고, 소와 함께 안동에서부터 함안 성산산성까지 왔다가 간 것으로 보인다. 최초 공진물 출발지에서 함안 성산산성까지 도착하는 비용은 공진물의 납부자가 내는 것으로 보인다.

5. 지명+稗類 목간

함안 성산산성 목간 가운데에는 지명+稗類로만 된 목간이 있는데 이를 주목하지 않았으나 이를 착목한 가설이5) 나와 살펴보기 위해서 관련 자료 4점부터 제시하면 다음과 같다.

    2007-7(096)번   丘伐稗
    2007-34(123)번   伊大兮村稗石
    2007-36(125)번   栗村稗石
    2007-48(137)번   丘伐稗石

이들 4점의 목간은 지명+稗(石)로만 되어 있어서 군이나 행정촌에서 공동으로 공진물을 함안 성산산성에 바치는 것으로 보인다.6) 물론 수송비용도 공동으로 내었고, 행정촌의 촌주 등이 공진물과 함께 했을 것이다.

---

  4) 이수훈, 「함안 성산산성 출토 목간의 稗石과 負」『지역과 역사』 15, 29쪽에서는 바리를 나타내는 한자는 卜이라고 따로 있기 때문에 發은 바리가 아니라고 결론을 냈다. 윤선태, 「함안 성산산성 출토 신라 하찰의 새검토」『사림』 41, 2012, 166쪽에서 비로소 發을 바리라고 결론을 냈다.
  5) 이수훈, 「성산산성 목간의 '城下麥'과 수송체계」『지역과 역사』 30, 2012, 165~167쪽.
  6) 이수훈, 앞의 논문, 2012, 165~167쪽.

6. 稗類 목간의 해석

7(229)번 　　仇伐干好律村卑尸稗石
　　　　　　'仇伐(郡)의 干好律村의 卑尸가 낸 稗(1)石이다.'

8(230)번 　　及伐城秀乃巴稗
　　　　　　'及伐城의 秀乃巴가 낸 稗 (1석)이다.'

9(233)번 　　竹尸弥牟Ⅼ于支稗一
　　　　　　'竹尸弥와 于牟支가 낸 稗一(석)이다.' 또는 '竹尸弥于牟支가 낸 稗一(석)이다.'

11(227)번 　鳥欣弥村卜兮稗石
　　　　　　'鳥欣弥村의 卜兮가 낸 稗 (1)石이다.'

12(228)번 　上莫村居利支稗
　　　　　　'上莫村의 居利支가 낸 稗 (1석)이다.'

13(238)번 　陳城巴兮支稗
　　　　　　'陳城의 巴兮支가 낸 稗 (1석)이다.'

18번 　　　△△△△△支稗
　　　　　　'△△△의 △△支가 낸 稗 (1석)이다.'

20(239)번 　古陁伊骨利村△(앞면) 仇仍支稗發(뒷면)
　　　　　　'古陁의 伊骨利村의 △仇仍支가 낸 稗 1發(바리:1석)이다.'

21(245)번 　屈仇△△村~(앞면) 稗石(뒷면)
　　　　　　'屈仇△△村의 ~가 낸 稗 (1)石이다.'

28(001)번 　古陁伊骨利村阿那(衆)智卜利古支(앞면) 稗發(뒷면)
　　　　　　'古陁의 伊骨利村의 阿那(땅 이름)인 (衆)智卜利古支가 낸 稗 1發(바리:1석)이다.'

29(002)번 　古陁新村智利知一尺那△(앞면) 豆于利智稗石(뒷면)
　　　　　　'古陁의 新村의 智利知 一尺과 那△豆于利智가 낸 稗(1)石이다.'

제2절 함안 성산산성 목간에 보이는 稗類   145

30(003)번　　　夷津支阿那古刀羅只豆支(앞면) 稗(뒷면)
　　　　　　　'夷津支의 阿那(땅 이름) 古刀羅只豆支가 낸 稗(1석)이다.'

31(004)번　　　古阤一古利村末那(앞면) 毛羅次尸智稗石(뒷면)
　　　　　　　'古阤의 一古利村의 末那(땅 이름)의 毛羅次尸智가 낸 稗(1)
　　　　　　　石이다.'

32(005)번　　　上弗乃你村(앞면) 加古波(孕)稗石(뒷면)
　　　　　　　'上弗乃你村의 加古波(孕)가 낸 稗(1)石이다.'

41(014)번　　　陳城巴兮支稗
　　　　　　　'陳城의 巴兮支가 낸 稗 (1석)이다.'

42(015)번　　　及伐城立(龍)稗石
　　　　　　　'及伐城의 立(龍)이 낸 稗(1)石이다.'

44(017)번　　　土莫村居利支稗
　　　　　　　'土莫村의 居利支가 낸 稗(1석)이다.'

45(018)번　　　夷津阿那休智稗
　　　　　　　'夷津의 阿那(땅 이름)의 休智가 낸 稗(1석)이다.'

50(023)번　　　᰻盖陽村末稗石
　　　　　　　'᰻盖(군)의 陽村의 末이 낸 稗(1)石이다.'

52(024)번　　　仇伐阿那舌只稗石
　　　　　　　'仇伐(군)의 阿那(땅 이름)인 舌只가 낸 稗(1)石이다.'

59(030)번　　　石蜜日智私(앞면) 勿利乃(旡)花文稗(뒷면)
　　　　　　　'石蜜日의 智私勿利와 乃(旡)花文이 낸 稗(1석)이다.'

61(032)번　　　△節△家(城)夫鄒只△(앞면) 城稗石(뒷면)
　　　　　　　'△節△家(城)의 夫鄒只△城가 낸 稗(1)石이다.'

62(033)번　　　△△△支村(앞면) △△△奚稗石(뒷면)
　　　　　　　'△△△支村의 △△△奚가 낸 稗(1)石이다.'

61(032)번　　　△節△家(城)夫鄒只△(앞면) 城稗石(뒷면)
　　　　　　　'△節△家(城)의 夫鄒只△城이 낸 稗(1)石이다.'

62(033)번　　　△△△支村(앞면) △△△奚稗石
　　　　　　　'△△△支村의 △△△奚가 낸 稗(1)石이다.'

67(037)번　　　~加礼~(앞면) ~刀稗(뒷면)
　　　　　　　'~加礼~의 ~刀가 낸 稗(1석)이다.'

71(041)번　　　~利次稗石
　　　　　　　'~의 ~利次가 낸 稗(1)石이다.'

72(042)번　　　~△一伐稗
　　　　　　　'~의 ~△ 一伐이 낸 稗(1석)이다.'

73(043)번　　　~伐稗石
　　　　　　　'~의 ~伐이 낸 稗(1)石이다.'

74(044)번　　　及伐城只智稗石
　　　　　　　'及伐城의 只智가 낸 稗(1)石이다.'

79(048)번　　　伊伐支△△波稗一
　　　　　　　'伊伐支의 △△波가 낸 稗一(석)이다.'

80(049)번　　　及伐城△△ 稗石
　　　　　　　'及伐城의 △△가 낸 稗(1)石이다.'

2006-4(066)번　夷津夲波只那公末△稗
　　　　　　　'夷津의 夲波(땅 이름)의 只那公末△가 낸 稗(1석)이다.'

2006-6(070)번　陽村文尸只 稗
　　　　　　　'陽村의 文尸只가 낸 稗이다.'

2006-7(071)번　買谷村古光斯珎于(앞면) 稗石(뒷면)
　　　　　　　'買谷村의 古光과 斯珎于가 낸 稗(1)石이다.'

2006-8(072)번　勿利村倦益尒利(앞면) 稗石(뒷면)
　　　　　　　'勿利村의 倦益尒利가 낸 稗(1)石이다.'

2006-9(073)번　次ㅅ支村知你留(앞면) 稗石(뒷면)
　　　　　　　'次ㅅ支村의 知你留가 낸 稗(1)石이다.'

077번　　　　　咼△△△△利稗

'㫆△의 △△△利가 낸 稗(1석)이다.'

2006-30(089)번　古阤伊骨村阿那(앞면) 仇利稿支稗發(뒷면)

'古阤의 伊骨村의 阿那(땅 이름)의 仇利稿支가 낸 稗(1)發(바리 : 1석)이다.'

2006-37번　~△村△△麥石

'~△村의 △△가 낸 麥(1)石이다.'

2007-1(092)번　~竹烋弥支稗石

'~의 竹烋弥支가 낸 稗(1)石이다.'

2007-4(093)번　㫆盖次尒利△尒稗

'㫆盖의 次尒利△尒가 낸 稗(1석)이다.'

2007-6(095)번　仇伐 末那沙刀(礼)奴(앞면) 弥次(分)稗石(뒷면)

'仇伐의 末那(땅 이름)의 沙刀(礼)奴와 弥次(分)가 낸 稗(1)石이다.'

2007-7(096)번　丘伐稗

'丘伐에서 낸 稗(1석)이다.'

2007-9(098)번　~本(波)跛智(福)△古△~(앞면)

~支云稗石(뒷면) '~의 本(波)(땅이름)의 跛智(福)△古와 △~支云이 낸 稗(1)石이다.'

2007-11(100)번　古阤一古利村末那(앞면) 殆利夫稗(石)(뒷면)

'古阤의 一古利村의 末那(땅 이름)의 殆利夫가 낸 稗(1)(石)이다.'

2007-12(101)번　伊伐支烏利礼稗石

'伊伐支의 烏利礼가 낸 稗(1)石이다.'

2007-14(103)번　古阤一古利村末那仇△~(앞면) 稗石(뒷면)

'古阤의 一古利村의 末那(땅 이름)의 仇△~가 낸 稗(1)石이다.'

2007-15(104)번　勿思伐 豆只稗一石

'勿思伐의 豆只가 낸 稗一石이다.'

2007-16(105)번   㫆盖尒欲弥支稗
               '㫆盖의 尒欲弥支가 낸 稗(1석)이다.'
2007-17(106)번   古陁一古利村△~(앞면) 乃兮支稗石(뒷면)
               '古陁의 一古利村의 △~乃兮支가 낸 稗(1)石이다.'
2007-22(111)번   㫆盖奈夷(利)稗
               '㫆盖의 奈夷(利)가 낸 稗(1석)이다.'
2007-23(112)번   及伐城文尸伊稗石
               '及伐城의 文尸伊가 낸 稗(1)石이다.'
2007-24(113)번   及伐城文尸伊急伐尺稗石
               '及伐城의 文尸伊와 急伐尺이 낸 稗(1)石이다.'
2007-25(114)번   古陁一古利村阿那弥伊△久(앞면) 稗石(뒷면)
               '古陁의 一古利村의 阿那(땅 이름)의 弥伊△久가 낸 稗(1)石이다.'
2007-26(115)번   ~古心△村~稗石
               '~古心△村의 ~가 낸 稗(1)石이다.'
2007-28(117)번   巾夫支城夫酒只(앞면) 稗一石(뒷면)
               '巾夫支城의 夫酒只가 낸 稗一石이다.'
2007-29(118)번   波陁密村沙毛(앞면) 稗石(뒷면)
               '波陁密村의 沙毛가 낸 稗(1)石이다.
2007-33(122)번   古陁一古利村末那沙見(앞면) 日糸利稗石(뒷면)
               '古陁의 一古利村의 末那(땅 이름)의 沙見日糸利가 낸 稗(1)石이다.'
2007-34(123)번   伊大兮村稗石
               '伊大兮村에서 낸 稗(1)石이다.'
2007-35(124)번   (礼)彡利村(앞면) 湏△只稗石(뒷면)
               '(礼)彡利村의 湏△只가 낸 稗(1)石이다.'
2007-36(125)번   栗村稗石

'栗村에서 낸 稗(1)石이다.'

2007-37(126)번　仇伐阿那內欣買子(앞면) 一万買 稗石(뒷면)

　　　　　　　'仇伐의 阿那(땅 이름)의 內欣買子와 一万買가 낸 稗(1)石이다.'

2007-38(127)번　古陁△利村△~(앞면) 稗石(뒷면)

　　　　　　　'古陁의 △利村의 △~가 낸 稗(1)石이다.'

2007-40(129)번　巾夫支城△郎支稗一

　　　　　　　'巾夫支城의 △郎支가 낸 稗一(석)이다.'

2007-42(131)번　及伐城登奴稗石

　　　　　　　'及伐城의 登奴가 낸 稗(1)石이다.'

2007-43(132)번　伊伐支村△只稗石

　　　　　　　'伊伐支村의 △只가 낸 稗(1)石이다.'

2007-46(135)번　小伊伐支村能毛礼(앞면) 稗石(뒷면)

　　　　　　　'小伊伐支村의 能毛礼가 낸 稗(1)石이다.'

2007-47(136)번　珎淂智△ 仇以稗石

　　　　　　　해석 불능

2007-48(137)번　丘伐稗石

　　　　　　　'丘伐에서 낸 稗(1)石이다.'

138번　　　　　~△尒利稗

　　　　　　　'~의 △尒利가 낸 稗(1석)이다.'

2007-54(143)번　赤伐支寄村助吏支稗

　　　　　　　'赤伐支寄村의 助吏支가 낸 稗(1석)이다.'

2007-58(147)번　伊智支村彗△利(앞면) 稗(뒷면)

　　　　　　　'伊智支村의 彗△利가 낸 稗(1석)이다.'

2007-D(151)번　伊竹支△△△稗

　　　　　　　해석 불능

2007-E(152)번　~△支負稗

해석 불능

2007-61(157)번　買谷村物礼利(앞면) 斯珎于稗石(뒷면)
　　　　　　　　 '買谷村의 物礼利와 斯珎于가 낸 稗(1)石이다.'

2007-64(159)번　上弗刀你村(앞면) (敬麻)古稗石(뒷면)
　　　　　　　　 '上弗刀你村의 (敬麻)古가 낸 稗(1)石이다.'

Ⅳ-578(165)번　~之毛羅稗
　　　　　　　　 '~의 之毛羅가 낸 稗(1석)이다.'

Ⅳ-579(166)번　麻旦△利(앞면) 麻古稗石(뒷면)
　　　　　　　　 '麻旦△의 利麻古가 낸 稗(1)石이다.'

167번　　　　　仇△△稗石
　　　　　　　　 '仇△△에서 낸 稗(1)石이다.'

Ⅳ-588(174)번　~智△△(앞면) 稗石(뒷면)
　　　　　　　　 해석 불능

Ⅳ-590(176)번　及伐城日沙利稗石
　　　　　　　　 '及伐城의 日沙利가 낸 稗(1)石이다.'

179번　　　　　及伐城文尸△稗石
　　　　　　　　 '及伐城의 文尸△가 낸 稗(1)石이다.'

Ⅳ-595(181)번　古阤一古利村本波(앞면) 阤ᵡ支稗發(뒷면)
　　　　　　　　 '古阤의 一古利村의 本波(땅 이름)의 阤ᵡ支가 낸 稗(1)發
　　　　　　　　 (바리 : 1석)이다.'

Ⅴ-163(189)번　古阤一古利村本波(앞면) 阤ᵡ只稗發(뒷면)
　　　　　　　　 '古阤의 一古利村의 本波(땅 이름)의 阤ᵡ只가 낸 稗(1)發
　　　　　　　　 (바리 : 1석)이다.'

Ⅴ-171(196)번　盖山鄒勿負稗
　　　　　　　　 '盖山의 鄒勿負가 낸 稗(1석)이다.'

Ⅴ-172(197)번　~村虎弥稗石
　　　　　　　　 '~村의 虎弥가 낸 稗(1)石이다.'

2016-W28(201)번 ~史村△~(앞면) ~利夫稗石(뒷면)
     '~史村의 △~利夫가 낸 稗(1)石이다.'
2016-W34(203)번 今(卒)巴漱(宿)氽財利支稗
     해석 불능
2016-W35(205)번 盖村仇之毛羅稗
     '盖村의 仇之毛羅가 낸 稗(1석)이다.'
2016-W66(207)번 丘伐未那早尸智居伐尺奴(앞면) (能)利智稗石(뒷면)
     '丘伐의 未那(땅 이름)의 早尸智와 居伐尺과 奴能)利智가 낸 稗(1)石이다.'
2016-W73(211)번 巾夫支城 仇智支稗~(앞면) ~(뒷면)
     '巾夫支城의 仇智支가 낸 稗(1석)~이다.'

7. 맺음말

여기에서는 먼저 함안 성산산성에서 출토된 稗자가 붙는 稗類 목간을 하나도 빠짐없이 전부 소개하였다.

다음으로 稗類가 함안 성산산성 목간 총 수효가 253점인 데 대해서 그 가운데 곡식을 공진물로 내는 것은 米가 3점, 麥이 14점, 稗類가 83점으로 전체 공진물 가운데 83%를 차지하고 있다.

그 다음으로 稗發 목간 5섬을 조사하였다. 이 稗發 목간은 피 1바리란 뜻으로 古阤 목간에서만 나온 점이 주목된다.

그 다음으로 4점은 지명+稗(石)로만 되어 있어서 군이나 행정촌에서 공동으로 공진물을 함안 성산산성에 바치는 것으로 보았다.

마지막으로 稗類 목간 총 100점을 전부 해석하였다.

제3절 함안 성산산성 목간의 공진물 수송체계

1. 머리말

함안 성산산성 목간에는 성산산성에 내는 공진물에 대한 목간과 역역에 대한 목간으로 2분 된다. 공진물 목간은 대개 지명+인명+물품명+수량으로 되어 있는데 대해, 역역 목간은 지명(군명)+지명(행정촌명)+인명으로 되어 있다. 공진물 목간과 역역 목간의 구분은 그야말로 공진물이 있으면 공진물 목간, 공진물이 없으면 역역 목간이다. 그런데 성산산성 목간 가운데 하나 짚고 넘어갈 것은 구리벌 목간에서만 나오는 負이다. 이는 負자만 나오고 구체적으로 다른 쌀, 보리, 피 등에 대해서는 언급이 없어 곤란하나 負가 소금 또는 염장된 바닷물고기를[1] 가리키므로 공진물 목간으로 본다.

쌀, 보리쌀, 피 등의 공진물이 경북 북부, 충북 지역에서 어떤 경로를 거쳐서 함안 성산산성까지 오는지에 대한 구체적인 연구 성과는 없는 듯하다.[2] 물론 위의 지역에서 낙동강을 조운으로 함안 성산산성에 오는 것이 거의 정설이다. 반면 구체적으로 공진물을 내는 피부담자도 오는지 여부와 그 비용은 누가 내는지 여부에 대한 연구 성과는 없다.

貢進物을 각 城·村(행정촌)-州(上州의 州治인 甘文城 또는 州治가 주관하는 낙동강 수운상의 稅物集荷地)-성산산성의 순서로 운송하였거나,[3] 행정

---

1) 채소일 가능성도 있다.
2) 이수훈, 「성산산성 목간의 성하맥과 수송체계」 『지역과 역사』 30, 2012, 147~176쪽.

제3절 함안 성산산성 목간의 공진물 수송체계 153

촌-성산산성의 순서 또는 행정촌-上州 단위(州治인 甘文城이나 行使大等이 지정한 제3의 장소)-성산산성의 차례로 이송하였을 가능성이 제기되었다.[4] 여기서 貢進物을 1차적으로 행정촌에서 거두어 운송하였다는 견해는 주목된다. 다시 성산산성에서 출토된 △△城下麥 목간의 묵서 내용을 6세기 중엽 당시 신라의 물품 수송체계를 파악하기 위한 기초 작업으로 이를 △△城에서 下(送·行)한 麥으로 이해하고, 공진물을 어디서 처음 수습 발송하였으며, 수송 중간에서 수습·검수·발송했는지 등을 조사하였다. 1차적인 곳은 수습·발송이 행정촌에서 이루어졌고, △△城에서 수송과정을 통해서 함안 성산산성에 이른다고 보았다. 또 城下麥 목간에서 공진물이 인명의 앞에 가는 것은 수송자로, 그렇지 아니하고 공진물이 인명의 뒤에 가는 것은 담세자라고 주장했다.[5] 또 2006-7번과 2007-61번에 나오는 買谷村 출신의 斯珎于와 2007-23번과 2007-24번에 나오는 及伐城 출신의 文尸伊는 직접 수송을 담당치 않고, 세금만 내는 담세자라고 보았다.

여기서는 함안 성산산성에 나오는 지명을 검토하겠다. 다음으로 驛과 漕運에 대해 검토하겠다. 그 다음으로 의사쌍둥이 목간의 담세자설을 검토하겠다. 마지막으로 稗發 목간을 검토하겠다.

2. 지명의 검토

지금까지 함안 성산산성에 나오는 목간은 대개 지명+인명+물품명+수

---

3) 李京燮,「城山山城 출토 荷札木簡의 製作地와 機能」『韓國古代史硏究』 37, 2005, 138~147쪽 ; 이경섭,「城山山城 出土 荷札木簡과 新羅 中古期의 收取體系」『古代 東아시아 世界의 物流와 木簡』(농국대학교 문화학술원 농아시아문화연구소수죄 제2회 국제학술회의 자료집), 2008, 32쪽.
4) 전덕재,「함안 성산산성 목간의 내용과 중고기 신라의 수취체계」『역사와 현실』 65, 2007, 245~248쪽.
5) 이수훈, 앞의 논문, 2012, 169~174쪽.

량으로6) 되어 있다. 많은 지명이 나오고 있어서 그 비정에 어려움도 있다. 지금까지 나온 선학들의 지명 비정을 도시하면 다음과 같다.7)

주요 지명	비정지 현재 지명	신라 당대 지명
仇利伐	충북 옥천 함안 칠원면~마산, 창원 안동시 임하면 일대	仇(久)利城 久禮牟羅8) 屈火郡, 屈弗郡, 曲城郡
甘文城	김천시 개령면	甘文州 開寧郡
古阤	안동시	古陀耶郡 古昌郡
及伐城	영주시 부석면	及伐(山)郡 岋山郡
仇伐	의성군 단촌면	仇火縣 高丘縣
須伐	상주시	沙伐州 尙州
買谷村	안동시 도산면과 예안면	買谷縣 善谷縣
勿思伐	충북	勿思伐城
鄒文(村)	충북	鄒文村

甘文은 창녕비(561년)에 甘文軍主가 있던 곳이다. 『삼국사기』 권34, 지3, 지리1에 開寧郡 古甘文小國也라고 나오는 김천시 개령면이다.

古阤는 『삼국사기』 권34, 지3, 지리1에 나오는 古昌郡 本古陀耶郡으로 현재의 안동시 일대이다.

及伐城은 남산신성비 제9비에 나오는 伋伐郡과 동일한 지명이다. 『삼국사기』 권35, 지4, 지리2에 岋山郡 本高句麗及伐山郡이라고 나오는데, 현재의 영주시 부석면 일대이다.

---

6) 수량은 생략되어도 지명과 인명은 그렇지 않다.
7) 이 표는 이경섭, 앞의 논문, 2011, 539~540쪽의 〈표 1〉 성산산성 짐꼬리표목간의 지명 비정을 참조하여 필자의 견해를 더하였다.
夷津(支城)은 30번, 2006-4번, 2007-30번, 2007-44번, 2007-304번 목간의 5예가 있으나 그 위치 비정은 불가능하다. 이러한 이유에서 지명 비정표에서 제외하였다. 이진(지성)은 郡이 설치된 곳이다.
比思(伐)도 그 예가 하나뿐이고, 561년 창녕비에 下州行使大等이 나와 下州의 주치가 되는 昌寧이므로 재론의 여지가 없어서 제외했다.
8) 久斯牟羅(창원)의 서쪽이면서 安羅(함안)의 동쪽 곧 창원과 함안 사이의 함안군 칠원면 일대를 久禮牟羅(久禮山戍)로 본 가설이 김태식, 『加耶聯盟史』, 1993, 173~189쪽에 있으나 칠원면 일대와 창원 일대에는 고총고분이 없어서 따르기 어렵다.

仇伐은 소지마립간 7년(485)에 축성했다는 仇伐城과 같은 지역으로『삼국사기』권34, 지3, 지리1에 나오는 仇火縣과 동일한 곳으로 현재 의성군 단촌면 일대이다.

買谷村은『삼국사기』권35, 지4, 지리2에 善谷縣 本高句麗買谷縣이라고 나오는데, 현재의 안동시 도산면과 예안면 일대이다.

須伐은 확실하지 않지만 상주의 고명인 沙伐과 같은 것으로 볼 수가 있다.9)

仇利伐, 勿思伐城, 鄒文村, 夷津(支城)은『삼국사기』지리지에서 동일한 지명내지 비슷한 지명을 전혀 찾을 수가 없다.

물사벌성과 추문촌은 545년 직전에 세워진 적성비에도 나온다. 곧 鄒文村幢主, 勿思伐城幢主란 직명 속에 나온다. 이들은 모두 적성비에서 高頭林城在軍主等의10) 휘하에 소속된 것으로 보인다. 물사벌성과 추문촌의 위치를 잘 알 수가 없지만, 高頭林城在軍主等의 고두림성에 대해서는 그 위치를 경북 안동으로 보아 왔으나11) 충북 단양군 영춘면 栢子里에서 단양 영춘으로 가는 길목에, 고두름고개[재]가 있다. 하리에 소재한 온달산성으로 가는 재의 이름이 현재까지도 고두름고개[재]라고 해, 단양 영춘 하리의 온달성이 州治가 설치되었던 고두림성임이 분명하다.12) 추문촌당주과 물사벌성당주도 고두림성재군주 등의 휘하에 있었으므로 그 지명의 소재지를, 험난한 소백산맥을 지나서 멀고 먼 경북 북부 지역이라기보다는

---

9) 貞元十四年銘(798년) 永川菁堤碑에 沙喙部의 沙喙을 須昊(昊은 이제)라고 표기한 예가 있다(金昌鎬,「永川 菁堤碑 貞元十四年銘의 再檢討」『韓國史硏究』43, 1983). 그래서 沙伐과 須伐은 통하게 된다.
10) 중성리비(441년), 냉수리비(443년)의 5세기 금석문에서는 軍主가 나오지 않고, 봉평비(524년), 적성비(545년 또는 직전), 창녕비(561년), 북한산비(561~568년), 마운령비(568년), 황초령비(568년)의 6세기 금석문에시는 軍主가 반드시 나오고 있다.
11) 武田幸男,「眞興王代における新羅の赤城經營」『朝鮮學報』93, 1979, 19쪽. 뚜렷한 근거가 없이 안동의 고명이 古昌郡, 古陀耶郡의 古자인 데 근거하였다.
12) 김창호, 앞의 책, 2007, 182쪽.

국경의 최전선인 같은 소백산맥의 북쪽인 충북에 있었다고 보아야 될 것이다.13) 지명이 전부 上州의 관할인 경북 북부 지역이 아닌 자료로 Ⅳ-597번 목간에 正月中比思(伐)古尸次阿尺夷喙(앞면) 羅兮落及伐尺幷作前瓷酒四斗瓮(뒷면)라고 해서 후일의 下州에 해당되는 바사(벌)을14) 들 수가 있다. 따라서 물사벌성과 추문촌은15) 어느 곳인지는 확실히 알 수 없지만, 경북 북부 지방이 아닌 충북 지방에 있어야 할 것이다.

성산산성 목간의 지명이 나오는 것에 한정할 때, 26.67%가량을 차지하는16) 仇利伐의 위치에 대해 조사할 차례가 되었다. 이에 대해서는 충북 옥천,17) 함안군 칠원면 서남쪽 방면으로부터 마산과 창원 일대,18) 안동시 임하면 일대19) 등으로 보고 있다. 구리벌을 경북 북부인 안동시 임하면 일대나 충북 옥천으로 볼 경우에는 왜 구리벌 목간에서만이 奴人 또는 奴가 있는지에20) 대한 해명이 필요하다. 이 문제를 해결할 수 있는 것은

---

13) 이 추문촌과 물사벌성에서는 충북의 해당지역에서 문경새재를 거쳐서 상주로 가서 조운을 이용했을 것으로 보인다.
14) 上州인 甘文州 관할 밖의 확실한 예로서 중요하다.
이 목간에 대해 윤선태, 앞의 논문, 2016, 402쪽에서는 上州는 식량, 下州는 노동력을 나눠 부담하였던 것은 아닐까 모르겠다고 하였으나, Ⅳ-597번 목간에서 노동력의 부담이 아닌 술을 공진물로 내고 있기 때문에 따르기 어렵다.
15) 武田幸男, 앞의 논문, 1979, 19쪽에서 추문을 소백산맥 이남의 경북 북부 지역에서 비정하여 召文國 곧 聞韶郡(의성)일 것으로 추정하였다. 고두림성을 안동으로 볼 때에는 가능성이 있으나 고두림성이 충북 단양 하리의 온달성이므로 성립되기 어렵다. 추문촌당주가 있던 추문촌은 충북에 있었을 것이다.
16) 성산산성 목간에 지명이 나오는 것으로 구리벌 16예, 고타 14예, 급벌성 7예, 구벌 5예, 감문성 4예, 이진지성 5예, 추문촌 4예, 매곡촌 2예, 수벌 1예, 물사벌 1예, 비사벌 1예로 그 합계는 60예이다. 그러면 구리벌은 26.67%를 차지하게 된다.
17) 주보돈, 앞의 논문, 2000, 56쪽.
18) 이경섭, 앞의 논문, 2005, 134~135쪽.
19) 이경섭, 앞의 논문, 2011, 542~543쪽.
20) 노(인)목간은 지명+인명+(관등명)+奴(人)+인명+負로 구성되어 있다. 노(인)은 구리벌 목간에서만 나타나고 있다. 지금까지 다른 지명에서는 나온 예가 없다.

구리벌에서만의 특산물이 존재해야 된다. 왜냐하면 구리벌에서만 감문성, 고타, 급벌성, 구벌, 오다, 사벌, 매곡촌, 물사벌성, 추문, 비사(벌) 등 어느 곳에서도 나오지 않는 노(인)이 나오기 때문이다. 구리벌을 경북 북부인 안동시 임하면 일대나 충북 옥천으로 볼 경우에는 구리벌만의 특산물이 있을 수 없다. 노(인)이 새로 복속된 지역의 주민을 나타낸 것으로 보면, 及伐城,21) 買谷村은22) 모두 옛고구려 영토로 이들 지역에서는 왜 노인 또는 노가 없는지에 대한 설명이 필요하다. 이 두 가지 문제점 해결의 가능성을 보여줄 수 있는 자료로 5번23) 목간의 仇利伐△德知一伐塩의 소금이 있다. 巖鹽, 鹽湖, 塩井 등이 없는 우리나라에서는 바다에서만 소금을 채취한다.24) 성산산성 5번 목간의 塩에 의해『삼국사기』지리지의 屈自郡, 骨浦縣,『일본서기』의 仇禮牟羅, 仇禮山戍에 의해 함안군 칠원면 서남쪽

---

21)『삼국사기』권35, 지4, 지리2에 㟳山郡 本高句麗及伐山郡이라고 되어 있다.
  급벌성 목간은 성산산성에서 나오는 것으로는 다음과 같이 7점이 있다.
   8번 及伐城秀乃巴稗
   42번 及伐城龍石稗石
   74번 及伐城只智稗石
   80번 及伐城△△稗石
   2007-23번 及伐城文尸伊稗石
   2007-24번 及伐城文尸伊急伐尺稗石
   2007-42번 及伐城登奴稗石
22)『삼국사기』권35, 지4, 지리2에 善谷縣 本高句麗買谷縣이라고 되어 있다.
  買谷村이 나오는 2예의 목간은 다음과 같다.
   2006-7번   買谷村古光斫珎于(앞면) 稗石(뒷면)
   2007-61번 買谷村物礼利(앞면) 斫珎于稗石(뒷면)
23) 원래는 5번 목간이었다. 이경섭,「함안 城山山城 출토 新羅木簡 연구의 흐름과 전망」『목간과 문자』10, 2013, 87쪽에서 자세한 언급도 없이 26번 목간으로 고쳐 부르고 있다. 본서에서는 목간의 번호가 어떻게 바뀌었는지 모르지만 이에 따라서 국사편찬위원회 데이터베이스의 일련번호에 따라 5번 목간으로 부른다.
24) 일본의 경우는 이 시기에 製鹽土器로 소금을 만든다. 일반적으로 토기는 안쪽 면보다 바깥쪽 면이 잘 정면되어 있다. 제염토기는 토기의 안쪽이 바깥쪽보다 잘 정면되어 있고, 소금물을 토기에 넣고 불을 놓아서 불이 다 타고 난 뒤, 토기 안쪽에 결정체로 남아있던 소금 알맹이를 모아서 이를 끓여서 소금을 생산하나, 우리나라에서는 그 발견 예가 전혀 없다.

방면으로부터 지금의 창원(굴자군)과 마산(골포현) 일대로 비정하였다.[25] 그러다가 塩을 인명의 일부로 보고서,『삼국사기』지리지의 屈火郡, 屈弗郡과 구리벌을 연결시켜서 안동시 임하면 일대로 보았다.[26] 이렇게 되면 구리벌 목간에서만 왜 노인 또는 노가 나오는지에 대한 답을 할 수가 없다. 이는 5번 목간의 塩자가 인명의 일부가 아니라는 것을 알 수 있다. 이 塩자는 노인 또는 노의 해명에 중요한 단서로 그저 쉽게 소금을 나타낸다. 이는 구리벌을 소금을 생산할 수 있는 바닷가에 비정해야 되는 이유이다.
1번 목간의 仇利伐 /上彡者村(앞면)[27] 乞利(뒷면), 3번과 34번 목간(쌍동이 목간)의[28] 仇利伐 /上彡者村波婁에서 上彡者村은『삼국사기』지리지의 康州

---

25) 이경섭, 앞의 논문, 2005, 134~135쪽.
26) 이경섭, 앞의 논문, 2011, 541~543쪽.
27) 이수훈,「新羅 中古期 行政村·自然村 문제의 검토」,『한국고대사연구』48, 2007, 55~63쪽에서 仇利伐/ 上彡者村이 행정촌+자연촌(구리벌은 행정촌이 아니라 군임)의 관계라면 해당 인물의 출신지를 행정촌인 구리벌로 밝혀도 됨에도 불구하고 굳이 상삼자촌이라고 밝힐 이유가 없고, 5번 목간 仇利伐△德知一伐塩과 2007-31번 목간 仇利伐/ 仇阤(知)一伐奴人毛利支 負의 예에서 행정촌 다음에 곧 바로 인명이 오고 있는 점, 11번 목간 鳥欣弥村卜兮, 14번 목간 大村伊息智 등에서 자연촌+인명이 되어서 일관성이 없이 혼란스럽다는 점 등에서 상삼자촌은 행정촌이란 것이다. 구리벌 보다 상삼자촌을 작게 써서 이를 자연촌으로 보는 근거로 삼고 있으나 이는 구리벌 목간에서만 나오는 割書[두 줄로 쓰기] 때문이다. 할서는 구리벌 목간에서만 나오기 때문에 구리벌이외의 목간에서는 자연촌이 없게 된다. 구리벌에서만 자연촌이 존재하고, 다른 지명인 고타, 추문 등에서는 할서가 없어서 자연촌이 없게 된다. 그러면 고타, 추문 등에서 자연촌이 없는 이유가 궁금하다. 그 이유는 제시하지 못하면 할서로 쓴 상삼자촌 등도 행정촌으로 보아야 할 것이다. 할서의 경우 글자를 작게 쓰는 이외의 다른 방법은 없다. 이는 자연촌의 표시하는 것과는 전혀 관계가 없다. 예를 들면 39번 鄒文比尸河村, Ⅳ-587.仇利伐/△伐彡△村 伊面於支 負과 54번 鄒文△△村, 2007-30번 夷津(支)(未那)石村에서는 구리벌(Ⅳ-587번은 구리벌 목간임)의 경우에서처럼 할서로 쓰지 않고 있다. 할서는 구리벌 목간에서만 나오고, 구리벌 이외에서는 단1예도 나온 예가 없다. 할서로 적힌 것을 행정촌과 자연촌 구분의 근거로 삼는 것은 목간의 할서에 대한 견해의 차이 때문에 나온 것이다. 후술하는 바와 같이 구리벌은 행정촌인 동시에 郡이므로 그 밑에 있는 上彡者村 등은 행정촌이다.
28) 또 2007-23번 목간에 나오는 及伐城文尸伊稗石와 2007-24번 목간의 及伐城文尸伊急伐尺稗石에서 文尸伊는 동일인이다. 2007-61번 목간의 買谷村物礼利䉤珎于稗石과 2006-7목간 買谷村古光䉤珎于稗石에서 공통적으로 나오는 䉤珎于도 동일인으로

咸安郡 領縣인 召彡縣이다.29) 구리벌은 함안군에서 바닷가인 마산시에30) 이르는 지역이다. 이곳이 옛 안라국의 중요한 수도 부분에 해당된다.31)

> 보았다(전덕재, 앞의 논문, 2008, 33쪽; 이수훈, 앞의 논문, 2012, 170쪽). 이는 유사 쌍둥이 목간으로 공진물이 같은 稗石인데도 불구하고, 각기 따로 두 번으로 나누어서 낼 수 있다는 것을 의미한다. 유사 쌍둥이 목간에서 斯珎于의 경우 공진물을 합치면 하나의 목간에 쓸 수가 있는 데에도 불구하고 유사 쌍둥이 목간으로 나누어서 목간에 기재하고 있다. 이는 성산산성에서 목간이 제작되었다고 해석할 수밖에 없다. 발송처에서 목간이 제작되었다면 斯珎于의 경우는 하나로 합치면 유사 쌍둥이 목간이 되지 않는다. 그럼에도 불구하고, 두 목간에 나누어서 기록되고 있어서 유사 쌍둥이 목간이 되고 있다. 쌍둥이 목간도 12번 上莫村居利支 稗와 44번 上莫△居利支稗, 13번 陳城巴兮支稗와 41번 陳城巴兮支稗, 43번 陽村文尸 只와 2006-6번 陽村文尸只稗처럼 공진물이 같아도 공진물이 앞에 낸 것이 남아서나 목간은 원래대로 두고(공진물의 양은 줄어들었음) 금년 새로 낸 것에 다시 또 물품꼬리표가 만들어져서 공진품과 함께 매어서 둔 것으로 보고 싶다. 왜냐하면 모든 공진물이 똑 같은 시간에 소비되는 것은 아니기 때문이다. 그래서 유사 쌍둥이 목간이나 쌍둥이 목간이 생길 수가 있을 것이다. 유사 쌍둥이 목간은 목간의 제작지가 성산산성임을 말해주는 중요한 근거가 된다. 1번 仇利伐 /上彡者 村波婁와 34번 목간 仇利伐 /上彡者村波婁, 69번 千竹利와 70번 千竹利에서와 같이 공진물의 표시가 없는 목간이 쌍둥이 목간이 아닌 경우에도 39번 鄒文比尸河村尒利 牟利처럼 종종 나온다. 이 경우에 공진물의 표시가 없이 물품꼬리표만 있는 것이 아니다. 공진물을 좁은 목간에 표시하기 곤란할 경우든가 아니면, 소금처럼 누구나 알 수 있는 공진물이기 때문에 표시하지 않았을 것으로 추측된다. 목간의 제작 시기가 단시일에 걸쳐서 있고, 연대의 폭도 좁다고 할 수 있고(성산산성의 축조 시기가 목간의 존속 기간이다), 목간의 폐기가 성산산성 축조의 완성으로 목간이 수명을 다했기 때문으로 판단된다. 성산산성의 축조 후에는 받는 공진물은 그 수취 방법이 달랐을 것이다. 그래서 축조 공사 때의 공진물의 표시인 목간들은 그 수명이 다해 일시에 거두어서 모두 성산산성 동문지 근처에다 폐기했을 것이다. 그렇지 않고서는 동문지 근처에서만 목간들이 출토되는 이유를 알 수가 없다. 이런 까닭으로 덕분에 많은 목간이 나와서 신라사 복원에 중요한 자료가 되고 있다.

29) 주보돈, 앞의 논문, 2000, 56~57쪽에서 上彡者村의 召彡縣 비정을 비판하고 있다. 上의 음은 召의 음과 통하고(남산신성비 제2비에서 阿旦兮村과 阿大兮村, 沙刀城과 沙戶城에서 旦과 大가 통하고, 刀와 戶가 통하는 점에서 보아서 각각 동일 지명인 점에서 보면 上과 召는 통한다), 彡은 양자에서 동일하게 나온다.
30) 2010년 7월 1일 창원시에 통합되기 이전의 마산시를 지칭한다.
31) 목간의 작성 연대인 540년경에는 『삼국사기』 지리지의 지명도 많은 차이가 있었을 것이다. 그래서 목간에 나오는 행정촌도 지리지에서 찾을 수 없다. 군으로 추정되는 물사벌성과 추문촌과 이진(지성)도 찾을 수 없고, 목간의 26.67%가량(지명이

3. 역과 조운

먼저 역은 漕運이 없는 육지에서 실시하는 것으로 국가에서 역을 두어서 관리하고 있다. 그래서『삼국사기』권2, 신라본기2, 조지마립간9년(487)조에 三月 始置四方郵驛 命所司修理官道라고 나온다. 역에 대한 자료는 대단히 엉성하다. 특히 금석문, 목간, 고문서 자료는 더구나 거의 없다. 금석문 자료로 청주 상당산성에서 沙喙部屬長池馹升達이란 평기와 명문이 출토되었다. 이 명문은 9세기로 추정되고 있으며, '沙喙部에 屬한 長池馹의 升達'로 해석되어서 驛이 부별로 있었을 가능성을 보여주고 있다. 이 기와 명문 자료가 신라시대 역에 대한 유일한 자료라서 중요하다. 적어도 탁부, 사탁부, 본피부 정도는 독자적인 역망을 가지고 있었다고 판단된다.

조운에 관한 문헌, 금석문, 고문서, 목간 등의 자료는 없지만 함안 성산산성의 공진물의 주류인 피 1석을 운반할 때 가령 古陁(안동)에서 함안 성산산성까지 운반할 때 조운을 사용했다고 판단된다. 배의 실물은 없고, 토우나 舟形토기가 있으나 다량의 곡식을 운반할 수는 없어서 뗏목으로 공진물을 운반했던 것으로 보인다.

4. 城下麥 목간의 중간 검수지설

城下麥 목간에서 2006-1번, 2007-304번은 담세자이고, 2007-45, V-164번, V-165번, 2016-W94번은 수송자라고 했다.[32] 이것을 믿는 목간 연구자는 거의 없다. 같은 城下麥 목간에서 수송자와 담세자의 구분은 공진물을 가리키는 양이 인명의 앞에 가면 수송자이고, 공진물을 가리키는 양이

나오는 목간으로 한정할 때)을 차지하는 郡인 仇利伐도 지명만으로는 그 위치가 불분명하다. 함안에서 마산시에 이르는 지역으로 보인다.
32) 이수훈, 앞의 논문, 2012, 169~174쪽.

인명의 뒤에 오면 담세자가 된다. 과연 그렇게 볼 수 있는지를 7쌍의 쌍둥이 목간을 통해 조사해 보자.

3번	仇利伐/上彡者村波婁와 34번 목간 仇利伐/上彡者村波婁
12번	上莫村居利支稗와 44번 上莫△居利支稗
13번	陳城巴兮支稗와 41번 陳城巴兮支稗
43번	陽村文尸只와 2006-6번 陽村文尸只稗
69번	千竹利와 70번 千竹利
2007-8번	仇(阤)△一伐 奴人 毛利支 負와 2007-31번 仇利伐 仇阤知一伐奴人 毛利支 負
Ⅳ-595번	古阤一古利村本波(앞면) 阤〃支稗發(뒷면)과 Ⅴ-163번 古阤一古利村本波(앞면) 阤〃只稗發(뒷면)

이 복수의 이른바 하찰이 부착된 이유에 대하여 일본의 경우 현품을 수령한 官司가 實物과 장부를 맞춰보기 위해서이며 稅物의 勘檢에 관한 조치로 보거나[33] 대부분의 경우 하나의 공진물에 복수의 하찰이 부착되는데, 소비 단계까지 남겨진 것은 원칙적으로 1점이었다고 하였다.[34] 그래서 감문과 구리벌에서 제작될 때 1차로 收取物의 검수라는 측면에서 기능을 하고, 다시 성산산성에 도착한 후 물품과 수량을 현지에서 확인하는 과정에서 2차로 기능하였다고 보았다. 하찰이 2차로 기능할 때는 甘文에서 조달 품목과 수량을 정리해서 보낸 臺帳과 짝을 이루었을 것이다. 복수 하찰의 경우는 두 개 중의 하나가 이 과정에서 제거되었을 가능성이 있다. 남은 하찰은 물품이 보관되고 소비될 때까지 하찰의 기능에서 物品付札의 기능으로 전환되어 떼어지지 않고 부착되어 있다가 물품의 수비 단계에서 폐기된 것으로 보았다.[35] 소비 단계에서 폐기되었다면 소비 시점이 각각

---

33) 弥永貞三, 「古代史料論-木簡-」 『岩波講座 日本歷史』 25, 1976, 49~51쪽.
34) 東野治之, 「古代稅制と荷札木簡」 『ヒストリア』 86, 1980, 5~6쪽.

다르기 때문에 253점의 목간이 일괄해서 출토될 수가 없다. 축성의 공사가 끝나고 새로운 공진물이 새 방법에 의해 들어오면서 축성 단계의 공진물은 남겨서 계속 사용되고, 동시에 공진물의 물품꼬리표가 몽땅 똑 같은 시기에 그 기능을 잃고서 동문지 근처에 폐기된 것으로 판단된다. 그래서 쌍둥이 목간이나 유사 쌍둥이 목간이 생겨날 수가 있었을 것이다. 그런데 7쌍의 쌍둥이 목간에서 글씨체가 다 달라서 같은 장소에서 만들어진 것이 아니라 출발지와 도착지인 성산산성에서 목간이 만들어졌고, 성산산성에서 만든 것은 장부로 사용된 장부 목간으로 보여서 중간 검수설은 성산산성 목간에서는 성립될 수가 없었다고 판단된다.

5. 의사쌍둥이 목간의 담세자설

먼저 의사쌍둥이 목간 4점을 제시하면 다음과 같다.

2006-7(071)번   買谷村古光斯珎于(앞면) 稗石(뒷면)
            '買谷村의 古光과 斯珎于가 낸 稗 1石이다.'
2007-61(157)번 買谷村物礼利(앞면) 斯珎于稗石(뒷면)
            '買谷村의 物礼利와 斯珎于가 낸 稗 1石이다.'
2007-23(112)번 及伐城文尸伊稗石
            '及伐城의 文尸伊가 낸 稗 1石이다.'
2007-24(113)번 及伐城文尸伊急伐尺稗石
            '及伐城의 文尸伊와 急伐尺이 낸 稗 1石이다.'

의사쌍둥이 목간인 2006-7과 2007-61에는 斯珎于가 두 번 나오고, 2007-23

---

35) 이경섭, 「성산산성 출토 하찰목간의 제작지와 기능」『한국고대사연구』 37, 2005, 148~149쪽.

번과 2007-24번에는 文尸伊가 두 번 나오고 있다. 及伐城은 남산신성비 제9비에 나오는 伋伐郡과 동일한 지명이다. 『삼국사기』 권35, 지4, 지리2에 岅山郡 本高句麗及伐郡이라고 나오는데, 현재의 영주시 부석면 일대이고, 買谷村은 『삼국사기』 권35, 지4, 지리2에 善谷縣 本高句麗買谷縣이라고 나오는데, 현재의 안동시 도산면과 예안면 일대란 점을 근거로 두 번이나 함안 성산산성까지 왔다가 갈 수는 없으므로 담세만을 담당하고 성산산성까지는 오지 않았다고 보았다.

의사 쌍둥이목간은 4점 모두 함안 성산산성에서 한 번만에 작성된 것으로 해석된다. 이는 함안 성산산성에서 목간이 만들어졌다는 좋은 증거로 보인다. 2007-24번에 나오는 急伐尺을 외위로도 보고 있으나[36] 이렇게 보면 다음 두 가지 문제가 생긴다. 첫째로 외위 11가지에는 3자로 된 외위의 예가 없는 점이다. 둘째로 及伐尺과 동일한 것으로 보고 있으나 及伐尺은 경위이고, 외위에서 같은 글자로 적히지 않는 예가 없는 점이다. 의사쌍둥이 목간을 담세자로 볼 수 있는 근거는 없으며, 2번이나 출발지를 다녀왔다고도 볼 수 없다.

6. 稗發 목간

함안 성산산성에서 출토되는 장부목간에는 古阤의 稗發 목간이 5점 있어서 주목을 끈다. 우선 이를 뽑아서 제시하면 다음과 같다.

   20(239)번   古阤伊骨利村△(앞면)
                    仇仍支稗發(뒷면)
   28(001)번   古阤伊骨利村阿那(衆)智卜利古支(앞면)

---

36) 윤선태, 「함안 성산산성 출토 신라 하찰의 재검토」, 『사림』 41, 2012, 163~164쪽 및 175쪽.

	稗發(뒷면)
2006-30(089)번	古陁伊骨村阿那(앞면)
	仇利稿支稗發(뒷면)
Ⅳ-595(181)번	古陁一古利村本波(앞면)
	陁ᄾ支稗發(뒷면)
Ⅴ-163(189)번	古陁一古利村本波(앞면)
	陁ᄾ只稗發(뒷면)

 이 發자는 麥자로 읽었다.37) 그래서 稗麥을 피와 보리로 해석했다. 그런데 글자의 서체가 麥과는 차이가 있어서 發로 읽는 견해에38) 따랐다. 이 發자는 바리라는 이두로 읽었다.39) 여기에서는 發을 바리로 풀이한 이두로 본 가설에 따른다. 그런데 바리는 1바리가 피 1섬을 의미하며, 소가 지고 가는 것을 의미하는 바 그 경로가 궁금하다. 4명이 모두 古陁(안동)의 一古利村(伊骨利村)을 출발하여, 안동 나루터에서 뗏목을 타고 함안 근처에 이르러서 뗏목에서 내려서 다시 소와 함께 성산산성에 이르는 길이다.
 여기에서 문제가 되는 것은 안동에서 성산산성에 이를 때까지의 경비이다. 경비를 국가가 전담한다면 왜 4사람은 안동의 집에서부터 성산산성까지 힘든 길을 갔겠느냐 하는 점이다. 경비는 공진물을 내는 자의 자부담으로 해석된다. 문제는 공진물을 내는 자가 공진물을 따라서 집에서부터 성산산성까지 동행했는지 여부이다. 대단히 어려운 문제지만 7쌍의 쌍둥이목간에서 글씨체가 다 다르고, 또 성산산성에서도 장부 목간을 최초 작성지에서와 똑같은 내용과 형식으로 작성했으므로 성산산성까지 공진물을 내는 사람도 모두 성산산성까지 왔다고 추정하는 바이다.

---

37) 김창호, 『한국 고대 목간』, 2020, 48쪽.
38) 이수훈, 「함안 성산산성 출토 목간의 패석과 부」 『지역과 역사』 15, 2004, 8쪽 ; 윤선태, 「함안 성산산성 출토 신라 하찰의 재검토」 『사림』 41, 2012, 159쪽.
39) 이수훈, 앞의 논문, 2004, 29쪽에서 (짐)바리로 파악하기는 어렵겠다고 하면서 稗發을 稗를 發(送)한다는 의미로 파악했다.

7. 맺음말

먼저 함안 성산산성 목간에 나오는 구리벌 등의 지명을 살펴보았다. 그 가운데 물사별성과 추문촌은 적성비에 나오고 적성비의 고두림성군주 등의 근무지가 온달성이므로 충북으로 보았다.

다음으로 9세기의 沙喙部屬長池馹升達이란 역관계 금석문과 목간 등에서 유일한 자료로 부별로 역을 운영했다고 보았고, 조운은 있었다고 보았다.

그 다음으로 의사쌍둥이목간의 담세만 부담하고, 2번을 함안에 왔다는 담세자설에 대해서는 한번만 함안에 왔고, 공진물도 한번만 냈다고 보았다.

마지막으로 5점의 稗發 목간에 대해서는 쌍둥이 목간도 1쌍이 있지만 5점이 전부이다. 稗發은 소바리로 피 1석을 싣고 출발지에서 함안까지 왔다가 간 것으로 보고, 경비는 자부담으로 보았다.

제4절 함안 성산산성 목간의 연구 현황

1. 머리말

  함안 성산산성 목간은 1991년에서 2016년까지 四半世紀에 걸쳐서 17차나 발굴조사를 실시하였다. 발굴을 주관한 국립가야문화재연구소의 커다란 업적이 되었다. 동연구소에서는 2017년에 『한국고대의 목간Ⅱ』를 간행해서 목간 연구자에게 많은 도움을 주고 있다. 이 책은 실측도, 컬러사진, 적외선 사진 등을 함께 싣고 있는 함안 성산산성 목간 연구의 필독 서적이 되었다.
  목간 연구에서 가장 중요한 것은 판독임은 두말할 필요가 없다. 판독할 때 상황 판단으로 하면 목간 연구 자체를 망칠 수 있음을 잊어서는 안 된다. 판독 다음으로 중요한 것은 목간을 볼 수 있는 안목이지 싶다. 초창기 목간 연구에 있어서 下幾라고 읽어서 경북 안동시 풍산읍으로 비정했으나 지금은 누구나 城下麥의 下麥인 줄 의심하는 학자는 없다. 그 다음으로 중요한 것은 목간 연구자의 꾸준한 연구 정진이다. 이것이야말로 학자의 오아시스이다.
  목간을 연구하는데 가이드 라인이 소용없다는 것은 부여 동남리 49-2번지 목간이 말해주고 있다. 지금까지 동남리 목간에 대한 4편의 논문이 나왔으나[1] 그 결론은 제각각이다. 함안 성산산성 2016-W150번 목간의 代法도

---

1) 이용현, 「신라 왕도 출납 문서의 1예-부여 동남리49-2 유적 목간①·②의 분석시론」, 『목간에 반영된 고대 동아시아의 법제와 행정제도』, 경북대학교 인문학술원 HK+사업단 제5회 국제학술회의, 2023 ; 윤선태, 「백제 동남리 49-2번지 출토

5편 정도의 논문이 나왔으나[2] 그 결론은 다 다르다.

여기에서는 먼저 목간을 제시하겠다. 다음으로 奴(人) 목간에 대해 살펴보겠다. 그 다음으로 제작 시기에 대해 살펴보겠다. 그 다음으로 용도에 대해 살펴보겠다. 마지막으로 王私 목간에 대해 살펴보겠다.

2. 목간의 제시

1(232)번   仇利伐/上彡者村(앞면) 乞利(뒷면)
            '仇利伐 上彡者村의 乞利이다.'
2(236)번   甘文城下麥甘文本波王私(앞면) 文利村(知)利兮負(뒷면)
            '甘文城 下의 麥을 甘文의 本波(땅 이름)이고[3] 王私(땅 이름)인 文利村(행정촌명)의 (知)利兮負가 (문리촌을 대표해서) (1석을 낸 것이다.)'
3(222)번   仇利伐/上彡者村波婁
            '仇利伐 上彡者村의 波婁이다.'
ᐯ223번   ~(村)仒△利

백제 목간의 재검토」,『목간과 문자』 30, 2023 ; 김창석,「백제 동남리 49-2번지 출토 주요 목간에 대하여」,『고신라목간』, 2023 ; 김창석,「부여 동남리 49-2 번지 출토 백제목간의 내용과 용도-목간1·2를 중심으로-」,『한국고대사연구』 111, 2023.

2) 김창석,「함안 성산산성 17차 발굴조사 출토 四面木簡(23호)에 관한 시고」,『한국사연구』, 2017, 138쪽 ; 전덕재,「중고기 신라의 대와 대법에 관한 고찰-함안 성산산성 17차 발굴조사 출토 사면 문서목간을 중심으로-」,『역사와 현실』 105, 2017, 197쪽 ; 이수훈,「함안 성산산성 출토 4면 목간의 '代'」,『역사와 경계』 105, 2017, 170~171쪽 ; 깅나리,「신라 중고기의 '代法'과 역역동원체제-힘인 '성신신'성' 출도 218호 목간을 중심으로-」,『한국고대사연구』 93, 2019, 242쪽 ; 김창호,「함안 성산산성 목간 2016-W150번에 대하여」,『고신라목간』, 2023.

3) 이수훈,「성산산성 목간의 本波와 末那·阿那」,『역사와 세계』 38, 2010에서 本波·末那·阿那를 지명으로 보는 것을 반대하는 가설이 있다.

4번 仇利伐/仇失了一伐/尒利△支
'仇利伐의 仇失了 一伐과 尒利△支이다.'

▽243번 仇利伐/仇陁尒一伐/尒利△負
'仇利伐의 仇陁尒 一伐과 尒利△의 짐이다.'

5(244)번 仇利伐 △德知一伐奴人 塩(負)
'仇利伐의 △德知 一伐이며 奴人이고, 그가 소금[塩]을 졌다.'

6(226)번 王私烏多伊伐支乞負支
'王私(땅 이름) 烏多(군명) 伊伐支(행정촌명)의 乞負支이다.'

7(229)번 仇伐干好律村卑尸稗石
'仇伐 干好律村의 卑尸가 낸 稗 1石이다.'

8(230)번 及伐城秀乃巴稗
'及伐城의 秀乃巴가 낸 稗 (1石)이다.'

▽231번 목흔만

9(233)번 竹尸弥牟Ⅰ于支稗一
'竹尸弥于牟支가 낸 稗 一(石)이다.' 또는 '竹尸弥와 于牟支가 낸 稗 一(石)이다'가 된다.

10(225)번 甘文本波居村旦利村伊竹伊
'甘文의 本波(땅 이름)인 居村旦利村의 伊竹伊이다.'

11(227)번 鳥欣弥村卜兮稗石
'鳥欣弥村의 卜兮가 낸 稗 1石이다.'

12(228)번 上莫村居利支稗
'上莫村의 居利支가 낸 稗 (1石)이다.'

13(238)번 陳城巴兮支稗
'陳城의 巴兮支가 낸 稗 (1石)이다.'

14(242)번 大村伊息智一伐

'大村의 伊息智 一伐이다.'

15(241)번　　~家村△毛△

　　　　　　'家村의 △毛△이다.'

16(237)번　　言貯只一石

　　　　　　해석 불능

17(234)번　　~前谷村阿足只(負)

　　　　　　'~前谷村의 阿足只가 (낸 負이다.)'

ⅴ235번　　　목흔만

18번　　　　△△△△△支稗

　　　　　　'△△△의 △△支가 낸 稗 (1石)이다.'

20(239)번　　古阤伊骨利村△(앞면) 仇仍支稗發(뒷면)

　　　　　　'古阤 伊骨利村의 △仇仍支가 낸 稗 1바리(1석?)이다.'

21(245)번　　屈仇△△村~(앞면) 稗石(뒷면)

　　　　　　'屈仇△△村의 ~가 낸 稗 1石이다.'

22(240)번　　夷津支斯尒利知4)

　　　　　　'夷津支의 斯尒利知이다.'

23(224)번　　~△知上干支

　　　　　　'~△知 上干支이다.'

24번　　　　△了△利

　　　　　　'△了△利이다.'

28(001)번　　古阤伊骨利村阿那(衆)智卜利古支(앞면) 稗發(뒷면)

　　　　　　'古阤 伊骨利村의 阿那(땅 이름)의 (衆)智卜利古支가 낸 稗 1바리(1석?)이다.'

29(002)번　　古阤新村智利知一尺那△(앞면) 豆于利智稗石(뒷면)

---

4) 斯자는 성산산성 목간에서 대개 斳자로 되어 있으나 그 음이 실자로 보인다. 냉수리비의 서두에 나오는 喙斳夫智王乃智王에서 乃智王이 눌지왕이므로 斳夫智王은 실성왕이다. 夫는 宗이므로 聖과 통하고, 斳는 實과 같은 것으로 보인다.

'古陁 新村의 智利知 一尺과 那△豆于利智가 낸 稗 1石이다.'

30(003)번　　夷津支阿那古刀羅只豆支(앞면) 稗(뒷면)

'夷津支의 阿那(땅 이름)의 古刀羅只豆支가 낸 稗이다.'

31(004)번　　古陁一古利村末那(앞면) 毛羅次尸智稗石(뒷면)

'古陁 一古利村의 末那(땅 이름)의 毛羅次尸智가 낸 稗 1石이다.'

32(005)번　　上弗乃你村(앞면) 加古波(孕)稗石(뒷면)

'上弗刀你村의 加古波(孕)이 낸 稗 1石이다.'

33(006)번　　仇利伐/彤谷村/仇礼支 負

'仇利伐 彤谷村의 仇礼支가 낸 負이다.'

34(007)번　　仇利伐/上彡者村 波婁

'仇利伐 上彡者村의 波婁이다.'

35(008)번　　內恩知 奴人 居助支 負

'內恩知가 奴人이고, 그의 짐꾼(종)인 居助支가 짐을 졌다.'

36(009)번　　仇利伐/只卽智奴/於△支 負

'仇利伐 只卽智가 奴이고, 그의 짐꾼(종)인 於△支가 짐을 졌다.'

37(010)번　　~內只次奴 湏礼支負

'~內只次가 奴이고, 짐은 그의 짐꾼(종)인 湏礼支가 짐을 졌다.'

38(011)번　　~比△湏奴/尒先利支 負

'比△湏가 奴이고, 짐은 그의 짐꾼(종)인 尒先利支가 졌다.'

39(012)번　　鄒文比尸河村尒利牟利

'鄒文 比尸河村의 尒利牟利이다.'

40(013)번　　~阿卜智村尒礼負

'~阿上智村 尒礼가 낸 負이다.'

41(014)번　　陳城巴兮支稗

'陳城의 巴兮支가 낸 稗 (1石)이다.'

42(015)번 及伐城立(龍)稗石

'及伐城의 立龍이 낸 稗 1石이다.'

43(016)번 陽村文尸只

'陽村의 文尸只이다.'

44(017)번 土莫村居利支稗

'土莫村의 居利支가 낸 稗 (1石)이다.'

45(018)번 夷津阿那休智稗

'夷津 阿那(땅 이름)의 休智가 낸 稗 (1石)이다.'

46(019)번 (乃)日城鄒(選)△△支

'(乃)日城의 鄒選△△支이다.'

47(020)번 可物智△湏麥石

'可物智△湏의 麥 1石이다.'

48(021)번 狙鐵十之

해석 불능

022번 목흔만

50(023)번 帚盖陽村末稗石

'帚盖의 陽村의 末이 낸 稗 1石이다.'

52(024)번 仇伐阿那舌只稗石

'仇伐의 阿那(땅 이름)의 舌只가 낸 稗 1石이다.'

53(025)번 大村土舡麥

'大村의 村主인 舡麥이다.'

54(026)번 鄒文△△村△夲石

'鄒文 △△村의 △夲石이다.'

55(027)번 목흔만

56(028)번 △盖△△△△(稗)

해석 불능

57(029)번　　　　~弘帝沒利 負
　　　　　　　　'~弘帝沒利가 낸 負이다.'

59(030)번　　　　石蜜日智私(앞면) 勿利乃(冗)花文稗(뒷면)
　　　　　　　　'石蜜日智와 私勿利와 乃(冗)花文이 낸 稗 (1石)이다.'[5]

60(031)번　　　　巴珎兮城下(麥)~(앞면) 巴珎兮村~(뒷면)
　　　　　　　　'巴珎兮城 下의 麥을 巴珎兮村의 (파진촌을 대표해서) 누군가가 (1石)낸 것이다.'

61(032)번　　　　△節△家(城)夫鄒只△(앞면) 城稗石(뒷면)
　　　　　　　　'△節△家(城)의 夫鄒只△城이 낸 稗1石이다.'

62(033)번　　　　△△△支村(앞면) △△△奚稗石
　　　　　　　　'△△△支村의 △△△奚가 낸 稗 1石이다.'

63(034)번　　　　~△荍△尸支(앞면) 鄒△(뒷면)
　　　　　　　　해석 불능

64(035)번　　　　小伊伐支△△(앞면) ~石(뒷면)
　　　　　　　　'小伊伐支의 △△~石이다.'

65(036)번　　　　甘文城下~(앞면) 河波△(뒷면)
　　　　　　　　'甘文城下의 (麥을) 河波△가 (낸) 얼마이다.)'

67(037)번　　　　~加礼~(앞면) ~刀稗(뒷면)
　　　　　　　　'~加礼~의 ~刀가 낸 稗 (1石)이다.'

68(038)번　　　　居珎只彡支~
　　　　　　　　'居珎只彡支~이다.'

69(039)번　　　　千竹利
　　　　　　　　'千竹利이다,'

70(040)번　　　　千竹利

---

5) 국립가야문화재연구소,『한국의 고대목간Ⅱ』, 2017에서 60(031)과 뒷면이 바뀌어 있다. 이렇게 짝이 잘못 바뀌어 있는 예는 63(034)와 64(035), 2016-W28(201)과 2016-W30(202) 등 모두 6예가 있다.

'千竹利이다.'

71(041)번　　~利次稗石
　　　　　　'~利次가 낸 稗 1石이다.'

72(042)번　　~△一伐稗
　　　　　　'~△ 一伐이 낸 稗 (1石)이다.'

73(043)번　　~伐稗石
　　　　　　'~伐이 낸 稗 1石이다.'

74(044)번　　及伐城只智稗石
　　　　　　'及伐城의 只智가 낸 稗 1石이다.'

75번　　　　家△夫△
　　　　　　'家△夫△이다.'

76(045)번　　~伐 夫知居兮~
　　　　　　'~伐의 末知居兮이다.'

77(046)번　　湏伐本波居湏智
　　　　　　'湏伐 本波(땅 이름)의 居湏智이다.'

78(047)번　　~△村 伐生尒支
　　　　　　'~△村의 伐生尒支이다.'

79(048)번　　伊伐支△△波稗一
　　　　　　'伊伐支의 △△波가 낸 稗 一(石)이다.'

80(049)번　　及伐城△△ 稗石
　　　　　　'及伐城의 △△가 낸 稗 1石이다.'

81(050)번　　~伊智支石
　　　　　　'~伊智과 支石이다.'

82(051)번　　~智支
　　　　　　해석 불능

83(052)번　　목흔만

84(053)번　　~蒜尸支

85(054)번　　　伊失兮村~
　　　　　　　'伊失兮村의 ~이다.'
86(055)번　　　~密鄒加尒支石
　　　　　　　'~의 密鄒加와 尒支石이다.'
88(056)번　　　~八~(앞면) ~(뒷면)
ᐯ057번　　　　艾△△毛珎支伐
　　　　　　　해석 불능
88-1번[6)]　　　제첨축(利豆(村))으로 판독됨.
89(058)번　　　~于利沙△
　　　　　　　'~의 于利沙△이다.'
90(059)번　　　목흔만
92(060)번　　　~△知支
　　　　　　　해석 불능
ᐯ(061)번　　　~△一~
ᐯ(062)번　　　~△~
ᐯ(063)번　　　~石(앞면) ~△(뒷면)
　　　　　　　해석 불능
2006-1(064)번　甘文城下麥本波大村毛利只(앞면) 一石(뒷면)
　　　　　　　'甘文城 下의 麥을 本波(땅 이름)인 大村의 毛利只가 (대촌
　　　　　　　을 대표해서) 낸 一石이다.'

---

6) 이경섭, 『신라 목간의 세계』, 2013, 180쪽에 제첨축 목간을 88번이라 했으나 국사편찬위원회 한국사데이터베이스에는 88번이 다른 목간으로 되어 있고, 이용현, 『한국목간기초연구』, 2007, 375쪽에 목간도록에는 88호 목간을 58호로 되어 있다고 하였다. 58번 제첨축 목간은 그 당시 서사 자료가 종이임을 입증하는 중요한 자료이다. 이경섭, 앞의 책, 2013에서는 제첨축을 88번·89번·90번·91번·92번·93번·94번·2006-13번을 소개하고 있으나 국사편찬위원회 한국사데이터베이스에는 없다.

Ꮮ(065)번   목흔만(앞면) 阿竹只△△△(뒷면)
              해석 불능
2006-3번   阿利只村(阿)那△△(앞면) 古十△△刀△△(門)(뒷면)
              '阿利只村의 (阿)那(땅 이름)의 △△古十△의 △刀△△(門)이다.'
2006-4(066)번 夷津本波只那公末△稗
              '夷津의 本波(땅 이름)이며, 只那公末△가 낸 稗 (1石)이다.'
Ꮙ067번   ~支尒~
              해석 불능
Ꮙ068번   ~器△一石
              해석 불능
Ꮙ069번   仇利伐~
              해석 불능
2006-6(070)번 陽村文尸只 稗
              '陽村의 文尸只가 낸 稗 (1石)이다.'
2006-7(071)번 買谷村古光斯珎于(앞면) 稗石(뒷면)
              '買谷村의 古光과 斯珎于가 낸 稗 1石이다.'
2006-8(072)번 勿利村倦益尒利(앞면) 稗石(뒷면)
              '勿利村의 倦益尒利가 낸 稗 1石이다.'
2006-9(073)번 次ゝ支村知你留(앞면) 稗石(뒷면)
              '次ゝ支村의 知你留가 낸 稗 1石이다.'
2006-10번   仇利伐△△奴△△支 負
              '仇利伐의 △△의 奴이고, 그의 짐꾼(종)인 △△支가 졌다.'
2006-12(074)번 好∧∧六入.
              해석 불능
Ꮙ076번   목흔만
Ꮙ077번   局△△△△利稗

'믐△의 △△△利가 낸 稗 (1石)이다.'

2006-17(078)번　鄒文村內旦利(魚)

'鄒文村의 內旦利가 낸 (魚)이다.'

2006-19(079)번　△荊白汝△~(앞면) △月△(뒷면)

해석 불능

2006-24(080)번　仇利伐/ 比多智 奴 先能支 負

'仇利伐의 比多智가 奴이고, 그의 짐꾼(종)인 先能支가 졌다.'

2006-25(081)번　王私烏多伊伐支卜烋

'王私(땅 이름)번烏多(군명) 伊伐支의 卜烋이다.'

ⓥ082번　~大△△△~

해석 불능

2006-27(083)번　末甘村/ 借刀利(支) 負

'末甘村의 借刀利(支)가 낸 負이다.'

ⓥ084번　목흔만(앞면) ~(뒷면)

해석 불능

ⓥ085번　支(負)(앞면) △△△~(뒷면)

해석 불능

ⓥ086번　판독 불능

ⓥ087번　△△△麥石

'~의 △△△가 낸 麥 1石이다.'

ⓥ088번　목흔만(앞면) 목흔만(뒷면)

해석 불능

2006-30(089)번　古阤伊骨村阿那(앞면) 仇利稿支稗發(뒷면)

'古阤 伊骨村의 阿那(땅 이름)의 仇利稿支가 낸 稗 1바리(1석?)이다.'

2006-31(090)번　(仇利伐)~(앞면) 一古西支 負(뒷면)

'(仇利伐)의 ~의 一古西支의 負이다.'

2006-32(091)번　丈△利村△△△△△

　　　　　　　'丈△利村의 △△△이다.'

2006-35번　　~支鳥(앞면) ~(沙利)(뒷면)

　　　　　　해석 불능

2006-37번　　~△村△△麥石

　　　　　　'~△村의 △△가 낸 麥 1石이다.'

2006-40(075)번　(丁)卄二盆丁四 村~(제1면)

　　　　　　　△二△丁十一 村~(제2면)

　　　　　　　해석 불능

2007-1(092)번　~竹烋弥支稗石

　　　　　　　'~竹烋弥支가 낸 稗 1石이다.'

2007-2번　　제첨축

2007-3번　　제첨축

2007-4(093)번　圀盖次尒利△尒稗

　　　　　　　'圀盖 次尒利△尒가 낸 稗 (1石)이다.'

2007-5(094)번　~△皮(芥)支石

　　　　　　　해석 불능

2007-6(095)번　仇伐 末那沙刀(礼)奴(앞면) 弥次(分)稗石(뒷면)

　　　　　　　'仇伐 末那(땅 이름)의 沙刀(礼)奴와 弥次(分)이 낸 稗 1石이나.'

2007-7(096)번　丘伐稗

　　　　　　　'丘伐에서 낸 稗 (1石)이다.'

2007-8(097)번　~△一伐奴人毛利支 負

　　　　　　　'(仇利伐의 누구가) 一伐이고, 奴人이고, 그의 짐꾼인 毛利支의 負이다.'

2007-9(098)번　~本(波)跛智(福)△古△~(앞면) ~支云稗石(뒷면)

'~本(波)(땅 이름)의 跛智(福)△古와 △~支云이 낸 稗 1石이다.'

2007-10(099)번　古阤新村局(斤)△利(앞면) 沙礼(뒷면)
'古阤 新村의 局(斤)△利와 沙礼이다.'

2007-11(100)번　古阤一古利村末那(앞면) 殆利夫稗(石)(뒷면)
'古阤의 一古利村 末那(땅 이름)의 殆利夫가 낸 稗 1(石)이다.'

2007-12(101)번　伊伐支烏利礼稗石
'伊伐支의 烏利礼가 낸 稗 1石이다.'

2007-13(102)번　眞尒密奴那智石
해석 불능

2007-14(103)번　古阤一古利村末那仇△~(앞면) 稗石(뒷면)
'古阤의 一古利村 末那(땅 이름)의 仇△~가 낸 稗 1石이다.'

2007-15(104)번　勿思伐 豆只稗一石
'勿思伐의 豆只가 낸 稗 一石이다.'

2007-16(105)번　弖盖尒欲弥支稗
'弖盖의 尒欲弥支가 낸 稗 (1石)이다.'

2007-17(106)번　古阤一古利村△~(앞면) 乃兮支稗石(뒷면)
'古阤의 一古利村의 △~乃兮支가 낸 稗 1石이다.'

2007-18(107)번　(仇利)伐/△△只△/△伐支 負
'(仇利)伐의 △△只△의 △伐支가 낸 負이다.'

2007-19(108)번　赤城△△△羅石
'赤城의 △△△羅石이다.'

2007-20(109)번　仇利伐/~智
'仇利伐의 ~智이다.'

2007-21(110)번　~豆留只(一伐)
'~의 豆留只(一伐)이다.'

제4절 함안 성산산성 목간의 연구 현황 179

2007-22(111)번   弓盖奈夷(利)稗
                 '弓盖의 奈夷(利)가 낸 稗 (1石)이다.'

2007-23(112)번   及伐城文尸伊稗石
                 '及伐城의 文尸伊가 낸 稗 1石이다.'

2007-24(113)번   及伐城文尸伊急伐尺稗石
                 '及伐城의 文尸伊와 急伐尺이 낸 稗 1石이다.'

2007-25(114)번   古陁一古利村阿那弥伊△久(앞면) 稗石(뒷면)
                 '古陁의 一古利村 阿那(땅 이름)의 弥伊△久가 낸 稗 1石이다.'

2007-26(115)번   ~古心△村~稗石
                 '~의 古心△村 ~가 낸 稗 1石이다.'

2007-27(116)번   仇利伐/郝豆智奴人/△支 負
                 '仇利伐의 郝豆智가 奴人이고, 그의 짐꾼(종)인 △支가 짐을 졌다.'

2007-28(117)번   巾夫支城夫酒只(앞면) 稗一石(뒷면)
                 '巾夫支城의 夫酒只가 낸 稗 一石이다.'

2007-29(118)번   波陁密村沙毛(앞면) 稗石(뒷면)
                 '波陁密村의 沙毛가 낸 稗 1石이다.'

2007-30(119)번   夷(津)支士斫石村末△△烋(앞면) 麥(뒷면)
                 '夷(津)支의 士斫石村 末△△烋가 낸 麥이다.'

2007-31(120)번   仇利伐 仇陁知一伐奴人 毛利支 負
                 '仇利伐의 仇陁知 一伐이고, 奴人이고, 그의 짐꾼(종)인 毛利支가 짐을 졌다.'

2007-32번   ~(앞면) ~(뒷면)
                 해석 불능

ᐯ121번   伊(勿)△~(앞면) ~(뒷면)
                 해석 불능

2007-33(122)번   古陁一古利村末那沙見(앞면) 日糸利稗石(뒷면)

'古陁의 一古利村 末那(땅 이름)의 沙見日糸利가 낸 稗 1石이다.'

2007-34(123)번   伊大兮村稗石

'伊大兮村이 낸 稗 1石이다.'

2007-35(124)번   (祀)彡利村(앞면) 湏△只稗石(뒷면)

'(祀)彡利村의 湏△只가 낸 稗 1石이다.'

2007-36(125)번   栗村稗石

'栗村에서 낸 稗 1石이다.'[7]

2007-37(126)번   仇伐阿那內欣買子(앞면) 一万買 稗石(뒷면)

'仇伐 阿那(땅 이름)의 內欣買子와 一万買가 낸 稗 1石이다.'

2007-38(127)번   古陁△利村△~(앞면) 稗石(뒷면)

'古陁 △利村의 △~가 낸 稗 1石이다.'

2007-39(128)번   眞村△△△△

'眞村의 △△△△이다.'

2007-40(129)번   巾夫支城△郞支稗一

'巾夫支城의 △郞支가 낸 稗 一(石)이다.'

2007-41(130)번   居利負~

해석 불능

2007-42(131)번   及伐城登奴稗石

'及伐城의 登奴가 낸 稗 1石이다.'

---

7) 김해 양동리 산성 목간에서 癸卯年七月栗村百刀公破日除麥石이란 명문이 나왔다. (이수훈, 「김해 양동리 출토 목간의 검토」 『역사와 세계』 58, 2020, 270쪽) 여기에서 문제가 되는 것은 율촌이 행정촌인지 아니면 군명인지 여부이다. 栗村은 군명과 행정촌명이 같은 것으로 행정촌명만 적힌 것으로 이해하고 싶다. 이수훈, 앞의 논문, 2020, 276쪽에서 3호 목간인 (干)形室背此其知村~을 '(干)形室 뒤에 此其知村~'으로 해석하고 있으나 '(干)形室 등 뒤의 이 其知村~'으로 해석할 수 있다.

제4절 함안 성산산성 목간의 연구 현황   181

2007-43(132)번　伊伐支村△只稗石
　　　　　　　　'伊伐支村의 △只가 낸 稗 1石이다.'

2007-44(133)번　夷津支城下麥王私巴弥兮村(앞면) 弥次二石(뒷면)
　　　　　　　　'夷津支城(군명) 下의 麥은 王私(땅 이름)인 巴珎兮村(행
　　　　　　　　정촌명)의 弥次가 낸 二石이다.'

2007-45(134)번　甘文城下(麥)米十一(斗)石喙大村卜只次持(去)
　　　　　　　　'甘文城 下의 (麥)米 十一(斗)石은 (喙)大村의 卜只次持
　　　　　　　　(去)가 낸 것이다.'

2007-46(135)번　小伊伐支村能毛礼(앞면) 稗石(뒷면)
　　　　　　　　'小伊伐支村의 能毛礼가 낸 稗 1石이다.'

2007-47(136)번　珎淂智△ 仇以稗石
　　　　　　　　'珎淂智△와 仇以가 낸 稗 1石이다.'

2007-48(137)번　丘伐稗石
　　　　　　　　'丘伐에서 낸 稗 1石이다.'

∨138번　　　　　~△尒利稗
　　　　　　　　'~의 △尒利가 낸 稗 (1石)이다.'

∨139번　　　　　목흔만(앞면) 목흔만(뒷면)
　　　　　　　　해석 불능

2007-49번　　　~伐△稗
　　　　　　　　'~伐△가 낸 稗 (1石)이다.'

2007-50번　　　一△△刀村△文△二(앞면) 仇△△(뒷면)
　　　　　　　　'一△△刀村의 △文△二와 △仇△△이다.'

2007-51(140)번　~前△谷支
　　　　　　　　'~의 前△谷支이다.'

2007-52(141)번　鄒文(前)那牟只村(앞면) 伊△(習)(뒷면)
　　　　　　　　'鄒文 (前)那牟只村의 伊△(習)이다.'

2007-53(142)번　仇利伐/習彤村/牟利之 負

'仇利伐 習肜村의 牟利之의 負이다.'

2007-54(143)번　赤伐支旨村助吏支稗

'赤伐支旨村의 助吏支가 낸 稗 (1石)이다.'

2007-55(144)번　仇利伐今尒次負

'仇利伐의 今尒次의 負이다.'

2007-56(145)번　屈斯旦(利)今部牟者足△

'屈斯旦利와 今(部)牟者足△이다.'

2007-57(146)번　古阤本波豆物烈智△(앞면) 勿大兮(뒷면)

'古阤 本波(땅 이름)의 豆物烈智와 △勿大兮이다.'

2007-58(147)번　伊智支村彗△利(앞면) 稗(뒷면)

'伊智支村의 彗△利가 낸 稗 (1石)이다.'

2007-60번　제첨축

2007-61(157)번　買谷村物礼利(앞면) 斯珎于稗石(뒷면)

'買谷村의 物礼利와 斯珎于가 낸 稗 1石이다.'

ᵛ158번　목흔만

2007-64(159)번　上弗刀你村(앞면) (敬麻)古稗石

'上弗刀你村의 (敬麻)古가 낸 稗 1石이다.'

ᵛ160번　△△△村△△△

ᵛ161번　△△△△△稗石

'△△의 △△△가 낸 稗 1石이다.'

ᵛ162번　甘文△宍大只伐△原石

해석 불능

2007-304(163)번　夷津支城下麥烏列支負(앞면) △△△石(뒷면)

'夷津支城 下의 麥을 烏列支(행정촌명)의 負△△가 (오열지촌을 대표해서) (낸 1)石이다.'

2007-370(164)번　卒史△於勞尸兮

'卒史△의 於勞尸兮이다.'

2007-A(148)번   蘇智密村晏~(앞면) 稗(뒷면)
                '蘇智密村의 晏~가 낸 稗 (1石)이다.'
2007-B(149)번   '~稗石 ~가 稗 稗 (1石)이다.'
2007-C(150)번   목흔만
2007-D(151)번   伊竹支△△△稗
                '伊竹支△의 △△가 낸 稗 (1石)이다.'
2007-E(152)번   ~△支負稗
                '~의 ~△支負가 낸 稗 (1石)이다.'
2007-F(153)번   ~△△△△△~(앞면) 稗(뒷면)
                해석 불능
2008-G(154)번   ~△牟知~(앞면) △(뒷면)
                '~의 △牟知~이다.'
2007-H(155)번   ~伊△△~
                해석 불능
2007-I(156)번   ~△△稗石
                '~가 낸 稗 1석이다.'
Ⅳ-485번   (前)跖△歆△利 稗
                '(前)跖△와 歆△利가 낸 稗 (1石)이다.'
Ⅳ-491번   △△(河)
                '△△(河)이다.'
Ⅳ-492번   △(記)△△△
                해석 불능
Ⅳ-495번   仇利伐谷△△ (負)
                '仇利伐의 谷△△의 (負)이다.'
Ⅳ-501번   大△△△
                '大△△△이다.'
Ⅳ-573번   △△△△△稗石

'△△ △△△가 낸 稗 1石이다.'

Ⅳ-574번　　　甘文(非)△大只伐支原石
　　　　　　　'甘文의 (非)△大只와 伐支原石이다.'

Ⅳ-575번　　　△△伐村△
　　　　　　　해석 불능

Ⅳ-578(165)번　~之毛羅稗
　　　　　　　'~의 ~之毛羅가 낸 稗 (1石)이다.'

Ⅳ-579(166)번　麻旦△利(앞면) 麻古稗石(뒷면)
　　　　　　　'麻旦△利와 麻古가 낸 稗 1石이다.'

∨167번　　　　仇△△稗石
　　　　　　　'仇△△가 낸 稗 1石이다.'

Ⅳ-580번　　　△△△世~(제1면) ~(제2면)
　　　　　　　해석 불능

Ⅳ-581(168)번　仇賓村甘斯(앞면) ~(뒷면)
　　　　　　　'仇賓村의 甘斯~이다.'

Ⅳ-582(169)번　仇利伐 記夲礼支 負
　　　　　　　'仇利伐의 記夲礼支의 負이다.'

Ⅳ-583(170)번　仇△伐~
　　　　　　　해석 불능

Ⅳ-586(171)번　~△(負)
　　　　　　　해석 불능

∨172번　　　　豆支村~

Ⅳ-587(173)번　仇利伐(앞면) △伐彡△村 伊面於支 負(뒷면)
　　　　　　　'仇利伐 △伐彡△村의 伊面於支의 負이다.'

Ⅳ-588(174)번　~智△△(앞면) 稗石(뒷면)
　　　　　　　'~의 ~智△△가 낸 稗 1石이다.'

Ⅳ-589(175)번　~(제1면) ~(제2면)

해석 불능

Ⅳ-590(176)번   及伐城日沙利稗石
'及伐城의 日沙利가 낸 稗 1石이다.'

▽177번   목흔만(앞면) 목흔만(뒷면)

▽178번   전면 목흔

▽179번   及伐城文尸△稗石
'及伐城의 文尸△가 낸 稗 1石이다.'

Ⅳ-591번   仇(利伐) △△智(奴)人 △△△ 負
'仇(利伐)의 △△智가 (奴)人이고, 그의 짐꾼(종)인 △△△가 짐을 졌다.'

Ⅳ-594(180)번   昻盖奈△~
'昻盖의 奈△~이다.'

Ⅳ-595(181)번   古陀一古利村本波(앞면) 阤ᄼ支稗發(뒷면)
'古陀 一古利村의 本波(땅 이름)이며, 阤ᄼ支가 낸 稗 1바리(1석?)이다.'

182번   목흔만

Ⅳ-597(183)번   正月中比思(伐)古尸次阿尺夷喙(앞면)
羅兮落及伐尺幷作前瓷酒四斗瓮(뒷면)
'正月에 比思(伐)의 古尸次 阿尺의 夷(무리)와 喙(部) 羅兮落 及伐尺(경위명)이 아울러 前瓷酒 四斗瓮을 만들었다.'

Ⅳ-598(184)번   △皂(冠)村(앞면) 此負刀寧負盜人有(뒷면)
'~△皂(冠)村에 있는 이 負는 刀寧의 負이다. 盜人이 있었다.'

Ⅳ-599(185)번   帶支村烏多支米一石
'帶支村의 烏多支가 낸 米 一石이다.'

Ⅳ-600(186)번   六月中△多馮城△△村主敬白之 烏△△成行之(제1면)
△△智一伐大△△也 攻六△大城從人士本日(제2면)
△去(走)石日(率此)△△更△荷(秀)△(제3면)

	卒日治之人(此)人烏(馮)城置不行遣之白(제4면)
	해석 불능
✓187번	목흔만
Ⅳ-602(188)번	十一月△△定六十月一卄月十一△五叉(제1면)
	△奇(旅)△△△△△久△△拏及△△△(제2면)
	해석 불능
Ⅳ-603번	豆△村
	'豆△村이다.'
Ⅴ-163(189)번	古阤一古利村本波(앞면) 阤ⅹ只稗發(뒷면)
	'古阤 一古利村의 本波(땅이름)이며, 阤ⅹ只가 낸 稗 1바리(1석?)이다.'
Ⅴ-164(190)번	三月中鐵山下麥十五斗(앞면)
	王私(땅이름) △河礼村 波利足(뒷면)
	'三月에 鐵山 下의 麥 十五斗를 王私(땅 이름)인 △河礼村(행정촌명)의 波利足이 낸 것이다.'
Ⅴ-165(191)번	甘文下麥十五石甘文(앞면) 本波加本斯(稗)一石之(뒷면)
	'甘文(城) 下의 麥 十五石은 甘文(군명)의 本波(땅 이름)인 加本斯와 (稗)一石之가 낸 것이다.' 또는 '甘文의 下麥 十五石은 甘文(군명) 本波(땅 이름)의 加本斯(稗)一石之가 낸 것이다.'
Ⅴ-166(192)번	古阤伊未妍上干一大兮伐(앞면) 豆幼去(뒷면)
	'古阤의 伊未妍 上干과 一大伐과 豆幼去이다.'
✓193번	~△尸△力△尒兮(앞면) 목흔만(뒷면)
✓194번	앞뒷면 목흔만
Ⅴ-167번	~村△△(智上)(앞면) △△△(뒷면)
	'~村의 △△(智)와 (上)△△△이다.'
Ⅴ-170(195)번	~△稗十五斗(앞면) ~(뒷면)

'~△가 낸 稗十五斗이다.'

V-171(196)번 盖山鄒勿負稗

'盖山의 鄒勿負가 낸 稗 (1石)이다.'

V-172(197)번 ~村虎弥稗石

'~村의 虎弥가 낸 稗 1石이다.'

V-173(198)번 ~吾礼△只公

'~의 吾礼△只公이다.'

V-174(199)번 敢師智~

'敢師智가 ~.'

V-175(200)번 ~△那只旅米

'~△의 那只가 旅米를[8] 낸 것이다.'

2016-W28(201)번 ~史村△~(앞면) ~利夫稗石(뒷면)

'~史村의 △~利夫가 낸 稗1石이다.'

2016-W30(202)번 ~△西毛礼~

'~△西毛礼이다.'

2016-W33번 ~△△△古△△△

해석 불능

2016-W34(203)번 今(卒)巴漱(宿)尒財利支稗

'今(卒)巴漱(宿)과 尒財利支가 낸 稗 (1石)이다.'

ⅴ204번 판독 불능(앞면)

~稗 1石(뒷면)

2016-W35(205)번 盖村仇之毛羅稗

'盖村의 仇之毛羅가 낸 稗 (1石)이다.'

ⅴ206번 목흔만(앞면) 목흔마(뒷면)

2016-W40번 ~△△只△△△(앞면) ~△稗石(뒷면)

---

8) 『呂氏春秋』에 旅米而不香이라고 나온다.

'~△△只△의 △△~△가 낸 稗 1石이다.'

2016-W44번   △陀一△△△(앞면) ~△△△(뒷면)

해석 불능

2016-W62(209)번   仇利伐/上三者村△△△△

'仇利伐 上彡者村의 △△△△이다.'

ᵛ210번   목흔만

2016-W66(207)번   丘伐未那早尸智居伐尺奴(앞면) (能)利智稗石(뒷면)

'丘伐의 未那早尸智와 居伐尺과 奴(能)利智가 낸 稗 1石이다.'

2016-W67(208)번   ~△身礼豆智

'~△의 身礼豆智이다.'

2016-W72번   上△~(앞면) ~利~(뒷면)

'上△~의 ~利 ~이다.'

2016-W73(211)번   巾夫支城 仇智支稗~(앞면) ~(뒷면)

'巾夫支城의 仇智支가 낸 稗 (1石)이다.'

2016-W89(212)번   丘利伐/卜今智上干支 奴/△△巴支 負

'丘利伐의 卜今智 上干支이며, 奴이고, 그의 짐꾼(종)인 △△巴支가 짐을 진다.'

2016-W92(213)번   仇利伐/夫及知一伐 奴人/宍巴礼 負

'仇利伐의 夫及知가 一伐이고, 奴人이고, 그의 짐꾼인 宍巴礼가 짐을 졌다.'

2016-W94(215)번   甘文城下麥十五石甘文本波(앞면) 伊次只去之(뒷면)

'甘文城 下의 麥 十五石을 甘文(군명) 本波(땅 이름)인, (甘文郡을 대표해서) 伊次只去之가 낸 것이다.'

2016-W104(214)번   沙喙部負

'沙喙部가 낸 負이다.'

2016-W116(216)번   小南兮城麥十五斗石大村~

'小南兮城의 麥 十五斗를 石大村의 ~가 (석대촌을 대표해서) 낸 1석이다.'

ᐯ217번   목흔만

2016-W150(218)번 三月中 眞乃滅村主 憹怖白(제1면)
　　　　　　　　 大(城)在弥卽尒智大舍下智(前)去白之(제2면)
　　　　　　　　 卽白先節六十日代法稚然(제3면)
　　　　　　　　 伊毛罹及伐尺寀言廻法卅代告今卅日食去白之(제4면)
　　　　　　　　 '三月에 眞乃滅村主인 憹怖白이 大城에 있는 弥卽尒智 大舍下智의 앞에 가서 아뢰었습니다. 곧 아뢴 앞선 때에 六十日代法은 稚然하였습니다. 伊毛罹 及伐尺께 '寀(祿俸)에 말하기를 法을 피해 卅代를 고하여 이제 卅日食을 먹고 갔다.'고 아뢰었습니다.'

2016-W155(219)번 王子年△改大村△刀只(앞면) 米一石(뒷면)
　　　　　　　　 '王子年△(군명)의 改大村(행정촌명)의 △刀只가 낸 米 一石이다.' 또는 '王子年(군명)의 △改大村(행정촌명)의 △刀只가 낸 米 一石이다.'

2016-W164번   △△利△一負(앞면) 六石△△△(뒷면)
　　　　　　　　 해석 불능

ᐯ220번   皮牛利烋鳥(앞면) 六△△△△(뒷면)
　　　　　　　　 해석 불능

2016-W167(221)번 此麥△德石莫杖之
　　　　　　　　 '이 보리쌀은 △德石에게 의지하지 않았다.'

번호 앞에 ᐯ표시를 한 것은『한국 고대의 목간Ⅱ』에만 나오는 것으로 그 예는 40여 개나 되고, 국사편찬위원회 한국사데이터베이스에서만 나오는 것은 번호가 단수로 붙어 있는데 그 수는 20여 개이다. 결과적으로 목간 번호 붙이기는 282개가 나오는 국사편찬위원회 한국사데이터베이스

쪽이 정확하여 이를 취한다. 실제로 묵서가 한자라도 있는 숫자는 252점이었다. 오택현·이재환, 「백제·신라 목간의 집계와 범례 제안」, 『한국목간학회 제39회정기발표회 자료집』, 29~78쪽에서는 253점이라고 주장하였다. 판독은 『한국 고대의 목간Ⅱ』가 정확하다. 245개의 목간이 소개되어 있는 『한국 고대의 목간Ⅱ』와 『한국목간총람』에 소개되어 있는데 이는 잘못된 것이다.

3. 奴(人) 목간

신라의 奴(人)은 1988년 4월 봉평비(524년)가 발견되면서 처음으로 알려졌다. 일반 신민, 새로 편입된 복속민, 차별 편제한 특수 지역민, 지방민 일반, 舊高句麗民 등의 다양한 가설이 나왔다.9) 대체로 노(인)은 신라 지역에 새로 편입된 지역의 복속민으로 보고 있다.10)

그런데 1998년 공개되기 시작한 함안 성산산성 목간에 奴(人)이 확인되면서 이들 노(인)을 어떻게 해석할 것 인지하는 문제가 새로 제기되었다. 그래서 성산산성 목간의 노인을 봉평비의 노인과 어떻게 연결시키는지 하는 문제가 대두되었다. 처음 성산산성 목간 연구에서는 私奴婢일 가능성이 언급되었다.11) 대체로 봉평비에서 나온 결론을 성산산성 목간에 적용하여 노인을 구고구려계 복속민으로 보았다.12) 이후 새로운 목간 자료의 발굴이 증가되자 노인이 기재된 목간을 해석하면서, 奴人=私奴婢說의 주장

---

9) 한국고대사학회편, 『한국고대사연구』 2, 1989 ; 울진군·한국고대사학회, 『울진 봉평신라비와 한국 고대 금석문』, 2011.
10) 武田幸男, 「新羅·蔚珍鳳坪碑の敎事主體と奴人法」, 『朝鮮學報』 187, 2003.
11) 윤선태, 「咸安 城山山城 出土 新羅 木簡의 用途」, 『震檀學報』 88, 1999, 16쪽.
12) 이성시, 「한국목간연구의 현황과 함안성산산성 출토의 목간」, 『한국고대사연구』 19, 2000, 99~100쪽 ; 朴宗基, 「韓國 古代의 奴人과 部曲」, 『한국고대사연구』 43, 2006.

이 나왔다.13) 이를 비판하면서 봉평비의 노인을 중심으로 목간의 노인을 이해를 강조하는 연구도 나왔다.14) 노인은 기본적으로 복속민의 성격을 지녔지만, 6세기 중반에 그들을 구리벌에 사는 개인에게 각기 예속시켜 관할, 통제하도록 하였고, 이후 그들을 점차 공민으로 포섭하였다고 보았다.15) 노인을 세금을 내는 주체로서 수취의 대상이 된 奴婢로 보기도 했다.16) 또 성산산성의 노인을 봉평비의 노인과 함께 隸民的 상황 집단적 지배를 받던 존재로부터 개인적 人身 지배에 기반한 公民으로 전화해 가는 道程에 있는 사람으로 보았다.17)

奴(人)이 나오는 예로는 仇利伐 목간의 8예가 있다. 이를 소개하면 다음과 같다.

먼저 仇利伐＋인명＋奴(人)＋인명＋負를 조사해 보기로 하자.

    2006-10번   仇利伐△△奴△△支 負
                    '仇利伐의 △△가 奴이고, 그의 짐을 △△支가 졌다.'
    2006-24번   仇利伐 比多湏 奴 先能支 負
                    '仇利伐의 比多湏가 奴이며, 그의 짐을 先能支가 졌다.'
    2007-27번   仇利伐/郝豆智奴人/△支 負
                    '仇利伐의 郝豆智가 노인이며, 그의 짐을 △支가 졌다.'
    Ⅳ-591번   仇(利伐) △△智奴(人) △△△ 負
                    '仇(利伐)가 △△智가 奴(人)이며, 그의 짐을 △△△가 졌다.'

---

13) 이수훈, 「咸安 城山山城 出土 木簡의 稗石과 負」 『지역과 역사』 15, 2004 ; 전덕재, 「함안 성산산성 목간과 중고기 신라의 수취체계」 『역사와 현실』 65, 2007.
14) 이용현, 「함안성산산성 출토 목간의 負, 本波, 奴人 시론」(신라사학회발표문), 2007.
15) 김창석, 「신라 中古期의 奴人과 奴婢」 『한국고대사연구』 54, 2009.
16) 윤선태, 「함안 성산산성 출토 신라 하찰의 재검토」 『사림』 41, 2012.
17) 이경섭, 「新羅의 奴人-城山山城 木簡과 〈蔚珍鳳坪碑〉를 중심으로-」 『한국고대사연구』 68, 2012.

그 다음으로 仇利伐+인명+외위명+奴人+인명+負를 조사해 보자.

2007-31번   仇利伐 仇陁知一伐奴人 毛利支 負
'仇利伐의 仇陁知가 一伐이고 奴人이며, 그의 짐을 毛利支가 졌다.'

2016-W89번   丘利伐/卜今智上干支奴人/△△巴支負
'丘利伐의 卜今智가 上干支이고 奴人이며, 그의 짐을 △△巴支가 졌다.'

2016-W92번   仇利伐/夫及知一伐 奴人/宍巴礼 負
'仇利伐의 夫及知가 一伐이고 奴人이며, 그의 짐을 宍巴礼가 졌다.'

마지막으로 仇利伐+인명+외위명+노인+塩을 조사해 보자.

5번   仇利伐△德知一伐奴人 塩（負）
'仇利伐의 △德知 一伐이며 奴人인 그가 소금[塩]을 負로 낸 것이다.'

奴人을 私奴婢 등으로 보면 다음 문제가 해결되지 않는다.
　첫째로 함안 성산산성 목간에서 왜 古阤, 甘文城, 仇伐, 夷津(支城), 鄒文(村), 湏伐, 勿思伐, 烏多, 𦰌盖, 鐵山, 王子年(△), 巴珎兮城의 郡名에는 나오지 않고, 유독 仇利伐 목간에서만 奴(人)이 나오는지에 대한 해명이 필요하다.
　둘째로 노예가 짐꾼(종)을 거느리고 함안 성산산성으로 가는 공진물을 운반하는 예가 있는지 궁금하다.
　셋째로 노예가 上干支 등의 외위를 가질 수 있는지에 대한 해명이 필요하다.
　넷째로 주목해야 될 것은 奴(人)이 두 사람의 앞사람이지 뒷사람이 아닌 점이다.

따라서 奴(人)을 소금 생산자로 볼 수밖에 없다.

4. 제작 시기

지금까지 성산산성 목간의 제작 연대에 대한 중요한 가설은 다음과 같다. 532년에서 551년 사이로 추정한 견해가 있고,[18] 540년대부터 561년 사이로 추정한 견해가 있고,[19] 560년대로 추정되며, 아무리 늦어도 570년 이후로는 내려가지 않을 것으로 본 견해가 있고,[20] 557년에서 561년 사이로 추정한 견해가 있고,[21] 561년에서 그리 멀지 않은 시기로 추정한 견해가 있다.[22] 또 하찰에 나타난 호적 작성을 전제로 한 신라의 치밀한 지방 지배 방식에 기초하여 성산산성 목간의 작성 연대를 584년(진평왕 6) 調府 설치 이후로 보기도 했다.[23] 신라가 안라국을 멸망시킨 시기가 560년이므로 성산산

---

18) 김창호,「함안 성산산성 출토 목간에 대하여」『함안 성산산성』Ⅰ, 1998.
19) 이성시,「韓國木簡연구현황과 咸安城山山城출토의 木簡」『한국고대사연구』19, 2000, 107쪽.
20) 주보돈,「함안 성산산성 출토 목간의 기초적 검토」『한국고대사연구』19, 2000, 67쪽. 이는 64쪽에서『日本書紀』19, 欽明紀 23년(562)조의 挾注로 인용되어 있는 一本에 任那가 전부 멸망했다는 기사를 토대로 559년을 安羅(阿尸良國)의 멸망 시점 또는 그 하안으로 본 것에 기인하고 있다. 이는 후술하는 바와 같이『삼국사기』에서의 阿尸良國(안라국) 멸망 기사보다『일본서기』를 더 신봉한 결과로 잘못된 방법이다.
21) 이용현,「함안 성산산성 출토 목간에 대한 종합적 고찰」, 고려대학교 박사학위 청구논문, 2001, 115쪽 ; 이용현,「함안 성산산성 출토 목간과 6세기 신라의 지방 경영」『동원학술논집』5, 2003, 50~53쪽.
22) 윤선태,「신라 중고기의 村과 徒」『한국고대사연구』25, 2002, 148쪽에서 이 목간은 561년이 시점이나 거기서 그리 멀지 않은 시기에 작성되었다고 할 수 있다고 하였다. 이경섭,「함안 성산산성 목간의 연구 현황과 과제」『신라문화』23, 2004, 218쪽에서는 목간의 연대를 561년을 하한으로 하는 몇 연간으로 추정하였다. 이경섭,「성산산성 출토 하찰목간의 제작지와 기능」『한국고대사연구』37, 2005, 115~116쪽에서는 목간의 상한 연대를 561년 무렵으로 보았다.

성의 목간을 제작한 시기를 560년이나 그 이후로 볼 수 있다는 견해를 제시하였다.24) 6세기 550년으로 본 가설도 나왔다.25) 216-W155(219)번 王子年△改大村△刀只(앞면) 米一石(뒷면)을 壬子年△改大村△刀只(앞면) 米一石(뒷면)으로 잘못 읽어서 592년으로 본 가설도26) 있다.

고고학쪽에서는 최근 부엽층 안에서 목간과 함께 공반 출토된 신라의 녹유인화문토기를 7세기 전반으로 편년하고, 이에 의거하여 산성의 초축을 7세기 전반 늦은 시기로 보고 있다.27) 또 부엽층에서 출토된 토기는 6세기 중엽을 중심으로 하나 연대 폭이 특히 넓으며, 성벽 초축은 6세기 중엽에, 내보축을 덧붙이고 부엽층을 조성한 동벽의 개축 시기는 7세기 초에 이루어졌다는 가설도 있다.28) 이 두 가지 가설은 모두 목간이 나온 성산산성의 동벽 부엽층의 초축을 7세기 전반 내지 7세기 초로 보고 있다. 이렇게 되면 『삼국사기』 권40, 잡지9, 직관하, 무관조에 나오는 十停 (或云三千幢) ~五日召參停~並眞興王五年置라는 기록의 召參停이 함안 성산산성이므로 543년에 召參停이 설치되었다는 사실과 모순되고, 법흥왕 몰년이 울주

---

23) 윤선태,「함안 성산산성 출토 신라목간의 용도」,『진단학보』 88, 1999, 21~22쪽에서 584년이라는 견해를 제시하였다. 이는 목간을 늦게 보는 가설이다. 이 견해는 윤선태, 앞의 논문, 2002, 148쪽에서 561년이 시점이나 그리 멀지 않은 시기에 작성되었다고 할 수 있다고 바꾸었다.
24) 전덕재,「함안 성산산성 목간의 내용과 중고기 신라의 수취체계」,『역사와 현실』 65, 2007, 70쪽. 여기에서는 『日本書紀』, 欽明日王 23년(562) 봄 정월조 기사, 즉 신라가 임나관가를 공격하여 멸망시켰다. 一本에 이르기를 21년(560)에 임나를 멸망시켰다. 임나를 加羅國, 安羅國, 斯二岐國, 多羅國, 率麻國, 古嵯國, 子他國, 散半下國, 乞湌國, 稔禮國의 十國으로 보고, 560년에 안라국이 신라에 투항했다고 보았다. 이 견해도 『삼국사기』 기록인 법흥왕대(514~539) 阿尸良國(안라국) 정복설을 무시하고, 『일본서기』에 의해 신라 목간의 연대를 560년으로 보았다.
25) 橋本 繁, 『韓國古代木簡の硏究』, 2014, 14쪽.
26) 이용현,「함안 성산산성 목간의 연대-壬子年을 중심으로-」,『신라사학보』 50, 2020.
27) 이주헌,「함안 성산산성 부엽층과 출토유물의 검토」,『목간과 문자』 14, 2015, 51~65쪽.
28) 윤상덕,「함안 성산산성 축조 연대에 대하여」,『목간과 문자』 14, 2015, 72~92쪽.

천전리서석 추명과29) 『삼국사기』와 1년의 시차가 있고, 及伐尺이란 경위가 545년 적성비에서는 없었다는 것과 모순된다. 따라서 성산산성의 목간은 540~542년 사이에 만들어진 것으로 본다.

5. 용도

용도에 대해서는 목간의 양쪽에 홈이 파져있어서 하찰로 보는 가설이 주류를 이루고 있었다. 하찰설은 일본의 7~8세기 목간에서 얻어진 학설로 상당한 설득력이 있어30) 움직일 수 없는 통설로 굳어졌다. 그런데 함안 성산산성의 목간에는 7쌍의 쌍둥이 목간이 있다. 이를 제시하면 다음과 같다.

  13번 仇利伐/上彡者村波婁와 34번 仇利伐/上彡者村 波婁
  12번 上莫村居利支稗와 44번 上莫△居利支稗
  13번 陳城巴兮支稗와 41번 陳城巴兮支稗
  43번 陽村文尸只와 2006-6번 陽村文尸只稗
  69번 千竹利와 70번 千竹利
  2007-8번 仇(阤)△一伐 奴人 毛利支 負와 2007-31번 仇利伐 仇阤知一伐奴人 毛利支 負
  Ⅳ-595번 古阤一古利村本波(앞면) 阤ᵡ支稗發(뒷면)과 Ⅴ-163번 古阤一古利村本波(앞면) 阤ᵡ只稗發(뒷면)

글씨체가 쌍둥이 목간은 다 달라서 최초 출발지에서 만들어지고, 최종 도착지인 성산산성에서 또 한번 만들어져서 처음 만들어졌던 것은 하찰로

---

29) 539년으로 되어 있으나 『삼국사기』와 『삼국유사』에서는 540년이다.
30) 平川 南의 가설이다.

서 공진물에 달려서 있고, 도착지에서 만들어졌던 것은 장부로서 성산산성의 축조 사무실에서 가지고 있었다고 판단된다. 우리가 볼 수 있는 목간은 하찰이 아니라 장부 목간이라고 판단된다. 이 장부 목간에는 하찰 목간과 역역 목간이 있다.

6. 王私 목간

王私는 그 수효도 적고 해서 단순히 지명 정도로 이해했다.[31] 그 뒤에 王私에 대한 본격적인 연구가 나왔다.[32] 여기에서 私를 왕·왕실과 관련된다고 추정한 근거는 私臣과 私母이다. 私臣에 대해서는 『삼국사기』 권4, 신라본기, 진평왕 44년(622) 2월조에 '以伊湌龍樹爲內省私臣 初王七年大宮·梁宮·沙梁宮三所各置私臣 至是治內省私臣一人 兼掌三宮'이라고 하였고, 『삼국사기』 권39, 직관지에 '內省 景德王八年改爲殿中省 後復故 私臣一人 眞平王七年 三宮各置私臣 大宮和文大阿湌 梁宮首盻夫阿湌 沙梁宮弩知伊湌 至四十四年 以一員兼掌三宮 位自衿荷至太大角干 惟其人則授之 亦無年限 景德王又改爲殿中令 後複稱私臣'이라고 나온다. 그래서 私臣은 왕 및 왕족의 거소인 여러 궁을 관장했으나 私臣의 私는 왕의 사적·개인적 영역 나아가서 왕·왕실 그 자체를 함의했다고 보았다.

私母에 대해서는 『삼국사기』 권39, 직관지, 본피궁조에 '本彼宮 神文王元年置 虞一人 私母一人 工翁二人 典翁一人 史二人'이라고 나온다. 私母가 本彼宮을 관장했다고 보고서, 私母의 私도 私臣의 私와 같이 왕실과 관련되는 것으로 보았다.[33]

---

31) 윤선태, 「함안 성산산성 출토 신라 하찰의 재검토」, 『사림』, 41, 2012, 174쪽.
32) 하시모토 시게루, 「함안 성산산성 목간의 '王私'와 '城下麥'」, 『신라사학보』 54, 2022.
33) 木村誠, 「統一新羅村落支配の諸相」, 『人文學報』 368, 2006, 10쪽.

私臣, 私母는 경영체로서 宮을 통하여 왕실의 토지, 예속민의 관리와 관련되었을 가능성이 있다. 王私도 그러한 왕·왕실이 소유하는 토지, 예속민과 관련이 있는 말로 추정된다. 王私 목간의 뒤에는 촌명+인명이 나오므로 이 촌명이 왕·왕실 직할지이며, 인명은 거기에 예속된 사람으로 보았고, 나아가서 王·王室의 私屬人으로 정리되었다.34)

이 王私에 대해 정면으로 비판하는 가설이 제시되었다.35) 王私 목간의 출발점이 된 신라 둔전문서의 法私의 私가 왕실을 나타내지 않고 사람을 나타내서 문제가 되고, 촌명+인명의 앞에 오는 것은 직명이나 本波, 阿那, 末那 등의 특수한 지명이 올 수 있고, 사람은 올 수가 없다. 팔거산성의 15호 목간인 △村王私禾△△△(之)에서 촌명 뒤에 王私가 나오고 있어서 이 王私를 왕·왕실의 직할지에 있는 사람들로서는 풀 수가 없다. 그러면 무엇일까? 王私가 직명은 아니므로 本波, 阿那, 末那 등과 같은 특수한 지명일 가능성이 있다. 그 근거가 되는 자료로 팔거산성 14번 목간 本彼部△△村△△△△(앞면) 米一石私(뒷면)이 있다. 이 자료의 私의 의미가 무엇일까? 주목되는 자료로 성산산성에서 출토된 2점의 城下麥 목간이 있다. 우선 관계 전문을 제시하면 다음과 같다.

2007-45　　　甘文城下△米十一斗石喙大村卜只次持△
2016-W116　　小南兮城麥十五斗石大村~

2007-45번 목간의 △米十一斗石과 2016-W116번 목간의 麥十五斗石에서 十一斗石과 十五斗石은 각각 十一斗一石, 十五斗一石이란 뜻이므로 팔거산성 14번 목간의 米一石私도 米一石一私란 뜻이다.

다시 王私를 왕·왕실의 私屬人으로 보는 가설이 나왔다.36) 여기에서는

---

34) 윤선태, 「대구 팔거산성 출토 신라 지방목간」, 『신라학리뷰』 1, 2022.
35) 김창호, 「고신라 목간에 보이는 王私에 대하여」, 『고신라목간』, 2023. 379~380쪽.
36) 이수훈, 「대구 팔거산성 출토 목간의 검토」, 『역사와 세계』 64, 2023, 204~212쪽.

대구 팔거산성 14번 목간의 뒷면 米一石私의 石私를 '물품을 담는 용기'인데 사적인 것으로 해석하면서 王私를 왕·왕실의 私屬人으로 해석하였다. 곧 이에 대해 팔거산성 14번 목간에 나오는 石私의 해석을 王私를 푸는데 상관이 없다는 가설이 다시 나왔다.[37] 그래서 종래대로 王私를 왕·왕실의 私屬人으로 해석하고 있다. 2023년에 나온 王私의 왕·왕실의 사속인설이 맞는지 여부를[38] 조사해 보자. 먼저 이를 함안 성산산성에서 나온 목간을 통해서 검토해 보기로 하자.

2007-45번   甘文城下(麥)米十一(斗)石(喙)大村卜只次持去
V-164번   三月中鐵山下麥十五斗(앞면)
            王私△河礼村波利足(뒷면)
V-165번   甘文(城)下麥十五石甘文(앞면)
            本波加本斯(稗)一石之(뒷면)
2016-W94번   甘文城下麥十五石甘文本波(앞면)
            伊次只去之(뒷면)
2016-W116번 小南兮城麥十五斗石大村~

이상의 5개 목간에서 곡식 麥을 표기하는 것이 특이하다. 2007-45번은 甘文城下(麥)米十一(斗)石(喙)大村卜只次持去에서 (麥)米十一(斗)石에서 보면 11두가 1섬이다로 해석된다. 2016-W116번 小南兮城麥十五斗石大村~은 麥十五斗石에서 보리쌀 15말이 1섬이다가 된다. V-164번 三月中鐵山下麥十五斗(앞면) 王私△河礼村波利足(뒷면)에서 麥十五斗이지만 보리쌀 15말이 1섬이다가 된다.[39] V-165번 甘文(城)下麥十五石甘文(앞면) 本波加本斯(稗)

---

37) 이수훈, 앞의 논문, 2023.
38) 김창호, 「대구 팔거산성의 목간-이수훈박사의 반론에 답함-」『한국고대의 금석문과 목간』, 2024.
39) 稗一石, 稗石, 稗一, 稗는 모두 稗一石과 같은 뜻인 피 한 섬으로 보이고, 稗發은 피 1바리란 뜻이고 피 1섬이라는 뜻으로 古阤(안동)에서 성산산성까지 피 1섬을

一石之(뒷면)과 2016-W94번 甘文城下麥十五石甘文本波(앞면) 伊次只去之(뒷면)에서 두 목간에 나오는 15섬을 그대로 15섬으로 보기도 하지만,[40] 斗자가 생략되었다고 해석해서 15두 1섬의 뜻으로 볼 수 있다.[41] 그렇다면 대구 팔거산성 14번 목간 本波部△△村△△△△(앞면) 米一石私(뒷면)의 米一石私를 쌀 1섬 곧 1私(의 양으)로 냈다[42]가 된다. 따라서 王私는 넓은 땅이란 뜻이 됨을 다시 한번 확인하였다.[43]

7. 맺음말

먼저 253점의 글자가 한자라도 있는 목간을 해석과 함께 소개하고 국립가야문화재연구소의 일련번호도 병기하였다.

다음으로 奴(人) 목간을 사노비로 본 데 대해 구리벌에서만 나오고, 다른 군에서는 전혀 나오지 않는다. 구리벌 목간은 인명+노(인)+인명+부로 되어 있다. 이는 앞의 인명이 노(인)이고 뒤의 인명은 짐꾼(종)으로 짐을 진다.

그 다음으로 제작 시기에 대해서는 592년설 등 다양하나 『삼국사기』, 무관조에 나오는 召參停이 진흥왕 5년(544)에 설치되었으므로 544년 이전

소에다 실고 왔다 간 것으로 해석된다. 稗發 목간은 각 지역에서 내는 공진물의 운반비용을 국가가 아닌 공진물을 내는 개인이 부담하는 것으로 보인다고 해석할 수 있는 근거가 된다.
40) 김창석, 「함안 성산산성 목간을 통해 본 신라의 지방사회 구조와 수취」, 『백제문화』 54, 160쪽.
41) 하시모토 시게루, 앞의 논문, 2022, 214~215쪽.
42) 米一石私가 되지 않는 경우도 있었는데 그 가운데는 米十石私 등이 있었을 것으로 보이나 워낙 자료가 없어서 더 이상의 추측은 하지 않고 그만두기로 한다.
43) 김창호, 앞의 논문, 2022, 354~355쪽에서 성산산성 2007-45번 甘文城下(麥)米十一(斗)石(喙)大村卜只次持去와 성산산성 2016-W116번 小南兮城麥十五斗石大村~에서 두 번이나 나오는 斗石과 팔거산성 14번 목간의 米一石私의 石私를 대비시켜서 私를 많은 곡식을 내는 땅으로 보았다.

을 성산산성 목간의 제작 연대로 보았다.

그 다음으로 용도에 대해서는 7쌍의 쌍둥이 목간이 다 글씨체가 달라서 출발지와 성산산성에서 목간이 각각 만들어져서 지금 출토된 목간은 장부 목간으로 보았다.

마지막으로 王私 목간은 왕·왕실의 私屬人이라는 뜻이 아니라 넓고 큰 땅을 의미한다고 보았다.

제5절 함안 성산산성 출토 仇利伐 목간

1. 머리말

　함안 성산산성 출토 仇利伐 목간에는 奴(人)이 있는 것, 負가 있는 것, 割書[두 줄 쓰기]가 있는 것, 다른 곳에서 나오는 米, 麥, 稗 등의 공진물이 없는 점, 출토 목간의 수가 가장 많은 점 등을 그 특징으로 하고 있다. 여기서 仇利伐의 위치가 문제이다. 충북 옥천, 함안 칠원면~마산·창원, 안동시 임하면 일대 등으로 보고 있다.[1] 지게로 짐을 져서 오는 것으로 보아서 함안 근처로 판단된다. 仇利伐의 위치를 충북 옥천이나 안동시 임하면 일대로 볼 때는 짐을 지는 단어인 負를 사용할 수가 없다.

　함안 성산산성 목간은 253점이나 되어서 해결이 안된 목간이 많다. 城下麥 목간이 그것이다. 왜 복잡한 문틀을 사용해서 공진물을 함안 성산산성에 납부했는지 알 길이 없다. 王私, 本波, 阿那, 末那 등도 더 연구되어야 할 것이다. 그 가운데에서 仇利伐 목간에서 해석이 안 되는 것으로 奴(人)과 負가 있다. 이는 다른 곳의 지방 목간에서는 나오지 않아서 더욱 그러하다.

　여기에서는 먼저 仇利伐 목간의 자료를 제시하겠다. 다음으로 奴(人)과 負가 있는 것을 살펴보겠다. 그 다음으로 負만 있는 것에 대해 조사하겠다. 마지막으로 仇利伐＋촌명＋인명으로 된 것을 살펴보겠다.

---

1) 이경섭, 「성산산성 출토 신라 짐꼬리표 목간의 지명 문제와 제작 단위」 『신라사학보』 23, 2011, 539~540쪽의 〈표 1〉.

2. 자료의 제시

1번 仇利伐/上彡者村(앞면) 乞利(뒷면)
    '仇利伐 上彡者村의 乞利이다.'

3번 仇利伐/上彡者村 波婁
    '仇利伐 上彡者村의 波婁이다.'

4번 仇利伐/仇失了一伐/尒利△支
    '仇利伐의 仇失了 一伐과 尒利△支이다.'

5번 仇利伐△德知一伐奴人 塩 (負)
    '仇利伐의 △德知 一伐이며 奴人인 그가 소금[塩] 짐을 졌다.'

33번 仇利伐/(彤)谷村/仇礼支 負
    '仇利伐 彤谷村의 仇礼支가 낸 負이다.'

34번 仇利伐/上彡者村 波婁
    '仇利伐 上彡者村의 波婁이다.'

2006-10번 仇利伐△△奴△△支 負
    '仇利伐의 △△ 奴이고, 그의 짐을 짐꾼(종)인 △△支가 졌다.'

2006-24번 仇利伐/ 比多湏奴 先能支 負
    '仇利伐의 比多湏 奴이며, 그의 짐을 짐꾼(종)인 先能支가 졌다.'

2006-31번 (仇利伐)~(앞면) 一古西支 負(뒷면)
    '(仇利伐) ~의 ~의 一古西支의 負이다.'

2007-18번 仇利伐/(衫伐)只(村)/同伐支 負
    '仇利伐의 (衫伐)只(村)의 同伐支가 낸 負이다.'

2007-20번 仇利伐/~智
    해석 불능

2007-27번 仇利伐/郝豆智奴人/△支 負
    '仇利伐의 郝豆智가 奴人이며, 그의 짐을 짐꾼(종)인 △支가 짐을 졌다.'

2007-31번   仇利伐 仇阤知一伐奴人 毛利支 負
           '仇利伐의 仇阤知 一伐이고, 奴人이며, 그의 짐을 짐꾼(종)인
           毛利支가 졌다.'

2007-53번   仇利伐/習肜村/ 牟利之 負
           '仇利伐의 習肜村의 牟利之의 負이다.'

Ⅳ-582번   仇利伐 記本礼支 負
           '仇利伐의 記本礼支의 負이다.'

Ⅳ-587번   仇利伐/△伐彡△村伊面於比支 負
           '仇利伐 △伐彡△村의 伊面於比支의 負이다.'

Ⅳ-591번   仇(利伐) △△智奴(人) △△△ 負
           '仇(利伐)의 △△智가 (奴)人이며, 그의 짐을 짐꾼(종)인 △△
           △가 負를 졌다.'

2016-W62번   仇利伐/上三者村△△△△
           '仇利伐 上三者村의 △△△△이다.'

2016-W89번   丘利伐卜今智上干支 奴/△△巴支 負
           '丘利伐의 卜今智 上干支이며, 奴이고, 그의 짐을 짐꾼(종)인
           △△巴支가 졌다.'

2016-W92번   仇利伐/夫及知一伐 奴人/宍巴礼 負
           '仇利伐의 夫△知가 一伐이고, 그의 짐을 짐꾼(종)인 宍巴利△
           가 負를 졌다.'[2]

---

2) 추정 구리벌 목간은 다음과 같다.
  17번 ~前谷村阿足只(負) '(仇利伐)의 前谷의 阿足只의 (負)이다.'
  35번 ~內恩知奴人居助支 負 '(仇利伐)의 內恩知가 奴人이고, 짐꾼(종)인 居助支가
     짐을 졌다.'
  37번 ~內只次奴湏礼支 負 '(仇利伐)의 內只次가 奴이고, 심꾼(종)인 湏礼攴가 짐을
     졌다.'
  38번 ~比夕湏奴尒/先(利)支 (負) '(仇利伐)의 比夕湏가 奴이고, 짐꾼(종)인 尒先(利)支
     가 짐을 졌다.'
  2006-27번 ~末甘村/借刀利 負 '(仇利伐)의 末甘村의 借刀利의 負이다.'

3. 奴(人)과 負가 있는 것

仇利伐+인명+(외위명)+奴(人)+인명+負를 살펴보기로 하자. 우선 관련 자료부터 제시하면 다음과 같다.

　　5번　　　　仇利伐△德知一伐奴人 塩 (負)
　　2006-10번　仇利伐△△奴△△支 負
　　2006-24번　仇利伐 比多湏 奴 先能支 負
　　2007-27번　仇利伐/郝豆智奴人/△支 負
　　2007-31번　仇利伐 仇陁知一伐奴人 毛利支 負
　　Ⅳ-591번　　仇(利伐) △△智奴(人) △△△ 負
　　2016-W89번　丘利伐/卜今智上干支奴人/△△巴支負
　　2016-W92번　仇利伐/夫及知一伐奴人/宍巴利負

이 8점 이외에 추정 구리벌 목간에 奴(人) 목간 4점이 더 있다. 이를 제시하면 다음과 같다.

　　35번　　　　~內恩知奴人居助支 負
　　37번　　　　~內只次奴湏礼支 負
　　38번　　　　~比夕湏奴尒/先(利)支 (負)
　　2007-8번　　~一伐奴人毛利支 負(2007-31번 목간과 쌍둥이 목간이다)

12점의 奴(人) 목간을 노비로 보고 있다. 2016-W89번 丘利伐/卜今智上干支奴人/△△巴支負를 '丘利伐의 卜今智가 上干支이며, 奴人이고, 그의 짐을

2007-8번 ~一伐奴人毛利支 負(2007-31번 목간과 쌍둥이 목간이다) '仇利伐의 仇陁知가 一伐이고, 奴人이며, 짐꾼(종)인 毛利支가 짐을 졌다.'
2007-41번 목흔만(앞면) ~△居利負(뒷면) '(仇利伐)의 (~村)의 △居利의 짐이다.'

△△巴支가 졌다.'로 해석할 것을 '丘利伐의 卜今智가 上干支이고, 奴人이며, △△巴支의 負이다'로 해석해서 중국 西魏시대에는 노비도 세금을 낸다고 강조하고 있다.3) 종이 세금을 내는 예를 신라에서는 찾을 수 없다. 인명 표기에 근거해서 奴(人) 목간을 해석하면 외위도 받는 자가 4명이나 되어서 외위를 받는 자를 노예로 보아야 되는 문제점이 생긴다.

다음으로 성산산성 목간에 나오는 古阤, 甘文(城), 及伐城, 仇伐, 夷津(支) (城), 鄒文(村), 買谷村, 湏伐, 勿思伐, 鳥多, 弖盖, 鐵山, 比思(伐), 王子年(△), 巴珎兮城 등의 많은 지명 가운데에서 仇利伐에만 노비가 있고, 다른 곳에는 노비가 없었다는 전제가 필요하다. 仇利伐 목간 가운데 4명의 奴(人)는 외위명을 가지고 있어서 외위명을 가지는 노비의 다른 예가 필요하다. 외위명이 없는 奴(人)도 노비가 아닌 일반 백성이다.

마지막으로 奴人은 노비를 종으로 부리는 사람으로 종을 둔 사람이 노비인 예가 우리나라에서는 없다. 따라서 함안은 바닷가에 위치한 데라서 소금 생산자로 판단된다.

奴人이 구리벌 목간말고 1988년 발견된 울진 봉평신라염제비에4) 奴人이 나와서 중요하다. 우선 이의 전문을 제시하면 다음과 같다.

---

3) 윤선태, 「함안 성산산성 출토 신라 하찰의 재검토」, 『사림』 41, 2012, 167~170쪽.
4) 봉평비의 阿大兮村使人 奈尒利 杖六十, 男弥只村使人 翼昃杖百 於卽斤利 杖百이란 杖刑은 禾耶界城과 失火遶城의 전투와 관련이 있는 듯하다.
  봉평비에서 岑喙部의 설정은 문제가 있다. 고신라 금석문에서 이 인명 표기를 제외하고 모량부 출신은 전무하다. 그럼에도 불구하고 잠탁부 출신이 干支란 관등명을 가져서 일약 6두품이 단독으로 나온다. 고신라 금석문에서 喙部, 沙喙部 등은 喙部, 沙喙部 등으로 적힐 뿐, 다른 식으로는 적히지 않았다. 월성해자 9번 목간에서 모량부를 牟喙로 표기하고 있어서 더욱 의문이 생긴다.

⑩	⑨	⑧	⑦	⑥	⑤	④	③	②	①	
	庴	奈	使	新	者	別	慎	干	甲	1
立	節	尒	卒	羅	一	教	•	支	辰	2
石	書	利	次	六	行	今	宍	岑	秊	3
碑	人	杖	小	部	△	居	智	喙	正	4
人	牟	六	舍	煞	之	伐	居	部	月	5
喙	珎	十	帝	斑	人	牟	伐	美	十	6
部	斯	葛	智	牛	備	羅	干	昕	五	7
博	利	尸	悉	△	土	男	支	智	日	8
士	公	條	支	△	塩	弥	一	干	喙	9
于	吉	村	道	麥	王	只	夫	支	部	10
時	之	使	使	事	大	本	智	沙	牟	11
教	智	人	烏	大	奴	是	太	喙	卽	12
之	沙	奈	婁	人	村	奴	奈	部	智	13
若	喙	尒	次	喙	負	人	麻	而	寐	14
此	部	利	小	部	共	雖	一	•	•	15
省	善	阿	舍	內	值	•	尒	粘	錦	16
獲	文	•	帝	沙	五	是	智	智	王	17
罪	吉	尺	智	智	其	奴	太	太	沙	18
於	之	男	居	奈	餘	人	奈	阿	喙	19
天	智	弥	伐	麻	事	前	麻	干	部	20
•	新	只	牟	沙	種	時	牟	支	徙	21
•	人	村	羅	喙	種	王	心	吉	夫	22
•	喙	使	尼	部	奴	大	智	先	智	23
居	部	人	牟	一	人	教	奈	智	葛	24
伐	述	翼	利	登	法	法	麻	阿	文	25
牟	刀	昃	一	智		道	沙	干	王	26
羅	小	杖	伐	奈		俠	喙	支	本	27
異	烏	百	弥	麻		咋	部	一	波	28
知	帝	於	宜	莫		陁	十	毒	部	29
巴	智	卽	智	次		禾	斯	夫	△	30
下	沙	斤	波	邪		耶	智	智	夫	31
干	喙	利	旦	足		界	奈	一	智	32
支	部	杖	組	智		城	麻	吉	五	33
辛	牟	百	只	喙		失	悉	干	△	34
日	利	悉	斯	部		火	尒	支	(△)	35
智	智	支	利	比		遶	智	喙		36
一		小	軍	一		城	奈	勿		37
尺		烏	主	婁		我	麻	力		38
世		帝	喙	邪		大	等	智		39
中		智	部	阿	足	軍	所	一		40

△		尒	大	智		起	敎	吉		41
三		夫	兮	居		若	事	干		42
百		智	村	伐		有		支		43
九		奈	使	牟						44
十			人	羅						45
八				道						46

 이 봉평비에서 가장 중요한 부분은 別敎 부분이다. 이를 제시하면 다음과 같다.

> 別敎 今居伐牟羅男弥只本是奴人 雖是奴人前時王大敎法 道俠阼隘 禾耶界城 失火遶城我大軍起 若有者一行△之 人備土鹽 王大奴村負共値五 其餘事種種 奴人法

 냉수리비 전면 제⑨행과 제⑪행에 각각 別敎란 구절이 나오고, 別敎는 적성비 제⑮행에도 나오는바 비문의 가장 핵심적인 부분이다. 別敎를 내린다. 이제 居伐牟羅와 男弥只는[5] 본래 奴人이다. 비록 노인이었지만 前時에 왕은 大敎法을 내려주셨다. 길이 좁고, 오르막도 험악한 禾耶界城과 失火遶城의 우리 대군을 일으켰다. 然後에 남아있는 者가 一行을 안내했다. 사람들이 土鹽을 준비하였다. 왕은 大奴村은 값 5를 같이 부담하도록 하였다. 그 나머지 일은 여러 가지 奴人法에 따르도록 했다. 비문의 가장 핵심적인 부분에서 奴人들이 활약하고 있어서 奴人을 소금 생산자 이외의 다른 것으로 볼 수가 없다.

 奴人이지만 길이 좁고, 오르막도 험악한 禾耶界城과 失火遶城의 우리 대군을 일으켰다고 강조하고 있다. 봉평비의 주인공은 거벌모라와 남미지의 奴人이다. 이들이 만약에 노비였다면 노비에서 免賤을 요구하거나 했을

---

[5] 居伐牟羅와 男弥只는 울진이나 울진 근처의 바닷가에 위치해야 된다. 그래야 소금을 생산할 수 있다. 봉평비가 서있던 곳인 봉평이 거벌모라일 가능성이 클 것이다. 봉평비에 나오는 소금 생산지는 居伐牟羅와 男弥只와 悉支가 있다.

것이고, 그래서 노예해방이 되었을 것이다. 아니면 포상을 받았을 것이다. 그 포상의 대가가 王大奴村負共値五이다. 이는 해석이 되지 않지만 노예해방은 아니다. 본래부터 奴人이라 했으므로 구고구려인이거나 사노비일 수는 없다. 奴人을 아는데 중요한 구절로 土鹽이[6] 있다. 토염은 재래식으로 소금을 만드는 곳으로 현재의 울진 지방의 체험장이 유명하다.

奴(人)의 奴자가 奴隸 또는 奴婢를 나타낸다는 것에 근거하여 사노비로 보기까지 했다. 아니면 구고구려인으로 보아서 새로운 신라의 복속민으로 보았다. 이는 봉평비에서 나온 결론으로 성산산성 목간에 그대로 적용할 수가 있다. 이에 대해서는 노인의 奴자는 새로운 복속민과 전혀 관련이 없고, 동시에 奴婢의 신분과도 전혀 관련이 없다. 함안 성산산성 목간의 노인과 봉평비의 노인은 그 성격이 동일하다고 판단된다. 여기에서는 노인을 소금생산자로 본다.

4. 負만 있는 것

仇利伐+촌명+인명+負로 된 예를 조사해 보기로 하자.

　　33번　　　　仇利伐/(彤)谷村/仇礼支 負
　　2006-31번　 (仇利伐)~(앞면) 一古西支 負(뒷면)
　　2007-18번　 仇利伐/(衫伐)只(村)同伐支 負
　　2007-53번　 仇利伐/習彤村/ 牟利之 負

---

6) 토염을 만드는 전통적인 방법은 다음과 같다. 먼저 깨끗한 백사장에 논과 같은 형태로 염전을 만들고, 바닥에는 바닷물이 스며들지 못하도록 깨끗한 붉은 황토흙으로 단단하게 다진다. 그 염전의 둑에는 바닷물을 끌어들이는 물길을 만들고, 염전 옆에는 깊은 웅덩이를 판다. 웅덩이 역시 향토 진흙으로 다진다. 이 웅덩이는 염전에서 바닷물을 적시어 말려 염도가 높아진 바닷물을 보관하는 곳이다. 그 웅덩이 옆에 화덕을 걸고 장작불을 때서 소금을 만든다. 이것이 토염이다.

Ⅳ-587번   仇利伐(앞면)△伐彡△村 伊面於比支 負(뒷면)

　5명의 인명은 모두 仇利伐郡에 소속되어 있는 행정촌 이름으로 판단된다. 앞에서의 상삼자촌이 행정촌이므로 5개의 촌명도 모두 행정촌으로 보아야 할 것이다.
　다음은 仇利伐＋인명＋負로 된 목간에 대해 알아보자.

　　2007-55번   仇利伐今尒次負
　　Ⅳ-495번   仇利伐谷△△（負）
　　Ⅳ-582번   仇利伐 記本礼支 負

　이들 목간은 모두 구리벌에 직접 소속되어 있다. 郡名인 구리벌의 소속자도 구리벌이 군으로 역할을 하는 동시에 행정촌으로서의 역할을 함을 보여준다. 군에서 직접 자연촌을 지배할 수는 없고, 행정촌을 지배할 것이다.

5. 仇利伐＋촌명＋인명으로 된 것

　仇利伐＋성촌명＋인명의 예부터 들면 다음과 같다.

　　1번   仇利伐 上彡者村(앞면) 乞利(뒷면)
　　3번   仇利伐/上彡者村 波婁
　　34번   仇利伐/上彡者村 波婁
　　2016-W62번 仇利伐/上三者村△△△△

　위의 자료 가운데 3번과 34번은 쌍둥이 목간이다. 구리벌＋상삼자촌＋

인명은 4예로 모두 상삼자촌 출신뿐이다. 仇利伐은 함안 성산산성 목간 가운데 그 예가 가장 많아서 郡名이다. 上彡者村은 행정촌으로『삼국사기』 지리지의 康州 咸安郡 領縣인 召彡縣이다.[7] 구리벌은 함안군에서 바닷가인 마산시에[8] 이르는 지역이다. 이곳이 옛 안라국의 중요한 수도 부분에 해당된다.[9] 따라서 상삼자촌은 행정촌이고, 仇利伐은 郡名이다.

6. 맺음말

먼저 함안 성산산성에서 출토된 仇利伐 목간을 전부 번호 순서대로 해석하여 모두 제시하였다.

다음으로 奴(人) 목간 12점을 다른 지역에서는 나오지 않는 점, 외위를 가지고 있는 점 등에 의해 소금 생산자로 보았다.

다음으로 負만 나오는 목간에 대해 仇利伐郡의 소속과 행정촌 소속이 있음에 대해 주목하였다.

마지막으로 仇利伐+촌명+인명이 나오는 목간은 전부가 上彡者村 출신으로『삼국사기』지리지의 召彡縣과 동일하다고 판단된다.

---

7) 주보돈,「함안 성산산성 출토 목간의 기초적 검토」,『한국고대사연구』19, 2000, 56~57쪽에서 上彡者村의 召彡縣 비정을 비판하고 있다. 上의 음은 召의 음과 통하고(남산신성비 제2비에서 阿旦兮村과 阿大兮村, 沙刀城과 沙戶城에서 旦과 大가 통하고, 刀와 戶가 통하는 점에서 보아서 각각 동일 지명인 점에서 보면 上과 召는 통한다), 彡은 양자에서 동일하게 나온다. 이렇게 6번 목간과 2006-25번 목간에서 행정촌명은 伊伐支(영주시 부석면)로『삼국사기』지리지에 隣豊縣本高句麗伊伐支縣이라고 나오지만 郡名인 烏多는『삼국사기』지리지에 나오지 않는다.
8) 2010년 7월 1일 창원시에 통합되기 이전의 마산시를 지칭한다.
9) 목간의 작성 연대인 540년경에는『삼국사기』지리지의 지명도 많은 차이가 있었을 것이다. 그래서 목간에 나오는 행정촌도 지리지에서 찾을 수 없다. 군으로 추정되는 물사벌성과 추문촌과 이진(지성)과 몹盖과 鳥多도 찾을 수 없고, 목간의 13.1% 가량(목간 전체인 229점에 대한 구리벌 목간의 비율로 볼 때)을 차지하는 郡인 仇利伐도 지명만으로는 그 위치가 불분명하다.

제6절 함안 성산산성 출토 복수 인명 목간

1. 머리말

고신라 중고 금석문의 6부인 인명 표기에는 직명+부명+인명+경위명의 순서로 기재되고,[1] 지방민의 인명 표기는 직명+성촌명+인명+외위명의 순서로 기재된다.[2] 고구려의 금석문과[3] 백제 목간에서는 직명+부명+관등명+인명의 순서로 기재된다.[4] 고구려와 백제의 지방민 인명 표기는[5] 백제 금산 백령산성에서 출토된 기와 명문이 있다. 이를 소개하면 作(人)那魯城移文이다.[6] 이 인명 표기는 외위가 없을 경우 신라의 것과 똑 같다. 왜냐하면 고신라의 목간에서도 출신촌명+인명으로 된 예는 많기 때문이다.

함안 성산산성 목간에는 인명 표기에 있어서 촌주를[7] 제외하면 직명이

---

1) 김창호,「신라중고 금석문의 인명표기(Ⅰ)」『대구사학』 22, 1983.
2) 김창호,「신라중고 금석문의 인명표기(Ⅱ)」『역사교육논집』 4, 1983.
3) 김창호,「고구려 금석문의 인명 표기」『고구려와 백제의 금석문』, 2022.
4) 673년 계유명삼존불비상의 명문에 達率身次란 인명 표기가 있는데, 연기 지방 출신의 백제인들이 모두 신라의 관등을 가지고 신라식 인명 표기인 인명+관등을 사용하고 있는데, 달솔신차는 관등+인명으로 백제식이다. 금석문에 나타난 백제 최후의 애국자로 보인다.
5) 김창호,「백제 금석문의 인명 표기」『고구려와 백제의 금석문』, 2022.
6) 이 지방민의 인명 표기는 고구려와 백제의 금석문에 나오는 유일한 예이다. 앞으로의 자료 출현을 기대한다.
7) 眞乃滅村主만을 직명으로 촌주를 가리키는 것으로 보고 있으나 561년 장녕비의 촌주는 직명+인명+외위명으로 되어 있고, 591년 남산신성비의 촌주는 직명+출신촌명+인명+외위명으로 되어 있다. 촌주가 지명+촌주만으로 나오는 것은 9세기 후반 청주 쌍청리 7중환호의 易吾加茀村主, 황룡사 앞 광장 1호 우물에서 나온 達溫心村主, 884년의 남한산성에서 출토된 甲辰城年末村主敏亮명기와 등이

잘 나오지 않는다. 함안 성산산성 목간에서는 군명＋행정촌명＋인명이 주류를 이루고 있다. 6(226) 王私烏多伊伐支乞負支 곧 '王私(땅 이름) 烏多(군명) 伊伐支(행정촌명)의 乞負支이다.' 등에[8] 나오는 伊伐支를 자연촌으로 볼 수는 없다.

　성산산성 목간에서는 역역과 관련된 목간과 공진물 관련 목간에서 복수의 인명들이 나오는 경우가 있다. 그 수효는 많지 않으나 공진물 관련 목간의 경우에 복수의 인명일 경우 공진물의 양이 1/2로 줄어든다. 왜 한 사람의 단독 목간으로 내지 않고 복수의 인명이 적게 갖는 방법은 누구나 선호할 터인데 소수의 사람들이 선택하게 되었는지 궁금하다.

　한 사람이 내는 공진물도 稗一石이고, 두 사람 곧 복수의 인명이 내는 공진물도 稗一石이라면 복수의 사람은 반밖에 내지 않는다. 이것은 공평하지 않은 것으로 불만의 요인이 될 것이다. 복수의 공진물을 내는 중에는 외위를 가지고 있는 경우도 2예나 있고, 3명이 함께 稗一石을 내는 경우도 있어서 불만은 더욱 커질 것이다. 이렇게 불공평한 공진물을 내는 방법을 공진물을 받는 관리들도 알고 있었을 터인데 왜 실시를 했을까? 공진물을 내는 것 중 83%가량이 가장 값이 싼 稗로 내고 있다. 공진물을 받는 당국이 쌀, 보리쌀, 피 가운데 어느 것으로 내도 좋으니 一石만을 내라는 공지가 있었던 모양이다. 이는 축성 말기에 있어서 다급했던 정황을 반영하는 것으로 보인다.

　여기에서는 함안 성산산성 목간에서 나오는 복수의 인명 예를 모두 들겠다. 다음으로 역역 관련 목간에 대해 검토하겠다. 그 다음으로 공진물 관련 목간에 대해 검토하겠다. 그 다음으로 문서 목간을 소개하겠다. 마지막으로 奴(人) 목간을 검토하겠다.

　　있다.
　8)『삼국사기』권35, 잡지4, 지리2에 岋山郡 景德王改名 今興州 領縣一 鄰豊縣 高句麗 伊伐支縣 景德王改名 今未詳이라고 한다.

2. 자료의 제시

4번	仇利伐/仇失了一伐/尒利△支
	'仇利伐의 仇失了 一伐과 尒利△支이다.'
243번	仇利伐/仇阤尒一伐/尒利△負
	'仇利伐의 仇阤尒 一伐과 尒利△의 짐이다.'
29(002)번	古阤新村智利知一尺那△(앞면) 豆于利智稗石(뒷면)
	'古阤 新村의 智利知 一尺과 那△豆于利智가 낸 稗 1石이다.'
35(008)번	內恩知 奴人 居助支 負
	'(仇利伐의) 內恩知가 奴人이고, 그의 짐꾼(종)인 居助支가 짐을 졌다.'
36(009)번	仇利伐/只卽智奴/於△支 負
	'仇利伐 只卽智가 奴이고, 그의 짐꾼(종)인 於△支가 짐을 졌다.'
37(010)번	~內只次奴 須礼支負
	'(仇利伐의) 內只次가 奴이고, 짐은 그의 짐꾼(종)인 須礼支가 짐을 졌다.'
38(011)번	~比夕須奴尒/先(利)支 (負)
	'(仇利伐의) 比夕須가 奴이고, 짐꾼(종)인 尒先(利)支가 짐을 졌다.'
2006-7(071)번	買谷村古光斯珎于(앞면) 稗石(뒷면)
	'買谷村의 古光과 斯珎于가 낸 稗 1石이다.'
2006-10번	仇利伐△△奴△△支 負
	'仇利伐의 △△가 奴이고, 그의 짐꾼(종)인 △△支가 졌다.'
2006-24(080)번	仇利伐/ 比多智 奴 先能支 負
	'仇利伐의 比多智가 奴이고, 그의 짐꾼(종)인 先能支가 졌다.'
2007-6(095)번	仇伐 末那沙刀(礼)奴(앞면) 弥次(分)稗石(뒷면)

'仇伐 末那(땅 이름)의 沙刀(礼)奴와 弥次(分)이 낸 稗 1石이다.'

2007-8(097)번 ~△一伐奴人毛利支 負

'(仇利伐의 仇𨙝知가) 一伐이고, 奴人이고, 그의 짐꾼(종)인 毛利支의 負이다.'

2007-9(098)번 ~本(波)跛智(福)△古△~(앞면) ~支云稗石(뒷면)

'~本(波)(땅 이름)의 跛智(福)△古와 △~支云이 낸 稗 1石이다.'

2007-10(099)번 古𨙝新村冐(斤)△利(앞면) 沙礼(뒷면)

'古𨙝 新村의 冐(斤)△利와 沙礼이다.'

2007-24(113)번 及伐城文尸伊急伐尺稗石

'及伐城의 文尸伊와 急伐尺이 낸 稗 1石이다.'

2007-27(116)번 仇利伐/郝豆智奴人/△支 負

'仇利伐의 郝豆智가 奴人이고, 그의 짐꾼(종)인 △支가 짐을 졌다.'

2007-31(120)번 仇利伐 仇𨙝知一伐奴人 毛利支 負

'仇利伐의 仇𨙝知 一伐이고, 奴人이고, 그의 짐꾼(종)인 毛利支가 짐을 졌다.'

2007-37(126)번 仇伐阿那內欣買子(앞면) 一万買 稗石(뒷면)

'仇伐 阿那(땅 이름)의 內欣買子와 一万買가 낸 稗 1石이다.'

2007-56(145)번 屈斯旦(利)今部牟者足△

'屈斯旦利와 今(部)牟者足△이다.'

2007-57(146)번 古𨙝本波豆物烈智△(앞면) 勿大兮(뒷면)

'古𨙝 本波(땅 이름)의 豆物烈智와 △勿大兮이다.'

2007-61(157)번 買谷村物礼利(앞면) 斯珎于稗石(뒷면)

'買谷村의 物礼利와 斯珎于가 낸 稗 1石이다.'

Ⅳ-574번 甘文(非)△大只伐支原石

'甘文의 (非)△大只와 伐支原石이다.'

Ⅳ-591번　　仇(利伐) △△智(奴)人 △△△ 負

　　　　　'仇(利伐)의 △△智가 (奴)人이고, 그의 짐꾼(종)인 △△△ 가 짐을 졌다.'

Ⅳ-597(183)번　正月中比思(伐)古尸次阿尺夷喙(앞면)　羅兮落及伐尺幷作 前瓷酒四斗瓮(뒷면)

　　　　　'正月에 比思(伐)의 古尸次 阿尺의 夷(무리)와 喙(部) 羅兮落 及伐尺(경위명)이 아울러 前瓷酒 四斗瓮을 만들었다.'

Ⅳ-600(186)번　六月中△多馮城△△村主敬白之 烏△△成行之(제1면)

　　　　　　△△智一伐大△△也 攻六△大城從人士本日(제2면)

　　　　　　△去(走)石日(率此)△△更△荷(秀)△(제3면)

　　　　　　卒日治之人(此)人烏(馮)城置不行遣之白(제4면)

　　　　　해석 불능

Ⅴ-166(192)번　古阤伊未妍上干一大兮伐(앞면) 豆幼去(뒷면)

　　　　　'古阤의 伊未妍 上干과 一大伐과 豆幼去이다.'

Ⅴ-167번　　~村△△(智上)(앞면) △△△(뒷면)

　　　　　'~村의 △△(智)와 (上)△△△이다.'

2016-W34(203)번　今(卒)巴漱(宿)尒財利支稗

　　　　　'今(卒)巴漱(宿)과 尒財利支가 낸 稗 (1石)이다.'

2016-W66(207)번　丘伐未那早尸智居伐尺奴(앞면) (能)利智稗石(뒷면)

　　　　　'丘伐의 未那早尸智와 居伐尺과 奴(能)利智가 낸 稗 1石이다.'

2016-W89(212)번　丘利伐/卜今智上干支 奴/△△巴支 負

　　　　　'丘利伐의 卜今智 上干支이며, 奴이고, 그의 짐꾼(종)인 △△巴支가 짐을 진다.'

2016-W92(213)번　仇利伐/夫及知一伐 奴人/宍巴礼 負

　　　　　'仇利伐의 夫及知가 一伐이고, 奴人이고, 그의 짐꾼인 宍巴 礼가 짐을 졌다.'

2016-W150(218)번 三月中 眞乃滅村主 憹怖白(제1면)
　　　　　　　　　大(城)在弥卽尒智大舍下智(前)去白之(제2면)
　　　　　　　　　卽白先節六十日代法稚然(제3면)
　　　　　　　　　伊毛罹 及伐尺寀言廻法卅代告今卅日食去白之(제4면)
'三月에 眞乃滅村主인 憹怖白이 大城에 있는 弥卽尒智 大舍 下智의 앞에 가서 아뢰었습니다. 곧 아뢴 앞선 때에 六十日 代法은 稚然하였습니다. 伊毛罹 及伐尺께 '寀(祿俸)에 말하기를 法을 피해 卅代를 고하여 이제 卅日食을 먹고 갔다.'고 아뢰었습니다.'

3. 역역 관련 목간

4번　　　　　　仇利伐/仇失了一伐/尒利△支
　　　　　　　'仇利伐의 仇失了 一伐과 尒利△支이다.'
2007-9(098)번　~本(波)跛智(福)△古△~(앞면) ~支云稗石(뒷면)
　　　　　　　'~本(波)(땅 이름)의 跛智(福)△古와 △~支云이 낸 稗 1石이다.'
2007-10(099)번　古阤新村局(斤)△利(앞면) 沙礼(뒷면)
　　　　　　　'古阤 新村의 局(斤)△利와 沙礼이다.'
2007-56(145)번　屈斯旦(利)今部牟者足△
　　　　　　　'屈斯旦利와 今(部)牟者足△이다.'
Ⅳ-574번　　　甘文(非)△大只伐支原石
　　　　　　　'甘文의 (非)△大只와 伐支原石이다.'
Ⅴ-166(192)번　古阤伊未妍上干一大兮伐(앞면) 豆幼去(뒷면)
　　　　　　　'古阤의 伊未妍 上干과 一大伐과 豆幼去이다.'
Ⅴ-167번　　　~村△△(智上)(앞면) △△△(뒷면)

'~村의 △△(智)와 (上)△△△이다.'

　　역역 관련 복수 목간에 대해서는 이를 해결할 수 있는 단서가 없으나 仇失了一伐과 伊未妍上干이 앞에 나와 있어서 이들도 역역에 동원된 것은 확실하다. 두 명의 관등을 가진 사람들은 나이가 적은 젊은이가 도망하지 못하도록 데리고 가는 것은 아닌지 궁금하다. 가령 2007-10(099)번 목간의 古阤新村局(斤)△利(앞면) 沙礼(뒷면)에서 局(斤)△利가 沙礼를 도망가지 못하게 데리고 성산산성으로 가는 것으로 보인다. 나머지 목간들도 앞사람은 뒷사람을 도망가지 못하게 데리고 가는 것으로 판단된다.

4. 공진물 관련 목간

29(002)번　　　古阤新村智利知一尺那△(앞면) 豆于利智稗石(뒷면)
　　　　　　　'古阤 新村의 智利知 一尺과 那△豆于利智가 낸 稗 1石이다.'
2006-7(071)번　買谷村古光斯珎于(앞면) 稗石(뒷면)
　　　　　　　'買谷村의 古光과 斯珎于가 낸 稗 1石이다.'
2007-6(095)번　仇伐 末那沙刀(礼)奴(앞면) 弥次(分)稗石(뒷면)
　　　　　　　'仇伐 末那(땅 이름)의 沙刀(礼)奴와 弥次(分)이 낸 稗 1石이다.'
2007-9(098)번　~夲(波)跛智(福)△古△~(앞면) ~支云稗石(뒷면)
　　　　　　　'~夲(波)(땅 이름)의 跛智(福)△古와 △~支云이 낸 稗 1石이다.'
2007-24(113)번　及伐城文尸伊急伐尺稗石
　　　　　　　'及伐城의 文尸伊와 急伐尺이 낸 稗 1石이다.'
2007-37(126)번　仇伐阿那內欣買子(앞면) 一万買 稗石(뒷면)
　　　　　　　'仇伐 阿那(땅 이름)의 內欣買子와 一万買가 낸 稗 1石이다.'

2007-61(157)번   買谷村物礼利(앞면) 斯珎于稗石(뒷면)
　　　　　　　　　'買谷村의 物礼利와 斯珎于가 낸 稗 1石이다.'
2016-W34(203)번   今(卒)巴漱(宿)尒財利支稗
　　　　　　　　　'今(卒)巴漱(宿)과 尒財利支가 낸 稗 (1石)이다.'
2016-W66(207)번   丘伐未那早尸智居伐尺奴(앞면) (能)利智稗石(뒷면)
　　　　　　　　　'丘伐의 未那早尸智와 居伐尺과 奴(能)利智가 낸 稗 1石이다.'

　먼저 2007-24(113) 及伐城文尸伊急伐尺稗石과 2007-61(157) 買谷村物礼利 (앞면) 斯珎于稗石(뒷면)은 의사쌍둥이 목간이다. 그 증거를 제시하면 2007-27번의 及伐城文尸伊稗石과 2006-7번의 買谷村古光斯珎于稗石이 그것이다. 文尸伊와 斯珎于는 동일인으로 두 군데 모두 이름이 나오고 있다. 이러한 의사쌍둥이 목간은 더 있었을 가능성도 있다.

　29(002) 古阤新村智利知一尺那△(앞면) 豆于利智稗石(뒷면) '古阤 新村의 智利知 一尺과 那△豆于利智가 낸 稗 1石이다.'는 복수의 사람들이 함께 공진물을 내고 있음을 말해주고 있다. 공진물을 2명이 내는 경우도 잘 이해가 안 되는데 2016-W66번 목간처럼 3명이 함께 공진물을 내는 경우도 있어서 혈세 낭비로 보인다. 29번 목간에는 一尺의 외위명을 가진 자도 두 사람이 공진물을 내고 있다.

5. 문서 목간

Ⅳ-597(183)번   正月中比思(伐)古尸次阿尺夷喙(앞면) 羅兮落及伐尺幷作
　　　　　　　　前瓷酒四斗瓮(뒷면)
　　　　　　　　'正月에 比思(伐)의 古尸次 阿尺의 夷(무리)와 喙(部) 羅兮 落 及伐尺(경위명)이 아울러 前瓷酒 四斗瓮을 만들었다.'
Ⅳ-600(186)번   ① 六月中△色馮城六看村主敬白之烏朽△成令之(제1면)

② △△智一伐大△△也 攻六△大城從人丁本日(제2면)
③ 一几彡(走)石日(率此)用卄更素母嘉△(제3면)
④ 本日治之人(此)人烏(馮)城置不行遣之白(제4면)
'六月에 △色馮城의 六看村主인 敬日이 가서9) 烏朽△를 이룰 것을 명령하셨습니다. △△智 一伐은 大△△이다. 공격하여 六△大城을 따르는 人丁이 60일에 한 사람의 터럭을 달리게 했던 石日은 거느리고 이것을 써서 卄更에 素母嘉△하여 60일 동안 다스리는 사람들이다. 이 사람들은 烏(馮)城에 두고서 보내지 않았음을 사룁니다.'

2016-W150(218)번 三月中 眞乃滅村主 憹怖白(제1면)
大(城)在弥卽尒智大舍下智(前)去白之(제2면)
卽白先節六十日代法稚然(제3면)
伊毛罹及伐尺寀言廻法卅代告今卅日食去白之(제4면)
'三月에 眞乃滅村主인 憹怖白이 大城에 있는 弥卽尒智 大舍下智의 앞에 가서 아뢰었습니다. 곧 아뢴 앞선 때에 六十日代法은 稚然하였습니다. 伊毛罹 及伐尺께 '寀(祿俸)에 말하기를 法을 피해 卅代를 고하여 이제 卅日食을 먹고 갔다.'고 아뢰었습니다.'

---

9) 之자를 가다란 뜻의 동사로 해석되는 예를 제시하기 위해 그 판독 결과를 제시하면 다음과 같다.
   제1면 △△年正月十七日 △△村在幢主再拜白△廩典太等
   제2면 (沙)喙部弗德智小舍易稻參石粟壹石稗參石大豆捌石
   제3면 (井)金川一伐上內之 所白人登彼礼智一尺 文尺智重一尺
   이를 해석하면 '△△年 正月 十七日에 △△村在幢主가 廩典太等에 再拜하고 白△했다. (沙)喙部 弗德智 小舍이 稻參石, 粟壹石, 稗參石, 大豆捌石을 아울러 바꾸었다. 金川 一伐은 上(△△村)에서 內(6부)로 갔다. 所白人인 登彼礼智 一尺, 文尺인 智重 一尺이다.'가 된다.

6. 奴(人) 목간

35(008)번　　內恩知 奴人 居助支 負
　　　　　　'(仇利伐의) 內恩知가 奴人이고, 그의 짐꾼(종)인 居助支가 짐을 졌다.'

36(009)번　　仇利伐/只卽智奴/於△支 負
　　　　　　'仇利伐 只卽智가 奴이고, 그의 짐꾼(종)인 於△支가 짐을 졌다.'

37(010)번　　~內只次奴 湏礼支負
　　　　　　'(仇利伐의) 內只次가 奴이고, 짐은 그의 짐꾼(종)인 湏礼支가 짐을 졌다.'

38(011)번　　~比夕湏奴尒/先(利)支 (負)
　　　　　　'(仇利伐의) 比夕湏가 奴이고, 짐꾼(종)인 尒先(利)支가 짐을 졌다.'

2006-10번　　仇利伐△△奴△△支 負
　　　　　　'仇利伐의 △△가 奴이고, 그의 짐꾼(종)인 △△支가 졌다.'

2006-24(080)번　　仇利伐/ 比多智 奴 先能支 負
　　　　　　'仇利伐의 比多智가 奴이고, 그의 짐꾼(종)인 先能支가 졌다.'

2007-8(097)번　　~△一伐奴人毛利支 負
　　　　　　'(仇利伐의 仇阤知가) 一伐이고, 奴人이고, 그의 짐꾼(종)인 毛利支의 負이다.'

2007-27(116)번　　仇利伐/郝豆智奴人/△支 負
　　　　　　'仇利伐의 郝豆智가 奴人이고, 그의 짐꾼(종)인 △支가 짐을 졌다.'

2007-31(120)번　　仇利伐 仇阤知一伐奴人 毛利支 負
　　　　　　'仇利伐의 仇阤知 一伐이고, 奴人이고, 그의 짐꾼(종)인

毛利支가 짐을 졌다.'

2016-W89(212)번　丘利伐/卜今智上干支 奴/△△巴支 負

'丘利伐의 卜今智 上干支이며, 奴이고, 그의 짐꾼(종)인 △△巴支가 짐을 진다.'

2016-W92(213)번　仇利伐/夫及知一伐 奴人/宍巴礼 負

'仇利伐의 夫及知가 一伐이고, 奴人이고, 그의 짐꾼인 宍巴礼가 짐을 졌다.'

奴人에 대해서는 옛고구려의 주민이라면 及伐城(영주시 부석면)이나[10] 買谷城(안동시 도산면과 예안면)에서[11] 나와야 되고, 奴人이 사노비라면 古陁 등 14개 군에서 나와야 되는데 나오지 않고 있다. 奴(人)은 오직 仇利伐에서만 나온다. 그것도 12점 가운데 5점은[12] 外位를 가지고 있다. 외위를 가진 자가 사노비일 수가 있을까? 이는 함안 성산산성 목간에 나오는 외위 11명 가운데 상당 부분을 차지하고 있다. 외위를 가진 자가 나오는 奴人 목간의 앞사람을 사노비로 볼 수는 없다. 성산산성 목간에서 나오는 목간 가운데에서 짐꾼(종)을 거느리고 있는 사람은 奴人밖에 없다. 奴人 목간이 하나 더 있어서 이를 인용하면 다음과 같다.

---

10) 『삼국사기』 권35, 지4, 지리2에 岋山郡 本高句麗及伐山郡이라고 되어 있다. 급벌성 목간은 성산산성에서 나오는 것으로는 다음과 같이 7점이 있다.
　　8번　及伐城秀乃巴稗
　　42번　及伐城龍石稗石
　　74번　及伐城只智稗石
　　80번　及伐城△△稗石
　　2007-23번　及伐城文尸伊稗石
　　2007-24번　及伐城文尸伊急伐尺稗石
　　2007-42번　及伐城登奴稗石
11) 『삼국사기』 권35, 시4, 시리2에 善谷縣 本高句麗買谷縣이라고 되어 있다. 買谷村이 나오는 2예의 목간은 다음과 같다.
　　2006-7번　買谷村古光斯珎于(앞면) 稗石(뒷면)
　　2007-61번　買谷村物礼利(앞면) 斯珎于稗石(뒷면)
12) 쌍둥이 목간이 외위를 가지고 있어서 실제로는 4명이 외위를 가지고 있다.

5(244)번   仇利伐 △德知一伐奴人 塩（負）

'仇利伐의 △德知 一伐이며 奴人이고, 그가 소금[塩]을 졌다.'

짐꾼(종)이 운송 도중에 사고가 났거나 죽어서 △德知 一伐이 직접 지고 왔음을 이 장부 목간은 말하고 있다. 그래서 奴人이 나오는 12점을 소금 생산과 관련되는 목간으로 보는 것이다. 곧 奴人을 소금 생산자로 보는 것이다.

7. 맺음말

먼저 인명의 복수 목간 30예 전부를 목간의 해석과 함께 소개하여 자료를 제시하였다.

다음으로 역역 복수 목간에 대해서는 앞사람이 뒷사람을 성산산성에 가도록 보호하고 안내하는 역할을 하였다고 보았다.

그 다음으로 문서 목간 3점을 해석하였는데 특히 IV-600번 목간은 새로 해석하였다. 그 해석문을 제시하면 다음과 같다. '六月에 △色馮城의 六看村 主인 敬日이 가서 烏朽△를 이룰 것을 명령하셨습니다. △△智 一伐은 大△△이다. 공격하여 六△大城을 따르는 人丁이 60일에 한 사람의 터럭을 달리게 했던 石日은 거느리고 이것을 써서 卄更에 素母嘉△하여 60일 동안 다스리는 사람들이다. 이 사람들은 烏(馮)城에 두고서 보내지 않았음을 사룁니다.'

마지막으로 奴人 목간에 대해서는 종래 사노비와 피정복민설이 유행했으나 이는 근거가 없고, 소금 생산자로 보았다.

제7절 함안 성산산성 출토 이른바 荷札의 제작지

1. 머리말

　함안 성산산성 목간에는 지명이 나온다. 파실된 것을 제외하고는 1개가 나오는 것도 있고, 2개가 나오는 것도 있다. 1개의 지명은 어떤 의미가 있고, 2개의 지명은 무엇을 의미하는지에 대한 연구 성과는 없다. 성산산성에 나오는 주요 지명을 단지 『삼국사기』 지리지와 대비로 지명 비정을 하고서 현재의 지명으로 보는 것이 고작이다. 그리고 함안 성산산성에 나오는 지명 중 가장 많이 나오는 仇利伐이라는 군명처럼 『삼국사기』 지리지에 안 나오는 지명이 더 많다. 그래서 성산산성의 지명 연구는 답보 상태를 면하지 못하고 있다.
　목간의 제작지로1) 함안 성산산성 제작설과2) 하찰을 처음 만든 곳인 甘文州 제작설이나3) 행정촌 제작설,4) 군제작설로5) 나눌 수가 있다.6) 성산

---

1) 현재 우리가 볼 수 있는 목간은 장부로 사용되었던 장부목간이다. 하찰은 거의가 없어졌다. 설명의 편의를 위해서 장부목간을 잠정적으로 荷札이라고 부른다.
2) 박종익,「함안 성산산성 발굴조사와 목간」,『한국고대사연구』19, 2000 ; 박종익, 「咸安 城山山城 出土 木簡의 性格 檢討」,『韓國考古學報』48, 2002.
3) 전덕재,「중고기 신라의 지방행정체계와 郡의 성격」,『한국고대사연구』48, 2007, 103쪽에서 6세기 중반 지방에 파견된 도사, 나두, 당주(도사, 당주가 어느 지방에 파견되는지도 알 수 없다) 그리고 州의 上州行使大等을 중심축으로 지방 행정을 운영했다고 보았다. 그래서 이들이 각각 목간 제작에 관여했다고 보았다. 전덕재, 앞의 논문, 2007, 75~76쪽에서는 성산산성의 목간을 上州의 行使大等이 주관하였다고 했다. 왜 갑자기 上州의 行使大等이 등장하는지에 대한 설명은 없다. 또 현재까지의 연구 성과에서는 고신라 지방통치에 있어서 上州行使大等이 무슨 역할을 했는지는 잘 알 수 없다. 또 고신라의 幢主, 邏頭, 道使가 각각

어떤 역할을 했으며 그 역할의 차이가 무엇인지는 잘 알 수 없다. 또 고신라 郡의 長이 누구인지 알지 못하고 있다. 물사벌성과 추문촌이 충북 지방에 있어야 되고, Ⅳ-597번 목간에서 비사(벌) 곧 下州 古尸次 阿尺의 무리들과 喙(部)출신의 羅兮落 及伐尺(경위명)도 술이란 공진물을 내고 있어서 上州行使大等이 성산산성의 목간을 주관했다고 보기 어렵다.
4) 전덕재, 「함안 성산산성 출토 신라 하찰 목간의 형태와 제작지 검토」 『목간과 문자』 3, 2009, 53쪽에서 중기기 목간이 행정촌을 단위로 제작되고, 書寫되었다고 하였다. 이경섭, 「성산산성 출토 신라 짐꼬리표 목간의 지명 문제와 제작 단위」, 『신라사학보』 23, 2011, 568~573쪽 ; 윤선태, 「한국 고대목간의 연구현황과 과제」, 『신라사학보』 38, 2016, 399쪽에서는 그 근거로 구리벌, 고타 등의 목간에 있어서 서식이나 형태상 지역성이 완연한 목간들이 존재하기 때문에 함안 목간이 행정촌을 단위로 제작되었다는 것을 알 수 있다고 하였다. 행정촌 단위로 목간이 작성되었다면 本波, 阿那, 末那가 행정촌 범위를 넘어서 나와도 정확하게 적히고 있기 때문에 따르기 어렵다.
5) 이수훈, 「신라 중고기 행정촌·자연촌 문제의 검토」 『한국고대사연구』 48, 2007 ; 橋本繁, 「城山山城木簡と六世紀新羅の地方支配」 『東アジア古代文字資料の研究』, 2009. 중고기 군의 장이 누구인지도 모르는 상황에서 군을 단위로 목간이 제작되었다고 보기가 어렵다. 고타의 本波(2007-57, Ⅳ-595, Ⅴ-163번 목간)와 감문의 本波(2, 10, 2006-1번 목간)와 수벌의 本波(77번 목간), 고타의 阿那(28, 6-30, 7-25번 목간)와 이진지의 阿那(30번 목간)와 구벌의 阿那(52, 2007-37번 목간)와 아리지촌의 阿那(6-3번 목간), 고타의 末那(2007-11, 2007-14, 2007-17, 2007-33번 목간)와 구벌의 末那(2007-6번 목간)와 이진지의 末那(2007-30번 목간)에서 군이 달라도 본파, 아나, 말나는 동일하게 기록하고 있는 점에서 따르기 어렵다.
6) 성산산성 제작이 아닌 하찰설에서는 그 근거로 이성산성 戊辰年銘(668년) 목간의 경우 발신처인 南漢城과 수신처인 須城으로 파악되므로 목간의 제작지는 남한성으로 판단되는 점이다(이경섭, 「城山山城 출토 荷札木簡의 製作地와 機能」 『한국고대사연구』 37, 2005, 136쪽). 이는 이성시, 「新羅と百濟の木簡」 『木簡が語る古代史』上, 1996, 66~83쪽 및 이성시, 「韓國出土の木簡について」 『木簡研究』 19, 1997, 235~246쪽과 이성시, 「韓國木簡연구의 현황과 咸安 城山山城출토의 木簡」 『한국고대사연구』 19, 2000에 따른 것이다. 이성시, 앞의 논문, 2000, 88쪽에서 戊辰年正月十二日朋南漢城道使[以下缺](제1면) 須城道使村主前南漢城火△[以下缺](제2면) △△漢黃去△△△△△[以下缺](제3면)으로 읽고서 이를 戊辰年正月十二日의 동틀 무렵에(朋자는 근거를 제시하지 않고, 상황 판단에 의한 해석으로 잘못된 것이다) 發信者인 南漢城道使가 (△)須城의 道使와 村主에게 보낸다는 내용이 기재되고, 그 이하에 구체적으로 傳達되어야 할 내용이 쓰여 있다고 추정하였다. 또 이경섭, 「新羅木簡文化의 전개와 특성」 『민족문화논총』 54, 2013, 294쪽에서 戊辰年正月十二日朋南漢城道使[以下缺](제1면) 須城道使村主前南漢城執火△[以下缺](제2면) 城上△(通黃)去△△(得待)△[以下缺](제3면)으로 읽고서 이를 戊辰年 正月 十二日 南漢城道使와 ~가(發信)~須城道使와 村主 앞(受信), 南漢城이 불이 나 ~城 위의 △(漢黃)去△△

산성 제작설은 목간이 출토된 동문지 부근의 내부 저습지에서 미완성의 목제품 및 많은 목재 찌꺼기[治木片]들이 두껍게 압착되어 있던 현장 상황이다. 계속해서 묵서용 붓, 목간 등을 제작하기 위하여 原木을 治木하거나 묵서의 지우개로 사용한 것으로 추정되는 刀子 및 그 칼집, 도자의 자루 부분, 묵서용 붓 등이 보고되었다.[7] 목간에는 주나 군도 나오지 않고

(得待)△~로 해석하고 있다. 253점의 성산산성 목간에서 문서 목간으로서 뚜렷하게 발신처와 수신처가 나온 예는 없다. 어디에서 온 누구의 것이란 목간은 거의 대부분이다. 특히 수신처로 볼 수 있는 예는 전혀 없다. 이 문서 목간은 이경섭의 판독은 너무 의욕적인 판독이라 따르기 어렵다. 이성시의 판독에 근거하여 해석하면 戊辰年(668)正月十二日에 벗인(또는 벗과) 南漢城道使와 須城道使와 村主가 南漢城들(野=伐=火) 앞에서 △△△漢黃去하고, △△△△△했다가 된다. 이렇게 무진년 이성산성 목간을 해석한 바에 따르면, 발신자와 수신자가 없게 된다. 이성산성 목간에 戊辰年正月十二日朋南漢城道使(제1면) 須城道使村主前南漢城~ (제2면) ~浦~(제3면)라고 되어 있는데(김창호,「二聖山城 출토의 木簡 年代 問題」 『한국상고사학보』10, 1992. 여기에서는 668년설이 타당하다고 생각한다. 668년이 타당하다고 보고, 朋을 齊의 뜻으로 해석했으나 벗으로 본다. 김창호, 앞의 논문, 1992에서는 戊辰年 正月 二日에 南漢城의 길을 가지런히 하라. ~須城道使, 村主, 前南漢城~의 책임아래 ~토록 하라로 해석했었다), 앞의 전문 해석에서 보는 바와 같이 수신처와 발신처가 분명하지 않다. 곧 주보돈,「二聖山城 출토의 木簡과 道使」『慶北史學』14, 1991에서는 남한성을 이성산성이나 그 부근으로, 이도학,「二聖山城 출토 木簡의 검토」『한국상고사학보』12, 1993에서는 이성산성으로 보고 있어서 발신처로 보아 온 이성산성에서 목간이 발굴되었다. 이성산성 출토의 戊辰年 목간만으로 발신처와 수신처를 나눌 수가 없다. 왜냐하면 목간에는 앞에서의 해석처럼 직명만 열거되어 있어서 그 해석이 불분명하기 때문이다. 따라서 이성산성 출토의 무진년명 목간의 발신처와 수신처로 나누는 것에 의해 성산산성 목간의 제작지 추정에 근거로 삼는 것은 명백한 잘못이다. 이 무진년 목간에서 주목해야 할 점은 南漢城道使와 須城道使와 村主란 직명만 나오고, 인명과 관등명이 안 나온다는 점이다. 인명 표기에 있어서 생략이 가능한 직명만 나오고, 출신부명도 나오지 않는다. 직명+출신부명+인명+관등명 중에서 인명 표기에 직명만이 기록되는 최초의 예가 된다. 직명+출신부명+인명+관등명 중에서 가장 짧게 하나만 남기려고 하면 최후로 남는 것은 직명이다. 그래서 출신지명과 인명과 관등명 조차도 없이 무진년 문서 목간에서 南漢城道使, 須城道使, 村主로 직명만 기록하고 있다. 이런 형식의 문서 목간이 함안 성산산성에서도 나올 것으로 기대된다.

7) 이경섭,「성산산성 출토 하찰목간의 제작지와 기능」『한국고대사연구』37, 2005 참조.

행정촌도 자연촌과의 구별이 어렵다. 목간이 물품꼬리표임에는 누구나 동의하지만 운반할 때 사용한 하찰인지도 알 수 없다. 목간 군에는 役人의 名籍과 중요한 식량인 稗의8) 부찰목간의 두 가지로 구성되었다는 가설이 나왔다.9) 분명히 목간에는 명적으로10) 볼 수 있는 것도 포함되어 있다. 이를 하찰과 명적 절충설로 부르고 있다. 성산산성의 자체만으로 행정촌, 군, 주 등의 성산산성 외부 제작설이나11) 성산산성 자체설을12) 해결할 수 있는 방법이 있는 듯하다.13)

여기에서는 먼저 성산산성 목간에 나오는 지명 비정을 시도하겠다. 다음으로 성산산성에서 나온 목간을 유형별로 나누어 설명하겠다. 마지막

---

8) 윤선태, 「함안 성산산성 출토 신라목간의 용도」, 『진단학보』 88, 1999, 18~19쪽과 이경섭, 「함안 성산산성 목간의 연구현황과 과제」, 『신라문화』 23, 2004, 24쪽과 이경섭, 「성산산성 출토 하찰목간의 제작지와 기능」, 『한국고대사연구』 37, 2005, 137쪽에서 고려시대에 稗가 馬料인 점에 따라 稗를 馬料로 보고 있으나 중국고대 화북 지방의 중요한 곡물로 黍, 粟, 稷을 들고 있다. 이는 기장과 조와 피를 가리킨다. 社稷之神에서 社는 토지 신, 稷은 곡신 신으로 稷(稗)는 곡물을 대표하고 있어서 540년경에 主食으로 稷(稗)을 들 수 있다. 馬料일 경우에 540년경 당시에 성산산성에 가장 많이 갖다 바치는 공진물로(이경섭, 앞의 논문, 2011, 563~566쪽의 〈표 5〉 주요 지명별 목간의 현황〈釋文, 書式, 형태, 크기〉에서 稗가 나오는 곳은 고타 12예, 급벌성 7예, 구벌 5예, 이진지성 2예, 매곡촌 2예, 물사벌 1예로 총 29예가 된다. 이는 공납물 총수인 59예 가운데 약 49.83%나 된다) 그 양이 너무 많아 말의 먹이가 될 가능성은 없다. 왜냐하면 그 당시는 성산산성을 축조할 때이므로 병사들이 탈 수 있는 성산산성의 말의 수는 많지 않을 것이기 때문이다. 따라서 稗는 馬料일 수가 없고, 당시 병사를 포함한 백성들의 主食의 하나로 판단된다.
9) 윤선태, 앞의 논문, 1999.
10) 일본식 용어로 短冊形이라 부르고 있는 것으로 긴 직사각형으로 생긴 것이고, 목간 자체에 홈이나 구멍이 없는 것이다.
11) 목간의 上州 제작설, 군 제작설, 행정촌 제작설은 상황 판단에 의해 목간을 하찰로 보았기 때문에 나온 것으로 목간 자체의 분석에서 얻어진 결론은 아니다.
12) 발굴조사의 성과에서 그 증거가 뚜렷한 데도 불구하고 목간 연구자들은 목간 자체를 하찰로 해석하고서 발굴 결과를 무시하였다.
13) 함안 성산산성 목간은 7쌍의 쌍둥이 목간의 서체가 다른 것 등으로 출발지와 도착지 성산산성에서 각각 만들어졌는데, 출발지에서 만든 것은 하찰, 도착지에서 만든 것은 장부 목간으로 해석된다.

으로 성산산성 목간의 제작지를 살펴보겠다.

2. 성산산성에 나오는 지명

지금까지 함안 성산산성에 나오는 목간은 대개 지명+인명+물품명+수량으로14) 되어 있다. 많은 지명이 나오고 있어서 비정에 어려움도 있다. 지금까지 나온 선학들의 지명 비정을 도시하면 다음과 같다.15)

주요 지명	비정지 현재 지명	신라 당대 지명
仇利伐	충북 옥천 함안 칠원면 마산, 창원 안동시 임하면 일대	仇(久)利城 久禮牟羅16) 屈火郡, 屈弗郡, 曲城郡
甘文城	김천시 개령면	甘文州 開寧郡
古阤	안동시	古陀耶郡 古昌郡
及伐城	영주시 부석면	及伐(山)郡 岋山郡
仇伐	의성군 단촌면	仇火縣 高丘縣
須伐	상주시	沙伐州 尙州
買谷村	안동시 도산면과 예안면	買谷縣 善谷縣
勿思伐	충북	勿思伐城
鄒文(村)	충북	鄒文村

---

14) 물품명과 수량은 생략되어도 지명과 인명은 그렇지 않다.
15) 이 표는 이경섭, 앞의 논문, 2011, 539~540쪽의 〈표 1〉성산산성 짐꼬리표목간의 지명 비정을 참조하여 필자의 견해를 더하였다.
夷津(支城)은 30번, 2006-4번, 2007-30번, 2007-44번, 2007-304번 목간의 5예가 있으나 그 위치 비정은 불가능하다. 이러한 이유에서 지명 비정표에서 제외하였다. 이진(지성)은 郡이 설치된 곳이다.
比思(伐)도 그 예가 하나뿐이고, 561년 창녕비에 下州行使大等이 나와 下州의 주치가 되는 昌寧이므로 새돈의 여지가 없어서 제외했다.
16) 久斯牟羅(창원)의 서쪽이면서 安羅(함안)의 동쪽 곧 창원과 함안 사이의 함안군 칠원면 일대를 久禮牟羅(久禮山戌)로 본 가설이 김태식, 『加耶聯盟史』, 1993, 173~189쪽에 있으나 칠원면 일대와 창원 일대에는 고총고분이 없어서 따르기 어렵다.

성산산성 목간의 지명이 나오는 것에 한정할 때, 26.67%가량을 차지하는17) 仇利伐의 위치에 대해 조사할 차례가 되었다. 이에 대해서는 충북 옥천,18) 함안군 칠원면 서남쪽 방면으로부터 마산과 창원 일대,19) 안동시 임하면 일대20) 등으로 보고 있다. 구리벌을 경북 북부인 안동시 임하면 일대나 충북 옥천으로 볼 경우에는 왜 구리벌 목간에서만이 奴人 또는 奴가 있는지에21) 대한 해명이 필요하다. 이 문제를 해결할 수 있는 것은 구리벌에서만의 특산물이 존재해야 된다. 왜냐하면 구리벌에서만 감문성, 고타, 급벌성, 구벌, 오다, 사벌, 매곡촌, 물사벌성, 추문, 비사(벌) 등 어느 곳에서도 나오지 않는 노(인)이 나오기 때문이다. 구리벌을 경북 북부인 안동시 임하면 일대나 충북 옥천으로 볼 경우에는 구리벌만의 특산물이 있을 수 없다. 노(인)이 새로 복속된 지역의 주민을 나타낸 것으로 보면, 及伐城,22) 買谷村은23) 모두 옛고구려 영토로 이들 지역에서는 왜 노인

---

17) 성산산성 목간에 지명이 나오는 것으로 구리벌 16예, 고타 14예, 급벌성 7예, 구벌 5예, 감문성 4예, 이진지성 5예, 추문촌 4예, 매곡촌 2예, 수벌 1예, 물사벌 1예, 비사벌 1예로 그 합계는 60예이다. 그러면 구리벌은 26.67%를 차지하게 된다.
18) 주보돈, 앞의 논문, 2000, 56쪽.
19) 이경섭, 앞의 논문, 2005, 134~135쪽.
20) 이경섭, 앞의 논문, 2011, 542~543쪽.
21) 노(인)목간은 지명+인명+(관등명)+奴(人)+인명+負로 구성되어 있다. 노(인)은 구리벌 목간에서만 나타나고 있다. 지금까지 다른 지명에서는 나온 예가 없다.
22) 『삼국사기』 권35, 지4, 지리2에 岋山郡 本高句麗及伐山郡이라고 되어 있다.
급벌성 목간은 성산산성에서 나오는 것으로는 다음과 같이 7점이 있다.
　8번 及伐城秀乃巴稗
　42번 及伐城龍石稗石
　74번 及伐城只智稗石
　80번 及伐城△△稗石
　2007-23번 及伐城文尸伊稗石
　2007-24번 及伐城文尸伊急伐尺稗石
　2007-42번 及伐城登奴稗石
23) 『삼국사기』 권35, 지4, 지리2에 善谷縣 本高句麗買谷縣이라고 되어 있다.
買谷村이 나오는 2예의 목간은 다음과 같다.

또는 노가 없는지에 대한 설명이 필요하다.

3. 성산산성 목간의 유형

1) 단독 성촌명과 행정촌

고신라 금석문과 목간에 나오는 지명들인 성촌명에는 州나 郡은 나오지 않고, 대개 村(城)으로 끝나거나 村(城)명이 없이 나오는 지명이 많다. 이들을 둘러싸고, 단독으로 촌명만 나올 경우, 자연촌으로 보는 견해와[24] 행정촌으로 보는 견해가[25] 각각 있어 왔다. 학계에서는 대개 성촌명의 자연촌설을 받아들이고 있다. 자연촌설이 과연 타당한지를 함안 성산산성 목간에 나오는 성촌명만이 단독으로 나오는 예를 중심으로 조사해 보고자 한다. 그러면 성촌명＋인명＋稗(稗石, 稗一, 稗一石)인 예부터 제시하면 다음과 같다.

  9번   竹尸弥乎𠂉于支稗一
        '竹尸弥于乎支가 낸 稗 一(石)이다.' 또는 '竹尸弥와 于乎支가 낸 稗 一(石)이다'가 된다.

  11번   鳥欣弥村卜兮稗石

  2006-7번 買谷村古光𣃎珎于(앞면) 稗石(뒷면)
  2007-61번 買谷村物礼利(앞면) 𣃎珎于稗石(뒷면)
24) 주보돈, 「함안 성산산성 목간의 기초적 검토」, 『한국고대사연구』 19, 2000.
25) 김창호, 「金石文 자료로 본 古新羅의 村落構造」, 『鄕土史硏究』 2, 1990 ; 이수훈, 「新羅 村落의 성격-6세기 금석문을 통한 행정촌·자연촌 문제의 검토-」, 『한국문화연구』 6, 1993 ; 김재홍, 「新羅 中古期 村制의 成立과 地方社會構造」, 서울대학교 박사학위논문, 2001 ; 이수훈, 「신라 중고기 행정촌·자연촌 문제의 검토」, 『한국고대사연구』 48, 2007 ; 김창호, 「금석문 자료에서 본 古新羅 城村의 연구사적 조망」, 『삼국시대 금석문 연구』, 2009.

'烏欣弥村의 卜兮가 낸 稗 1石이다.'

12번 　　上莫村居利支稗

'上莫村의 居利支가 낸 稗이다.'

13번 　　陳城巴兮支稗

'陳城의 巴兮支가 낸 稗이다.'

22번 　　夷津支士斯亽利知

'夷津支의 士斯亽利知이다.'

32번 　　上弗刀你村(앞면) 加古波孕稗石(뒷면)

'上弗刀你村의 加古波孕이 낸 稗 1石이다.'

41번 　　陳城巴兮支

'陳城의 巴兮支이다.'

42번 　　及伐城立龍稗石

'及伐城의 立龍이 낸 稗 1石이다.'

44번 　　上莫村居利支稗

'上莫村의 居利支가 낸 稗이다.'

62번 　　△△△支村(앞면) △△△奚稗石

'△△△支村의 △△△奚가 낸 稗 1石이다.'

64번 　　小伊伐支△△(앞면) ~鄒△(뒷면)

'小伊伐支의 △△~鄒△이다.'

79번 　　伊伐支△△波稗一

'伊伐支의 △△波가 낸 稗 一(石)이다.'

2006-6번 　陽村文尸只 稗

'陽村의 文尸只가 낸 稗이다.'

2006-9번 　次ᐣ支村知弥留(앞면) 稗石(뒷면)

'次ᐣ支村의 知弥留가 낸 稗 1石이다.'

2007-26번 ~古心△村~稗石

'~古心△村의 ~가 낸 稗 1石이다.'

2007-28번   巾夫支城夫酒只(앞면) 稗一石(뒷면)
         '巾夫支城의 夫酒只가 낸 稗 一石이다.'

2007-34번   伊大兮村稗石
         '伊大兮村이 낸 稗 1石이다.'

2007-35번   秋彡利村(앞면) 湏△只稗石(뒷면)
         '秋彡利村의 湏△只가 낸 稗 1石이다.'

2006-37번   仇伐阿那內欣買子(앞면) 一万買稗石(뒷면)
         '仇伐의 阿那(땅 이름)內欣買子와 一万買가 낸 稗 1石이다.'

2007-43번   伊伐支村△只稗石
         '伊伐支村의 △只가 낸 稗 1石이다.'

2007-54번   赤伐支另村助吏支稗
         '赤伐支另村의 助吏支가 낸 稗이다.'

2007-58번   伊智支村彗△利(앞면) 稗(뒷면)
         '伊智支村의 彗△利가 낸 稗이다.'

2007-64번   上弗刀你村(앞면) (敬新)古稗石
         '上弗刀你村의 (敬新)古가 낸 稗 1石이다.'

Ⅳ-573번   △△△△△稗石
         '△△ △△△가 낸 稗 1石이다.'

Ⅴ-171번   盖山鄒勿負稗
         '盖山의 鄒勿負가 낸 稗이다.'

Ⅴ-172번   ~村虎弥稗石
         '~村의 虎弥가 낸 稗 1石이다.'

2016-W35   盖村仇之毛羅稗
         '盖村의 仇之毛羅가 낸 稗 얼마이다.'

지금까지 성촌명이 32예 가운데 어느 촌명도 『삼국사기』 지리지에서는 찾을 수 없다. 그런데 단 42번 及伐城立龍稗石은 『삼국사기』 권35, 지4,

지리2에 岋山郡 本高句麗及伐山郡이라고 나오는데, 현재의 영주시 부석면 일대이다. 及伐城은 郡名이다. 또 79번 伊伐支△△波稗一의 伊伐支와 2007-43 伊伐支村 △只稗石의 伊伐支村은 같다. 모두 행정촌이다.『삼국사기』 지리지에 隣豊縣 本高句麗伊伐支縣이라고 나오고, 6번 王私烏多伊伐支乞負支와 2006-25번 王私烏多伊伐支卜烋는 王私＋烏多＋伊伐支＋인명으로 구성되어 있다.26) 王私는 땅 이름이고, 烏多는 郡名, 伊伐支는 縣名 곧 행정촌명이나 烏多란 군명은 사서에 나오지 않고 있다. 그렇다면 나머지 30예의 성촌명도 행정촌명으로 보아야 혼란이 없다. 같은 함안 성산산성 목간에서 어떤 것은 자연촌명, 어떤 것은 행정촌명이 되어서는 혼란스러워 안 된다.
촌명＋稗石(稗)의 예가 있다.

    2007-7번   丘伐稗
                 '丘伐에서 낸 稗이다.'
    2007-34번   伊大兮村稗石
                 '伊大兮村이 낸 稗 1石이다.'
    2007-36번   栗村稗石
                 '栗村에서 낸 稗 1石이다.'
    2007-48번   丘伐稗石
                 '丘伐에서 낸 稗 1石이다.'

丘伐은 뒤에서 소개할 다른 仇伐 목간 예에서 볼 때, 누가 보아도 郡名이다. 丘伐과 栗村과 伊大兮村을 자연촌이 아닌 행정촌으로 보아야 할 것이다. 이러한 형식의 목간은 함안 성산산성 253점 목간 가운데 4점이 전부이다. 성촌명＋인명＋외위명이 나오는 인명 표기를 살펴보자.

---

26) 이에 대해서는 郡名＋행정촌명의 烏多郡조를 참조할 것.

14번   大村伊息智一伐
            '大村의 伊息知 一伐이다.'
2007-21번   ~豆留只(一伐)
            '~의 豆留只의 (一伐)이다.'

성촌 출신으로 자연촌 출신은 그 예가 확실한 게 없으므로 一伐의 외위(11등급중 8등급)을 가진 두 사람은 행정촌 출신으로 보인다.
성촌명+인명의 예를 조사해 보기로 하자.

15번   ~家村△毛△
            '~家村의 △毛△이다.'
40번   阿上智村尒礼負
            '阿上智村의 尒礼負이다.'
53번   大村主舡麥
            '大村의 村主인 舡麥이다.'
88번   △△△△支△
            '△△△의 △支△이다.'

위의 4예는 촌명+인명으로 구성되어 있는데, 촌명을 자연촌으로 볼 근거도, 행정촌으로 볼 근거도 없다. 촌명+인명도 성촌명+인명+稗(稗石, 稗一, 稗一石)의 예와 촌명+稗石(稗)의 예와 성촌명+인명+외위명의 예에 따를 때, 그 수가 너무나도 적어서 행정촌으로 보아야 할 것이다.

2) 郡名+(행정촌명)

仇利伐 목간의 가장 큰 특징은 割書가 있다는 것, 奴(人)이 존재하는 것, 負가 있는 점,[27] 稗石, 稗一, 稗 등이 뒤에 붙지 않는 점, 외위를 가진

자가 가장 많은 군명인 점 등이다. 仇利伐 목간의 특징을 알기 쉽게 그 목간의 2016년까지의 자료를 제시하면 다음과 같다.[28]

1번　　　　仇利伐 /上彡者村(앞면) 乞利(뒷면)
　　　　　'仇利伐 上彡者村의 乞利이다.'

3번　　　　仇利伐/上彡者村 波婁
　　　　　'仇利伐 上彡者村의 波婁이다.'

4번　　　　仇利伐/仇失了一伐/尒利△一伐
　　　　　'仇利伐의 仇失了 一伐과 尒利△支이다.'

5번　　　　仇利伐△德知一伐奴人 塩 (負)
　　　　　'仇利伐의 △德知 一伐이며 奴人인 그가 소금塩 負를 진 것이다.'

33번　　　仇利伐/(彤)谷村/仇礼支 負
　　　　　'仇利伐 彤谷村의 仇礼支가 낸 負이다.'

34번　　　仇利伐/上彡者村 波婁
　　　　　'仇利伐 上彡者村의 波婁이다.'

2006-10번　仇利伐△△奴△△支 負
　　　　　'仇利伐의 △△ 奴의 짐꾼인 △△支의 負이다.'

2006-24번　仇利伐/ 比多湏奴 先能支 負
　　　　　'仇利伐의 比多湏가 奴이며, 그의 짐꾼인 先能支의 負이다.'

2006-31번　(仇利伐)~(앞면) 一古西支 負(뒷면)
　　　　　'(仇利伐) ~의 ~의 一古西支의 負이다.'

---

27) 負는 仇利伐 목간에서만 나오는데, 단 하나의 예외로 2016-W104. 沙喙部負가 있다. 이는 사탁부가 낸 負이다로 해석되며, 왕비족인 사탁부(김창호, 『고신라 금석문과 목간』, 2018, 170~174쪽)가 負를 담당하고 있어서 목간의 제작지가 사탁부로 보기보다 성산산성에서 국가 주도로 요역(축성 사업)을 행하고, 목간을 제작했을 것으로 판단된다.

28) 추정 구리벌 목간에서 구리벌이 나오지 않아도 奴(人)이 나오고, 負가 나오면 仇利伐 목간이다. 아직까지 구리벌 이외의 목간에서 奴(人)과 負가 나오는 예는 없다.

2007-18번   仇利伐/(衫伐)只(村)/同伐支 負
          '仇利伐의 (衫伐)只(村)의 同伐支가 낸 負이다.'
2007-20번   仇利伐/~智
          해석 불능
2007-27번   仇利伐/郝豆智奴人/△支 負
          '仇利伐의 郝豆智가 奴人이며, 그의 짐꾼인 △支의 負이다.'
2007-31번   仇利伐 仇陁知一伐奴人 毛利支 負
          '仇利伐의 仇陁知 一伐이고, 奴人이며, 그의 짐꾼인 毛利支의 負이다.'
2007-53번   仇利伐/習彤村/ 牟利之 負
          '仇利伐 習彤村의 牟利之의 負이다.'
Ⅳ-582번   仇利伐 記本礼支 負
          '仇利伐의 記本礼支의 負이다.'
Ⅳ-587번   仇利伐/△伐彡△村伊面於比支 負
          '仇利伐 △伐彡△村의 伊面於比支의 負이다.'
Ⅳ-591번   仇(利伐) △△智奴(人) △△△ 負
          '仇(利伐)의 △△智 (奴)人이며, 짐꾼인 △△△의 負이다.'
2016-W62번 仇利伐/上三者村△△△△
          '仇利伐 上三者村의 △△△△이다.'
2016-W89번 丘利伐卜今智上干支 奴/△△巴支 負
          '丘利伐의 卜今智 上干支이며, 奴이고, 그의 짐꾼의 負는 △△巴支가 진다.'
2016-W92번 仇利伐/夫及知一伐 奴人/宍巴礼 負
          '仇利伐의 夫△知가 一伐이고, 그의 짐꾼인 宍巴利△가 負를 진다.'

仇利伐 목간은 몇 가지 유형으로 나누어진다. 이를 유형별로 나누어서

제시하면 다음과 같다.

仇利伐＋성촌명＋인명의 예부터 들면 다음과 같다.

  1번   仇利伐 上彡者村(앞면) 乞利(뒷면)
  3번   仇利伐/上彡者村 波婁
  34번   仇利伐/上彡者村 波婁
  2016-W62번 仇利伐/上三者村△△△△

위의 자료 가운데 3번과 34번은 쌍둥이 목간이다. 구리벌＋상삼자촌＋인명은 모두 4예로 모두 상삼자촌 출신뿐이다. 仇利伐은 함안 성산산성 목간 가운데 그 예가 가장 많아서 郡名이다. 上彡者村은 행정촌으로 『삼국사기』 지리지의 康州 咸安郡 領縣인 召彡縣이다.[29] 구리벌은 함안군에서 바닷가인 마산시에[30] 이르는 지역으로 안라국의 중요한 수도 부분에 해당하였다.[31] 따라서 상삼자촌은 행정촌이고, 仇利伐은 郡名이다.

다음은 仇利伐＋촌명＋인명＋負로 된 예를 조사해 보기로 하자.

  33번   仇利伐/(彤)谷村/仇礼支 負

---

[29] 주보돈, 앞의 논문, 2000, 56~57쪽에서 上彡者村의 召彡縣 비정을 비판하고 있다. 上의 음은 召의 음과 통하고(남산신성비 제2비에서 阿旦兮村과 阿大兮村, 沙刀城과 沙戶城에서 旦과 大가 통하고, 刀와 戶가 통하는 점에서 보아서 각각 동일 지명인 점에서 보면 上과 召는 통한다), 彡은 양자에서 동일하게 나온다. 이렇게 6번 목간과 2006-25번 목간에서 행정촌명은 伊伐支(영주시 부석면)로 『삼국사기』 지리지에 隣豊縣本高句麗伊伐支縣이라고 나오지만 郡名인 烏多는 『삼국사기』 지리지에 나오지 않는다.
[30] 2010년 7월 1일 창원시에 통합되기 이전의 마산시를 지칭한다.
[31] 목간의 작성 연대인 540년경에는 『삼국사기』 지리지의 지명도 많은 차이가 있었을 것이다. 그래서 목간에 나오는 행정촌도 지리지에서 찾을 수 없다. 군으로 추정되는 물사벌성과 추문촌과 이진(지성)과 믕盖과 鳥多도 찾을 수 없고, 목간의 13.1% 가량(목간 전체인 229점에 대한 구리벌 목간의 비율로 볼 때)을 차지하는 郡인 仇利伐도 지명만으로는 그 위치가 불분명하다.

2006-31번   (仇利伐)~(앞면) 一古西支 負(뒷면)
2007-18번   仇利伐/(衫伐)只(村)同伐支 負
2007-53번   仇利伐/習彤村/ 牟利之 負
Ⅳ-587번   仇利伐(앞면)△伐彡△村 伊面於比支 負(뒷면)

　5명의 인명은 모두 仇利伐郡에 소속되어 있는 행정촌의 이름으로 판단된다. 앞에서의 상삼자촌이 행정촌이므로 5개의 촌명도 모두 행정촌으로 보아야 할 것이다.
　다음은 仇利伐＋인명＋負로 된 목간에 대해 알아보자.

2007-55번   仇利伐今尒次負
Ⅳ-495번   仇利伐谷△△ (負)
Ⅳ-582번   仇利伐 記本礼支 負

　이들 목간은 모두 구리벌에 직접 소속되어 있다. 郡名인 구리벌의 소속자도 구리벌이 군으로 역할을 하는 동시에 행정촌으로서의 역할을 함을 보여준다. 군에서 직접 자연촌을 지배할 수는 없고, 행정촌을 지배할 것이다.
　다음은 仇利伐＋인명＋(외위명)＋奴(人)＋인명＋負를 살펴보기로 하자. 우선 관련 자료부터 제시하면 다음과 같다.

2006-10번   仇利伐△△奴△△支 負
2006-24번   仇利伐 比多湏 奴 先能支 負
2007-27번   仇利伐/郝豆智奴人/△支 負
2007-31번   仇利伐 仇阤知一伐奴人 毛利支 負
Ⅳ-591번   仇(利伐) △△智奴(人) △△△ 負
2016-W89번   丘利伐/卜今智上干支奴人/△△巴支負

2016-W92번　仇利伐/夫及知一伐奴人/宍巴利負

　2006-10, 2006-24, 2007-27, 2007-31, Ⅳ-591번, 2016-W89번의 仇利伐＋인명＋(외위명)＋奴(人)＋인명＋負는 負의 순서가 꼭 같이 맨 마지막에 온다. 6명의 노인 목간은 모두 奴(人)과 負를 동반하고 있다. 외위인 上干支나 一伐을 가진 경우도 있어서 사노비일 수는 없고, 소금 생산자로 추정된다. 왜냐하면 仇利伐郡의 위치가 함안군과 마산시에 이르는 지역으로 노인만이 구리벌 목간에서 나오기 때문에 그렇게 볼 수밖에 없다. 5번 목간. 仇利伐△德知一伐奴人 塩 (負)에서 구리벌에서 소금이 나오는 것으로 볼 수 있다.
　다음으로 仇利伐＋인명＋외위명＋인명의 경우가 있다. 그 자료를 인용하면 다음과 같다.

　　4번　　　仇利伐/仇失了一伐/尒利△支
　　　　　　'仇利伐의 仇失了 一伐과 尒利△支이다.'

　이렇게 한 목간에 두 명의 인명이 한 사람은 외위를 갖고, 다른 한 사람은 외위를 갖지 않는 예로는 역역 목간에서는 거의 유일한 자료이다.[32] 두 사람 모두 공진물의 표시도 없다.
　이제 古阤 목간에 대해 살펴볼 차례가 되었다. 우선 지금까지 출토된 자료를 전부 제시하면 다음과 같다.

　　20번　　　古阤伊骨利村△(앞면) 仇仍支稗發(뒷면)
　　　　　　'古阤 伊骨利村의 △仇仍支가 낸 稗 1바리(1석?)이다.'
　　28번　　　古阤伊骨利村阿那衆智卜利古支(앞면) 稗發(뒷면)
　　　　　　'古阤 伊骨利村의 阿那(땅 이름)의 衆智와 卜利古支가 낸 稗

────────────
[32] 4번 목간의 仇失了一伐과 尒利△支가 割書 때문에 자연촌 출신으로 볼 수가 없다. 모두가 仇利伐郡 소속으로 판단된다.

제7절 함안 성산산성 출토 이른바 荷札의 제작지 239

　　　　　　　1바리(1석?)이다.'
29번　　　　古阤新村智利知一尺那△(앞면) 豆于利智稗石(뒷면)
　　　　　　　'古阤 新村의 智利知 一尺과 那△豆兮利智가 낸 稗 1石이다.'
31번　　　　古阤一古利村末那(앞면) 毛羅次尸智稗石(뒷면)
　　　　　　　'古阤 一古利村의 末那(땅 이름) 毛羅次尸智가 낸 稗 1石이다.'
2006-30번　　古阤伊骨村阿那(앞면) 仇利稿支稗發(뒷면)
　　　　　　　'古阤 伊骨村의 阿那(땅 이름)의 仇利稿支가 낸 稗 1바리(1석?)
　　　　　　　이다.'
2007-10번　　古阤新村局斤△利(앞면) 沙礼(뒷면)
　　　　　　　'古阤 新村의 局斤△와 利沙礼이다.'
2007-11번　　古阤一古利村末那(앞면) 殆利夫稗(石)(뒷면)
　　　　　　　'古阤의 一古利村 末那(땅 이름)의 殆利夫가 낸 稗 1(石)이다.'
2007-14번　　古阤一古利村末那仇△(앞면) 稗石(뒷면)
　　　　　　　'古阤의 一古利村 末那(땅 이름)의 仇△가 낸 稗 1石이다.'
2007-17번　　古阤一古利村△~(앞면) 乃兮支稗石(뒷면)
　　　　　　　'古阤의 一古利村 △~와 乃兮支가 낸 稗 1石이다.'
2007-25번　　古阤一古利村阿那弥伊△久(앞면) 稗石(뒷면)
　　　　　　　'古阤의 一古利村 阿那(땅 이름)의 弥伊△久가 낸 稗 1石이다.'
2007-33번　　古阤一古利村末那沙見(앞면) 日糸利稗石(뒷면)
　　　　　　　'古阤의 一古利村 末那(땅 이름)의 沙見日糸利가 낸 稗 1石이다.'
2007-57번　　古阤夲波豆物烈智△(앞면) 勿大兮(뒷면)
　　　　　　　'古阤 夲波(땅 이름)인 豆物烈智와 △勿大兮이다.'
Ⅳ-595번　　古阤一古利村夲波(앞면) 阤ミ支 稗發(뒷면)
　　　　　　　'古阤 一古利村의 夲波(땅 이름)이며, 阤ミ支가 낸 稗 1바리(1
　　　　　　　석?)이다.'
Ⅴ-163번　　古阤一古利村夲波(앞면) 阤ミ只稗發(뒷면)
　　　　　　　'古阤 一古利村의 夲波(땅 이름)이며, 阤ミ只가 낸 稗 1바리(1

석?)이다.'

V-166번　　古陁伊未枅上干一大今伐(앞면) 豆幼去(뒷면)
　　　　　　'古陁의 伊未枅 上干支와 一大今伐豆幼去이다.'

　　古陁 목간 16점은 모두 앞면과 뒷면으로 되어 있다. 여기에서는 古陁+촌명+本波(阿那, 末那)+인명+稗石으로 된 2007-11번, 2007-14번, 2007-17번, 2007-25번, 2007-33번, 2007-57번 등의 6예가 있다. 다음으로 古陁+촌명+인명+稗發로 된 20번, 28번, 2006-30번, Ⅳ-593번, V-163 등의 5예가 있다. 그 다음으로 古陁+촌명+인명으로 된 것으로 2007-10번이 있다. 마지막으로 古陁+인명+외위명+인명의 예가 V-166번이다. 古陁一古利村, 古陁伊骨利村, 古陁密村, 古陁新村, 古陁本破豆△村은 古陁가 군명이므로 뒤에 나오는 一古利村, 伊骨利村, 密村, 新村, 豆△村은 모두 행정촌이다.
　　다음은 甘文城의 목간에 대해서 조사할 차례가 되었다. 우선 관계 자료를 제시부터 하면 다음과 같다.

2번　　　　甘文城下麥甘文本波王私(앞면) 文利村知利兮負(뒷면)
　　　　　'甘文城 下의 麥을 甘文의 本波(땅 이름)이고 王私(땅 이름)인 文利村의 知利兮負가 (낸 것이다.)'

10번　　　甘文本波居村旦利村伊竹伊
　　　　　'甘文의 本波(땅 이름)인 居村旦利村의 伊竹伊이다.'

2006-1번　甘文城下麥本波大村毛利只(앞면) 一石(뒷면)
　　　　　'甘文城 下의 麥을 本波(땅 이름)인 大村의 毛利只가 낸 一石이다.'

2007-45번　甘文城下(麥)米十一(斗)石喙大村卜只次持去
　　　　　'甘文城 下의 (麥)과 米 十一(斗)石은 喙大村의 卜只次持去가 낸 것이다.'

V-165번　　甘文(城)下麥十五石甘文(앞면) 本波加本斯(稗)一石之(뒷면)
　　　　　'甘文(城) 下의 麥 十五石을 甘文의 本波(땅 이름)인 加本斯(稗)

一石之가 낸 것이다.'
2016-W94번 甘文城下麥十五石甘文本波(앞면) (伊)次只去之(뒷면)
'甘文城 下의 麥 十五石을 甘文의 本波(땅 이름)의 (伊)次只去之가 낸 것이다.'

甘文(城) 목간은 6점 가운데 5점이나 城下麥 목간이다. 本波도 6점 가운데 5점에서 나오고 있다. 甘文城下麥＋보리량＋甘文本波＋인명으로 된 V-165번과 2016-W94번은 공통성이 있으나 나머지 4점은 공통성이 없이 제각각이다. 甘文의 뒤에 나오는 王村文利村, 居村旦利村, 大村, 喙大村은 모두 행정촌이다.
다음은 及伐城에 대해서 조사할 차례가 되었다. 우선 관계 자료부터 제시하면 다음과 같다.

8번   及伐城秀乃巴稗
          '及伐城의 秀乃巴가 낸 稗이다.'
42번   及伐城立龍稗石
          '及伐城의 立龍이 낸 稗 1石이다.'
74번   及伐城只智稗石
          '及伐城의 只智가 낸 稗 1石이다.'
80번   及伐城△△稗石
          '及伐城의 △△가 낸 稗 1石이다.'
2007-23번 及伐城文尸伊稗石
          '及伐城의 文尸伊가 낸 稗 1石이다.'
2007-24번 及伐城文尸伊急伐尺稗石
          '及伐城의 文尸伊와 急伐尺이[33] 낸 稗 1石이다.'

---
33) 急伐尺을 居伐尺과 같은 외위로 본 윤선태의 가설이 있으나 인명으로 보인다. 왜냐하면 관등명이라고 하면 2007-23목간에서 文尸伊로 인명만이 기록될 수 없기

2007-42번　　及伐城登奴稗石
　　　　　　'及伐城의 登奴가 낸 稗 1石이다.'
Ⅳ-590번　　及伐城日沙利稗石
　　　　　　'及伐城의 日沙利가 낸 稗 1石이다.'

及伐城 목간은 모두 8점이다. 及伐城은 『삼국사기』 지리지에 나오는 及伐(山)郡 또는 岋山郡으로 영주시 일원에 있던 郡名이다. 모두 及伐城+인명+稗石(稗)로 되어 있다. 2007-24번만은 두 사람이 나오고 있어서 유사쌍둥이 목간이다. 유사쌍둥이 목간은 목간의 제작지가 及伐城이 아닌 성산산성이라는 중요한 증거가 된다.34) 앞면과 뒷면으로 된 목간은 1점도 없다.

이제 仇伐의 목간에 대해 조사할 차례가 되었다. 우선 관련 목간의 자료부터 제시하면 다음과 같다.

7번　　　　仇伐干好律村卑尸稗石
　　　　　　'仇伐 干好律村의 卑尸가 낸 稗 1石이다.'
52번　　　 仇伐阿那舌只稗石
　　　　　　'仇伐의 阿那(땅 이름)의 舌只가 낸 稗 1石이다.'
2007-6번　　仇伐末那刀礼奴(앞면) 弥次分稗石(뒷면)
　　　　　　'仇伐 末那(땅 이름)의 刀礼奴와 弥次分이 낸 稗 1石이다.'
2007-37번　仇伐阿那內欣買子(앞면) 一万買稗石(뒷면)
　　　　　　'仇伐 阿那(땅 이름)의 內欣買子와 一万買가 낸 稗 1石이다.'
2007-48번　丘伐稗石
　　　　　　'丘伐에서 낸 稗 1石이다.'
2016-W66번　丘伐未那早尸智居伐尺奴(앞면) 能利智稗石(뒷면)
　　　　　　'丘伐 未那早尸智와 居伐尺과 奴能利智가 낸 稗 1石이다.'

　　　때문이다.
34) 김창호, 『고신라 금석문과 목간』, 2018, 207쪽.

먼저 仇伐 목간은 모두 稗石으로 끝나고 있다. 仇伐 목간은 7번은 仇伐+촌명+인명+稗石으로 되어 있다. 다음 2007-6번과 2007-37번은 仇伐+末那(阿那)+두 명의 인명+稗石으로 되어 있다. 다음으로 52번 목간은 仇伐+阿那+인명+稗石으로 되어 있다. 그 다음으로 2007-48번 목간은 독특하게 仇伐+稗石으로 되어 있다. 마지막으로 2016-W66번은 丘伐+未那+인명+인명+인명+稗石으로 구성되어 있다. 7번 목간에서 구벌은 군명이므로 구벌 뒤에 나오는 干好律村은 행정촌명이다.

夷津(支城)의 목간을 조사할 차례가 되었다. 우선 관련 목간의 자료부터 제시하면 다음과 같다.

30번　　　　夷津支阿那古刀羅只豆支(앞면) 稗(뒷면)
　　　　　　'夷津支의 阿那(땅 이름)의 古刀羅只豆支가 낸 稗이다.'
2006-4번　　夷津本波只那公末△稗
　　　　　　'夷津의 本波(땅 이름)이며, 只那公末이 낸 稗이다.'
2007-30번　 夷(津)支士斯石村末△△烋(앞면) 麥(뒷면)
　　　　　　'夷(津)支 士斯石村의 末△△烋가 낸 麥이다.'
2007-44번　 夷津支城下麥王私巴珎兮村(앞면) 弥次二石(뒷면)
　　　　　　'夷津支城 下의 麥은 王私(땅 이름)인 巴珎兮村의 弥次가 낸 二石이다.'
2007-304번　夷津支城下麥烏列支(負)(앞면) △△△石(뒷면)
　　　　　　'夷津支城 下의 麥을 烏列支(행정촌명)의 (負)△△가 낸 △石이다.'

먼저 2007-44번과 2007-304번은 그 순서가 夷津支城+下麥+촌명+인명+보리의 양으로 똑 같다. 다음으로 30번은 夷津支+阿那+인명+稗로 되어 있다. 그 다음으로 2006-4번은 夷津+本波+인명+稗로 되어 있다. 2007-30번은 夷(津)支+촌명+인명+麥으로 되어 있다. 이 2007-30번 목간은 麥이 나오면서 城下麥 목간이 아닌 예로 중요하다. 夷津支城 다음에 나오는 士斯石村, 王△巴珎兮村, 烏列支(負)△은 모두 행정촌이다.
　다음은 鄒文(村)에 대하여 조사할 차례가 되었다. 우선 관련 목간의 자료부터 제시하면 다음과 같다.

　　39번　　　鄒文比尸河村尒利牟利
　　　　　　　'鄒文 比尸河村의 尒利牟利이다.'
　　54번　　　鄒文△△△村△本石
　　　　　　　'鄒文 △△△村의 △本石이다.'
　　2006-17번　鄒文村內旦利(魚)
　　　　　　　'鄒文村의 內旦利가 낸 (魚)이다.'
　　2007-52번　鄒文(前)那牟只村(앞면) 伊△習(뒷면)
　　　　　　　'鄒文 (前)那牟只村의 伊△習이다.'

　먼저 39번과 54번 목간은 鄒文+촌명+인명이다. 다음 2006-17번은 鄒文村+인명+魚[고기]로35) 고기가 공진물에 나오는 유일한 예이다. 마지막으로 2007-52번 목간은 鄒文+前那+촌명+인명으로 구성되어 있다. 鄒文(村) 다음에 나오는 比尸河村, △△村, (前)那牟只村은 모두 행정촌이다.
　다음은 買谷村에 대하여 조사할 차례가 되었다. 우선 관련 목간의 자료부터 제시하면 다음과 같다.

　　2006-7번　　買谷村古光斯珎于(앞면) 稗石(뒷면)
　　　　　　　'買谷村의 古光과 斯珎于가 낸 稗 1石이다.'
　　2007-61번　買谷村物礼利(앞면) 斯珎于稗石(뒷면)
　　　　　　　'買谷村의 物礼利와 斯珎于가 낸 稗 1石이다.'

---

35) 고기는 생선을 말린 것으로 짐작된다.

제7절 함안 성산산성 출토 이른바 荷札의 제작지 245

이 두 목간은 買谷村＋두명의 인명＋稗石으로 구성되어 있다. 斯珎于의 경우는 두 목간에 모두 인명이 나와서 유사쌍둥이 목간이다. 이는 목간의 제작지가 성산산성이라는 단초가 된다. 왜냐하면 발송지인 買谷村에서 목간이 작성되었다면 斯珎于는 양쪽 목간에서 나오지 않고, 한쪽에서 나올 것이기 때문이다. 買谷村은 『삼국사기』 지리지에 善谷縣 本高句麗買谷縣이라고 나와서 행정촌이다.

다음은 湏伐에 대하여 조사할 차례가 되었다. 우선 관련 목간의 자료부터 제시하면 다음과 같다.

  77번   湏伐本波居湏智
      '湏伐 本波(땅 이름)의 居湏智이다.'

발굴된 것은 한 점뿐이었다. 湏伐=沙伐로 현재 경북 상주시 일대이다. 목간은 湏伐＋本波＋인명으로 구성되어 있다. 湏伐은 군명이다.

다음은 勿思伐에 대하여 조사할 차례가 되었다. 우선 관련 목간의 자료부터 제시하면 다음과 같다.

  2007-15번   勿思伐 豆只稗一石
      '勿思伐의 豆只가 낸 稗 一石이다.'

한 점밖에 발굴되지 않았다. 勿思伐은 적성비에 勿思伐城幢主라고 나와서 그 위치를 충북 지역으로 볼 수 있다.

다음은 鐵山에 대하여 조사할 차례가 되었다. 우선 관련 목간의 자료부터 제시하면 다음과 같다.

  Ⅴ-164번   三月中鐵山下麥十五斗(앞면) 王私△阿礼村波利足(뒷면)
      '三月에 鐵山 下의 麥 十五斗를 王私(땅 이름)인 △阿礼村의

波利足이 낸 것이다.'

한 점밖에 발굴되지 않았다. 城下麥 목간에 속하는 것으로 三月中에라고 달이 표시되어 있다. 城下麥의 城은 전부 郡이므로 鐵山도 군으로 보아야 한다. 鐵山郡의 소속인 王私(땅 이름) △阿礼村은 행정촌이다.

다음은 比思(伐)에 대하여 조사할 차례가 되었다. 우선 관련 목간의 자료부터 제시하면 다음과 같다.

Ⅳ-597번   正月中比思(伐)古尸次阿尺夷喙(앞면)
            羅兮落及伐尺幷作前瓷酒四斗瓮(뒷면)
            '正月에 比思(伐)의 古尸次 阿尺의 夷(무리, 동료)와 喙(部) 羅兮落 及伐尺(경위명)이 아울러 前瓷酒 四斗瓮을 만들었다.'

이 목간은 외위를 가진 지방민이 경위를 가진 喙部 출신의 왕경인과 함께 나오는 것으로 유명하다. 이렇게 지방민과 왕경인이 함께 인명과 관등명이 나오는 예는 이 목간이 처음이다. 比思(伐)은 나중에 州治가 설치되는 곳이므로 군으로 보아야 할 것이다.

다음은 王子年(△)에 대하여 조사할 차례가 되었다. 우선 관련 목간의 자료부터 제시하면 다음과 같다.

2016-W155번   王子年△改大村△刀只(앞면) 米一石(뒷면)
               '王子年의 △改大村의 △刀只가 낸 米 一石이다.' 또는 '王子年(△)의 改大村의 △刀只가 낸 米 一石이다.'

이 목간은 王子年을 壬子年으로 읽어서 592년으로 보고 있다.[36] 단면

---

36) 손환일의 가설이다. 일설에는 532년으로 보기도 한다.

목간이나 양면 목간에서는 연간지가 나온 예가 없어서 따르기 어렵다. 함안 성산산성 4면 목간에서는 연간지가 나올 가능성이 있다. 壬子年 또는 壬子年(△)은 군명이고, (△)改大村은 행정촌명이다.

다음은 巴珎兮城에 대하여 조사할 차례가 되었다. 우선 관련 목간의 자료부터 제시하면 다음과 같다.

60번　　　巴珎兮城下(麥)~(앞면) 巴珎兮村~(뒷면)
　　　　'巴珎兮城 下의 麥을 巴珎兮村의 누구가 (몇 石)낸 뭐이다.'

이 목간은 城下麥 목간이다. 城下麥 목간은 甘文城에서 5점, 夷津支城에서 2점, 鐵山에서 1점, 巴珎兮城에서 1점 등 모두 9점이 나왔다. ~城下麥의 ~城은 모두 郡으로 판단된다. 巴珎兮城도 군명이고, 巴珎兮村은 행정촌명이다.

지명+지명+인명으로 된 목간은 郡名+行政村名+인명으로 판단된다. 그래서 다음과 같은 예가 나온다.

1번　　　　仇利伐 /上彡者村(앞면) 乞利(뒷면)
3번　　　　仇利伐/上彡者村 波婁
34번　　　仇利伐/上彡者村 波婁
2016-W62번 仇利伐/上彡者村△△△△

上彡者村은 행정촌으로 『삼국사기』 지리지의 康州 咸安郡 領縣인 召彡縣이다. 따라서 上彡者村도 행정촌으로 판단된다. 그렇다면 仇利伐은 군명이다. 伊伐支가 나오는 행정촌명을 조사할 차례가 되었다.

6번　　　　王私烏多伊伐支乞負支
　　　　'王私(땅 이름) 烏多(군명) 伊伐支의 乞負支가 낸 것이다.'

79번   伊伐支△△波稗一
            '伊伐支의 △△波가 낸 稗 一(石)이다.'
2006-25번   王私烏多伊伐支卜烋
            '王私(땅 이름)의 烏多(군명)의 伊伐支의 卜烋가 (낸 뭐이다.)'

여기에서 伊伐支는 『삼국사기』 지리지에 隣豊縣 本高句麗伊伐支縣이라고 나와서 행정촌이 틀림없다. 따라서 烏多는 군명이다. 상삼자촌과 이벌지의 예에서 추론하면 지명+지명+인명으로 된 목간은 앞의 지명은 군명, 뒤의 지명은 행정촌이다. 그래서 仇利伐, 古陁, 甘文城, 仇伐, 夷津(支城), 鄒文(村), 湏伐, 勿思伐, 烏多, 盖㠯, 鐵山, 比思(伐), 王子年(△), 巴珎兮城(물사벌과 비사벌 등은 지명+인명으로 되어 있음)은 모두 郡名으로 판단되고, 그 다음의 지명은 행정촌명이다. 한 번의 지명만 나오는 買谷村은 행정촌으로, 及伐城은 군으로 판단된다. 왜냐하면 『삼국사기』 지리지에 買谷村은 善谷縣 本高句麗買谷縣이라고 나와서 행정촌이고, 及伐城은 岋山郡 本高句麗 及伐山郡이라고 해서 郡名이다.

4. 목간의 제작지

1) 郡에서 만든 하찰

5번   仇利伐△德知一伐奴人 塩 (負)
2006-10번   仇利伐△△奴△△支 負
2006-24번   仇利伐 比多湏 奴 先能支 負
2007-27번   仇利伐/郝豆智奴人/△支 負
Ⅳ-591번   仇(利伐) △△智奴(人) △△△ 負
2007-31번   仇利伐 仇陁知一伐奴人 毛利支 負

2016-W89번   丘利伐/卜今智上干支奴人/△△巴支負
2016-W92번   仇利伐/夫及知一伐 奴人/宍巴礼 負

이 8점의 奴(人)목간 이외에 추정 구리벌 목간이 4점이 더 있어서 이를 제시하면 다음과 같다.

35번   ~內恩知奴人居助支 負
         '(仇利伐의) 내은지 奴人이며, 그의 짐을 거조지가 졌다.'
37번   ~內只次奴湏礼支 負
         '(仇利伐)의 내지차가 奴이며, 그의 짐을 수예지가 졌다.'
38번   ~比夕湏奴尒/先(利)支 (負)
         '(仇利伐의) 비석수노가 奴이며, 선리지가 그의 짐을 졌다.'
2007-8번   ~一伐奴人毛利支 負(2007-31번 목간과 쌍둥이 목간이다)
         '(仇利伐의 구타지가 一伐이며) 奴人이며, 그의 짐을 모리지가 졌다.'

함안 성산산성 목간에서 郡에 소속된 목간을 전부 제시하면 다음과 같다.

2007-55번   仇利伐今尒次負
IV-495번   仇利伐谷△△ (負)
IV-582번   仇利伐 記本礼支 負
4번   仇利伐/仇失了一伐/尒利△一伐
2007-57번   古阤本波豆物烈智△(앞면) 勿大兮(뒷면)
V-166번   古阤伊未㨽上干一大今伐(앞면) 豆幼去(뒷면)
V-165번   甘文(城)下麥十五石甘文(앞면) 本波加本斯(稗)一石之(뒷면)
2016-W94번   甘文城下麥十五石甘文本波(앞면) (伊)次只去之(뒷면)

8번　　　　　　及伐城秀乃巴稗

42번　　　　　　及伐城立龍稗石

74번　　　　　　及伐城只智稗石

80번　　　　　　及伐城△△稗石

2007-23번　　　及伐城文尸伊稗石

2007-24번　　　及伐城文尸伊急伐尺稗石

2007-42번　　　及伐城登奴稗石

Ⅳ-590번　　　 及伐城日沙利稗石

52번　　　　　　仇伐阿那舌只稗石[37]

2007-6번　　　 仇伐末那刀礼奴(앞면) 弥次分稗石(뒷면)

2007-37번　　　仇伐阿那內欣買子(앞면) 一万買稗石(뒷면)

2007-48번　　　丘伐稗石

2016-W66번　　丘伐未那早尸智居伐尺奴(앞면) 能利智稗石(뒷면)

30번　　　　　　夷津支阿那古刀羅只豆支(앞면) 稗(뒷면)

2006-4번　　　 夷津本波只那公末△稗

2007-304번　　 夷津支城下麥烏列支(負)(앞면) △△△石(뒷면)

2006-17번　　　鄒文村內旦利(魚)

77번　　　　　　湏伐本波居湏智

2007-15번　　　勿思伐 豆只稗一石

2) 성산산성에서 만든 하찰

Ⅳ-597번　　　 正月中比思(伐)古尸次阿尺夷喙(앞면)

　　　　　　　　羅兮落及伐尺幷作前瓷酒四斗瓮(뒷면)

　　　　　　　　'正月에 比思(伐)의 古尸次 阿尺의 夷(무리, 동료)와 喙(部)

---

37) 仇伐은 『삼국사기』 지리지에 현명으로 되어 있으나 7번 仇伐干好律村卑尸稗石에 의해 군명으로 본다.

羅兮落 及伐尺(경위명)이 아울러 前瓷酒 四斗瓮을 만들었다.'

3) 행정촌에서 만든 하찰

해석 불능을 제외하고 30여 개의 단독 행정촌명에서는 모두 행정촌에서 만든 하찰이다. 행정촌에서 만든 하찰은 12번 上莫村居利支稗처럼 단독으로 성촌명만 있는 것이 있고, 28번 古阤伊骨利村阿那衆智卜利古支(앞면) 稗發(뒷면)처럼 군명을 수반하는 경우가 있다.

5. 맺음말

먼저 함안 성산산성 목간에 나오는 지명을 전부 조사해서 표로서 제시하였다. 지명을 仇利伐처럼 군명임을 아는 것도 있지만『삼국사기』지리지에는 나오지 않는 지명이 많았다.

다음으로 함안 성산산성 목간에 나오는 전체 하찰의 지명을 단독 성촌명과 행정촌과 군명+(행정촌명)으로 나누고, 다시 이를 세분하여 제시하였다.

마지막으로 함안 성산산성 하찰 목간의 제작지를 군, 행정촌, 성산산성에서 제작되었다고 보았다.

제8절 함안 성산산성 장부목간의 실체

1. 머리말

　함안 성산산성은 경남 함안군 가야읍 괴산리 조남산에 소재하며 1991년부터 2016년까지 4반세기동안 발굴조사되었다. 목간의 수는 253점으로 집계되었다. 다른 어느 유적보다도 목간의 수가 월등히 많아서 다양하게 연구되어 오고 있다. 당분간 이렇게 목간 수효가 많이 출토되는 유적은 볼 수 없을 것이다.
　먼저 목간의 연대에 대해서는 540년대설, 561년설, 592년설, 7세기 전반설 등이 있다. 다음으로 奴人에 대해서는 사노비설, 피정복민설, 소금생산자설 등이 있다. 군명 다음에 나오는 성촌에 대해서는 행정촌설, 자연촌설이 있다. 성하맥 목간에 대해서는 下자를 동사로 보느냐 아니면 아래에란 뜻의 부사로 보느냐로 크게 2분되고 있다. 지엽적인 문제이긴 하나 及伐尺이란 관등이 경위인지 외위인지도 해결이 안 되고 있다.
　253점의 목간이 함안 성산산성을 최초로 축조할 때의 것인지 아니면 축조가 시작되고 나서 어느 정도 시간이 흐르고 만든 목간인지도 잘 모르고 있다. 함안 성산산성 목간하면 한쪽 끝의 양쪽에 홈이 파져 있어서 하찰이라고 한다. 반면 함안 성산산성 목간 가운데 역역 목간인 69번과 70번의 쌍둥이 목간에서는 千竹利라고만 나오고, 한쪽 끝의 양쪽에 홈이 있으나 하찰로는 부를 수 없다. 이런 예가 49점이나 된다고 한다. 중요한 것은 성산산성 목간에서 253점의 목간이 축성의 시작과 더불어 만든 것인가 아니면 축성이 되고 나서 시간이 흐르고 나서 부족분을 보충하기 위해서

제8절 함안 성산산성 장부목간의 실체 253

만든 것인가 하는 점이다.

여기에서는 먼저 하찰설을 검토하겠다. 다음으로 역역 목간의 자료를 제시하겠다. 다음으로 역역 보충에 대해 살펴보고, 그 다음으로 공진물의 보충에 대해 살펴보겠다. 마지막으로 목간의 제작 시기에 대해 살펴보겠다.

2. 荷札說의 검토

신분증설,[1] 명적설,[2] 하찰설[3] 등이 나왔다. 이 하찰설에서는 목간이 출발지에서만 만들어졌다고 보았다. 첫째로 지명의 한자가 잘못되어 있는 점이 거의 없는 점이다.

20번	古阤伊骨利村△(앞면) 仇仍支稗發(뒷면)
28번	古阤伊骨利村阿那衆智卜利古支(앞면) 稗發(뒷면)
31번	古阤一古利村末那(앞면) 毛羅次尸智稗石(뒷면)
2006-30번	古阤伊骨村阿那(앞면) 仇利稿支稗發(뒷면)
2007-11번	古阤一古利村末那(앞면) 殆利夫稗(石)(뒷면)
2007-14번	古阤一古利村末那仇△(앞면) 稗石(뒷면)
2007-17번	古阤一古利村△~(앞면) 乃兮支稗石(뒷면)
2007-25번	古阤一古利阿那弥伊△久(앞면) 稗石(뒷면)
2007-33번	古阤一古利村末那沙見(앞면) 日糸利稗石(뒷면)
Ⅳ-595	古阤一古利村本波(앞면) 阤ᄒ支 稗發(뒷면)
Ⅴ-163	古阤一古利村本波(앞면) 阤ᄒ只稗發(뒷면)

---

1) 김창호,「함안 성산산성 출토 목간에 대하여」『함안 성산산성』Ⅰ, 1998.
2) 김창호, 앞의 논문, 1998.
3) 平川 南,「함안 성산산성 출토 목간」『함안 성산산성 출토목간의 내용과 성격』, 1999.

古阤 목간은 모두 앞면과 뒷면의 양면으로 되어 있다. 가장 흥미로운 점은 古阤 목간에서만 나오는 一古利村과 伊骨利村은 동일한 촌명인지 여부이다. 우선 2006-30번 목간의 伊骨村은 伊骨利村에서 利자가 빠진 동일한 촌명이다. 古阤에서만 一古利村과 伊骨利村은 음상사이므로 동일한 지명으로 판단된다.[4]

仇伐(7번, 52번, 2007-6번, 2007-12번, 2007-37번)과 丘伐(2007-48번, 2016-W66번), 仇利伐(5번 등 다수)과 丘利伐(2016-W89번)을 제외하면 음만으로 동일한 지명을 표기한 예가 없다. 이는 남산신성비 제2비(阿旦兮村과 阿大兮村, 沙刀城과 沙戶城, 久利城과 仇利城이 크게 차이가 있음)의 14명 인명 표기 차이보다 함안 성산산성의 229명 인명 표기가 그 차이가 적다. 함안 성산산성에서는 一古利村이 伊骨利村으로 나오고 나머지 4예는 음은 같고 한자가 틀릴 뿐이다. 이렇게 정확한 한자로 지명을 적는 것은 성산산성에서 목간을 제작했기 때문으로 보인다. 그렇지 않고 각 지방에서 제작되었다면 本波, 阿那, 末那 등의 지명이 같을 수가 없다. 따라서 목간은 성산산성에서도 제작되었다고 본다.

둘째로 유사쌍둥이 목간 4점의 예를 들 수 있다.

    2006-7번   買谷村古光斯珎于(앞면) 稗石(뒷면)
                   '買谷村의 古光과 斯珎于가 낸 稗 1石이다.'

    2007-61번   買谷村物礼利(앞면) 斯珎于稗石(뒷면)
                   '買谷村의 物礼利와 斯珎于가 낸 稗 1石이다.'

    2007-23번   及伐城文尸伊稗石
                   '及伐城의 文尸伊가 낸 稗 1石이다.'

    2007-24번   及伐城文尸伊鳥伐只稗石
                   '及伐城의 文尸伊와 鳥伐只가 낸 稗 1石이다.'

---

4) 동일한 지명이 아니면 목간이 성산산성에서 제작되었다는 입론은 더 설득력을 갖게 된다.

斯珎于의 경우다. 斯珎于는 2006-7번 목간에서는 古光과 2007-61번 목간에서는 物礼利와 각각 공진물을 함께 내고 있다. 이 경우 斯珎于는 산지에서 稗石을 낸다고 목간을 만들었다면 독립되게 斯珎于만의 목간이 있어야 된다. 2007-23번과 2007-24번의 목간에서 文尸伊는 공통적으로 나와서 쌍둥이 목간이 아닌 유사쌍둥이 목간이다. 이 경우 文尸伊의 공물이 양분된 점이 주목된다. 文尸伊의 공진물이 稗石을 초과하기 때문으로 볼 수 있다. 이는 목간이 성산산성에서 제작되었다는 근거가 된다.

셋째로 산지의 달이 나오는 목간을 통해서 목간의 산지를 추정할 수 있다.

Ⅴ-164번　　三月中鐵山下麥十五斗(앞면) 王私△阿礼村波利足(뒷면)
　　　　　　'三月에 鐵山 下의 麥 十五斗를 王私(땅 이름)인 △阿礼村의 波利足이 낸 것이다.'

三月에 보리는 나오지 않는다. 보리는 양력 6월에 생산된다. 따라서 음력 3월과 보리의 공진과는 관계가 없다. 그래서 三月[양력 4월]에 보리를 정확하게 양을 정하여 공진물을 적을 수 있는 것은 보리의 생산지가 아닌 소비지인 함안 성산산성으로 판단된다.

넷째로 왕경인과 지방민이 한 목간에 나오므로 왕경에서 작성했는지, 지방에서 작성했는지를 알 수 없다.

Ⅳ-597번　　正月中比思(伐)古尸次阿尺夷喙(앞면)
　　　　　　羅兮落及伐尺幷作前瓷酒四斗瓮(뒷면)
　　　　　　'正月에 比思(伐)의 古尸次 阿尺의 夷(무리, 동료)와 喙(部) 羅兮落 及伐尺(경위명)이 아울러 前瓷酒 四斗瓮을 만들었다.'

이 목간의 比思(伐)의 古尸次 阿尺의 동료와 喙(部) 羅兮落 及伐尺(경위명)

이 함께 나와서 어디에서 목간을 작성했는지 알 수 없어서 성산산성에서 목간이 작성되었다고 보는 쪽이 타당할 것이다.

다섯째로 목간에 구멍이 있거나 홈이 파여 있을 경우도 荷札에서만 필요한 것이 아니라 역역 목간에서도 필요하다. 이 경우 목간에 구멍이 없거나 홈이 파여 있지 않을 경우도 쉽게 그 이유를 해결할 수 있다.

여섯째로 양쪽에 홈이 파져 있고 목흔이 전혀 없는 2006-34번과 같은 이른바 예비용 목간이 성산산성에서 발견되었다. 긴 직사각형(일본 용어 : 단책형)의 미사용 목간이 있는 점이다. 2007-I처럼 하단부가 완형인데, 삼각형의 홈이 파여있지 않다. 이는 위의 목간들이 성산산성에서 제작된 것이지 생산지에서 만들어져서 예비용으로 가져올 이유가 없는 것이다.

일곱째로 목간이 출토된 동문지 부근의 내부 저습지에서 미완성의 목제품 및 많은 목재 찌꺼기[治木片]들이 두껍게 압착되어 있던 현장 상황이다. 계속해서 묵서용 붓, 목간 등을 제작하기 위하여 原木을 治木하거나 묵서의 지우개로 사용한 것으로 추정되는 刀子 및 그 칼집, 도자의 자루 부분, 묵서용 붓 등이 보고되었다는 점이다.

여덟째로 2016-W104의 沙喙部負나 Ⅳ-597의 喙(部) 羅兮落 及伐尺(경위명)이 나와서 6부인도 목간을 만들어서 가지고 왔다고 생각되지 않는 점이다.

아홉째로 47점의 역역 목간에도 69번 목간과 70번 목간의 千竹利처럼 목간의 위의 양쪽에 홈이 파져 있다는 점이다.

이상과 같은 9가지의 이유에서 함안 성산산성 목간이 성산산성에서도 제작되었다고 추정하고, 쌍둥이 목간에 의해 공물의 생산지에서도 목간을 만들었다고 추정하는 바이다.

7쌍의 쌍둥이 목간에서 보면 글씨체가 다 다르다. 그래서 출발지에서 목간이 최초로 만들어지고 나서, 도착지인 성산산성에서도 만들어지는 것으로 해석했다. 출발지에서 만든 공진물의 목간과 역역 목간은 역역의 사람과 함께 하고, 공진물 목간도 공진물과 함께 한다. 새로 성산산성에서 만든 목간은 일을 주관하는 사람이 장부로 쓰는 장부 목간이다. 현재 우리가 보고서 공부를 할 수 있는 목간은 하찰이 아니고 장부 목간이다.

3. 역역 목간의 자료 제시

공진물인 米, 麥, 稗, 술, 고기 등을 수반하지 않고, 인명만 나오는 목간을 먼저 제시하면 다음과 같다.

    1(232)번   仇利伐/上彡者村(앞면) 乞利(뒷면)

                  '仇利伐 上彡者村의 乞利이다.'

    3(222)번   仇利伐/上彡者村波婁

                  '仇利伐 上彡者村의 波婁이다.'

    4번   仇利伐/仇失了一伐/尒利△支

                  '仇利伐의 仇失了 一伐과 尒利△支이다.'

    6(226)번   王私烏多伊伐支乞負支

                  '王私(땅 이름) 烏多(군명) 伊伐支(행정촌명)의 乞負支이다.'

    10(225)번   甘文本波居村旦利村伊竹伊

                  '甘文의 本波(땅 이름)인 居村旦利村의 伊竹伊이다.'

    14(242)번   大村伊息智一伐

                  '大村의 伊息智 一伐이다.'

    15(241)번   ~家村△毛△

                  '~家村의 △毛△이다.'

    22(240)번   夷津支斯尒利知

                  '夷津支의 斯尒利知이다.'

    23(224)번   ~△知上干支

                  '~△知 上干支이다.'

34(007)번   仇利伐/上彡者村 波婁
          '仇利伐 上彡者村의 波婁이다.'

39(012)번   鄒文比尸河村尒利牟利
          '鄒文 比尸河村의 尒利牟利이다.'

43(016)번   陽村文尸只
          '陽村의 文尸只이다.'

46(019)번   (乃)日城鄒(選)△△支
          '乃日城의 鄒選△△支이다.'

53(025)번   大村主舡麥
          '大村의 村主인 舡麥이다.'

54(026)번   鄒文△△村△夲石
          '鄒文의 △△村의 △夲石이다.'

64(035)번   小伊伐支△△(앞면) ~石(뒷면)
          '小伊伐支의 △△~石이다.'

68(038)번   居珎只ᄼ支~
          '居珎只ᄼ支~이다.'

69(039)번   千竹利
          '千竹利이다.'

70(040)번   千竹利
          '千竹利이다.'

76(045)번   ~伐 夫知居兮~
          '~伐의 夫知居兮이다.'

77(046)번   湏伐夲波居湏智
          '湏伐 夲波(땅 이름)의 居湏智이다.'

78(047)번   ~△村 伐生尒支
          '~△村의 伐生尒支이다.'

81(050)번   ~伊智支石

'~伊智와 支石이다.'

84(053)번　　~蒜尸支

'~의 蒜尸支이다.'

86(055)번　　~密鄒加尒支石

'~의 密鄒加와 尒支石이다.'

89(058)번　　~于利沙△

'~의 于利沙△이다.'

2006-3번　　阿利只村(阿)那△△(앞면) 古十△△刀△△(門)(뒷면)

'阿利只村의 (阿)那(땅 이름)의 △△古十△의 △刀△△(門)이다.'

2006-25(081)번　　王私烏多伊伐支卜㷋

'王私(땅 이름) 烏多(군명) 伊伐支(행정촌)의 卜㷋이다.'

2007-10(099)번　　古阤新村局(斤)△利(앞면) 沙礼(뒷면)

'古阤 新村의 局(斤)△利와 沙礼이다.'

2007-19(108)번　　赤城△△△羅石

'赤城의 △△△羅石이다.'

2007-20(109)번　　仇利伐/~智

'仇利伐의 ~智이다.'

2007-21(110)번　　~豆留只(一伐)

'~의 豆留只(一伐)이다.'

2007-39(128)번　　眞村△△△△

'眞村의 △△△△이다.'

2007-50번　　一△△刀村△文△二△(앞면) 仇△△(뒷면)

'一△△刀村의 △文△二와 △仇△△이다.'

2007-51(140)번　　~前△谷支

'~의 前△谷支이다.'

2007-52(141)번　　鄒文(前)那牟只村(앞면) 伊△(習)(뒷면)

'鄒文의 (前)那牟只村의 伊△(習)이다.'

2007-56(145)번　屈斯旦(利)今部牟者足△

'屈斯旦利와 今(部)牟者足△이다.'

2007-57(146)번　古阤本波豆物烈智△(앞면) 勿大兮(뒷면)

'古阤 本波(땅 이름)의 豆物烈智와 △勿大兮이다.'

2008-G(154)번　~△牟知~(앞면) △(뒷면)

'~의 △牟知~이다.'

2007-370(164)번　卒史△於勞尸兮

'卒史△의 於勞尸兮이다.'

Ⅳ-574번　甘文(非)△大只伐支原石

'甘文의 (非)△大只와 伐支原石이다.'

Ⅳ-575번　△△伐村△

'△△伐村의 △이다.'

Ⅳ-581(168)번　仇賓村甘斯(앞면) ~(뒷면)

'仇賓村의 甘斯~이다.'

Ⅳ-594(180)번　㝡盖奈△~

'㝡盖의 奈△~이다.'

Ⅴ-167번　~村△△(智上)(앞면) △△△(뒷면)

'~村의 △△(智)와 (上)△△△이다.'

Ⅴ-173(198)번　~吾礼△只公

'~의 吾礼△只公이다.'

2016-W62(209)번　仇利伐/上彡者村△△△△

'仇利伐 上彡者村의 △△△△이다.'

2016-W67(208)번　~△身礼豆智

'~△의 身礼豆智이다.'

역역과 관련되는 목간은 모두 49점이다. 이들 가운데 2쌍의 쌍둥이 목간이 있어서 목간의 수효는 47점이다. 4번의 2명, 2007-10번의 2명, 2007-50번의 목간의 2명을 계산하면 역역 인원은 총 50명이다. 쌍둥이 목간은 13번 仇利伐/上彡者村波婁와 34번 仇利伐/上彡者村 波婁, 69번 千竹利와 70번 千竹利가 있다. 이 가운데 千竹利는 집도 절도 없이 인명뿐이다. 아마도 浮浪者로 보인다.

仇利伐 목간에서 역역과 관련되는 인원이 가장 많다. 4번 목간은 仇利伐郡의 소속이고, 인원수는 2명이다. 1번 목간과 3번(34번과 쌍둥이 목간) 목간과 2016-W62 목간은 모두 仇利伐의 上彡者村 출신이다. 모두가 역역에 동원되었다. 6 王私烏多伊伐支乞負支와 2006-25 王私烏多伊伐支卜烋와 같이 이들 王私 목간은 같은 행정촌에서 두 명이 나오는 유일한 예가 된다.

4. 역역 보충

역역 목간에서 한 목간에 인명이 두 명인 예를 들면 다음과 같다.

4번　　　　仇利伐/仇失了一伐/尒利△支
　　　　　'仇利伐의 仇失了 一伐과 尒利△支이다.'
2007-10번　古阤新村局(斤)△利(앞면) 沙礼(뒷면)
　　　　　'古阤 新村의 局(斤)△利와 沙礼이다.'
2007-50번　一△△刀村△乂△_△(앞면) 仇△△(뒷면)
　　　　　'一△△刀村의 △文△二와 △仇△△이다.'

4번 목간은 두 명이 한 목간 안에 있는 것이 분명하다. 왜 그렇게 했을까? 尒利△支가 역역을 기피하려고 해서 仇失了 一伐이 맡아서 억지로라도 성산산성으로 가게 했을까? 나머지 2명도 마찬가지로 보인다.

이들 50명의 역역 인원은 두 개의 집단밖에 되지 않아서 역역이 처음으로 시행되는 때의 것은 아니다. 처음 시작할 때라면 적어도 2,400명이상의 역역하는 사람이 필요할 것이다. 남산신성비에서 남산신성의 총연장 길이인 2,800餘步를 受作 거리인 제1·2·3·9비의 평균인 11步四尺으로 나누면 240개 이상의 집단이 된다. 함안 성산산성에서 남산신성의 절반이라고 해도 120개의 집단이 필요하고, 1개 집단에 20명이 필요하다고 해도 2,400명 이상이 필요하다. 역역 인원 50명은 전체 2,400명의 2.08%에 지나지 않는다. 50명의 인원으로 축성을 한다는 것은 꿈도 꾸지 못할 것이다. 그런데 50명 이외에 더 목간이 발굴되어서 나왔더라도 그 양은 현재 목간의 2배로 보더라도 100명밖에 되지 않는다. 100명으로 축성은 불가능하다. 따라서 50명의 역역 인원은 최초의 축성 작업시의 인원이 아니라 결원이 생겨서 보충하는 인원으로 해석할 수밖에 없다.

5. 공진물의 보충

공진물로 내는 품목으로서는 쌀, 보리쌀, 피, 술, 물고기 등이 있다. 이 가운데에서 함안 성산산성 목간에 나오는 공진물로는 稗가 가장 많다. 米가 3점, 麥이 14점, 稗類가 83점이다. 稗類는 稗石이 46점, 稗가 27점, 稗一이 3점, 稗一石이 2점이나 모두 稗一石이란 뜻으로 보인다. 그 외에 稗發도 5점이 있다. 전체 83%로 압도적으로 稗類가 많다.

공진물을 받을 때 쌀, 보리쌀, 피 가운데 어느 것을 내도 좋으니 1석만을 내라는 공문이 있었지 싶다. 그렇지 않고서 어떻게 피를 가장 많이 낼 수가 있을까? 함안 성산산성을 축조할 때를 전후하여 흉년이 들어서 그렇지 싶다. 가뭄이 들면 논에는 벼 대신에 피를 심어야 한다. 피는 쌀이나 보리쌀에 비해서 그 가격이 훨씬 싸다. 쌀, 보리쌀, 피를 모두 합쳐도 100석이 될 뿐이다. 100석으로서는 현재의 10말 1석의 단위로는 장정 1,000명이 한 달 먹을 식량밖에 되지 않는다. 공진물도 모자라는 식량을 보충하기 위한 것으로 해석된다.

이 石이란 단위가 얼마를 가리키는지를 함안 성산산성에서 나온 목간을 통해서 검토해 보기로 하자.

2007-45번　　甘文城下(麥)米十一(斗)石(喙)大村卜只次持去
V-164번　　　三月中鐵山下麥十五斗(앞면) 王私△河礼村波利足(뒷면)
V-165번　　　甘文(城)下麥十五石甘文(앞면) 本波加本斯(稗)一石之(뒷면)
2016-W94번　甘文城下麥十五石甘文本波(앞면) 伊次只去之(뒷면)
2016-W116번　小南兮城麥十五斗石大村~

이상의 5개 목간에서 곡식 麥을 표기하는 데에 특이하다. 2007-45번 甘文城下(麥)米十一(斗)石(喙)大村卜只次持去에서 (麥)米十一(斗)石에서 보면 11두가 1섬이다로 해석된다. 2016-W116번 小南兮城麥十五斗石大村~은 麥十五斗石에서 보리쌀 15말이 1섬이다가 된다. V-164번 三月中鐵山下麥十五斗(앞면) 王私△河礼村波利足(뒷면)에서 麥十五斗이지만 보리쌀 15말이 1섬이다가 된다.[5] V-165번 甘文(城)下麥十五石甘文(앞면) 本波加本斯(稗)一石之(뒷면)와 2016-W94번 甘文城下麥十五石甘文本波(앞면) 伊次只去之(뒷면)에서 두 목간에 나오는 15섬을 그대로 15섬으로 보기도 하지만,[6]

---

5) 稗一石, 稗石, 稗一, 稗는 모두 稗一石과 같은 뜻인 피 한 섬으로 보이고, 稗發은 피 1바리란 뜻이고 피 1섬이라는 뜻으로 古陁(안동)에서 성산산성까지 피 1섬을 소에다 싣고 왔다 간 것으로 해석된다. 稗發 목간은 각 지역에서 내는 공진물의 운반비용을 국가가 아닌 공진물을 내는 개인이 부담하는 것으로 보인다고 해석할 수 있는 근거가 된다. 稗發은 2006-30(089). 古陁伊骨村阿那(앞면) 仇利稿支稗發(뒷면)에서와 같이 古陁의 5점이 있으나 그 수량의 표시는 없다. 아마도 稗發은 피 1석을 뜻하는 것으로 보인다. 이렇게 되면 쌀 1석, 보리쌀 1석, 피 1석이 뇌시 않는 유일한 예로 2007-44번 夷津支城卜麥土私巴珎兮村(앞면) 弥次二石(뒷면) 이는 '夷津支城(군명) 아래의 보리를 王私(땅 이름)인 巴珎兮村(행정촌명) (행정촌인 파진혜촌을 대표해서) 弥次(인명)가 낸 2石이다'가 되어 유일하게 2석으로 나온 예이다. 아마도 보리쌀 2석은 1석을 잘못 쓴 것으로 보인다.
6) 김창석, 「함안 성산산성 목간을 통해 본 신라의 지방사회 구조와 수취」 『백제문화』

斗자가 생략되었다고 해석해서 15두 1섬의 뜻으로 볼 수가 있을 것이다.[7] 여기에서는 15말이 1석인 것으로 해석해 보자. 성산산성의 공진물을 내야 되는 200명이 낸 200석은 3,000말이 된다. 이는 함안 성산산성 인부의 추정 수인 2,400명의 2개월분[8] 식량도 되지 않는다. 따라서 성산산성에 나타난 공진물도 보충을 위한 것이고, 최초의 공진물과는 차이가 있었을 것이다. 그 차이가 공진물의 품목에서 피가 압도적으로 많다는 점이다. 최초의 공진물에서는 쌀이 압도적으로 많았을 것이다.

6. 목간의 제작 시기

함안 성산산성 목간의 제작 시기에 대해서는 540년대설, 561년설, 592년설, 7세기 전반설 등이 있다.[9]

성산산성의 목간 연대를 결정할 차례가 되었다. 大舍下智만의 예로 볼 때에는 영천청제비 병진명에서는 大舍苐로 나오기 때문에, 병진명의 작성 연대인 536년을 소급할 수가 있다. 干支로 끝나는 외위로는 봉평비(524년)에서 下干支로, 적성비(545년이나 그 직전)에서도 下干支, 撰干支로, 명활산성비(551년)에서 下干支로 각각 나오고 있다. 大舍下智로 보면 545년 이전으로 볼 수가 있다. 干支로 끝나는 외위 때문에 무조건 연대를 소급시켜 볼 수도 없다. 及伐尺으로 보면, 及伐尺干支에서 干支 또는 干이란 단어조차 탈락되고 없어서, 그 유사한 예조차도 찾기 어렵다. 及伐尺이 신라 경위에는

54, 160쪽.
7) 홍승우, 「함안 성산산성 목간의 물품 기재방식과 성하목간의 서식」, 『목간과 문자』 21, 2018, 88~89쪽 ; 하시모토 시게루, 「함안 성산산성 목간의 왕사와 성하맥」, 『신라사학보』 54, 2022, 214~215쪽.
8) 한 달에 쌀이나 보리쌀이나 피를 절약해서 먹으면 한 말을 먹는다고 보았다.
9) 이주현, 「함안 성산산성 부엽층과 출토유물의 검토」, 『목간과 문자』 14, 2015, 55쪽.

없는 관등명으로 그 시기를 늦게 잡으면 신라의 경위명의 완성 시기도 늦게 잡아야 된다. 그래서 그 연대를 阿尸良國(안라국)의 멸망이나 금관가야의 멸망인 532년을 소급할 수가 없다. 524년의 봉평비를 통해 볼 때 干支란 경위명을 제외하고, 경위 17관등이 거의 완성되었음을 알 수 있다. 따라서 성산산성 목간 연대를 늦게 잡아도 법흥왕의 마지막 재위 시기인 539년으로 볼 수 있다.10) 『삼국사기』 권34, 잡지3, 지리1, 康州 咸安조에 咸安郡 法興王 以大兵 滅阿尸良國 一云阿那加耶 以其地爲郡이11) 중요한 근거이다. 阿那加耶(안라국)은 고령에 있던 대가야와 함께 후기 가야의 대표적인 나라이다.12) 그런 안라국에13) 대한 신라의 관심은 지대했을 것이다. 성산산성은 539년 안라국(아나가야)이 멸망되자마자 신라인에 의해 석성으로 다시 축조되었다. 신라의 기단보축이란 방법에14) 의한 성산산성의

---

10) 왕흥사 목탑 사리공에서 출토된 청동사리합 명문에 丁酉年이란 연간지가 나와 577년이란 절대 연대를 갖게 되었다. 왕흥사 목탑(왕흥사란 가람)은 『삼국사기』 권27, 백제본기 5, 무왕조에 무왕 1년(600)~무왕 35년(634) 사이에 건립된 것으로 되어 있어서 문헌을 믿을 수 없게 한다. 또 봉평비(524년)에 나오는 悉支軍主는 그 때에 州治가 三陟이라고 문헌에는 없고, 광개토태왕비(414년), 중원고구려비(449년 이후), 집안고구려비(491년 이후), 김창호, 「집안고구려비를 통해 본 麗濟王陵 비정 문제」 『考古學探究』, 2015), 중성리비(441년), 냉수리비(443년), 봉평비(524년), 적성비(545년 직전), 창녕비(561년), 북한산비(567년), 마운령비(568년), 황초령비(568년)의 건립에 대해서도 문헌에는 없다. 따라서 함안 성산산성 출토 목간의 제작 시기를 『일본서기』에 의한 방법론은 문제가 있다고 판단된다. 곧 『일본서기』 권19, 欽明日王 22년(561)에 나오는 故新羅築於阿羅波斯山 以備日本이란 구절과 『日本書紀』 19, 欽明紀 23년(562)조의 挾注로 인용되어 있는 一本에 任那가 전부 멸망했다는 기사를 토대로 560년을 安羅의 멸망 시점 또는 그 하안으로 본 것에 기인하는 점 등에 근거해 성산산성 목간의 상한 연대를 560년으로 보는 것이다.
11) 조선초에 편찬된 편년체 사서인 『東國通鑑』에서는 安羅國(阿尸良國)의 신라 통합 시기를 구체적으로 법흥왕 26년(539)이라고 하였다. 이는 고뇌에 찬 결론으로 판단된다. 법흥왕의 제삿날은 음력으로 539년 7월 3일이다.
12) 전기 가야를 대표하는 나라로는 고령에 있었던 대가야와 김해에 있었던 금관가야를 들 수가 있다.
13) 414년에 세워진 광개토태왕비의 永樂9年己亥(399)조에도 任那加羅(金官伽倻)와 같이 安羅人戍兵이라고 나온다. 安羅人戍兵의 安羅는 함안에 있었던 安羅國(阿羅加耶)을 가리킨다.

석성 축조는 540년경으로 볼 수 있다.15)

『삼국사기』권40, 잡지9, 직관하, 무관조에 나오는 '十停 (或云三千幢) 一曰音里火停 二曰古良夫里停 三曰居斯勿停 衿色靑 四曰參良火停 五曰召參停 六曰未多夫里停 衿色黑 七曰南川停 八曰骨乃斤停 衿色黃 九曰伐力川停 十曰伊火兮停 衿色綠 並眞興王五年置'라는 기록의 召參停이 함안 성산산성이므로 561년설은 543년에 召參停이 설치되었다는 사실과 모순되고, 及伐尺이란 경위가 545년 적성비에서는 없었다는 것과 모순된다. 따라서 성산산성의 목간은 울주 천전리서석 추명에서 법흥왕이 540년이 아닌 539년에 죽어서 소삼정의 설치는 543년이 되어 함안 성산산성의 축조는 540~542년이다.

7. 맺음말

먼저 하찰설에 대해 검토하였다. 253점의 목간은 49점의 역역 목간과 200점 가량의 하찰 목간으로 나누어진다. 목간은 출발지인 행정촌이나 군에서 한번 작성되고 또다시 도착지인 성산산성에서도 작성된다. 출발지에서 작성된 목간은 공진물과 역역인과 함께 하고, 도착지에서 작성된 목간은 성산산성의 관리가 장부목간으로 사용하다가 동문지 근처에 버려서 우리가 볼 수 있게 되었다.

다음으로 역역과 관련되는 목간은 모두 49점이다. 이들 가운데 2쌍의 쌍둥이 목간이 있어서 목간의 수효는 47점이다. 4번의 2명, 2007-10번의

---

14) 석성 축조에 있어서 基壇補築은 外壁補强構造物, 補築壁, 補助石築, 城外壁補築 등으로도 불리며, 신라에서 유행한 석성 축조 방식이다. 경주의 명활산성, 보은의 삼년산성, 충주산성, 양주 대모산성, 대전 계족산성, 서울 아차산성, 창녕 목마산성 등 신라 석성의 예가 있다.
15) 성산산성에서 출토된 목제 유물의 방사선탄소연대 측정 결과는 박종익, 「咸安 城山山城 發掘調査와 木簡」 『韓國古代史硏究』 19, 2000, 10쪽에서 방사선탄소연대 측정 결과를 1992년에는 270~540으로, 1994년에는 440~640년으로 각각 나왔다. 이경섭, 앞의 논문, 2004, 216쪽에 따르면, 270~540년, 440~640년이라고 한다.

2명, 2007-50번의 목간의 2명을 계산하면 역역 인원은 총 50명이다. 쌍둥이 목간 가운데 하나인 69번과 70번 목간의 千竹利 목간은 집도 절도 없이 千竹利란 인명만 나오고 있는데, 이는 浮浪者로 보인다.

다음으로 역역 인원 50명은 전체 역역 인원 2,400명의 2.08%에 지나지 않는다. 50명의 인원으로 축성을 한다는 것은 꿈도 꾸지 못할 것이다. 그런데 50명 이외에 더 목간이 발굴되어서 나왔더라도 그 양은 현재 목간의 2배로 보더라도 100명밖에 되지 않는다. 100명으로서 축성은 불가능하다. 따라서 50명의 역역 인원은 최초의 축성 작업시의 인원이 아니라 결원이 생겨서 보충하는 인원으로 해석할 수밖에 없다.

그 다음으로 목간에 나오는 15말이 1석인 것으로 해석해 보자. 200명이 낸 쌀, 보리쌀, 피의 합계인 200석은 3,000말이 된다. 이는 함안 성산산성의 추정 인부의 수인 2,400명의 2개월분의 식량도 되지 않는다. 따라서 성산산성에 나타난 공진물도 보충을 위한 것이고, 최초의 공진물과는 차이가 있었을 것이다.

마지막으로『삼국사기』권34, 잡지3, 지리1, 康州 咸安조에 咸安郡 法興王 以大兵 滅阿尸良國 一云阿那加耶 以其地爲郡과『삼국사기』권40, 잡지9, 직관하, 무관조에 나오는 十停 (或云三千幢) 一曰音里火停 二曰古良夫里停 三曰居斯勿停 衿色靑 四曰參良火停 五曰召參停 六曰未多夫里停 衿色黑 七曰南川停 八曰骨乃斤停 衿色黃 九曰伐力川停 十曰伊火兮停 衿色綠 並眞興王五年置 라는 기록의 召參停이 543년에 설치되었고, 539년에 안라국이 신라에 통합되었다고 하므로 召參停인 성산산성은 540~542년에 죽조되었고, 이때가 목간의 제작 시기이다.

제9절 함안 성산산성 목간의 용도에 관하여

1. 머리말

함안 성산산성 목간은 1998년 27점의 목간이 공개되었다.[1] 2004년『韓國의 古代木簡』을[2] 간행하면서 116점의 목간이 보고되었다. 단일 유적에서는 가장 많은 목간이 나왔다. 2006~2008년까지의 목간 152점이 공개되었다.[3] 그때까지의 목간을 집성하여『韓國木簡字典』까지 나왔다.[4] 2017년에도 목간이 공개되고 있다.[5] 현재까지 253점의[6] 목간이 나왔다. 단일 유적에서는 가장 많은 목간이 출토되었고, 그 내용도 가장 풍부하다.

---

1) 김창호,「咸安 城山山城 出土 木簡에 대하여」『咸安 城山山城』I, 1998. 글자가 판독될 수 있는 목간은 모두 24점이다.
2) 국립창원문화재연구소,『韓國의 古代木簡』, 2004.
3) 이경섭,「성산산성 출토 신라 짐꼬리표[荷札] 목간의 地名 문제와 제작 단위」,『신라사학보』23, 2011, 536쪽에 따르면, 2006~2007년에 116점, 2008년에 36점이 각각 출토되었다고 한다.
4) 국립가야문화재연구소,『韓國木簡字典』, 2011. 여기에서는 성산산성에서 나온 224점의 목간이 수록되어 있다.
5)『경향신문』, 2017년 1월 4일자. 23점의 목간이 새로 발굴했다고 한다. 1점 사면 목간은 그 내용이 신문을 통해 알려졌다.
6) 지금까지 공개된 목간에서 보면, 윤선태,「한국 고대목간의 연구현황과 과제」『신라사학보』38, 2016, 392쪽에서 310점(?)이 나왔다고 하였고, 2017년 1월 4일에 23점이 공개되어 함안 성산산성에서 출토된 목간의 총수는 2017년 1월 4일 현재 333점 가량 된다. 국사편찬위원회 한국사데이트베이스에 따르면 목흔이 있는 것과 제첨축을 포함하여서 글자가 있는 목간의 수는 282점이다. 여기에서는 글자가 적힌 253점을 대상으로 한다. 국사편찬위원회 한국사데이터베이스에서는 282점이라고 한다. 245점이란 점수는 잘못된 것이다. 253점이 정확하다.

함안 성산산성 목간의 연구는 1999년 11월 〈함안 성산산성 출토 목간의 내용과 성격〉이란 제목으로 국제학술회의가 열려 국제화가 되었다.7) 그 동안의 연구 성과를 정리한 논문도 나왔다.8) 그 개요는 대체로 560년경에 작성되었으며, 荷札이라는 것이다. 하찰설의 주요한 근거는 목간 머리 쪽의 양쪽에 홈이 파져 있는데 근거하고 있다. 이는 일본학계의 7~8세기 목간에서 얻은 결론으로 우리 목간에도 그대로 적용될 수 있을지 의문이다. 함안 성산산성 목간은 100년이나 빠른 6세기경의 것이기 때문이다. 함안 성산산성 목간은 신라사 연구에서 일급 사료인 1차 자료로 그 중요성은 새삼 재언을 요하지 않는다. 성산산성 목간의 최초 보고자로서9) 경험을 살려서 그 잘못된 점을10) 바로 잡고, 성산산성 목간연구에 대해 조그마한 디딤돌이라도 만들고자 하는 가벼운 마음이다.11)

여기에서는 먼저 선학들의 연구를 살펴보고, 다음으로 하찰설에 대해서 살펴보겠다. 그 다음으로 명적설에 대해서 살펴보겠다. 마지막으로 7점의

---

7) 한국고대사학회, 「함안 성산산성 출토 목간의 내용과 성격」(국제학술회의 발표요지), 1999. 여기에 실린 글들은 수정 보완되어 한국고대사학회, 『한국고대사연구』 19, 2000에 재수록되어 있다.

8) 이용현, 「咸安 城山山城 出土 木簡」『한국의 고대목간』, 2004 ; 이경섭, 「함안 성산산성 출토 목간의 연구현황과 과제」『신라문화』 23, 2004 ; 전덕재, 「함안 성산산성 출토 목간의 연구현황과 쟁점」『신라문화』 31, 2008 ; 이경섭, 「함안 성산산성 출토 신라목간의 흐름과 전망」『목간과 문자』 10. 2013 ; 橋本 繁, 「韓國·咸安城山山城木簡研究の最前線」『古代文化』 70-3, 2018.

9) 김창호, 앞의 논문, 1998.

10) 김창호, 앞의 논문, 1998에서 잘못된 점은 다음과 같다. 먼저 稗一과 稗石을 彼日이란 외위명으로 보는 등 목간 해석에 잘못을 저질렀다. 다음으로 下麥을 下幾로 잘못 판독하여 경북 안동 豊山으로 보아서 지명 비정에 혼란을 야기시켰고, 이른바 城下麥 목간은 그 숫자가 현재 10예 이상이나 되어 下幾의 판독이 잘못되었고, 下麥의 판독이 정확하였음을 알 수 있다. 그 다음으로 추波를 후에 본둑의 뜻으로 결정이 날 것을 알지 못하고, 성주로 비정하는 잘못을 범했다. 마지막으로 9호 녹간을 竹尸彌牟卜十支稗一(竹尸彌十牟支稗一)로 해석해야 됨을 竹尸△乎干支 稗一로 잘못 읽어서 경위와 미분화된 외위인 干支가 나오는 6세기 전반을 하한으로 하는 이른 시기의 자료로 볼 여지를 남겼다.

11) 함안 성산산성 목간은 학술대회를 한 지 20년이나 지났고, 목간의 발굴 양도 10배가 넘어서 다시 학술대회를 하여 중의를 모을 필요가 있다.

쌍둥이 목간에 대해 살펴보겠다.

2. 지금까지의 연구

우선 함안 성산산성 목간 24점에 대해 稗一, 稗石, 稗를 彼日과 동일한 외위로 보면서 이를 남산신성비의 上人 집단과 동일한 것으로 보았다.[12] 이어서 1999년 11월에 열린 국제학술심포지엄에서 함안 성산산성 목간에 관한 본격적인 논의가 이루어졌다. 여기에서 신라가 안라를 병합한 뒤 지방민을 동원하여 이곳을 축성하고 이후 守城케 하였는데, 이러한 성을 지키는 임무에 동원된 여러 지역 책임자들의 신분증이었다고 보았다.[13] 또 軍籍으로 사용되었던 것으로 보기는 힘들며, 함안 지역을 축성하면서 분야별 책임자들의 인명을 기록한 명부라고 보았다.[14] 또 신라 영내의 여러 지방에서 성산산성으로 가져온 물품에 붙어있던 荷札[짐꼬리표]로 보았다.[15] 성산산성의 군량을 경북지역의 주민이 稗[피]를 貢進할 때의 付札[꼬리표]로 보았다.[16] 이에 비해 秦·漢簡과 비교할 때 名籍 혹은 名簿로 제작되었을 것이라 추정하였다.[17] 결국 심포지엄을 통해 종래 신분증설을 비롯한 명부·명적설과 하찰·물품부착설이 개진되었다.

---

12) 김창호, 앞의 논문, 1998.
13) 박종익, 「함안 성산산성 발굴조사와 목간」, 『함안 성산산성 출토목간의 내용과 성격』(국제학술회의 발표요지), 1999.
14) 주보돈, 「함안 성산산성 출토 목간의 성격」, 『함안 성산산성 출토목간의 내용과 성격』(국제학술회의 발표요지), 1999, 37쪽.
15) 이성시, 「한국 목간연구의 현황과 함안 성산산성 출토의 목간」, 『함안 성산산성 출토목간의 내용과 성격』(국제학술회의 발표요지), 1999, 69쪽.
16) 平川南, 「함안 성산산성출토 목간」, 『함안 성산산성 출토목간의 내용과 성격』(국제학술회의 발표요지), 1999.
17) 謝桂華, 「중국에서 출토된 魏晉代 이후의 漢文簡紙文書槪括」, 『함안 성산산성 출토목간의 내용과 성격』(국제학술회의 발표요지), 1999, 148쪽.

심포지엄이 열린 직후인 1999년 12월에 함안 성산산성 목간을 일부는 稗의 付札, 일부는 축성공사 및 병역과 관련되어 차출된 사람들을 기록하고, 이들의 이동을 보증해 준 役人의 名籍이라고 보았다.[18)
 이 심포지엄의 내용이 2009년 9월 활자화되었다.[19) 심포지엄의 모든 내용이 그대로 나와서 자기 주장을 그대로 강조하고 있다. 함안 성산산성의 목간을 守城관련 책임자의 신분증으로 보고 있으나[20) 같은 목간에서 외위를 가진 자는 극히 적고, 외위가 없는 자가 많은 점이 문제이다. 성산산성 목간을 축성 필요에 의해 작성된 名籍으로 보고 있으나[21) 稗, 麥 등의 곡물이 목간에 적혀 있는 점이 문제이다. 목간을 성산산성에 반입된 稗나 鹽에 부착된 荷札로 보기도 하나[22) 仇利伐/上彡者村波婁처럼 荷物이 없는 목간도 있는 점이 있어서 문제가 된다.
 그 후 2002년 12월에 성산산성에서 추가로 목간 65점이 출토되었다. 이와 거의 같은 시기에 신분증설을 재주장하는 견해가 나왔다.[23) 곧 稗類가 관등명이라고 추정되는 점, 목간이 성산산성 자체 내에서 제작된 것이라는 점을 주요 근거로 하여 일본학자에 의해 주장되었던 荷札說에 반대하고 목간 함안 성산산성 자체에서 만들어진 신분증설을 주장하였다.
 2004년은 목간 연구에 있어서 중요한 해이다. 7월에 국립창원문화재연구소(현 국립가야문화재연구소)에서 『한국의 고대목간』이라는 목간도록을 발간하였다. 여기에서는 한국에서 출토된 목간의 실물 크기의 적외선사진을 싣고 있다. 2017년에는 『한국의 고대 목간Ⅱ』가 출간되어 함안 성산산

---

18) 윤선태, 「함안 성산산성 출토 신라 목간의 용도」, 『진단학보』 88, 1999.
19) 한국고대사학회, 『한국고대사연구』 19, 2000.
20) 박종익, 「함안 성산산성 발굴조사와 목간」, 『한국고대사연구』 19, 2000, 25쪽.
21) 주보돈, 「함안 성산산성 출토목간의 성격」, 『한국고대사연구』 19, 2000, 59쪽.
22) 이성시, 「한국 목간연구의 현황과 함안 성산산성 출토의 목간」, 『한국고대사연구』 19, 2000, 107쪽. 이는 일본식으로 6세기의 한국 목간에는 적용할 수가 없다. 성산산성 목간 중 공진물이 없는 30여 점은 역역 동원에 동원된 사람의 명적이다.
23) 박종익, 「함안 성산산성 목간의 성격검토」, 『한국고고학보』 48, 2002, 152~153쪽.

성 목간 연구의 새 장을 열게 되었다.

3. 하찰설

함안 성산산성의 하찰설은 일인학자에 의해 주장되었다.[24] 7~8세기 목간이 주축을 이루는 일본의 성과를 6세기의 성산산성 목간에 적용할 수 있을지 의문이다. 이 하찰설에서는 목간의 모양에 주목하여 목간에 구멍이 있거나 홈이 파여 있을 경우 이를 모두 移動物에 부착된 것으로 보았다. 또 5(244)번 목간의 마지막 글자를 塩자로 확정하고 稗이외의 공진물을 하나 더 늘였다. 전체적으로 성산산성의 목간은 지명+인명+관등명의 구조가 아니라 지명+인명+관등명+물품명으로, 다시 말해 지명+인명+외위명+물품명+수량으로 구성되고 있는 하찰이라고 하였다.[25]

함안 성산산성 목간의 형상(=모양·형태)과 기재 양식으로 보아 대개가 거의 동일한 성격의 것이며, 物品付札 즉 물품에 붙는 꼬리표라고 하였다.[26] 稗石의 石은 一石의 合字로 稗石은 稗一石으로 해석할 수 있으며, 稗一은 稗一石의 줄인 형태라 하였다. 아울러 공진물 부착에서 물품이 생략되는 예가 일본 목간에서 보이는 점을 들고서 이를 지명+인명+관등명 형식의 목간도 그러한 형식에 속하는 것으로 보았다.

그런데 3(222)번 목간처럼 목간에 구멍이 없거나 홈이 파여 있지 않을 경우에도 荷札로 볼 지가 의문이다. 또 하찰설을 성산산성 목간에 적용할 때 목간에 구멍이 있거나 홈이 파여 있을 때 이외의 근거가 없다. 또 목간에 구멍이 있거나 홈이 파여 있을 때, 목간의 밑에 구멍이 있고,

---

24) 平川 南, 「함안 성산산성 출토 목간」, 『함안 성산산성 출토목간의 내용과 성격』, 1999 ; 이성시, 앞의 논문, 1999.
25) 이성시, 앞의 논문, 2000.
26) 平川 南, 앞의 논문, 1999.

홈이 파인 이유에 대한 설명이 없다.27)

4. 명적설

명적설을 주장하고 있는 것은 최초로 소개된 24점의 함안 성산산성 목간의 내용을 통해 나온 가설로 그 중요한 견해는 다음과 같다.28)

첫째로 함안 성산산성의 인명을 분석해 보면, 왕경인(6부인)은 거의 없고, 지방민만이 나오고 있다.

둘째로 지방민이 갖는 외위는 一伐과 稗石(稗一)뿐이고, 이는 명활산성비·남산신성비와 비교하면 上人집단으로 추정된다.

이는 그 뒤의 새로운 자료의 출현으로 모두 무너진 가설이고,29) 稗石(稗一)을 彼日로 본 것은 이 가설이 안고 있는 치명적인 약점이다. 성산산성의 지방민이 명활산성비·남산신성비의 上人집단과는 전혀 관련이 없다. 명적설은 그 뒤에도 나왔다.30) 여기에서는 다음과 같은 이유를 근거로 명적설을 주장하고 있다.

첫째로 함안 성산산성을 축조하면서 그 분야별 책임자들의 인명표기를 기록한 명부라는 점이다.

둘째로 축성 작업 및 그를 끝내고 난 뒤 작성되었을 비문의 기초 자료로서도 활용되었을 가능성이 크다.

---

27) 하찰설은 성산산성 목간에서 공진물이 없는 목간이 30여 예가 되어서 이는 역역을 위한 명찰로 보인다.
28) 김창호, 앞의 논문, 1998.
29) Ⅳ-597(183).正月中比思(伐)古尸次阿尺夷喙(앞면) 羅兮落及伐尺幷作前瓷酒四斗瓮(뒷면) '止月에 比思(伐)의 古尸次 阿尺의 夷(부리)와 喙(部) 羅兮落 及伐尺(경위명)이 아울러 前瓷酒 四斗瓮을 만들었다.'의 예에서 보면 탁부 출신의 라혜락이 급벌척이란 경위를 가지고 있고, 古尸次 阿尺의 무리와 함께 술을 만들고 있어서 신분증설은 성립될 수가 없다.
30) 주보돈, 앞의 논문, 2000.

셋째로 가장 빈번하게 보이는 仇利伐 출신자들이 동문을 담당했을 가능성이 크다.31)

넷째로 하나의 목간에 2인씩이 기재된 사례도 있어서 개인별로 소지할 수 있는 용도의 것은 아니다. 軍籍과 관련하여 개인이 소지한 것이라면 일시에 한 곳에 폐기될 리가 없을 것이므로 군적용은 아니다.32) 명적설에 대한 다음과 같은 비판이 있다.

첫 번째 견해에서 분야별 책임자의 인명을 기록했다고 하나 축성의 분야별 책임자는 남산신성비의 上人집단으로 대표되지만 성산산성의 목간에는 통설처럼 上人집단이 없어서 문제이다.

두 번째 견해에서 축성 작업 및 그를 끝내고 난 뒤 작성되었을 비문의 기초자료로서도 활용되었을 가능성이 크다고 했으나 성산산성의 전면적인 발굴에도 불구하고 비석은 발견되지 않았다.

세 번째 견해에서 가장 빈번하게 보이는 仇利伐 출신자들이 동문을 담당했을 가능성이 크다고 했으나 그 근거는 제시하지 않고 있다.

네 번째 견해에서 하나의 목간에 2인씩이 기재된 사례도 있어서 개인별로 소지할 수 있는 용도의 것은 아니다라고 했으나 명적이라면 개인별 소유가 원칙이다.

명적설의 근거는 稗石(稗一) 등 稗類가 곡물 이름이 아니라 외위라는 가설에서 출발하였다. 그런데 새로 발굴된 65점의 목간 중 성산산성 72(042)번 목간에는 ~△一伐稗라고 명기되어 있어서 稗類를 더 이상 외위명으로 볼 수가 없다.

또 稗石(稗一) 등 稗類로 끝나는 목간은 荷札(付札)임을 인정하면서 그 이외의 일부 목간에 대해서는 명적으로 파악한 절충설이다.33) 여기에서는

---

31) 仇利伐이 담당한 곳이 동문지 근처로 보는 것은 仇利伐의 목간이 많기 때문으로 보인다. 仇利伐 목간에서는 역역과 관련이 있는 것이 아니라 소금을 공납한 것과 관련되기 때문에 따르기 어렵다.
32) 이용현, 『한국목간기초연구』, 2006.
33) 윤선태, 앞의 논문, 1999.

목간을 A류와 B류로 구분하고, 그 가운데에서 A류가 명적, B류가 荷札이라고 하였다. B류는 稗石(稗一) 등 稗類가 들어있는 목간이고, A류는 그렇지 않은 목간이다. A류의 특징을 다음과 같이 보았다.

첫째로 각 지역에서 성산산성의 축성공사나 병역과 관련하여 차출된 사람들 곧 '役人의 名籍'이다.

둘째로 이후 이 목간은 함안의 관청에서 역이 끝날 때까지 개인 신상 관련의 명부로 활용하다 폐기된 것이다.

그 근거로 다음과 같은 3가지를 들었다.

첫째로 A류 목간이 모두 구멍이나 ∨자홈이 있어 서로 묶고 정리할 수 있는 형태의 것이다.

둘째로 목간의 제작기법·형태·기재양식·필체 등에서 A류를 다시 a·b·c로 구분하여 그 사이의 뚜렷한 지역성을 설정할 수 있다.

셋째로 둘째의 b의 경우 追記가 있어 목간이 이동된 뒤에 함안의 행정관이 이를 재이용되는 과정에서 기록된 것으로 볼 수 있다.

B류 목간이 대개 구멍이나 ∨자홈이 있어 서로 묶고 정리할 수 있는 형태의 것이 문제이고, 이들 목간은 함안의 관청에서 역이 끝날 때까지 개인 신상 관련의 명부로서 활용하다 폐기된 것이라고 한다면 동문지 밖의 습지에서 일괄 유물로 발굴되는 이유를 알 수 없다. A류와 B류로 나누는 것은 그 분류 자체가 잘못된 것이다. A류를 稗類가 들어있는 목간과 B류를 그렇지 않은 목간으로 보고 있으나 米나 麥이 나오는 목간도 명적으로 보아야 할 것이다.

5. 7점의 쌍둥이 목간

함안 성산산성에서 나오는 목간으로 쌍둥이 목간은 모두 7쌍이다. 이들 자료를 제시하면 다음과 같다.

13번 仇利伐/上彡者村波婁와 34번 仇利伐/上彡者村 波婁
12번 上莫村居利支稗와 44번 上莫△居利支稗
13번 陳城巴兮支稗와 41번 陳城巴兮支稗
43번 陽村文尸只와 2006-6번 陽村文尸只稗
69번 千竹利와 70번 千竹利
2007-8번 仇(阤)△一伐 奴人 毛利支 負와 2007-31번 仇利伐 仇阤知一伐奴人 毛利支 負
Ⅳ-595번 古阤一古利村本波(앞면) 阤乀支稗發(뒷면)과 Ⅴ-163번 古阤一古利村本波(앞면) 阤乀只稗發(뒷면)

위 7개의 쌍둥이 목간은 글씨를 쓴 사람이 서로 달라서 목간이 출발지와 도착지인 성산산성에서 각각 만들어졌고, 성산산성 동문지 근처에서 나온 목간은 도착지에서 만들어서 공진물 대장으로 사용한 것으로 보인다. 7점 가운데 5점은 모두 공진물이 있으나 2점은 공진물의 표시가 없다. 특히 69번 千竹利와 70번 千竹利의 경우는 출신지나 공진물이 모두 없다. 그 이유가 궁금하다. 글씨의 서체는 달라서 두 군데에서 작성했기 때문에 가짜일 수는 없다. 왜 집도 절도 없이 달랑 인명만 기록했을까? 보통 성산산성 목간에서 출신지명, 인명, 공진물명이 기록되는데, 69번 千竹利와 70번 千竹利만은 이름만을 기록했을까? 千竹利는 浮浪者였을 가능성이 있다. 그래서 이름만을 기록했을 것이다. 그리고 성산산성의 역역은 담당했을 것이다. 그렇다면 공진물이 기록되지 않은 仇利伐 목간의 奴人과 負가 있는 목간과 負만 있는 목간을 제외하고서 나머지 공진물이 없는 목간은 역역을 담당했을 것이다.

7쌍의 쌍둥이 목간에서 중요한 것은 7쌍 모두 글씨체가 각각 다르다는 점이다. 이를 모든 목간에 적용하여 복수의 하찰이 부착된 이유에 대해서 일본의 경우 현품을 수령한 官司가 실물과 장부를 맞추어보기 위해서이며 稅物에 관한 조치로 보거나[34] 대부분의 경우 하나의 공진물에 복수의 하찰이 부착되는데, 소비 단계까지 남겨진 것은 원칙적으로 1점이었다고 하였다.35) 이상 두 가지의 가설에 힘입어서 甘文과 仇利伐에서 제작될 때, 1차로 收取物의 검수라는 측면에서 기능을 하고, 다시 성산산성에 도착한 후 물량과 수량을 현지에서 확인하는 과정에서 2차로 기능을 하였다고 보았다. 하찰이 2차로 기능할 때는 甘文에서 조달 품목과 수량을 정리해서 보낸 臺帳과 짝을 이루었을 것이다. 복수 하찰의 경우는 두 개 중의 하나가 이 과정에서 제거되었을 가능성이 있다. 남은 하찰은 물품이 보관되고, 소비될 때까지 하찰의 기능에서 物品付札의 기능으로 전환되어 떼어지지 않고 부착되어 있다가 물품의 소비 단계에서 폐기된 것으로 보았다.36)

위의 3가지 견해는 모든 양쪽의 밑 가장자리에 홈이 있는 목간은 하찰이라는 상황 판단이 작용한 듯하다. 그래서 두 점의 쌍둥이 목간이 모두 출발지에서 작성된 것으로 보았다. 출발지에서 두 점씩의 쌍둥이 목간이 만들어졌다면 같은 사람이 작성했으므로 글씨체가 같아야 되지 않을까? 그런데 함안 성산산성 목간의 7쌍 쌍둥이 목간은 글씨체가 각각 달라서 모두 출발지에서 작성되었다고 보기에는 어려움이 있다. 그러면 7쌍 쌍둥이 목간의 예에서 목간이 출발지에서만 작성된 것이 아니라 출발지인 행정촌과 도착지인 성산산성에서 각각 제작된 것은 아닐까 하는 의문이 생긴다.

7쌍의 쌍둥이 목간에서 짝을 이루는 두 점 목간의 글씨체가 전부 다르다. 이는 같은 곳에서, 바꾸어 말하면 출발지인 행정촌에서만 작성된 것이 아니라는 말이다. 곧 출발지인 행정촌과 도착지인 성산산성에서 각각 작성된 것으로 해석된다. 69번 목간과 70번 목간 千竹利와 같은 쌍둥이 목간은 하찰은 아니다. 이와 같이 천죽리와 같이 공진물이 없는 목간이

---

34) 弥永貞三,「古代史料論-木簡-」『岩波講座 日本歷史』 25, 1976, 49~51쪽.
35) 東野治之,「古代稅制と荷札木簡」『ヒストリア』 86, 5~6쪽.
36) 이경섭,「성산산성 출토 하찰목간의 제작지와 기능」『한국고대사연구』 37, 2005, 148~149쪽.

30여 점이나 되어 이들은 역역과 관련된 목간이고, 나머지 공진물을 수반하는 목간은 하찰이다. 이것은 어디까지나 함안 성산산성에 도달해서 새로운 목간이 만들어질 때까지이고, 새로운 목간이 만들어지면 그것은 성산산성에서는 장부로 쓴다. 성산산성에서 목간이 폐기될 때 공진물이나 역역 목간을 일일이 거두어서 동문지 근처에 매납한 것이 아니라 장부로 사용하던 목간을 일괄해서 동문지 근처에 묻은 것이다. 따라서 함안 성산산성 목간은 원래부터 30여 점은 역역 관련 목간이었으나[37] 양쪽 끝에 홈이 파져 있어서 하찰로 잘못 인식되었다. 현재 우리가 보고 연구하는 목간은 장부 목간이다.

6. 맺음말

먼저 함안 성산산성 목간의 용도에 대한 지금까지의 중요한 가설인 하찰설, 명적설 등을 중심으로 여러 가지 가설을 일별하였다.

다음으로 함안 성산산성 목간의 하찰설에 대해서 70번 千竹利처럼 공진물이 없는 30여 점은 하찰이 아니라고 보았다.

그 다음으로 함안 성산산성 목간의 名籍說에 대해서 살펴보았다. 稗나 麥이나 米가 나와도 명적으로 보는 것으로 보았다.

마지막으로 7쌍의 쌍둥이 목간의 각각 글씨체가 달라서 출발지와 도착지에서 각각 목간을 만들었고, 목간은 도착지인 성산산성에서 만든 역역목간이든 하찰목간이든 상관없이 장부 역할을 하던 것이 현재 우리가 볼 수 있어서 이를 장부 목간으로 부른다.

---

37) 역역 관련 목간은 하찰이 아니다.

제4장

울주
천전리서석

제1절 울주 천전리서석에 나타난 화랑

1. 머리말

울주 천전리서석에 대한 명문을 논한다면 원명과 추명을 연구하지 원명만을 따로 떼어서 연구한 것은 없다. 원명은 525년인 乙巳年六月十八日에 沙喙部徙夫知葛文王의 왕비인 只沒尸兮妃가 죽어서 천전리에 沙喙部徙夫知葛文王과 麗德光妙의 남매가 왔고, 추명으로 불리는 539년의 기사는 己未年七月三日에 夫乞支妃의 남편인 另卽智太王(법흥왕)이 죽어서 沙喙部徙夫知葛文王과 夫乞支妃의 남매가 천전리에 왔다. 천전리 서석곡은 장례를 치르는 성지였다.

서석곡의 원명에는 於史鄒安郎이란 郎자로 끝나는 인명이 있는 데에도 이를 눈여겨보지 않았다. 서석곡에는 다른 화랑의 인명도 30명가량이나 나온다. 이를 체계적으로 살펴보는 것도 중요한 일일 것이다. 신라의 화랑 연구는 문헌을 통해서 해왔고, 1차 사료인 금석문 자료를 통한 연구는 거의 없다. 울주 천전리서석의 명문과 제천 점말동굴의 명문은 2대 화랑에 대한 금석문 자료로 유명하다. 화랑의 인명 표기에는 직명+부명+인명+관등명 가운데 인명만 있을 뿐, 직명, 부명, 관등명은 없다.

여기에서는 먼저 자료의 제시 부분에서는 원명을 판독해서 제시하겠다. 다음으로 화랑의 시작 시기에 대한 소견을 밝히겠다. 마지막으로 화랑 관련 석각에서는 서석곡에 나오는 30여명의 화랑 인명을 분석하겠다.

2. 자료의 제시

1971년 4월 15일 동국대학교 울산지구 불적조사단에 의해 발견되어 川前里書石의 원명과 추명에 대한 개요는 그 해에 발표되었다.[1] 그 개요의 요체는 원명과 추명이 화랑 유적이라는 것이다. 원명의 전문을 제시하면 다음과 같다.

(원명)

⑫	⑪	⑩	⑨	⑧	⑦	⑥	⑤	④	③	②	①	
作	貞	宋	悉	食	鄒	并	?	之	文	沙	乙	1
書	宍	知	淂	多	安	遊	以	古	王	喙	巳	2
人	智	智	斯	煞	郎	下	古	谷	覓	部	(年)	3
尓	沙	壹	智	作	三	妹	爲	无	遊	(葛)		4
?	干	吉	大	切	之	麗	名	名	來			5
尒	支	干	舍	人		德	書	谷	始			6
智	妻	支	帝	尒		光	石	善	淂			7
大	阿	妻	智	利		妙	谷	石	見			8
舍	兮	居	夫	於		字	淂	谷				9
帝	牟	知	作	智		史	作	造				10
智	弘	尸	食	奈			△	△				11
	夫	奚	(人)	(麻)								12
		人	夫									13
			人									14

3. 화랑의 시작 시기

이제 명문의 전체적인 해석을 할 차례가 되었다. 설명의 편의를 위해 원명부터 문단을 크게 5단락으로 나누어서 제시하면 다음과 같다.

---

1) 황수영, 「신라의 誓(書)石」 『동대신문』, 1971년 5월 10일자. 여기에서는 於史鄒安郎 을 於史郎과 安郎으로 끊어 읽어서 두 화랑의 인명으로 보고서 울주 천전리서석 원명과 추명을 화랑 유적으로 보고 있다.

A. 乙巳年沙喙部葛文王覓遊來始淂見谷之 古谷无名谷善石淂造△ˋ以下爲名
   書石谷字作△ 幷遊友妹麗德光妙於史鄒安郞三之
B. 食多煞
C. 作切人尒利夫智奈𪎮悉淂斯智大舍帝智
D. 作食人宋知智壹吉干支妻居知尸奚夫人貞宍智沙干支妻阿兮牟弘夫人
E. 作書人第ˋ尒智大舍帝智

A단락을 해석하면 '乙巳年(525)에 沙喙部葛文王이 찾아 놀러 오셔서 비로소 谷을 보았다. 古谷이지만 이름이 없었다. 谷의 善石을 얻어서 만들었고, …以下를 書石谷이라고 이름을 붙여 字作△했다. 아울러 놀러(온 이는) 妹인 麗德光妙와 友인 於史鄒安郞의[2] 三人이다.'가 된다.

B단락은 부사구로서 단락의 자격이 없으나 설명의 편의상 B단락으로 잡았다. 이 부사구는 원명에 있어서 기사 부분과 인명 표기가 나열되는 곳의 중간에 오고 있다. 이와 똑 같은 위치에 있으면서 잘 해석이 되지 않은 구절로 추명의 此時△를 들 수가 있다. 이 두 구절은 같은 뜻을 의미하는 것으로 추정된다. 食多煞과 此時△에 있어서 食과 此는 대응된다. 食자의 음은 식이지만 이자로 읽는 경우도 있다. 食의 음인 이와 此의 훈인 이는 서로 상응된다. 多의 음인 다와 時의 훈인 때는 서로 통한다. 이렇게 되면 食多煞=此時△이 되어 '이때에' 정도로 풀이가 가능할 듯하다.

C단락은 누 사람의 인명 표기이다. 作切人은 직명, 尒利夫智는 인명,

---

[2] 友인 어사추안랑 곧 엇추안랑을 사탁부의 대표자인 사부지갈문왕의 벗이 될 수 있는지가 문제이다. 엇추안랑이 관등을 가지고 있는 것도 아니고, 왕비족인 사탁부에서 가장 높은 갈문왕의 친구라니 언뜻 이해되지 않는다. 갈문왕은 봉평비에서 탁부 모즉지 매금왕 다음에 나오고, 창녕비에서는 제일 먼저 나오나 관등이 없다. 특히 창녕비에서는 大一伐干의 관등을 가진 굴진지보다 앞서서 갈문왕이 나온다. 이런 갈문왕이 엇추안랑과 친구라니까 관등을 가진 적이 없는 엇추안랑이 화랑이 아닐까?

奈麻는 관등명이다. 다음 사람의 직명인 作切人은 앞 사람과 같아서 생략되었고, 悉淂斯智가 인명, 大舍帝智가 관등명이다. 이를 해석하면 "作切人은 尒利夫智奈麻와 悉淂斯智大舍帝智이다."가 된다.

D단락도 인명 표기의 부분이다. 作食人宋知智壹吉干支妻居知尸奚夫人과 貞宍智沙干支妻阿兮牟弘夫人의 두 사람 인명 표기이다. 作食人이란 직명이 암시하는 바와 같이 밥 짓는 사람의 뜻으로[3] 여자의 인명 표기이다. 作食人은 직명, 宋知智는 인명, 壹吉干支는 관등명이다. 妻居知尸奚夫人은 妻인 居知尸奚夫人으로 분석된다. 貞宍智沙干支妻阿兮牟弘夫人에서[4] 作食人이란 직명은 앞 사람과 같아서 생략되었고, 貞宍智는 인명, 沙干支는 관등명이다. 妻阿兮牟弘夫人은 妻인 阿兮牟弘夫人으로 분석된다. 이 단락 전체를 해석하면, "作食人은 宋知智壹吉干支의 妻인 居知尸奚夫人과 貞宍智沙干支의 妻인 阿兮牟弘夫人이다."가 된다.

E단락도 인명 표기이다. 作書人은 직명, 茀ᄼ尒智는 인명, 大舍帝智는 관등명이다. 이를 해석하면, "作書人은 茀ᄼ尒智大舍帝智이다."가 된다 지금까지 풀이해 온 바를 전체적으로 정리하여 제시하면 다음과 같다.

"乙巳年(525)에 沙喙部葛文王이 찾아 놀러 오셔서 비로소 谷을 보았다. 古谷이지만 이름이 없었다. 谷의 善石을 얻어서 만들었고, …以下를 書石谷이라고 이름을 붙여 字作△했다. 아울러 놀러(온 이는) 妹인 麗德光妙와 友인 於史鄒安郎의 3인이다.

이때에 作切人은 尒利夫智奈麻와 悉淂斯智大舍帝智이다. 作食人은 宋知智壹吉干支의 妻인 居知尸奚夫人과 貞宍智沙干支의 妻인 阿兮牟弘夫人이다. 作書人은 茀ᄼ尒智大舍帝智이다."

---

[3] 도시락을 싸가지고 가지 않고 作食人이 있는 것으로 보면 숙박을 했을 가능성도 있는 듯하다.
[4] 弘이란 글자는 활 궁(弓) 옆에 긴 입 구(口)한 것으로 되어 있다.

여기에서 주목되는 것은 沙喙部(徙夫知)葛文王과 友인 於史鄒安郎과 妹인 麗德光妙의 3인이 원명의 주인공들로서 함께 왔다. 3인 모두가 沙喙部 소속으로 판단된다. 모두가 沙喙部 출신으로 보인다. 妹인 麗德光妙는 당연히 沙喙部 출신이지만 友인 於史鄒安郎도 沙喙部 출신이 아니라면 그 출신부를 명기했을 것이다.

여기에서 문제가 되는 것은 於史鄒安郎이 화랑인지 여부이다. 이름은 5자이지만 史자를 半切로 보면 於史鄒安郎은 엇추안랑의 4자가 되어서 통상 2자나 3자로 된 화랑 이름보다 1~2자가 많다. 금석문, 목간, 고문서 등의 1차 사료나 『삼국사기』·『삼국유사』 등 문헌에서5) 화랑의 이름이 아니고 郎으로 끝나는 예가 있었음을 보지 못했다.6) 그렇다면 엇추안랑은 525년의 울주 천전리서석 원명에 나오는 신라 최고의 화랑이 되나 더 이상의 증거가 없다.

아직까지도 중고 왕실의 왕비족을 모량부 출신의 박씨로 보고 있으나 왕비족은 사탁부 출신의 박씨이다. 왜냐하면 신라 중고에 해당되는 524년 봉평비, 545년이나 그 직전의 적성비, 561년 창녕비, 567년 북한산비, 568년 마운령비, 568년 황초령비 등에서는 모량부가 나온 바 없다. 중고 왕실의 왕비족의 출신부나 성씨도 바뀌는데7) 화랑의 연원쯤이야 얼마든지 바뀔 수가 있다고 본다.8)

---

5) 문헌에서는 화랑의 시작을 576년으로 보고 있다.
6) 526년 월성해자 신1번 목간에 古(沽)孔牟郎이란 인명이 있으나 干支란 관등을 받고 있어서 화랑은 아니었다.
7) 신라 중고 왕실의 왕비족은 문헌에서는 모량부 박씨로 보아왔으나 금석문에서는 왕비족이 사탁부 박씨이다.
8) 엇추안랑이 화랑이라면, 화랑 가운데 沙喙部란 출신부를 추정해서 알 수 있는 예가 된다.

4. 화랑 관련 석각

화랑 이름이 가장 많이 나오는 울주 천전리서석의 화랑 이름을 제시하면 다음과 같다.

① 丙戌載六月十十日官郎[9] 이 명문은 병술년 6월 20일에 관랑이 (왔다.) 정도가 될 것이고, 울주 천전리서석 명문에서 절대 연대가 746년으로[10] 확정되는 예이고, 통일신라 시대에도 화랑이 있었다는 근거가 된다. 官郎이 화랑의 인명이다.

① 丙申載五月十一日
② 慕郎行賜
③ 道谷兄造作 이 명문은 756년 5월 11일에 모랑이 다녀가신 것을 도곡형이 造作했다(지어서 만들었다.)가 된다. 앞의 丙戌載 명문과 함께 통일신라의 화랑의 존재를 증명해 준다. 모랑과 도곡형이 화랑의 인명이다.

① 戌年六月二日
② 永郎成業(田)[11] 이 명문은 戌年에 永郎이 業을 이룬 밭(터)이다라고 해석되며, 永郎은 늘 四仙(永郎, 迷郎, 南郎,[12] 安詳)이[13] 함께 놀았다고

---

9) 十十은 二十이란 글자인 卄의 표기를 잘못 쓴 것일 가능성이 있다.
10) 唐 玄宗 天寶 3년(744)에 年을 載로 고쳐 쓰게 되었는데, 肅宗 乾元 元年(758)에 다시 年으로 환원하여서 載로 표시된 명문은 年干支만 나와도 절대 연대를 확실하게 알 수 있다.
11) 이 명문에서 흔히 田자를 읽지 않고 있으나 분명히 田자가 있다. 成業田이 토지제도의 일부로 볼 수도 있으나 成業田이란 토지제도는 없다. 역시 업을 이룬 터(밭)이라고 해석해야 할 것이다.
12) 南石이라고도 한다.
13) 이 가운데 迷郎은 江原道 高城 三日浦의 암벽에 迷郎徒南石行(이를 해석하면 술랑의 무리인 남석이 갔다. 이를 이도학,「제천 점말동굴 화랑 각자에 대한 고찰」,『충북문화재연구』 2, 2009, 49쪽에서는 迷郎徒가 [북쪽으로] 南行으로 간다로 해석하고 있다.)이란 명문이 있다. 이들 四仙은 신라 효소왕때(692~702) 화랑이란 설이 있고, 고려 말 李穀이 쓴『東遊記』에도 나온다.

한다. 또 강원도 강릉시 지가곡면 하시동리에 소재한 藥硯에[14] 새긴 新羅僊人永郎鍊丹石臼이[15] 있는데, 신라 仙人인 영랑이 鍊丹을[16] (만든) 石臼란 뜻이다.[17] 이 울주 천전리서석 戌年명문의 영랑이 業을 이룬 밭(터)란 것은 영랑이 화랑으로서의 수련을 끝내고 정식으로 화랑이 되었음을 뜻한다. 화랑의 수련 기간이 3년을 단위로 했음은[18] 임신서기석을 통해 알 수가 있다.

① 乙巳年
② 阿郎徒夫知行 이 명문은 乙巳年에 阿郎의 무리인 夫知가 갔다로 해석되며[19] 화랑의 이름에 신라 인명 표기에 많이 나오지 않는 ~知(智)자로 끝나고 있다. 인명에 知(智)로 끝나는 것은 그 주류가 마운령비까지이다. 그렇다면 6세기 후반인 585년이나 645년으로 추측할 수가 있다. 673년의 癸酉銘阿彌陀三尊佛碑像의 33명 가운데 三久知만이 知자로 끝나고 있어서 585년이 보다 설득력이 있는 듯하다. 아랑과 부지가 화랑의 인명이다.
① 金仔郎夫帥郎 이 명문은 두 화랑의 인명이다.
① 渚峯郎
② 渚 郎 이 명문은 두 화랑의 인명이다.
① 山郎 이 명문은 한 화랑의 인명이다.
① 沖陽郎 이 명문은 한 화랑의 인명이다.

---

14) 藥硯을 비를 세우기 위한 碑座로 보는 가설도 있다.
15) 조선총독부, 『조선금석총람』 하, 1919, 108쪽, 이 명문은 조선시대에 강릉부사였던 尹宗儀(1805~1886)가 강원도 강릉시 寒松亭에 새긴 명문이다. 永郎에 관한 동시대 금석문은 울주 천전리서석 戌年銘뿐이다.
16) 鍊丹은 神仙이 먹는 丸藥을 뜻한다.
17) 이 조선시대의 명문은 도교적인 사상이 넘친다.
18) 남산신성비에서도 수작거리를 받은 축성이 3년안에 崩破되며 책임을 진다고 한 맹서가 기록되어 있는 바, 신라에서는 3년이라는 기간을 선호한 듯하다. 作心三日이란 말이 있는데도 불구하고 이와는 달리 3년을 단위로 맹서를 하고 있어 오늘날 몇 시 몇 분에 어느 다방에서 만나자는 식보다는 훨씬 통이 크고 여유가 있었던 듯하다.
19) 阿郎과 徒夫知가 (다녀)갔다로 해석될 수도 있다.

① 法民郎 이 명문은 한 화랑의 인명이다.
① 水品罡世
② 好世
③ 僧柱 이 명문의 水品은 『삼국사기』에 따르면 관등은 伊湌에 이르렀으며, 그로 인하여 진골 출신임을 알 수 있다. 635년(선덕여왕 4) 10월에 선덕여왕의 명을 받아 金春秋의 아버지 金龍樹(龍春이라고도 함)와 더불어 파견되어 州郡을 巡撫하였다. 636년 정월에 上大等에 임명되었는데 아마 645년 11월까지 9년 10개월 동안 재임한 듯하다.[20] 罡世는 한 화랑의 인명 표기이다. 好世는 『삼국유사』 권4, 의해5, 이혜동진조에 나오는 好世郎과 동일인일 가능성이 있다. 僧柱는 연가7년명금동여래입상(479년)의[21] 僧演, 울주 천전리서석 을묘명(535년)의 僧安, 僧首의 외자 승명에 1예를 추가한다. 僧安의 경우는 道人이란 승직을 가지고 있음으로 도인이 고구려를 통해 들어왔을 가능성이 크다. 이 명문은 僧+柱인 僧柱의 외자 승명으로 볼 때, 늦어도 6세기 후반일 것이다. 그래야 『삼국사기』의 수품과 천전리서석의 수품이 동일인이 될 수 있다. 또 화랑제도의 창설이 576년이나 그 앞에도 화랑이 나오므로 수품, 강세, 호세의 화랑이 된 시기도 이에 준해서 생각해야 될 것이다. 또 僧柱는 中觀派[三論宗]의 승명일 가능성이 있다.[22]
① 聖林郎 한 화랑의 인명 표기이다.
① 法惠郎
② 惠訓 법혜랑은 한 화랑의 인명 표기이다. 혜훈은 『삼국유사』 권3, 탑상4, 황룡사장육존상조의 國統 惠訓(황룡사 3대 주지)과 동일인일 가능성이

---

20) 이기백, 「상대등고」 『신라정치사회사연구』, 1974 ; 木村誠, 「新羅上大等の成立過程 －上臣史料の檢討」 『末松保和記念古代東アジア史論集』 上, 1978 ; 이영호, 「신라 귀족회의와 상대등」 『한국고대사연구』 6l, 1992.
21) 김창호, 『한국 고대 불교고고학의 연구』, 2007, 327쪽.
22) 이때에 신라에서는 神印宗과 三論宗이 주류였는데, 神印宗 승려가 僧+외자로 된 예가 우리나라에서는 없다.

있다. 혜훈은 고신라 승려이며 法惠郞은 고신라 화랑의 인명 표기이다.
① 行水
② 阿號花郞 두 명의 화랑 인명 표기이고, 花郞이란 명문이 금석문에서 나오고 있는바 화랑 유적을 포함한 금석문 등 동시대 자료에서는 처음이다. 이는 화랑이 신라시대에 있었음을 말해주는 1급 자료이다. 어느 유적에서 화랑의 인명에 부가되는 화랑이란 명문은 없었다. 행수와 아호가 화랑의 인명으로 보인다.
① 大郞 한 화랑의 인명 표기이다.
① 惠訓
② 文僉郞 혜훈은 앞서 소개한 國統으로 황룡사 제3대 주지이고, 문첨랑은 한 화랑의 인명 표기이다. 혜훈과 문첨랑은 각각 고신라의 승려와 화랑의 이름이다.
① 貞兮奉行 정혜가 받들어갔다로 해석되며, 정혜가 화랑의 인명 표기일 가능성이 있다.
① 柒陵郞隨良來 칠릉랑이 따라서 왔다로 해석되며, 칠릉랑이 한 화랑의 인명 표기이다.
① 貞光郞 정광랑이 한 화랑의 인명 표기이다.
① 建通法師
② △峯兄林元郞
③ 一日夫智書 이는 건통법사(승려), △봉형, 임원랑, 일일부지가 화랑인데, 건통법사, △봉형, 임원랑, 일일부지가 (왔었는데)썼다로 해석된다. 1명의 승려와 3명의 화랑은 一日夫智의 인명 표기로 볼 때 고신라의 인명일 가능성이 있다.
① 官郞 이는 한 화랑의 인명 표기이다.
① 金郞屛行碧△ 이는 금랑이 물리치고 가면서 碧△했다로 해석되며,[23]

---

23) 이도학,「堤川 점말동굴 花郞 刻字에 대한 고찰」,『충북문화재연구』 2, 2009, 54쪽에서는 金郞은 울주 천전리에 碧△라는 여성과 함께 다녀갔다로 해석하고 있다.

금랑은 제천 점말동굴의 석각에도 나온다. 금랑이 동일인이라면 그 시기는 723년이나 그 이후가 될 것이다.

울주 천전리서석에는 30명 이상의 화랑 이름이 나온다. 이것은 단지 遊娛山川하기 위해서일까? 주지하는 바와 같이 울주 천전리서석은 국왕인 另卽知太王(法興王)을 비롯한 사람이 죽었을 때에 찾아오는 장송 의례의 성지이다.24) 이 장송 의례가 화랑과는 전혀 관련이 없을까? 우선 관련 자료를 제시하면 다음의 울주 천전리서석 을묘명과 같다.

④	③	②	①	
先	僧	道	乙	1
人	首	人	卯	2
等	乃	比	年	3
見	至	丘	八	4
記	居	僧	月	5
	智	安	四	6
	伐	及	日	7
	村	以	聖	8
	衆	沙	法	9
	士	弥	興	10
			太	11
			王	12
			節	13

울주 천전리서석 을묘명의 연대는 법흥왕 22년(535)으로 보고 있다.25)

---

24) 김창호, 『고신라 금석문과 목간』, 2018, 周留城出版社, 159쪽.
25) 문경현, 「新羅 佛敎 肇行攷」『新羅文化祭學術發表會論文集』 14, 1993, 141쪽에서 595년(진평왕 16)설을 주장하고 있다. 제①행에 나오는 節자를 불교 기념일을 가리키는 것으로 해석하고(필자 주 ; 節자는 단순히 때란 뜻이다.), 『삼국사기』 권4, 신라본기, 법흥왕 28년조의 王薨 諡曰法興에 근거하여 법흥왕 재위 시에는 牟卽智寐錦王 등으로 불리었을 뿐이고, 법흥왕은 시호이므로 법흥왕의 재위 시에는 사용이 불가능하다는 전제아래 乙卯年은 595년이 되어야 한다고 주장하였다. 이 방법론에 따라서 539~576년에 재위한 진흥왕의 경우를 조사해 보자. 마운령비에는 眞興太王이라고 명기되어 있고, 『삼국사기』 권4, 신라본기4, 진흥왕 37년(576)

원명과 추명에서 서석곡에 온 이유와 관련되는 구절은 을묘명 제②·③·④행의 道人比丘僧安及以沙弥僧首乃至居智伐村衆士先人等見記이다.[26] 及以, 乃至가 병렬의 뜻을 가진 조사로 볼 경우에[27] 이 구절은 '道人 比丘인 僧安과 沙弥인 僧首와[28] 居智伐村의 衆士·先人들이[29] 보고 기록한다.'로

조에 秋八月王薨 諡曰眞興이라고 되어 있어서 마운령비의 건립 연대도 한갑자 내려서 568년이 아닌 628년으로 보아야 할 것이다. 지금까지 마운령비의 건립 연대를 628년으로 본 가설은 제기된 바 없다. 북한산비와 황초령비에도 眞興太王이란 구절이 있어서 마운령비와 마찬가지의 경우가 된다. 따라서 을묘명의 새긴 연대는 595년이 아닌 535년이 옳다.

26) 等자는 적성비의 高頭林城在軍主等으로 볼 때, 복수의 뜻이다.
27) 深津行德,「法體の王-序說:新羅の法興王の場合-」『學習院大學東洋文化研究所調査研究報告』 39, 1993, 55쪽.
28) 僧演, 僧安, 僧首, 僧柱의 외자 승명을 가진 승려는 中觀派(三論宗)일 가능성이 크다. 김창호,「신라초기 밀교 사원인 사천왕사의 역사적 위치」,『한국 고대 불교고고학의 연구』, 2007, 247쪽에서 신라·고려의 불교 종파 개요를 발표한 바 있으나 잘못된 곳이 많아서 아래와 같이 바로 잡는다. 또 사천왕상 복원을 녹유사천왕전으로 보아서 목탑 내부에 복원했으나 이는 잘못된 것이고, 녹유사천왕전이 아니고, 녹유신장벽전이 옳다. 사천왕상은 목탑 1층 탑신부에 복원하거나 1층 목탑 탑신부에 감은사처럼 복장 유물로 넣어야 할 것이다. 사천왕사 목탑의 사천왕상이 그 잔재가 전혀 없는 것은 목재로 만들어져서 전부 썩었을 가능성이 크다. 사천왕사의 녹유신장벽전에 대해서는 조성윤,「四天王寺 綠釉神將甓塼 釋良志製作說에 대한 檢討」,『신라학연구』17, 2014 참조. 또 성전사원들은 모두 신인종(초기 밀교)일 가능성이 크고, 모두가 관사적 성격을 띤 원찰이다. 사천왕사에는 문무왕릉비가 서 있어서 문무왕의 원찰일 가능성이 있다.

新羅·高麗 時代 佛敎 宗派 槪要

新羅		高麗 初期
中古	中代·下代	
中觀派(三論宗) 初期 密敎(神印宗)	初期 密敎(神印宗) 法相宗 華嚴宗 禪宗	曹溪宗(四大業)
		華嚴宗(四大業)
		瑜伽宗(四大業)
		律宗(四大業)
		天台宗 및 群小 宗派
佛敎 導入 消化期	過渡期(學派 佛敎)	宗派 佛敎

신라와 고려 초의 불교 종파에 대해 도시하면 위의 표와 같다.
이는 전적으로 허흥식,『고려불교사연구』, 1986에서 선봉사대각국사비 음기에 나오는 四大業이란 구절에 의해 5교설(涅槃宗, 戒律宗, 法性宗, 華嚴宗, 法相宗)과 9산설(迦智山門, 實相山門, 桐裏山門, 曦陽山門, 鳳林山門, 聖住山門, 闍堀山門, 師子山

해석된다.30) 道人은 북한산비(567년),31) 마운령비(568년), 황초령비(568년)에서 당대의 최고의 귀족이던 大等喙部居杺夫智伊干보다32) 앞서서 나오는 당시 신라에서의 최고위 승직이다.33) 이러한 道人과 대비되는 거지벌촌(언양현)의 衆士와 先人은 누구일까?

이들은 을묘명을 구조적으로 볼 때, 토착신앙을 담당했던 직명으로 보인다.34) 또 6세기경의 천전리서석 선각화에는 인물도, 기마행렬도 등의 인물상과 말, 새, 용, 물고기의 동물상 그리고 배 등이 있다. 이는 3~6세기 무덤인 적석목곽묘35) 출토의 토우와 유사하여 장송 의례와 관련된 것이다.36) 따라서 토착신앙의 성지인 서석곡은 장송 의례와 관련된 것이 주류였음을 알 수 있다. 525년인 乙巳年에는 沙喙部徙夫知葛文王의 妃인 只沒尸兮妃

門, 須彌山門)을 부정한 점에 근거하여 작성한 것이다.
29) 衆士와 仙人은 불교 사전 등 어떤 사전에도 나오지 않고 있다.
30) 김창호, 『삼국시대 금석문 연구』, 2009, 132쪽.
31) 인명 표기로는 나오지 않고, 제⑦행에 見道人△居石窟이라고 나오고 있다. 석굴에 살던 도인은 원래는 발달된 불교 지식을 갖고 있던 고구려 승려로 보인다. 마운령비와 황초령비의 沙門道人法藏慧忍 중의 한 사람일 가능성이 있다. 법장과 혜인은 본래 새로 정복한 고구려 옛 땅에 살던 원고구려인의 신라인화란 이데올로기 지배에 큰 역할을 했을 것이다. 이들이 원래 고구려 승려라 고구려 말로 새로 정복한 고구려 옛땅의 지방민을 위무했을 것이다. 이것은 불교를 신라 정부가 활용함과 동시에, 이러한 방식의 지방민 지배가 신라식 지방통치 방식이며, 이는 지방민에 대한 배려로 뒷날 3국 통일의 원동력이 되었을 것이다.
32) 居柒夫智伊干의 柒자는 나무 목(木)변에 비수 비(匕)자이다. 따라서 居柒夫는 창녕비의 △大等喙居七夫智一尺干과는 동일인일 수가 없다. 거칠부는 大等으로 창녕비에 기록되어야 한다.
33) 辛鍾遠,「道人 使用例를 통해 본 南朝佛敎와 韓日關係」『韓國史硏究』59, 1987에서는 도인을 중국 남조 계통 영향을 받은 불교 승려로 보고 있다.
34) 김창호, 앞의 책, 2009, 130~137쪽.
35) 김창호,「신라 금관총의 尒斯智王과 적석목곽묘의 편년」,『新羅史學報』32, 2014에서 신라 적석목곽묘에 관한 편년을 제시한 바 있다. 곧 4세기 전반은 황남동109호3·4곽, 4세기 후반은 황남동110호, 황오리14호, 5세기 전반은 98호남분(417년, 실성왕릉), 5세기 후반은 금관총(458년, 눌지왕릉=尒斯智王陵=넛지왕릉), 서봉총, 식리총, 금령총, 천마총, 6세기 전반은 호우총(475년 이후), 보문리 합장묘로 보았다.
36) 김창호, 앞의 책, 2009, 140~141쪽.

가 죽어서, 539년 己未年에는 夫乞支妃(沙喙部徙夫知葛文王의 妹)의 남편인 另卽知太王(法興王)이 죽어서 각각 서석곡을 찾았다고 해석된다.37)

장송 의례의 성지인 서석곡에 화랑이 와서 遊娛山川하는 것은 도리에 맞지 않는다. 우리는 너무 화랑을 문헌에 나타난 대로 국가를 위해 충성을 다하는 청소년 집단으로 보아왔다. 천전리서석 석각에 그 수가 가장 많게는 30명 가까이의 인명이 나오는 화랑들이38) 서석곡을 遊娛할 수가 있을까? 화랑이 하는 일 가운데 하나가 장송 의례와 관련되지는 않았을까? 화랑 인명들은 서석곡의 장송 의례 상징인 선각화를 파괴하지 않고 새겨져 있다. 이는 화랑의 역할을 암시하고 있는 듯하다. 장송 의례의 성지와 화랑의 遊娛山川은 서로 모순된다. 이를 해결하기 위해서는 장송 의례에 화랑의 역할이 있었을 것이다.39) 불교가 들어오기 이전에 신라인의 고유한 장송 의례를40) 화랑과의 관련성도 조심해서 살펴보아야 할 것이다.

울주 천전리서석에 나오는 화랑의 인명 표기는 직명+출신부명+인명+관등명 가운데 인명만 있고, 나머지는 없다. 화랑은 전부 왕경인으로 구성되어있다고 판단되는데 인명만 있는 이유가 궁금하다. 울주 천전리서석 명문에서 30여 명이 나오는 데에도 불구하고 인명만이 나오고 있다. 이는 18명 가량의 화랑이 나오는 제천 점말동굴의 화랑 각석 등에서도 마찬가지이다. 화랑의 인명 표기에서 인명만 나오고 부명 등이 없는 것은 화랑을 골품제의 완충제라고41) 본 가설이 타당함을 말해주는 듯하다.

---

37) 김창호, 『고신라 금석문과 목간』, 2018, 제3장 제2절 참조.
38) 실제로 천전리에 遊娛한 화랑은 모두 이름을 새기지는 않아서 그렇지 30명보다 훨씬 더 많았을 것이다.
39) 화랑들이 결혼하기 전의 청소년이었음은 특별히 주목하여야 될 것이다. 결혼하기 전의 청소년이 장송 의례의 성시에서 화랑으로서의 훈련을 하는 데에 도움이 될 것이며, 모든 화랑 유적이 장송 의례와 관련이 있었을 것으로 사료된다.
40) 불교가 들어오고 나서는 불교와 습합되어 화랑의 인명과 함께 僧柱, 惠訓(두 번), 建通法師 등의 승려 이름이 나오고 있다.
41) 이기동, 『신라 골품제사회와 화랑도』, 1984 참조.

5. 맺음말

먼저 울주 천전리서석 원명을 판독하여 제시하였다.

다음으로 울주 천전리서석 원명을 모두 해석해서 於史鄒安郎의 史자를 반절로 보아서 엇추안랑으로 읽고서 이를 525년에 나오는 화랑 이름으로 보아서 가장 오래된 화랑 이름으로 볼 수도 있다는 의문을 제시하였다.

마지막으로 30여 명의 화랑 이름들을 해석하고서 화랑의 하는 일 가운데 하나로 장송 의례가 있다고 보았다.

제2절 울주 천전리서석에 보이는 夫乞支妃

1. 머리말

　문헌과 금석문의 괴리 자료로 백제 왕흥사 청동합 명문을 들 수가 있다. 곧 문헌과 금석문의 관련성을 지워서 금석문의 연대를 결정짓는 것은 문제가 있다고 생각되는 바 광개토태왕비, 충주고구려비, 집안고구려비, 사택지적비, 중성리비, 냉수리비, 봉평비, 창녕비, 북한산비, 마운령비, 황초령비 등에 대한 언급이 문헌에는 없다.

　실제로 충남 부여군 규암면 신리에 위치한 사적 제427호 부여 왕흥사는 백제의 대표적인 왕실 사찰이다. 2007년 목탑터에서 발견한 왕흥사지 사리기(보물 제1767호)에는 백제 昌王이 죽은 왕자를 위해 丁酉年 二月 十五日에 절을 창건했다는 명문이 새겨져 있어서 학계의 주목을 받았다. 우선 설명의 편의를 위해 왕흥사 청동합 명문의 전체를 제시하면 다음과 같다.

王興寺舍利盒 명문

⑥	⑤	④	③	②	①	
神	利	子	王	十	丁	1
化	二	立	昌	五	酉	2
爲	枚	刹	爲	日	年	3
三	葬	本	亡	百	二	4
	時	舍	王	濟	月	5

　이 명문의 전체부터 해석하면 '丁酉年(577) 二月 十五日에 백제 昌王이

죽은 왕자를 위해 사찰을 세웠는데 본래 장사시에 舍利 2매를 넣었는데 신이 조화를 부려 3매가 되었다.'가 된다.

왕흥사 목탑 사리공에서 출토된 청동사리합 명문에 丁酉年이란 연간지가 나와 577년이란 절대 연대를 갖게 되었다. 왕흥사 목탑은 『삼국사기』 권27, 백제본기5에 무왕 즉위 1년(600)~무왕 35년(634) 사이에 건립된 것으로 되어 있어서 문헌을 믿을 수 없게 한다. 이 점은 중요한 것으로 문헌을 중심으로 한 연구의 한계를 밝혀주는 것이다.

그럼에도 불구하고 沙喙部徙夫知葛文王을 立宗葛文王과 동일인으로 보는 것은 잘못된 것이다. 입종갈문왕이 사탁부라면 사탁부가 왕비족 박씨이므로 성이 박씨가 된다. 다 알다시피 중고 왕실은 탁부 김씨이다. 왕족 김씨의 왕이 박씨로 바뀔 수는 없다고 생각된다. 곧 입종갈문왕은 김씨로 탁부 소속이고, 사부지갈문왕은 박씨로 사탁부 소속이다.

여기에서는 먼저 울주 천전리서석에 대한 연구사를 간략히 살펴보고자 한다. 다음으로 인명을 분석하겠다. 그 다음으로 법흥왕의 再娶임을 밝히겠다. 마지막으로 법흥왕의 사후 행적에 대해 간단히 살펴보겠다.

2. 지금까지의 연구

1971년 4월 15일 동국대학교 울산지구 불적조사단에 의해 발견되어 川前里書石의 원명과 추명에 대한 개요는 그 해에 발표되었다.[1] 그 개요의 요체는 원명과 추명이 화랑 유적이라는 것이다.

1979년 명문 발견 8년만에 명문에 대한 전체 해석문이 제시되었다. 명문에서 갈문왕을 찾아서 이를 입종갈문왕으로 보았다.[2] 원명과 추명에

---

1) 황수영, 「신라의 誓(書)石」, 『동대신문』, 1971년 5월 10일자. 여기에서는 於史鄒安郎을 於史郎과 安郎으로 끊어 읽어서 두 화랑의 인명으로 보고서 울주 천전리서석 원명과 추명을 화랑 유적으로 보고 있다.

서 갈문왕을 처음으로 찾은 점은 높이 평가된다. 夫乞支妃를 판독해 문헌의 保刀夫人과 연결시켜 夫는 保와 음상사이고, 乞의 음과 刀의 훈인 갈은 통해서 그 시기를 추정하였다.

1980년 울주 천전리서석 원명과 추명에 근거하여 신라 왕실의 소속부가 사탁부라는 가설과[3] 1981년 신라 중고시대 부명 표기 방식과 부명 관칭 시기를 하면서 원명과 추명에 대해 언급하였다.[4] 1983년 원명과 추명에 관한 본격적인 논문이 나왔다.[5] 여기에서는 원명의 徙夫知葛文王을 立宗葛文王으로, 妹는 麗德光妙로, 於史鄒安郎을 立宗의 友로 각각 보았다. 추명의 妹王考는 習寶葛文王으로, 妹王은 智證王으로, 另郎知太王妃夫乞支妃는 法興王妃保刀夫人으로, 徙夫知王은 立宗葛文王으로, 子郎梁眹夫知는 즉위 전의 眞興王으로 각각 보았다. 妹王考는 習寶葛文王으로, 妹王은 智證王으로 분석한 것은 명백한 잘못이고, 徙夫知葛文王을 立宗葛文王으로 본 것도 另郎知太王妃夫乞支妃가 徙夫知葛文王의 妹인 점을 몰라서 나온 잘못된 가설이다.

같은 1983년에 왕경인(6부인)의 인명표기를 다루면서 울주 천전리서석 원명과 추명에 관한 가설이 나왔다.[6] 여기에서는 구조적으로 서석을 분석하여 원명의 3인을 沙喙部葛文王, 妹인 麗德光妙, 友인 於史鄒安郎으로, 추명의 3인을 另郎知太王妃夫乞支妃, 沙喙部徙夫知王, 子郎梁眹夫知로 보아서 另郎知太王이 누이동생의 남편이므로 沙喙部徙夫知葛文王이 立宗葛文王이 아니라고 보았다.

1984년에 원명의 주인공을 沙喙部葛文王, 妹인 聖慈光妙, 友인 於史鄒安郎의 3인으로 보는 가설이 나왔다.[7] 자매편이 이듬해인 1985년에 나왔다.[8]

---

2) 김용선, 「울주 천전리 서석명문의 연구」, 『역사학보』 81, 1979.
3) 이문기, 「신라 중고 6부에 관한 일고찰」, 『역사교육논집』 1, 1980.
4) 이문기, 「금석문자료를 통하여 본 신라의 6부」, 『역사교육논집』 2, 1981.
5) 이문기, 「울주 천전리 서석 원·추명의 재검토」, 『역사교육논집』 4, 1983.
6) 김창호, 「신라중고 금석문의 인명표기(Ⅰ)」, 『대구사학』 22, 1983 : 『삼국시대 금석문 연구』, 2009 재수록.
7) 田中俊明, 「新羅の金石文-蔚州川前里書石·乙巳年原銘-」, 『韓國文化』 59, 1984.

이것은 일본에서 나온 원명과 추명에 관한 첫 번째 전론이다. 여기에서는 추명의 3인을 另卽知太王, 妃인 夫乞支妃, 徙夫知王子인 郞△△夫知로 보았다. 另卽知太王이 천전리에 왔다고 동의하는 사람이 없고, 원명과 추명의 주인공은 沙喙部徙夫知王의 男妹인 점이 문제점으로 지적된다.

1987년 울주 천전리서석 원명과 추명에 관한 신견해가 나왔다.[9] 여기에서는 원명의 3인 대신에 2인설을 들고 나왔다. 곧 沙喙部徙夫知葛文王과 麗德光妙한[10] 於史鄒女郞이 그것이다. 추명의 3인은 沙喙部 只沒尸兮妃 葛文王妃(只召夫人), 喙部 夫乞支妃 另卽知太王妃(巴刀夫人), 喙部 深䆷夫知 徙夫知葛文王子(眞興王)으로 본 듯하다. 원명과 추명에서 주인공이 沙喙部 徙夫知葛文王의 男妹임을 무시했기 때문에 문제지만 박학다식한 이두 지식 등은 부럽다.

1990년에 지증왕계의 왕위 계승과 박씨왕비족을[11] 논하면서 울주 천전리서석에 대해 언급하였다.[12] 여기에서는 원명의 주인공을 3명으로 보지 않고 2명으로 보아서 입종갈문왕과 妹인 光妙란 於史鄒女郞三으로 제시하였다. 丁巳年(537)에 立宗葛文王이 죽자 그의 왕비인 只沒尸兮妃가 (그와의) 사랑을 생각하여 539년 7월 3일에 立宗葛文王과 (그의) 妹(於史鄒女郞三)이 함께 書石을 보러 왔다. 기미년(539) 서석곡에 온 주인공은 立宗葛文王妃, 另郞知太王妃夫乞支妃, 子郞(아들)인 深䆷夫知라고 하였다. 於史鄒女郞三이란 인명 분석은 아무도 따르는 사람이 없고, 추명의 주인공이 另郞知太王妃와 徙夫知葛文王이 되어야 하는 점과 모순된다. 539년에 서석곡을 찾은 사람은 立宗葛文王, 另郞知太王妃夫乞支妃, 子郞(아들)인 深䆷夫知, 於史鄒女郞三의 4명이 되는 점이 추명 제⑥행의 此時共三來를 벗어나고 있다.

---

8) 田中俊明, 「新羅の金石文-蔚州川前里書石·己未年追銘(一)-」『韓國文化』 61, 1984 ; 田中俊明, 「新羅の金石文-蔚州川前里書石·己未年追銘(二)-」『韓國文化』 63, 1985.
9) 문경현, 「울주 신라 서석 명기의 신검토」 『경북사학』 10, 1987.
10) 아름답고 德을 가진 光明이 神妙한 사람이란 뜻으로 해석하였다.
11) 신라 중고 왕비족은 모량부 박씨가 아니라 사탁부이다.
12) 이희관, 「신라상대 지증왕계의 왕위계승과 박씨 왕비족」 『동아연구』 20, 1990.

1993년 일본에서 두 번째로 울주 천전리서석 원명과 추명에 관한 전론이 나왔다.13) 여기에서는 원명의 주인공 3인을 沙喙部葛文王, 麗慈光妙, 於史鄒(칭호:女郞, 從夫知葛文王의 妹)이고, 추명 제③행 1번째 글자인 主(칭호), 추명 제④행의 8번째 글자인 王(칭호)는 己未年까지 死亡으로 보고 있다. 추명의 주인공 3인은 只汶尸兮妃(從夫知葛文王의 妃)=只召夫人, 夫乇支太王妃(另卽知太王妃)=保刀夫人, 另卽知太王妃夫乞支妃, △△夫知郞(從夫知葛文王의 子)=眞興王으로 보았다. 於史鄒女郞은 於史鄒의 딸(女郞)이란 뜻이므로 於史鄒가 從夫知葛文王의 妹가 될 수 없고, 只汶尸兮妃(從夫知葛文王의 妃)=只召夫人은 서석곡에 온 적이 없어서 기미년에 왔다고 하는 것은 문제로 지적된다. 徙夫知葛文王을 從夫知葛文王으로 읽으면서도 立宗葛文王으로 본 점도 아쉽다. 칭호인 王과 主를 기미년까지 사망으로 본 점도 상황판단일 뿐 실제 상황은 아니다. 곧 王의 사망을 立宗葛文王으로 본 듯하다. 徙夫知葛文王은 妹인 另卽知太王妃夫乞支妃, 子인 郞△△夫知와 함께 서석곡을 찾아왔기에 另卽知太王의 사망 시인 己未年七月三日에도 살아있었다.

1995년 울주 천전리서석 해석에 관한 논문이 나왔다.14) 여기에서는 원명의 3주인공을 沙喙部葛文王, 麗德光妙(沙喙部徙夫知葛文王의 友), 於史鄒女郞(沙喙部徙夫知葛文王의 妹)으로 보았고, 추명의 3주인공을 沙喙部徙夫知葛文王, 另卽知太王妃夫乞支妃, 子郞△△夫知로 보았다. 이 가설의 가장 큰 특징은 지금까지 나온 견해 가운데에서 유일하게 沙喙部徙夫知葛文王을 立宗葛文王으로 보지 않는다는 점이다. 그래서 沙喙部徙夫知葛文王은 另卽知太王妃夫乞支妃의 오빠로서 沙喙部의 長으로서 갈문왕이 되었다는 주장이다.

2003년에 沙喙部徙夫知葛文王을 立宗葛文王으로 보는 견해가 나왔다.15)

---

13) 武田幸男, 「蔚州書石谷にのおける新羅・葛文王一族-乙巳年原銘・己未年追銘の一解釋-」『東方學』85, 1993.

14) 김창호, 「울주 천전리서석의 해석 문제」『한국상고사학보』19, 1995.

여기에서는 명문 해석의 요체를 다음과 같이 제시하였다.16)

A-1 過去乙巳年六月十八日昧沙喙部徙夫知葛文王妹於史鄒女郎王共遊來
A-2 以後△△八年過去妹王考妹王過人丁巳年王過去
B-1 其王妃只沒尸兮妃愛自思己未年七月三日其王与妹共見書石叱見來谷
B-2 此時共三來另卽知太王妃夫乞支妃徙夫知王子深△夫知共來

이를 간략하게 요약하면 다음과 같다.

　　乙巳年(525) 徙夫知葛文王과 그의 妹인 於史鄒女郎王이 처음으로 놀러 옴. 명을 작성하고 谷의 이름을 서석곡이라 함8년 후 於史鄒女郎王 사망 丁巳年(537)에 徙夫知葛文王 사망
　　己未年(539)에 徙夫知葛文王妃인 只沒尸兮妃가 母인 夫乞支妃와 子인 深△夫知와 함께 옴. 只沒尸兮妃가 사망한 남편 徙夫知王에 대한 그리움 때문에 그가 과거에 다녀갔던 적이 있는 곳을 찾아옴.

그러나 己未年七月三日에 其王과 妹가 함께 서석을 보러왔기 때문에 己未年에도 其王(沙喙部徙夫知葛文王)과 (沙喙部徙夫知葛文王의) 妹가 살아 있다는 점이 문제이다. 울주 천전리서석에 나오는 王은 沙喙部徙夫知葛文王이고, 妹는 沙喙部徙夫知葛文王의 妹로 麗德光妙(=另卽知太王妃夫乞支妃)이기 때문이다. 己未年(539)에 徙夫知葛文王妃인 只沒尸兮妃가 母인 夫乞支妃와 子인 深△夫知와 함께 왔다고 보면 그 주인공인 其王与妹를 찾을 수 없다. 왜냐하면 두 사람은 丁巳年에는 이미 죽었다고 잘못 해석했기 때문이다. 己未年(539)에 徙夫知葛文王妃인 只沒尸兮妃가 母인 夫乞支妃와 子인 深△夫知와 함께 왔다고 했으나 기미년의 원명과 추명 어디에도 只沒尸兮妃

---

15) 주보돈, 「울주 천전리서석 명문에 대한 검토」 『금석문과 신라사』, 2002.
16) 끊어 읽는 방법이 독특하다.

제2절 울주 천전리서석에 보이는 夫乞支妃   301

가 왔다는 근거는 없다. 丁巳年(537)에 죽었다던 沙喙部徙夫知葛文王은 己未年에서 其王이라고 나와서 문제가 된다.

그리고 원명은 3인설 대신에 沙喙部葛文王과 友와 麗德光妙가 於史鄒女郎王을 수식하는 용어를 보아서 2인설을 주장하고 있다. 추명의 3인에 대해서는 徙夫知葛文王妃인 只没尸兮妃가 母인 夫乞支妃와 子인 深△夫知와 함께 왔다고 해서 독특하게 只没尸兮妃가 등장하고 있다. 只没尸兮妃가 원명과 추명에서 서석곡에 왔다는 기록은 없다. 只没尸兮妃를 추명의 주인공으로 보는 것은 유일한 견해이다. 원명과 추명의 주인공은 沙喙部徙夫知葛文王의 男妹로 보는 일반적인 가설과는 차이가 있다.

2008년 울주 천전리서석과 진흥왕의 왕위 계승을 연계시킨 가설이 나왔다.17) 여기에서는 원명의 주인공 3인으로 沙喙部徙夫知葛文王, 妹인 於史鄒, 女郎(於史鄒의 딸)을 들고 있다. 추명의 주인공 3인으로 王, 妹, 另郎知太王妃 夫乞支妃, 徙夫知王子郎인 深△夫知를 들고 있으나 추명은 추명의 共來 인원은 此時共三來의 三을 넘어서 4인인 점이 문제이다. 또 於史鄒는 남자의 인명표기이고, 女郎은 妹인 於史鄒의 딸이란 뜻인 점이 문제이다.

2018년 울주 천전리서석의 원명과 추명을 검토한 가설이 나왔다.18) 여기에서는 원명의 3주인공으로 沙喙部葛文王, 妹인 麗德光妙, 友인 於史鄒安郎을 들었다. 추명의 3주인공으로 沙喙部徙夫知葛文王, 另郎知太王妃夫乞支妃, 子郎인 △△夫知를 들고서 沙喙部徙夫知葛文王은 另郎知太王의 妹夫이므로 立宗葛文王이 아니라고 보았다. 계속해서 另郎知太王妃夫乞支妃가 사탁부 소속이고, 국가 차원의 금석문에서는 모탁부가 없는 점을 근거로 고신라 왕비족은 사탁부라고 주장하였다.

2018년 일본에서 울주 천전리서석 원명과 추명에 관한 세 번째 전론이 나왔다.19) 여기에서는 원명의 3주인공에 대해서는 沙喙部葛文工, 妹인

---

17) 박남수, 「울주 천전리 서석명에 나타난 진흥왕의 왕위계승과 입종갈문왕」, 『한국사연구』 141, 2008.
18) 김창호, 「울주 천전리서석 원명과 추명」, 『고신라 금석문과 목간』, 2018.

麗聖光妙한 於史鄒女郎王의 두 사람으로 보았으나 3명을 찾는 통설과는 위배된다. 추명의 3주인공에 대해서는 其王(沙喙部徙夫知葛文王)과 (沙喙部徙夫知葛文王의) 妹, 另卽知太王妃夫乇支妃, 徙夫知王의 子郞인 深△夫知로 보아서 4인이 된다. 이는 명백한 잘못이다. 이 가설은 私臣 등의 판독을 치밀하게 한 점에서는 높이 평가되나 원명과 추명의 3인씩을 찾지 못한 점에서는 도리어 연구를 제자리걸음을 시키고 말았다.

서석의 원명과 추명을 제시하면 다음과 같다.

(원명)

⑫	⑪	⑩	⑨	⑧	⑦	⑥	⑤	④	③	②	①	
作	貞	宋	悉	食	鄒	幷	ミ	之	文	沙	乙	1
書	宍	知	淂	多	安	遊	以	古	王	喙	巳	2
人	智	智	斯	煞	郎	友	下	谷	覓	部	(年)	3
茀	沙	壹	智	作	三	妹	爲	无	遊	(葛)		4
ミ	干	吉	大	切	之	麗	名	名	來			5
尒	支	干	舍	人		德	書	谷	始			6
智	妻	支	帝	尒		光	石	善	淂			7
大	阿	妻	智	利		妙	谷	石	見			8
舍	兮	居		夫		於	字	淂	谷			9
帝	牟	知	作	智		史	作	造				10
智	弘	尸	食	奈			△	△				11
	夫	奚	(人)	(麻)								12
	人	夫										13
		人										14

(추명)

⑪	⑩	⑨	⑧	⑦	⑥	⑤	④	③	②	①	
一	宍	居	作	支	叱	愛	妹	三	部	過	1
利	知	伐	切	妃	見	自	王	共		去	2
等	波	干	臣		來	思	過	遊	徙	乙	3
次	珎	支	喙	徙	谷	己	人	來	夫	巳	4
夫	干	私	部	夫		未	乙	以	知	年	5
人	支	臣	知	知	此	年	巳	後	葛	六	6

---

19) 橋本 繁,「蔚州川前里書石原銘·追銘にみる新羅王權と王京六部」『史滴』 40, 2018.

居	婦	丁	禮	王	時	七	年	六	文	月	7
禮	阿	乙	夫	子	共	月	王	△	王	十	8
知	兮	介	知	郎	三	三	過	十	妹	八	9
△	牟	知	沙	△	來	日	去	八	於	日	10
干	呼	奈	干	△		其	其	日	史	昧	11
支	夫	麻	支	夫	另	王	王	年	鄒		12
婦	人		△	知	即	与	妃	過	安	沙	13
沙	兮	作	泊	共	知	妹	只	去	郎	喙	14
炎	夫	食	六	來	太	共	沒	妹			15
功	知	人	知	此	王	見	尸	王			16
夫	居	貞		時	妃	書	兮	考			17
人	伐			△	夫	石	妃				18
分	干				乞						19
共	支										20
作	婦										21
之											22

3. 인명의 분석

먼저 원명부터 인명의 분석을 시도해 보기로 하자.

원명의 주인공은 제②·③행에 걸쳐서 나오는 沙喙部葛文王이[20] 한 사람을 가리킴이 분명하다. 원명의 인명 분석에 있어서 중요한 곳은 제⑥·⑦행의 幷遊友妹麗德光妙於史鄒安郎三之란 구절이다. 이 부분을 종래에는 대개 麗德光妙가[21] 妹의 인명, 於史鄒安郎을 友의 인명으로 보아왔다.[22] 그런데 於史鄒安郎의 安자를 女자로 읽고서 고구려 광개토태왕비문의[23] 母河伯女

---

20) 추명 제①·②에서는 沙喙部徙夫知葛文王이라고 표기되어 있다.
21) 이 麗德光妙를 友의 인명인 남자 인명으로 보아서, 불교와 관련된 사람으로 본 적이 있다.(김창호, 앞의 책, 2007, 158~159쪽.) 이는 잘못된 것이므로 철회한다. 여덕광묘는 사탁부사부지갈문왕의 妹 이름이다.
22) 金龍善, 앞의 논문, 1979, 23쪽; 金昌鎬, 앞의 논문, 1983, 13쪽.
23) 흔히 광개토태왕비를 이른바 광개토태왕릉비라고 부르고 있으나, 그 확실한 성격은 알 수가 없다. 비문에 적힌 내용의 주류가 수묘인 연호이다.(1775자설에서 계산하면, 비문 전체 가운데 35% 이상이나 된다. 敎遣이나 王躬率이란 표현도 전쟁의 규모로 고구려에 불리하냐 아니냐(浜田耕策, 「高句麗廣開土王陵碑の研究

郎이란 구절과 대비로 여자의 인명으로 보았다.[24] 그래서 麗德光妙를 友의

-碑文の構造と使臣の筆法と中心として-」『古代朝鮮と日本』, 1974.) 아닌 但教取나 但取吾躬率로 대비되어 수묘인 연호를 뽑는 것과 관련된다. 수묘인연호가 중요시 되는 그러한 성격의 능비의 예가 없다. 태종무열왕릉비의 경우, 능의 바로 앞에 능비가 위치하고 있다. 문무왕의 경우, 능이 없어서(동해의 해중릉에서 산골했음.) 특이하게도 사람들이 많이 다니는 중요한 도로(울산에서 서라벌로 가는 도로)의 바로 옆인 사천왕사의 앞에다 문무왕릉비를 세웠다(김창호, 「문무왕의 산골처와 문무왕릉비」, 『신라학연구』 7, 2006.). 흥덕왕릉비의 경우도 흥덕왕릉 앞에 세웠다. 광개토태왕의 경우, 태왕릉(광개토태왕릉으로 김창호, 「고구려 太王陵 출토 연화문숫막새의 제작 시기」, 『한국 고대 불교고고학의 연구』, 2007, 133쪽 참조.)의 바로 앞에 광개토태왕비가 없다. 광개토왕비의 해결해야 문제로 倭의 실체를 들 수가 있다. 왜는 辛卯年(391)에 있어서 고고학상의 무기 발달 정도(철기 개발 기술)나 선박 기술의 발달 정도로 볼 때, 일본 열도의 야마토 조정이라고 보기 힘들고, 전남 光州, 咸平, 靈光, 靈巖, 海南 등 지역에서 발견되고 있는 전방후원형 고분(그 축조 시기는 주로 500년 전후, 일본의 전형적인 전방후원분과는 차이가 있다. 그래서 전방후원형 고분이라고 부르기로 한다.)을 주목한다. 전방후원형 고분의 선조들이 4세기 후반(倭가 광개토태왕비에서 최초로 등장하는 것은 391년의 이른바 辛卯年조이다.)에서 5세기 전반까지의 정치체가 왜일 가능성이 있다. 전남 지역은 미륵사의 건립(미륵사 서탑 사리봉안기의 己亥年이 579년으로 판단되는 바,) 이에 대해서는 김창호, 「미륵사 서탑 사리봉안기」, 『고신라 금석문과 목간』, 2018에서 보면, 미륵사의 건립 당시(579)에도 백제로부터 독립적인 정치체인 마한이었다.(흔히 마한 땅의 완전 정복을 4세기 근초고왕 때로 보고 있으나 따르기 어렵다.) 미륵사 건립은 사비성(부여)에서 익산 금마저로의 천도(익산 천도설은 익산 지역에 도성제의 기본인 條坊制가 실시되지 않고 있어서 성립될 수가 없다.)가 아니라, 전남 지역의 마한 정치체에게 너희들도 이런 불교 건물인 대사찰을(미륵사는 백제에서 가장 큰 사찰이다.) 건설할 수 있느냐고 묻는 정치적인 승부수였다. 또 익산 쌍릉을 무왕릉으로 보는 가설도 있으나, 왕릉은 삼국시대에 반드시 수도에 있었다는 점을 참고하면 성립될 수가 없다. 무왕릉은 부여 능산리 고분군 가운데 하나라고 판단된다.

24) 문경현, 앞의 논문, 1987, 28~29쪽. 이 가설에 대해 左袒한 적이 있다.(김창호, 앞의 책, 2007, 158~159쪽.) 이는 잘못된 것이므로 여기에서 다음과 같은 이유로 바로 잡는다. 광개토태왕비 제1면 제②행에는 我是皇天之子母河伯女郎이라고 나온다. 이는 "나는 天帝의 아들이고, 어머니는 河伯(水神)의 따님이다."로 해석된다. 河伯女郎은 여자의 인명이 아니고, 河伯의 따님이란 뜻이다. 牟頭婁墓誌(412년 이후) 제③행의 河伯之孫 日月之子, 집안고구려비(491년 이후) 제②행의 (日月之)子 河伯之孫으로 볼 때, 河伯만이 고구려 시조 鄒牟王의 조상이란 뜻이다. 따라서 於史鄒安郎을 於史鄒女郎으로 보더라도 이를 여자의 인명으로 볼 수가 없다. 於史鄒女郎은 於史鄒의 딸(女郎)이 되어 沙喙部徙夫知葛文王의 妹가 될 수가 없다. 울주 천전리서석 원명과 추명에서 妹는 모두 沙喙部徙夫知葛文王의 妹란 뜻이다.

인명으로, 於史鄒安郞을 妹의 인명으로 보았다.25) 이 가설 자체는 於史鄒安郞의 安자를 女자로 보기 어렵고, 원명의 연구에 있어서 재미있는 것이지만, 뒤에서 설명할 추명에 있어서 원명이 반복되는 추명 제①·②·③행의 沙喙部徙夫知葛文王妹於史鄒安郞三共遊來란 구절로 볼 때 성립되기 어렵다. 또 幷遊友妹麗德光妙於史鄒安郞三之의 三이 추명의 沙喙部葛文王과 妹인 麗德光妙와 友인 於史鄒安郞을 가리킨다.

추명 제②행의 沙喙部徙夫知葛文王妹於史鄒安郞에서 이를 沙喙部徙夫知葛文王의 妹인 於史鄒安郞의 1인으로 해석한 견해와26) 沙喙部徙夫知葛文王과 妹인 於史鄒安郞의 2인으로 해석한 견해가27) 있다. 沙喙部徙夫知葛文王妹於史鄒安郞만 따로 떼어서 보면 1인설과 2인설은 모두 가능하다고 판단된다. 추명의 沙喙部徙夫知葛文王妹於史鄒安郞三共遊來의 三共에 주목하면, 沙喙部徙夫知葛文王, 妹, 於史鄒安郞의 3인이 되어야 한다. 그렇다면 1인설과 2인설은 모두 성립될 수 없고, 沙喙部徙夫知葛文王, 妹(인 麗德光妙), (友인) 於史鄒安郞의 3인이 된다.

따라서 원명 제⑥·⑦행의 友妹麗德光妙於史鄒安郞도 妹인 麗德光妙와 友인 於史鄒安郞으로 풀이된다.

제⑧행 이하의 인명 표기에 대한 분석에 대해서는 명문의 해석 부분에서 언급하기로 하겠다.

추명의 인명을 분석할 차례가 되었다.

제①·②행의 沙喙部徙夫知葛文王妹於史鄒安郞三共遊來는 원명 부분에서 언급한 대로 沙喙部徙夫知葛文王, 妹(인 麗德光妙), (友인) 於史鄒安郞의 3인이 된다.

다음으로 妹王考妹王過人이란 부분이다. 이는 인명 표기의 직접적인

---

25) 만약에 女자실이 타당하여 麗德光妙를 友의 인명으로, 於史鄒安郞을 妹의 인명으로 보더라도 가리키는 인명만 서로 바뀔 뿐, 천전리서석 원명과 추명의 연구에 있어서 근본적인 문제와는 관련이 없다.
26) 문경현, 앞의 논문, 1987, 46쪽.
27) 武田幸男, 앞의 논문, 1993, 18쪽.

것은 아니지만, 이에 대한 정확한 해석 여부가 추명 파악의 갈림길이 될 수가 있다. 이 구절에서 考자를 죽은 사람을 가리키는 용어로 해석한 견해가 있다.28) 考자가 죽은 아버지의 뜻이29) 아니다. 여기에서는 考자를 동사로 본다. 추명에서 4번 나오는 妹란 글자는 모두 沙喙部徙夫知葛文王의 妹란 뜻이다. 妹王의 妹도 역시 沙喙部徙夫知葛文王의 妹란 뜻이다. 妹의 뜻에 유의하고, 妹王이 妹의 王임에 주목하여 妹王을 해석하면 추명의 주인공인 沙喙部徙夫知葛文王이 부르는 친족 호칭으로 판단되는 바, 이는 민간에서 부르는 妹兄과 같은 뜻이다.

다음은 제④행의 其王妃只沒尸兮妃가 있다. 其王妃란 沙喙部徙夫知葛文王의 妃를 가리키고, 지몰시혜비는 그녀의 이름이다.

다음은 제⑤행의 其王与妹란 부분이다. 其王은 沙喙部徙夫知葛文王을 가리키고, 妹는 원명의 麗德光妙를 가리키나 추명에는 치밀하게 따져보아도 그녀의 이름이 나오지 않고 있다. 이 其王与妹란 구절은 원명과 추명의 주인공이 동일함을 말해주는 중요한 구절이다.

다음은 제⑥행의 此時共三來란 구절이 인명의 분석에 중요하다. 이 부분을 此時妃主之로 판독한 견해가 있다.30) 이는 상황 판단에 따른 것으로

---

28) 金龍善, 앞의 논문, 1979, 24쪽에서는 妹王考妹王을 妹, 王考妹, 王으로 끊어 읽어 王考妹를 王의 父의 妹란 뜻의 죽은 사람으로 보고 있다. 그런데 고구려 평원왕 13년으로 추정되는 辛卯銘金銅三尊佛光背의 亡師父母(黃壽永編著, 앞의 책, 1976, 237쪽), 고구려 永康七年銘金銅光背의 亡母(黃壽永編著, 앞의 책, 1976, 238쪽), 삼국시대로 추정되는 金銅釋迦三尊佛像의 亡妻(李蘭暎, 『韓國金石文追補』, 1967, 49쪽), 신라 성덕왕 18년 甘山寺彌勒菩薩造像記의 亡考仁章一吉湌之妣觀肖里(『朝鮮金石總覽』上, 1919, 34쪽), 신라 성덕왕 19년 甘山寺阿彌陀如來造像記의 亡考亡妣亡弟小舍梁誠沙門玄度亡妻古路里亡妹古寶里(『朝鮮金石總覽』上, 1919, 36쪽) 등에서 보면 王考妹가 죽은 사람을 가리키려고 하면 亡자가 첨가되어야 할 것이다. 王의 父의 妹는 姑母로 쉬운 용어가 있고, 이를 亡姑母로 표기하면 된다. 죽은 고모가 추명에 나온다고 해석한 연구자는 없다. 지나친 해석이다.
29) 이문기, 앞의 논문, 1983, 135쪽에서는 妹王考를 習寶葛文王, 妹王을 智證王으로 보고 있으나 그 이유는 불분명하다. 특히 지증왕을 왜 매왕으로 불렀는지는 언뜻 납득되지 않는다.
30) 武田幸男, 앞의 논문, 1993, 3쪽.

여기에서는 논의의 대상으로 삼지 않겠다. 이 부분의 정확한 해석을 위해 제⑤·⑥·⑦행의 관계 부분을 적기해 보자.

己未年七月三日其王与妹共見書石叱見來谷 此時共三來 另卽知太王妃夫乞支妃 徙夫知王子郎△△夫知共來

此時共三來에서 此時란 己未年七月三日이므로, 己未年七月三日에 書石谷에 온 사람은 모두 3인으로 해석된다. 앞에서 살펴본 대로 其王与妹에서 其王은 사탁부사부지갈문왕이고, 妹는 원명의 麗德光妙이다. 이제 남은 한 사람은 另卽知太王妃夫乞支妃徙夫知王子郎△△夫知의 해결에 따라서 풀 수가 있을 것이다. 另卽知太王妃夫乞支妃에 대해서는 夫乞支妃만을 따로 떼어서 법흥왕비로 추정한 견해가 있다.[31] 법흥왕비에 대해서는 『三國史記』권4, 新羅本紀4, 法興王 卽位條에 法興王立…妃朴氏保刀夫人이라고 기록되어 있다. 그래서 천전리서석 추명의 夫乞과 『삼국사기』의 保刀에서 夫는 保와, 乞의 음과 刀의 훈을 각각 대응시키고, 조선 중종 때 편찬된 『訓蒙字會』에 乞의 음은 걸, 刀의 훈은 갈로 되어 있다는 사실로 보충하였다.[32] 따라서 另卽知太王妃=夫乞支妃=保刀夫人=법흥왕비라는 관계가 성립된다.

다시 앞의 另卽知太王妃에서 另卽知太王이 누구인지를 알아보기 위해 另자의 신라 중고의 발음부터 조사해 보기로 하자. 신라 진흥왕대에 활약하고, 『삼국사기』에 나오는 금관가야 왕족 출신의 金武力은[33] 적성비(545년 직전)에 沙喙部武力智(阿干支), 창녕비(561년)에 沙喙另力智迊干, 마운령비(568년)에 沙喙部另力智迊干으로 나온다.[34] 위의 자료에

---

31) 金龍善, 앞의 논문, 1979, 19쪽.
32) 金龍善, 앞의 논문, 1979, 19쪽.
33) 삼국통일 전쟁 때에 맹활약한 김유신 장군의 할아버지이다.
34) 武田幸男, 「眞興王代における新羅の赤城經營」 『朝鮮學報』 93, 1979, 12쪽.

따르면 另자는 武자에 가깝게 발음되었다고 판단된다. 여기서 另卽知太王이 누구인지를 알아보기 위해 另卽知太王妃가 기록된 추명의 연대가 539년임을 참작해 문헌에서 비슷한 신라 국왕의 이름을 찾아 제시하면 다음과 같다.

> 冊府元龜 姓募名泰(『三國史記』 권4, 신라본기4, 법흥왕 즉위조 挾注)
> 第二十三法興王 名原宗 金氏 冊府元龜 云姓募 名秦(『三國遺事』 권1, 王曆1, 第二十三法興王조)
> 普通二年 王姓募名秦(『梁書』 권54, 列傳, 新羅조)
> 梁普通二年 王姓募名泰 泰汲古閣本金陵書局本及梁書作秦(『南史』 권79, 列傳, 夷貊 下, 新羅조)

普通二年은 신라 법흥왕 8년(521)이고, 다 아는 바와 같이 신라 왕실의 성은 김씨이므로 募秦은 법흥왕의 이름으로 판단된다. 추명의 另卽과 『梁書』의 募秦에 있어서 另자는 募자와, 卽자는 秦자와 서로 대응된다. 그렇다면 另卽=募秦=법흥왕이 된다.[35] 그 뒤에 1988년 발견되어서 524년에 세워진 것으로 알려진 봉평비에 牟卽智寐錦王이 나와서 설득력을 갖게 되었다. 另卽知太王妃夫乞支妃는 另卽知太王妃인 夫乞支妃가 된다.[36] 곧 무즉지태왕비=부걸지비=법흥왕비=보도부인이 된다.

그러면 이 구절의 인명은 沙喙部徙夫知葛文王, 妹인 麗德光妙, 另卽知太王妃인 夫乞支妃, 徙夫知王, (沙喙部徙夫知葛文王의) 子인 郎△△夫知의 5인이 되나, 沙喙部徙夫知葛文王과 徙夫知王은 동일인이므로 4인이 된다. 此時共三

---

35) 이 부분에 대한 최초의 언급은 김창호, 「신라 중고 금석문의 인명표기(Ⅰ)」『대구사학』 22, 1983 : 『삼국시대 금석문 연구』, 2009 재수록, 210~211쪽.
36) 田中俊明, 앞의 논문(二), 1985, 34쪽에서는 另卽知太王妃夫乞支妃를 另卽知太王과 妃인 夫乞支妃로 풀이하고 있다. 己未年七月三日에는 무즉지태왕이 이미 죽어서 천전리 서석곡에 올 수가 없어서 성립될 수가 없다. 따라서 무즉지태왕과 비인 부걸지비로는 나눌 수가 없다.

來라고 되어 있어서 3인이 되어야 한다. 원명에서 麗德光妙란 인명이 한번 나오는데, 추명에서는 이름이 나오지 않고 妹로만 4번이나 나오고 있다. 거듭 이야기하지만 추명의 주인공은 3인이 되어야 한다. 另卽知太王妃인 夫乞支妃, 徙夫知王, 子인 郞△△夫知 이외에 其王与妹共見書石叱來谷했다고 하므로 其王은 徙夫知(葛文)王이지만 妹는 누구인지 알 수가 없다. 另卽知太王妃인 夫乞支妃, 子인 郞△△夫知 중에서 妹가 될 수 있는 사람은 另卽知太王妃인 夫乞支妃밖에 없다.[37] 원명의 麗德光妙가[38] 另卽知太王(법흥왕)에게 시집을 가서 另卽知太王妃인 夫乞支妃가 보면, 此時共三來의 3인으로 另卽知太王妃인 妃夫乞支妃, 徙夫知(葛文)王, (沙喙部徙夫知葛文王의) 子인 郞△△夫知를 들 수가 있다.

제⑧행 이하의 인명 분석은 명문의 해석 부분에서 언급하기로 하겠다.

지금까지 천전리서석의 원명과 추명의 인명 분석을 제시하면 다음과 같다.

---

37) 추명에 여자 인명표기는 另卽知太王妃夫乞支妃의 한 사람뿐이다.
38) 신라에서 여자의 인명 표기에 밥 짓는 사람을 뜻하는 作食人이란 직명을 가진 여자의 이름이 원명에 2명, 추명에 3명이 나오고 있다. 그 중에 한 예를 들면 作食人宋知智壹吉干支妻居知尸奚夫人이 있다. 이를 해석하면 作食人은 宋知智壹吉干支의 妻인 居知尸奚夫人이다가 된다. 作食人이란 직명을 갖지 않은 여자의 인명 표기도 있다. 그 예(천전리서석 계해명, 종서를 횡서로 바꾸었다.)를 들어 보면 다음과 같다.
① 癸亥年二月六日
② 沙喙路陵智小舍
③ 婦非德刀遊
④ 行時書
이를 해석하면 "癸亥年(603)二月六日에 沙喙(部)路陵智小舍의 婦인 非德刀가 遊行할 때 썼다."가 된다. 여자의 인명 표기는 남편의 이름에 의존해서 표기하고 있다. 麗德光妙는 남편의 이름이 없이 단독으로 표기하고 있어서 525년의 원명에서 시집가기 전의 이름으로 판단된다. 여기에 나오는 遊行은 遊來, 遊 등과 함께 단순히 놀러오는 것이 아닌 모두 장송 의례에 참가하는 것을 의미하는 것으로 보아야 할 것이다.

〈표 1〉 울주 천전리서석 원명과 추명의 인명 분석표

	職名	部名	人名	官等名	備考
原銘		沙喙部	(沙喙部葛文王)	葛文王	
		上同	麗德光妙		沙喙部葛文王의 妹
		上同	於史鄒安郎		沙喙部葛文王의 友
	作切人		尒利夫智	奈(麻)	
	上同		悉淂斯智	大舍帝智	
	作食人		居知尸奚夫人		宋知智壹吉干支의 妻
	上同		阿兮牟弘夫人		貞肉智沙干支의 妻
	作書人		茀〻尒智	大舍帝智	
追銘		沙喙部	徙夫知	葛文王	
		上同	妹		沙喙部徙夫知葛文王의 妹
		上同	於史鄒安郎		沙喙部徙夫知葛文王의 友
			妹王		徙夫知葛文王이 另卽知太王을 부른 간접 호칭
			只沒尸兮妃		沙喙部徙夫知葛文王의 妃
			夫乞支妃		沙喙部徙夫知葛文王의 妹=另卽知太王妃
		沙喙部	子인 郎△△夫知		沙喙部徙夫知葛文王의 아들
	作切臣	喙部	知礼夫知	沙干支	
	上同	上同	△泊六知	居伐干支	
	私臣		丁乙尒知	奈麻	
	作食人		阿兮牟呼夫人		貞肉知波珎干支의 婦
	上同		一利等次夫人		尒夫知居伐干支의 婦
	上同		沙爻功夫人		居礼知△干支의 婦

원명을 해석해 제시하면 다음과 같다.

"乙巳年(525)에 沙喙部葛文王이 찾아 놀러 오셔서 비로소 谷을 보았다. 古谷이지만 이름이 없었다. 谷의 善石을 얻어서 만들었고, …以下를 書石谷이라고 이름을 붙여 字作△했다. 아울러 놀러(온 이는) 妹인 麗德光妙와 友인 於史鄒安郎의 3인이다.

이때에 作切人은 尒利夫智奈麻와 悉淂斯智大舍帝智이다. 作食人은 宋知智壹吉干支의 妻인 居知尸奚夫人과 貞宍智沙干支의 妻인 阿兮牟弘夫人이다. 作書人은 茀〻尒智大舍帝智이다."

추명을 해석해 제시하면 다음과 같다.

"지난 날 乙巳年(525)六月十八日 새벽에 沙喙部徙夫知葛文王, 妹(인 麗德光妙)와 (友인) 於史鄒安郎의 3인이 함께 놀러 온 이후로 六(月)十八日에는 해마다 (書石谷을) 지나갔다.
(沙喙部徙夫知葛文王이) 妹王(법흥왕)을 생각하니, 妹王은 죽은 사람이다. 乙巳年에 王(沙喙部徙夫知葛文王)은 돌아가신 其王妃(沙喙部徙夫知葛文王의 妃)인 只沒尸兮妃를 愛自思(사랑하여 스스로 생각)했다.
己未年七月三日에 其王(沙喙部徙夫知葛文王)과 妹가 함께 書石을 보러 谷에 왔다. 이때에 함께 3인이 왔다. 另卽知太王妃인 夫乞支妃, 徙夫知(葛文)王, 子인 郎△△夫知가 함께 왔다.
이때에 作切臣은 喙部의 知禮夫知沙干支와 △泊六知居伐干支이다. 私臣은 丁乙尒知奈㢱이다. 作食人은 貞宍知波珎干支의 婦인 阿兮牟呼夫人과 尒夫知居伐干支의 婦인 一利等次夫人과 居禮知△干支의 婦인 沙爻功夫人이며, 나누어서 함께 지었다."

입종갈문왕이 사탁부사부지갈문왕이 아닌 증거는 539년에 법흥왕이 죽었는데, 사탁부사부지갈문왕은 살아서 서석곡에 오고 있다는 점이다. 사탁부사부지갈문왕인 입종갈문왕이 버젓이 살아 있는 데에도 미성년의 진흥왕이 즉위했다는 것은 문제가 있다.

4. 법흥왕의 再娶

원명의 주인공 3사람은 沙喙部葛文王, 妹인 麗德光妙, 友인 於史鄒安廊이다. 모두 沙喙部 출신이다. 추명의 주인공 3사람은 沙喙部徙夫知葛文王, 另卽智太王妃夫乞支妃, 子인 郎△△夫知이다. 모두가 沙喙部 출신이다. 원명의 妹와 추명의 妹는 모두가 沙喙部徙夫知葛文王의 매를 가리키므로 동일인일 수밖에 없다. 麗德光妙와 另卽知太王妃夫乞支妃가 동일인이라면 麗德光妙는 결혼하기 전의 처녀 때 이름이고, 另卽知太王妃夫乞支妃는 법흥왕과 결혼하고 나서의 이름으로 보인다.

　법흥왕은 514~539년까지 재위한 신라 중고시대를 연 왕이다. 525년까지 麗德光妙가 처녀로 있었다면 先妃는 죽고 나서 후비로 재취한 것이 된다. 고신라에서 왕비가 둘 있는 예가 진평왕을 제외하고 없는데 그러한 예가 된다. 법흥왕의 앞 임금인 지증왕은 『삼국사기』 권4, 신라본기4, 지증왕즉위조에 64세에 즉위하였다고 되어 있다. 15년간 재위에 있다가 514년에 죽었다. 514년에 즉위한 법흥왕도 40살 이상에서 왕위에 올랐다고 판단되어 539년에 26년간의 왕위 재임 시기를 끝낸다. 另卽知太王妃夫乞支妃와 법흥왕의 나이 차이가 20살 정도가 될 것 같다.

5. 법흥왕 사후의 행적

　법흥왕의 사후에 법흥왕에게는 후사를 맡길 자식이 없어서 동생 입종갈문왕의 자식인 진흥왕에게 왕위를 넘겼다. 이때의 나이가 『삼국사기』 권4, 신라본기4, 진흥왕즉위조에는 7세라고 하고, 『삼국유사』 권1, 기이1, 진흥왕조에는 15세라고 하였다. 학계에서는 7세설은 551년의 開國이라고 개원하면서 친정을 시작했다고 보았다.[39] 545년이나 그 직전에 세워진 적성비의 서두에 王敎事라고 나와서 15세설이 옳다고 생각된다.

　이렇게 어린 나이에 즉위한 진흥왕을 위해서는 섭정이 필요했던 바 당연히 另卽知太王妃夫乞支妃가 해야 됨에도 불구하고, 입종갈문왕의 비인

---

39) 이병도, 「진흥대왕의 위업」 『한국고대사연구』, 1976, 669쪽 ; 村上四男, 「新羅眞興王と其の時代」 『朝鮮古代史研究』, 1978, 86쪽 ; 이기백, 「황룡사와 그 창건」 『신라시대의 국가불교와 유학』, 1981, 86쪽.

只召가 했다.40) 이에 대한 기록을 살펴보도록 하자.

第二十四 眞興王卽位 時年十五歲 太后攝政 太后乃法興王之女子 立宗葛文王之妃(『三國遺事』 권1, 紀異1, 眞興王조)

태후는 법흥왕의 딸로서41) 입종갈문왕의 비라고 되어 있다. 그간의 사정은 알 수가 없지만 어린 진흥왕을 둘러싼 정권 쟁탈전도 상상된다. 그래서 쟁탈전에서 패한 另卽知太王妃夫乞支妃는 『삼국유사』권1, 왕력1에 妃巴刀夫人 出家名法流 住永興寺라고 해 중이 되어서 절로 은퇴했다.

6. 맺음말

먼저 울주 천전리서석 원명과 추명에 대한 지금까지의 중요한 견해를 개략적으로 살펴보았다.

다음으로 울주 천전리서석 원명과 추명에 나오는 인명 분석을 토대로 전체적인 해석을 시도하였다.

그 다음으로 夫乞支妃의 인명이 원명에서는 麗德光妙라고 나와서 시집가기 전의 인명으로 보고 夫乞支妃는 시집간 이후의 인명으로 보았다.

마지막으로 법흥왕의 사후에 부걸지비는 出家名法流 住永興寺라고 해 중이 되어서 절로 은퇴했다고 『삼국유사』에 나와 있다.

---

40) 지소태후는 법흥왕의 딸이요, 법흥왕의 동생인 입종갈문왕의 비요, 진흥왕의 어머니이다. 그녀의 섭정은 당연한 것인지도 알 수 없다. 이에 비해 另卽知太王妃夫乞支妃는 법흥왕비로 후처요, 사탁부의 공주요, 오빠가 사탁부사부지갈문왕이다.
41) 법흥왕의 前妃의 딸로 보인다.

제5장

신라 금석문

제1절 포항 냉수리비의 건립 연대

1. 머리말

 1989년 4월 12일 경북 포항시 신광면 냉수리에서 癸未年이란 연간지가 새겨진 고신라 시대 비석이 현지 주민에 의해 발견되었다. 癸未年이란 연간지와 비문의 내용으로 보면, 건립 연대가 443년 아니면 503년으로 추정된다. 이 비문의 내용은 다른 고신라 금석문과는 차이가 있어서 건립 연대를 비롯한 많은 부분에 논란이 계속되고 있다. 그래서 비문의 해석에 가장 중요한 비문의 주인공인 節居利의 財에1) 관해서는 그 단서조차 찾지 못하고 있다.
 여기에서는 먼저 비문의 인명 표기를 분석하겠다. 다음에 단락을 나누어 해석하겠다. 마지막으로 건비 연대에 대한 소견을 밝혀보고자 한다.

2. 인명의 분석

 설명의 편의를 위해 비석의 전문부터 제시하면 다음과 같다.2)

---

1) 珎而麻村이란 촌명에서 보면 砂金과 마일 가능성이 있다.
2) 김창호, 『고신라 금석문의 연구』, 2007, 131쪽에서 전제하였다.

318 제5장 신라 금석문

前面

⑫	⑪	⑩	⑨	⑧	⑦	⑥	⑤	④	③	②	①	
		死	得	為	支	本	喙	王	癸	麻	斯	1
	教	後	之	證	此	彼	尒	㪍	未	村	羅	2
此	耳	△	教	尒	七	頭	夫	德	年	節	喙	3
二	別	其	耳	耶	王	腹	智	智	九	居	㪍	4
人	教	苐	別	財	等	智	壹	阿	月	利	夫	5
後	末	兒	教	物	共	智	干	干	廿	為	智	6
莫	鄒	斯	節	盡	論	支	支	支	五	證	王	7
更	㪍	奴	居	教	斯	只	子	日	尒	乃		8
導	申	得	利	令	彼	心	宿	沙	令	智		9
此	支	此	若	前	暮	智	智	喙	耳	王		10
財		財	先	節	世	㪍	居	至	得	此		11
			利	居	二	居	伐	都	財	二		12
					王	伐	干	盧	教	王		13
					教	干	支	葛	耳	教		14
						支		文		用		15
										珎		16
										而		17

上面

⑤	④	③	②	①	
故	了	今	支	村	1
記	事	智	須	主	2
		此	臾	奧	3
		二	壹	支	4
		人		干	5
		世			6
		中			7

後面

⑦	⑥	⑤	④	③	②	①	
事	蘇	喙	你	智	典	若	1
煞	那	沙	喙	奈	事	更	2
牛	支	夫	耽	麻	人	導	3
拔	此	那	須	到	沙	者	4
語	七	㪍	道	盧	喙	教	5
故	人	利	使	弗	壹	其	6
記	跛	沙	心	須	夫	重	7
	△	喙	訾	仇		罪	8
	所		公			耳	9
	白						10
	了						11

먼저 제①행에서 喙㪍夫智王(實聖王)이[3] 한 사람의 인명 표기이다. 喙이란 글자 다음에 部자가 없다. 이 部자는 비문의 전체에 걸쳐서 없다. 이렇게 部자가 없는 예로는 중성리비의 일부(喙沙利 등), 영천청제비 병진

---

[3] 乃智王이 음상사에 의해 訥祗麻立干이므로 㪍夫智王을 實聖麻立干으로 볼 수밖에 없다.

명, 창녕비, 남산신성비(제1·2·4비) 등이 있다. 喙斯夫智王에서 喙가 출신부명, 斯夫智가 인명, 王이 관등명류이다.

다음은 乃智王(訥祇麻立干)이 한 사람의 인명 표기이다. 이 인명 표기에서 喙은 앞사람과 같아서 생략되었고, 乃智는 인명, 王은 관등명류이다.

전면 제①·②행에 걸쳐서 나오는 珎而麻村節居利가 한 사람의 인명 표기이다. 珎而麻村이 출신지명, 節居利가[4] 인명이다.

전면 제③행에서 제⑦행에 걸쳐서 7사람의 인명이 나오고 있다.

먼저 沙喙至都盧葛文王이 한 사람의 인명 표기이다. 沙喙至都盧葛文王에서 沙喙은 출신부명, 至都盧는 인명, 葛文王은 관등명류이다.

다음 斯德智阿干支가 한 사람의 인명 표기이다. 沙喙이라는 부명은 앞사람과 같아서 생략되었고, 斯德智가 인명, 阿干支가 관등명이다.

그 다음으로 子宿智居伐干支가 한 사람의 인명 표기이다. 沙喙이란 부명은 앞사람과 같아서 생략되었고, 子宿智가 인명, 居伐干支가 관등명이다.

그 다음으로 喙尒夫智壹干支가 한 사람의 인명 표기이다. 喙이 부명이고, 尒夫智가 인명이고, 壹干支가 관등명이다.

그 다음으로 只心智居伐干支가 한 사람의 인명 표기이다. 喙이란 부명은 앞사람과 같아서 생략되었고, 只心智가 인명, 居伐干支가 관등명이다.

그 다음으로 本彼頭腹智干支가 한 사람의 인명 표기이다. 本彼가 출신부명, 頭腹智가 인명, 干支가[5] 관등명이다.

그 다음으로 斯彼暮斯智干支가 한 사람의 인명 표기이다. 本彼라는 부명은 앞사람과 같아서 생략되었고, 斯彼暮斯智가 인명, 干支가 관등명이다. 이 인명 표기의 斯彼暮斯智干支에서 斯彼만을 따로 떼어서 習比란 부명으로

---

4) 냉수리비의 주인공인 節居利를 위해서 두 번이나 敎를 내리려 진이마촌에 왔으면 서도 절거리에게는 외위가 없는 것은 아직까지 외위가 없다는 증거이다.
5) 干支란 관등명은 경위와 외위에서 모두 나오는데, 경위로는 중성리비(441년), 냉수리비(443년), 봉평비(524년) 등의 예가 있고, 외위로는 중성리비(441년), 냉수리비(443년), 매안리대가야비(471년), 영천청제비 병진명(536년), 월지 출토비(536년 상한) 등이 있다.

보아서 暮斫智만을 인명으로 본 가설이 있다.[6] 국가 차원의 금석문에서 나오는 喙部(82명), 沙喙部(56명), 本彼部(10여 명)에서 다른 글자로 나온 예가 없고, 習比部가 인명 표기로 나온 예가 없다. 習比部의 경우 680년경의 신식단판타날의 평기와에 習部라고 나올 뿐이다. 따라서 習比部를 斯彼部로 불렀을 가능성은 적다고 판단된다.

전면 제⑧행과 전면 제⑨행에 각각 나오는 節居利에 대해서는 이미 앞에서 설명한 바가 있다.

전면 제⑩행의 其弟兒斯奴에 대해서는 여러 가지 방법으로 인명 분석이 시도되고 있다. 이 부분을 그 차례는 兒斯奴, 그 아우의 아들인 斯奴, 그 아우 兒斯奴, 그것의 차례인 斯奴 등으로 해석해 왔다.[7] 이 인명 분석에서 중요한 것은 其자의 용법과 弟자의 의미이다. 고신라 금석문 가운데 其자의 용례를 살펴보기 위해 그 예를 제시하면 다음과 같다.

王過去其王妃只沒尸兮妃愛自思 己未年七月三日其王与妹
(539년 울주 천전리서석 추명)
赤城也尒次…力使作人是以後其妻三…別敎自此後國中如也尒次…力使人事
若其生子女子年少…兄弟也   (545년이나 그 직전, 적성비)

이들 자료를 통해 其자의 사용 용례를 조사해 보자. 울주 천전리서석 추명에서는 其王妃의 其자나 其王의 其자는 모두 沙喙部徙夫知葛文王을 가리킨다. 적성비의 其妻의 其자는 赤城也尒次를 가리키고, 其生子女子의 其자는 也尒次와 같이 …力使人事할 사람을 가리킨다.[8] 이상의 4예에서 其자는 모두 사람을 가리킨다. 적성비 제⑰행에서 兄弟가 兄弟로 표기되어

---

6) 김영만, 「냉수리 신라비의 내용고찰」, 『영일냉수리비발굴연구』, 1989, 58쪽.
7) 이에 대해서는 한국고대사연구회, 『영일 냉수리 신라비(가칭)의 종합적 고찰』-한국고대사연구회 학술세미나 발표요지-, 2009에 실린 여러 견해 참조.
8) 김창호, 「단양적성비의 재검토」, 『영남고고학』 6, 1989.

있어서 其弟兒斯奴의 弟가 동생의 의미로 판단된다. 그래야 추명과 적성비에서 얻은 其자가 사람을 가리킨다는 것과 일치하게 된다. 其弟兒斯奴에서 其자는 節居利를 가리킴이 분명하다. 그렇다면 其弟인 兒斯奴란 뜻으로 곧 節居利의 아우인 兒斯奴로 해석이 가능하다.

末鄒㪛申支가 두 사람의 인명 표기이다. 왜냐하면 전면 제⑫행에 此二人에 의해 두 사람의 인명 표기임이 분명하다. 末鄒와 㪛申支로 나눌지 아니면 末鄒㪛와 申支로 나눌지가 불분명하다. 신라 조자인 㪛자가 인명에서 4예가 모두 인명의 끝에 오는 예가 없어서 전자를 취하여 둔다.

후면에는 7명의 인명 표기가 있으나 그 분석이 대단히 어렵다. 7명의 인명 표기 가운데에서 확실한 것부터 조사해 보자.

가장 먼저 나오는 典事人沙喙壹夫智奈麻가 한 사람의 인명 표기이다. 典事人은 직명, 沙喙은 출신부명, 壹夫智는 인명, 奈麻가 관등명이다.

다음으로 7명의 인명 가운데 가장 끝부분의 沙喙蘇那支가 한 사람의 인명 표기이다. 典事人은 앞 사람과 같아서 생략되었고, 沙喙은 출신부명이고, 蘇那支는 인명이다. 관등명은 없다.

그 나머지 5명에 관한 인명 표기의 분석은 신라 중고의 인명과 차이가 있어서 어렵다. 후면 가운데 喙耽須道使心訾公을 한 사람의 인명 표기로 보기에는 몇 가지 문제점이 있다. 첫째로 같은 후면의 典事人沙喙壹夫智奈麻는 직명+부명+인명+관등명으로 되어 있으나 喙耽須道使心訾公은 부명+직명+인명으로 기록되어 차이가 있다. 둘째로 喙耽須道使心訾公으로 인명을 끊어서 해석하게 되면, 고신라 금석문에서 부명이 직명 앞에 오는 유일한 예가 된다. 셋째로 신라에서 왕명이 기록된 봉평비, 적성비, 창녕비, 북한산비, 마운령, 황초령비의 6세기 금석문에서는 지방관으로서 군주가 반드시 포함되어 있으나 냉수리비에서는 도사가 있을 뿐이다. 넷째로 耽須道使란 직명의 전후에는 구체적인 직명을 가지고 있지 않다. 다섯째로 耽須道使란 직명의 결정은 후면 7인중 6명의 직명이 典事人이란 점과 모순되어 耽須道使가 典事人이란 직명을 동시에 갖는 것으로 본다.

위와 같은 문제점은 있으나 냉수리비의 연대가 이른 시기라 이 단계에서는 인명 표기 방식이 아직 완벽하게 확립되지 못했다고 판단된다. 典事人沙喙壹夫智奈麻에 뒤이어 나오는 6명의 典事人에 대한 인명을 분석할 차례가 되었다.

그 다음 인명은 到盧弗로 판단된다. 典事人이란 직명은 앞 사람과 같아서 생략되었고, 沙喙은 앞 사람과 같아서 생략되었고, 到盧弗이 인명이다.

그 다음 인명은 須仇你이다. 典事人이란 직명은 앞 사람과 같아서 생략되었고, 沙喙은 앞 사람과 같아서 생략되었고, 須仇你가 인명이다.

그 다음으로 인명 표기는 喙耽須道使心訾公이다. 喙耽須道使心訾公에서 典事人은 앞 사람과 같아서 생략되었고, 喙은 출신부명, 耽須道使는 직명, 心訾公은 인명이다.

그 다음으로 인명 표기는 喙沙夫那斯利로 두 사람의 인명이다. 沙夫, 那斯利로 끊어 읽을지 아니면 沙夫那, 斯利로 끊어 읽을지가 문제이다. 여기에서는 후자를 취해 둔다. 앞 사람의 인명인 喙沙夫那에서 典事人은 앞 사람과 같아서 생략되었고, 喙은 출신지명, 沙夫那는 인명이다.

그 다음은 斯利가 한 사람의 인명 표기이다. 典事人은 직명이나 앞 사람과 같아서 생략되었고, 喙이란 출신부명도 앞 사람과 같아서 생략되었고, 斯利가 인명이다.

그 다음으로 인명 표기는 沙喙蘇那支가 한 사람의 인명 표기이다. 典事人은 앞 사람과 같아서 생략되었고, 沙喙은 출신부명이고, 蘇那支는 인명이다. 관등명은 없다.

다음은 상면의 인명을 분석할 차례가 되었다. 村主臾支干支智須支壹今智는 상면 제③행의 此二人에 근거할 때, 두 사람의 인명 표기이다. 먼저 村主臾支干支가 한 사람의 인명 표기이다. 村主는 직명, 臾支는 인명, 干支는 관등명이다.

다음으로 須支壹今智가 한 사람의 인명 표기이다. 지금까지 고신라 금석문에서는 村主가 짝을 이루어 등장하고 있다. 561년 창녕비의 村主奀

聰智述干麻叱智述干으로 나오고, 남산신성비 제1비에서는 郡上村主阿良村今知撰干柒吐村△知尒利上干으로 짝을 이룬다. 村主臾支干支智須支壹今智를 두 사람의 촌주로 보았다.9) 짝을 이루어 등장하던 촌주가 540년경의 함안 성산산성 53번, 2016-W150번 목간, 668년의 이성산성 목간에서 홀로 등장하고 있어서 냉수리비의 촌주 2명을 모두 촌주로 보지 않아도 된다.

이상의 분석 결과를 제시하면 〈표 1〉 냉수리비의 인명 분석표와 같다.

〈표 1〉 냉수리비의 인명 분석표

직명	출신지명	인명	관등명	비고
	喙	斯夫智	王	實聖王
	위와 같음	乃智	王	訥祗王
	珎而麻村	節居利		비의 주인공
	沙喙	至都盧	葛文王	
	위와 같음	斯德智	阿干支	
	위와 같음	子宿智	居伐干支	
	喙	尒夫智	壹干支	
	위와 같음	只心智	居伐干支	
	本彼	頭腹智	干支	
	위와 같음	斯彼暮斯智	干支	
		兒斯奴		
		末鄒		
		斯申支		
典事人	沙喙	壹夫智	奈麻	
위와 같음	위와 같음	到盧弗		
위와 같음	위와 같음	須仇你		
위와 같음	喙	心訾公		耽須道使
위와 같음	喙	沙夫那		
위와 같음	위와 같음	斯利		
위와 같음	沙喙	蘇那支		
村主		臾支	干支	
		須支壹今智		

---

9) 김창호, 『고신라 금석문의 연구』, 2007, 135쪽.

3. 단락의 구분과 해석

제1단락은 제①행과 제②행이다. 설명의 편의를 위해 전문을 끊어서 제시하면 다음과 같다.

斯羅 喙斯夫智王乃智王 此二王教用 珎而麻村節居利爲證尒令耳 得財教耳

이 단락은 비문의 나머지 부분이 癸未年 당시의 사실이 기록된데 대해, 癸未年보다 앞선 과거의 사실을 기록하고 있다. 斯羅란 국명은 금석문에서 처음으로 등장한다. 新羅란 국명은 광개토태왕비(414년), 충주고구려비(458년경)에 이미 나오고 있다. 斯盧, 斯羅, 新羅란 국명은 혼용되었던 것 같다. 제1단락을 癸未年보다 오래된 점에 유의하여 해석하면 다음과 같다.

'斯羅 喙(部) 斯夫智王(實聖王), 乃智王(訥祗王)의 이 二王이 教用했다. 珎而麻村의 節居利를 위한 證尒하는 令이었고, 財를 얻는 教이었다.'

제2단락은 전면 제③행부터 전면 제⑨행의 別教 앞까지이다. 설명의 편의를 위해 전문을 끊어서 제시하면 다음과 같다.

癸未年九月卄五日 沙喙至都盧葛文王 斯德智阿干支 子宿智居伐干支 喙尒夫智 壹干支 只心智居伐干支 本波頭腹智干支 斯彼暮斯智干支 此七王等共論 教用 前世二王教證尒耶 財物盡令節居利得之教耳

이 단락에 나오는 癸未年九月卄五日과 沙喙至都盧葛文王은 이 비의 건립 연대를 알려주는 중요한 단서이다. 이에 대해서는 장을 바꾸어서 언급하기로 한다.

전면 제⑦행에 나오는 此七王等이 그 앞의 7명을 가리킴은 분명하다. 此七王等의 해석이 문제이다. 이들 7명 가운데 沙喙至都盧葛文王의 경우는

539년의 울주 천전리서석 추명에서 葛文王을 줄여서 王이라고 부른 예가 있어서 王임은 분명하다. 나머지 6명이 王이라고 불린 것은 문제가 된다. 이들 6명의 인명 뒤에 붙는 관등명에는 공통적으로 干支가 있다. 이 干支는 『광주천자문』에 나오는 임금 왕(王)의 훈인 긔츳와 통한다.『송서』, 백제전에 나오는 鞬吉支의 吉支나 신라 왕호 가운데 居西干의 居西와 통한다.10) 그러면 葛文王의 王이나 阿干支, 居伐干支, 壹干支, 干支도 모두 王으로 부를 수가 있다.

전면 제⑦행에 나오는 前世二王은 당연히 斯夫智王(實聖王)과 乃智王(訥祗王)이다. 前世二王의 世의 뜻에 대해 조사해 보자. 우선 世자의 용례를 제시하면 다음과 같다.

七世子孫 (408년, 고구려 덕흥리벽화고분 묵서명)
大朱留王紹承其業傳至十七世孫 (414년, 광개토태왕비)
五月中高麗太王相王公△新羅寐錦世世爲願如兄如弟 (458년경, 충주고구려비)
夫純風不扇則世道承 眞玄化不敷則耶交競 (568년, 마운령비)

덕흥리벽화고분의 묵서명의 七世子孫의 世자는 前世, 現世, 後世의 世란 의미이다. 광개토태왕비의 十七世孫에서 世자는 왕대수를 가리킨다. 충주고구려비에서의 世世는 고구려의 임금마다란 뜻으로 한 평생을 가리킨다. 마운령비의 世道의 世자는 世上이란 뜻이다. 이 단락에 나오는 前世二王의 前世는 과거의 세상이 아닌 前歲와 같은 뜻도 있고, 지난해를 나타내기도 한다.11) 제2단락 전체를 해석해 제시하면 다음과 같다.

'癸未年九月卄五日에 沙喙部至都盧葛文王, 斯德智阿干支, 子宿智居伐干支,

---

10) 안병희,『한국학기초자료선집』-고대편-, 1987, 1001쪽.
11) 문경현,「영일냉수리비에 보이는 부의 성격과 정치운영문제」『한국고대사연구』 3, 1990, 148쪽.

喙 尒夫智壹干支. 只心智居伐干支, 本波 頭腹智干支, 斯彼暮斫智干支의 이 七王들이 共論하여 敎用했다. 前世(지난해)에 二王의 敎의 證尒이다.'

제3단락은 전면 제⑨행의 別敎부터 전면 제⑪행의 別敎 앞까지이다. 우선 제3단락의 전문을 끊어서 제시하면 다음과 같다.

別敎 節居利若先死後△ 其弟兒斯奴 得此財敎耳

別敎는 봉평비(제④행)나 적성비(제⑮행)에서도 나온 바 있다. 別敎는 전면 제⑦행의 敎用에 대한 別敎이고, 癸未年에 내린 것이다. 제3단락을 해석해 제시하면 다음과 같다.

'別敎를 내린다. 節居利가 먼저 죽은 뒤에는 그의 弟(동생)인 兒斯奴가 이 財를 얻는 敎이다.'

제4단락은 전면 제⑪행의 別敎부터 후면 제①행까지이다. 먼저 설명의 편의를 위해 전문을 끊어서 제시하면 다음과 같다.

別敎 末鄒斫申支此二人 莫更導此財 若更導者敎耳 其重罪耳

전면 제⑫행과 후면 제①행에 두 번 나오는 更導에 대해서는 두 가지 해석 방법이 있다. 먼저 更자를 고치다로, 導자를 인도하다로 보면, 更導는 고쳐서 인도하다는 뜻이 된다. 이때에 更導는 財物相續者를 고쳐서(바꾸어서) 인도하다는 의미로 해석되어, 末鄒와 斫申支는 지방민이지만 재산 상속에 관여할 수 있는 실권자가 된다. 다음으로 更導=更道로 보아 更자를 다시란 뜻의 부사로, 道자를 말하다란 뜻의 동사로 보아 更道를 다시 말하다로 볼 수가 있다. 이때에는 末鄒와 斫申支가 節居利와 혈연관계란 이유에서 財를 상속할 수 있는 대상자로 이해된다. 냉수리비, 울주 천전리서석, 적성비에서와 같이 其子, 其妻, 其生子女子 등으로 구체적인 혈연관계를 표시하지 않는 점이 문제이다. 또 냉수리비 자체에 道자가 나오고 있어서

(후면제④행) 쉬운 道자를 두고, 굳이 어렵고, 의미가 혼돈될 수 있는 導자를 썼는지에 대한 의문이 생긴다. 여기에서는 전자의 해석에 따른다.

이 비문에서는 고신라 금석문 가운데에서 최초로 別敎가 두 번이나 나오고 있다. 이 단락의 別敎와 제3단락의 別敎와의 관계가 문제이다. 제3단락의 別敎는 그 앞의 敎(전면 제⑦행)에 대한 別敎가 분명하지만 제4단락의 別敎는 그 앞의 敎(전면 제⑦행)에 대한 別敎인지 아니면 제3단락의 別敎(전면 제⑨행)의 敎에 대한 別敎인지 불분명하다. 내용상으로 別敎가 敎보다 구체적으로 기록되므로 내용을 아는데 중요하다. 제3단락의 別敎에서 이미 節居利의 財에 대한 상속자가 정해진 마당에 末鄒와 斯申支에게 다시 너희는 상속자가 아니다라는 別敎는 아무래도 이상하다. 이에 비해 至都盧葛文王 등의 6부인(왕경인)이 상속자를 새로 정했는데, 末鄒, 斯申支의 지방민도 동의한다는 것이 훨씬 타당할 것 같다. 그러면 제3단락의 別敎와 제4단락의 別敎는 병렬적인 연결로 보이고, 更導의 해석도 다시 말하다보다는 바꾸어서 인도하다가 설득력이 있을 것이다. 제4단락을 해석하여 제시하면 다음과 같다.

'別敎를 내린다. 末鄒, 斯申支 此二人은 此財를 고쳐서(바꾸어서) 인도하지 말라. 만약에 고쳐서(바꾸어서) 인도하면, 그(바꾸어서 인도하는 者)는 重罪를 받을 것이다.'

제5단락은 후면 제②행에서 후면 제⑦행의 끝까지이다. 설명의 편의를 위해 전문을 끊어서 제시하면 다음과 같다.

典事人 沙喙壹夫智奈麻 到盧弗 須仇你 喙耽須道使心訾公 喙沙夫那 斯利 沙喙 蘇那支 此七人跓△ 所白了 事煞牛拔誥 故記

煞牛란 구절은 봉평비에 나오는 煞斑牛와 꼭 같은 의미이다. 拔誥는 무슨 뜻인지 확실히 알 수 없으나 샤머니즘적인 주술로 추측된다. 제5단락을 해석해서 제시하면 다음과 같다.

'典事人인 沙喙 壹夫智奈麻, (沙喙) 到盧弗, (沙喙) 須仇你, 喙 耽須道使 心訾公, 喙 沙夫那, (喙) 斫利, 沙喙 蘇那支 此七人이 무릎을 꿇고, 아뢸 바를 마치고, 소를 죽이고, 말을 拔했다. 故로 기록한다.'

이때에 典事人의 직명을 가진 7인이 누구에게 무릎을 꿇고 무엇을 아뢰었는지에 대한 기록은 없다. 至都盧葛文王 등 7왕에게 珎而麻村의 제의를 아뢰었을 것이다.

제6단락은 상면의 전부이다. 설명의 편의를 위해 전문을 끊어서 제시하면 다음과 같다.

村主臾支干支 須支壹今智 此二人 世中了事 故記

世中이란 말은 봉평비 끝부분에 居伐牟羅異知巴下干支辛日智一尺世中△三百九十八이라고 나온 바 있다. 봉평비의 世中은 祭儀에 참가한 지방민 전체를 가리키는 것으로 보인다. 제6단락을 해석하여 제시하면 다음과 같다.

'村主인 臾支 干支과 須支壹今智 此二人과 世中이 일을 마쳤다. 故로 기록한다.'

4. 건립 연대

냉수리비의 건립 연대를 전면 제①행의 斫夫智王을 實聖王으로 보고, 乃智王을 『삼국유사』 왕력에 나오는 訥祗麻立干 一云 內只王과 연결시켜서

訥祗王으로 보았다. 沙喙(部)至都盧葛文王을 『삼국사기』와 『삼국유사』에 모두 智度路라고 기술된 점에 의해 智證王으로 보고 있다. 내지왕과 지도로 갈문왕을 각각 눌지왕과 지증왕으로 볼 때에는 비문 제③행의 癸未年은 443년과 503년으로 한정된다.

癸未年을 443년으로 볼 때에는 비문 자체에 아무런 문제가 없는지 조사해 보자. 전면 제⑦행의 前世二王에서 前世란 말은 앞의 세상 곧 죽은 사람의 세상을 가리킨다. 비문의 前世二王이 죽은 두 왕인 斯夫智王과 乃智王을 가리키는 바, 443년 당시에는 『삼국사기』와 『삼국유사』에 따르면, 내지왕= 눌지왕(재위 417~458)이 생존해 있어서 문제이다. 그러나 前世가 지난해를 가리키기도 한다.12) 이렇게 되면 비의 건립 연대를 443년으로 보아도 된다. 503년설의 문제점은 다음과 같다.

첫째로 냉수리비의 沙喙至都盧葛文王과 문헌의 智度路王을 동일인으로 본 것은 음상사 이외의 다른 증거가 없는 점이다. 가령 진흥왕 시대에 진흥왕의 이름인 深麥夫와 같은 인명인 心麥夫라는 인명이 창녕비에 甘文軍主로 등장하고 있다. 감문군주는 진흥왕과 동일인이 아니다.

둘째로 신라 중고 왕실의 소속부는 탁부이다. 냉수리비의 斯夫智王(실성왕), 乃智王(눌지왕)의 소속부는 탁부이다. 봉평비의 喙部另卽智寐錦王(법흥왕)도 탁부 소속이다. 사탁부 소속의 왕이 나온 예는 금석문이나 목간에서 없다.

셋째로 사탁부지도로갈문왕이 지증왕이면 사탁부도 왕족이 되어 중고

---

12) 문경현, 앞의 논문, 1990, 148쪽. 이에 대해서는 일본의 에다후나야마 고분 출토 철도명에 그 예가 있다. '△△(年)治天下△△(年)治天下獲△△△鹵大王世奉事典曹人名无利弖八月中用大鐵釜幷四尺廷刀八十練九十振三寸上好△刀服此者長壽子孫洋々得也不失其所統作刀者名伊太和書者張安也.' 이를 해석하면 '△△(年) 獲(加多支)鹵大王의 때에 奉事하는 典曹人의 이름은 无利弖이고 八月에 大鐵釜를 사용함과 아울러 4尺의 廷刀를 八十練하고, 九十振하고, 三寸을 위로 하고, 좋고 ~한 칼을 着服하는 이 사람은 長壽하고, 子孫이 번성함을 얻을 것이다. 잃지 않고 그것을 다스렸던 바, 칼을 만든 자의 이름은 伊太和이고, 글을 쓴 자는 張安이다.'가 된다.

왕실의 소속부가 탁부와 사탁부 모두가 되는 점이다.

넷째로 문헌에서 갈문왕으로 나온 적이 없는 지증왕을 갈문왕으로 해석한 점이다.

다섯째로 지증왕이 즉위 3년이 되어도 매금왕이 되지 못하고, 갈문왕에 머물면서 국왕 역할을 했다고 해석한 점이다.

여섯째로 신라에서는 갈문왕으로 불리다가 왕위에 오른 예가 단 1예도 없는 점이다.

일곱째로 냉수리비의 주인공인 節居利가 실성왕 때부터 지증왕 때까지(402~503) 생존해 있었고, 그가 처음으로 30세인 402년에 교를 받았다면 503년 당시의 나이는 131세나 되는 점이다.

여덟째로 신라 금관총의 3루환두대도에서 늦어도 458년이란 절대 연대로 해석되는 尒斯智王(너사지왕=넛지왕=눌지왕)이란[13] 확실한 왕명이 나와서 냉수리비를 443년으로 올려다보아도 되는 점이다.

아홉째로 만약에 사탁(부)지도로갈문왕이 지증왕과 동일인이라면, 지증왕은 사탁부 출신이므로 김씨가 아닌 박씨 성을[14] 가지게 된다. 곧 지증왕의 아들인 법흥왕은 봉평비에 喙部另卽智寐錦王으로 나와서 김씨가 되지만 아버지인 지증왕은 사탁부 소속이므로 박씨 성이 되는 점이다. 父子 사이에 성이 다르게 된 이유는 사탁(부)지도로갈문왕을 지증왕으로 잘못 보았기 때문이다.

열째로 『삼국사기』 권44, 열전4, 이사부전에 異斯夫 或云 苔宗 奈勿王四世孫이라고 했는데, 적성비에 大衆等喙部伊史夫智干支라고 나오고 있고, 『삼국사기』 권44, 열전4, 거칠부전에 居柒夫 或云 荒宗 奈勿王五世孫이라고 했는데, 마운령비에 太等喙部居朼夫智伊干으로 나와서 신라 중고 왕실의 성은 문헌의 통설대로 김씨이고, 그 소속부는 탁부임을 알 수 있다. 『삼국사기』 권4, 지증마립간 즉위조에 지증마립간이 奈勿王之曾孫(三世孫)으로

---

13) 김창호, 「신라 금관총의 尒斯智王과 적석목곽묘의 편년」 『신라사학보』 32, 2014.
14) 중고 왕실의 왕비족을 필자는 모량부 박씨가 아닌 사탁부 박씨로 보고 있다.

되어 있어서 지증왕도 탁부 소속으로 그 성이 김씨임을 알 수 있다.

열한째로 5세기 금석문인 중성리비와 냉수리비에서는 阿干支, 居伐干支, 壹干支, 壹伐, 干支, 奈麻가 나올 뿐, 진골과 4두품에 해당되는 관등이 나오지 않고 있다.

열두째로 사탁부지도로갈문왕이 지증마립간이라면 喙部斯夫智王(實聖王)과 喙部王(訥祗王)처럼 喙部至都盧王이라고 불리지 않는 점이다.

열셋째로 沙喙部至都盧葛文王, 斯德智阿干支, 子宿智居伐干支, 喙 尒夫智壹干支. 只心智居伐干支, 本波 頭腹智干支, 斯彼暮斯智干支의 七王等의 우두머리로서 公論하면서 珎而麻村의 회의에 참석했지 寐錦王으로서 참가했다는 증거가 없다.

열넷째로 斯夫智王과 乃智王의 공존 시기를 417년으로 볼 때,[15] 節居利가 417년에 敎를 받았고, 503년설은 이때의 절거리 나이가 처음 30살에 敎를 받았다면 116세가 된다.

열다섯째로 고신라 금석문에 있어서 王은 모두 나올 때는 봉평비처럼 비의 맨 앞에 나오는데 沙喙部至都盧葛文王은 그렇지 않아서 왕으로서가 아닌 갈문왕으로서 참가한 것이다.

이상과 같은 15가지 이유로 냉수리비의 癸未年을 503년이 아닌 443년으로 보는 바이다.

5. 맺음말

먼저 인명 분석을 시도하였다. 22명의 인명 표기를 일정한 근거를 가지고 분석하였다. 그러니 중고의 적성비식 인명 표기와는 달라서 어려움이 있었다.

---

15) 실성왕의 시해설은 문제가 있는 듯하다. 『삼국사기』와 『삼국유사』의 시해설이 서로 달라서 실성왕의 급사로 해석하고 싶다.

다음으로 냉수리비의 전문을 6단락으로 나누어 해석하였다. 그 해석문을 제시하면 다음과 같다.

'斯羅 喙(部) 斯夫智王(實聖王), 乃智王(訥祗王)의 이 二王이 敎用했다. 珎而麻村의 節居利를 위한 證尒하는 令이었고, 財를 얻는 敎이었다.

癸未年九月卄五日에 沙喙部至都盧葛文王, 斯德智阿干支, 子宿智居伐干支, 喙 尒夫智壹干支. 只心智居伐干支, 本波 頭腹智干支, 斯彼暮斯智干支의 이 七王들이 共論하여 敎用했다. 前世(지난해)에 二王의 敎의 證尒이다.

別敎를 내린다. 節居利가 먼저 죽은 뒤에는 그의 弟(동생)인 兒斯奴가 이 財를 얻는 敎이다.

別敎를 내린다. 末鄒, 斯申支 此二人은 此財를 고쳐서(바꾸어서) 인도하지 말라. 만약에 고쳐서(바꾸어서) 인도하면, 그(바꾸어서 인도하는 者)는 重罪를 받을 것이다.

典事人인 沙喙 壹夫智奈麻, (沙喙) 到盧弗, (沙喙) 須仇你, 喙 耽須道使 心訾公, 喙 沙夫那, (喙) 斯利, 沙喙 蘇那支 此七人이 무릎을 꿇고, 아뢸 바를 마치고, 소를 죽이고, 말을 拔했다. 故로 기록한다.

村主인 臾支 干支과 須支壹今智 此二人과 世中이 일을 마쳤다. 故로 기록한다.'

마지막으로 비의 건립 연대에 대해 조사하였다. 비의 건립 연대는 실성왕대(402년)에 敎를 받았다면 503년에는 비의 주인공인 節居利의 나이가 131세나 되는 점과 지도로갈문왕과 지증왕을 동일인으로 보면 지도로갈문왕(지증왕)의 소속부가 사탁부가 되어 姓이 김씨 왕족과는 다르게 되는 점 등 15가지 이유를 들어서 지도로갈문왕과 지증왕은 동일인이 아니고, 사탁부의 장으로서 갈문왕이 된 것으로 보고, 비의 건립 연대도 503년이 아닌 443년으로 보았다.

제2절 율령반포 전후의 고신라의 관등

1. 머리말

신라는 『삼국사기』 신라본기와 울진 봉평리신라비에 쓰인 내용을 바탕으로 법흥왕 때 율령이 반포되었다고 보고 있다. 역사는 여러 해석이 있는 학문인 만큼 조금 더 지나서 신라가 한반도를 통일할 때쯤 중국과의 교류에서 율령이 전래되어 신라만의 율령이 완성되었다고 보는 견해도 있지만 주류는 아니다.

태종 무열왕은 즉위하자마자 율령을 개정했고 문무왕의 유조를 통해 율령격식에 불편한 점이 있으면 곧 개정하라고 명령한 것을 보아 신라의 율령은 법흥왕의 원형으로부터 꾸준히 개량되었으며, 통일신라에 들어서는 법에 대한 연구와 교육을 담당하는 관청 律令典을 설치해 6명의 율령박사를 두어 율령을 체계적으로 관리했다.

고신라에서 관등제는 율령제와 밀접한 관련이 있는 듯하다. 법흥왕 7년(520)에 율령이 반포되었다. 그 내용에 대해서는 자료가 없어서 추측의 단계를 벗어나지 못하고 있다. 여기에서는 葬制와 官等을 율령제와 관련되는 것으로 보고서 이에 대해서 살펴보고자 한다. 律令은 律令格式의 준말로서 律은 刑法, 令은 行政法, 格은 補則, 式은 施行細則이다. 장제와 관등이 율령격식 가운데 어디에 속하는지는 잘 알 수 없으나 율령임에는 틀림이 없는 것 같다.

여기에서는 먼저 고신라의 율령제는 묘제의 변화에 초점을 맞추어 살펴보겠다. 다음으로 5세기의 관등제에 대해 살펴보겠다. 마지막으로 6세기의 관등제에 대해 살펴보겠다.

2. 율령제에서의 묘제 변화

고신라시대에 있어서 율령제에 대해 예를 들기가 어렵다. 왜냐하면 이에 대한 사료가 남아있지 않기 때문이다. 금관총에서 발견된 尒斯智王명 도초끝부속구에 의해 이 尒斯智王을 훈독과 반절로 읽으면 넛지왕이 되고, 이와 비슷한 왕명을 가진 왕은 눌지왕밖에 없다. 그러면 금관총은 458년이란 절대 연대를 가지게 된다. 종래 금관총은 475년에서 500년 사이의 고분으로 편년해 왔다. 그러면 금관총은 17~42년을 소급하게 된다. 적석목곽묘에서 횡혈식석실분으로의 전환도 550년이 아닌 520년경이 된다. 520년은 율령공포로 유명한 해이다. 횡혈식석실분의 도입이 신라의 율령공포와 관련이 된다는 것을 알게 되었다. 횡혈식석실분의 도입에 대한 역사적 의의에 대해 조사해 보자.

흔히 적석목곽묘에서 횡혈식석실분으로의[1] 변천에 대해 貧葬을 근거로 불교의 영향으로 파악하고 있다.[2] 두 묘제 사이에서 부장품이 적어진 것을 薄葬 또는 빈장이라고 단정하고 불교적인 것으로 해석하는 것은, 언뜻 보면 520년 적석목곽묘에서 횡혈식석실분으로의 변천, 527년 신라의 불교 공인으로 보면 횡혈식석실분의 변천을 불교와 관련짓는 것은 당연한 판단으로 보인다.[3] 이 문제를 살펴보기 위해 우선 고고학에 있어서 관,

---

1) 혹자는 신라의 횡혈식석실분과 횡구식석실분을 함께 다루고 있으나 신라 역역 안에서는 횡구식석실분은 5세기말에 전래되어 7세기까지 존재하나 주류가 아니기 때문에 여기에서는 횡혈식석실분만을 그 대상으로 삼았다.
2) 현재 학계 일각에서는 횡혈식석실분을 불교와 관련짓고 있다. 앞으로 그 뚜렷한 근거를 제시해야 할 것이다. 오히려 후술하는 바와 같이 제정일치를 담당했던 적석목곽묘에서 조상 제사만을 담당하는 횡혈식석실분으로 축소되면서 부장품이 후장에서 박장 또는 빈장으로 바뀐 것으로 판단된다.
3) 횡혈식석실분과 불교의 연결은 그 증거가 없고 상황 판단에 의존한 것일 뿐이다.

제2절 율령반포 전후의 고신라의 관등 335

곽, 실의 구분부터 검토해 보기로 하자.

관은 시체를 직접 넣는 것을 말한다. 옹관, 목관, 석관, 와관 등이 있다. 곽은 시체를 2중으로 담았을 때 겉의 것은 곽, 안의 겉은 관이라 한다. 실은 내부의 공간을 중시하며, 연도가 있어야 되고, 시상대나 관대가 있어야 된다. 연도의 유무에 따라 횡혈식과 횡구식으로 나눌 수가 있다, 석실분, 전축분 등의 예가 있다.[4]

이렇게 보면 적석목곽묘와 횡혈식석실분은 계기적인 발전으로 연결될 수 없는 전혀 다른 방식의 묘제란 점이다. 이러한 묘제의 차이가 불교의 전래,[5] 또는 불교 공인과 궤를 같이하는 것은 아니다. 고구려의 경우 5세기 이전까지 묘제는 왕을 비롯한 지배층의 적석총을 채택하고, 부장품 또한 풍부하지 않은 듯하다. 357년 안악3호분에서는[6] 고구려 불교 전래 이전이나 천정 벽화에 연화문이 나오고 있으나 불교와는 관련이 없는 것이다.[7] 백제의 경우도 적석총, 횡혈식석실분, 옹관묘 등 여러 가지의 묘제가 사용되었다. 횡혈식석실분의 경우 한성시대, 웅진성시대,[8] 사비성시대에 사용되었으나 빈장을 근거로 불교와 관련짓는 가설은 제기된 바 없다.

---

4) 아직까지도 대가야 등의 수혈식석곽묘를 그 크기를 기준으로 석실분으로 보는 연구자가 있다. 하루빨리 시정되어야 할 것이다.
5) 527년 신라의 불교 공인 이전에 불교가 전래된 것은 확실하다. 문무왕릉비에는 남전불교가 기록되어 있다.
6) 안악3호분을 북한에서는 고국원왕으로 보고 있으나 모두루총 묘지에서 고국원왕을 國罡上太王이라고 부르고, 광개토태왕비에서 광개토태왕을 國罡上廣開土境好太王이라고 부르고 있다. 國罡上은 왕의 무덤 위치를 나타내므로 고국원왕릉도 우산하고분군이 있어서 안악3호분이 고국원왕릉이 아니다. 안악3호분이 동수묘이기 위해서는 동수묘지명에 덕흥리벽화고분이나 모두루총 묘지의 주인공처럼 관등을 소유해야 한다. 안악3호분은 충주비에서 태자보다도 높은 고추가가 나와서 안악3호분이 고추가의 무덤으로 보인다. 동수는 帳下督의 직책을 가지고 안악3호분에 묻힌 것으로 보인다.
7) 고령 고아동 벽화고분에 나오는 연화문도 불교와는 관련이 없고, 오히려 중국 先秦시대 거울 등에 나오는 연화문과 관계되는 것이다.
8) 이 시기의 석실은 그 구조가 가장 다양하다. 앞으로 이 다양한 여러 형식이 왜 출현했는지에 대한 연구가 기대된다.

이제 적석목곽묘와 횡혈식석실분의 차이점에 대해 구체적으로 살펴보기로 하자.

첫 번째로 두 묘제 사이에는 부장품이 서로 다르다. 적석목곽묘에서 출토되는 유물은 횡혈식석실분에서는 거의 출토되지 않는다.

두 번째로 적석목곽묘의 부장품은 풍부한 데 비해 횡혈식석실분의 부장품은 적다. 적석목곽묘에서는 부장곽을 만들어 다량의 유물을 넣고 있으나 횡혈식석실분에서는 그렇지 않다.

세 번째는 적석목곽묘에서는 1인 이상의 추가장이 불가능하나 횡혈식석실분에서는 2인 이상의 추가장이 가능하다.[9] 적석목곽묘에서는 먼저 시체를 넣은 목관에 다시 목곽을 만들고 목곽을 사람 머리 크기의 냇돌로 원형으로 몇 겹을 쌓고 또다시 흙으로 덮어서 봉토를 만든다. 이에 비해 횡혈식석실분에서는 연도를 다시 열고 추가장이 가능하다.

네 번째로 적석목곽묘는 신라 고유의 묘제인 데 비해 횡혈식석실분은 고구려·백제·가야 등에서 온 외래계 묘제이다. 이 외래계 묘제가 진흥왕의 영토 확장과 더불어 한강 유역, 함흥평야, 가야 등에도 확산되고 있다.[10]

다섯 번째로 무덤을 통한 祭儀의 차이가 있다. 적석목곽묘를 사용하는 시기는 524년에 건립된 봉평비의 牟卽智寐錦王의 예와 443년에 건립된 냉수리비의 七王等의 예로 보면, 아직까지 왕권이 크게 신장하지 못했던 것 같다. 황남대총 등의 발굴 결과에 따르면 무덤의 크기는 그만두고서라도 부장품에서 금·은·동의 금속제품뿐만 아니라 철제품과 토기의 양도 엄청나다. 이러한 고분을 만들려고 하면 국가 전체의 잉여생산물이 거의 다 소모되었다고 보아야 될 것이다. 실크로드를 통한 유리 제품도 있으며, 고구려와[11] 중국의 것도[12] 있다. 이렇게 다양한 유물들은 신라 고분문화의

---

9) 김해 예안리 석실분에서는 11차례의 추가장이 시행된 예가 있었다고 한다.
10) 한강 유역 등에서는 종래의 백제 석실에 신라의 인화문토기가 매납되는 경우도 있다고 한다. 쉽게 들 수 있는 예로 청양 主城里 석실분이다.
11) 황남대총의 귀걸이, 서봉총의 十字紐附有銘銀盒, 호우총의 壺杆 등이 있다.

소화력을 웅변해주는 것으로 보인다. 많은 부장품을 통한 제의 방식은 아마도 신라와 가야 지역만이 갖는 하나의 특색으로 판단된다. 이에 비해 횡혈식석실분에서는 혈연이 중시되고 동시에 피장자가 중시되었을 뿐이고, 부장품은 그렇게 중시되지 않은 것 같다.

여섯 번째로 적석목곽묘에서는 신라 토기가 출토되나[13] 횡혈식석실분에서는 인화문토기가[14] 출토된다. 인화문토기는 주로 횡혈식석실분, 생활유적, 절터, 산성[15] 등에서 출토되고 있다.[16] 이 인화문토기는 520년 무렵 고배 뚜껑의 꼭지 주위에 컴퍼스[規]로 그린 반원문과 ㄱ자형 자[矩]로 그린 삼각집선문에서 출발하였다. 점차 시문구를 만들며 인화문토기가 본격적으로 만들어지게 되었다. 이 인화문토기는 신라 횡혈식석실분의 표지적인 토기이나 적어도 불교와의 관련은 제기된 바 없다.[17] 이 인화문토기는 700년에 절정을 이루다가 800년 무렵이 되면 소멸된다. 750년 무렵은 석가탑, 다보탑, 봉덕대왕신종, 석굴암 본존상 등 불교미술의 최전성기이다. 800년까지도 신라 불교문화의 전성기로 이때 유독 인화문토기만이 소멸되는 것은 하나의 예외적인 현상이다.[18]

일곱 번째로 적석목곽묘에서 횡혈식석실분으로의 급작스런 변화는 적석목곽묘의 축조에 관계되는 사람들이 할 일을 잃게 된다. 人頭大 크기의 냇돌 운반자, 돌을 쌓는 자, 환두대도 기술자, 금관과 금동관 기술자,

---

12) 황남대총에서 출토된 흑유소호를 들 수가 있다.
13) 고신라의 도질토기는 백제나 고구려의 토기보다 우수하다. 이에 대해서는 김창호, 「고고 자료로 본 신라 삼국 통일의 원동력」, 『한국고내사와 고고학』, 2000 참소.
14) 인화문토기는 세계사적으로 신라에서만 나오는 독창적인 문화이다.
15) 경기도 이성산성에서는 다량의 신라 인화문토기가 출토된 바 있다.
16) 이는 인화문토기가 생활도구로서도 사용되었음을 의미한다.
17) 인화문토기는 불교와도 관련이 없고, 동시에 도교와도 관련이 없어서 신라의 고유한 신앙과 관련될 가능성이 있나. 신라 토착신앙의 동시대적인 자료로는 적석목곽묘의 토우 이외에 울주 천전리서석 을묘명(535년)의 명문과 선각화, 경주 단석산 단애면의 마애석각의 소형 공양상(2구) 등이 있다.
18) 고구려 벽화고분도 6세기 강서대묘를 끝으로 최고조에 달하다가 퇴화의 과정이 없이 소멸되고 만다.

금을 채취하는 자, 토기 기술자, 철기 기술자, 신발 기술자, 대부속구 기술자, 안교 등 마구 기술자 등 일일이 열거할 수 없는 많은 적석목곽묘 축조에 관여했던 사람들이 직업을 잃게 된다.[19] 적석목곽묘의 透彫 행엽을[20] 만들던 사람은 투조 광배를 만드는 기술자로 변신이 가능하다는 일본의 연구 성과가 있을 뿐이다.[21] 그 외에는 거의 알려진 것이 없어서 수많은 공인들이 할 일이 없어서 이에 관계한 기술자뿐만 아니라 그 관련된 관리자도 경제생활을 포기해야 되는 등 많은 저항 세력이 있었음이 감지되나[22] 적석목곽묘를 버리고 외래계의 횡혈식석실분과 신라에서 자체 개발한 인화문토기 등을 가지고 진흥왕이 한강 유역과,[23] 함흥평야에도[24] 진출하였다.

562년 대가야 멸망, 567년 한강 유역 진출, 568년 함흥평야 진출은 520년 무렵의 횡혈식석실분의 채택으로부터 불과 40년도 되지 않았다.[25] 이때에 넓힌 영토가 본래의 신라 영토보다 더 넓었다. 520년 무렵의 묘제 변화는 왕과 귀족은 물론 전 국민이 혼연일체가 되어 받아들인 것으로 해석할 도리밖에 없다. 그렇다면 어떤 사회의 변화가 묘제의 변화를 받아들인 것인가? 일본에서는 岡山縣 사라야마 횡혈식석실분을 가부장제 사회와 관련지었으나[26] 正倉院 문서에 근거한 문헌사학자의 비판으로[27] 무너진

---

19) 신라에서 財貨가 가장 많이 드는 곳이 적석목곽묘의 축조라고 판단되고, 경주 분지에서는 365일 이와 관련된 일이 진행되었을 것이다.
20) 신라 금속기에 나타나는 투조 기술은 고구려에서 온 것이라고 판단된다.
21) 小野山節編, 『古代史發掘』 6-古墳と國家の成立ち-, 140쪽.
22) 국가 비용의 대다수가 적석목곽묘 축조에 사용되었으므로 당시 수도였던 경주에는 적석목곽묘에 관련되어 생계를 유지했던 사람이 많았을 것이다.
23) 567년에 세워진 북한산비를 통해서 알 수 있다.
24) 568년에 건립된 마운령비와 황초령비를 통해 알 수 있다.
25) 신라가 계속해서 적석목곽묘를 사용했다면 영토 확장 등 대외 전쟁에서의 승리는 불가능했을 것이다.
26) 近藤義郎, 『佐良山古墳群の硏究』, 1952, 50~51쪽.
27) 鹽澤君男과 門脇禎二의 주장(野上丈助, 『日本古代史の考古學的硏究』, 2005, 11쪽 참조).

바 있다.[28] 520년 무렵의 묘제 변화에 대한 전사회 구성의 합의는 그 근거를 찾을 수 없다. 이는 좀 비과학적이지만 결론적으로 말하면 신라인의 현명한 선택이요. 훌륭한 모습으로 판단된다.

여덟 번째로 로마제 유리와 함께 신라에 왔을 것으로 사료되는 부부생활 장면의 토우가 묘제의 변화와 더불어 사라진 셈이다. 적석목곽묘시대에 있어서 부부생활 장면의 토우는 에로티시즘으로 타락하지 않고, 로마의 성문란 풍습이 다산의 숭배로 승화되었고, 횡혈식석실분에서는 소멸되었다. 부부생활 장면의 토우는 신라 문화가 이를 수용할 정도로 성숙했음을 나타내주고 있다.[29] 이에 비해 횡혈식석실분에서는 土俑이 출토되고 있다.

아홉 번째로 적석목곽묘는 대체로 평지에 입지하고 있는데 대해 횡혈식석실분은 대개 산지에 입지하고 있다.

열 번째로 적석목곽묘에서는 고래의 東枕이 주류이나 횡혈식석실분에서는 중국식 北枕이 주류를 이루고 있다.

열한 번째로 적석목곽묘에서는 순장이 나타나나[30] 횡혈식석실분에서는 그러한 예가 적다. 수혈묘계의 무덤인 적석목곽묘에서 횡혈식석실분으로의 변천은 분묘 자체에 대한 제의가 바뀌었으며, 분묘의 축조에 따른 경제적인 부담도 엄청나게 줄게 되었다. 이런 변화는 묘제의 변화뿐만 아니라 장례, 토기 등도 변화하는 것으로 신라 자체에서 단기간에 이러한 예를 찾을 수도 없다. 우리나라 역사에서도 장제가 이렇게 급변하는 시기를

---

28) 횡혈식석실분에 대한 가족제도의 접근은 대단히 어렵다. 그 한 예로 일본의 횡혈식석실분에서는 부모가 장남을 제외한 아들들의 부부와 매장되고, 장남 부부는 손자들과 매장된다는 고고학적인 연구 성과가 있으나 일본 의학자들은 이에 대해 의문을 품는 견해가 우세하다고 한다.
29) 적석목곽묘의 토우는 장송의례와 관련된 것이 주류를 이루고 있고, 부부생활과 관련된 토우가 난일 종류로는 가장 많다. 이 부부생활과 관련된 토우는 로마제 유리가 도입될 때에 함께 들어온 로마의 성생활을 기반으로 신라에서 신라식 토우를 만들었다고 판단된다.
30) 고령 지산동의 대가야 묘제에서 순장이 나타나는 것으로 해석하고 있으나 이는 배묘로 보인다.

찾기가 어렵다. 이 변화가 사회 자체의 변화에 기인한 것인지, 국가의 강압적인 실시에 의한 것인지, 장제 자체의 편의성에 기인한 것인지를 잘 알 수가 없다. 보통 장제는 보수적인 성격이 강해 구제도와 신제도 사이에는 중첩되는 경향이 강하다. 적석목곽묘의 소멸과 횡혈식석실분의 보급 사이에는 길어도 20년 이하의[31] 기간밖에 걸리지 않은 듯하다. 이러한 장제에서의 갑작스런 변천의 이유나 배경을 알 수가 없다. 520년을 전후해 신라에서는 자체에서 제작한 기와가 등장하고,[32] 수도에서만 왕궁, 관아, 사원 등을 짓기 시작해[33] 많은 변화가 나타난다. 이러한 새로운 건축술의 도입과[34] 함께 ㄱ자형 자[矩]나 컴퍼스[規]가 널리 사용되고,[35] 고배 뚜껑 주위에 반원문과 삼각집선문을 그리기 시작했는지도 모르겠으며, 고배 꼭지 주위에 그린 반원과 삼각집선문이 인화문토기의 시작이다. 신라사에 있어서 520년 전후의 시기가 전술한 바와 같이 가장 변화가 심한 시기로 판단된다.

520년 무렵에 신라에서는 적석목곽묘의 축조와 관련된 수많은 工人들이[36] 실직자가 된다. 금관을 만들던 공인, 허리띠를 만들던 공인 등 수많은 신라인이 실직하게 되는 대변화의 시대가 된다. 이들은 횡혈식석실분의 축조와 더불어 진흥왕 때 국토가 넓혀진 것이나 궁궐, 관아, 사원 등의 건축 등에 배치되었을 것이다. 곧 적석목곽묘에서 횡혈식석실분으로 변천의 성공이야말로 후일의 가야·백제·고구려와의 전쟁에서 승리와 어느

---

31) 짧게 잡으면 10년 정도이다. 가령 인화문토기의 초기 양식인 삼각형집선문과 반원형을 컴퍼스와 직접 자로 그린 토기가 아직까지 적석목곽묘에서는 출토된 바 없다. 이들 토기의 상한은 520년이다.
32) 신라에서 기와가 자체 생산으로 등장하는 것은 5세기 4/4분기이다.
33) 이러한 건물들은 기와 등의 무게 때문에 적심을 만들고, 그 위에 초석을 놓고 기둥을 세웠다.
34) 기와의 사용과 함께 건축술은 비약적인 발전을 했을 것이다.
35) 이때의 건축은 요즈음과 달리 목조가 주류를 이루고 있으므로 목공이 자를 사용하는 것은 흔한 일이다.
36) 이 시기의 공인의 역할은 대단히 중요한데 그들의 몰락에는 이를 소유한 지배계급이나 나라의 동의가 필요했을 것이다.

정도 연결이 가능하다.

　적석목곽묘에서는 하나의 묘곽에는 반드시 한 사람이 들어가 묻히게 된다. 단장묘, 단곽묘, 복합묘, 표형분 등 어느 표형을 가질 경우에도 마찬가지이다. 다곽묘에서는 적석목곽묘와 함께 한 외호석 안에 석곽묘, 옹관묘도 존재함으로 배총(배묘)로 해석할 수도 있다. 복합묘의 경우는 거의 수평적으로 묻힌 경우와 레벨의 차이가 큰 수직적으로 묻힌 경우로 나눌 수 있다.

　적석목곽묘 사회는 냉수리비의 七王等에서 보는 바와 같이 아직까지 높은 관등을 가진 자도 王이었고, 봉평비에서와 같이 寐錦王도 정치적인 주재자인 동시에 제사장의 역할을 담당하고 있고, 적석목곽묘를 축조하는 제의를 통해 신라의 여러 세력이 연합하는 제정미분리의[37] 사회로, 이를 고고학적 의미에서 보면 제의를 중심으로 한 연합사회로 부를 수가 있다. 이에 비해 횡혈식석실분에서는 중국적인 北枕, 壽陵, 殯, 三年喪 등이 도입되고, 매금이라고 불리던 왕이 太王으로 불리고, 1인당 장례비가 1/10~1/100까지 절약되는 사회가 되면서 장례의 의미가 조상숭배중심의 제의로 변해갔다. 결국 적석목곽묘에서 횡혈식석실분으로의 변천은 제의연합사회가 정치 중심의 太王과 횡혈식석실분을 통한 조상숭배 중심의 제의로 양분되는 사회로의 전환을 의미한다. 제의의 변화는 풍부한 부장에서 빈장으로 바뀌고, 제의 자체는 횡혈식석실분에서 축소되어 조상숭배를 중심으로 한 제의를 담당했다.

　횡혈식석실분에서 불교적인 요소는 거의 없고, 청동 그릇이나 이를 모방한 토기나 인화문토기가 있을 뿐이다. 호우총 호우에 #마크는 도교적인 것으로 판단되어[38] 모든 청동그릇이나 토기를 불교적인 요소로 보기도

---

37) 『삼국사』 위서, 농이전, 한조에 나오는 天君을 근거로 그 이후의 사회를 제정분리의 사회로 보아왔다. 고고학 자료에서 보면 5세기보다는 4세기가, 4세기보다는 3세기가 제정일치의 도가 커서 천군관련 기사는 믿기 어렵다.

38) 적석목곽묘 출토 山자형 관도 도교적인 것으로 보이는 바, 이에 대해서는 김창호, 「신라 적석목곽묘 출토 山자형 관의 계보」『부대사학』 30, 2006 참조.

어렵다. 인화문토기 자체는 불교와 관련이 없으나 황남대총의 봉토 정상부에서 출토된 예와[39] 같이 화장기로 사용된 것은 불교의 화장과 관련이 있다. 고구려·백제·가야 등에서 횡혈식석실분이 불교와 관련이 거의 없고, 신라에서는 고유한 신라의 제의와 관계될 가능성도 있는 인화문토기가 새로이 더해지고 있어서 신라의 횡혈식석실분이 불교와의 관련성은 많지 않은 듯하다.

3. 5세기의 관등

고신라 5세기의 율령을 알아보기 위해서 그 시기의 금석문인 포항중성리신라비와 포항냉수리신라비의 인명 표기부터 분석해 제시하면 다음의 〈표 1〉과 〈표 2〉와 같다.

〈표 1〉 중성리비의 인명 분석표

직명	출신지명	인명	관등명
	(喙部)	折盧(智)	王
	喙部	習智	阿干支
	沙喙	斯德智	阿干支
	沙喙	尒抽智	奈麻
	喙部	牟智	奈麻
本牟子	喙	沙利	
위와 같음	위와 같음	夷斯利	
白爭人	喙	評公斯弥	
위와 같음	沙喙	夷須	
위와 같음	위와 같음	牟旦伐	
위와 같음	喙	斯利	壹伐
위와 같음	위와 같음	皮末智	
위와 같음	本波	喙柴	干支
위와 같음	위와 같음	弗乃	壹伐

---

39) 이렇게 무덤의 주인공 후손들 몰래 골장기를 가져다 묻는 것을 조선시대에는 偸葬이라고 불렀다.

위와 같음	위와 같음	金評△	干支
使人		祭智	壹伐
奈蘇毒只道使	喙	念牟智	
	沙喙	鄒須智	
	위와 같음	世令	
	위와 같음	干居伐	
	위와 같음	壹斯利	
	蘇豆古利村	仇鄒列支	干支
	위와 같음	沸竹休	
	위와 같음	壹金知	
	那音支村	卜步	干支
	위와 같음	走斤壹金知	
	위와 같음	琢伐壹昔	
		豆智	沙干支
		日夫智	
	(沙喙)	牟旦伐	
	喙	作民	沙干支
使人		卑西牟利	
典書		與牟豆	
	沙喙	心刀哩	

〈표 2〉 냉수리비의 인명 분석표

직명	출신지명	인명	관등명	비고
	喙	斯夫智	王	實聖王
	위와 같음	乃智	王	訥祗王
	珎而麻村	節居利		비의 주인공
	沙喙	至到盧	葛文王	
	위와 같음	斯德智	阿干支	
	위와 같음	子宿智	居伐干支	
	喙	尒夫智	壹干支	
	위와 같음	只心智	居伐干支	
	本彼	頭腹智	干支	
	위와 같음	斯彼暮斯智	干支	
		兒斯奴		
		末鄒		
		斯申支		
典事人	沙喙	壹夫智	奈麻	
위와 같음	위와 같음	到盧弗		
위와 같음	위와 같음	須仇你		
위와 같음	喙	心訾公		耽須道使

위와 같음	喙	沙夫那		
위와 같음	위와 같음	斫利		
위와 같음	沙喙	蘇那支		
村主		奭支	干支	
		須支壹今智		

〈표 1〉과 〈표 2〉에서의 공통점은 먼저 경위에서는 干支가 나온다. 중성리비에서는 경위 壹伐이, 냉수리비에서는 壹干支가 나오는데, 어느 관등과 같은지 알 수가 없다. 양 비에는 6두품과 5두품에 해당되는 관등만 나올 뿐, 진골과 4두품에 해당되는 관등은 나오지 않는다. 6세기 금석문인 봉평비, 적성비, 창녕비, 북한산비, 마운령비, 황초령비에서 반드시 隨駕인 명인 軍主가 나오지 않고 道使가 나온다. 인명 표기에 출신부명과 관등명이 없는 것도 있다.

4. 6세기의 관등

먼저 524년에 건립된 울진 봉평염제신라비부터 알아보기 위해서 그 관등표를 제시하면 다음의 〈표 3〉과 같다.

〈표 3〉 봉평비의 인명 분석표

직명	출신지명	인명	관등명	비고
	喙部	牟卽智	寐錦王	法興王
	沙喙部	徙夫智	葛文王	沙喙部의 長
	本波部	△夫智	五△(△)	本彼部의 長
干支岑	喙部	美昕智	干支	
위와 같음	沙喙部	而粘智	太阿干支(경5)	
위와 같음	위와 같음	吉先智	阿干支(경6)	
위와 같음	위와 같음	一毒夫智	一吉干支(경7)	
위와 같음	喙(部)	勿力智	一吉干支(경7)	
위와 같음	위와 같음	愼宍智	居伐干支(경9)	
위와 같음	위와 같음	一夫智	太奈麻(경10)	
위와 같음	위와 같음	一尒智	太奈麻(경10)	

위와 같음	위와 같음	牟心智	奈麻(경11)	
위와 같음	沙喙部	十斯智	奈麻(경11)	
위와 같음	위와 같음	悉尒智	奈麻(경11)	
事大人	喙部	內沙智	奈麻(경11)	
위와 같음	沙喙部	一登智	奈麻(경11)	
위와 같음	위와 같음	具次	邪足智(경17)	
위와 같음	喙部	比須婁	邪足智(경17)	
居伐牟羅道使		卒次	小舍帝智(경13)	
悉支道使		烏婁次	小舍帝智(경13)	
	居伐牟羅	尼牟利	一伐(외8)	
	위와 같음	弥宜智	波旦(외10)	彼日로 보임
	위와 같음	組只斯利		
	위와 같음	一全智		
阿大兮村使人		奈尒利		杖六十의 杖刑
葛尸條村使人		奈尒利	阿尺(외11)	
男弥只村使人		翼糸		杖百의 杖刑
위와 같음		於卽斤利		杖百의 杖刑
悉支軍主	喙部	尒夫智	奈麻(경11)	
書人		牟珎斯利公	吉之智(경14)	
위와 같음	沙喙部	善文	吉之智(경14)	
新人	喙部	述刀	小烏帝智(경16)	
위와 같음	沙喙部	牟利智	小烏帝智(경16)	
	居伐牟羅	異知巴	下干支(외7)	
	위와 같음	辛日智	一尺(외9)	

이 〈표 3〉에서 보면 중성리비와 냉수리비에서 보이지 않던 진골의 관등인 大阿干支와 4두품의 관등인 小舍帝智, 吉之智, 小烏帝智, 邪足智 등의 관등이 나온다. 경위에서 五△(△)와 干支가 나와서 아직까지 17관등이 완성되지 못했음을 알려주고 있다.

다음은 마지막으로 단양 적성신라비의 인명 표기에 대해 알아보기 위해서 이를 제시하면 다음의 〈표 4〉와 같다.

〈표 4〉의 적성비 인명 표기에서 경위와 외위에서 그 정체를 잘 몰라서 고민해 왔던 干支란 관등이 없어져서 545년에 경위와 외위 곧 관등제가 완성되었다고 볼 수 있다. 신라의 관등제가 율령과 관련이 있음은 주지의 사실이나 그 완성 시기가 540년경임은 이상하다. 왜냐하면 율령제의 공포

〈표 4〉 적성비의 인명분석표

적성비	京位名	外位名	적성비
	1. 伊伐湌		
伊干支	2. 伊湌		
	3. 迊湌		
波珎干支	4. 波珍湌		
大阿干支	5. 大阿湌		
阿干支	6. 阿湌		
	7. 一吉湌	1. 嶽干	
	8. 沙湌	2. 述干	
及干支	9. 級伐湌	3. 高干	
	10. 大奈麻	4. 貴干	
	11. 奈麻	5. 撰干	撰干支
大舍	12. 大舍	6. 上干	
	13. 舍知	7. 干	下干支
	14. 吉士	8. 一伐	
大烏之[40]	15. 大烏	9. 一尺	
	16. 小烏	10. 彼日	
	17. 造位	11. 阿尺	阿尺

는 520년이기 때문이다. 율령제와 신라 관등은 서로 상관이 없는 것으로 보인다.

5. 맺음말

먼저 적석목곽묘에서 횡혈식석실분으로의 변화에 대해 11가지의 예를 들고서 그 이유를 비용 절감이라는 것에 초점을 맞추어서 설명하였다.

다음으로 5세기 금석문에서는 隨駕인명에 군주가 없고, 대신에 道使가 나오고, 관등이 진골과 4두품에 해당되는 관등은 없고, 6두품과 5두품에

---

[40] 之자는 적성비의 맨 마지막에 나오므로 종결사로 판단된다. 大舍도 관등명에 之자를 동반하지 않았는데, 大烏가 之자를 동반할 수 없다. 아마도 후대인의 추각으로 보인다.

해당되는 관등만 나온다.

  마지막으로 6세기 금석문에서는 524년 봉평비에서 경위에 干支, 五△(△) 가 나와서 아직까지 17관등제가 완성되지 못했고, 545년의 적성비에 가서야 17관등제가 완성된 것으로 보았다.

제3절 경주 多慶 와요지에서 구워진 와전명문

1. 머리말

신라에서는 고식 단판은 6세기 전반~7세기 전반, 신식 단판 7세기 후반, 중판은 7세기 후반~9·10세기로 판단하고 있다. 지방은 중판이 7세기 후반~8세기에, 경주를 제외한 지방에서는 장판이 9세기 전반부터 출토되고 있어서 10세기까지 계속된다. 신식 단판은 다경 와요지의 680년의 漢只·漢명기와가 있고, 망성리기와요지의 679년의 儀鳳四年皆土명기와와 680년의 ##習部, ##習府, #마크 등의 기와가 더 있다. 신식 단판은 절대연대를 가진 기와 이외에는 거의 없는 것 같다.

679년의 儀鳳四年皆土명기와나 680년의 조로2년명쌍록보상화문전은 신라기와 편년에 중요한 기준이 되고 있다. 이러한 기와와 전을 굽은 가마가 발견되어 많은 정보가 알려지고 있다. 조로2년명보상화문전의 680년이란 절대연대를 공반 유물로 공유하여 알게 된 다경 와요지의 漢只·漢명기와는 중요하다. 이들이 월성이나 전 임해전지나 월지 등에서 나오고, 신라왕경 S1E1, 王井谷 제1사지(전 인용사지), 재매정 등에서도 나왔는데 그 시기는 680년이 된다. 다른 경주의 여타 유적에서 나오더라도 그 시기는 680년이 되는 중요한 유물이다.

이러한 절대연대를 가진 기와편으로 유적이나 유물의 연대를 정한 대표적인 것이 경주 남산 칠불암의 예이다.[1] 칠불암은 종래 7~8세기의 다양한

---

1) 박홍국,「경주 나원리 5층석탑과 남산 칠불암의 조성시기-최근 수습한 명문와를 중심으로-」『과기고고연구』4, 1998.

가설이 나왔는데2) 儀鳳四年皆土명기와와 공반되는 중판연화문수막새로 그 시기를 679년이나 그 이전으로 본 바 있다. 그래서 칠불암은 중판연화문 수막새로 말미암아 有銘佛이 된 셈이다.

다경 와요지는 가마터이다. 가마터에는 첫째로 흙이 기와를 만드는 데 적합해야 한다. 둘째로 땔감으로 쓸 나무가 풍부해야 한다. 셋째로 교통이 편리해야 한다. 넷째로 물이 풍부해야 한다. 다섯째로 바람 방향이 중요하다. 이러한 조건을 갖추는 기와 가마터는 관수관급제이다. 그래서 漢只·漢 등의 명문도 官의 허락아래에 새겨졌다.

여기에서는 먼저 선학들의 다경 와요지나 그 출토 유물에 관한 견해를 일별하겠다. 다음으로 유적 개요에 대해 간단히 살펴보겠다. 그 다음으로 調露二年漢只伐部명전에 대해 살펴보겠다. 마지막으로 漢只·漢명평기와를 調露二年漢只伐部명전의 漢只伐部와 함께 살펴보겠다.

2. 지금까지의 연구

경주 다경 와요지에서는 무악식암막새와 쌍록보상화문전이 출토되어서 월지와 동궁지 근처에서 나오는 漢只·漢명의 기와가 나오는 요지로 추정되어 왔다.3) 쌍록보상화문전에는 다음과 같은 명문이 있다.

    調露二年
        漢只伐部君若小舍…
                三月三日作康(?)…

---

2) 진홍섭,『한국의 불상』, 1993, 267쪽에서 8세기 후반 ; 강우방,『원융과 조화』, 1990, 406쪽에서 8세기 전반 ; 문명대,「신라사방불의 전개와 칠불암 불교조각의 연구」『미술자료』, 1980에서는 감산사(720년)와 굴불사지 불상보다 늦은 시기.
3) 김성구,「다경와요지 출토 신라와전소고」『미술자료』33, 1983.

이를 '調露2년에 한지벌부 군약 소사가 3월 3일에 만든…'으로 해석했다.[4] 이는 '조로2년에 漢只伐部의 군약 小舍가 감독했고, 3월 3일에 작강(?)이 만들었다.'로 해석해야 된다. 왜냐하면 관등명을 가진 자가 도공이나 와공이 된 예가 없기 때문이다. 680년에 만들어진 조로2년명쌍록보상화문전은 이 전이 750년이 아닌 680년임을 증명한 것으로도 유명하다.

이 조로2년명보상화문전은 신라에서 662년에 부명 표기가 없어지고 나서 부명이 기록된 거의 유일한 예이다. 漢只伐部란 부명은 보통 漢只部라고만 알아왔는데 伐자가 첨가되어 있어서 한지부의 위치가 경주분지나 보문들로 볼 수 있게 만든다.

3. 유적 개요[5]

다경 와요지는 경북 경주시 현곡면 하구3리 120번지의 농경지 주변에 위치하고 있다. 경주시에서 북천을 가로질러 황성공원에 이르면 곧바로 좌측으로 꺾이는 경주·영천간 국도가 있다. 이 도로를 따라 형산강을 건너 다음에 금장3리를 경유하여 계속 북진하게 되면, 남북 방향으로 길게 뻗고 있는 들이 좌측의 산모퉁이를 끼고 있는 구릉사면에 가마유적이 분포되어 있다. 경주·영천간의 국도가 다경들에 이르러 현곡초등학교로 들어가는 길목이 보이고 있는데, 이 입구에서 서쪽으로 150m지점에 위치하고 있는 숫못과 우측의 저수지 사이에 형성되고 있는 구릉사면의 하단부에 기와가마유적이 구축되어 있다.

이 기와가마유적은 지형상 다경들을 전면으로 하고 동서로 배치하고 있는 조그만 산줄기의 북쪽 사면을 이용하여 구축된 것으로, 전면에 펼쳐지고 있는 넓은 들은 양질의 점토지대이며, 북쪽에는 시내가 흐르고 있고,

---

4) 국사편찬위원회 한국사데이터베이스.
5) 이 유적 개요 부분은 김성구, 앞의 논문, 1983에서 전제하였다.

이 주변에는 크고 작은 산들이 병풍처럼 배치되어 있기 때문에 이 일대가 기와가마를 구축할 때 필요한 최적지라고 생각한다. 그러니까 와전을 만들 때 필요한 입지조건인 양질의 점토, 물의 공급, 연료 채취, 구릉사면 등을 갖춘 최적지라고 생각된다.

여기에서 수습된 기와와 전에 대해서 알아보기로 하자. 먼저 기와는 연화문수막새(단판연화문수막새, 복판연화문수막새), 당초문암막새, 연화문사래와, 王자명명문와(사천왕사의 王자로 추정됨), 수키와(무단식인 평행선문수키와, 승석문수키와, 격자문수키와, 유단식수키와), 암키와(무단식인 평행선문암키와, 격자문암키와, 기하학문암키와, 무문암키와, 유단식). 특수와(삼각암키와, 방형암키와, 착고. 이형와) 등이 있다. 塼類로는[6] 연화문전, 쌍록보상화문전, 무문전(방형전, 장방형전), 특수전(보상화문삼각전, 무문삼각전) 등이 수습되었다.

4. 調露二年漢只伐部명전

680년은 신라에서 부제와 성촌제의 변화를 가늠할 수 있는 시기이다. 보통 신라사에서 외위제가 없어지는 시기를 674년으로 알고 있다. 왜냐하면 『삼국사기』40, 잡지9, 외관조에 '文武王十四年 以六徒眞骨出居於五京九州 別稱官名 其位視京位 嶽干視一吉湌 述干視沙湌 高干視級湌 貴干視大奈麻 選十(一作撰十)視奈麻 上干視大舍 干視舍知 一伐視吉次 彼日視大烏 阿尺視先沮知'라고 했기 때문이다.

그런데 계유명아미타삼존불비상에서 백제의 유이민에게 외위가 아닌 경위를 주고 있어서 673년에 시행된 것으로 본다. 673년 이후에서 인명표기에는 성촌명이 탈락되고 없다. 이 계유명아미타삼존불비상의 인명 분석표

---

6) 전류는 모두 벽전이 아닌 부전이다.

를 제시하면 다음의 〈표 1〉과 같다.

〈표 1〉 계유명아미타삼존불비상의 인명 분석표

비면의 표시	인명	관등명	비고
向左側面	△△	彌△次	及伐車(及干)?
	△△正	乃末	
	牟氏毛	△△	乃末로 복원
	身次	達率	백제 관등명
	日△	△	旀로 복원
	眞武	旀	
	木△	旀	
背面	与次	乃末	
	三久知	乃末	
	豆兎	旀	
	△△	△	旀로 복원
	△△	△△	△師로 복원
	△△	旀	
	夫△	旀	
	上△	△	旀로 복원
	△△	△	旀로 복원
	△△	△師	
	△△	旀	
	△△	旀	
	△力	△	旀로 복원
	△久	旀	
	△惠	信師	
	△夫	乃末	
	林許	乃末	
	惠明	法師	
	△△	道師	
	普△	△△	△師로 복원
向右側面	△△	△	旀로 복원
	△△	旀	
	使三	旀	
	道作公		公이 관등명류?
正面	△氏	△△	인명인지 여부?
	逝況	△△	인명인지 여부?

계유명아미타삼존불비상은 673년에 연기 지방의 백제 유이민에 의해

불상을 만드는 불사가 이루어졌다. 그 내용을 정면, 배면, 좌측면, 우측면의 불상이 없는 공간에 새긴 것이다. 이 불비상에는 達率 身次의 경우 관등명이 인명의 앞에 가는 백제식으로 인명을 새기고 있다. 백제 말기의 애국자로서 금석문에 나오는 유일한 예가 된다.

坊里제가 실시되었던 신라 6부에도 村제가 시행되었음이 대구 팔거산성 14호 목간 本波部△△村△△△△(앞면) 米一石私(뒷면)에 의해 분명하게 되었다. 村제가 실시된 예를 들어 보자. 먼저 중성리비의 예를 들 수가 있다. 이를 보다 확실히 알기 위해 포항중성리비의 인명 분석표를 제시하면 다음의 〈표 2〉와 같다.

〈표 2〉 중성리비의 인명 분석표

직명	출신지명	인명	관등명
	(喙部)	折盧(智)	王
	喙部	習智	阿干支
	沙喙	斯德智	阿干支
	沙喙	尒抽智	奈麻
	喙部	牟智	奈麻
本牟子	喙	沙利	
위와 같음	위와 같음	夷斯利	
白爭人	喙	評公斯弥	
위와 같음	沙喙	夷須	
위와 같음	위와 같음	牟旦伐	
위와 같음	喙	斯利	壹伐
위와 같음	위와 같음	皮末智	
위와 같음	本波	喙柴	干支
위와 같음	위와 같음	弗乃	壹伐
위와 같음	위와 같음	金評△	干支
使人		祭智	壹伐
奈蘇毒只道使	喙	念牟智	
	沙喙	鄒須智	
	위와 같음	世令	
	위와 같음	干居伐	
	위와 같음	壹斯利	
	蘇豆古利村	仇鄒列支	干支
	위와 같음	沸竹休	
	위와 같음	壹金知	

	那音支村	卜步	干支
	위와 같음	走斤壹金知	
	위와 같음	㺚伐壹昔	
		豆智	沙干支
		日夫智	
	(沙喙)	牟旦伐	
	喙	作民	沙干支
使人		卑西牟利	
典書		與牟豆	
	沙喙	心刀哩	

위의 〈표 2〉에서 눈에 띄는 것은 蘇豆古利村 출신의 3명과 那音支村 출신의 3명이 존재하는 점이다.7) 중성리비의 요체는 豆智沙干支의 宮(居館)과 日夫智의 宮(居館)을 빼앗아 (沙喙部의) 牟旦伐에게8) 주라는 敎인 것이다. 그런데 왕경인(6부인)이 국왕을 비롯한 25명 정도만 참가하면 충분하지 왜 지방민까지 동원했는지 의문이 생긴다. 또 대구 팔거산성 14번 목간에서 本波部△△村△△△△(앞면) 米一石私(뒷면)가9) 나와서 6부에 성촌이 소속됨을 알게 되어 의문이 풀렸다. 중성리비의 蘇豆古利村 출신의 3명과 那音支村 출신의 3명은 모두 사탁부 소속의 사람으로 추정할 수 있게 되었다. 더 중요한 것은 팔거산성 14번 목간에 의해 신라 6부에도 성촌이 존재한다는 사실을 말해주고 있다. 경주의 3천으로 연결되는 사각형 안에 방리제가 있고, 그 외곽에 6부 소속의 성촌제가 있다. 673년에 성촌제의 이름은 없어졌지만 남아있는 증거가 망성리의 習部명기와의 출토나 다경의 漢只(部) 출토 등이10) 그것이다.

---

7) 蘇豆古利村 仇鄒列支 干支나 那音支村 卜步 干支의 관등이 경위냐 아니면 외위냐가 문제이다. 이들은 크게 보았을 때 사탁부란 부의 출신이기 때문이다. 이들이 가진 干支란 관등이 경위인지 외위인지가 문제이다. 두 경우가 다 가능하나 외위로 보아야 할 것이다.

8) 牟旦伐喙로 끊어서 이것을 모량부라고 본 가설도 있으나 따르지 않는다. 이것이 성립되려고 하면 牟旦喙伐가 되어야 부명으로 볼 수가 있다.

9) 이 자료는 부명 속에 촌명이 오는 유일한 예로 6부에도 성촌명이 있었다는 유일한 증거가 되는 자료로 중요하다.

이러한 관점에서 調露二年명보상화문전의 명문을 살펴보기 위해 관계 전문을 다시 한번 제시하면 다음과 같다.

　　調露二年
　　漢只伐部君若小舍…
　　　　三月三日作康(?)…

이를 '調露2년에 한지벌부 군약 소사가 3월 3일에 만든'으로 해석했다.11) 또는 이를 다음과 같이 이용했다. 調露二年漢只伐部君若小舍~三月三日作康(?)~(개행)명쌍록보상화문전의 명문은 牟喙部의 설정에 이용되었다. 남산신성비 제5비 제③행의 ~道使幢主喙部吉文知大舍를12) 道使△△涿部△文△라고 잘못 읽은 것을 보고13) △△涿部란 것을 牟梁部가 漸涿·牟涿으로 쓰이기도 했다는 점을 근거로 △△涿部가 모량부라고 주장하였다.14) 그러나 모량부가 점탁·모탁으로 쓰였으나 점모탁 또는 모점탁으로 불리지 않아서 △△탁부와 연결이 어렵다. '다만 △△탁부를 모량부로 비정할 때는 涿은 梁과 통하나 앞의 未詳인 2자가 牟(또는 漸)와의 연결이 문제가 된다. 그러나 이것도 漢祇部가 漢只伐部로 기록되는 점을 참고한다면 △△탁부를 모량부로 지정하는 것은 별 무리가 없다고 믿어진다'고 했으나 漢祇部가 漢只伐部로 표현된 점에 따라서 牟梁部에 적용시키면 牟梁伐部가 되고, 나아가서 △△涿部는 △△涿伐部가 되어 모량부와 남산신성비는 연결이 안 된다.

---

10) 다경의 한지(부)나 망성리의 습부는 월경지로 보인다.
11) 국사편찬위원회 한국사데이터베이스
12) 진홍섭, 「남산신성비의 종합적 고찰」, 『역사학보』 36, 1965 , 『삼국시대의 미술문화』 재수록, 1976, 143쪽.
13) 이종욱, 「남산신성비를 통하여 본 신라의 지방통치체제」, 『역사학보』 64, 1974, 2쪽.
14) 이문기, 「금석문 자료를 통하여 본 신라의 6부」, 『역사교육논집』 2, 1981, 101쪽.

중성리비에서 牟旦伐을 끊어서 牟梁部로 보는 것도[15] 漢只伐部의 영향이다.[16] 牟梁部는 고신라 금석문에서 남산신성비 제2비에 나오는 牟喙이 있다. 牟자는 △밑에 十으로 되어 있다.[17] 梁部가 喙部, 沙梁部가 沙喙部가 된 점에서 보면 牟梁部는 牟喙部가 될 것이다. 앞으로 모량부의 명칭은 금석문이나 목간에서 牟喙部로[18] 나올 것이다.

토기를 만드는 도공이나 기와와 전을 만드는 와공이 글을 남긴 예를 지금까지 자료에서는 찾을 수가 없다. 경주 성건동 677-156번지 출토 토기 명문도 토기 사용자인 冬夫知乃末이 썼고,[19] 부여 부소산성 출토 乙巳명 토기명문도 도공이 쓰지 않았다.[20] 그런데 680년에는 인명에 부명을 쓰지 않을 때이고, 부명 표기를 쓰기가 어려운 때이므로 쌍록보상화문전의 제작에서 감독자인 君若小舍가 직접 했을 것으로 판단된다.

조로2년명쌍록보상화문전이 없었다면 아직까지도 이러한 종류의 전 연대를 750년으로 보아서 70년이나 늦게 편년했을 것이다. 漢祇部를 漢只伐部라고 명기한 부명에 伐자가 들어간 것도 다른 6부의 예는 없다. 君若小舍란 인명 표기도 漢祇部에서 나온 유일한 예가 된다. 調露二年/漢只伐部君若小舍…/ 三月三日作康(?)…에서 '調露二年에 漢只伐部의 君若小舍가 (감독했고), 三月三日에 作康(?)이 만들었다.'로 해석되어 와전이 부별로 만들어졌다고 풀이된다.

다경은 한지부 소속의 촌명으로 부르다가 673년에 한지부로 부르는 지역이다. 그러다가 680년 다경에서 기와와 전을 만들면서 조로2년쌍록보

---

15) 윤선태의 가설로 이는 인명으로 보인다.
16) 牟旦伐喙이 모량부가 되려고 하면, 牟旦喙伐이 되어야 한다.
17) 牟자는 △밑에 옆으로(가로로) 두 줄로 되고 밑으로(세로로) 1줄로 된 것의 합자이다.
18) 실제로 월성해자 9번 목간에서는 牟喙部라고 적힌 것이 나왔다.
19) 김창호, 「경주 성건동 677-156번지 출토 토기 명문」 『고구려와 백제의 금석문』, 2022.
20) 김창호, 「부여 부소산성 출토 乙巳명 토기명문에 대하여」 『고신라목간』, 2023.

상화문전에 漢只伐部란 명칭이 나온다. 도대체 어떻게 된 일인지 궁금하다. 토기나 기와나 전에 적힌 명문은 모두가 官의 사전 허가 아래에서만 가능하다. 漢只伐部라고 君若小舍가 쓴 것은 漢只部라고 쓰라고 허락한 것을 漢只伐部라고 확대해석해서 쓴 것으로 보인다. 그렇지 않고서는 신라 6부명 가운데 유일하게 伐자가 들어간 漢只伐部를 이해할 수가 없다.

漢只伐部의 伐자는 넓은 들을 의미하므로 경주 분지에서 6부의 위치를 정할 때 넓은 들에 漢只伐部를 배정해야 한다고 생각된다. 고신라에서 5세기에 방리명이 정해진 범위는 경주 분지에서 북천, 서천, 남천의 사각형으로 연결하는 안쪽으로 보인다. 그렇다면 넓은 들은 경주시내나 보문들이 있다. 이 지역들 가운데 하나가 漢只伐部의 본래의 땅의 일부인지도 알수 없다. 그렇지 않고서는 漢只伐部의 伐자가 갑자기 나온 이유를 찾을 수 없다.

漢只伐部君若小舍는 한지부에서는 관등을 갖는 유일한 예이다. 부명은 680년의 평기와에 나오는 漢只·漢이란 부명으로 많이 나오지만 인명표기에 있어서 출신지명으로 나온 예는 처음이자 마지막의 예 곧 유일한 예가 된다. 출신부명+인명+관등명으로 되어 있으면서 관직명이 없는지 궁금하다.

이 680년이라는 시기는 인명표기에서 큰 변화의 시기이다. 662년 태종무열왕릉비에서 부명이 없어지고 관등명+인명의 순서로 적히던 시기였다. 태종무열왕릉비는 파실되고 없어서 682년의 문무왕릉비를 예로 들면 大舍 臣韓訥儒가 나오는데 이를 6세기 금석문의 예로 고치면 臣자를 빼고, 姓을 빼고, 관등과 인명의 순서를 바꾸어서 訥儒大舍가 되어야 한다. 漢只伐部君若小舍는 부명이 나오는 것만으로도 태종무열왕비에 나오는 인명표기를 따르지 않는 최초의 예가 되는 셈이다.

662년의 태종무열왕릉비 이후에서 인명표기에 부명이 나오는 예로는 798년의 영천청제비 정원14년명이 있다. 이 비의 인명 분석표를 제시하면 다음의 〈표 3〉과 같다.

〈표 3〉 청제비 정원14년명의 인명 분석표

직명	부명	인명	관등명
所內使		上干年	乃末
위와 같음		史湏	大舍
哭守	須果	玉純	乃末

이 비에 나오는 須果이 바로 그것이다. 調露二年명쌍록보상화문전과 영천청제비 정원14년명을 제외하고 673년 이후의 금석문의 인명표기에 있어서 부명이 나오는 예는 없다.

와전명에서 유일무이하게 관등명을 수반한 調露二年명쌍록보상화문전이다. 사실 와전명에서 관등명이 나올 수 있는 자료로 儀鳳四年皆土를 들 수가 있다. 皆土는 儀鳳四年皆土명기와의 총책임자이므로 충분히 관등명을 수반할 수 있다. 그런데 수많은 儀鳳四年皆土명기와에는 관등명을 수반하지 않고 있다. 만약에 관등명 2자 이상을 수반할 때, 기와의 최대 글자수인 6자를 초과하게 된다. 타날할 때 생기는 글자가 확실하게 새겨지지 않는 부위를 고려하여 9자 이상을 초과하지 않고 있다. 물론 글자를 대나무 등의 도구로 쓸 때에는 예외이다. 그 대표적인 예가 景辰年五月卄(日)法淂書의 백제 경진명기와의 예가 있다. 이 경진명기와는 書字자신이 이름을 법득이라고 밝히고 있어서 이름을 쓴 자기 자신이 인명을 적은 것으로 유명하다. 이 기와의 景辰은 丙辰의 피휘로 그 시기는 656년이다.[21] 이는 한국 최초의 피휘로 백제의 기와이다.

5. 漢只·漢명평기와

漢只·漢명평기와는 다경요에서 출토된 것으로 추정하고 있다.[22] 쌍록보

---

21) 김창호, 「익산 미륵사 경진명 기와로 본 고신라 기와의 원향」 『한국학연구』 10, 1999.
22) 김성구, 앞의 논문, 1983.

상화문전과 무악식암막새가 세트를 이루어23) 출토되기 때문이다. 漢只·漢 명평기와의 漢只·漢명은 한지부란 부명을 나타낸 것이다. 방리제의 한지부 가 아니라 기와를 굽는 다경의 한지부임이 분명하다. 680년은 673년에 행정촌제가 없어진 이후에 해당되어 한지부 소속의 성촌의 이름은 없어지 고 6부의 하나인 한지부라고 불렸던 것이 분명하다. 그렇지 않고 6부의 하나인 한지부를 다경에 비정할 수는 없다.

　대구 팔거산성 14번 목간에서 本波部△△村△△△△(앞면) 米一石私(뒷 면)가 나와서 신라의 도성제 연구에서 중요한 계기가 되었다. 팔거산성 14번 목간에서 本波部의 △△村의 △△△△이라는 것은 본피부 아래에 △△村이 있다고 해석된다. 그 어느 누구도 고신라의 6부안에 성촌이 있었다고 상상도 할 수가 없었다. 漢只·漢명평기와의 漢只·漢명은 한지부 에 소속된 성촌제에 해당되었으나 673년에 행정촌이 없어질 때 혁파되어 漢只·漢명으로 기와에 남아서 그 명맥을 유지했다.

　그렇지 않고서는 다경에서 기와에 漢只·漢명평기와의 漢只·漢명이 나온 이유를 이해할 수가 없다. 調露二年漢只伐部君若小舍에서 漢只伐部의 伐자 가 다경 근처에는 들이 없고, 경주 분지나 보문들을 가리키는 것으로 보아야하므로 6부 가운데 하나인 방리제가 시행되었던 곳에 있던 한지부를 가리키는 것으로 보아야 한다면 漢只·漢명평기와의 漢只·漢명도 방리제가 실시된 곳의 한지부로 해석해야 된다고 할 수도 있으나 다경을 떠난 漢只·漢 명평기와의 漢只·漢명은 있을 수가 없다. 대구 팔거산성 14번 목간에서 本波部△△村△△△△(앞면) 米一石私(뒷면)가 나와서 다경이나 망성리의 와요지에서 나오는 부명을 풀 수가 있으나 이 목간이 없을 때는 습비부의 위치 비정을 망성리라고까지24) 보았다.

　망성리 와요지에서 출토된 習部나 다경 아요지에서 출토되는 漢只(部)를 대구 팔거산성 14번 목간에서 本波部△△村△△△△(앞면) 米一石私(뒷면)

---

23) 김성구, 앞의 논문, 1983.
24) 조성윤, 「신라 습부명 명문와의 의미」『신라문화유산연구』 3, 2019.

가 출토되지 않았을 때에는 해결할 방법이 없었다. 망성리 와요지에서 나온 ##習部, ##習府, ##, # 등의 문양이나 다경 와요지에서 漢只·漢명평 기와의 漢只·漢명이 나온 이유를 파악하지 못하고 이상하게만 생각했을 뿐이었다. 그러한 의미에서 대구 팔거산성 14번 목간은 신라 도성제 연구에 있어서 획기적인 자료가 된다. 결국 680년 당시에 다경 와요지는 한지부 소속의 월경지로 볼 수밖에 없다.

6. 맺음말

먼저 경주 다경 와요지에서는 무악식암막새와 쌍록보상화문전이 출토되어서 월지와 동궁지 근처에서 나오는 漢只·漢명의 기와가 나오는 요지로 추정되었고, 월지에서는 調露二年명쌍록보상화문전이 나와서 이에 대해서 많은 관심을 학계에서는 가지게 되었다.

다음으로 경북 경주시 현곡면 하구3리 120번지에 소재한 다경 와요지에서는 연화문수막새(단판연화문수막새, 복판연화문수막새), 당초문암막새, 연화문사래와, 王자명명문와(사천왕사의 王자로 추정됨), 수키와(무단식인 평행선문수키와, 승석문수키와, 격자문수키와, 유단식수키와), 암키와(무단식인 평행선문암키와, 격자문암키와, 기하학문암키와, 무문암키와, 유단식). 특수와(삼각암키와, 방형암키와, 착고. 이형와) 등이 있다. 塼類로는 연화문전, 쌍록보상화문전, 무문전(방형전, 장방형전), 특수전(보상화문삼각전, 무문삼각전) 등이 수습되었다.

그 다음으로 調露二年漢只伐部명전을 중심으로 이에 대해서 나온 여러 가지 문제를 살펴보았다. 마지막으로 漢只, 漢, 漢只伐部로 나오는 부명은 다경요가 한지부 자체의 위치가 아니라 한지부의 월경지이었음을 말해주고 있다.

제4절 고신라 丁巳·習陵명 인각와의 묘주

1. 머리말

 고고학에는 토기와 석기를 위주로 하는 土石고고학과 환두대도, 금관, 은관, 관식, 허리띠부속구, 귀걸이, 은합, 동합, 은팔찌 등을 위주로 하는 금속기고고학이 있다. 전자는 개인적으로 지표조사 등을 통해 유물을 습득하여 분포, 편년 등을 알아낼 수 있다. 후자는 박물관 등의 공공기관에 들어가서 연구해야 하며, 왕궁, 지방관아, 관아, 절, 귀족저택 등을 연구할 수가 있다. 전자에 속하면서 후자를 연구할 수 있는 자료로 기와를 들 수 있다. 그래서 기와 연구는 중요하다. 기와는 고고학에서는 금관 등에 밀리고, 미술사에서는 불상 등에 밀려서 그 연구가 미진하였고, 겨우 미술사에서 와당을 중심으로 연구되었을 뿐이다.

 고고학에서 거의 버려지다시피 한 평기와가 1993년부터 본격적으로 연구되기 시작하였다.[1] 현재는 신라 평기와를 고식 단판 6세기 전반~7세기 전반, 신식 단판 7세기 후반(의봉사년개토명, 습부명, 한지명 암키와), 중판은 7세기 후반~9·10세기로 판단하고 있다. 지방은 중판이 7세기 후반~8세기에, 경주를 제외한 지방에서는 장판이 9세기 전반부터 출토되고 있고, 10세기까지도 계속된다. 이러한 편년도 기와의 등무늬에 타날된 연호명 문자에 의존하고 있다. 5개 미만의 연호와 연간지로 이토록 정치한 기와 편년을 만드는 것은 신라기와가 단판, 중판, 장판으로 나누어지기

---

 1) 최태선, 「평와·제작기법의 변천에 대한 연구」, 경북대학교 석사논문, 1993.

때문이다. 이에 비해 고려시대의 연호와 연간지는 62곳에서 출토되었으나[2] 그 편년이 어렵다. 고려시대 기와는 전부가 장판이기 때문이다. 이를 고려기와는 정형화되었다고 한다. 토수기와냐 미구기와냐 윤철흔의 유무, 횡대가 있느냐?[3] 거치문, 거륜문,[4] 초화문, 타래문이 있는지 여부로 따지지만[5] 그 실상은 분명하지 않다.

여기에서는 고신라에서 연간지가 인각된 인각와가 1점이 있는데 이에 대해 검토해 보고자 한다. 그러기 위해서 먼저 지금까지 미탄사지의 개요를 조사하겠다. 다음으로 인각와의 본고장인 백제 인각와의 개요를 조사하겠다. 그 다음으로 丁巳·習陵명 인각와와 묘주를 풀이해 보겠다. 마지막으로 丁巳·習陵명 인각와의 조와 시기에 대해서 알아보겠다.

2. 미탄사지의 개요[6]

미탄사지는 경북 경주시 구황동 441번지 일원에 위치하며 (재)불교문화재연구소에 의해 학술·정비를 목적으로 2013년 시굴조사를 시작으로 2023년 현재까지 연차적으로 발굴이 진행되고 있다. 味呑寺에 관해서는 『삼국유사』 권1, 기이1, 新羅始祖 赫居世王조에 '是爲本彼部崔氏祖 今日通仙部 柴巴等 東南村屬焉 致遠乃本彼部人也 今皇龍寺南 味呑寺南有古墟 云是崔候古宅也'라고 되어 있어서 지금의 皇龍寺 남쪽에 있는 미탄사 남쪽에 옛터가 있어서

---

2) 이남규 등, 『고려시대 역연대 자료집-기년명 기와 자료를 중심으로-』, (재)세종문화재연구원, 2015.
3) 이인숙, 「고려시대 평기와 제작기법의 변천」, 『고고학』 6-1, 2007.
4) 혹자는 차륜문이라고 부르고 있으나, 거륜문이 옳다.
5) 최정혜, 「고려시대 평기와의 편년연구-문양 형태를 중심으로-」 『박물관연구논집』, 1996.
6) 이 장은 조성윤, 「경주 출토 신라 干支銘 瓦에 대하여」 『한국기와학보』 9, 2024에서 발췌하였다.

이것을 崔候의 고택이라고 이르는데 아마도 분명한 것 같다.

위 기록에 의지하여 황룡사 남쪽에 있는 삼층석탑을 근거로 그 주변을 미탄사로 비정해 왔던 것으로 보인다. (재)불교문화재연구소에서는 2013·2014년 삼층석탑을 중심으로 그 주변 시굴조사에서 味呑명의 고려시대 명문와를 발굴하였다. 이들 명문와에 의해 황룡사 남쪽 삼층석탑 주변이 미탄사지로 확실시되는 정황에서 미탄사지 삼층석탑은 2017년 1월 11일에 보물 1928호로 지정되었다.

(재)불교문화재연구소의 미탄사지 삼층석탑 주변의 연차적인 발굴조사 결과, 신라문화유산연구원의 황룡사 광장 남쪽 신라방과[7] 연결되는 도성제 유적이 확인되었다. 사방을 방으로 구획하는 도로, 방 한가운데 중심을 남북 방향으로 가로지르는 방내 소로, 그 소로 내에는 시기를 달리하는 적심 건물지 등이 다수 확인되었다. 이중에서도 특히 주목되는 것은 지금까지 알려진 일반적인 사찰가람 곧 탑과 금당을 중심으로 남북 방향의 축을 이루는 금당 건물지가 확인되지 않은 점이다.[8]

(재)불교문화재연구소에서 발굴한 丁巳·習陵의 명문(〈그림 1〉 참조)은 암키와이며, 凸面이 매끄럽게 물손질되어 타날문양이 지워진 것 같다.

〈그림 1〉 丁巳習陵명암키와(좌) 및 탁본(우, 반전)[9]

---

7) (재)신라문화유산연구원·경주시, 『황룡사 광장과 도시Ⅰ-황룡사 대지와 후대유구-』, 2018 ; (재)신라문화유산연구원·경주시, 『경주 황룡사 광장과 도시Ⅱ-방도로와 광장-』, 2020.
8) 남북 축에서 탑은 있는데 금당이 없는 것은 평지 가람 배치에서 유례가 없는 것이다.
9) 조성윤, 앞의 논문, 2024, 146쪽의 〈그림 2〉에서 전제하였다.

명문은 방곽의 테두리 내에 십자선에 의하여 4개로 구획되어 있고, 그 각각의 4개 공간에 한자씩 4개의 글자가 위로부터 아래로 丁巳·習陵이 좌서로 압인된 인각와이다.

3. 백제 인각와의 개요[10]

 백제에는 유독 사비성시대에 인각와가 많이 발견되고 있어 이에 대한 전론 두 편이 나와 있다.[11] 공주 지역에서는 공주성지 16점, 대통사지 1점이고, 부여 지역에서는 부소산성 424점, 관북리 유적 281점, 쌍북리 유적 191점, 기타 125점이다. 익산 지역에서는 미륵사지 1605점, 왕궁리 유적 468점, 기타 33점이다. 그 밖의 지역에서는 鼓樂산성 73점, 백령산성 11점, 정읍 고사부리산성 2점[12] 등이다.[13] 그 개요를 알아보기 위해서 일반적으로 공주 대통사에서 나온 大通명(527~529)인각와가 가장 오래된 명문이 있는 인각와로 인식되어 있다. 그것은 부소산성에서도[14] 大通명인각와가 나오고 있어서 웅진시대에 이미 부소산성이 존재하고 있다는 근거로 생각하는 연구자도 있다.
 천도 때에 앞 도성의 기와가 새 수도로 이동하는 것은 흔히 보이는 현상이라서 그것을 근거로 하는 것은 어렵다고 생각된다.[15] 역시 토기 등으로 검토해야할 문제라고 생각한다. 그리고 공산성에서도 부여에서 안 보이는 인각와가 출토되어 있어서 그 후보지가 될 것 같다. 그러나

---

10) 이 부분은 주로 고정용 교수로부터 받은 이-메일에 의한 것이다.
11) 高正龍,「百濟刻印瓦覺書」『朝鮮古代研究』8, 2007 ; 심상육,「백제 인각와에 대하여」 『목간과 문자』 5, 2010.
12) 이문형·이다운,「상부상항명 인각와에 대한 연구」『중앙고고연구』 28, 2019.
13) 高正龍, 앞의 논문, 2007, 64쪽의 〈표 1〉.
14) 조원창,「기와로 본 백제 웅천기의 사비경영」『선사와 고대』 23, 2005.
15) 고정용의 견해이다.

웅진시대 평기와와 사비시대 평기와는 구별이 어렵다.

평기와에 찍혀진 인각와만 가지고서는 직접적으로 시대를 말할 수 없는 것 같다. 수막새에 대통명이 찍혀진 예가 있으면 어느 시대의 것인지 확실히 알 수 있는데, 그런 예가 어떤 유적에 있는지 잘 모르겠다. 그리고 한성시대 기와에는 인각와가 없는 것으로 이해하고 있다.

이상에서 大通명 인각화가 527~529년으로 가장 빠른 절대연대를 가지고 있고, 웅진성시대에 백제 인각와가 존재했다는 사실은 중요하다. 신라에서 통일신라의 인각와는 보고된 적이 있으나[16] 고신라의 인각와가 보고된 것은 처음이다.[17]

4. 丁巳·習陵명 인각와 묘주

1) 丁巳의 657년설의 검토

丁巳를 금산 백령산성 출토 인각와에 의해 그 연대를 657년으로 보았다. 과연 그렇게 볼 수 있는지 여부를 조사해 보자.

(1) 丙子명기와

丙子명와는 남문지 내부 매몰토층에서 발견된 2점을 포함해 발굴과정에서 총 3점이 수습되었다. 丙子명와는 그 크기가 길이 24.5㎝, 두께 1.0~1.9㎝ 이고, 다른 하나는 12.8㎝, 두께 1.0~1.6㎝이고, 또 다른 하나는 길이 8.5㎝, 너비 4.6㎝, 두께 0.93~1.3㎝이다. 印章의 지름은 2.1㎝정도이고, 양각된 丙子의 지름은 1.7㎝정도이다. 인장의 크기나 인장 안 字形 등을 감안한 때, 모두 동일한 消印으로 추정된다. 丙子명와의 丙子는 栗峴˙ 丙辰 瓦와의

---

16) 유환성, 「경주 출토 통일신라시대 인각와의 검토」『고고학지』17, 2011.
17) 조성윤, 앞의 논문, 2024.

관련성으로 보아 丙辰年을 나타내기 위한 것으로 보인다.[18]

(2) 栗峴ㄹ 丙辰瓦명기와

栗峴ㄹ 丙辰瓦명기와는 목곽고 내부와 그 주변에서 총 12점이 출토되었다. 회백색의 무문으로 수키와가 많다. 명문은 양각된 형태로 가로×세로 5cm의 방형 구획을 나누어서 세 글자씩 縱書했으며, 栗峴ㄹ 丙辰瓦로 판독된다. 이는 '栗峴ㄹ이[19] 병진년에 만든 기와이다.'란 뜻이다.

(3) 耳淂辛 丁巳瓦명기와

耳淂辛 丁巳瓦명기와는 조사 지역의 북문과 북쪽 성벽 일대에서 출토되었다. 총 18점으로 암키와가 다수를 이룬다. 방형 구획을 나누어서 세로로 3자씩 2행의 형태로 모두 6자이다. 이 명문와는 부여 쌍북리에서 출토된 丁巳瓦 葛那城명기와가 있어서 대비된다. 명문의 내용에서 丁巳瓦는 기와의 제작 시기를, 葛那城(충청남도 논산의 皇華山城으로 비정됨)은 그 소요처를 표기한 것으로 파악되고 있다.

이를 해석하면 '이득신이 정사년에 만든 기와이다.'가 된다.

(4) 戊午瓦 耳淂辛명기와

戊午瓦 耳淂辛명기와는 목곽고와 남문·북문, 치 등에서 총 23점이 확인되었다. 제작기법은 앞서 살펴본 栗峴ㄹ 丙辰瓦명기와와 耳淂辛 丁巳瓦명기와와 동일했을 것으로 보인다. 가로×세로 4.5cm정도의 방형 구획을 기준으로 세 글자씩 縱書되었는데, 耳淂辛 丁巳瓦명기와는 반대로 干支를 나타내는 부분인 戊午瓦가 먼저 기록된 점이다.

금산 백령산성에서 발굴조사된 여러 문자 자료들은 산성의 축조 시기와

---

18) 이병호, 「금산 백령산성 출토 문자기와의 명문에 대하여-백제 지방통치체제의 한 측면에서-」 『백제문화』 49, 2013, 68~69쪽.
19) 耳淂辛과 함께 기와를 만든 기술자인지 감독자인지는 후고를 기다린다.

주체, 배경 등을 알 수 있는 중요한 자료이다. 백령산성의 유물들을 두루 고려할 때, 백령산성은 사비성시대에 축조된 것이다. 干支에 대한 비정 문제는 丙辰명, 丁巳명, 戊午명의 간지는 1년의 시차를 두고 3년간에 계속되고 있다. 사비성시대란 점을 염두에 두고 이들 간지의 연대를 살펴보면 丙辰年는 536년(성왕 14), 596년(위덕왕 43), 656년(의자왕 16)이고, 丁巳年은 537년(성왕 15), 597년(위덕왕 44), 657년(의자왕 17)이고, 戊午年은 538년(성왕 16), 598년(위덕왕 45), 658년(의자왕 18)이다.

이들 가운데 戊午年이란 연간지는 538년으로 성왕 16년(538) 春三月로 웅진성에서 사비성으로 천도할 시기와 맞물려 있어서 백령산성의 축조는 어려웠을 것이다.

남는 것은 병진명의 경우 596년과 656년뿐이다. 과연 이들 가운데 어느 쪽이 백령산성의 축조와 관련되는지를 금석문 자료를 통해 검토해 보자. 익산 미륵사 출토 기와 가운데 다음과 같은 명문 기와가 있다.

景辰年五月卄(日)法淂書

7번째 글자인 日자는 파실되고 없으나 전후 관계로 보아서 日자로 복원하였다. 景자는 庚의 音借로 보고 있으나 잘못된 것이고, 景자는 丙자의 피휘이다. 丙자는 唐高祖의 父名이 昞자인 까닭으로 인해 丙자까지도 景자로 바꾸었다고 한다.[20] 그러면 결국은 위의 명문은 丙辰年으로 볼 수가 있고, 동시에 당나라가 618~907년까지 존속했으므로 656년, 716년, 776년, 836년, 896년 등이 그 대상이 된다. 이와 관련되는 금석문 자료를 적기해 제시하면 다음과 같다.

五日景辰建 大舍韓訥儒奉 (682년, 문무왕릉비)

---

20) 葛城末治,『朝鮮金石攷』, 1935, 72쪽 ; 陳新會,『史諱擧例』, 1979, 18~19쪽.

神龍二年景午二月五日 (706년, 神龍二年銘金銅舍利方函)

永泰二年丙午 (766년, 永泰二年銘塔誌)

永泰△年丙午 (818년, 柏栗寺 石幢記)

寶曆二年歲次丙午八月朔六辛丑日~ (827년, 中初寺幢竿支柱)

會昌六年丙寅九月移 (846년, 法光寺石塔誌)

~秋九月戊午朔旬有九月丙子建~ (884년, 寶林寺 普照禪師彰聖塔碑)

丙午十月九日建~ (886년, 禪林院祉 弘覺禪師碑)

682년 7월 25일에[21] 건립된 문무왕릉비와[22] 706년에 만들어진 神龍二年銘金銅舍利方函의 자료에서만 각각 丙辰을 景辰으로 丙午를 景午로 피휘하고 있을 뿐이다. 766년에 만들어진 永泰2년명 탑지의 丙午, 818년에 만들어진 백률사석당기의 丙午, 846년에 만들어진 법광사 석탑지의 丙寅, 884년에 만들어진 보림사 보조선사창성탑비의 丙子, 886년에 만들어진 선림원지 홍각선사비의 丙午 등에서는 피휘가 시행되지 않고 있다. 기와에 나오는 景辰(丙辰)年이란 연간지는 700년 전후에서 찾아야 될 것이다. 그 대상이 될 수 있는 것으로 656년, 716년, 776년 등이 그 대상이 될 수 있다. 596년은 618년에 당나라가 건국되었기 때문에 제외된다. 776년의 경우는 766년의 永泰2년명탑지 丙午에 의해 제외하면 656년과 716년이 남는다.

716년은 미륵사 명문기와 자료에서 開元四年丙辰명기와 가운데 元四年丙의 부분이 남아 있어서[23] 716년에는 丙자가 피휘되지 않았음을 알게 되었다. 따라서 景辰年은 656년임을 알게 되었다. 그렇다면 丙辰瓦명기와는 656년일 수는 없고, 536년일 수도 없고,[24] 596년일 수밖에 없다. 丁巳年은

---

21) 김창호, 「문무왕릉비에 보이는 신라인의 조상 인식」, 『한국사연구』 53, 1986.
22) 문무왕릉비는 사천왕사에 서 있었고, 산골처는 대왕암이다. 이를 잘못 해석하여 종종 대왕암을 문무왕릉으로 보는 가설이 나오고 있다. 이는 잘못된 것이다.
23) 국립부여문화재연구소, 『彌勒寺遺蹟發掘調査報告書』Ⅱ, 1996, 圖版199의 ②.

597년으로,25) 戊午年은 598년으로 각각 볼 수가 있다.

이를 해석하면 '무오년에 만든 기와는 이득신이 했다.'가 된다. 丁巳가 아니고 丁巳瓦라고 나오고 耳淂辛이란 조와 전문가의 이름이 나오고 있고, 이득신은 戊午瓦까지 만들고 있어서 丁巳만 나온다고 모든 기와를 그 시기로 보는 것은 무리이다.

2) 習陵의 검토

습릉은 누구의 능일지가 문제이다. 고신라시대 왕명에 있어서 왕명에 習자가 들어가는 예는 없다. 그 다음으로 능으로 부를 수 있는 사람은 갈문왕이 있다. 갈문왕 가운데 주목되는 사람은 『삼국사기』 권4, 신라본기 4, 진평왕 즉위조에 妃金氏摩耶夫人 葛文王福勝之女란 구절에 나오는 福勝葛文王이 있다. 福勝의 끝 글자인 勝과 習陵의 習은 통한다. 이렇게 끝 글자를 따서 이름을 지칭하는 예로 2예가 있다. 먼저 458년경의 충주고구려비에 나오는 寐錦忌가 있다. 이는 訥祗王의 祗(祈)를 따온 것이다. 현재도 경주 祗林寺를 祇林寺라고 부르기도 한다. 또 다른 예로는 부소산성 기와 명문으로 大△△午年末城이 있다. 이는 △△부분에 曆庚, 曆戊, 中庚을 복원하면 각각 766년, 778년, 850년이 되나26) 그 확실한 연대를 알 수가 없다. 암막새 명문의 끝부분은 末城은 인명인데 수막새에는 城만 나온다. 이는 寐錦忌와 마찬가지로 끝 글자인 城만 따온 것이다.

법흥왕의 경우 524년 봉평비에서는 牟卽智寐錦王이 539년 울주 천전리서석 추명에서는 另卽知太王이 된다. 535년 울주 천전리서석 을묘명에서는 法興太王으로 각각 다르게 나온다.

---

24) 戊午年명기와는 538년이라서 538년 春二月의 사비성 천도와 서로 충돌하게 되고, 사비성시대 기와에 있어서 너무 빨리 지방 기와가 등장한다.
25) 이렇게 되면 丁巳의 657년설의 근거는 없어진 셈이다.
26) 高正龍, 「軒瓦に現れた文字-朝鮮時代銘文瓦の系譜-」 『古代文化』 56-11, 2004 ; 吉井秀夫, 「扶蘇山城出土會昌七年銘文字瓦をめぐって」 『古代文化』 56-11, 2004.

여기에서 마운령비와 황초령비의 인명 분석 비교표를 제시하면 다음과 같다. [ ] 속의 인명 표기가 황초령비의 것이다.

〈표 1〉 마운령비와 황초령비 인명 분석 비교표

직명	출신부명	인명	관등명
沙門道人		法藏	
위와 같음		慧忍	
太等	喙部	居柒夫智	伊干
위와 같음	위와 같음	內夫智	伊干
위와 같음	沙喙部	另力智	匝干
위와 같음	喙部	服冬智	大阿干
위와 같음	위와 같음	比知夫知	及干
위와 같음	위와 같음	未知	大奈末
위와 같음	위와 같음	及珎夫知	奈末
執駕人	喙部	万兮	大舍
위와 같음	沙喙部	另知	大舍
哀內從人	喙部	沒兮次	大舍
위와 같음	沙喙部	非尸知	大舍
△人27)	沙喙部	△忠知	大舍
占人	喙部	与難	大舍
藥師	(沙喙部)28)	篤支次[篤兄]	小舍
奈夫通典	本彼部	加良知	小舍
△△	本彼部	莫沙知	吉之
及伐斬典	喙部	夫法知[分知]	吉之
哀內△(△)	(△)喙部	△未名	(吉之)
堂來客		五十	
哀內客			
外客		五十	
△△(軍主)	(喙部)	悲智[非知]	沙干
助人	沙喙部	舜知[尹知]	奈末

같은 해인 568년에 새긴 비석으로 그 월일은 알 수가 없다. 마운령비의 篤支次는 황초령비에서는 篤兄으로 되어 있으나 동일인임에는 누구나

---

27) △人의 △부분은 馬+弱으로 되어 있으나 조판의 어려움 때문에 모르는 글자로 보았다.

28) 沙喙部는 원래는 書者가 기록하지 않아서 없었으나 황초령비에 의해 복원한 것이다.

제4절 고신라 丁巳·習陵명 인각와의 묘주　371

동의하고 있으나 어떻게 이두를 풀어야 동일인이 되는지는 구결학회에서
도 모르고 있다. 마운령비의 夫法知는 반절로 붑이 되어 황초령비의 분지와
동일인이다. 마운령비의 悲知는 황초령비의 非知와 동일인이다. 마운령비
의 舜知는 황초령비의 尹知와 동일인이다.

　591년의 남산신성비 제2비에서는 阿大兮村과 阿旦兮村, 沙刀城과 沙戶城,
仇利城과 九利城은 각각 동일한 성촌명이다.

　함안 성산산성 목간에서 동일한 촌명으로는 古阤에 가장 많이 나온다.
전부 양면으로 된 것을 특징으로 하는 古阤에는 新村, △村, 密村을 제외하고
전부 伊骨利村(一古利村)뿐이다.

　　20번　　古阤伊骨利村(鄒)(앞면)
　　　　　　仇仍支稗發(뒷면)
　　　　　　古阤의 伊骨利村의 (鄒)仇仍支가 낸 稗가 1發(1석?)이다.
　　28번　　古阤伊骨利村阿那衆智卜利古支(앞면)
　　　　　　稗發(뒷면)
　　　　　　古阤의 伊骨利村의 阿那의 衆智卜利古支가 낸 稗가 1發(1석?)이다.
　　31번　　古阤一古利村末那(앞면)
　　　　　　毛羅次尸智稗石(뒷면)
　　　　　　古阤의 一古利村의 末那의 毛羅次尸智이 낸 稗 1石이다.
　2006-30번　古阤伊骨村阿那(앞면)
　　　　　　仇利稿支稗發(뒷면)
　　　　　　古阤의 伊骨村의 阿那의 仇利稿支가 낸 稗 1發(1석?)이다.
　2007-11번　古阤一古利村末那(앞면)
　　　　　　殆利夫稗(石)(뒷면)
　　　　　　古阤의 一古利村의 末那의 殆利夫가 낸 稗 1(石)이다.
　2007-14번　古阤一古利村末那仇△(앞면)
　　　　　　稗石(뒷면)

古陁의 一古利村의 末那의 仇△가 낸 稗 1石이다.
2007-17번　古陁一古利村△~(앞면)
　　　　　乃兮支稗石(뒷면)
　　　　　古陁의 一古利村의 △~乃兮支가 낸 稗 1石이다.
2007-25번　古陁一古利村阿那弥伊△久(앞면)
　　　　　稗石(뒷면)
　　　　　古陁의 一古利村의 阿那의 弥伊△久가 낸 稗 1石이다.
2007-33번　古陁一古利村末那沙見(앞면)
　　　　　日糸利稗石(뒷면)
　　　　　古陁의 一古利村의 末那의 沙見日糸利가 낸 稗 1石이다.
Ⅳ-595번　古陁一古利村本波(앞면)
　　　　　陁ヾ支稗發(뒷면)
　　　　　古陁의 一古利村의 本波의 陁ヾ支가 낸 稗 1發(1석?)이다.
Ⅴ-163번　古陁一古利村本波(앞면)
　　　　　陁ヾ只稗發(뒷면)
　　　　　古陁의 一古利村의 本波의 陁ヾ只가 낸 稗 1發(1석?)이다.

　古陁 목간은 모두 앞면과 뒷면의 양면으로 되어 있다. 가장 흥미로운 점은 古陁 목간에서만 나오는 一古利村과 伊骨利村은 동일한 촌명인지 여부이다. 우선 2006-30번 목간의 伊骨村은 伊骨利村에서 利자가 빠진 동일한 촌명이다. 고타에서만 나오는 일고리촌과 이골리촌은 동일한 지명으로 판단된다.
　719년 경주 감산사 석조미륵보살입상에는 주인공의 이름이 重阿湌 金志誠으로 나오는데 대해 720년 감산사 석조아미타여래 조상기에서는 重阿湌 金志全으로 각각 나온다. 따라서 福勝의 勝은 丁巳·習陵의 習과 동일한 것으로 볼 수도 있을 것이다.

5. 丁巳·習陵명 기와의 조와 시기

　丁巳·習陵이 언제 만들어졌는지 조사할 차례가 되었다. 진평왕은 579년 7월에서 632년 1월까지 52년 6개월 동안 재위하였다. 『삼국사기』권4, 신라본기4, 진평왕 즉위조에 妃金氏摩耶夫人 葛文王福勝之女란 구절에 나오는 福勝葛文王이 있다. 여기에 나오는 福勝의 勝이 丁巳·習陵의 習과 동일인이라면 丁巳의 연대는 597년이 된다.[29]

　만약에 657년으로 보면 丁巳·習陵의 習陵의 주인공을 찾을 수가 없다. 539년 울주 천전리서석 추명에 沙喙部徙夫知葛文王의 妃를 只没尸兮妃라고 부르고 있고, 추명에서 가장 중요한 역할을 한 두 사람을 其王与妹라고 해서 沙喙部徙夫知葛文王을 其王으로 칭하고 있다. 葛文王과 유사한 고구려의 古鄒加의 경우 太子보다도 높은 지위임은 충주고구려비가 말해주고 있다.

　따라서 丁巳·習陵의 習陵은 福勝葛文王의 勝과 동일하다고 판단된다.[30] 그 시기도 597년으로 보면 아무런 문제가 생기지 않는다.[31] 신라기와의

---

29) 이렇게 되면 신라에서 기와에 문자가 적히는 시기는 지금까지는 고신라의 예는 없었는데, 677년 부여 부소산성에서 나온 儀鳳二年의 예가 가장 빨랐고, 2년 뒤인 679년의 문무대왕기와라고도 불리는 儀鳳四年皆土의 인각와가 유명하다. 579년의 丁巳·習陵명 기와가 있게 되나 다른 예가 없어서 문제가 된다. 儀鳳二年명 기와보다는 80년을 앞서게 된다. 이 80년의 시기적인 차이를 어떻게 극복할 수 있는지가 문제이다. 왜냐하면 丁巳·習陵명 기와가 味呑寺와는 그 연대상으로 볼 때 관련이 없는 것으로 보이기 때문이다. 미탄사에서는 보통 통일신라의 기와가 나오기 때문이다. 丁巳·習陵명 기와가 원위치에서 이동했을 가능성이 있다. 그래서 丁巳·習陵명 기와가 1점만 출토되는지도 알 수 없다.
30) 丁巳·習陵명인각와가 왜 미탄사에서 1점만 나오는지 여부이다. 미탄사에서 習府#명 기와도 나왔으나 그 시기가 680년경이라서 丁巳·習陵명인각와는 관계가 없고, 597년은 횡혈식석실분의 시대라서 福勝葛文王이 習陵에 사용된 것을 후대에 도굴해서 미탄사에 버린 것이 아닌지 생각할 뿐이고 다른 증거는 없다. 고려시대 왕릉에는 고유한 능의 이름이 있었으나 신라에는 없다. 신라의 왕릉은 662년에 세워진 태종무열왕릉비를 기준으로 크게 변천이 되었다고 본다. 인명표기가 크게 바뀌는 등 큰 변화의 시대이다.
31) 597년은 福勝葛文王의 죽은 해이다. 왜 味呑寺에 丁巳·習陵명인각와가 나오는지

원향은 백제임이 틀림이 없으나32) 그 자세한 사정을 모르고 있다. 기와에 있어서 고구려와 백제는 모골기와를 사용했고, 신라에서 초기에는 무와통기와와 원시모골기와를 사용했고, 점차로 원통기와를 주로 사용한 것으로 알려졌다.33) 모골기와는 윗쪽이 넓은 반면에 원통기와는 윗쪽이 좁다.

선진 지역의 기와를 가지고 있던 고구려와 백제의 기와가 어떻게 신라에 전파되었는지는 아무도 모른다. 경진명 기와로 볼 때 신라기와는 백제에서 온 것이 틀림이 없다. 마찬가지로 丁巳·習陵의 인각와도 백제에서 온 것은 분명하나 그 자세한 경로는 알 수가 없다.34)

6. 맺음말

먼저 味呑寺址는 경북 경주시 구황동 441번지 일원에 위치한다. 현재 남아있는 삼층석탑과 남북 방향으로 축을 이루는 금당이 확인되지 않는 특징을 가지고 있다.

다음으로 백제의 인각와는 공주 대통사지에서 나온 大通이 중국 양나라 연호로 527~529년까지로 인각와가 확실한 절대연대를 갖게 된다, 3000여 점 출토된 백제 인각와 가운데 유일하게 연대가 확실한 유물이 대통사지의 인각와이다. 인각와가 출토되기는 미륵사 유적이 가장 많다. 579년에 창건된35) 미륵사에 인각와가 많은 이유는 알 수가 없다.

그 다음으로 『삼국사기』 권4, 신라본기4, 진평왕 즉위조에 妃金氏摩耶夫

알 수가 없으나 복승갈문왕과 관련될 가능성이 있는 걸로 짐작된다.
32) 김창호, 「익산 미륵사 경진명 기와로 본 고신라 기와의 원향」, 『한국학연구』 10, 1999.
33) 이 점에 대해서는 조성윤 박사의 교시를 받았다.
34) 함께 보고된 경북 경주시 동천동987-42번지 일원의 己酉명인각와는 조성윤, 앞의 논문, 2023에 따를 때 704년일 가능성이 있다.
35) 김창호, 『고신라 금석문과 목간』, 2018, 298쪽.

人 葛文王福勝之女란 구절에 나오는 福勝葛文王이 있다. 福勝의 끝 글자인 勝과 習陵의 習은 통한다. 이렇게 끝 글자를 따서 이름을 지칭하는 예로 2예가 있다. 먼저 458년경의 충주고구려비에 나오는 寐錦忌가 있다. 이는 訥祇王의 祇(祈)를 따온 것이다. 현재도 경주 祇林寺를 祇林寺라고 부르기도 한다. 또 다른 예로는 부소산성 기와 명문으로 大△△午年末城이 있다. 이는 △△부분에 曆庚, 曆戊, 中庚을 복원하면 각각 766년, 778년, 850년이 되나 그 확실한 연대를 알 수가 없다. 암막새 명문의 끝부분은 末城은 인명인데 수막새에는 城만 나온다. 이는 寐錦忌와 마찬가지로 끝 글자인 城만 따온 것이다. 남산신성비 제2비에서 阿大兮村이 阿旦兮村 등의 많은 예에서 한자가 서로 다를 수 있으므로 習陵을 福勝의 陵으로 보았다.

 마지막으로 진평왕은 579년 7월에서 632년 1월까지 52년 6개월 동안 재위하였다.『삼국사기』권4, 신라본기4, 진평왕 즉위조에 妃金氏摩耶夫人 葛文王福勝之女란 구절에 나오는 福勝葛文王이 있다. 福勝葛文王이 習陵의 주인공이므로 함께 나오는 丁巳는 597년으로 보아야 비인 김씨 마야부인의 아버지가 진평왕의 즉위시 40세라면 597년에는 58세가 되어서 죽었다고 볼 수가 있다.

제5절 고신라 금석문에 보이는 大等

1. 머리말

'大衆等'이라고도 표기되는데 '臣僚'라는 뜻을 가진 신라의 중앙관직이다.[1] 다수의 인원이 동시에 존재했으며, 이들을 대표하고 통솔하는 것이 '上大等'이다.[2] 그리고 대등은 어느 특정한 임무를 分掌하는 일정한 관부에 소속되지 않으면서 신라 귀족회의의 구성원으로 중앙관의 중추적 구실을 담당하고 있었다. 대등의 자격은 진흥왕 때 세워진 3기의 巡狩碑를[3] 통해보면, 지역적으로는 신라사회를 움직이는 중심이 되는 部, 즉 喙部, 沙喙部(沙梁部), 그리고 本彼部 출신만이 임명되었으며, 골품상으로는 眞骨을 중심으로 한 고급귀족이어야만 하였다. 대등의 직능은 신라의 귀족회의, 즉 和白會議의[4] 구성원으로서 왕위의 계승과 혹은 폐위, 대외적인 선전포고, 기타 불교의 수용과 같은 국가의 중대사를 논의하고 결정하는 것이었으며, 국왕의 순행 시에는 왕을 隨駕하기도 하였다.[5]

---

1) 머리말 부분은 인터넷에서 따온 것이다.
2) 창녕비에서 上大等이 전문에 딱 한 군데만 나오고 있으며, 8기의 국가차원의 금석문에서 인명 표기로 나온 예는 없다.
3) 원문에는 창녕비를 포함해서 4기의 순수비라고 했으나 창녕비는 순수비가 아니고 척경비라서 뺐다. 그러나 창녕비에서는 지금까지 나온 금석문 가운데에서 대등의 수가 22명으로 가장 많이 나와서 주목된다.
4) 和白會議가 大等으로 구성되었는지는 잘 알 수가 없다.
5) 창녕비 제⑤·⑥행에 나오는 大等与軍主幢主道使与外村란 구절은 진흥왕이 561년 창녕에서 대가야를 향해서 항복하라. 그렇지 않으면 나라 안의 大等与軍主幢主道使与外村主를 동원해서 멸망시키겠다는 것을 천명한 것이다. 大等과 村主도 군사적인 성격이 있음을 말해주고 있다.

대등은 신라가 부족연맹체에서 중앙집권적 귀족국가로 형성되어가는 과정에서 종래의 족장층이 사회적으로 骨品制나 部制로 편성되는 동시에 정치적으로는 대등이라는 관직이 주어진 데서 생긴 관직이다. 성립 시기는 대략 南堂會議가 시작된 내물마립간 때, 혹은 上古에서 中古로 넘어가는 지증왕 때로 잡을 수 있다. 그리고 대등의 존속 시기는 분명하지 않지만, 『삼국사기』의 色服志에 흥덕왕 때의 사실로서 '眞骨大等'이라는 기사가 있고,6) 신라 말기에 堂大等·大等이라 칭하던 지방호족이 있었던 점으로 미루어보아 신라 말까지는 그 명칭이 존속해 있었던 듯하다.

그러나 651년(진덕여왕 5)의 執事部의 설치를 비롯해 국가의 정무를 분장하는 새로운 여러 官府들이 만들어지자, 어느 관청에도 소속되지 않는 대등의 존재 의의는 점차 줄어들게 되었다. 신라의 관직 중 대등에서 파생된 것이 다수 있는데, 신라 최고의 관직인 上大等, 소경의 장관인 仕大等, 그리고 집사부의 차관직인 典大等과 같은 것이 있다. 內省의 장관인 私臣, 諸寺成典의 장관인 衿荷臣 등도 본래는 私大等·衿荷大等이었던 듯하다.

여기에서는 먼저 포항 냉수리비에 나오는 七王等에 대해서 살펴보겠다. 다음으로 울진 봉평비에 나오는 干支岑에 대해서 살펴보겠다. 그 다음으로 적성비의 大衆等에 대해서 살펴보겠다. 그 다음으로 창녕비에 나오는 대등에 대해서 살펴보겠다. 마지막으로 함흥 마운령비의 太等에 대해서 살펴보겠다.

2. 냉수리비

포항 냉수리 신라비는 1989년 3월에 경상북도 포항시 북구(옛 신광면)

---

6) 이를 眞骨 가운데 大等인 자로 해석할 수가 없다. 왜냐하면 진골로서 대등이 아닌 자도 있기 때문에 문제가 되고, 眞骨과 大等으로 해석하면 6두품도 포함되어 문제가 된다. 大等이 잘못 들어간 것으로 보인다.

냉수2리 밭에서 발견되었으며, 현재 신광면 사무소에 비각을 세워 보관하고 있다. 1991년 3월 15일에 문화재위원회에서 국보 제264호로 지정하였다. 이 비의 발견자는 이 마을에 사는 이상운이며, 그의 조부가 이전에 발견하였다가 밭에 묻은 것이라 한다. 따라서 현재 발견지인 밭은 원 발견지가 아니므로 어디서 이전하였는지 정확하지 않다. 그러나 비석의 성격으로 보아 신광면 일대였을 것으로 추정된다. 1989년 4월 13일 각 일간지에 보도되면서 비석의 존재가 알려졌다.

이 비는 화강암 재질의 자연석을 이용하여 앞면과 뒷면, 윗면에 문자를 음각한 3면비로서 고대 금석문으로서는 특이한 새김 구조를 가지고 있다. 글의 순서는 앞면을 먼저 쓰고, 다시 뒷면을 완성하였으며 마지막으로 윗면을 새기는 방식을 취하고 있다. 문자는 24행 231자인데, 앞면에 12행 152자, 뒷면에 7행 59자, 윗면에 5행 20자를 쓰고 있다. 비석의 규격은 높이 60.0cm, 너비 70.0cm, 두께 30.0cm로 하단이 상단 보다 넓은 세우기 편리하다. 비석이 자연석을 골라 사용하였으므로 면이 고르지 않아 새긴 문자도 줄의 간격이 맞지 않고 각 행마다 문자 수도 일정하지 않다. 문자의 규격도 거의 맞추지 않아 3~7cm까지 다양하다. 서체는 예서풍이 남아 있는 해서체로 추정된다.[7] 포항 냉수리비의 인명 분석표를 먼저 제시하면 다음의 〈표 1〉과 같다.

〈표 1〉 냉수리비의 인명 분석표

직명	출신지명	인명	관등명	비고
	喙	斯夫智	王	實聖王
	위와 같음	乃智	王	訥祇王
	珎而麻村	節居利		비의 주인공
	沙喙	至到盧	葛文王	
	위와 같음	斯德智	阿干支	
	위와 같음	子宿智	居伐干支	
	喙	尒夫智	壹干支	
	위와 같음	只心智	居伐干支	

---

7) 여기까지는 국사편찬위원회 한국사데이터베이스의 내용을 전제하였다.

		本彼	頭腹智	干支	
		위와 같음	斯彼暮斯智	干支	
			兒斯奴		
			末鄒		
			斯申支		
典事人		沙喙	壹夫智	奈麻	
위와 같음		위와 같음	到盧弗		
위와 같음		위와 같음	須仇你		
위와 같음		喙	心訾公		耽須道使
위와 같음		喙	沙夫那		
위와 같음		위와 같음	斯利		
위와 같음		沙喙	蘇那支		
村主			奐支	干支	
			須支壹今智		

 여기에서 중요한 것은 비문 전문 제⑦행에 나오는 前世二王의 뜻이다. 종래에는 대체로 前世代로 이해해 왔다. 그러나 世가 때를 나타내는 예가 있음을 알 수가 있다. 이를 좀 더 확실히 하기 위해서 6세기 일본 구마모토縣 에다후나야마 고분에서 나온 은상감철도 명문을 제시하고,[8] 이를 해석하면 다음과 같다.

 △△(年)治天下獲△△△鹵大王世奉事典曹人名无利弖八月中用大鐵釜幷四尺廷刀八十練九十振三寸上好△刀服此者長壽子孫洋〃得也不失其所統作刀者名伊太和書者張安也

 이를 해석하면 '△△(年)[9] 獲(加多支)鹵大王의 때에 奉事하는 典曹人의 이름은 无利弖이고 八月에 大鐵釜를 사용함과 아울러 4尺의 廷刀를 八十練하고, 九十振하고, 三寸을 위로 하고, 좋고 ~한 칼을 着服하는 이 사람은 長壽하고, 子孫이 번성함을 얻을 것이다. 잃지 않고 그것을 다스렸던 바, 칼을 만든 자의 이름은 伊太和이고, 글을 쓴 자는 張安이다.'가 된다.

---

8) 이에 대해서는 따로 필자의 견해를 밝힐 예정이다.
9) 530년경으로 보인다.

그렇다면 癸未年을 한 갑자 올려서 443년으로 보는 데에 아무런 지장이 있을 수 없게 된다. 최대의 걸림돌이 530년경에 만들어진 일본의 철도에 의해서 무너지게 되었다. 503년으로 보는 데에 있어서 걸림돌은 15가지나 된다.10) 중요한 것은 냉수리비에서 七王等인 沙喙(部)의 至都盧葛文王과 沙喙部의 斯德智阿干支와 沙喙部의 子宿智居伐干支와 喙部의 尒夫智壹干支와 只心智居伐干支와 本彼部의 頭腹智干支와 本彼部의 斯彼暮斯智干支가 나오는데 이는 大等의 전신이라고 판단된다.11) 至都盧葛文王은 沙喙部 출신으로 七王等에 소속되어 있다. 智證王과 동일인이 아니고, 沙喙部의 장으로 보인다.

3. 봉평비

1988년 4월에 발견된 봉평비는 524년이라는 절대연대는 甲辰季에 의해 틀림이 없으나 그 성격은 잘 몰라서 수수께끼의 비였다. 비의 규명에 중핵을 이루는 別敎에 奴人이 나오는데 이는 540~542년에 작성된 함안 성산산성 목간에 12점이나 나온다. 이를 私奴婢나12) 高句麗系服屬民으로13) 볼 수는 없다. 사노비이기에는 관등을 가진 목간이 4명이나 되고, 다른 많은 행정촌과 군명이 있는 곳에서는 노인이 나오지 않아서 문제이고, 후자로 보기에는 영주로 비정되는 고구려 옛 영토인 及伐城 등에서 노인이 나오지 않기 때문이다.

경북 울진군 죽변면 봉평2리 118번지에서 발견된 봉평비는 그 성격을

---

10) 김창호, 「포항 냉수리비의 건립 연대」, 『신라 목간과 금석문』, 2026.
11) 포항 중성리비의 앞부분의 왕을 포함하여 이하 15명은 대등 집단의 전신이다.
12) 윤선태, 「함안 성산산성 출토 신라 목간의 용도」, 『진단학보』 88, 1999, 16쪽.
13) 이성시, 「한국목간연구의 현황과 함안 성산산성 출토의 목간」, 『한국고대사연구』 19, 2000, 99~100쪽 ; 박종기, 「한국 고대의 노인과 부곡」, 『한국고대사연구』 43, 2006.

잘 알 수가 없다. 우선 여기에서는 설명의 편의를 위해 전문부터 제시하면 다음과 같다.

⑩	⑨	⑧	⑦	⑥	⑤	④	③	②	①	
	厼	奈	使	新		別	愼	干	甲	1
立	節	厼	卒	羅	一	教	·	支	辰	2
石	書	利	次	六	行	今	宋	岑	秊	3
碑	人	杖	小	部	△	居	智	喙	正	4
人	牟	六	舍	煞	之	伐	居	部	月	5
喙	珎	十	帝	斑	人	牟	伐	美	十	6
部	斯	葛	智	牛	備	羅	干	昕	五	7
博	利	尸	悉	△	土	男	支	智	日	8
士	公	條	支	△	塩	弥	一	干	喙	9
于	吉	村	道	麥	王	只	夫	支	部	10
時	之	使	使	大	事	本	智	沙	牟	11
教	智	人	烏	大	大	是	太	喙	卽	12
之	沙	奈	婁	人	村	奴	奈	部	智	13
若	喙	厼	次	喙	負	人	厼	而	寐	14
此	部	利	小	部	共	雖	一	·	·	15
省	善	阿	舍	內	値	·	厼	粘	錦	16
獲	文	·	帝	沙	五	是	智	智	王	17
罪	吉	尺	智	智	其	奴	太	太	沙	18
於	之	男	居	奈	餘	人	奈	阿	喙	19
天	智	弥	伐	厼	事	前	厼	干	部	20
·	新	只	牟	沙	種	時	牟	支	徙	21
·	人	村	羅	喙	種	王	心	吉	夫	22
·	喙	使	尼	部	奴	大	智	先	智	23
居	部	人	牟	一	人	教	奈	奈	葛	24
伐	述	翼	利	登	法	法	厼	阿	文	25
牟	刀	昃	一	智		道	沙	十	土	26
羅	小	杖	伐	奈		俠	喙	支	本	27
異	烏	百	弥	麻		阼	部	一	波	28
知	帝	於	宜	莫		隘	十	毒	部	29
巴	智	卽	智	次		禾	斯	夫	△	30
下	沙	斤	波	邪		耶	智	智	夫	31
干	喙	利	旦	足		界	奈	一	智	32
支	部	杖	組	智		城	厼	吉	五	33
辛	牟	百	只	喙		失	悉	干	△	34
日	利	悉	斯	部		火	厼	支	(△)	35

智	智	支	利	比	逸	智	喙	36
一	小	軍	一	湏	城	奈	勿	37
尺	烏	主	全	婁	我	𠘨	力	38
世	帝	喙	智	邪	大	等	智	39
中	智	部	阿	足	軍	所	一	40
△		尒	大	智	起	敎	吉	41
三		夫	兮	居	若	事	干	42
百		智	村	伐	有		支	43
九		奈	使	牟				44
十			人	羅				45
八				道				46

비문은 내용상으로 크게 6개의 단락으로 나누어진다. 그 가운데에서 대등의 풀이와 관련이 되는 제3단락까지만 해석해 보기로 하자.

제1단락은 제①행만으로 구성되어 있다. 뒤의 인명 분석 부분에서 상론하겠지만 제①행에는 喙部, 沙喙部, 本波部의 각 부 장의 인명이 기록되어 있다. 이는 제②행 이하의 인명과 쉽게 구분이 된다. 이렇게 제①행만으로 문단을 끊으면 제②행의 첫 부분에 나오는 干支의 처리가 문제이다. 干支를 제①행의 끝부분에 나오는 인명과 연결시키고, 제①행과 제③행까지를 같은 문단으로 볼 수도 있다. 이때에는 敎를 내리는 喙部牟卽智寐錦王 자신도 所敎事를 받게 된다. 제①행의 끝부분에 9~11자의 글자를 새길 공간을 비워 두고, 干支만을 따로 떼어서 제②행의 첫머리에 오게 한 점은 이해하기 어렵다. 제①행만으로 제1단락으로 본다.

제2단락은 제②·③행에 걸쳐서 있다. 여기에는 喙部牟卽智寐錦王·沙喙部 徙夫智葛文王·本波部△夫智五△(△)로 유력 3부 각각의 長으로부터 所敎事를 받은 11명의 인명들이 나열되어 있다. 제②행의 첫 부분에 나오는 干支를 관등명의 일부로 보고, 그 다음을 岑喙部로 끊어서 문헌에 나오는 漸梁部와 연결시켜서 牟梁部로 본 견해도 있다.[14] 이렇게 보면 비석 자체에서 4가지의 문제가 생긴다. 첫째로 제①행의 끝부분에 9~11자 가량의

---

14) 이기백,「蔚珍 居伐牟羅碑에 대한 고찰」『아세아문화』 4, 1988.

공란을 비워두고 관등명의 일부인 干支만 따로 떼어서 제②행의 첫 부분에 쓴 점이다. 둘째로 제①·②·③행을 계속 연결된 것으로 보면 법흥왕은 敎事를 내려야 함에도 불구하고, 법흥왕이 所敎事를 받는 모순이 생긴다. 셋째로 고신라 금석문에서 牟梁部 소속의 인명 표기가 없는 데도 불구하고 五△(△)란 관등명을 가진 인명이 나옴과 함께 관등을 가진 인명이 나온다. 지금까지 자료로 牟喙部가 중고 금석문에서 나오지 않고 있어서 관등을 갖는 것은 불가능하다. 모량부는 중고의 왕비족도 아니고[15] 牟梁部란 부명이 나오는 예는 남산신성비 제2비의 牟喙과[16] 월성해자 9번 목간의 牟喙(部)가 있었을 뿐[17] 牟喙部란 부명은 없다. 넷째로 제①행에 기록된 3명이 각각 신라 6부 가운데 喙部, 沙喙部, 本波部 三部의 長이란 분석을 염두에 두지 않은 점이다.

위의 4가지 문제점을 해결하기 위해서는 干支岑으로 끊어서 직명으로 볼 수가 있다. 干支岑에서『光州千字文』에 나오는 임금왕(王)의 訓인 긔ᄎ와 통한다. 이 긔ᄎ란『宋書』百濟傳에 나오는 鞬吉支의 吉支나 신라 왕호 중 居西干의 居西와 통한다.[18] 이를 봉평비와 비문 구성이 유사한 적성비의 大衆等과 비교해 보자. 干의 音과 大의 訓은 음상사이고, 支는 杖과 같음으로 (『삼국사기』地理志에 陝川 三嘉를 三支 一云 麻杖이란 구절에 근거하였다.) 支(杖)은 衆과 음상사이고, 岑과 等은 음상사이다. 여기에서는 干支岑喙部에서 干支岑을 직명, 喙部를 부명으로 본다.

제3단락은 봉평비의 성격을 알 수 있는 가장 중요한 부분이다. 居伐牟羅·男弥只·尒耶界城·失火遶城 등은 비문 자체의 내용에서 보면 지명으로 보인다. 제④행의 22번째와 제⑤행의 10번째에 각각 나오는 王은 牟卽智寐錦王

---

15) 김창호,『고신라 금석문과 목간』, 2018, 170~177쪽.
16) 大烏(경위 15위로 4누품)란 관능명을 가진 것으로 보인다.
17) 박성현,「월성 해자 목간으로 본 신라의 왕경과 지방」,『동아시아 고대 도성의 축조의례와 월성해자 목간』-한국목간학회 창립 10주년 기념 국제학술회의-, 2017, 212쪽.
18) 한국정신문화연구원,『한국학기초자료선집』-고대편-, 1987, 1001쪽.

일 것이다. 제④행의 王을 앞의 前時란 말에 근거하여 牟卽智寐錦王 이전의 智證王 등으로 볼 수 있다. 그러나 이 경우에 前時王의 인명이 구체적으로 제시되어야 하기 때문에 제④행의 前時王도 牟卽智寐錦王으로 본다. 제④행의 3번째 글자인 今과 제⑤행의 前時는 비문의 구조나 시간적으로 대조되어 제④·⑤행의 해석에 대단히 중요하다. 곧 셋째 문단은 前時를 기준으로 別敎今~雖是奴人과 前時王~種種奴人法으로 크게 나누어진다. 앞부분은 524년 현재의 이야기이고, 뒷부분은 524년 이전(514~523)의 어느 때에 있었던 과거의 이야기이다. 뒷부분은 다시 前時王~一行爲之·人備土鹽·王大奴村~種種奴人法의 3문단으로 작게 나눌 수 있다. 이 제3단락을 해석하면 다음과 같다.

> 別敎를 내린다. 이제 居伐牟羅와 男弥只는 본래 奴人이다. 비록 노인이었지만 前時에 王은 大敎法을 내려주셨다. 길이 좁고, 오르막도 험악한 禾耶界城과 失火遶城의 대군을 일으켰다. 然後에 남아 있는 者가 一行을 안내했다. 사람들이 土鹽을 준비하였다. 왕은 大奴村은 값 5를 같이 부담하도록 하였다. 그 나머지 일은 여러 가지 奴人法에 따르도록 했다.

4. 적성비

1978년 1월에 충북 단양군 단성면 하방리 산3-1번지 赤城에서 단국대학교 학술조사단에 의해서 발견되었다. 높이 93.0㎝, 너비 53.0~107.0㎝이고, 모두 22행이며, 모두 285자이고, 비편에 21자가 추가된다. 이 비의 건비 연대는 545년이나 그 직전으로 보이며, 大等이 大衆等으로 나오는 등 지방민의 배려를 구체적으로 알 수 있는 중요한 비석으로 보인다. 그림 이 비석의 왕교사 부분에 나오는 인명 표기를 표로 제시하면 다음의 〈표 2〉와 같다.

〈표 2〉 단양 적성비의 인명 분석표

직명	출신부명	인명	관등명
大衆等	喙部	伊史夫智	伊干支
위와 같음	(沙喙部)	豆弥智	波珎干支
위와 같음	喙部	西夫叱脂	大阿干支
위와 같음	위와 같음	(居朼)夫智	大阿干支
위와 같음	위와 같음	內礼夫智	大阿干支
高頭林城在軍主等	喙部	比次夫智	阿干支
위와 같음	沙喙部	武力智	阿干支
鄒文村幢主	沙喙部	導設智	及干支
勿思伐城幢主	喙部	助黑夫智	及干支

적성비의 王敎事 부분은 직명은 동일한 때에 생략되고, 부명은 동일한 직명 안에서만 한하여 같을 때에 생략된다는 적성비식 인명 표기로 유명하다.[19] 5명의 인명 표기에 거칠부가 포함되어 있어서 그 건립 시기를 545년이나 그 직전으로 보는 발판을 마련했다. 이 적성비에서는 대등이나 태등 대신에 大衆等이 나오고 있어서 주목된다. 이 大衆等은 봉평비의 干支岑과 연결될 수 있는 길을 열었다.

지방관으로서의 軍主는 복수로 나온다. 신라 금석문에서 복수로 나오는 유일한 예이다. 高頭林城在軍主等에서 高頭林城은 경북 안동으로 보기도 했으나[20] 충북 하리에 있는 온달성으로 가는 고개를 고두름재라고 부르고 있어서 온달성이라고[21] 본다.

5. 창녕비

창녕비의 인명 분석표부터 제시하면 다음의 〈표 3〉과 같다.

---

19) 김창호, 「단양적성비문의 구성」, 『가야통신』 11·12, 1985.
20) 武田幸男, 「眞興王代における新羅の赤城經營」, 『朝鮮學報』 93, 1979.
21) 김창호, 『고신라 금석문의 연구』, 2007, 44쪽.

〈표 3〉 창녕비의 인명 분석표

직명		부명	인명	관등명
(大等)		~	~智	葛文王
위와 같음		~	~	~
위와 같음		(沙喙)	屈珎智	大一伐干
위와 같음		沙喙	△△智	一伐干
위와 같음		(喙)	(居)折(夫)智	一尺干
위와 같음		(喙)	(內禮夫)智	一尺干
위와 같음		喙	(比次)夫智	迊干
위와 같음		沙喙	另力智	迊干
위와 같음		喙	△里夫智	(大阿)干
위와 같음		沙喙	都設智	(阿)尺干
위와 같음		沙喙	△△智	一吉干
위와 같음		沙喙	忽利智	一(吉)干
위와 같음		喙	珎利△次公	沙尺干
위와 같음		喙	△△智	沙尺
위와 같음		喙	△述智	沙尺干
위와 같음		喙	△△△智	沙尺干
위와 같음		喙	比叶△△智	沙尺干
위와 같음		本彼	夫△智	及尺干
위와 같음		喙	△△智	(及尺)干
위와 같음		沙喙	刀下智	及尺干
위와 같음		沙喙	△尸智	及尺干
위와 같음		喙	鳳安智	(及尺)干
△大等		喙	居七夫智	一尺干
위와 같음		喙	△未智	一尺干
위와 같음		沙喙	吉力智	△△干
△大等		喙	未得智	(一)尺干
위와 같음		沙喙	乇聰智	及尺干
四方軍主	比子伐軍主	沙喙	登△△智	沙尺干
	漢城軍主	喙	竹夫智	沙尺干
	碑利城軍主	喙	福登智	沙尺干
	甘文軍主	沙喙	心麥夫智	及尺干
上州行使大等		沙喙	宿欣智	及尺干
위와 같음		喙	次叱智	奈末
下州行使大等		沙喙	春夫智	大奈末
위와 같음		喙	就舜智	大舍
于抽悉支河西阿郡使大等		喙	比尸智	大奈末
위와 같음		沙喙	湏兵夫智	奈末
旨爲人		喙	德文兄	奈末

比子伐停助人	喙	覓薩智	大奈末
書人	沙喙	導智	奈舍(大舍)
村主		奀聰智	述干
위와 같음		麻叱智	述干

    창녕비 제⑤·⑥행에 大等与軍主幢主道使与外村主란 구절이 주목된다.[22] 이는 고신라 지방관제 해결의 실마리를 쥐고 있다. 이 구절은 단독으로 해결이 어렵고, 창녕비의 인명 분석표와 대비해 해결해야 함으로 해결이 어느 정도는 가능할 것이다. 大等은 22명의 大等 집단을 가리킴이 분명하다. 軍主는[23] 4명의 四方軍主임이 분명하다. 外村主는 2명의 村主임이 분명하다. 幢主·道使는 그 직명이 나오지 않아서 2명씩이 나오는 上州行使大等과 下州行使大等과 于抽悉支河西阿郡使大等을 주목하였다. 이를 범칭론 등으로[24] 해결하려는 노력 등이 있었으나 학계의 의견 일치는 아직 도래되지 않고 있다. 于抽悉支河西阿郡使大等도 1개의 군으로 보거나[25] 于抽(영해·울진), 悉支(삼척), 河西阿(강릉)인 3개의 군으로 보기도[26] 한다. 使大等의 경우 북한산비에 4명이나 같은 직명을 갖고 있어서[27] 법칭론 등은 성립될

---

22) 이 구절은 大等이 화백회의 구성인이나, 봉평비, 적성비, 창녕비, 북한산비, 마운령비, 황초령비 등 6기의 6세기 금석문에서는 모두 대등을 동반하고 있고, 대등이 군주 등 지방관과 나란히 나와서 대등 집단의 군사적인 성격이 있음을 나타내주고 있다. 창녕비 제⑤·⑥행에 大等与軍主幢主道使与外村主란 구절은 쉽게 말하면 국가의 모든 군사력을 동원해서 대가야를 정복하겠다. 빨리 항복하라는 제스처로 보인다. 따라서 대등도 군사적인 요소가 강한 듯하다.
23) 5세기 금식문인 중싱리비(441년)와 냉수리비(443년)에서는 道便는 나오나 軍主는 나오지 않는다. 6세기 금석문인 524년의 봉평비, 545년이나 그 직전에 세워진 적성비, 561년의 창녕비, 567년의 북한산비, 568년의 마운령비와 황초령비에서는 반드시 道使가 없어도 軍主는 꼭 나온다. 왜 이렇게 차이가 큰지 그 이유를 봉평비와 냉수리비의 21년 차이로는 설명할 수가 없다. 냉수리비의 건비 연대를 443년으로 보아서 저어도 81년이 차이는 있어야 된다.
24) 주보돈, 「신라중고의 지방통치조직에 대하여」『한국사연구』 23, 1979.
25) 이수훈, 「신라 중고기 군의 형태와 성(촌)」『고대연구』 1, 1988.
26) 김창호, 『고신라 금석문의 연구』, 2007, 178쪽.
27) 김창호, 앞의 책, 2007, 74쪽.

수가 없다. 또 大等与軍主幢主道使与外村主를 해석하면 大等과 軍主·幢主·道使와 外村主가 된다. 大等, 軍主, 外村主는 찾을 수 있으나 幢主와 道使는 찾을 수 없다. 이 당주와 도사는 지방관이 확실하며, 그 앞에는 지명이 온다고 생각된다. 지금까지 군주, 당주, 도사의 앞에는 지명이 올 뿐, 인명이 온 예는 없었다.

창녕비에 나오는 22명의 대등 집단은 너무나 많다. 그 구성 멤버도 本彼部夫△智及尺干이 나와서 大等이 진골이상의 귀족으로 구성되었다는 데에 대한 반대 자료가 된다. 이 夫△智及尺干은 6두품이다.[28] 중고기 6기의 국가차원의 금석문 가운데에서 大等에 소속되어 본피부가 나온 예가 창녕비에서 나오고 있을 뿐이고, 또 본피부 소속 인명은 봉평비와 창녕비와 마운령비에서 나올 뿐이다. 봉평비의 경우는 본피부의 장으로 짐작되는 데 그 관등은 五△(△)이다. 창녕비의 경우는 及尺干이고, 마운령비에 있어서는 황초령비와 마찬가지로 小舍와 吉之로 관등이 낮다. 지금까지 나온 신라 금석문에서 본피부 출신의 관등이 진골에 해당되는 예는 없다. 화백회의와 관련되는 자료가 문헌에도 있는 바 이를 제시하면 다음과 같다.

王之代有閼川公·林宗公·述宗公·虎林公[慈藏之父]·廉長公·庾信公. 會于南山〈于,亏〉知巖, 議國事. 時有大虎走入座間, 諸公驚起, 而閼川公, 〈略,畧〉不移動, 談笑自若, 捉虎尾撲於地而殺之, 閼川公膂力如此, 處於席首, 然諸公皆服庾信之威.

新羅有四靈地, 將議大事, 則大臣必會其地謀之, 則其事必成. 一〈日:東〉靑松山, 二曰:南〈于,亏〉知山, 三曰:西皮田, 四曰:北金剛山. 是王代, 始行正旦禮, 始行侍郞號.(『삼국유사』 권1, 기이1, 진덕왕조)

---

28) 지금까지 나온 모든 신라 금석문에서 본피부로서 제일 높은 관등은 及尺干이다. 따라서 본피부는 진골귀족이 아니라 6두품을 할 수 있는 귀족이다.

남산 우지암에서 國事를 6명이 논했는데, 그 논의의 장소를 4영지라고 하여 동서남북에 4곳이[29] 있었다는 것이다. 이것이 만약 화백회의와 관련이 되는 것이라면 창녕비의 22명은 너무 그 숫자가 많고, 또 6두품으로 볼 수밖에 없는 본피부 출신이 포함되어 있어서 문제가 된다. 더구나 562년의 기록이 나오는 『삼국사기』권44, 열전4, 斯多舍전에 이사부가 나와서 561년의 창녕비에는 참가하지 않는 대등도 있어서 대등의 숫자는 더 늘어날 것이다. 곧 대등의 수는 22명이 전부가 아님을 알 수가 있어서 실제로 대등의 수는 얼마인지 잘 알 수가 없다.[30]

6. 마운령비

567년의 북한산비, 568년의 황초령비가 있으나 거의 내용이 비슷하거나 거의 똑 같아서 마운령비만을 다루기 위해서 이의 인명 분석표를 제시하면 다음의 〈표 4〉와 같다.

〈표 4〉 마운령비 인명 분석표

직명	출신부명	인명	관등명
沙門道人		法藏	
위와 같음		慧忍	
大等	喙部	居柒夫智	伊干
위와 같음	위와 같음	內夫智	伊干
위와 같음	沙喙部	另力智	匝干
위와 같음	喙部	服冬智	大阿干
위와 같음	위와 같음	比知夫知	及干
위와 같음	위와 같음	未知	大奈末
위와 같음	위와 같음	及珎夫知	奈末

---

29) 여기에 나오는 청송산이나 금강산은 모두 경주 근처에 있는 것으로 판단된다. 금강산은 경주 근처의 금강산이다.
30) 四方軍主 등 진골과 6두품에 해당되는 관등을 가진 인명이 10명이나 더 있어서 대등을 모든 진골과 6두품으로 구성되었다고 볼 수도 없다.

執駕人	喙部	万兮	大舍
위와 같음	沙喙部	另知	大舍
哀內從人	喙部	沒兮次	大舍
위와 같음	沙喙部	非尸知	大舍
약人	沙喙部	△忠知	大舍
占人	喙部	与難	大舍
藥師	(沙喙部)	篤支次	小舍
奈夫通典	本彼部	加良知	小舍
△△	本彼部	莫沙知	吉之
及伐斬典	喙部	夫法知	吉之
哀內△(△)	(△)喙部	△未名	(吉之)
堂來客	五十		
哀內客			
外客	五十		
△△(軍主)	(喙部)	悲智	沙干
助人	沙喙部	舜知	奈末

이 마운령비에서 주목되는 것은 대등을 太等이라고 한 점과 그 숫자가 22명의 창녕비에서와는 달리 7명이라는 점이다. 未知大奈末은 567년 북한산비에서 △△(使大等)으로 있다가 568년 마운령비에서 太等이 새롭게 된 사례로[31] 중요하다. 중고 금석문에서 대등으로 있다가 다른 관직을 얻어서 나간 예는 보지 못해서 대등 집단이 화백회의 구성일 가능성이 농후하나 단정할 수는 없고. 그 대상자는 탁부, 사탁부, 본피부의 진골을 포함하여 6두품까지로 보아야 할 것이다.[32]

---

31) 이를 근거로 북한산비의 연대가 마운령비나 황초령비보다는 앞선다는 사실을 알 수 있게 했다.
32) 568년의 마운령비와 황초령비에 未知 大奈末과 及珎夫知 奈末도 5두품의 관등이나 大等으로 나온다. 大等을 5두품도 포함된다고 할 수는 없다. 이들은 喙部 출신이라서 진골이나 6두품 출신으로 보이기 때문이다.

7. 맺음말

　441년 포항 중성리비 앞부분의 왕을 포함하여 이하 15명은 대등 집단의 전신의 하나로 보이고, 443년 포항 냉수리비의 七王等은 곧바로 대등의 전신이다. 524년 울진 봉평비의 干支岑은 545년이나 그 직전에 세워진 단양 적성비의 大衆等과 같은 뜻의 말이다. 다음의 창녕비에서는 22명의 대등이 나오는데, 562년 대가야와의 전쟁에서도 나오는 이사부가 빠져 있어서 실제로 대등의 수는 22명이 다가 아님을 알 수 있다. 568년 함흥 마운령비에서는 대등이 太等으로 나온다.

　대등을 종래 진골 이상의 화백회의에 참가하는 구성원으로 보아왔다. 그런데 창녕비에서 대등으로 나오는 本彼部夫△智及尺干은 그 관등이 진골이 아닌 6두품이라서 화백회의의 구성원을 6두품 이상으로 보아야 한다. 결국 화백회의의 구성원은 탁부와 사탁부와 본피부의 3부 출신의 6두품 이상인데, 그것도 모든 6두품 이상이 아님은 창녕비에서 四方軍主 등을 포함하여 그 관등으로 6두품이나 진골에 속하는 사람이 10명이나 되기 때문이다. 이에 대한 앞으로의 연구가 기대된다.

제6절 울진 聖留窟 암각 명문의 재검토

1. 머리말

　성류굴은 경북 울진군 근남면 왕피천 하류에 위치한 천연동굴이다. 동굴 안에서는 석검이 발견된 적이 있고, 곱돌로 만들어진 호신불도 발견되었다. 성류굴이 문헌자료에 등장한 것은 『삼국유사』로부터 비롯되었다. 일연은 『삼국유사』 권5, 탑상4, 臺山五萬眞身조와 溟州五臺山寶叱徒太子傳記조에서 淨神大王의 태자 寶川(寶叱徒)과 孝明의 전설을 적으면서 성류굴을 처음 언급하였다. 성류굴의 당시 이름은 掌天窟이었고, 蔚珍國의 장천굴 또는 蔚珍大國의 장천굴로 묘사하고 있다.
　2015년 발견된 蔚珍 聖留窟 巖刻 銘文은 단 1편의 논문뿐으로[1] 더 이상의 진전은 없었다. 글자 수가 적고, 명문 자체의 글씨의 상태가 나빠서 읽기가 어려웠다. 그래서 명문이 무엇에 대한 것인지조차 알기가 어려웠다. 여기에서는 현지조사도 하지 않고 논문을 통해서 판독문들을 참조해서 논문을 쓰게 되었다.
　먼저 3가지의 판독문을 자료로 제시하겠다. 다음으로 명문의 작성 연대에 대해 살펴보겠다. 그 다음으로 신라 下古의 인명 표기에 대해 살펴보겠다. 마지막으로 명문의 내용에 대해 살펴보겠다.

---

[1] 이영호, 「울진 성류굴 암각 명문의 검토」 『목간과 문자』 16, 2016.

2. 자료의 제시

울진 성류굴에서 2015년 발견된 명문은 성류굴 동굴 앞 광장의 출구 오른쪽으로 70㎝ 정도, 높이 170㎝ 지점에 새겨져 있다. 바위면을 편평하게 다듬은 부분에 문자를 새겼다. 명문은 모두 ⑦행이며, 가로 30㎝, 세로 20㎝ 정도로 음각하였다. 지금까지 제시된 주요한 판독문을 제시하면 다음과 같다.

〈판독문1〉[2]

① 癸亥年三月
② 八日△(또는 △△)丑付智
③ 大奈麻末△△
④ 此時我沂大恩
⑤ △古(또는 右)五十(?)持△
⑥ 知人夫食(또는 見)信
⑦ 刀尒△咎△

〈판독문2〉[3]

① 癸亥年三月
② 八日窟主荷智
③ 大奈麻末△△
④ 此山△△△大尺
⑤ 二十日五十九村
⑥ △人大息食
⑦ 刀人△

---

2) 박홍국·심현용의 판독문.
3) 이용현의 판독문.

〈판독문3〉[4]

① 癸亥年三月
② 八日壖主荷智
③ 大奈麻末△疋?
④ 此京△△斤?大△大?
⑤ △△五十?△△
⑥ 知?人大息食
⑦ 刀人△△

3. 명문의 작성 연대

　명문의 癸亥年을 663년으로 본 가설과[5] 543년으로 본 가설이[6] 있다. 모두 나름대로의 근거를 가지고 있다. 543년설은 荷智가 나오는 인명 표기에 부명이 없어서 성립될 수가 없다. 663년설은 고신라 금석문에서 부명이 사라진 최고의 예가 673년의 계유명아미타삼존불비상이라서 문제가 된다. 이를 제시하면 다음의 〈표 1〉과 같다.

---

4) 이영호의 판독문.
5) 이영호, 앞의 논문, 2016, 250~254쪽.
6) 김재홍, 「신라 각석 명문에 보이는 화랑과 서약」, 『신라사학보』 45, 2019, 273쪽. 이 논문에서는 각석에 새겨진 화랑의 자취 유적의 명문으로 울진 성류굴 각석 명문, 울주 천전리서석 각석 명문, 제천 점말 동굴의 각석 명문을 들고 있다. 癸亥명각석 명문이 화랑과 관련되는 것으로 파악하고 있는 듯하나 인명의 끝이 郞으로 끝나는 것도 아니고, 인명이 荷智이고, 大奈麻란 관등을 가지고 있다. 관등을 가진 화랑의 예가 없어서 이 유적을 화랑과 관련되는 유적으로 보기 어렵다. 현재까지의 자료로는 울주 천전리서석 각석 명문, 제천 점말 동굴의 각석 명문만이 많은 화랑들이 遊娛山川한 곳이다. 울진 성류굴의 안쪽 명문 중에는 화랑 이름이 나와서 유오산천한 화랑 유적도 있으나 성류굴 밖의 癸亥명문은 화랑의 유오산천과는 관계가 없다.

〈표 1〉 계유명아미타삼존불비상의 인명 분석표

비면의 표시	인명	관등명	비고
向左側面	△△	彌△次	及伐車(及干)?
	△△正	乃末	
	牟氏毛	△△	乃末로 복원
	身次	達率	백제 관등명
	日△	△	杏로 복원
	眞武	杏	
	木△	杏	
背面	与次	乃末	
	三久知	乃末	
	豆兎	杏	
	△△	△	杏로 복원
	△△	△△	△師로 복원
	△△	杏	
	夫△	杏	
	上△	△	杏로 복원
	△△	△	杏로 복원
	△△	△師	
	△△	杏	
	△△	杏	
	△力	△	杏로 복원
	△久	杏	
	△惠	信師	
	△夫	乃末	
	林許	乃末	
	惠明	法師	
	△△	道師	
	普△	△△	△師로 복원
向右側面	△△	△	杏로 복원
	△△	杏	
	使三	杏	
	道作公		公이 관등명류?
正面	△氏	△△	인명인지 여부?
	述況	△△	인명인지 여부?

〈표 1〉에서는 인명과 관등명만이 나오고 직명과 출신부명은 없다. 이 명문의 癸酉年은 673년이다. 『삼국사기』 권40, 잡지9, 직관하, 외관조에 '文武王十四年 以六挑眞骨出居於五京九州 別稱官名 其位視京位 嶽干視一吉湌

迊干視沙湌 高干視及湌 貴干視大奈麻 選干(一作撰干)視奈麻 上干視大舍 干視舍知 一伐視吉次 彼日視小烏 阿尺視先沮知'라고 나온다. 文武王十四年은 674년이므로 계유명아미타삼존불비상과는 1년의 시차가 있다. 1년의 시차는 법흥왕의 사망을『삼국사기』나『삼국유사』, 왕력에서는 540년으로 되어 있으나 울주 천전리서석 추명에는 539년으로 추정된다. 계유명아미타삼존불비상에서는 직명과 부명이 없이 인명과 관등명만 나온다. 蔚珍 聖留窟 巖刻 銘文에 나오는 癸亥年은 673년을 소급할 수가 없어서 그 연대를 723년 이후로 볼 수밖에 없다. 그 연대는 大奈麻란 관등의 표기를 통해서 알 수밖에 없다.

신라 阿湌과 奈麻의 관등 표기를 그 변천에 따라 다음과 같이 5시기로 나누었다.7) 阿干支-奈麻(Ⅰ기), 阿(尺)干-奈(乃)末(Ⅱ기), 阿湌-奈麻(Ⅲ기), 阿干-奈(乃)末(Ⅳ기), 그리고 阿湌이 阿湌, 阿干, 閼湌 등 일정한 동일성이 없이 표기되던 시기(Ⅴ기)로 나누었다.

Ⅰ기는 지증왕 4년(503)부터 진흥왕 12년(551)까지, Ⅱ기는 창녕비가 만들어지던 진흥왕 22년(561)부터 울주 천전리서석 上元2년명 題名이 새겨진 문무왕 15년(675)까지, Ⅲ기는 신문왕대의 문무왕릉비 건립(682)에서 고선사 서당화상비가 건립되던 애장왕대(800~808)까지, Ⅳ기는 헌덕왕 5년(813)에 세워진 산청 단속사신행선사비에 阿湌이, 애장왕 5년(813)에 만들어진 양양 선림원종명에 乃末 혹은 奈末이 표기되었으므로, 이 무렵부터 阿湌이 표기된 정강왕 2년(887)까지, 그리고 마지막 Ⅴ기는 진성여왕대 이후라고 보았다. 大奈麻란 관등은 Ⅲ기에 해당되며, 723년, 783년이 이에 해당된다.

---

7) 권덕영,「신라 관등 아찬·나마에 대한 고찰」『국사관논총』21, 1991, 35쪽 ; 이영호, 앞의 논문, 2016, 257쪽.

4. 下古[8]의 인명 표기

신라 중고의 인명 표기는 직명·부·인명·관등명의 순서로 기재된다.[9] 이 가운데 부명의 소멸 시기에 대해서는 『일본서기』에 의해 610~681년으로 본 견해와[10] 문무왕 遺詔에 관련시켜 681년으로 본 견해가[11] 있어 왔다. 그런데 청제비 정원14년명도 798년에 작성되었으나, 須昊이란 부명이 나오고 있어서 이 점에 대해 간략히 살펴보기로 하자. 우선 지금까지 발견된 7~8세기경에 만들어진 주요 금석문의 인명 표기 자료를 제시하면 다음과 같다.

上次乃末
三久知乃末
      (癸酉銘阿彌陀三尊佛碑像, 『韓國金石遺文』, 248쪽.)
上元二年乙亥三月卄日加具見谷已世大阿干~
調露二年
 漢只伐部君若小舍~
  三月三日作康(?)~
      (新羅月池出土雙鹿寶相花紋塼銘, 『韓國金石遺文』, 490쪽.)
~國新羅文武王陵之碑 及飧國學小卿臣金~
~卄五日景辰建碑 大舍臣韓訥儒 奉(敎書)
      (文武王陵碑, 『海東金石苑』상, 68쪽 및 75쪽.)
天仁阿干
    (淸州市雲泉洞寺蹟碑, 忠北大學校·湖西文化硏究院 發刊 油印物)

---

8) 삼국통일 전의 마지막 임금인 태종무열왕부터 신라 마지막 왕인 경순왕까지가 이에 해당된다.
9) 김창호, 「신라중고 금석문의 인명 표기(Ⅰ)」 『대구사학』 22, 1983.
10) 末松保和, 『新羅史の諸問題』, 1954, 276쪽.
11) 이문기, 「금석문자료를 통하여 본 신라의 6부」 『역사교육논집』 2, 1981.

開元七年己未二月十五日重阿飡金志誠奉爲 亡考仁章一吉飡~

(甘山寺彌勒菩薩造像記,『朝鮮金石總覽』上, 34쪽.)

又明年乙未 鑄芬皇寺藥師銅像 重三十萬六千七百斤 匠人本彼部强古乃末

(『삼국유사』, 탑상4, 황룡사종·분황사약사·봉덕사종)

⑪ 發菩提心不退轉 脩普賢因速成佛 紙作人仇叱弥兮縣黃珎知奈麻經筆師武珎伊州阿干奈麻異純韓舍今

⑫ 毛大舍義七大舍 孝赤沙弥南原京文英沙弥卽曉大舍高沙夫里郡陽純奈麻仁年大舍屎烏大舍仁節大舍

⑬ 經心匠大京能吉奈麻弓古奈 佛菩薩筆師同京義本韓奈麻丁得奈麻 光得舍知豆烏舍經題

⑭ 筆師同京同智大舍 六頭品 父吉得阿飡

(新羅 景德王代 華嚴寫經造成記)

成典

監脩成塔事守兵部令平章事伊干臣金魏弘

上堂前兵部大監阿干臣金李臣

倉部卿一吉干臣金丹書

赤位奈麻臣新金賢雄

靑位奈麻臣新金平矜 奈麻臣金宗猒

　　奈麻臣歆善 大舍臣金愼生

皇位大舍臣金兢會 大舍臣金勛幸

　　大舍臣金審卷 大舍臣金公立

(新羅皇龍寺九層木塔刹柱本記第三板外面,『한국금석유문』, 162~163쪽)

먼저 癸酉銘阿彌陀三尊佛碑像은 癸酉銘三尊千佛碑像과 함께 신라 삼국통일 후 백제 유민에 의해 만들어진 것이다. 왜냐하면 32명 이상의 신라 인명 표기 가운데 達率身次라는 백제식의 인명 표기가 잔존하고 있기 때문이다. 癸酉年은 733년으로 보면 너무 기재된 인명의 나이가 많고,

613년으로 보면 신라의 관등명을 가진 사람이 대부분이 될 수 없기 때문에 673년으로 볼 수밖에 없다. 이 자료에 따르면 673년에는 부명이 소멸되었음을 알 수 있다.

울주 천전리서석 上元二年銘에 있어서 上元二年乙亥는 문무왕 15년(675)이다. 이미 已丗大阿干은 그 관등명이 眞骨에 해당되고 있으나 직명과 부명은 없다. 이 자료에 의하면 앞의 계유명아미타삼존불비상의 癸酉年이 673년일 가능성을 한층 더 크게 해주는 동시에 681년 이전에 이미 부명의 표기가 인명 표기에서 없어진 확실한 예이다.

월지 출토 쌍록보상화문전명의 調露二年은 신라 문무왕 20년(680)에 해당되며, 비록 직명은 없으나 부명·인명·관등명의 순서로 인명이 표기되고 있다. 이 자료는 漢只伐部가 금석문에서 확인되는 유일한 예이다.

다음 문무왕릉비의 인명 표기에 대해 조사해 보자. 이 비의 건립 연대에 대해서는 신문왕 1년과[12] 國學少卿이란 직명에 의해 신문왕 2년(682) 6월 이후로[13] 각각 보아왔다. 문무왕릉비의 卄五日景辰建碑에서 景자는 丙子의 避諱이다.[14] 그러면 卄五日丙辰의 朔은 壬辰이 된다. 이렇게 朔이 壬辰인 달을 681년 전후에서 찾으면 682년 7월과 687년 7월이 있다. 문무왕의 장례일은 682년이 옳다. 광개토태왕비가 장수왕 3년(414)에 건립된 것을 참조하면 문무왕릉비도 신문왕 2년(682) 7월 25일에 건립된 것으로 판단된다. 이 문무왕릉비의 인명 표기는 특이하다. 及飡國學少卿臣金△△·大舍臣韓訥儒에서[15] 모두 관등명이 모두 인명의 앞에 가 있고, 관능명과 인명

---

12) 『조선금석총람』상, 109쪽.
13) 今西龍, 『新羅史硏究』, 1933, 489~508쪽.
14) 葛城末治, 『朝鮮金石攷』, 1935, 72쪽.
15) 문무왕릉비와 같은 형식으로 귀부와 이수를 갖춘 662년경의 태종무열왕릉비가 있어서 그 인명 표기를 부명이 없이 관등+인명으로 된 것이 아닌가 하고 蔚珍 聖留窟 巖刻 銘文의 인명 표기를 662년경과 비교해서 663년으로 보기가 쉽다. 태종무열왕릉비의 인명 표기는 관등명+인명으로 추정되어 蔚珍 聖留窟 巖刻 銘文의 荷智大奈麻는 인명+관등명으로 서로 반대라서 문제가 된다.

사이에 臣자가 표기되어 있다.

　淸州市雲泉洞寺蹟碑는 1982년 3월 22일에 조사된 것으로 碑文中에 壽拱二年歲次丙戌이 나와서 신문왕 6년(686) 전후에 만들어진 것이다.[16] 이 비의 天仁阿干에서 천인은 인명, 아간은 관등명이다. 이 비에서는 문무왕릉비보다 늦게 만들어졌으나 人名과 官等名의 순서를 고신라 금석문의 인명 표기와 동일하다.

　다음 甘山寺彌勒菩薩造像記는 甘山寺阿彌陀如來造像記와 함께 重阿湌이 나온다.[17] 이 두 비는 모두 眞骨과 六頭品의 분기점인 阿湌의 重官等 자료로 잘 알려져 있다.[18] 이 비들에서 開元七年乙未는 신라 聖德王 18년(719)이다.[19] 이 비의 인명 표기에 있어서 重阿湌金志誠은 관등명이 인명보다 앞에 가 있으나 亡考인 仁章一吉湌의 경우 인명·관등명의 순서로 기재되어 고신라의 인명 표기 방식을 따르고 있다.

　다음 『삼국유사』, 탑상4, 분황사약사동상조는 신라 경덕왕 14년(755)의 기록이다.[20] 여기에 나오는 匠人本彼部强古乃末의 경우는 전형적인 고신라 인명 표기와 마찬가지로 직명+부명+인명+관등의 순서를 지키고 있다. 이는 아마도 금석문에서 그대로 전사된 고식의 잔재로 보인다.

　다음 경덕왕대 화엄경사경은 문두의 天寶十三載甲午八月一日初乙未載二月十四日이란 구절로 보면 경덕왕 13년(754)에서 14년(755) 사이에 만들어진 것을 알 수 있다.[21] 우선 이 사경의 인명 표기를 알기 쉽게 도시하면 〈표 3〉과 같다.

---

16) 忠北大學校·湖西文化硏究所, 「淸州市 雲泉洞寺蹟碑(假稱 判讀調査)」, 油印物, 1982.
17) 『朝鮮金石總覽』상, 34~36쪽.
18) 변태섭, 「신라관등의 성격」, 『역사교육』 1, 1956.
19) 葛城末治, 앞의 책, 1935, 202쪽.
20) 이재호 역주, 『삼국유사』 2, 1969, 69쪽.
21) 문명대, 앞의 논문, 32쪽.

〈표 3〉 경덕왕대 화엄경사경의 인명 표기

職名	出身地名	人名	官等名
紙作人	仇叱珎兮縣	黃珎知	奈麻
經筆師	武珎伊州	阿干	奈麻
위와 같음	위와 같음	異純	韓舍
위와 같음	위와 같음	今毛	大舍
위와 같음	위와 같음	義七	大舍
위와 같음	위와 같음	孝赤	沙彌
위와 같음	南原京	文英	沙彌
위와 같음	위와 같음	卽曉	大舍
위와 같음	高沙夫里郡	陽純	奈麻
위와 같음	위와 같음	仁年	大舍
위와 같음	위와 같음	屎烏	大舍
위와 같음	위와 같음	仁節	舍
經心匠	大京	能吉	奈麻
위와 같음	위와 같음	亐古	奈
佛菩薩像筆師	同京	義本	奈麻
위와 같음	위와 같음	丁得	奈麻
위와 같음	위와 같음	夫得	舍知
위와 같음	위와 같음	豆烏	舍
經題筆師	同京	同智	大舍

〈표 3〉에서 화엄경사경의 인명 표기는 직명·출신지명·인명·관등명의 순서로 기재되고, 직명은 동일한 경우에 모두 생략되고, 출신지명은 동일한 직명에 한하여 생략되고 있다. 經題筆師인 同智大舍의 출신지는 同京으로 위의 豆烏(인명)+舍(관등명)으로 같아도 표기된 것은 직명이 바뀌었기 때문이다. 이 화엄경사경은 부명이 없어졌을 뿐, 인명 표기는 적성비식이나. 이 사료는 문무왕릉비의 인명 표기와는 다른 신라 적성비식 인명 표기가 8세기 중엽에도 잔존해 있었다는 중요한 증거가 된다. 이 자료에 근거하여 앞의 『삼국유사』에서 인용된 匠人本彼部强古乃末을 통해 보면, 8세기 중엽에도 적성비식 인명 표기가 잔존해 있었고, 특히 부명까지 포함되었을 것이다.

신라 황룡사9층목탑찰주본기, 제3판 외면은 신라 경문왕 12년(872)에 만들어진 것으로 인명 표기에 있어서 관등명이 인명 앞에 오고, 관등명과 인명 사이에 臣자가 첨가되어 있는 점은 문문왕릉비와 꼭 같다. 이렇게 관등명이 인명 앞에 와 있고, 동시에 관등명과 인명 사이에 臣자가 첨가된 인명 표기의 예를 제시하면 다음과 같다.

　　檢校使兵部令兼殿中令司馭府令修城府監四天王寺府令幷檢校眞智大王寺上
　　相大角干臣金邕
　　檢校使肅正臺令兼修城府令檢校感恩寺使角干臣金良相
　　副使執事部侍郎阿湌金體信
　　判官右司祿館級湌金門淂~

　　　　　　　　　　　　　(新羅 聖德大王神鐘, 『한국금석유문』, 285쪽)

　　內省卿沙干臣金咸熙
　　臨關郡太守沙干臣金昱榮
　　松岳郡太守大奈麻臣金鎰

　　　　　　(新羅 皇龍寺九層木塔刹柱本記第一板外面, 『한국금석유문』, 164쪽)

　　浿江鎭都護重阿干臣金堅其
　　執事侍郎阿干臣金八元

　　　　　　(新羅 皇龍寺九層木塔刹柱本記第二板外面, 『한국금석유문』, 163쪽)

　　~△守大奈麻臣金陸珍

　　　　　(新羅 慶州鍪藏寺阿彌陀如來造像事蹟碑, 『조선금석총람』상, 44쪽)

聖德大王神鐘은 혜공왕 7년(771)에 만들어졌다.[22] 金邕과 金良相은 관등명과 인명 사이에 문무왕릉비에서와 같이 臣자가 첨가되어 있으나 金體臣 이하는 그렇지 않다. 이는 執事部侍郎 등의 侍郎이 六頭品이란 기왕의 견해와[23] 관련지어 생각하면 무척 흥미로운 자료이다.

다음 황룡사9층목탑찰주본기, 제1판 외면과 제2판 외면은 전술한 바와

---

22) 황수영 편저, 앞의 책, 1976, 285쪽.
23) 이기백·이기동, 앞의 책, 1982, 329쪽.

같이 신라 경문왕 12년(872)에 만들어진 것이다. 여기에서의 인명 표기에도 관등명과 인명 사이에 臣자가 첨가되어 있다.

다음 경주 무장사아미타여래조상사적비는 신라 애장왕 2년(801)에 만들어진 것으로 추정하고 있다.[24] 이들 자료에 의하면 문무왕릉비에서와 같이 관등명이 인명 앞에 가고, 그 사이에 臣자가 첨가된 인명 표기는 8~9세기에 유행한 것이다.

지금까지 살펴본 신라 下古의 인명 표기에 대해 요약하면 다음과 같다. 고신라 방식인 직명·출신지명·인명·관등명의 순서로 기재되고 있고, 그 가운데 부명이 잔존한 예도 있었다. 인명 표기 자체에 있어서 부명의 소멸은 673년·675년에 이미 시작되고 있었다. 이렇게 보면 종래의 인명 표기에 있어서 부명의 소멸을 681년 전후로 본 견해는[25] 재고의 여지가 있게 되었다. 특히 682년에 만들어진 문무왕릉비에 있어서 관등명＋인명의 순서로 기재되고, 그 사이에 臣자가 첨가되는 것과 같은 커다란 인명 표기의 변화는 어디에서 찾아야 될까? 신라의 묘제는 520년을 전후해서 적석목곽묘에서 석실분으로 바뀌었다. 662년경에 만들어진 태종무열왕릉비에서는 중국식으로 龜趺와 螭首까지 갖춘 묘비를 한국에서 최초로 만들고 있었다.[26] 이때 인명 표기도 중국식으로 문무왕릉비와 같이 바뀐 것으로 보인다.

5. 명문의 내용

명문의 내용을 살펴보기 위해서 다시 한 번 〈판독문3〉을 주축으로 해서 〈판독문2〉를 더해서 인용하면 다음과 같다.

---

24) 『조선금석총람』상, 44쪽.
25) 末松保和, 앞의 책, 1954, 276쪽.
26) 關野貞, 『支那の建築と藝術』, 1935, 72쪽.

① 癸亥年三月

② 八日壖主荷智

③ 大奈麻末△疋?

④ 此山△△斤?大△大?

⑤ △△五十?△△

⑥ 知?人大息食

⑦ 刀人△△

壖主는 성류굴을 지키는 주인으로 보인다. 刀人을 명문을 새긴 사람으로 보고 있으나[27] 칼에는 두 가지의 종류가 있다. 刀와 劍이 그것이다. 刀는 片刃 또는 單刃이고, 劍은 兩刃이다. 한쪽 날만 있는 刀로써 명문을 새기는 것은 불가능하다.[28] 부엌칼은 단인이므로 刀人은 음식을 만드는 사람으로 해석된다. 제④행의 2번째 글자를 〈판독문2〉에서 인용하여 山자로 보고 전문을 해석해 보자.

'癸亥年(723년 또는 783년) 三月에 성류굴 주인인 荷智 大奈麻가 끝의 뭐로써 이 산의 뭐를 잡아서 五十人이 먹었다. 아는 사람들은 大息하게[29] 먹었다. 음식을 만든 사람인 刀人의 이름은 △△이다.'

6. 맺음말

먼저 3가지 종류의 판독문을 제시하여 이를 두루 참고하도록 하였다. 전체로 보면 보이지 않는 글자가 많아서 아쉽다.

---

27) 이영호, 앞의 논문, 2016, 258쪽 ; 김재홍, 앞의 논문, 2019, 276쪽.
28) 가령 금관총에서 출토된 칼집의 부속구에 나오는 尒斯智王명이 있는데 이를 일본용어로는 劍鞘尻金具라고 하는데 우리말로는 刀鞘끝부속구라고 불러야 한다.
29) 크게 숨을 쉬게 할 정도로 포식했다는 뜻이다.

제6절 울진 聖留窟 암각 명문의 재검토   405

 다음으로 종래에 명문의 癸亥年을 543년 또는 663년으로 보아 왔으나 인명 표기의 대비로 723년 또는 783년으로 보았다.
 그 다음으로 신라 下古의 인명 표기 부분에서는 이 시기에 나오는 중요한 인명 표기들을 조사하여 명문의 인명 표기와 비교하였다.
 마지막으로 명문의 내용 부분에서는 '癸亥年(723년 또는 783년) 三月에 성류굴 주인인 荷智 大奈麻가 끝의 뭐로써 이 산의 뭐를 잡아서 五十人이 먹었다. 아는 사람들은 大息하게 먹었다. 음식을 만든 사람인 刀人의 이름은 △△이다.'로 그 내용을 추측하였다.

제7절 신라 금석문에 보이는 6두품

1. 머리말

6두품을[1] 일명 得難이라고도 한다. 골품제는 聖骨·眞骨의 骨制와 1~6두품의 두품제로 구분되는데,[2] 6두품은 두품 가운데 가장 높은 지위에 있었다. 진골신분과 함께 신라 중앙귀족의 한 부분을 이루었다. 6두품은 법제적으로 신라 17관등 중 제6관등인 아찬까지만 올라갈 수 있어서, 제5관등인 대아찬 이상의 관등에는 올라갈 수 없었다. 이 같은 제약에 대한 불만을 무마하기 위해 제6관등인 아찬 위에 重阿湌에서 四重阿湌까지의 重官等制를 두기도 했으나, 그 실효성은 확실하지 않다.

관직에서도 중앙관서의 장관직을 진골이 독점하여, 6두품은 侍郞이나 卿과 같은 次官職만 차지할 수 있었다. 그들이 차지할 수 있었던 관등인 아찬에서 급찬까지는 緋色의 관복을 입었다. 그리고 의복·그릇·수레·가옥 등의 모든 면에서 진골보다 더 많은 제약을 받았다. 정치적 진출에 제약을 받은 6두품은 상대적으로 학문과 종교 부문에서 뛰어난 활약을 보였으며, 신라 중앙관서의 실무행정에 중추적 역할을 했다.

强首·崔致遠과 같은 학자뿐만 아니라 圓光과 신라 하대 郞慧和尙과 같은 유명한 승려들도 다수 배출했다. 그러나 신라 하대에 진골귀족간의 왕위쟁

---

1) 이 머리말 부분은 인터넷 6두품항에서 따온 것이다.
2) 포항 중성리비와 포항 냉수리비에서 진골과 4두품에 해당되는 관등이 없이 5두품과 6두품에 해당되는 관등이 나오고 있어서 1~3두품은 원래부터 없었던 것일 가능성이 크다.

탈전이 치열해지고 중앙과 지방의 정치적 혼란이 극심해짐에 따라, 6두품은 골품제에 대한 모순을 비판하고 反신라적 입장을 취하거나 세속을 피해 은둔하는 경우가 많았다. 결국 신라가 망하고 고려가 건국되면서 6두품 출신의 인물들은 대거 고려정부에 진출했다.

여기에서는 먼저 6부의 賜姓과 관련되는 문헌자료를 제시하겠다. 다음으로 금석문에서 신라 6두품과 관련되는 6부의 소속된 각 부별 인원의 수를 제시하겠다. 마지막으로 6두품이 될 수가 없는 薛씨에 대한 자료를 검토하겠다.

2. 문헌자료의 제시

辰韓之地 古有六村 一日 閼川楊山村 南今 曇嚴寺 長日閼平 初降于瓢嵓峰 是爲及梁部李氏祖 弩禮王九年置 名及梁部 本朝太祖天福五年庚子 改名中興部·波潛·東山·彼上·東村屬焉 二日突山高墟村 長日蘇伐都利 初降于兄山 是爲沙梁部 梁讀云道 或作涿 亦音道 鄭氏祖 今曰南山部·仇良伐·馬等烏·道北·廻德寺南村屬焉 稱今日者 太祖所置也 下例知 三曰茂山大樹村 長曰俱(一作仇)禮馬 初降于伊山(一作皆比山) 是爲 漸梁(一作涿)部 又牟梁部孫氏之祖 今云長福部 朴谷村等西村屬焉 四曰觜山珍支村(一作賓之 又賓子 又氷之) 長曰智伯虎 初降于花山 是爲本彼部崔氏祖 今日通仙部 柴巴等東南村屬焉 致遠乃本彼部人也 今皇龍寺南 味呑寺南有古墟 云是崔侯古宅也 殆明矣 五曰金山加里村(今金剛山栢栗寺之北山也) 長曰祇沱(一作只他) 初降于明活山 是爲漢岐部 又作漢岐部裵氏祖 今云加德部 上下西知 乃見等東村屬焉 六曰明活山高耶村 長曰虎珍 初降于金剛山 是爲習比部薛氏祖 今臨川郡·勿伊村·仍仇㫆村·闕谷(一作葛谷)等東北村屬焉

(『삼국유사』 권1, 기이1, 신라시조박혁거세왕조)

九年春 改六部之名 仍賜姓 陽山部爲梁部 姓李 高墟部爲沙梁部 姓崔 大樹部爲

漸梁部(一云牟梁) 姓孫 干珍部爲本彼部 姓鄭 加利部爲漢祇部 姓裵 明活部爲
習比部 姓薛 又設官有十七等 一伊伐飡 二伊尺飡 三迊飡 四波珍飡 五大阿飡
六阿飡 七一吉飡 八沙飡 九級伐飡 十大奈麻 十一奈麻 十二大舍 十三小舍
十四吉士 十五大烏 十六小烏 十七造位 王旣定六部

(『삼국사기』 권1, 신라본기1, 유리이사금 9년[32]조)

이 두 자료에는 부와 姓氏와의 관계를 말해주고 있는데 그 관계를 표로써 제시하면 다음의 〈표 1〉의 고신라 부와 성씨의 관계와 같다.

〈표 1〉 고신라 부와 성씨의 관계

사서	梁部	沙梁部	牟梁部	本彼部	漢岐部	習比部
삼국유사	李	鄭	孫	崔	裵	薛
삼국사기	李	崔	孫	鄭	裵	薛

위의 〈표 1〉에서 가장 눈에 띄는 것은 사량부와 본피부에서 鄭氏와 崔氏가 서로 바뀐 점이다. 지금까지 신라 6두품의 성을 검토한 논고로는 1971년에 나온 것이 유일하다.[3] 6두품에 관한 논문은 그 전에도 없고 그 후에도 없다. 『삼국사기』와 『삼국유사』에 나오는 李, 崔, 孫, 裵, 張, 薛氏에서[4] 그 이외에 金氏, 任那 후손 출신 등이 추가되어 있을 뿐이다. 梁部에 李氏를 사성한 것은 이해가 되지 않는다. 양부는 왕족 출신으로 『隋書』 권81, 列傳46, 東夷傳, 新羅조에 傳祚金眞平 開皇十四年 遣使貢方物 高祖拜眞平爲上開府樂浪郡新羅王이라고 나와서[5] 신라왕의 성이 金氏임이

---

[3] 이기백, 「신라 6두품 연구」『성곡논총』 2, 1971에 상세하나 탁부, 사탁부, 본피부 이외에는 6두품이 있을 수 없음을 알지 못해서 나온 결론으로 모탁부, 습비부, 한지부의 족장은 중고시대에 있어서 아무리 높아야 5두품으로 보인다.

[4] 鄭氏도 6두품으로 보인다.

[5] 『北齊書』 권7, 齊書 권7, 帝紀7, 武成 河淸4年(565) 조에 "二月甲寅 詔以新羅國之金眞興爲使持節·東夷校尉·樂浪郡公·新羅王"에서 신라의 金氏란 성이 중국 사서에서는 최초로 나온다.

분명하고, 그 소속부는 양부이다.6)

3. 금석문 자료

먼저 금석문 자료를 통해서 6두품이 가능한 계층에 대해서 살펴보기로 하자. 그러기 위해서는 신라 중고의 각 부별 인명 숫자를 알아보면 다음의 〈표 2〉와 같다.

〈표 2〉 중고 금석문에 나타난 각 부명별 인명의 수

비명	탁부	사탁부	본피부	불명	계
봉평비	11	10	1	3	25
적성비	7	3		2	12
창녕비	21	16	1	2	40
북한산비	5	3			8
마운령비	11	6	2	1	20
황초령비	11	4		5	20
계	66	42	4	13	125

〈표 2〉에서 봉평비는 탁부 11명, 사탁부 10명, 본피부 1명, 불명 3명으로 계 25명이다. 적성비는 탁부 7명, 사탁부 3명, 불명 2명, 계 12명이다. 창녕비는 탁부 15명, 사탁부 16명, 본피부 1명, 불명 2명, 계 40명이다. 북한산비는 탁부 5명, 사탁부 3명, 계 8명이다. 마운령비는 탁부 11명, 사탁부 6명, 본피부 2명, 불명 1명, 계 20명이다. 황초령비는 탁부 11명, 사탁부 4명, 불명 5명으로 계 20명이다. 총계는 탁부 66명, 사탁부 42명, 본피부 4명, 불명 13명으로 총 인원수는 125명이다.

---

6) 냉수리비에서 실성왕은 탁부, 눌지왕은 탁부, 지증왕은 사탁부, 봉평비에서 법흥왕은 탁부, 그의 동생은 입종갈문왕은 사탁부로 보면 부가 다르면 성도 달라야 한다. 신라 중고 왕실의 성을 김씨로 보지 않는 학자는 없다. 신라 중고 왕비족은 사탁부 소속으로 박씨이다.

사탁부에는 另力智迊干이 적성비, 창녕비, 북한산비, 마운령비, 황초령비에서 모두 나와서 김유신의 할아버지도 진골이었음을 알 수 있다. 6두품은 창녕비에 本彼部 夫△智 及尺干이 나와서 본피부에도 6두품이 있었던 것이 확실하다. 6두품 가문인 李, 崔, 鄭氏와 그 이외에 金氏, 任那 후손 출신 등이 추가되어 있을 뿐이다. 한 가문은 본피부이고, 나머지 3가문인 모탁부, 한지부, 습비부는 6두품일 수는 없다. 그렇다면 탁부와 사탁부의 소속인 가문으로 보인다. 진골 가문은 사탁부가 금관가야계의 金武力을 비롯하여 최소한 2개 가문이 있고, 탁부는 3개 이상의 가문이 진골이라고 판단된다. 6두품은 본피부가 1개 가문이 있었고, 사탁부가 3개 정도의 가문이 있었고, 탁부는 5개 정도의 가문이 있었다고 판단된다.

6두품에 대해서 좀 더 알아보기 위해서 6두품이 나오는 통일신라시대 자료를 제시하면 다음과 같다.

俗姓金氏以武烈大王爲八代祖大父周川品眞骨位韓粲高僧出入皆將相戶知知之父範淸眞骨一等曰得難國有五品曰聖而曰眞骨曰得難言貴姓之難得文賦云或求而得難從言六頭品數多爲貴猶一命至九其四五品不足言
(보령 성주사 낭혜화상비,[7] 武자는 결획되어 있으며, 聖而 다음에 而자는 추각임)

먼저 이를 해석해 보면 "(無染의) 俗姓은 김씨이고, 武烈大王이 8대조가 된다. 조부 周川의 品은 眞骨이며, 位는 韓粲(제5관등)이다. 고조와 증조가 나가서 장수가 되고, 들어와서는 재상이 되었음은 집집마다 알고 있다. 아버지는 範淸으로 眞骨에서 한 등급 족강되었으니, 득난이라 한다. 나라에 5품이 있는 바, (첫째는) 聖而이고, (둘째는) 眞骨이고, (셋째는) 得難이다. 득난은 貴姓의 얻기 어려움을 말함이니, 『文賦』에 이르기를 '혹 쉬운 것을

---

7) 이 비는 890~897년 崔致遠에 의해 찬하여졌고, 惠宗의 諱인 武자가 결획되어 있어 943~945년 崔仁渷에 의해 비문의 글씨가 쓰여졌고, 1010~1031년에 세워졌다.

찾되 어려운 것을 얻는다.'를 따라서 말한 것이다. 6두품은 數가 많음을 貴하게 여긴 것으로, 一命(이벌찬)에서 九命(급벌찬)에 이르는 것과 같다. 4·5두품은 足히 말할 바가 못 된다.'가 된다.

위의 자료에서 낭혜화상의 부친은 진골이었으나 김헌창의 난에 연루되어서[8] 족강 1등해서 진골에서 6두품이 되었음을 알 수가 있다. 그래서 '6두품은 數가 많음을 貴하게 여긴 것으로, 一命(이벌찬)에서 九命(급벌찬)에 이르는 것과 같다. 4·5두품은 足히 말할 바가 못 된다.'라고 강조하고 있다.

6두품이 나오는 자료로 신라화엄경사경은 754~755년에 작성되었다고 하며, 이 고문서에도 나온다. 이 신라화엄경사경에 나오는 인명 표기를 제시하면 다음의 〈표 3〉과 같다.

〈표 3〉 신라화엄경사경의 인명 분석표

職名	出身地名	人名	官等名
紙作人	仇叱珎兮縣	黃珎知	奈麻
經筆師	武珎伊州	阿干	奈麻
위와 같음	위와 같음	異純	韓舍
위와 같음	위와 같음	今毛	大舍
위와 같음	위와 같음	義七	大舍
위와 같음	위와 같음	孝赤	沙弥
위와 같음	南原京	文英	沙弥
위와 같음	위와 같음	卽曉	大舍
위와 같음	高沙夫里郡	陽純	奈麻
위와 같음	위와 같음	仁年	大舍
위와 같음	위와 같음	屎烏	大舍
위와 같음	위와 같음	仁節	大舍
經心匠	大京	能吉	奈麻
위와 같음	위와 같음	亐古	奈
佛菩薩像筆師	同京	義本	韓奈麻
위와 같음	위와 같음	丁得	奈麻
위와 같음	위와 같음	夫得	舍知
위와 같음	위와 같음	豆烏	舍
經題筆師	同京	同智	大舍

---

8) 김두진, 「낭혜와 그의 선사상」 『역사학보』 57, 1973.

신라화엄경사경의 인명 표기도 신라 중고의 적성비에서와9) 꼭 같이 직명은 동일할 때 생략되고, 출신지명은 동일한 직명 내에서만 생략된다. 이 사경의 작성자는 유일하게 적성비식 인명 표기 방식을 알고 있으며, 同京이란 출신지를 大京과 東京의 이중적인 의미로 사용하여 자기지식을 과시하고 있다.10) 이 사경에는 맨 나중의 同智 大舍에 뒤이어 六頭品父吉得 阿湌이라고 나온다. 그렇다면 6두품인 同智 大舍를 제외한 사람들은 그 가운데에서 韓奈麻와 奈麻와 奈의 관등을 가진 5사람은 5두품이라고 단정해도 좋겠다. 1차 사료에서 확실하게 인정할 수 있는 5두품의 최초의 예이고, 문헌에서도 5두품의 예는 없는 것으로 알고 있어서 신분제 연구에 있어서 중요한 자료가 될 것이다. 그밖에 韓舍, 大舍, 舍知, 舍 등의 관등명을 가진 9사람은 5두품이나 4두품일 가능성이 있으나 4두품일 가능성이 클 것으로 추측된다.

4. 문헌에서의 성씨 검토

앞의 〈표 1〉과 〈표 2〉를 동시에 보면, 양부 출신의 李씨는 6두품이 될 수 있고, 사량부의 崔씨나 鄭씨는 6두품이 되어도 좋고, 모량부 孫씨는 6두품이 될 수가 없고, 본피부의 鄭씨나 崔씨는 6두품이 될 수가 있고, 한지부의 裵씨는 6두품이 될 수가 없고, 습비부의 薛씨도 6두품이 될 수가 없다.

그 가운데 6두품의 성씨로 양부의 李씨, 사량부의 崔씨나 鄭씨, 본피부의 鄭씨나 崔씨를 제외하고, 6두품이 될 수 없는 모량부 孫씨, 한지부 裵씨, 습비부 薛씨 가운데에서 孫씨와 裵씨는 자료가 거의 없고, 薛씨 자료가 가장 많이 남아 있어서 이를 중점적으로 검토해 보기로 하자.

---

9) 김창호, 「단양적성비의 구성」 『가야통신』 11·12, 1985, 18쪽.
10) 이에 대해서는 「신라 경덕왕대 화엄경사경의 同京」이 곧 발표될 예정이다.

薛씨의 골품을 이야기할 때 먼저 주목되는 것은 薛罽頭의 이야기이다. 이에 관한 자료를 뽑아서 제시하면 다음과 같다.

〈薛[一本作薛(䔲)罽頭〉, 亦〈新羅〉衣冠子孫也. 嘗與親友四人, 同會燕飮, 各言其志. 〈罽頭〉曰:"〈新羅〉用人論骨品, 苟非其族, 雖有鴻才傑功, 不能踰越. 我願西遊〈中華國〉, 奮不世之略, 立非常之功, 自致榮路, 備簪紳劒佩, 出入天子之側, 足矣."
〈武德〉四年辛巳, 潛隨海舶入〈唐〉. 會〈太宗〉〈文皇帝〉親征〈高句麗〉, 自薦爲左武衛果毅.
至〈遼東〉, 與麗人戰〈駐蹕山〉下, 深入疾鬪而死, 功一等. 皇帝問:"是何許人?" 左右奏〈新羅〉人〈薛罽頭〉也. 皇帝泫然曰:"吾人尙畏死, 顧望不前, 而外國人, 爲吾死事, 何以報其功乎?" 問從者聞其平生之願, 脫御衣覆之, 授職爲大將軍, 以禮葬之.

(『삼국사기』 권47, 열전7, 설계두전)

이에 의하면 설계두는 衣冠子孫이다. 『삼국사기』 권33, 잡지2, 복색조에 따르면 5두품도 幞頭 규정이 있어 설계두를 6두품으로 볼 수는 없다. 그런데 薛씨로서 沙湌과 阿湌을 한 예가 있어서 제시하면 다음과 같다.

三月, 沙湌〈薛烏儒〉與〈高句麗〉太△△[大兄]〈△延武[高延武]〉, 各率精兵一[二]萬, 度〈鴨淥江[鴨綠江]〉, 至〈屋骨〉, △△△〈靺鞨〉兵先至〈皆敦壤〉待之.

(『삼국사기』 권6, 신라본기6, 문무왕10년 3월조)

十年, 封〈安勝〉〈高句麗〉王, 今再封, 不知〈報德〉之言, 若歸命等耶, 或地名耶,] 幸〈靈廟寺〉前路閱兵, 觀阿湌〈薛秀眞〉六陣兵法.

(『삼국사기』 권7, 신라본기7, 문무왕 10년조)

이 두 사료에서 沙湌薛烏儒와 阿湌薛秀眞이란 薛씨 姓을 가진 6두품에 해당하는 사람의 인명이 나온다. 이는 우리가 앞에서 薛씨는 6두품이 될 수가 없다는 결론과 모순된다. 만약에 탁부, 사탁부, 본피부 출신의 薛씨가 또 있다면 몰라도 습비부 출신의 薛씨는 중고 금석문의 예에 비추어 보면, 6두품이 아니다. 그러면 여기에서 통일신라시대 1차 사료에서 과연 姓을 가진 인명을 가진 사람이 반드시 6두품으로 나오는지 여부를 조사하기 위해서 앞에서 살펴본 754~755년에 작성된 신라화엄경사경을 살펴보자.

經題筆師同京同智大舍六頭品父吉得阿湌

6두품인데도 불구하고 두 사람은 성이 나오지 않고 있다. 이러한 예를 금석문에서 더 찾아보기로 하자. 이번에는 856년 작성된 竅興寺鍾銘에 대해 알아보기 위해 인명 부분을 적기하면 다음과 같다.

⑥	⑤	④	③	②	①	
大	第	第	上	△	節	1
匠	三	二	村	△	縣	2
大	村	村	主	時	令	3
奈	主	主	三	都	舍	4
末	及	沙	重	乃	喙	5
喙	干	干	沙	△	萱	6
獻	貴	龍	干	△	榮	7
溫	珎	河	堯	聖	△	8
衾	△	△	王	安	△	9
	及	△	△	法	△	10
	干	△	△	師	△	11
		△	△	△	△	12
				△	△	13

縣令과 大匠은 각각 舍喙部(舍果部), 탁부 출신이므로 왕경인이나[11] 관등

---

11) 節縣令인 萱榮~은 인명 앞에 오는 출신부명도 관등명도 없으나 舍喙가 출신부명일

이 없으나 上村主 三重沙干堯王이하의 第二村主龍河, 第三村主及干과 貴珎一尺干은 모두 6두품으로 보인다. 그런데 성은 없다. 그리고 909년경에 작성된 신라수창군호국성팔각등루기의 護國義營都將重閼粲異才의 이재도 성이 없다. 이들 예에서 보면 沙湌薛烏儒와 阿湌薛秀眞의 성씨는 잘못된 것으로 보인다. 薛原郎의 경우를 조사하기 위해 관계 사료를 적기하면 다음과 같다.

> 累年, 王又念欲興邦國, 須先風月道, 更下令, 選良家男子有德行者, 改爲花娘(郞). 始奉薛原郎爲國仙, 此花郎國仙之始, 故堅碑於溟州, 自此使人悛惡更善, 上敬下順, 五常六藝, 三師六正, 廣行於代. [國史, 眞智王大建八年*庚(丙)申, 始奉花郎, 恐史傳乃誤.]
> (『삼국유사』 권3, 탑상4, 彌勒善花·未尸郎·眞慈師조)

최초의 화랑인 薛原郎을 薛씨로 보고 있으나 성씨에 포함된 화랑의 이름이 있는지 여부가 문제이다. 곧 화랑을 가리킬 때, 성을 포함해서 부른 다른 예를 보지 못했기 때문에 문제가 된다. 울주 천전리서석의 화랑 명문이나 제천 점말 암벽의 화랑 명문에서 성이 나오는 화랑명이 나온 적이 없고, 문헌에서도 성을 포함해서 부르는 화랑 이름이 나온 다른 예가 없다. 그리고 薛씨로 유명한 가문으로 元曉를 들고 있다. 이들 사료에서 찾아서 제시하면 다음과 같다.

> 聖師元曉, 俗姓薛氏. 祖仍皮公, 亦云赤大公. 今赤大淵側, 有仍皮公廟. 父談捺乃末. 初示生于押梁郡南[今章山郡.]/佛地村北, 栗谷裟羅樹下. 村名佛地, 或作發智村[俚云弗等乙村.]. 裟羅樹者, 諺云 : 師之家, 本住此谷西南, 母旣娠而月

가능성이 있는 바, 그 가능성이 있는 것으로 沙喙部를 들 수가 있다. 곧 舍喙가 舍喙일 가능성이 있다. 이렇게 부명이 다른 글자로 표기된 예로는 沙喙를 須果로 표기한 798년의 영천 청제비정원14년명의 예가 있다.

滿, 適過此谷栗樹下, 忽分産, 而倉皇不能歸家, 且以夫衣掛樹, 而寢處其中, 因號樹曰裟羅樹. 其樹之實, 亦異於常, 至今稱裟羅栗. 古傳, 昔有主寺者, 給寺奴一人, 一夕饌栗二枚, 奴訟于官. 官吏怪之, 取栗檢之, 一枚盈一鉢, 乃反自判給一枚. 故因名栗谷. 師旣出家, 捨其宅爲寺, 名初開. 樹之旁置寺, 曰裟羅. 師之行狀云:是京師人, 從祖考也, 唐僧傳云:本下湘州之人. 按麟德二年間, 文武王割上州下州之地, 置歃良州, 則下州乃今之昌寧郡也. 押梁郡本下州之屬縣. 上州則今尙州, 亦作湘州也. 佛地村今屬慈仁縣, 則乃押梁之所分開也. 師生, 小名誓幢, 第名新幢[幢者, 俗云毛也.]. 初母夢流星入懷, 因而有娠. 及將産, 有五色雲覆地, 眞平王三十九年, 大業十三年丁丑歲也.

(『삼국유사』 권4, 元曉不羈조)

주지하는 바와 같이 元曉는 속성이 薛씨로서 설총의 아버지이다. 그도 6두품이라는 증거는 어디에도 없다. 마지막으로 설씨녀에 대해서 알아보기 위해서 이에 대한 사료를 제시하면 다음과 같다.

〈薛〉氏女, 〈栗里〉民家女子也. 雖寒門單族, 而顔色端正, 志行脩整, 見者無不歆艶, 而不敢犯. 〈眞平王〉時, 其父年老, 番當防秋於〈正谷〉. 女以父衰病, 不忍遠別, 又恨女身不得待(代)行, 徒自愁悶. 〈沙梁部〉少年〈嘉實〉, 雖貧且窶, 而其養志貞男子也, 嘗悅美〈薛〉氏, 而不敢言. 聞〈薛〉氏憂父老而從軍, 遂請〈薛〉氏曰:"(僕)雖一儒夫, 而嘗以志氣自許, 願以不肖之身, 代嚴君之役." 〈薛〉氏甚喜, 入告於父. 父引見曰:"聞公欲代老人之行, 不勝喜懼, 思所以報之, 若公不以愚陋見棄, 願薦幼女子, 以奉箕箒." 〈嘉實〉再拜曰:"非敢望也, 是所願焉." 於是, 〈嘉實〉退而請期. 〈薛〉氏曰:"婚姻, 人之大倫, 不可以倉猝. 妾旣以心許, 有死無易, 願君赴防. 交代而歸, 然後卜日成禮, 未晩也." 乃取鏡分半, 各執一片云:"此所以爲信, 後日當合之." 〈嘉實〉有一馬, 謂〈薛〉氏曰:"此, 天下良馬, 後必有用. 今我徒行, 無人爲養, 請留之, 以爲用耳." 遂辭而行會, 國有故, 不使人交代, 淹六年未還. 父謂女曰:"始以三年爲期, 今旣踰矣. 可歸于他族矣." 〈薛〉氏曰:

"向以安親, 故强與〈嘉實〉約. 〈嘉實〉信之, 故從軍累年, 飢寒辛若(苦). 況迫賊境, 手不釋兵, 如近虎口, 恒恐見咥, 而棄信食言, 豈人情乎? 終不敢從父之命, 請無復言." 其父老且耄, 以其女壯而無伉儷, 欲强嫁之, 潛約婚於里人, 旣定日引其人. 〈薛〉氏固拒, 密圖遁去而未果. 至廐, 見〈嘉實〉所留馬, 大(太)息流淚. 於是〈嘉實〉代來, 形骸枯槁, 衣裳藍縷, 室人不知, 謂爲別人. 〈嘉實〉直前, 以破鏡投之, 〈薛〉氏得之呼泣, 父反(及)室人失喜. 遂約異日相會, 與之偕老.

설씨녀를 6두품으로 보고 있으나 그녀는 民家의 여자라고 못 박고 있어서 6두품은 아니다. 아버지가 正谷에서 防秋해야 하는데 늙고 병이 들어서 갈 수가 없어서 嘉實이 대신 가주고, 설씨녀와 혼인하기로 한 것으로 보아서 6두품으로 볼 수는 없다.

5. 맺음말

먼저 『삼국사기』와 『삼국유사』에서는 양부는 李씨, 사량부는 鄭씨 또는 崔씨, 모량부는 孫씨, 본피부는 鄭씨 또는 崔씨, 한지부는 裵씨, 습비부는 薛씨를 각각 賜姓했다는 기록이 나온다.

다음으로 봉평비, 창녕비, 적성비, 북한산비, 마운령비, 황초령비를 모두 합칠 때, 탁부 66명, 사탁부 42명, 본피부 4명, 불명 13명으로 총 인원수는 125명이다. 탁부, 사탁부는 진골과 6두품과 5두품과 4두품에 해당되는 관등이 있고, 본피부는 6두품과 4두품에 해당되는 관등이 있고, 모탁부, 습비부, 한지부 출신자는 관등을 가진 자가 단 1명도 나온 예가 없어서 6두품은 각각의 부에 없고, 5두품이 가장 높은 신분일 수 있다고 보았다.

마지막으로 『삼국사기』와 『삼국유사』에서 신라 최초의 화랑인 薛原郞의 薛자를 姓으로 보았으나 성이 포함된 화랑 이름은 그 예가 없어서 성이 아니라고 보았고, 沙湌薛烏儒와 阿湌薛秀眞의 성을 909년경에 작성된 신라

수창군호국성팔각등루기의 護國義營都將重閼粲異才도 6두품이나 성이 없는 점에서 사료 비판이 필요하다고 보았다. 이렇게 6두품이 성이 없는 예들을 늦은 시기에도 856년에 작성된 竅興寺鍾銘 등에서 있음을 보면, 문무왕대의 沙湌薛烏儒와 阿湌薛秀眞의 성씨는 잘못된 것으로 볼 수 있다.

제8절 서울 호암산성 출토의 청동숟가락명문
― 명문평기와 명문의 연대와 함께 ―

1. 머리말

근래에 들어와 산성 발굴이 많이 실시되고 있다. 그 가운데 서울시 금천구와 경기도 안양시에 걸친 삼성산(해발 460m)에 호암산성이 위치하고 있다. 통일신라시대의 산성으로 주소는 서울특별시 금천구 시흥동이다. 나·당전쟁기에 당나라 군대와 전투를 벌였던 곳이었다고 하며, 임진왜란 당시에는 조선군의 주둔지로도 쓰였다. 1972년 8월 30일에 산성 안에 있는 우물 하나가 '한우물'이란 명칭으로 서울특별시 유형문화재 제10호로 지정받았다. 1989년과 1990년에 이 일대를 발굴조사했으며, 이때 연못 2군데와 건물터 4곳을 확인했다. 이외에도 많은 유물들을 발굴했다. 1991년 2월 26일에 문화재관리국에서 산성 권역 자체를 사적 343호로 승격시키고 등재 이름도 '한우물 및 주변산성지'로 바꾸었다. 이에 따라 한우물은 서울특별시 유형문화재에서 해제되었다. 2011년 7월 28일에 다시 '서울 호암산성'으로 재개칭했다.

호암산성은 산 정상부에 띠를 두르듯이 만든 테뫼식 산성이다. 평면 형태는 남북으로 긴 마름모 모양이다. 둘레는 1.25㎞로 이 중에서 성의 흔적이 남아있는 구간은 약 300m 정도이다. 성벽은 표고 325m이다. 호암산성의 주변은 방어에 유리한 조건에 들어맞는다. 동북쪽에는 관악산과 삼성산이 있고, 서쪽, 서남, 서북쪽으로는 안양천을 끼고 있다. 또한 산성 내부의 대지는 평평해서 유사시 많은 사람들이 들어올 수 있었다.

삼성산 '한우물'터

　한우물은 상술했듯이, 1989~1990년 발굴조사에서 우물터가 두 곳이 나왔다. 위 이미지는 제1우물터의 사진으로 겉모습은 일반적으로 생각하는 우물보다는 연못과 같다. 길이 22m, 폭 12m로 주변 석축의 재질은 화강암이다. 조선시대에 조성한 석축이 있었는데, 발굴조사 당시 그 아래에서 통일신라 때에 쌓은 석축의 흔적이 드러났다. 연못 내부에 쌓인 흙을 조사하는 과정에서 확인한 층위를 보면, 땅 표면 기준 30㎝ 아래까지는 백자 조각을 비롯한 조선시대 유물이 나왔다. 그러나 그 아래로는 유물이 거의 보이지 않았고 굵은 모래층으로만 이루어졌다고 한다. 그런데 이 모래층 아래에 있던 뻘층에서 다시 유물(나무로 만든 손잡이에 철제 날을 끼운 월형도끼, 토기 등)을 발견했는데 거의 전부 통일신라시대의 것이었다고 한다. 통일신라시대의 석축 구조는 문무왕 때 만든 안압지의 구조와 매우 비슷했다. 안압지의 석축은 맨 아랫단을 내어쌓고 위로 올라갈수록 들여쌓은 모습인데 여기도 마찬가지였던 것이다.

　제2우물터는 제1우물터 아래에서 발굴된 우물터이다. 여기에서는 '仍伐

內力只乃末△△(源)'이란 글씨가 새겨진 청동숟가락 유물이 발견되었다. 잉벌내는 고구려가 한강 유역을 차지했을 때 붙였던 지명으로, 삼국통일 후인 757년(경덕왕 16)에 '穀壤縣'으로 이름이 바뀌었기 때문에 호암산성의 축조 연대를 757년 이전으로 유추할 수 있게 한 중요한 유물이다. 이밖에도 고려시대 유물도 발굴했다. 고려 문종 시기에 중국 북송에서 쓰던 화폐 熙寧元寶가 대표적인 유물이다.

여기에서는 먼저 청동숟가락에서 나온 仍伐內力只乃末△△(源)을 중심으로 자료 제시를 하겠으며, 다음으로 명문기와의 연대에 대해서 살펴보겠다. 그 다음으로 선리 출토 후삼국 기와에 대해 살펴보겠다. 마지막으로 숟가락명문을 검토하겠다.

2. 자료의 제시

기와 명문에는 한결같이 지명이 나오고, 그 출토지는 산성이고, 그 산성은 돌로 쌓은 石城이고, 지명은 석성이 있던 시대의 것이 아니라 고구려나 백제의 옛것이다. 이들 지명에는 어떤 역사적 사실이 내포되어 있는지를 검토해 보기로 하자. 먼저 호암산성의 제2우물에서 출토된 숟가락명문부터 검토해 보기로 하자. 이 숟가락의 명문은 仍伐乃力只乃末△△(源)이다.

이 명문의 지명인 仍伐乃를『삼국사기』권35, 잡지4, 지리지2에 '漢州…領縣三 栗津郡 穀壤縣 本高句麗仍代奴縣 景德王改名 今黔州'란 기록의 仍代奴와 연결시켰다. 仍代內가 언제 개칭된 것인가는 정확히 그 시기를 알려주는 자료가 없다고 전제하고 경덕왕 16년(757)에 본현에 속해 있던 漢山州가 漢州로 개칭되고 그 아래에 1小京과 27郡 46縣의 군현 정비 작업이 이루어졌음으로 그 시기는 경덕왕 16년(757)으로 보았다.[1] 이 仍伐乃명청동숟가락에는 인명 표기가 적혀 있다. 仍伐內力只乃末△△(源)에[2] 있어서 仍伐內는 출신지명, 力只는 인명, 乃未은 관등명, △△(源)은 우물명이다.

이 인명 표기의 연대를 알아보기 위해 통일신라 금석문의 인명 표기를 잠깐 살펴보기로 하자. 다 아는 바와 같이 신라 금석문의 인명 표기는 통일신라 전에는 3가지의 방식이 있다.3) 그 가운데에서 적성비식 인명 표기가 주류를 이루고 있다. 적성비에서는 직명, 출신지명, 인명, 관등명의 순서로 기재되며, 직명은 동일한 경우에 생략되고, 출신지명은 동일한 직명내에서만 같을 때 생략된다. 이러한 인명 표기는 7세기 중엽에 세워진 태종무열왕릉비에서는 중국의 영향을 받아서 출신지명이 적히지 않고, 인명과 관등명의 순서도 뒤바뀌어 관등명이 인명의 앞에 가게 된다.4) 이와 같은 커다란 변화 속에서도 직명, 출신지명, 인명, 관등명의 순서로 기재하는 인명 표기 방식도 잔존하게 된다. 그 가운데에서 신라화엄경사경의 예를 제시하면 다음의 〈표 1〉과 같다.

〈표 1〉 경덕왕대 화엄경사경의 인명 표기

職名	出身地名	人名	官等名
紙作人	仇叱珍兮縣	黃珍知	奈麻
經筆師	武珍伊州	阿干	奈麻
위와 같음	위와 같음	異純	韓舍
위와 같음	위와 같음	今毛	大舍
위와 같음	위와 같음	義七	大舍
위와 같음	위와 같음	孝赤	沙弥

---

1) 서울대학교 박물관, 『한우물-호암산성 및 연지발굴조사보고서-』, 1990, 83~84쪽.
2) 仍伐內力只乃未△△△의 마지막 부분인 △△△에서 마지막 글자는 源자로 보이는 바, 그렇다면 △△(源)은 우물명이 된다.
3) 김창호, 「신라중고 금석문의 인명 표기(1)」 『대구사학』 22, 1983.
4) 太宗武烈王王陵碑는 현재 파실되고 없으나 그 인명 표기는 文武王陵碑와 같은 것으로 판단된다. 최근에 이영호, 「신라 아찬 金恭順 神道碑片 검토」 『영남학』 81, 2022에서 비문의 연대를 757~776년으로 보고 있으나 이는 김공순이 天嶺郡太守를 역임할 때의 연대일 뿐, 비문의 작성 연대는 아니다. 그 작성 연대는 낭혜화상비 등의 비문이 통일신라시대에 작성되어 고려 초에 세워진 것을 보면, 후삼국시대나 고려 초일 가능성이 있다. 그래야 신도비가 고려시대에도 현존하는 신도비는 드물고, 문헌으로만 전하는 이유를 이해할 수가 있다.

위와 같음	南原京	文英	沙弥
위와 같음	위와 같음	卽曉	大舍
위와 같음	高沙夫里郡	陽純	奈麻
위와 같음	위와 같음	仁年	大舍
위와 같음	위와 같음	屎烏	大舍
위와 같음	위와 같음	仁節	沓
經心匠	大京	能吉	奈麻
위와 같음	위와 같음	亐古	奈
佛菩薩像筆師	同京	義本	奈麻
위와 같음	위와 같음	丁得	奈麻
위와 같음	위와 같음	夫得	舍知
위와 같음	위와 같음	豆烏	舍
經題筆師	同京	同智	大舍

이 신라 경덕왕대 화엄경사경은 文頭의 天寶十三載甲午八月一日初乙未載二月十四日이란 구절로 보면, 경덕왕 13년(754)~14년(755) 사이에 만들어진 것임을 알 수 있다. 이 화엄경사경의 인명 표기는 직명, 출신지명, 인명, 관등명의 순서로 기재되고, 직명과 출신지명의 생략도 적성비와 꼭 같다. 이 신라 화엄경사경의 작성 연대는 757년[5] 보다 앞서므로 청동숟가락명문의 해결에는 도움이 되지 못한다. 그런데 804년에 작성된 선림원종명에는 古尸山郡仁近大乃末이란 인명 표기가 나온다.[6] 이 인명 표기는 古尸山郡은 출신지명, 仁近은 인명, 大乃末은 관등명이다. 이 古尸山郡의 예로 보면 仍伐內力只乃末△△(源)을 757년으로 그 하한을 한정할 수 없게 된다.

이와 같이 757년의 경덕왕대 지명 개정과는 상관없이 그 이후의 지명이 사용된 예로는 고려 惠宗 元年(944)에 세워진 강원도 영월군에 소재한 興寧寺 澄曉大師寶印塔碑의 음기에 奈生郡이 있다.[7]

---

5) 경덕왕이 신라 지명을 아화한 해이다.
6) 이홍직, 「정원20년재명 신라범종-양양설산출토품-」『백낙준박사환갑기념국학논총』, 1955.
7) 허흥식편저, 『한국금석전문』-중세 상-, 1984, 345쪽.

3. 명문기와의 연대

　신라에서 고식 단판은 6세기 전반~7세기 전반, 신식 단판 7세기 후반(의봉사년개토명, 습부명, 한지명 암키와), 중판은 7세기 후반~9·10세기로 판단하고 있다. 지방은 중판이 7세기 후반~8세기에, 경주를 제외한 지방에서는 장판이 9세기 전반부터 출토되고 있어서 10세기까지 간다. 965년에는 토수기와가 나와서 기와의 획기가 되고 있다.
　호암산성 출토 명문기와는 장판 타날 기와이므로 9~10세기 사이의 기와이다. 仍大內명암키와와 수키와도 이 연대에서 크게 벗어나지 않을 것이다.

4. 선리 출토 후삼국 기와

　1925년 대홍수(乙丑大洪水) 때 광주 선리 유적이 알려져서 국립중앙박물관,8) 서울대학교 박물관,9) 이화여자대학교 박물관10) 등에서 선리 문자기와를 소장하고 있다. 이 가운데 서울대학교 박물관 자료가 가장 먼저 본격적으로 공개되었다.11) 국립중앙박물관의 기와와 그 명문이 일부 겹치

---

8) 田中俊明,「廣州船里出土文字瓦銘文の解釋と意義」『古代文化』56-11, 2004 ; 김규동·성재현,「선리 명문와 고찰」『고고학지』17-2, 2011.
9) 전덕재,「서울대학교박물관소장 명문기와 고찰」『서울대학교박물관 소장 명문기와』, 2002.
10) 이화여자대학교박물관,『이화여자대학교박물관창립100주년기념박물관소장품목록』, 1987에서 가장 먼저 사진으로 공개하였다.
11) 전덕재, 앞의 논문, 2002. 여기에서는 경덕왕 16년(757) 전후의 지명이 개정된 것과 복고된 것에 근거해 선리 문자와의 연대를 8~9세기로 보았다. 문헌만으로 기와 명문을 다루어서 문제가 있다. 고고학 자료인 문자 자료를 문헌만으로 조사하면 얼마나 위험한지를 알려주는 예이다. 곧 기와 편년만으로도 8세기로는 볼 수가 없다. 9~10세기 초의 후삼국시대의 기와로 보아야 할 것이다. 후술하겠지만 해구 기와는 918~935년 사이의 어느 해인 후삼국시대 고려 기와이다.

고 있어서 그 뒤의 연구에 영향을 주었다. 그 뒤에 국립중앙박물관 소장 기와 명문들이 외국인 학자에 의해 소개되었다.[12] 여기에서는 30여 점에 가까운 문자와의 소개와 함께 그 시기를 지명에서『삼국사기』지리지에 의해 景德王 16년(757) 개칭 이전의 표기도 있고, 그 이후의 표기도 있음을 주목하고서 고구려와 통일신라의 옛 지명이 나옴을 근거로[13] 기와 편년에 힘입어서 9~10세기 초로 보고 있다.[14] 다시 국립중앙박물관의 학예연구사들에 의해 기와의 실측도와 함께 기와 명문에 대한 상세한 연구가 발표되었다.[15] 여기에서는 38점의 문자 기와를 6부류로 나누어서 船里 기와의 시기를 8세기 중후반경부터 10세기 중후반까지로[16] 보았다.[17] 또 선리의 근처인 고덕천이 게내천을 가리키는 것으로 보고 이를 蟹口라고 보았다. 결국 蟹口를 선리 근처의 고덕천으로 보았다.[18] 바꾸어 말하면 蟹口를 선리 가까이에 있던 기와 공급지인 기와 요지로 보고 있다. 이에 대해

---

12) 田中俊明, 앞의 논문, 2004.
13) 여기에 근거하면 선리의 문자와는 당연히 8~9세기로 보아야 한다. 기와 편년으로는 9세기에서 10세기초로 보아야 한다.
14) 田中俊明, 앞의 논문, 2004, 638쪽. 이 조사에는 기와 전문가 高正龍 교수와 吉井秀夫 교수가 동행해서 연대를 경덕왕 16년(757)에서 고려 태조 2년(919)으로 설정하고 나서, 기와연구자의 도움으로 9~10세기 초로 보았다. 이는 기와 편년에 의한 것으로 보인다. 그래서 기와 사용기간 중에 8세기설은 무시되어 나오지 않고 있다.
15) 김규동·성재현, 앞의 논문, 2011.
16) 김규동·성재현, 앞의 논문, 2011, 577쪽.
17) 이이에 요시이 히데오,「광주 선리 명문기와의 고고학적 재검토」,『정이스님 정년퇴임 기념논총-佛智光照-』, 2017, 1138쪽에서는 선리 기와를 9세기 전후 한주 기와 공급 체계로 파악한다고 했다. 高正龍·熊谷舞子·安原葵,「關西大學博物館 所藏朝鮮瓦-文字瓦を中心として-」『關西大學博物館紀要』20, 2014에도 있으나 연대 문제에 대해서는 기왕의 견해인 고구려시대설, 10세기설, 고려시대설을 소개하고 있다.
18) 그래서 선리를 이 명문 기와들을 굽던 기와 요지로 본 듯하다. 다루는 기와의 명문에서 고구려계 14곳, 통일신라계 5곳의 기와를 이 선리인 蟹口의 요지에서 19개 지명의 각 소비지로 보냈다가 어떤 이유로 선리에 배가 멈춘 것으로 보았다. 선리에 해구 기와 요지가 있었다면 지금도 발견될 수가 있을 것이다. 그러나 선리에서 기와 요지가 발견된 예는 없다. 이는 중요한 것을 암시하고 있는 듯하다.

광주 선리 기와에 나오는 蟹口開城이란 명문을 이두로 풀어서 해구가 선리에 있는 것이 아니라 개성에 있는 것으로 보고서 918~935년 어느 때의 넉넉잡아 5년간으로 보았다.[19]

광주 선리 기와의 가장 큰 특징은 매 자료마다 한 개나 두 개의 지명이[20] 나오고 있는 점이다. 이 지명들은 『삼국사기』 지리지에도 나오고 있어서 지리지의 정확성을 말해주고 있다. 이들은 현재 경기도, 인천광역시, 황해도, 충청도, 강원도 일대에 광범위하게 분포하고 있다. 크게 볼 때 통일신라 9주 가운데 漢州의 영역을 크게 벗어나지 않고 있다. 이들 지명은 모두 기와의 수요지라고 보고 있다. 기와는 기본적으로 공급지인 기와요지와 소비지인 수요지와 운송로가 중요하다. 기와에 나오는 지명이 한 가지만 나올 경우에는 사용처인 소비지의 지명으로 보는 것이 일반적이다. 선리 기와에 나오는 지명에 대해서는 〈표 2〉로 대신한다.

〈표 2〉 선리 명문와에 나오는 지명

명문	삼국사기 지명 비정	현재 지명 비정
北漢(山)	漢陽郡의 고구려 지명[21]	북한산을 중심으로 한 서울시 일대
高烽	交河郡의 한 縣인 高烽縣의 통일신라 지명[22]	경기도 고양시 벽제 일대
荒壤	漢陽郡의 한 縣인 荒壤縣의 통일신라 지명[23]	경기도 양주군 주안면 일대
買召忽	栗津郡의 한 縣인 邵城縣의 고구려 지명[24]	인천광역시 지역
夫如	富平郡의 고구려 지명[25]	강원도 철원군 김화읍 일대
泉口郡	交河郡의 고구려 지명[26]	경기도 파주시 교하면 일대
王逢	고구려 지명[27]	경기도 고양시 幸州 內洞 일대
水城	水城郡의 통일신라 지명[28]	경기도 수원 지역
栗木	栗津郡의 고구려 지명[29]	경기도 과천 지역
買省	來蘇郡의 고구려 지명[30]	경기도 양주시 주내면 일대
屈押	松岳郡의 한 縣인 江陰縣의 고구려 지명[31]	황해북도 금천군 서북면 일대
開城	開城의 통일신라 지명[32]	황해북도 개풍 지역
皆山	皆次山郡의 고구려 지명[33]	경기도 안성시 죽산 일대

---

19) 김창호, 「광주선리 유적에서 출토된 해구 기와의 생산과 유통」, 『문화사학』 52, 2019.
20) 문자 기와에 두 개의 지명이 있는 경우에는 공급지와 소비지를 나타내고, 한 개의 지명만 있는 경우에는 기와의 소비지를 나타낸다.

今万奴	黑壤郡의 고구려 지명[34]	충청북도 진천 일대
松岳	松岳郡의 통일신라 지명[35]	황해북도 개성 지역
梁骨	堅城郡의 한 縣인 고구려 지명[36]	경기도 포천시 영중면 일대
白城	安城郡의 통일신라 지명[37]	경기도 안성시
童子	長堤郡의 한 縣인 童城縣의 고구려 지명[38]	경기도 김포시 통진읍 일대
楊根	皦(一作 沂)川郡의 한 縣인 濱陽縣의 고구려 지명[39]	경기도 양평군 양평읍 일대

21) 漢陽郡 本高句麗北漢山郡 一云平壤(『삼국사기』 권35, 잡지4, 지리조).
22) 交河郡 本高句麗泉井口縣 景德王改名 今因之 領縣二 峯城縣 本高句麗述尒忽縣 景德王改名 今因之 高烽縣 本高句麗達乙省縣 景德王改名 今因之(『삼국사기』 권35, 잡지4, 지리조).
23) 漢陽郡 本高句麗北漢山郡 一云平壤 眞興王爲州 置軍主 景德王改名 今楊州舊墟 領縣二 荒壤縣 本高句麗骨衣奴縣 景德王改名 今豊壤縣 遇王縣 本高句麗皆伯縣 景德王改名 今幸州(『삼국사기』 권35, 잡지4, 지리조).
24) 栗津郡 本高句麗栗木縣 今菓州 領縣三 穀壤縣 本高句麗仍伐奴縣 景德王改名 今黔州 孔巖縣 本高句麗濟次巴衣縣 景德王改名 今因之 邵城縣 本高句麗買召忽縣 景德王改名 今仁州(『삼국사기』 권35, 잡지4, 지리조).
25) 富平郡 本高句麗夫如郡 景德王改名 今金化縣(『삼국사기』 권35, 잡지4, 지리조).
26) 交河郡 本高句麗泉井口縣 景德王改名 今因之(『삼국사기』 권35, 잡지4, 지리조). 명문은 泉井口가 아니고 泉口郡으로 되어 있어서 泉井口縣이 아니고 명문대로 泉口郡이 옳다.
27) 王逢縣 一云皆伯 漢氏美女 迎安藏王之地 故名王逢(『삼국사기』 권37, 잡지6, 지리조).
28) 水城郡 本高句麗買忽郡 景德王改名 今水州(『삼국사기』 권35, 잡지4, 지리조).
29) 栗津郡 本高句麗栗木郡 景德王改名 今菓州(『삼국사기』 권35, 잡지4, 지리조).
30) 來蘇郡 本高句麗買城縣 景德王改名 今見州 領縣二(『삼국사기』 권35, 잡지4, 지리조).
31) 松岳郡 本高句麗扶蘇岬 孝成王三年築城 景德王因之 我太祖開國爲王畿 領縣二 如熊縣 本高句麗若豆恥縣 景德王改名 今松林縣 第四葉光宗創置佛日寺於其地 移其縣於東北 江陰縣 本高句麗屈押縣 景德王改名 今因之(『삼국사기』 권35, 잡지4, 지리조).
32) 開城郡 本高句麗冬比忽 景德王改名 今開城府(『삼국사기』 권35, 잡지4, 지리조).
33) 介山郡 本高句麗皆次山郡 景德王改名 今竹州(『삼국사기』 권35, 잡지4, 지리조).
34) 黑壤郡 一云黃壤郡 本高句麗今勿奴郡 景德王改名 今鎭州(『삼국사기』 권35, 잡지4, 지리조).
35) 松岳郡 本高句麗扶蘇岬 孝成王三年築城 景德王因之 我太祖開國爲王畿(『삼국사기』 권35, 잡지4, 지리조).
36) 堅城郡 本高句麗馬忽郡 景德王改名 今抱州 領縣二 沙川縣 本高句麗內乙買縣 景德王改名 今因之 洞陰縣 本高句麗梁骨縣 景德王改名 今因之(『삼국사기』 권35, 잡지4, 지리조).
37) 白城郡 本高句麗奈兮忽 景德王改名 今安城郡(『삼국사기』 권35, 잡지4, 지리조).
38) 長堤郡 本高句麗主夫吐郡 景德王改名 今樹州 領縣四 守城縣 本高句麗首尒忽 景德王改

이외에도 『삼국사기』에 확인되지 않는 지명으로 豆射所馬와 馬城, 唐白, 高, 所口(日) 등이 있다. 所口(日)은 하남 교산동 건물지에서 발견된 바 있어 하남 지역과 관련된 것으로 추정되며,40) 高는 고양시 성석동에 위치한 고봉산성에서 채집된 바 있어 고양과 관련이 있는 것으로 보인다.41) 또 포천 반월산성에서는 선리와42) 같은 馬忽受蟹口草명기와가43) 출토되었고,44) 선리와 같은 명문인 北漢受國蟹口명기와가 아차산성과45) 서울 암사

名 今守安縣 金浦縣 本高句麗黔浦縣 景德王改名 今因之 童城縣 本高句麗童子忽(一云 幢山)縣 景德王改名 今因之 分津縣 本高句麗平唯押縣 景德王改名 今通津縣(『삼국사기』권35, 잡지4, 지리조).

39) 皶(一作 沂)川郡 本高句麗述川郡 景德王改名 今川寧郡 領縣二 黃驍縣 本高句麗骨乃斤縣 景德王改名 今黃驍縣 濱陽縣 本高句麗楊根縣 景德王改名 今復古(『삼국사기』권35, 잡지4, 지리조).

40) 경기문화재단부설 기전문화재연구원·하남시, 『하남 교산동 건물지 발굴조사 종합보고서』, 2004, 505쪽의 사진 136-④.

41) 고양시·한국토지공사토지박물관, 『고양시의 역사와 문화유적』, 1999, 454~461쪽.

42) 경기문화재단부설 기전문화재연구원·하남시, 앞의 책, 2004, 503쪽의 사진134의 ⑤·⑥에는 蟹口명기와가 나와서 선리에서 공급된 것으로 해석하고 있다.

43) 김창호, 「후삼국 기와에 보이는 여·제 지명」『한국 중세사회의 제문제』, 2001 등에서 馬忽受蟹口草를 馬忽受解空口草로 잘못 판독하였다. 馬忽受蟹口草로 바로 잡는다.

44) 서영일, 「포천 반월산성 출토 馬忽受解空口單명 기와의 고찰」『사학지』 29, 1996 ; 단국대학교 사학과·포천군, 『포천 반월산성 1차발굴조사 보고서』, 1996 ; 이도학, 「포천 반월산성 출토 고구려기와 명문의 재검토」『고구려연구』 3, 1997 ; 손보기·박경식·박정상·김병희·황정옥, 『포천 반월산성 3차 발굴조사 보고서』, 1988 ; 김창호, 앞의 논문, 2001.
馬忽受蟹口草명기와를 서영일과 이도학은 고구려의 기와로 보았으나 이는 잘못된 것이고, 김창호는 후삼국시대 기와로 보았다. 그 뒤의 田中俊明은 9세기에서 10세기 초까지로, 김규동·성재현은 8세기 중·후반경부터 10세기 중후반까지로 보았다. 馬忽受蟹口草명기와가 고구려제가 아님은 분명하다. 김창호는 현재에 와서는 918~935년의 어느 해로 보고 있으면서, 馬忽受蟹口草명기와는 후삼국의 고려 기와로 해석하고 있다. 문자 기와가 나오면 기와 전공자가 그 연대를 대충 추정한 다음 금석문 전공자와의 협력이 필요하다. 그렇지 않으면 연대를 설정하는 데에 무리수를 둘 수가 있다.

45) 임효재·최종택·윤상덕·장은정, 『아차산성-시굴조사보고서-』, 2000.

동에서46) 출토되었다. 그래서 蟹口 와요지에서 만들어진 기와가 이들 지역에 공급되었음을 알 수 있다.

따라서 기와에 새겨진 명문의 현재 지명을 종합해 보면, 蟹口 등에서 제작된 기와의 공급 지역은 서울의 북한산 지역, 경기도의 양평·안성·수원·과천·김포·양주·고양·파주·포천·하남과 인천광역시, 강원도 철원, 황해도 개성 지방, 충청북도 진천 지방으로 매우 넓은 지역에 해당된다. 선리 기와에서 지명이 확인된 것 중 『삼국사기』,지명 비정에서 고구려 지명은 13곳이고, 통일신라의 지명은 6곳이다. 이를 郡·縣으로 구분해 보면, 군의 지명이 11곳, 현의 지명이 8곳이다. 고구려의 옛 지명과 통일신라의 지명이 혼재해 있는 점이 주목된다.

지금까지 기와명문에 있어서 선리 기와를 제외하고 통일신라의 명문이 나온 예가 거의 없어서 지명이 나오는 예를 통일신라의 것으로 보기는 어렵다.47) 선리 기와 이외에 후삼국기와로 볼 수 있는 확실한 예도 없다. 그러면 여기에서 선리 기와의 연대를 다시 한 번 조사해 보기로 하자. 선리 기와에 나오는 지명으로 開城, 松岳, 首尒忽, 童城, 泉井口, 買城, 馬忽 등은 지명과는 다르게 기와를 하역하고 있다. 이들 지역에서는 기와의 사용처이지만 선리의 호족에게 기와의 사용을 양보한 것으로 보인다. 선리 기와는 선리의 호족이 중앙의 관리에게 요청해서 기와를 지명과는 관계가 없이 사용하게 된 것으로 관의 허락을 받은 것이고, 그래서 선리에 선리의 호족을 위해서 도착한 것으로 보인다. 그런데 반후고구려 세력인 호족에 의해 습격을 받아서 명문기와가 부서지고 못쓰게 되어서 선리에 남게 되었다. 그 시기가 문제이다. 왕건의 고려 세력이 호족에게 그 세력지가 적힌 기와를 세력에 관계가 없이 선리의 호족에게 보낸 시기는 918-919년경으로 보인다. 그래야지 통일신라계 지명이 나온 이유도 설명이 가능하

---

46) 이병도, 『한국고대사연구』, 1976, 460쪽.
47) 裳四里란 명문은 경상도 지역에서 나온 유일한 경덕왕의 관제복고이전의 지명이다. 이 지명은 후삼국시대의 지명으로 보인다.

다. 선리 기와는 관수관급제로 그 증거가 北漢受國蟹口船家草이다. 관수관급제인 당시에 다른 지역의 호족에게 줄 기와를 선리의 호족에게 줄 정도라면 급박한 당시의 정황을 알 수가 있다.

　기와에는 통일신라계의 6곳, 고구려계의 13곳이 나오는데, 아직까지 이 시기 기와명문에 통일신라계의 지명이 나온 예는 없다. 이는 고구려계 기와 명문의 연대가 후삼국시대임을 이야기하고 있다. 또 통일신라계 기와명문이 나와도 후삼국시대인지 통일신라시대인지 여부에 조심스럽게 다루어야 할 것이다. 후삼국시대에 후고구려와 후백제지역에서 폭발적으로 기와명문이 많은 까닭이 궁금하다. 이는 백제의 7세기 인각와나 신라의 6세기 중엽~700년 사이의 인화문토기처럼 토착신앙과 관련해서 검토하는 것도 하나의 방법일 것이다.

5. 숟가락명문의 검토

　숟가락명문은 仍伐內力只乃末△△(源)로 금석문이나 목간 등에서 통일신라시대에는 나온 예가 없는 명문이다. 754~755년 사이에 작성된 신라화엄경사경에는 紙作人 仇叱珎兮縣 黃珎知 奈麻 등 19명의 인명이 나오는데 모두 출신지가 명기되어 있고, 지방민은 州와 郡과 縣으로 표기되어 있다. 804년에 만들어진 양양 선림원지 종명에는 古尸山郡 仁近 大乃末이라는 인명 표기가 보이는데 출신지명인 古尸山郡이 나온다.

　호암산성 숟가락명문에는 출신지가 縣인데도 불구하고 이를 생략하고 있다. 이는 당시의 기와명문에서 유행한 것으로 금석문에서는 그 유례를 찾기 어려운 유일한 예이다. 이를 8세기로 보는 것은[48] 금석문에 대한 해석의 차이에서 비롯된 것으로 이해하기 힘들다. 여기에서는 지명에

---

48) 임효재·최종택, 『한우물-호암산성 및 연지발굴조사보고서-』, 1990, 84쪽.

제8절 서울 호암산성 출토의 청동숟가락명문 431

郡이나 縣이 타락된 예가 후삼국시대의 기와에 많은 점을 근거로 후삼국시대로 보고자 한다. 그러면 신라의 乃末이란 관등명이 후삼국시대 고려에서도 사용했는지 여부이다. 924년에 만들어진[49] 영월 興寧寺澄曉大師碑의 음기에 대해서 조사할 차례가 되었다. 관계 전문을 필요한 부분만을 적기하면 다음과 같다.

㉓	㉒	㉑	⑳	⑲	⑱	⑰	⑯	⑮	
崔	金	式	哀	堅	宋	王	剋	與	1
山	立	元	信	必	喦	侃	奇	一	2
乃末	房	大	沙	村	沙	奈	奈	正	3
	所	監	干	主	干	原	溟	朝	4
	郞	冷	又	冷	公	州	州		5
		水	谷	井	州			平	6
	吉	縣	縣			德	金	直	7
	舍			堅	平	榮	芮	阿	8
	村	明	能	奐	直	沙	卿	干	9
	主	奐	愛	沙	干	溟	溟		10
		村	沙	干	竹	州	州		11
		主	干	新	堤	州			12
		酒	又	知	州		連		13
		淵	谷	縣		弟	世		14
		縣	縣		眞	宗	大		15
				越	平	沙	監		16
		康	世	志	一	干	溟		17
		宣	達	山	吉	竹	州		18
		朝	村	人	干	州			19
		別	主	新	堤				20
		斤	奈	知	州				21
		縣	生	縣					22
			縣						23

징효대사비의 음기에 나오는 대부분의 인명은 지방민이 틀림이 없으나 그 출신지와 관등을 적고 있는데 신라의 관등이다. 奈, 沙干, 一吉干, 乃末 등이 그것이다. 여기에서는 堅奐沙干新知縣, 世達村主奈生縣 등 8명의 현

---

49) 924년은 찬술 연대이고, 944년에 건립되었다.

출신 지방민이 나온다. 한우물의 숟가락명문에 仍伐內와는 현이 없는 점에서 큰 차이가 있다.

9세기 후반인 884년으로 보이는 남한산성 甲辰城年末村主敏亮,[50] 청주 쌍청리 7중환호 출토 易吾加茀村主,[51] 경주 황룡사앞 광장 1호 우물에서 나온 達溫心村主[52] 등은 모두 9세기 후반으로 지명을 공반한 촌주의 직명이다.[53] 따라서 한우물의 숟가락명문을 郡名이나 縣名을 표시하지 않았다는 점에서 보면 후삼국시대의 것으로 볼 수 있다.

6. 맺음말

먼저 한우물 청동숟가락에서 나온 仍伐內力只乃末△△(源)이란 명문을 754~755년 사이에 작성된 신라화엄경사경에 나오는 인명표기, 804년에 작성된 양양 선림원 동종명의 인명표기를 비교하면서 청동숟가락명문을 탐색하였다.

다음으로 신라에서는 고식 단판 6세기 전반~7세기 전반, 신식 단판 7세기 후반(의봉사년개토명, 습부명, 한지명 암키와), 중판은 7세기 후반~9·10세기로 판단하고 있다. 지방은 중판이 7세기 후반~8세기에, 경주를 제외한 지방에서는 장판이 9세기 전반부터 출토되고 있어서 10세기까지 간다. 965년에는 토수기와가 나와서 기와의 획기가 되고 있다. 호암산성 출토 명문기와는 장판 타날 기와이므로 9~10세기 사이의 기와이다. 仍大內명암

---

50) 김창호, 「갑진성년말촌주민양명기와의 제작 연대」, 『고신라목간』, 2023.
51) 김창호, 「청주 쌍청리 7중환호 출토 양호가불촌주명 기와에 대하여」, 『고신라목간』, 2023.
52) 김창호, 앞의 논문, 2023, 649쪽.
53) 예를 들면 甲辰城年末村主敏亮은 甲辰(年)에 城年末村의 村主인 敏亮이다가 되고, 易吾加茀村主는 易吾加茀村의 村主이다가 되고, 達溫心村主는 達溫心村의 村主이다가 된다.

키와와 수키와도 이 연대에서 크게 벗어나지 않을 것이다.

다음으로 선리 출토 후삼국 기와에 대해 통일신라계가 6점, 고구려계가 11점이 출토되었다. 선리가 기와의 분배가 아니라 선리의 호족에게 주기 위해서 다른 호족의 것들도 모아서 주려고 한 것으로 보며, 전쟁 등 급박한 상황이라서 부서진 기와를 포기한 것으로 보고, 그 시기를 918~919년 사이로 보았다. 그래서 선리 기와는 후삼국 기와이고, 고구려와 백제의 옛 지명이 새겨진 명문기와를 후삼국시대로 보았다.

마지막으로 청동숟가락에서 나온 仍伐內力只乃末△△(源)이란 명문을 양양 선림원 종명 등과 비교해서 지명에 붙는 郡名이나 縣名이 없어서 후삼국시대로 보았다.

제9절 금석문 자료로 본 나말여초 기와의 생산소비체제

1. 머리말

　기와의 경우에는 관수관급제를 시행했고, 먼 곳은 漕運과 驛을[1] 통해 수송했다.[2] 토기의 경우도 뚜렷한 근거는 없지만 관수관급제라고[3] 판단된다. 신라의 기와도 마찬가지로 관수관급제로 보인다.[4] 먼저 기와를 만들려고 하면 우선 몇 가지 조건이 필요하다. 먼저 물이 있어야 한다. 다음으로 흙이 기와를 만드는데 알맞아야 한다. 그 다음으로 바람의 방향이 중요하다. 그 다음으로 가마에 불을 땔 때 연료가 되는 나무가 많아야 한다. 마지막으로 교통이 편리한 곳이어야 한다. 이러한 조건을 갖춘 요지는 기와 가마의 경우는 관수관급제로 보인다. 왜냐하면 기와 가마를 운용하는

---

1) 역에 대한 1차 사료로 청주 상당산성에서 채집된 沙喙部屬長池馹升達명 기와밖에 없어서 역이 부별로 존재하고 있었는지도 알 수 없다.
2) 김창호,『신라 금석문』, 2020, 469~481쪽.
3) 신라시대에는 509년(지증마립간 10)에 東市와 이를 감독하는 東市典을 설치했고, 695년(효소왕 4)에 西市와 이를 감독하는 西市典, 南市와 이를 감독하는 南市典을 설치했다. 그래서 대응을 官需官給이 아닌 매매로 볼 수가 있다. 토기 공인과 유사한 기와 공인은 김창호,「광주 선리유적에서 출토된 해구기와의 생산과 유통」,『문화사학』52, 2019, 8~9쪽에 생산지의 지명과 소비지의 지명이 38개나 나와 있다. 그 시기는 918~935년의 어느 5년간이다. 이는 기와에서 관수관급임을 말하는 것이다. 수익이 좋으면, 토기 공인도 쉽게 기와 공인으로 바뀔 수가 있다. 초기의 기와요는 토기와의 겸업가마가 종종 있었다. 결론적으로 토기도 기와처럼 관수관급제로 보아야 할 것이다.
4)『삼국사기』잡지. 직관지에 瓦器典 景德王改爲陶登局이란 구절이 나와서 기와와 토기를 같은 곳에서 관장했음을 알 수 있다.

데 드는 비용이 엄청나기 때문이다. 실제로 국립중앙박물관 소장의 광주 선리 기와의 경우 새겨진 지명이 漢州를 크게 벗어나지 않아서 기와가 州를 단위로 생산되었다는 것을 암시하고 있는 듯하다.

신라에서 고식 단판 6세기 전반~7세기 전반, 신식 단판 7세기 후반(의봉사년개토명, 습부명, 한지명 암키와), 중판은 7세기 후반~9·10세기로 판단하고 있다. 지방은 중판이 7세기 후반~8세기에, 경주를 제외한 지방에서는 장판이 9세기 전반부터 935년까지 출토되고 있어서 이에 따르면 된다.

고려시대 평기와는 대체로 橫帶가 있고, 그 문양이 타래문, 거치문, 사격자문, 격자문, 화문, 어골문 등의 문양이 있고, 그 시기 구분은 다음과 같다. 고려기와를 Ⅰ단계(965~1027)는 토수기와와 내면에 윤철흔이 없는 암키와, Ⅱ단계(1028~1112)는5) 미구기와와 윤철흔이 없는 암키와, Ⅲ단계(1113년 이후)는 미구기와와 윤철흔 있는 암키와로 3분하는 것도6) 문자와의 연호명의 덕이다.

가장 평기와의 편년이 잘 되어 있는 신라시대 기와나 그런대로 평기와 편년이 되어 있는 고려시대 기와의 그 생산소비체계가 어떠했는지에 대한 논고는 별로 없는 것 같다.7) 이 생산소비체계를 밝힐 수 있는 것은 평기와에 나타나는 문자기와이나 그 해석은 어렵다. 통일신라시대 연호명 문자와는 그렇게 많지 않다. 고려시대의 1/5에도 못 미치고 있다. 후삼국시대 광주 선리 기와 명문 가운데에 北漢受國蟹口船家草란 명문을 '北漢이 받은 나라의 蟹口의 船家의 기와이다.'로 해석해서 官需官給制로 기와가 거래됨으로 해석했다. 기와의 거래를 국가가 관여했음을 말해주고 있다. 이에 반대되는 자료가 통일신라기와와 고려시대기와의 명문에 있는지 여부를 조사하여서 나말여초의 기와수급체계를 밝히는 것이 본고의 목적이다.

---

5) 이인숙, 「고려시대 평기와 제작기법의 변천」, 『고고학』 6-1, 2007의 본문에서는 이 단계에 윤철흔이 있다고 하였다.

6) 이인숙, 앞의 논문, 2007.

7) 고구려나 백제나 조선시대 평기와는 아직 그 편년의 단서조차 못 잡고 있다.

여기에서는 먼저 통일신라시대 기와 명문에 대해서 살펴보겠다. 다음으로 고려시대 기와 명문에 대해 살펴보겠다. 마지막으로 나말여초 기와 명문에 대해서 살펴보겠다.

2. 통일신라시대

儀鳳四年皆土명기와도 679년의 皆土란 뜻을 푸는데 많은 가설이 나와 있다. 이 기와의 皆土를 率土皆我國家나 납음 오행 등으로 푸는 것은 문제가 있는 듯하다. 儀鳳四年皆土를 해석하는 다른 방법은 儀鳳四年(679)에 皆土를 제와총감독으로 보아서 皆土를 인명으로 보는 방법이다.8) 이렇게 인명으로 보는 해석 방법이 보다 타당성이 있는 듯하다. 왜냐하면 삼국시대나 통일신라시대에 있어서 연간지나 연호 뒤에 오는 단어에 인명이 포함되지 않는 예가 없기 때문이다. 곧 儀鳳四年皆土의 皆土가 어떤 방법으로 해도 해석이 되지 않는데 인명으로 보면 완벽하게 해석이 가능하다. 儀鳳四年皆土는9) 제와총감독의 인명을10) 기록하여 제와의 책임을 지게11) 한 기와이

---

8) 금산 백령산성 출토 기와 명문에서 栗峴ㆍ丙辰瓦명기와는 栗峴ㆍ이 丙辰年(596)에 만든 기와란 뜻이다. 耳淳辛 丁巳瓦명기와는 耳淳辛이 丁巳年(597)에 만든 기와란 뜻이다. 戊午瓦 耳淳辛명기와는 戊午年(598)에 기와를 耳淳辛이 만들었다로 해석된다. 연간지+인명 또는 인명+연간지의 예로 중요하다. 이에 대해서는 작성 연대를 포함해서 김창호, 「금산 백령산성의 문자 자료」『신라 금석문』, 2020 참조.
9) 儀鳳/四年/皆土명기와의 명문이 나타내는 의미는 儀鳳四年皆土명기와를 공급자와 수요자의 감시와 통제라는 뜻도 포함되어 있는 듯하다.
10) 고대 기와에서 파실된 것을 제외하고, 거듭 이야기하지만 연호나 연간지 뒤에 무엇을 기록했다고 하면 인명을 기록하지 않는 기와는 없다. 儀鳳/四年/皆土(이하 동일)는 그 발견 초부터 儀鳳四年皆土의 皆土란 의미 추정에 너무 매달려 왔다. 그래서 누구나 皆土의 의미를 찾는데 온힘을 다했다. 모두 皆土의 의미 추정에 다양한 견해가 있어 왔으나 그 어느 가설도 정곡을 찌르지 못했다. 儀鳳四年皆土의 皆土는 인명으로 679년에 획을 그은 신라 기와의 제와총감독자로 보인다. 儀鳳四年皆土명기와를 혹자는 문무대왕 기와로도 부르는 점에서 기와 가운데 그 출토지의 수가 많고, 기와의 기술 수준에서 최고의 것이다. 삼국 통일의 영주인 문무대왕이

다. 망성리기와요에서 ##習部명·##習府명12)·習명·#마크13) 등의 기와

마음을 먹고 만든 기와로 어떤 기와보다도 완벽한 기와로 삼국통일의 웅지가 기와에 나타나 있다. 儀鳳四年皆土 기와편 등으로 남산 칠불암의 연대 설정과 나원리 5층석탑의 연대 설정은 유명하다(박홍국, 「경주 나원리5층석탑과 남산 칠불암마애불상의 조성 시기-최근 수습한 명문와편을 중심으로-」, 『과기고고연구』 4, 1988, 88쪽.). 앞으로 儀鳳四年皆土는 679년이란 절대연대를 가지는 기와이므로 유적지의 편년이나 불상의 연대 설정 등에 활용될 수가 있다. 또 儀鳳四年皆土 명기와는 내남면 망성리 기와 가마터, 사천왕사지, 인왕동절터, 국립경주박물관 부지, 월지, 월성 및 해자, 첨성대, 나원리 절터, 칠불암, 성덕여고 부지, 동천동 택지 유적, 나정, 발천 등 경주 분지 전역에서 출토되고 있어서 679년에만 儀鳳四年 皆土명기와를 만들었다고 볼 수가 없다. 다소 연대의 폭이 있을 것이고, 기와도 망성리기와요지만이 아닌 다른 요지에서도 儀鳳四年皆土명기와를 만들었을 가능성도 있다. 이 儀鳳四年皆土명기와의 제와에는 왕족인 탁부를 비롯하여 왕비족인 사탁부도 참가했을 것으로 추측된다. 왜냐하면 기와가 중요하고, 그 중요성을 왕족인 탁부와 왕비족인 사탁부는 알고 있었을 것이기 때문이다. 방곽의 곽안에 사선문, 직선문, 사격자문의 문양이 儀鳳四年皆土명기와와 ##習部, ##習府, #마크 등의 기와와 유사한 점으로 儀鳳四年皆土명기와를 習比部의 기와로 보기도 하나, 이 시기의 기와가 관수관급제의 관요이므로 얼마든지 비슷한 문양을 儀鳳四年皆土명기와에 사용할 수가 있다. 문양의 디자인 권한은 官에 있지 습비부에 있는 것이 아니다. 또 習部와 習府가 동일한지 여부는 알 수가 없다. 6부명을 府로 표기한 예가 전무하기 때문이다.

11) 신라 기와에서 기와 공정에 책임을 지게 한 것과 함께 유명한 것으로 남산신성비에서 쌓은 성이 3년 안에 무너지면 책임을 지겠다는 맹서를 하고 있어서 저명하다. 儀鳳/四年/皆土명기와도 제와의 책임을 모두 皆土가 졌다는 것을 의미하고 있다. 景辰年五月卄日法得書(656년)의 法得, 調露二年漢只伐部君若小舍~三月三日作康(?)~(개행 : 680년)의 君若ан 作康(?), 大曆更午年末城(766년)·大曆戊午年末城(778년)·大中更午年(850년)의 末城, 會昌七年丁卯年末印(847년)의 末印, 백제의 戊午瓦 耳淳辛명기와는 戊午年(598)에 耳淳辛이 만들었다고 나오는 耳淳辛, 栗峴ヽ 丙辰瓦명기와는 栗峴ヽ이 丙辰年(596)에 만들었다는 뜻의 栗峴ヽ, 耳淳辛 丁巳瓦명기와는 耳淳辛이 丁巳年(597)에 만들었다는 뜻에 나오는 耳淳辛 등도 모두 제와장 또는 감독자가 책임을 지는 뜻으로 인명을 年干支나 年號 뒤에나 앞에 인명을 적은 것으로 보인다. 고신라나 통일신라시대에 있어서 年干支나 年號 앞에 인명이 온 예는 없다. 백제에서는 戊午瓦 耳淳辛명기와와 耳淳辛 丁巳瓦명기와가 있어서 耳淳辛이 인명임은 분명하다.

12) 習府가 과연 習部인지는 현재까지 자료로는 알 수가 없다. 신라에서 부명은 반드시 部로 표기하고, 府로 표기한 예가 없기 때문이다. 習府라 해도 官廳名이 되어서 말이 통하기에 충분하다.

13) 도교 벽사 마크라는 것은 일본의 지방 목간 전문연구자 平川 南의 가설이 유명하다.

와 儀鳳四年皆土명기와가 함께 나오는 것으로 알려졌는데 그 기와의 생산량이 너무 많아서 망성리기와요 이외에 儀鳳四年皆土명기와를 생산하는 다른 窯가 있었지 않나 추측하는 바이다. 그래서 左書를 포함하여 5가지의 拍子가 있는 것으로 보인다. 기와의 중요성을 알고 있을 왕족인 탁부나 왕비족인 사탁부의 기와 요지가 없다는 점은 납득이 안 된다. 儀鳳四年皆土명기와에는 習명, ##習部명, ##習府명, #마크 등이 없어서 습비부의 기와로 볼 수가 없다. 아마도 儀鳳四年皆土명기와는 왕족인 탁부나 왕비족인 사탁부의 기와로 보인다. 왜냐하면 기와의 중요성을 알고 있는 탁부와 사탁부에서 기와를 만들지 않았다는 것은 이해가 되지 않고, 탁부와 사탁부도 기와의 중요성을 어느 부보다도 잘 알고 있었기 때문이다.

부소산성 기와 명문으로 大△△午年末城이 있다.[14] 이는 大曆庚午年末城(766년), 大曆戊午年末城(778년), 大中庚午年末城(850년) 등으로 복원된다.[15] 어느 것으로 복원되던[16] 末城의 의미이다. 아무래도 인명으로 보아야 될 것이다. 그러면 末城은[17] 제와의 감독자나 기와를 만드는 기술자로

---

14) 熊州의 기와는 부여나 부여 근처에서 만들어서 웅주 전체에 공급했을 것이다. 부여에서는 명문기와가 유독 많이 나와서 통일신라시대 전체기와를 리드했는지도 알 수 없다.

15) 吉井秀夫, 「扶蘇山城出土會昌七年銘文字瓦をめぐって」『古代文化』 56-11, 2004, 606쪽 ; 高正龍, 「軒瓦に現れた文字-朝鮮時代銘文瓦の系譜-」『古代文化』 56-11, 2004, 617쪽.

16) 大曆庚午年末城(766년)과 大中庚午年末城(850년) 사이에 84년의 연대 차이가 있어도 어느 시기인지 구분할 수가 없다. 이는 기와의 제작 기법이나 문양 곧 타날 방법으로 100년의 차이가 있어도 기와의 구분이 어렵다는 이야기가 된다. 그래서 평기와의 편년을 고식 단판 6세기 전반~7세기 전반, 신식 단판 7세기 후반(의봉사년개토명, 습부명, 한지명 암기와), 중판은 7세기 후반~9·10세기로 판단하고 있다. 지방은 중판이 7세기 후반~8세기에, 경주를 제외한 지방에서는 장판이 9세기 전반부터 출토되고 있다. 이것도 金科玉條는 아니다. 왜냐하면 656년의 景辰年五月卄日法得書명의 장판 타날 기와가 있기 때문이다. 하루빨리 평기와 편년이 나오기를 희망한다. 물론 평기와 편년에 절대적으로 중요한 자료는 문자기와에 대한 연구이다. 會昌七/年丁卯/年末印이라고 하면 누구도 847년임을 의심할 수가 없고, 평기와 편년 설정에 한 기준이 된다.

17) 세트를 이루는 숫막새의 城은 末城이란 인명에서 뒷자인 城을 따온 것이다. 이렇게

볼 수가 있다.

會昌七/年丁卯/年末印(이하 동일 : 847년, 부여 扶蘇山城 출토)명기와는[18] 새김판의 흔적이 없이 명문을 새긴 것으로 유명하다. 이는 會昌七年丁卯年(개행 : 847년)에[19] 末印이 만들었다 또는 감독했다로[20] 해석된다. 末印을 상황판단이 아닐 경우 인명으로 보아야지 다른 방법은 없다. 末印을 儀鳳四年皆土(개행)의 皆土와 함께 인명으로 보게 된 바, 금석문을 인명표기

뒷자를 따온 예로는 458년경에 작성된 충주고구려비의 寐錦忌가 있다. 이는 訥祇麻立干의 祇(祗)를 따온 것이다.

18) 이에 대해서는 吉井秀夫, 앞의 논문, 2004라는 전론이 있다. 吉井秀夫, 앞의 논문, 2004, 609~610쪽에서는 會昌七年丁卯年末印을 會昌七年(年號)+丁卯年(干支)+末印으로 나누고 나서 그 해석은 유보하였다.

19) 會昌七年丁卯年末印은 두 가지 종류의 기와가 있다. 9자를 세로로 거울문자로 쓴 것과 3자씩 3줄로 인각와로 새긴 正書로 된 것이 있다. 전자는 제사와 관련된 유물로 보인다.

20) 최민희, 「儀鳳四年皆土 글씨기와의 개토 재론-納音五行論 비판-」『한국고대사탐구』 30, 2018, 339쪽에서는 會昌七年丁卯年末印에서 會昌七年丁卯의 年末에라고 해석하고, 印은 해석치 않았다. 최민희, 앞의 논문, 2018, 342쪽의 〈그림 6〉에서 會昌七年丁卯年末印으로 판독문을 제시하고 있다. 또 (保寧)元年己巳年(969)의 예나 太平興國七年壬午年(982)三月三日의 예와 같이 연호와 연간지 모두에 年자가 오는 예도 있어서 年末로 끊어 읽는 것은 문제가 있다. 삼국시대~통일신라 금석문까지 年干支나 年號뒤에 인명은 나왔으나 다른 것은 오지 않는다. 통일신라 말이 되면, 甲辰城年末村主敏亮이라고 해서 甲辰(年干支 ; 884년으로 추정)+城年(지명)+末村主(관직명)+敏亮(인명)의 순서로도 적힌다. 540년경의 2016-W150번 목간에 眞乃滅村主憹怖白이 나오는데, 憹怖白이 인명표기일 가능성도 있다. 촌주는 냉수리비(443년)에 村主 奧支 干支로 처음 등장하고, 창녕비(561년)에 村主 奀聰智 沭干과 村主 麻叱智 沭干으로 나온다. 그 다음 남산신성비(591년) 제1비에 村上主 阿良村 今知 撰干과 郡上村主 柒吐村 △知尒利 上干이 나오고, 파실되어 일부가 없어진 제5비에 向村主 2명이 나올 뿐이다. 이들 6세기 村主에서는 인명이 공반하고 있다. 따라서 2016-W150 목간에서 촌주도 眞乃滅村主憹怖白까지 끊어서 眞乃滅(지명)+村主(직명)+憹怖白(인명)으로 보아야 할 것이다. 왜냐하면 2016-W150 목간에서 眞乃滅村主憹怖白의 연대는 540년경을 하한으로 하고, 고신라 금석문에서 (지명)+촌주+(출신촌명)+인명+외위명이 나오기 때문이다. 眞乃滅村主를 지명+촌주로 보면 그러한 예는 고신라 금석문에서는 없다. 9세기의 자료로는 淸州 雙淸里 출토 명문와의 易吾加茀村主가 있다. 이 자료도 易吾加茀(지명)+村主로 되어 있다. 또 황룡사 남쪽 담장 밖의 우물에서 나온 9세기로 보이는 청동접시의 達溫心村主란 명문도 인명+관직명이 아닌 지명+관직명이다.

에서 시작해 인명표기로 끝내는 것으로 보아야 한다.[21] 會昌七年丁卯年末印(개행)기와는 내부에 구획선을 넣어서 만들었을 뿐, 9세기에 반드시 장판으로 타날하지 않음을[22] 알려주는 중요한 자료이다. 바꾸어 말하면 會昌七年丁卯年末印(개행)기와의 會昌七年丁卯年末印(개행)만은[23] 3자씩 3줄로 되어 있어서 중판 기와일 가능성이 크다. 물론 기와 전체는 장판 타날로 만들어졌다. 이들 통일신라 기와 명문에서 관수관급제와 위배되는 기와 명문은 나타나지 않았다.

3. 고려시대 전기

發令/戊午年瓦草作伯士必山毛의 戊午年은 958년으로 추정된다.[24] 이 명문은 發令을 내린다. 戊午年(958)에 瓦草를 伯士인 必山毛가 만들었다로 해석된다. 伯士인 必山毛도 제와장일 가능성이 크다.

---

21) 평기와에 있어서 연호나 연간지 다음에 글자가 몇 자가 올 때 통일신라나 고려초에 있어서 인명이 아닌 예는 없다.
22) 會昌七年丁卯年末印의 명문 기와는 3자씩 3줄로 쓰지 않고, 한 줄로 내려쓴 종류도 있다고 하는 바, 이는 장판으로 짐작된다. 吉井秀夫, 앞의 논문, 2004, 15쪽에서 3자씩 3줄로 쓴 것이 먼저이고, 한 줄로 내려쓴 것을 나중에 제작된 것으로 보았다. 같은 末印이 제작했으므로 동일시기로 보았다. 3자씩 3줄로 쓴 명문만은 적어도 중판이다. 곧 무수한 장판 속에서도 중판이 있다는 이야기가 된다.
23) 황수영, 「고려 청동은입사 향완의 연구」『불교학보』1, 1963, 431쪽에 나오는 대정 17년(1177)명표충사향완의 印자를 종결을 뜻하는 이두로 보고 있으나 고대에는 없는 이두이다.
大定十七年銘香垸의 전체 명문은 大定十七年丁酉六月八日 法界生亡共增菩提之願以鑄成靑銅含銀香垸一劃重八斤印 棟梁道人孝 初通康柱等謹發至誠特造隨喜者敎文에서 印자가 重八斤印으로 끊어서 종결 이두로 사용되게 되어있지만 會昌七年丁卯年末印의 印자는 그렇지 않다. 印자를 종결의 이두로 보면 末자만 남아서 말이 되지 않는다. 가령 삼국시대의 부자가 部자의 약체이지만 고려시대에는 주격조사 隱자의 약체이다. 그리고 한국 고대의 이두는 그 글자수가 많지 않고, 고려시대 후기에 와서 비약적으로 발전한다.
24) 金昌鎬, 「나말여초의 기와 명문」『신라 금석문』, 2020.

太平興國七年壬午年三月日/竹州瓦草近水△水(吳)(矣)(安城 奉業寺) 太平興國七年壬午年은 982년이다.25) 이는 해석이 대단히 어려우나 대체로 太平興國七年壬午年三月日에 竹州의 瓦草를 近水△水(吳)가 만들었다로 해석된다.

辛卯四月九日造安興寺瓦草(利川 安興寺址)는 931년이나 991년으로 추정된다. 그 연대는 전자인 931년은 후삼국시대라 성립되기 어렵고, 후자인 991년으로 판단된다. 이는 辛卯四月九日에 安興寺瓦草를 만들었다로 해석된다.

永興寺送造瓦草重創(保寧 千防寺址)은26) 永興寺의 위치를 알기 어렵지만,27) 이를 慶州 지역의 寺院으로 본다면 成典寺院이었던 永興寺의 활동을 살필 수 있는 좋은 자료라고 하면서 영흥사에서 보낸 기와로 사원을 중창했으므로, 이로써 영흥사의 경제력을 짐작할 수 있다고 하였다. 文聖王(839~856)이 朗慧和尙 無染이 머물던 이곳 인근(保寧)의 절을 聖住寺로 바꾸고, 大興輪寺에28) 編錄시켰다는29) 사실을 감안하면, 명문기와의 연대는 9세기 중엽으로 추정할 수 있겠다라고 했으나,30) 瓦草에서 절대연대가

---

25) 金昌鎬, 앞의 논문, 2020.
26) 韓國水資源公社·公州大學校博物館, 『千防遺蹟』, 1996, 146쪽.
27) 『東國輿地勝覽』 권20, 忠淸道 藍浦縣 佛宇條에 崇巖寺, 聖住寺, 永興寺, 玉溪寺가 등장한다. 永興寺를 이 지역의 통일신라시대의 사찰로 비정하기도 하지만(韓國水資源公社·公州大學校博物館, 앞의 책, 1996, 453쪽) 경주 지역의 永興寺와 같은 이름을 지방에서 사용하기 어려웠다고 판단하고 있다(李泳鎬, 「新羅의 新發見 文字資料와 硏究動向」, 『한국고대사연구』 57, 2010, 199쪽).
28) 흥륜사는 실제로는 영묘사이고 영묘사가 흥륜사로 서로 바뀌어 있고, 9~10세기 기와 명문인 令妙寺명기와를 국사편찬위원회 한국사데이터베이스에서는 삼국시대로 보고 있다. 기와를 모르는 문헌사학자의 잘못으로 보인다. 고신라시대에 있어서 사명 등 문자기와가 출토된 예는 전무하다. 경주에서는 기와에 사찰명이 나오는 예가 많은데 대개 9~10세기의 나말여초로 보인다. 岬(甲)山寺명와편, 昌林寺명와편, 味呑寺명와편 등은 9~10세기의 것이다. 因井之寺명숫막새, 正万之寺명숫막새(高正龍, 앞의 논문, 2004, 618쪽에서는 万正之寺로 잘못 읽고 있다.)도 고려 초로 보인다. 四祭寺명암막새는 확실히 통일신라 말의 것이다.
29) 韓國古代社會硏究所編, 『譯註 韓國古代金石文』Ⅲ, 1992, 〈聖住寺朗慧和尙碑〉 '文聖大王 聆其運爲 莫非裨王化 甚之 飛手敎優勞 且多大師答山相之四言 易寺牓爲聖住 仍編錄大興輪寺'.

나오는 10세기 중엽(정확히는 958년)이 上限이므로 永興寺送造瓦草重創명 기와를 10세기 중엽이후로 보아야 한다. 그렇다면 永興寺는 보령에 있던 永興寺로 보아야 할 것이다. 이는 영흥사가 만들어 보낸 와초로 (保寧 千防寺를) 중창을 했다로 해석된다.

~元年己巳年北舍瓦草(月南寺) 969년으로 ~부분은 遼 景宗의 연호인 保寧으로 復元할 수 있다. 이는 (保寧)元年己巳年에 이은 北舍의 瓦草이다가 된다.

太平興國五年庚辰六月日彌勒藪龍泉房瓦草(益山 彌勒寺) 太平興國五年庚申으로 되어 있으나 976~984년의 太平興國 범위 밖에 있어서 庚辰(980년)이[31] 타당하다. 太平興國五年庚辰六月 日에 彌勒藪의 龍泉房의 瓦草이다가 된다. 日에 구체적인 날짜가 없는 것도 고려적인 요소이다.

三年乙酉八月日竹凡草伯士能達毛는[32] 乙酉란 연간지는 985년이다. 年月日에서 日의 날짜를 정확히 밝히지 않는 것도 고려적인 요소이다. (通和)三年[33]乙酉八月日에 竹의[34] 凡草를 伯士인 能達毛가 만들었다로 해석된다. 伯士인 能達毛는 제와장일 가능성이 크다.

太平八年戊辰定林寺大藏堂草(扶餘 定林寺)는 1028년이다. 이 명문은 堂草·瓦草·官草·凡草가 나오는 명문 가운데 가장 늦은 11세기 전반의 명문이다. 이는 太平八年戊辰에 定林寺의 大藏(堂)의 堂草이다로 해석된다.

고려 전기의 기와 명문에 있어서도 관수관급제에 위배되는 기와 명문은 발견되지 않았다.

---

30) 李泳鎬, 앞의 논문, 2010, 199쪽.
31) 이렇게 금석문에서 연간지가 틀리는 예는 드물다.
32) 경기문화재단부설 기전문화재연구원·하남시, 『하남교산동건물지 발굴조사 종합보고서』, 2004, 185쪽. 凡草의 예는 1점뿐이다. 凡자가 瓦자일 가능성도 있다. 이 시기 瓦자는 凡자와 구별이 어렵다. 伯士能達毛의 伯士는 寺匠의 뜻으로 能達毛가 寺匠 가운데 하나인 製瓦匠일 가능성이 있다.
33) 三年은 遼聖宗의 通和三年(985)이다.
34) 竹은 지명이나 건물명으로 보인다. 후자일 가능성이 크다.

4. 나말여초

1) 경상도 지역

○ **경주 월성**[35)](#)

경북 경주시 인왕동에 위치하며, 전체 둘레는 2,340m정도이다. 월성은 파사이사금 22년(101)에 건립되었다고 하나 믿을 수 없다. 원삼국시대에는 토성을 쌓을 수가 없다. 그때에는 환호가 있었고, 그 시기는 통형고배, 컵형토기 등으로 볼 때 300년을 소급할 수가 없다. 월성 주변의 해자와 건물지에서는 많은 양의 유물이 출토되었다. 명문기와로서는 在城명수막새와 암막새,[36)] 儀鳳四年皆土명암키와,[37)] 漢(只)명기와,[38)] 習(部)명기와,[39)] 東窯·官瓦명기와,[40)] 官,[41)] 右官,[42)] △叉草[43)] 등이 출토되었다.

○ **영주 비봉산성**[44)]

경북 영주시 순흥면 읍내리 비봉산(해발 430m)에 위치한다. 전체 둘레는 1,350m로 비교적 큰 규모에 속하는 석축산성이다. 체성벽은 장방형으로 가공한 할석으로 쌓았으며, 보축성벽이 확인되었다. 삼국시대와 통일신라시대의 及伐山郡(岌山郡)의 치소성으로 추정되고 있다. 명문은

---

35) 국립경주박물관, 『신라와전』, 2000.
36) 후삼국시대 기와이다.
37) 679년 기와이나.
38) 680년경으로 추정된다.
39) 679년경으로 추정된다.
40) 조선시대 초의 기와이다. 이에 대해서는 김창호, 「경주출토 조선초 명문와에 대하여」, 『민족문화논총』 23, 2001 참조.
41) 9~10세기 기와로 보인다.
42) 이 명문와는 통일신라의 것과 조선 초의 것이 있다. 문자의 타날을 각이 지게 한 것은 통일신라 후기의 것이다. 이에 대해서는 김창호, 앞의 논문, 2001 참조.
43) 이는 후삼국시대의 기와이다.
44) 국립문화재연구소, 『순흥 비봉산성 발굴조사보고서』, 1998.

十, 大, 官, 王, 國 등이 출토되었다. 이 명문들은 9~10세기의 기와로 볼 수가 있다.

　○ 巨濟 屯德岐城[45)]

　경남 거제군 둔전면의 우봉산 줄기의 해발 326m 지점에 위치하고, 둘레는 526m로 비교적 작은 규모에 속하며, 거제 패왕성으로도 불리는 성이다. 패왕성은 고려 의종(1127~1173)이 정중부의 난으로 폐위된 뒤에 이곳에 머물러서 붙여진 이름이라고 한다. 현문식의 정문과 가공된 정방형의 돌로 쌓은 협축식 성벽과 기단보축식 성벽에 근거할 때, 신라에서 쌓은 성이다. 성 안쪽에서 裳四里명 기와가[46)] 출토되었다. 이 裳四里란 명문에 대해『삼국사기』권34, 잡지3, 지리지1에 巨濟郡 文武王初置裳郡 海中島也 景德王改名 今因之라고 했는데, 惠恭王 12년(776)에 관제가 복고되면서 지명도 복고되었다고 한다. 裳四里의 裳은 776년 이후일 가능성이 있고, 특히 9~10세기일 가능성이 크다. 이 裳이란 지명은 9~10세기 경상도 지역에서 나오는 유일한 예이다.

　2) 충청도 지역

　○ 報恩 三年山城[47)]

　삼년산성은 충북 보은군 보은읍 어암리 오정산의 해발 325m 고지에 위치하며, 성의 둘레가 1700m가 되는 대규모 석축산성이다.『삼국사기』에 나오는 三年山城과 동일한 것으로 보고 있으며, 20m가 넘는 성벽과 기단보축, 현문식 성벽, 수구, 셋방방형 성돌 등을 특징으로 하는 전형적인 신라

---

45) 동아시아문화재연구원,『巨濟 屯德岐城 東門·建物祉, 金海古邑城』Ⅱ, 2011.
46) 裳四里명 기와의 뜻이 裳의 四里란 것인지 아니면 裳에서 四里가 되는 곳이란 뜻인지 알 수가 없으나 후자로 보인다.
47) 충북대학교 중원문화재연구소,『보은 삼년산성 2003년도 발굴조사보고서』, 2005.

성벽이다. 명문 기와로는 田人, 日, 三, 官 등이 나왔다. 官은 9~10세기 명문이므로 나머지 명문도 동일한 시기로 보인다.

○ 淸州 上黨山城[48]

상당산성은 청주시 상당구 산성동의 해발 491.2m 고지에 위치하며, 전체 둘레는 4.2㎞정도로 규모가 큰 축에 속한다. 축성방법이나 성내에서 출토된 인화문토기 등의 유물에 근거할 때 신문왕 5년(685)에 西原小京을 설치하고 나서, 동왕 9년(689)에 축조한 西原京城으로 추정되고 있다. 지표에서 출토된 유물로 沙喙部屬長池馴升達이란 명문이 유명하다. 이는 9세기의 유물로 이는 역제와 관련되는 것으로[49] 확실시되는 유일한 명문이다.

○ 大田 鷄足山城

계족산성은 대전광역시 대덕구 창동의 계족산(해발 423m)에 위치하고 있으며, 성의 둘레는 1,037m로 비교적 큰 규모에 속한다. 성의 초축을 백제가 했는지 아니면 신라가 했는지에 대해 논란이 되고 있으며, 성내에서 雨述,[50] 右述天國, 棟梁道人六廻(?), △企首, 田木, 三, 己 등의 명문이 출토되었다. 이들 명문 가운데 雨述은 후삼국시대 명문으로 보여서 그 이외의 명문은 9~10세기 명문으로 보인다,

○ 禮山 任存城[51]

충남 예산군 대흥면, 광시면과 홍성군 금마면에 접한 봉수산(483.9m)에 위치하며, 성의 둘레는 2,450m로 비교적 큰 규모의 산성이다. 임존성은

---

48) 한국문화재보호재단, 『上黨山城-성벽보수구간내 발굴조사 보고서-』, 2004.
49) 金昌鎬, 「韓國羅末麗初の瓦銘文」 『東アジア瓦研究』 6, 2019, 3쪽.
50) 『삼국사기』 권36, 잡지5, 지리지3에 比豊郡 本百濟雨述郡 景德王改名 今懷德郡이라고 하였다.
51) 충남발전연구원, 『예산 임존성-문화유적 정밀 지표조사-』, 2000.

백제부흥군이 부흥의 거점으로 삼았던 곳으로 추정되기도 한다. 성내에서 출토되는 명문와의 명문은 任存,[52] 存官, 存 등이다. 이 명문의 지명은 후삼국시대의 지명으로 보인다.

○ 公州 公山城[53]

공산성은 충남 공주시 금성동에 있는 공산(해발 100m)에 위치하고 있으며, 전체 둘레는 2,660m이다. 공산성은 토성구간과 석성구간으로 구분되는데, 후자는 조선시대의 것으로 추정되며, 토성구간은 발굴조사 결과 토심석축으로 만들어졌음을 알 수 있었다. 명문와로는 熊川, 官, 大平, 丑, 田, 天 등이 있었다. 熊川과 官은 9~10세기 명문이므로 나머지도 이에서 크게 벗어나질 않을 것이다.

○ 夫餘 扶蘇山城[54]

충남 부여군 부여읍 부소산(해발 106m)에 있는 부소산성은 사비기의 백제 도성으로 알려져 있다. 성곽과 성곽 내부에 대한 연차적인 발굴조사의 결과, 포곡식산성은 백제 산성으로, 퇴뫼식산성은 통일신라 때에 쌓은 것으로 발표되었다. 성의 내부 조사과정 도중에 건물지에서 많은 명문기와가 나왔다. 주요 명문기와로는 會昌七年丁卯年末引이 주류를 이루는데, 이는 847년이다. 1993년 발굴에서는 大唐명기와가 나왔고,[55] 나말여초 기와로는 太平八年戊辰定林寺大藏堂草는 1028년의 절대연대를 갖고, 三十一年三月日沙尒寺造는 남송 天眷 31년인 1161년이다. 그 밖에 △城△官, 阿尼城, 官上徒作 등이 나왔으나 이는 9~10세기로 보인다.

---

52) 『삼국사기』 권36, 잡지5, 지리지3에 任城郡 本百濟任存城 景德王改名 今大興郡이라고 하였다.
53) 공주사범대학교박물관, 『공산성 백제추정왕궁지발굴조사보고서』, 1987.
54) 국립부여문화재연구소, 『부소산성-발굴조사중간보고서Ⅲ-』, 1999.
55) 이는 7세기 후반 기와이다.

○ 洪城 神衿城[56]

충남 홍성군 결성면 금곡리 야산(해발 60m)에 위치하고 있으며, 둘레는 645m로 판축하여 구축한 토성이다. 토성의 기저부에는 3.65m 간격으로 석열을 배치하고, 석열을 따라 233~410㎝ 간격으로 영정주를 세우고, 판축을 하고 나서 다시 판축식으로 성벽을 덧붙여서 보강하였다. 축조시기는 9세기라 한다. 명문이 있는 기와는 大中과 甲辰뿐이다. 大中은 846~860년 사이의 연호이고, 甲辰은 824년과 884년이 있다. 그렇다면 甲辰은 884년이 된다.

○ 洪城 石城山城[57]

충남 홍성군 장곡면의 석성산(해발 255m)에 위치하고 있으며, 성벽은 대부분이 파괴된 상태이며, 전체 둘레는 1,352m이다. 명문와는 工沙良官, 沙尸良, 沙羅瓦草[58] 등이 있다. 工沙良官, 沙尸良은 9~10세기의 기와이고, 沙羅瓦草는 10세기 중엽에서 11세기 전반의 기와이다.

○ 舒川 南山城[59]

서천 남산성은 서천군 서천읍 남산(해발 146.9m)에 위치한 석축산성으로 전체 둘레는 632.6m이다. 성내에서 통일신라시대의 토기편과 와편이 출토되었고, 그 가운데 제2와적층에서 다수의 명문와가 출토되었다. 명문와의 명문은 西林郡官瓦作,[60] 西林郡官瓦草, △國巳舌林刺史行邨色羅春李富李石 등이다. 이들 명문은 고려시대 초의 명문이다.

---

56) 이강승외, 『신금성』, 1994.
57) 상명대학교박물관, 『홍성 석성산성-건물지발굴조사보고서-』, 1998.
58) 『고려사』, 지 권10에 驪陽縣 驪一作黎 本百濟沙尸良縣一作沙羅縣 新羅景德王 改名新良 爲潔城郡領屬縣 高麗初 更今名 置監務 顯宗九年 來屬이라고 되어 있다.
59) 유기정외, 『서천 남산성-서문지1·2차발굴조사-』, 2006.
60) 西林郡 本百濟舌林郡 景德王改名 今因之.

3) 서울·경기도 지역

○ 서울 阿且山城[61]

아차산성은 서울특별시 광진구 광장동 아차산의 남쪽 능선 해발 203.4m 지점에 위치하고 있다. 둘레는 1,038m이다. 1977년부터 발굴조사가 시작되어, 3차에 걸친 발굴조사의 결과 성벽의 구조와 성의 안쪽에 있는 건물지가 확인되었다. 성안쪽에서 北漢, 受, 蟹 등의 명문이 나왔는데, 이는 北漢受蟹口草 등의 기와 파편으로 전부 후삼국시대인 918~936년까지의 기와이다.

○ 서울 虎岩山城[62]

서울특별시 금천구 시흥동 삼성산(해발 460m)에 위치하고 있다. 돌로 쌓은 성곽의 둘레는 1,250m이며, 서울대학교 박물관의 발굴조사 결과 축성 시기는 7세기 전반경으로 보고 있다. 명문 자료로는 청동숟가락에 仍伐內力只乃末△△(源)이란 명문이 나왔는데, 仍伐內의 力只 內末의 △△(源)이다. 곧 △△(源)은 △△샘이다란 뜻이다. 仍大內가[63] 736점이 출토되었고, 仍大內△, 그 외에 春(?)支(?)寺명도 있었다. 이 지명 기와들은 후삼국시대의 것으로 보고자 한다.

○ 仁川 桂陽山城[64]

계양산성은 인천광역시 계양구의 계양산(해발 394m) 동쪽 능선상에 위치하고 있으며, 동쪽에 있는 봉우리(해발 202m)를 에워싸고 있는 형식으로 된 퇴뫼식산성이다. 건물지에서 主夫吐,[65] 主, 主夫△, △十主△, 月,

---

[61] 임효재외, 『아차산성-시굴조사보고서-』, 2000.
[62] 임효재·최종택, 『한우물-호암산성 및 연지발굴조사보고서-』, 1990.
[63] 仍伐乃를 『삼국사기』 권35, 잡지4, 지리지2에 漢州…領縣三 栗津郡 穀壤縣 本高句麗 仍代奴縣 景德王改名 今黔州란 기록의 仍代奴와 연결시켰다.
[64] 이형구, 『계양산성-발굴조사보고서-』, 2008 ; 겨레문화유산연구원, 『계양산성Ⅱ-4차시발굴조사보고서-』, 2011.

官, 草, 瓦草, 天, 九品△一日兀成[66] 등이 나왔다.

○ 安城 望夷山城[67]
　경기도 안성시 일죽면에 소재한 망이산성은 삼국시대에 축조된 산성으로 망이산(해발 472m)의 정상에서 북쪽으로 낮은 능선을 따라 성벽을 쌓았다. 출토 기와명문으로는 俊豐四年,[68] 壬戌大介山竹州, 太平興國七年…, △德進檣宮, △德九蒲瓦草△△, 大官, 官草 등의 명문이 나왔다. 俊豐四年은 963년이고, 太平興國七年은 982년이고, 瓦草와 官草는 고려 10세기 중엽에서 11세기 전반이다. 따라서 大官도 고려초로 보인다.

○ 安城 飛鳳山城
　경기도 안성시 명륜동 비봉산 남쪽 1㎞의 지점에 산봉우리가 있고, 해발 229.5m의 비봉산 남쪽에 쌓은 산성이다. 성의 둘레는 714m이고, 내성의 장군바위 근처에 넓은 평탄지가 조성되어 있고, 건물지가 있었을 것으로 추정되는데, 여기에서 本彼명기와가 수습되었다. 이 本彼명기와는 9세기로 추정되며, 驛制와 관련될 것으로 추정하고 있다.

○ 安城 竹州山城
　경기도 안성시 죽산면 매산리에 있는 비봉산에 죽주산성이 있다. 죽주산성은 신라 때에 내성을 쌓고, 고려 때에 외성을 쌓았다. 내성의 둘레는 270m이다. 명문와에서는 大中, 瓦草, 官草, 伯士, 京 등이 있다. 大中은 847~859년 사이의 중국 연호일 가능성이 있으나 확실하지 않고, 나머지

---

65) 『삼국사기』 35권, 잡지4, 지리지2에 長堤郡 本高句麗主夫吐郡 景德王改名 今樹州. 이는 후삼국시대의 기와이다.
66) 이는 고려전기의 기와로 '九品△이 하루에 우뚝하게 이루었다.'는 뜻이다.
67) 윤내현외, 『망이산성 학술보고서』, 1990.
68) 俊豐四年(963)에서 俊豐이란 연호가 峻豐으로 적히지 않고, 俊豊으로 적힌 점이 주목된다.

문자 자료는 고려초의 것이다.

○ 華城 唐城[69]

당성은 경기도 화성시 서신면의 구봉산(해발 165m)에 위치하고 있으며, 전체 둘레는 1,200m정도이다. 발굴 결과 문자와도 나왔는데, 言, 宅, 大定四年(1164) 등이 있다.

○ 利川 雪峰山城[70]

경기도 이천시 시음동과 마장면 장암리 경계에 있는 설봉산에서 북동쪽으로 연결된 봉우리(해발 352m)에 위치하고 있으며, 둘레 1,079m의 석축산성이다. 6세기 중엽 신라에 의해 구축되었으며, 南川州의 治所로 짐작된다. 남장대지 부근에서는 바닥에서 석제벼루가 나왔는데 거기에는 咸通六年七月二日…이라고[71] 명문(총 38자)이 있었다. 명문기와는 大, 日, 官, 天, 南 등의 명문이 있었다. 설봉산 서편기슭 마장리에서 발굴된 기와가마에서 大, 田, 南川,[72] 南川官 등의 명문이 나와서 이곳의 가마에서 설봉산성에 기와를 공급했다고 볼 수도 있다.[73] 양 곳의 명문와는 9~10세기로 보인다.

○ 廣州 南漢山城[74]

남한산성은 경기도 광주시 중부면 산성리의 청량산(해발 497.9m)에

---

69) 김병모·김아관,『당성-1차발굴조사보고서』, 1998 ; 배기동·박성희,『당성-1차발굴조사보고서』, 2001.
70) 손보기외,『이천 설봉산성 1차발굴조사보고서』, 1999 ; 박경식외,『이천 설봉산성 2차발굴조사보고서』, 2001.
71) 咸通六年은 865년이다.
72)『삼국사기』 35, 잡지4, 지리지2에 黃武縣 本高句麗南川縣 新羅幷之 眞興王爲州 置軍主 景德王改名 今利川縣.
73) 장세웅,「이천 마장 휴게시설 신축부지내 유적 조사개보」, 제10회 한국기와학회 월례발표회자료, 2011.
74) 심광주외,『남한행궁지-제7·8차조사보고서』, 2010.

위치하고 있으며, 원형의 전체 둘레는 8㎞정도이고, 외성까지 포함하면 12㎞에 달하는 대규모 석축산성이다. 신라 문무왕 12년(672)에 당나라와의 전쟁에 대비하여 쌓은 晝長城으로 추정되고 있다. 행궁 하궐지 앞마당에서 통일신라시대의 대규모 장방형 건물지가 발굴되었다. 건물지에서는 대량의 기와가 나왔는데 문자기와는 甲辰城年末村主敏亮,[75] 麻山停子瓦草,[76] 官草,[77] 天主, 城 등이 확인되었다.

○ 坡州 烏頭山城[78]

오두산성은 경기도 파주시 탄현면 오두산(해발 119m)에 위치하고 있으며, 전체 둘레는 1,240m정도이다. 이곳의 지명은 고구려 때 泉井口縣이었으며, 기와 명문은 泉,[79] △△草, 上草, 下草 등의 명문이 출토되는바, 후삼국시대의 고려 기와이다.

---

75) 884년의 절대연대를 가진 기와이다.
76) 麻山停子瓦草를 麻山停의 子瓦草로 끊어 읽으면, 이는 신라의 기와 명문이 아니라 고려시대의 것이고, 麻山停이란 신라 군제에 그러한 停이 없을뿐더러 子瓦草의 해석이 어렵다. 麻山의 停子(亭子)로 읽으면 瓦草의 해석도 원활하다. 그러면 亭子를 停子로 읽은 예가 있는지 여부이다. 가령 峻豊이란 연호를 망이산성의 출토 기와에서는 俊豊四年이라고 표기하고 있으며, 皇龍寺를 『고려사』에서는 黃龍寺라고 많이 적기도 한다. 경주 영묘사의 절 이름을 靈廟寺, 靈妙寺, 令妙寺, 零妙寺로 4가지로 적는 방법이 나오는데, 이 가운데에서 2가지 이상이 고려시대의 것이다, 고려 초의 皇龍寺의 기와에 皇籠寺라고 나온다(유환성, 「경주 출토 나말여초 사찰명 평기와의 변천과정」『신라사학보』 19, 2010, 139~140쪽). 따라서 고려시대에도 이름 등을 한자로 쓰는 것이 정확하지 않았다고 판단된다. 따라서 麻山停子瓦草를 麻山停子로 끊어서 '麻山의 停子(亭子 이름)의 瓦草이다.'로 해석한다. 또 이 麻山停子瓦草명기와는 10세기 중엽에서 11세기 전반까지의 기와이다. 甲辰城年末村主敏亮기와는 그 연대가 884년이므로 이를 동일한 층위라고 주장하는 것은 믿을 수가 없다.
77) 10세기 중엽에서 11세기 전반까지의 기와이다.
78) 황용운외,『오두산성Ⅰ』, 1992.
79) 918~935년 사이에 開城 蟹口에서 생산되어 烏頭山城에 漕運을 통해 온 기와일 가능성이 크다.

○ 坡州 七重城[80]

경기도 파주시 중성산(해발 147m)에 위치하고 있으며, 전체 둘레는 603m이다. 칠중성은 七重縣의[81] 治所로 보이고, 지표 조사에서 七이라는 명문이 채집되었다. 이는 9~10세기의 기와편으로 보인다.

○ 抱川 半月山城[82]

경기도 포천시 군내면의 청성산(해발 284.5m)에 위치하고 있으며, 전체 둘레는 1,080m이다. 1996년부터 9차에 걸쳐서 조사되었다. 성벽과 성 내부에서 건물지가 확인되었으며, 출토 명문 기와는 馬忽受蟹口草, 上師, 金△酉△寺天造, 淸化郡造瓦 등이 나왔다. 馬忽受蟹口草는 후삼국시대 기와이며, 淸化郡造瓦는 고려 초의 기와로 추측된다. 上師와 金△酉△寺天造는 9~10세기 기와로 보인다.

○ 楊州 大母山城[83]

경기도 양주 주내면과 백석면 사이에 위치한 대모산(해발 212.9m)이란 독립봉에 위치하며, 전체 둘레는 693m이다. 명문 기와로는 德部舍, 德部, 國, 官, 官草, 卍, 吉, 大浮雲寺, 十, △△城 등이 출토되었다. 이들 명문은 9~10세기로 보인다. 官草는 고려 10세기 중엽에서 11세기 전반이다.

○ 高陽 高峰山城[84]

경기도 고양시 일산구 성석동의 고봉산(해발 208.8m)에 위치하고 있으며, 성의 전체 둘레는 360m로 석축산성이다. 고봉현의 치소로 보고 있으며,

---

80) 박경식외, 『파주 칠중성 지표조사보고서』, 2001.
81) 『삼국사기』 권37, 잡지6, 지리지4에 七重縣 一云難隱別.
82) 손보기외, 『포천 반월산성 3차 발굴조사 보고서』, 1998.
83) 국립문화재연구소, 『양주 대모산성발굴조사보고서』, 1990 ; 최영희외, 『양주 대모산성-동문지·서문지』.
84) 한국토지공사 토지박물관, 『고양시의 역사와 문화유적』, 1999.

출토 기와명은 高자뿐이다. 高자가 高峰縣의 일부라면 후삼국시대의 고려의 와편이다.

4) 강원도 지역

○ 春川 鳳儀山城[85]

봉의산성은 춘천시 소양로의 봉의산(해발 300.7m)에 위치하고 있으며, 전체 둘레는 1,242m이다. 명문은 官草, 西面, 北面, 北面造, 面造官, 造官草, 造官草此, 右西室造及草, 造丁, 造丁方 등이다. 모두 고려 초의 명문으로 짐작된다.

○ 江陵 溟州城[86]

명주성은 강릉시 성산면 금산리의 솔봉 서쪽 100m정도의 구릉상에 위치하고 있다. 전체 둘레는 2,000m정도이며, 명주성은 溟州의 治所로 알려져 있다. 명문은 溟州城명와당이 알려져 있는데, 이는 후삼국시대 기와이다.

5) 전라도 지역

○ 全州 東固山城[87]

전주시 완산구 교동 및 대성동 일원의 승암산(해발 306m)에 위치하며, 둘레는 1,574m의 석축산성이다. 동고산성은 완산주의 치소로 알려져 있다. 명문와는 全州城명와당, 戌城, 官, 天, 壬, 和, 明, 師, 巳月 등이 있다. 동고산성은 후백제의 왕궁으로 全州城명와당은 후백제시대로 보고, 나머지 명문은

---

85) 지현병, 『춘천 봉의산성 발굴조사보고서』, 2005.
86) 관동대학교 박물관, 『강릉 명주산성-지표조사 보고서』, 2009.
87) 원광대학교 마한·백제문화연구소, 『전주 동고산성 1·2차발굴조사보고서』, 1997 ; 김종문외, 『전주 동고산성』, 2011.

9~10세기로 보인다.

○ 井邑 古沙夫里城[88]

전북 정읍시 고부면 고부리의 성황산(해발 132m) 일대에 위치하고 있다. 전체 둘레는 1,050m이고, 통일신라시대 기와에는 本彼官이 여러 점 출토되었다. 이는 9세기의 신라 기와로 보인다.

○ 光州 武珍古城[89]

무진고성은 광주광역시 북구 두암동 북쪽 능선상의 해발 200~300m 지점에 위치하고 있다. 석축으로 쌓은 전체 둘레는 3,500m이다. 명문 기와로는 官城 4점, 官城椋 1점, 官秀△城 1점, ~城 立卅 1점, 罘城 1점, 罘城 1점, 間城 1점, 沙罘 1점, 架城 1점, 城城 1점, 城 1점, 城(左書) 1점, 官草 1점 등이다. 官草는 고려 10세기 중엽에서 11세기 전반에 편년되고, 나머지는 9세기 후반으로 보인다.

○ 光陽 馬老山城[90]

전남 광양시 용강리와 사곡리, 죽림리 등 3개리의 경계에 있는 마로산(해발 208.9m)에 위치한 마노산성은 전체 둘레 550m정도이다. 기와 명문은 馬老官, 末官, 官年末, 甲全官, 官 등의 명문이 출토되었다. 명문은 대개 9~10세기의 것이다.

○ 羅州 會津城[91]

나주 회진성은 나주시 다시면 회진리에 위치하며, 전체 둘레는 2,400m이

---

88) 김종문외, 『정읍 고부구읍성 Ⅰ』, 2007.
89) 임영진, 『무진고성 Ⅰ』, 1989 ; 임영진, 『무진고성 Ⅱ』, 1990.
90) 최인선·이순엽, 『광양 마노산성 Ⅰ』, 2005 ; 순천대학교 박물관, 『광양 마노산성 Ⅱ』, 2009 ; 순천대학교 박물관, 『광양 마노산성 Ⅲ-성벽·문지·치』, 2011.
91) 국립나주문화재연구소, 『나주 회진성』, 2010.

다. 반타원형에 가까운 평지성이다. 기와 명문은 會津縣大城子蓋雨,[92] 雲, 明, 卍 등이 있다. 雲, 明, 卍은 모두 9~10세기 명문이다.

○ 莞島 淸海鎭城[93]
전남 완도군 완도읍 장좌리 장도(해발 40m)에 위치하며, 둘레는 890m이고, 흙으로 쌓은 토성이다. 기와 명문은 大, 王, 本, 舍草, 官 등이다. 이는 장보고가 활약한 828~851년까지의 기와 명문이다.

이들 나말여초의 기와 명문에서는 巨濟 屯德岐城의 裳四里란 명문을 제외하고는 전부가 고구려와 백제의 옛 땅에서 나온 고구려와 백제의 옛 지명이다. 이들 기와가 어떻게 만들어졌느냐 하는 문제의 열쇠를 쥐고 있는 것은 광주 선리의 기와이다.

광주 선리 기와에서 중요한 것은 지명이다. 이 지명은 후삼국시대의 성곽에서는 1기와당 1개의 지명이 나오는데 대해 선리 기와에서는 대개 2개의 지명이 나온다. 이 점이 대단히 중요하다. 선리 기와에서 지명이 확인된 것 중 『삼국사기』 지명 비정에서 고구려 지명은 13곳으로 北漢(山), 買召忽, 夫如, 泉口郡, 王逢, 栗木, 買省, 屈押, 皆山, 今万奴, 梁骨, 童子, 楊根이고, 통일신라의 지명은 6곳이다. 이를 郡·縣으로 구분해 보면, 군의 지명이 11곳, 현의 지명이 8곳이다. 고구려의 옛 지명과 통일신라의 지명이 혼재해 있는 점이 주목된다. 통일신라의 지명인 高峰, 荒壤, 水城, 開城, 松岳, 白城의 6개이다. 후삼국시대 고려의 수도였던 송악, 개성이 주목된다. 이들 6개의 통일신라 명칭은 13곳의 고구려 옛 지명과는 달리 6개로 적게 나온다.

---

92) 會津縣大城子蓋雨는 '會津縣의 大城子에서 雨를 덮는다.'라는 뜻이다. 會津縣의 大城子는 9세기의 신라 지명이다.
93) 국립문화재연구소, 『장도 청해진-발굴조사보고서Ⅰ』, 2001 ; 국립문화재연구소, 『장도 청해진-발굴조사보고서Ⅱ』, 2001.

통일신라의 지명인 高峰, 荒壤, 水城, 開城, 松岳, 白城과 같은 통일신라시대의 지명이 고구려와 백제의 옛 땅에서는 아직 한 군데도 나온 적이 없다는 점이다. 앞으로 광주 선리 유적의 예로 볼 때, 나올 가능성이 있을 것이다. 선리 기와 명문에서 주목되는 점은 각 郡縣에서 자기만의 옛 고구려와 옛 백제 지명으로 기와를 만들어달라고 주문을 했다는 점이다. 이는 주문 생산으로 볼 수밖에 없다. 이는 관수관급제와는 전혀 다른 것이다. 주문 생산은 그 비용을 댈 수 있는 국가가 없어서 각 郡縣의 호족인 장군이나 성주가 지불한 것으로 해석할 수밖에 없다. 그런데 이상한 점은 광주 선리의 기와에서는 각 郡縣으로 가기 전인 918~919년에[94] 한 호족을 위해서 고려란 국가가 각 郡縣의 이름이 새겨진 기와를 선리에까지 가지고 왔다가 전쟁 등의 원인으로 선리에서 도중하차하고 말았다는 점이다. 이 선리 기와에 대한 비용은 고려정부가 부담했을 것이다. 주문은 각 郡縣에서 하고 비용은 고려에서 부담하는 이상한 현상이 되고 말았다. 광주 선리 기와는 北漢受國蟹口船家草란 명문으로 볼 때, 관수관급제의 전형적인 예가 된다. 같은 후삼국시대에서 고려는 관수관급제를 채택했고, 기타 지역에서는 주문제 방식의 기와 생산 방식을 선택한 점이 주목된다.

5. 맺음말

먼저 통일신라시대에 속하는 평기와 명문에 대해서 살펴보았으나 연호+인명으로 된 기와가 주류를 이룰 뿐, 기와에 지명이 나오는 예는 없었다.
다음으로 고려시대 전기의 평기와 명문에 대해서 살펴보았으나 연호+인명으로 된 예가 많았고, 기와에 지명이 나온 예는 없었고, 기와를 瓦草,

---

94) 포천 반월성에서 출토된 馬忽受蟹口草와 같이 광주 선리이외의 지역에서 나오는 명문이 있는 기와는 918~936년의 기와이고, 광주 선리 기와는 918~919년에 만들어진 것이다.

堂草, 凡草, 官草 등으로 불렸음을 알 수 있었다.

　마지막으로 나말여초의 기와에 대해서 살펴보았다. 성곽에서 나온 기와는 대부분 성주나 장군을 칭하던 호족의 것으로 고구려나 백제의 옛 지명이 나와서 주문 생산한 것이다. 이는 호족이 비용을 대고 기와를 생산하는 것으로 판단되었다. 광주 선리 기와는 같은 나말여초의 기와였으나 관수관급제의 기와였다.

제6장

기 타

제1절 경주 금척리고분군의 소속부

1. 머리말

　신라 6부에 대한 연구는 『삼국사기』와 『삼국유사』에 나오는 六村六部에 대한 기사에 의해 연구되기 시작했으나 그 위치 비정에 신경을 썼을 뿐, 그 구체적인 실체에 대해서는 아직도 모르는 것이 많다. 문헌만으로는 해석이 불가능한데도 불구하고, 금석문이나 고고학적인 고분 등의 이용은 하지 않고 있다. 이러한 연구상의 약점이 있는데도 불구하고 이에 대한 연구는 계속되어 왔다. 그동안 괄목할 만한 성과를 이루어낸 것도 사실이다.
　고구려와 백제의 5부에 대한 위치 비정은 논의조차 거의 없다. 그리고 신라 6부에 대해 그 연구 성과도 거의 답보 상태를 면하지 못하고 있다. 신라의 기원과 맞물려 있는 신라 6부 문제에 대한 연구사의 집착은 문헌자료의 풍부함에 따른 것일 까닭이다. 그래서 고구려와 백제의 5부보다는 신라 6부의 연구논문이 많은 것 같다.
　신라고고학에서 보면 신라의 적석목곽묘가 군집되어 있는 고분군으로는 경주 시내에 있는 읍남고분군과 시내 가까운 곳에 있는 금척리고분군이 있다. 금척리고분군은 고분이 소재한 지역이 母良 등인 점을 근거로 금척리고분군의 피장자를 모량부에 비정해 왔다. 그래서 왕비족인 박씨의 무덤으로 보아왔다. 물론 정확히 밝히지는 않았지만 경주 시내에 있는 읍남고분군은 왕족인 김씨 탁부로 보아왔다. 이렇게 되면 왕족인 탁부는 읍남고분군, 왕비족인 모량부는 금척리고분군이 되고, 동시에 경주의 2대 적석목곽묘의 소속부가 결정되어 움직일 수 없는 통설이 되었다.

여기에서는 먼저 고신라 6부에 대해 살펴보겠다. 다음으로 금석문 자료의 검토를 통해서 모량부를 검토하겠다. 마지막으로 금척리고분군의 소속부에 대해 살펴보겠다.

2. 고신라 6부의 위치

신라 6부에 대해서는 많은 연구 성과가 나와 있다.[1] 그 가운데에서 위치 비정에 대해서는 다양한 가설이 나와 있다.[2]

먼저 신라 6부는 씨족 사회의 사로 6촌이 변천하여 행정구역상으로 6부로 된 것이며, 6부제의 실현은 경주의 坊里名을 정한 자비왕 12년(469)의 일이[3] 아닌가 하고, 6부 6촌의 위치를 다음과 같이 비정하였다.[4]

1) 閼川陽山村(及梁部)

경주 남산(양산) 서북 일대를 포함한 남천 이남 지구로 박씨 시조 탄생지라는 蘿井과 시조릉인 5릉이 있으며, 박씨의 본거지이다.[5]

2) 突山高墟村(沙梁部)

시조 부인인 閼英의 탄생지가 있는 사정동을 중심으로 북천, 알천, 서천, 남천의 ㄷ자형으로 포위한 지역이며, 김씨의 본거지이다.[6]

---

1) 1980년대까지의 연구 성과에 대해서는 이문기, 「울진봉평신라비와 중고기 6부 문제」, 『한국고대사연구』 2, 1981 참조. 최근의 연구 성과에 대해서는 주보돈, 「신라의 부와 부체제」, 『부대사학』 30, 2006 참조.
2) 많은 연구 성과가 나와 있으며, 여기에서는 필요한 부분에서 그 연구 성과를 소개하기로 한다.
3) 신라의 부제는 중성리비가 441년, 냉수리비가 443년이므로 469년을 6부제 실현의 시작으로 본 것은 잘못이다.
4) 이병도편, 『한국사』-고대편-, 1959.
5) 及梁部는 김씨의 소속 부이다.
6) 김씨족은 금석문 자료에 근거할 때 及梁部 소속이다. 『삼국사기』 권44, 열전4,

3) 觜山珍支村(本彼部)

석탈해의 주거가 월성에 있었고, 월성은 본피부의 소속지인 듯하기 때문에 석씨의 본거지로서 월성을 포함한 인왕동 일대이다.

4) 茂山大樹村(牟梁部 또는 漸梁部)

서천의 지류인 모량천 유역으로 현재 충효리 일대가 대수촌의 중심지이다.

5) 金山加利村(漢祇部)

『삼국유사』 기록대로 금강산의[7] 백률사 부근이 그 중심지이다.

6) 明活山高耶村(習比部)

명활산 서남쪽의 보문리 및 낭산 부근 고분이 경주평야의 주변 산록으로 흩어지기 시작하며, 고구려나 백제의 횡혈식석실분이 차용되고, 차츰 적석목곽묘를 소멸시킨다.[8]

고고학자에 의한 신라 6부 배정은[9] 아래와 같다.

1) 알천양산촌(급량부)

알천은 현재의 북천이고, 양산은 남산이기 때문에 해석이 어렵지만, 알천은 원래 북천이 아니라 서천 또는 남천으로 추측되며, 알천양산촌은 '알천변에 있는 양산촌'이라는 뜻일 것이다. 결국 여기에서는 남천 또는 서천 일대를 그 대상으로 하고, 이곳이 박씨족 무덤 등을 중요시하고 있다.

　　이사부전에 異斯夫 或云 奈勿王四世孫이라고 했는데, 적성비에 大衆等喙部伊史夫智伊干支라고 나오고 있고, 『삼국사기』 권44, 열전4, 거칠부전에 居柒夫 或云 荒宗 奈勿王五世孫이라고 했는데, 마운령비에 太等喙部居柒夫智伊干으로 나와서 신라 중고 왕실의 성은 문헌의 통설대로 김씨이고, 그 소속부는 탁부임을 알 수 있다.

7) 원문에는 소금강산이라고 되어 있으나 금강산으로 바꾸었다. 왜냐하면 금강산은 『삼국사기』 지리지에 따르면 霜雪이라고 했고, 이를 고려중기에 金剛이라고 바꾸었기 때문이다.

8) 지금까지 적석목곽묘에서 인화문토기 출토된 예는 없어서 적석목곽묘와 횡혈식석실분의 교체는 그 시기는 짧았다.

9) 이하의 신라 6부의 비정은 김원룡, 「사로 6촌과 경주고분」, 『역사학보』 70, 1976에 의한 것이다.

2) 돌산고허촌(사량부)

돌산고허촌은 선도산 경사면에 있는 서악 일대로 추정하였다. 이곳은 이상적인 주거지 조건을 갖추고 있을 뿐만 아니라 고허촌장의 초강지가 『삼국유사』권1에 突山高墟村長曰蘇伐都利 初降于兄山이라고 하므로, 바로 형산이어서 선도산과 고허촌이 연관을 가졌을 것으로 추측된다. 그렇게 되면 김씨 발상지인 계림이나 알영정과는 떨어지는 것 같지만 촌장 소벌도리는 정씨의 시조라고 『삼국유사』에 기록되어 있듯이 고허촌 역시 복수 씨족으로써 구성되었고, 그 가운데 김씨족만이 따로 알천변의 月城臺地에 살고 있었던 것이 아닌가 생각된다.[10]

3) 자산진지촌(본피부)

본피부로서 『삼국유사』에는 경주 동남부, 황룡사 남쪽 일대라고 하였고, 진지촌장 智伯虎는 본피부 최씨의 시조이고, 최치원의 고택이 바로 여기에 있다고 하였다. 『삼국유사』에 근거해 원래의 본피부는 금성 내지 반월성까지도 포함한 것 같고, 이 월성이 석탈해의 주거지로 되어 있기 때문에 본피부는 석씨의 출신지라고 보았다. 결국 진지촌은 현재의 인왕동 일대가 되는데, 이것은 석탈해왕릉이 인왕동 북경인 소금강산 기슭에 있는 것으로 수긍이 가며, 탈해왕릉이 진지촌 영역의 북경을 표시하는 것으로 보인다.

4) 무산대수촌(점량부 또는 모량부)

경주 서쪽 건천 毛良里, 金尺里가 바로 그 이름으로 보나, 금척리 평지에 고분군이 모여 있는 것으로 보나, 바로 이곳이 대수촌의 위치라고 믿어지는

---

10) 월성은 왕궁이었으므로 왕이나 왕족이 살았을 것이다.

것이다. 1962년 금척리고분 2기를 발굴한 결과에 의하면 2기가 모두 적석목곽묘로서 내부에서 세환식귀걸이, 곡옥, 호박옥, 철제등자, 철도 등이 발견되었다.[11] 또 1976년경에 경주사적관리사무소에 의해 금척리고분의 소형 석곽묘가 발견되었고, 그 속에서 고식의 신라토기가 나왔다고 한다.

금척리고분군은 경주 부근에서는 유일한 평지 적석목곽묘 군집묘이며, 여기에서도 산쪽의 모량리를 대수촌이라고 볼 때, 그들은 산기슭에 살면서 주거지 앞의 평지에 분묘를 만들었으며, 그 상황은 경주 시내에서와 마찬가지이다. 말하자면 그러한 입지 선정이 경주의 사로 귀족들의 묘지 선정 관습이었던 것이다.

5) 금산가리촌(한지부)

이것은 『삼국유사』설대로 경주 소금강산이라는 위치가 분명하다. 지금 소금강산 일대에서 이 기록을 뒷받침할 만한 유적이 발견된 것은 없으나 소금강산 앞(서쪽)의 평지 곧 현재의 황성동 '갓뒤'라는 부락에는 김후직묘라는 큰 봉토분이 1기 있다. 이 일대는 현재 과수원으로 되어 있고, 따로 고분 잔구는 남아있는 것이 없으나 전김후직묘의 존재는 본래 더 많은 고분군이 존재하였을 가능성을 말해 주고 있다.

6) 명활산고야촌(습비부)

앞에서 양산을 진지촌이라고 보았기 때문에 고야촌은 원래 명활산 기슭에 있던 보문리 부근이었다고 생각된다. 이 보문리는 좌우와 배후가 구릉으로 되어 있는 명당지로서 주거지로 적당하며, 여기 평지와 경사면에는 큰 봉분들이 모여 있고, 유명한 보문리 부부총이 바로 여기에 있다. 역시

---

11) 김원룡, 「경주 금척리 고분 발굴조사 약보」, 『미술자료』 1, 1960.

독립 지구로 간주되는 지역이라 하겠다.

결국 경주의 고분군은 ① 오릉-남산 서북 일대, ② 황남동-노서동 일대(김씨족), ③ 인왕동 일대(석씨족), ④ 보문리 일대(고야촌 주민), ⑤ 황성동 일대(가리촌 주민), ⑥ 금척리 일대(대수촌 주민)의 6군 또는 지역으로 나뉘어져12) 씨족 또는 촌별로 갈라지는 경향을 보여 사로 6촌설을 믿고 있는 듯하다.

6촌 가운데 양산, 고허, 진지, 대수, 고야의 5촌은 유적면으로도 경주평야 토착촌인 것 같으나 가리촌만은 뚜렷한 고분군이 없어서 혹시 후참자가 아닌가도 생각되나 단언하기 힘들다.『삼국사기』권1에 先時朝鮮遺民 分居 山谷之間 爲六村이라고 한 것이나 적석목곽묘가 북방의 전통적인 목곽묘와 연결되는 것이라 생각되는 것이나, 또 신라의 왕호, 금관 등에서 보이는 북방적 성격으로 보아 사로의 건국자들이 북쪽에서 내려왔을 것임은 거의 틀림없다. 결국 사로 건국 당시에는 일단 경주평야에 집합 정착하고 있었다고 보아야 할 것이다.

3. 금석문 자료

보통 6부 비정은 대단히 어려운 과제로 쉽게 접근하기 어렵다. 보통 문헌사학에서는 반월성을 중심으로 안압지(월지), 월성 일대가 급량부, 그 왼쪽에서 남으로 남산, 서로 서천까지를 사량부, 서천을 넘어서 금척리 일대가 모량부, 급량부 동쪽 일대가 본피부, 낭산에서 명활산 사이가 습비부, 북천을 건너 금강산 일대가 한지부로 각각 비정하고 있다.13)

---

12) 이러한 고분과 6부의 관계에서 고분은 동일한 시기로 끊을 때, 적석목곽묘와 횡혈식석실분으로 서로 대비되어 6부 비정을 할 수가 없다.
13) 문경현,「신라 왕경고」『신라문화제학술논문집』 16, 1995.

이러한 가설은 상당히 오래전의 가설과 비슷하다.[14] 문헌사학에서 6부 문제는 거의 다 『삼국사기』와 『삼국유사』에 근거하므로 여기서는 달출구가 없다. 최근 많은 자료가 나온 금석문 자료를 통해 6부에 대해 살펴보기로 하자. 441년의 중성리비에서는 탁부와 사탁부가 가장 많이 나오고 본피부도 나온다. 443년의 냉수리비에서는[15] 탁부와 사탁부가 가장 많이 나오고 본피부도 나온다. 우선 관계자료를 알기 쉽게 표로 만들어 제시하면 다음의 〈표 1〉과[16] 같다.

〈표 1〉 중고 금석문에 나타난 각 부명별 인명의 수[17]

부명	탁부	사탁부	본피부	불명	계
봉평비	11	10	1	3	25
적성비	7	3		2	12
창녕비	21	16	1	2	40
북한산비	5	3			8
마운령비	11	6	2	1	20
황초령비	11	4		5	20
계	66	42	4	13	125

고신라 금석문에서 탁부 82명, 사탁부 58명, 본피부 9명,[18] 불명 18명, 총인원 167명이다.[19] 〈표 1〉에서 봉평비는 탁부 11명, 사탁부 10명, 본피부

---

14) 이병도편, 앞의 책, 1959.
15) 냉수리비의 주인공인 節居利가 30세로 실성왕 때에 교를 402년에 처음으로 받았다면 503년에는 131세가 된다. 아무리 늦게 잡아도 절거리의 나이는 116살이 된다. 당시에 131살까지 사는 것은 무리한 가설이다.
16) 중성리비의 건비 연대는 441년, 냉수리비의 건비 연대는 443년이다. 이들은 중고 시대를 벗어나고 있다. 일설에 따라 중성리비의 건비 연대를 501년, 냉수리비의 건비 연대를 503년으로 보아도 〈표 1〉의 결론은 변함이 없다. 중성리비의 경우 탁부 9명(喙部折盧智王=訥祇王을 포함), 사탁부 9명, 본피부 3명, 불명 5명이고, 냉수리비의 경우 탁부 7명, 사탁부 7명, 본피부 2명이다.
17) 이 부별 인명 표기의 수와 함께 주목되는 것은 경주 분지에 2단투창고배가 보이지 않는다는 사실이다. 이 점에 대해서는 조성윤, 「신라 고분의 종말과 도시의 재편」, 『신라학연구』 18, 2015를 주목할 필요가 있다.
18) 본피부 출신은 황초령비에 2명이 파실되었을 가능성이 있어서 11명 전후일 것이다.

1명, 불명 3명으로 계 25명이다. 적성비는 탁부 7명, 사탁부 3명, 불명 2명 계 12명이다. 창녕비는 탁부 21명, 사탁부 16명, 본피부 1명, 불명 2명 계 40명이다. 북한산비는 탁부 5명, 사탁부 3명, 계 8명이다. 마운령비는 탁부 11명, 사탁부 6명, 본피부 2명, 불명 1명, 계 20명이다. 황초령비는 탁부 11명, 사탁부 4명, 불명 5명으로 계 20명이다. 총계는 탁부 66명, 사탁부 42명, 본피부 4명, 불명 13명으로 총인원은 125명이다.

　고신라 금석문에서 탁부, 사탁부, 본피부를 제외하면 국가차원의 금석문에서 모탁부, 습부, 한지부가 나온 예가 없다. 고신라 8기의 금석문에서 탁부가 가장 많이 나왔고, 그 다음이 사탁부이고, 그 뒤가 본피부가 11예가 나올 뿐이다. 이러한 현상은 중고 왕비족을 모량부로 보아온 문헌적인 통설과 위배된다. 바꾸어 말하면 524년 작성된 봉평비에 新羅六部가 나와서 5~6세기 신라에서 6부의 존재는 틀림없는 사실이지만, 중고 시대의 왕비족이 모량부란 가설은 성립될 수 없다.

　더구나 모량부의 위치가 현재 건천읍 금척리에 있다면 경주시내에 있는 황남동, 황오동, 노서동, 노동동, 인왕동 일대가 급량부인 왕족의 무덤으로 보아야 되고, 모량리, 금척리 일대가 왕비족인 모량부의 무덤이 되어야 한다. 이 경우 왕족인 급량부 지역과 왕비족인 모량부 지역의 사이가 신라시대에 개발되지 않고 그냥 둔 것이 이상하다. 서천에서 금척리까지가 왕비족의 영역인 까닭으로 방리제가 실시되고, 절터나 관청이 들어오는 등으로 신라시대에 이미 개발되었어야 한다. 그러나 실제로 이 지역은 개발되지 않은 후진적인 곳이다. 그렇다면 금척리고분군과 모량부의 연결은 불가능하다. 왜냐하면 5~6세기 금석문 자료에서도 탁부와 사탁부에 뒤이어서 본피부가 나올 뿐이고, 모량부는 나오지 않기 때문이다.

---

19) 적석목곽묘에서 횡혈식석실분으로의 전환이 520년경이므로 〈표 1〉은 적석목곽묘와는 관계가 없다. 적석목곽묘와 관계가 되는 것은 중성리비와 냉수리비의 합한 탁부 16명, 사탁부 16명, 본피부 5명, 불명 5명이다.

이렇게 금척리고분군이 모량부와 관련이 없을 때, 새로운 시점에서 신라 6부의 위치 문제를 검토하지 않으면 안 된다. 5~6세기 신라 금석문에서 탁부와 사탁부 출신자가 85%가량 된다. 그 뒤를 이어서 본피부가 나올 뿐이고, 습비부, 한지부, 모량부는 나오지 않고 있다. 금척리고분군을 신라 6부에서 제외시키면, 탁부와 사탁부 출신의 왕족이나 귀족들의 무덤들은 당연히 경주 시내에 있는 황남동, 황오동, 노서동, 노동동, 인왕동에 걸쳐서 있는 이른바 읍남고분군으로 탁부와 사탁부의 무덤으로 볼 수밖에 없다. 탁부는 왕족이므로 왕비족은 당연히 모량부가 아닌 사탁부가 되어야 할 것이다. 금척리고분군은 당연히 모량부가 아닌 본피부, 모탁부, 한지부, 습비부의 공동 무덤으로 보인다.

모량부가 금석문에 나오는 것은 남산신성비 제2비의 筌大支村道使 于喙 所叱△知 大鳥밖에 없어서 왕비족으로 보는 것은 무리이다. 금석문은 아니나 월성해자 9번 목간에서 牟喙가 나왔다. 이를 제시하면 다음과 같다.20)

① ▲習比部上里今受　山南置上里今受　阿今里不　岸上里不
② △△受　△上受　尤祝△　除[井]受　開[池]受　赤里受　△△受　△△△△　△里不有 △△
③ △下南川受　△△禺受　[　　]北受　多比刀不有　[　　]△伐土不有
④ [　　]里不　伐[品里]受　赤居伐受　麻支受　▲│牟喙　仲里受　新里受　上里受 下里受

牟喙部에는 仲里, 新里, 上里, 下里의 4리밖에 없어서 그 세력이 왕비족일 수는 없다. 왕비족 박씨는 〈표 1〉에서 보는 바와 같이 사탁부가 되어야 한다.

---

20) ▲는 부의 시작 표시.

4. 금척리고분군의 소속부

명활산고야촌이 습비부이므로 명활산 근처가 습비부이다. 그러나 명활산 근처에서는 적석목곽묘가 발견된 바 없다. 본피부의 무덤인 금척리고분군이 경주 분지에서 떨어져 있는 점에서 보면 6부의 위치를 경주 분지인 북천, 남천, 서천으로 둘러싸인 ㄷ자형으로 생긴 지역으로만 한정할 수도 없다.[21] ㄷ자형으로 생긴 지역만의 안으로 한정할 수 없고, 그 근처에 있었을 것이다. 곧 ㄷ자형의 밖에도 6부의 무덤이 있었을 것이다. 습비부가 있었던 것으로 추정되는 본피부가 아무런 고총고분의 증거가 없는 점에서 보면, 본피부를 포함하여 습비부, 한지부, 모량부의 공동 무덤이 금척리고분이라고 본다. 그렇기 때문에 중성리비 등의 8기의 금석문에도 탁부, 사탁부, 본피부만 나오고 습비부, 한지부, 모량부는 나오지 않고 있다.[22] 결론적으로 신라 6부는 김씨 왕족인 탁부와 왕비족인 사탁부는 읍남고분군에 있고, 그 주된 주거지는 월성과 그 근처이다.[23] 제3등 세력인 본피부, 습비부, 한지부, 모탁부는 금척리고분군이 공동 무덤으로 보인다.

경주에서 6개의 고총고분인 적석목곽묘가 있었다면 그 비정이 쉽겠으나 경주분지의 적석목곽묘는 읍남고분군과 금척리고분군밖에 없다. 이것과 함께 주목해야할 것은 경주분지에는 5세기의 2단투창고배가 주거지 등 생활유적에서는 출토되지 않는다는 사실이다.[24] 2단투창고배가 의기도 아니고, 생활유적에서 나오지 않는 이상한 2단투창고배는 도대체 무엇이란 말인가? 앞으로의 연구가 기대된다.

---

21) 김창호, 「목간과 와전명으로 본 고신라의 도성제」『고신라목간』, 2023, 75~80쪽.
22) 사라리130호 목관묘, 내남면 덕천리 목관묘와 목곽묘를 신라 건국과 관련시키기도 하나 직접 신라의 건국과는 관련이 없고, 신라의 건국을 엿볼 수 있는 간접적인 영향을 그릴 수 있을 것이다.
23) 조성윤, 앞의 논문, 2015에서는 5세기로 편년되는 2단투창고배가 경주분지에서는 보이지 않는다는 현상을 발견하였다. 그 이유는 현재까지 고고학 자료로는 알 수가 없다.
24) 조성윤, 앞의 논문, 2015.

읍남고분군은 흔히 155기라고 한다. 일제강점기 때 일인학자의 야장에 근거한[25] 것이다. 많은 고분이 발견되어 유물이 나온 쪽샘 등은 제외하고 있다. 50여 기의 무덤이 분포하고 있는 금척리고분군은 경주에서 두 번째로 고분이 많은 지역이다. 이 지역을 왕비족 박씨의 모량부로 문헌자료에서는 보아왔다. 『삼국유사』 권1, 지철로왕조의 지증왕의 음경 크기 때문에 배필을 구하지 못하다 찾은 곳이 모량부 상공의 딸이 빨래하다가 수풀에 숨어서 똥을 눈 것이라고 하였다. 이를 개 두 마리가 양쪽 끝을 물고 다투는 것을 보고 그 크기가 커서 그녀를 맞아들여 왕비로 삼았다. 이 사료가 모량부를 왕비족으로 본 가장 강력한 증거이다.

읍남고분군을 왕족인 김씨로, 금척리고분군을 왕비족인 박씨로 비정하려고 하면 좋겠으나, 읍남고분군과 금척리고분군의 연결 부분인 태종무열왕릉의 앞부분에 대한 조방제가 실시되지 않고 있어서 문제이다. 황룡사 발굴에서 황룡사가 원래는 논이었고 그곳을 메운 것임이 증명되었다.[26] 금척리고분군이 왕비족이라면 태종무열왕릉의 앞부분을 부토해서 방리제를 실시했을 것이다.

태종무열왕릉의 앞들이 부토가 되지 않고, 논으로만 남아있는 것은 금척리고분군이 왕비족 모량부 박씨로 보는 데에 큰 걸림돌이 된다. 앞의 〈표 1〉에서 중고 금석문에 나타난 각 부명별 인명의 수로 볼 때 모량부를 왕비족 박씨로 보는 것은 허구이고, 사탁부가 왕비족 박씨이다. 사탁부 왕비족 박씨를 금척리고분의 주인공으로 볼 때에도 최대의 문제점은 태종무열왕릉 앞뜰의 조방제가 실시되지 않는 것이다.

이제 문제는 금척리고분군의 소속부와 직결된다. 금척리고분군의 소속부가 왕비족인 박씨 사탁부로 볼 수가 없을 때는 그 주인공으로 신라 중고 금석문에 나오는 본피부, 습비부, 한지부, 모탁부를 들 수가 있다.

---

25) 有光敎一의 야장이다.
26) 이민형, 「삼국시대 황룡사 일대 논 경작지에 대한 검토」, 『신라문화유산연구』 7, 2023.

금척리고분군의 소속부를 본피부 등으로 볼 때는 본피부 소속의 최고 관등은 중성리비와 냉수리비에서 나오는 경위 干支와 창녕비에 나오는 及尺干으로 6두품으로 볼 수가 있다. 6두품은 금동관을 부장할 뿐 금관을 착장할 수는 없었을 것이다. 금관이 지금 발굴되는 금척리고분군에서 나온다면 금척리고분군이 왕비족 박씨인 사탁부 소속으로 바꾸어야 될 것이다. 결국 읍남고분군은 탁부 김씨 왕족와 사탁부 박씨 왕비족의 공동의 무덤들이고, 금척고분군은 본피부, 습비부, 한지부, 모탁부의 공동 무덤으로 본다. 때문에 금척리고분군에서는 금관이 나오지 않을 것이다.[27] 중성리비와 냉수리비의 본피부의 출신 인원이 5명으로 황초령비에서 복원하지 않은 2명을 더하여도 중고 금석문에서 나오는 본피부 출신은 6명이다. 520년 율령공포로 적석목곽묘에서 횡혈식석실분으로 바뀔 때까지인 520년 이전의 본피부 인원은 5명이고, 탁부는 16명, 사탁부는 16명이다.[28] 쪽샘 고분군의 무덤수를 알 수가 없으나 이른바 공주 무덤으로[29] 알려진 것이 쪽샘 44호분이므로 50기 가량의 무덤이 있어서 읍남고분군은 탁부와 사탁부의 무덤이고, 금척리고분군은 본피부, 습비부, 한지부, 모탁부의 공동 무덤이다. 금척리고분군에서는 앞으로도 금관이 나올 수 없다고 본다.[30]

---

27) 금관은 최대로 큰 황남대총에서도 북분 여자 피장자는 금관, 남분 남자인 실성왕은 5개의 금동관과 1개의 은제관이 나왔으므로 금척리에서는 금관이 출토될 수가 없을 것이다.
28) 중성리비와 냉수리비의 인명을 합친 것이다.
29) 금령총이 공주 무덤으로서 금관이 출토되었다. 이 쪽샘 44호분은 금동관이 나왔기 때문에 국왕의 조카나 고모의 무덤으로 보인다. 공주의 무덤은 아니다.
30) 읍남고분군의 금관총에서는 尒斯智王명도초끝부속구가 나와서 이는 尒자를 훈독하면 너가 되고, 斯자를 반절로 읽으면 넛지왕이 되어서 이는 마립간의 사용 시기인 내물왕에서 지증왕까지 그 유사한 이름을 찾는다면 눌지왕이 된다. 고신라에서 확실한 왕릉이 태종무열왕릉과 더불어 하나 더 늘게 된다.

5. 맺음말

먼저 보통 6부 비정은 대단히 어려운 과제로 쉽게 접근하기 어렵다. 보통 문헌사학에서는 반월성을 중심으로 안압지(월지), 월성 일대가 급량부, 그 왼쪽에서 남으로 남산, 서로 서천까지를 사량부, 서천을 넘어서 금척리 일대가 모량부, 급량부 동쪽 일대가 본피부, 낭산에서 명활산 사이가 습비부, 북천을 건너 금강산 일대가 한지부로 각각 비정하고 있다.

다음으로 신라 중고 금석문에 있어서 봉평비는 탁부 11명, 사탁부 10명, 본피부 1명, 불명 3명으로 계 25명이다. 적성비는 탁부 7명, 사탁부 3명, 불명 2명, 계 12명이다. 창녕비는 탁부 21명, 사탁부 16명, 본피부 1명, 불명 2명, 계 40명이다. 북한산비는 탁부 5명, 사탁부 3명, 계 8명이다. 마운령비는 탁부 11명, 사탁부 6명, 본피부 2명, 불명 1명, 계 20명이다. 황초령비는 탁부 11명, 사탁부 4명, 불명 5명으로 계 20명이다. 총계는 탁부 66명, 사탁부 42명, 본피부 4명, 불명 13명으로 총인원은 125명이다. 牟喙部는 신라 중고 6개의 비에서는 1명도 나오지 않아서 금척리고분군의 소속부도 왕비족도 박씨도 아니다.

마지막으로 금척리고분은 본피부, 습비부, 한지부, 모탁부의 공동 무덤이다. 종래 문헌에서 이야기하던 모량부는 금척리고분군의 주인이 아니다. 본피부라서 금관이 나올 가능성이 없다. 앞으로 금척리고분군의 발굴 여하에 따라 금관이 나온다면 소속부가 사탁부로 바뀔 것이다. 그러면 읍남고분군은 탁부, 금척리고분은 사탁부, 본피부는 어느 고분인지 알 수가 없다가 된다. 이런 일은 있을 수 없다. 탁부와 사탁부의 연결 지점인 태종무열왕릉 앞 저습지가 개발되지 않았기 때문이다. 읍남고분군은 탁부와 사탁부의 무덤이고, 금척리고분군은 본피부, 습비부, 한지부, 무탁부의 공동 무덤이다.

제2절 고고 자료로 본 신라사의 시대구분

1. 머리말

신라사의 시대구분은 사회경제사가에 의해 연구되기 시작해[1] 한국고대 국가의 전체적인 틀의 제시와 함께 집성되었다.[2] 그 뒤 1980년대를 전후해서 서구의 인류학 이론 도입과 더불어 국가의 시작을 중심으로 활발한 논의가 되었지만,[3] 최근에는 이에 대한 연구 성과는 거의 없는 듯하다. 신라사의 시대구분은 대개 신라의 국가 형성 시기와 궤를 같이하고 있으나 고대국가 형성의 기준이 된 노예제의 존재를 증명할 수 없어서 의견의 차이를 좁히지 못하고 있다.[4]

여기에서는 고고학에서 주로 이용되어 온 묘제 변천을 통해 신라사의 시대구분에 관한 소견을 밝혀 보고자 한다. 그러기 위해서 먼저 문헌에 보이는 신라의 시대구분을 일별해 보고, 다음으로 고고 자료에 의한 시대구분을 살펴보겠다.

---

1) 백남운 등 사회경제사가에 의해 시도되었다.
2) 김철준, 「한국고대국가발달사」, 『한국문화사대계』 1, 1964.
3) 김정배, 이종욱, 최몽룡 등의 많은 연구 성과가 나와 있다.
4) 신라사에서 고대국가라고 부르는 다양한 가설이 제기되어 왔다. 이 문제에 대해서는 김창호, 「고고 자료로 본 신라고대 국가의 성립 시기」『신라문화』 21, 2003 참조.

2. 문헌에 보이는 시대구분

신라사에 관한 중요한 문헌으로는 『삼국사기』와 『삼국유사』가 있다. 여기에는 신라사의 시기가 구분되어 있다. 그 구분은 서로 다르다. 우선 설명의 편의를 위해 관련 사료부터 제시하면 다음과 같다.

國人自始祖至此 分爲三代 自初至眞德二十八王 謂之上代 自武烈至惠恭八王 謂之中代 自宣德至敬順二十王 謂之下代云

(『삼국사기』, 신라본기 末尾)

已上爲上古 已下爲中古　　　(『삼국유사』, 왕력, 제22지증마립간조)

已上中古 聖骨 已下下古 眞骨　(『삼국유사』, 왕력, 제28진덕여왕조)

위의 자료에 따르면 『삼국사기』에서는 신라 제1대 왕인 혁거세부터 제28대 왕인 진덕여왕까지를 상대, 제29대 태종무열왕부터 제36대 혜공왕까지를 중대, 제37대 선덕왕부터 제56대 경순왕까지를 하대라고 각각 불렀음을 알 수 있다. 『삼국유사』에서는 제1대 혁거세부터 제22대 지증왕까지를 상고, 제23대 법흥왕부터 제28대 진덕여왕까지를 중고, 제29대 태종무열왕부터 제56대 경순왕까지를 하고라고 각각 불렀음을 알 수가 있다. 이상의 설명을 알기 쉽게 표로 제시하면 다음의 〈표 1〉과5) 같다.

〈표 1〉 신라사의 시대 구분

	(1)혁거세 (16)흘해	(17)내물 (22)지증	(23)법흥 (28)진덕	(29)태종 (36)혜공	(37)선덕 (56)경순
『삼국사기』	상대			중대	하대
『삼국유사』	상고		중고	하고	

이와 같은 시기 구분은 각간위홍과 대구화상이 엮은 『三代目』이란 향가

---

5) 末松保和, 『新羅史の諸問題』, 1954, 3쪽.

집 명칭에서도 신라인 자신에 의해 셋으로 나누는 시기구분이6) 유행했음을 알 수 있다.7) 여러 가지의 시기구분법 가운데에서 『삼국사기』에서는 태종무열왕계가 왕위를 계승했던 중대를 강조한 분류법을 채택했고, 『삼국유사』에서는 이른바 불교식 왕명 시대라8) 불리는 중고를 주목한 분류법을 채택했다고 사료된다. 이러한 분류는 그 뒤에 왕실 구성상 구분, 왕호상 구분, 왕명상 구분, 사회발전상 구분 등으로 심도있게 논의되었다.9)

〈표 1〉에서 『삼국사기』와 『삼국유사』의 구분을 합치면 1기는 제1대 혁거세왕에서부터 제22대 지증왕까지이고, 2기는 제23대 법흥왕에서부터 제28대 선덕왕때까지이고, 3기는 제29대 태종무열왕부터 제36대 혜공왕까지이고, 4기는 제37대 선덕왕부터 제56대 경순왕까지이다. 이러한 4분법은 거의 사용되지 않고 있다. 이 4분법에서 1기를 2분한 5분법이 나왔고,10) 여기에 다시 4기를 2분한 6분법이 나와서 널리 사용되고 있다.11)

6분법에서 ①기는 제1대 혁거세왕부터 제16대 흘해왕까지로 주로 이사금이란 왕호가 사용되었다. ②기는 제17대 내물왕부터 제22대 지증왕까지로 마립간이란 왕호가 사용되었다. ③기는 중고 시대로 4분법의 2기와 같고, 중대라 불리는 시기로 4분법의 3기와 같다. ⑤기는 제37대 선덕왕부터 제50대 정강왕까지로 하대 가운데 비교적으로 정치가 안정된 시기이다. ⑥기는 제51대 진성여왕부터 제56대 경순왕까지로 사회가 혼란된 시기이다. 6분법은 『삼국사기』와 『삼국유사』를 합치고, 다시 『삼국유사』의 상고

---

6) 신라인이 자기의 역사를 3분하는 것은 아무래도 하대에나 가능하며, 이는 불교에서 正法, 像法, 末法으로 3분한 것에서 유래한 것인지도 모르겠다.
7) 김철준, 앞의 논문, 1964, 508쪽.
8) 이 불교식 왕호란 용어는 진평왕과 진지왕의 경우 白淨과 舍輪에 의해 불교식 이름이 인정되나 法興을 제외한 眞興, 眞智, 眞平, 善德, 眞德의 이름이 언뜻 보면 백성들이 쉽게 인식할 만큼 불교와의 관련성은 없어서 재고의 여지가 있는 듯하다.
9) 김철준, 앞의 논문, 1964, 509쪽.
10) 末松保和, 앞의 책, 1954, 41쪽.
11) 이기동의 견해로 국립경주박물관 교양강좌의 유인물 참조.

를 2분하고, 『삼국사기』의 하대를 2분해서 분류 기준이 애매하다는 약점이 있다.

3고법이나 3대법에서 모두 시대구분의 분기점이[12] 되고 있는 태종무열왕은 654년에서 661년까지 왕위에 있었다. 이 시기를 전후해서 묘제는 횡혈식석실분을 채택했으며, 토기는 인화문토기를 사용한 시기이다. 그 뒤 660년의 백제 멸망, 668년의 고구려 멸망, 676년의 신라 삼국통일 등으로 사회적 변화가 심한 시기임에도 불구하고 묘제나 토기는 변화가 없다. 다만 신라의 영토 확대와 더불어 신라의 묘제나 토기가 보다 넓게 분포될 뿐이다.

3. 고고학 자료에 의한 시대구분

신라사는 B.C.57년에 박혁거세에 의해 건국되어 935년 경순왕이 고려에 귀부함으로써 끝났다. 이 시기에 대체적인 영남 지역의 고분 편년은 다음과 같다.

기원전후에서 150년까지	목관묘[13]
150년에서 300년[14]	목곽묘
300년에서 520년	적석목곽묘
520년에서 700년	횡혈식석실분
700년에서 935년	무고분시대

---

[12] 이 시기에 군사 수의 증가, 병제의 정비 등은 있었다.
[13] B.C.57년이 신라 건국임에도 불구하고 그 신빙성에 문제가 있어서 고고학적인 연대 설정에 따라 기원전후를 기준으로 삼았다. 고고학 쪽에서는 영남 지역 삼한시대의 시작을 B.C.3세기로 보는 가설도 있다.
[14] 마립간을 최초로 사용한 내물왕은 402년에 죽어서 적석목곽묘에 묻힌 것으로 본다.

위의 고분 가운데에서 적석목곽묘는 대개 마립간이란 왕호를 사용할 때의 무덤으로 알려져 있다. 마립간은 『삼국사기』에서는 눌지왕부터 지증왕까지, 『삼국유사』에서는 내물왕부터 지증왕까지 사용되었다고 기록되어 있다. 학계에서는 일반적으로 후자를 따르고 있다.15) 524년 봉평비에 나오는 喙部牟卽智寐錦王이란 왕명으로 보면 법흥왕 초에도 마립간이란 왕호가 사용되었음을 알 수 있다.16)

내물왕에 대해서는 그 무덤을 알 수 있는 자료가 없다. 그 다음의 실성왕은 재위 기간이 402~417년이므로 실성왕 자신이 적석목곽묘의 최초 피장자의 하나라면 적석목곽묘의 상한은 417년이 된다. 황남대총 남분이 실성왕릉이라면 그보다 빠른 황남동109호 3·4곽은 어떻게 해야 되나. 이러한 토기 편년의 문제는 금관총의 尒斯智王명 3루환두대도 도초 끝부속구가 나오지 않을 때 이야기이다. 尒斯智王명문은 1921년 금관총 발굴에서 그 존재를 알지 못하다가 2013년에 와서야 그 존재를 알게 되었다. 발굴된 지 92년 만에 명문을 발견하였고, 2015년에는 국립중앙박물관과 국립경주박물관의 합동조사단에 의해 尒斯智王刀명명문이 발견되었다. 특히 尒斯智王刀란 명문은 尒斯智王의 칼이란 뜻으로 칼의 주인이 무덤의 피장자임을 밝히고 있다. 尒斯智王刀명문이 나와도 자꾸 음상사란 증거에 의해 異斯夫의 칼로 보고 있으나 이사부는 伊史夫智伊干支라고 545년이나 그 직전에 세워진 적성비에 나와서 왕은 아니다.

尒斯智王이란 명문은 3루환두대도 도초 끝 부속구에 새긴 것으로 고신라 금석문에서 인명에 왕이 붙는 경우에 주목해야 된다. 441년 포항중성리신라비의 折盧(智王), 443년 포항냉수리신라비의 斯夫智王, 乃智王, 至都盧葛文王, 524년 울진 봉평신라비의 牟卽智寐錦王, 徙夫智葛文王, 535년 울주 천전리서석 을묘명의 法興太王, 539년 울주 천전리서석 추명의 另卽知太王,

---

15) 광개토태왕비 경자년(400)조에 新羅寐錦이 나와서 내물왕 때에 마립간을 사용하기 시작했다는 가설이 옳다.
16) 충주고구려비 발견 이전에는 寐錦을 尼師今과 동일한 것으로 보아왔다.

徙夫知葛文王, 567년 북한산비 法興太王, 新羅太王, 568년의 마운령비와 황초령비에 각각 나오는 眞興太王뿐이다. 북한산비의 新羅太王을 제외하면 전부 다 인명과 왕이 공존하고 있다.

 介斯智王이나 介斯智王刀란 명문도 인명+왕이란 명문이다. 이렇게 介斯智(인명)+王으로 된 인명은 마립간을 칭할 때인 중성리비와 냉수리비에서 밖에 없다. 介斯智王은 누구일까? 이사지왕을 訓讀하면 너사지왕이 되고, 다시 半切로 읽으면, 넛지왕이 된다. 麻立干이란 왕호의 사용 시기를 『삼국사기』 신라본기에서는 눌지마립간, 자비마립간, 소지마립간, 지증마립간으로 되어 있고, 『삼국유사』 왕력편에서는 내물마립간, 실성마립간, 눌지마립간, 자비마립간, 비처마립간, 지증마립간으로 되어 있어서 약간의 차이가 있다. 학계에서는 『삼국유사』를 취하고 있다.17) 이 가운데에서 눌지왕과 넛지왕은 音相似이다. 그렇게 찾아왔던 신라 적석목곽묘에서 절대연대 자료를 금관총에서 찾았다. 40,000여 점의 유물을 가진 금관총은 458년에 죽은 눌지왕릉이다. 고신라의 확실한 왕릉으로 태종무열왕릉이 있고, 눌지왕릉인 금관총이 있게 된다.

 금관총이 458년 눌지왕릉이므로 적석목곽묘에서 횡혈식석실분으로의 전환 시기를 550년에서 30년을 소급시킨 520년으로 보아야 한다. 금관총은 대개 5세기 4/4분기로 보아왔다. 이를 458년으로 보면 종래의 편년과 17~41년의 틈이 생기고, 520년 春正月에 律令 頒布가 있어서 520년으로 본다. 적석목곽묘의 시작은 미추왕은 太祖星漢王이라고 불렀고,18) 그의 능은 『삼국유사』에 陵在興輪寺東이라고 했고, 竹現陵이라고 했고, 『삼국사기』 신라본기, 味鄒尼師今 23년조에서는 大陵이라고 했고, 儒禮尼師今 14년조에는 竹長陵이라고 했다. 따라서 미추왕릉은 경질토기와 금제귀걸이 1쌍이 세트를 이루는 고분일 가능성이 있다. 그래서 신라 적석목곽묘의

---

17) 마립간인 매금은 광개토태왕비 경자년(400)조에 나와서 이는 내물왕(357~402)을 가리키므로 『삼국유사』쪽이 옳다.
18) 김창호, 「新羅 太祖星漢의 재검토」 『역사교육논집』 5, 1983.

편년을 다음과 같이 본다.

　미추왕릉(太祖星漢王 ; 284년)→ 황남동109호 3·4곽(4세기 전반)→ 황남동110호(4세기 후반)→ 98호남분(實聖王陵 ; 417년)→ 금관총(介斯智王陵=訥祗王陵 ; 458년)→ 천마총(5세기 후반)→ 호우총(510년경)→ 보문리 합장묘(519년경)→ 횡혈식석실분(520년 이후 ; 율령 공포)

　적석목곽묘가 경주를 중심으로 신라에 축조될 때에 이를 제외한 경상도 일대에서는 수혈식석곽묘가 만들어졌다. 이 시기에는 부장품은 대단히 많다. 어쩌면 나라에서 생산하는 것 가운데 최소한의 의식주에 드는 비용을 제외하고 모든 재화를 고분을 만드는데 다 써버린 사회로 제의를 중심으로 탁부, 사탁부 등의 부보다는 적석목곽묘를 중심으로 한 제의를 통해 사회를 운영했던 때로 판단되어 제의를 중심으로 한 연합사회로 부르고자 한다.

　520~700년까지는 신라사 전체에서도 가장 큰 변화의 시기로 판단되어 횡혈식석실분이 유행하던 시기였다.

　700~935년은 무덤이 없는 무고분시대이다. 물론 경주 지역에서 흥덕왕릉(826~836)이나[19] 12지신상을[20] 갖춘 무덤이 일부 있다. 그러나 경산의 임당동 일대나 상주의 신흥동 일대 등에서 넓은 지역에 걸쳐서 발굴조사를 실시하였으나 700~935년 사이의 고분은 발견되지 않았다. 그 이유를 불교식 화장으로 볼 수도 있지만 고려초의 석곽분이나[21] 토광묘 등이 발견되고 있어서 불교식 장례와는 거리가 먼 듯하다. 흥덕왕릉은 분명히 이 시기의 왕릉이지만 왕족이나 골품귀족의 무덤 등은 어디로 가고, 무고분시대가 되었는지를 알 수가 없다.

---

[19] 흥덕왕릉의 확정은 비편의 발견으로 가능했다. 이에 대한 상세한 것은 이기동, 「신라 태조 성한 문제와 흥덕왕릉비의 발견」『대구사학』15·16, 1978 참조.
[20] 대표적인 예로 전 진덕여왕릉(오류리)을 들 수 있다.
[21] 최완규, 「백제지역 횡구식석곽분 연구」『백제연구』27, 1988.

4. 맺음말

먼저 『삼국사기』의 3대법과 『삼국유사』의 3고법을 중심으로 신라사의 시대구분을 검토하였다. 문헌에서는 5분법과 6분법이 통용되고 있다.

다음으로 묘제의 변천을 근거로 5시기로 나누었으나 목관묘 시대는 문헌과의 연결이 어려울 것으로 보았다.

적석목곽묘에서 횡혈식석실분으로의 변천에 대해 첨언한다면 이 시기는 급작스런 변화의 시기이며, 신라사 전체에서 가장 큰 변화의 시대로 보았다. 적석목곽묘는 제정미분리의 제의를 중심으로 한 연합사회에서, 횡혈식석실분이 되면 정치적인 太王과 횡혈식석실분을 통한 조상 숭배 중심의 제의로 양분되는 사회로 바뀌는 듯하다.

제3절 영남지방 橫穴式石室墳 연구에 대한 몇 가지 제언

1. 머리말

　우리나라 고고학의 연구는 현재까지 많은 발굴 성과에도 불구하고, 초보적인 상태에 머무르고 있다. 최근에 들어와 활발하게 논의되고 있는 경주 황남대총의 주인공이나 연대 문제에 있어서도 너무나도 큰 의견 차이를 보이고 있다.[1] 이와 같은 원인은 고고학이 우리손으로 시작된 지가 얼마 되지 않았으며, 역사학에 대한 기반 자체가 약하여 고고학 자료를 문헌에 대비시키기 어렵게 하고 있다. 문헌자료의 창구는 대단히 좁고, 그 사료 자체가 고려시대인 12~13세기에 작성된 『삼국사기』와 『삼국유사』가 기본적인 사료로 인용되는 점은 문헌자료가 안고 있는 큰 약점이라고[2] 사료된다. 『삼국사기』와 『삼국유사』에 대한 고등 사료 비판이 필요하다고 판단된다. 이에 비해 고고학적인 자료는 동 시기의 사료임에 틀림없으

---

[1] 내물왕릉으로 본 적이 있으나 금관총에서 尒斯智王명 명문이 나와서 이를 훈독하면 너사지왕이 되고, 이를 반절로 읽으면 넛지왕이 된다. 이는 6명의 麻立干 가운데 눌지왕과 음상사이다. 금관총이 458년에 죽은 눌지왕릉이고, 냉수리비에 눌지왕과 나란히 나와서 共位시대가 있으므로 417년에 죽은 실성왕이 황남대총의 주인공이다.

[2] 예를 들면 신라사의 사학사에서 문헌 쪽에서는 거칠부의 『국사』 편찬 이후에 통일신라가 되면 새로운 역사서가 편찬될 것으로 이야기하고 있지만, 거칠부의 저작은 동일 시기인 적성비와 같아서 중국과의 외교에 사용될 수가 없기 때문에, 진흥왕 때에 중국식으로 된 신라의 역사서가 새로이 편찬되었다고 생각한다. 그 구체적인 증거가 567년의 북한산비, 568년의 마운령비, 568년의 황초령비 등 진흥왕 3순수비라고 판단된다.

나 이를 체계적으로 연구하지 않고 오히려 발굴에 따르는 부산물에만 신경을 쓰고 있어서 많은 문제점이 노정되고 있다.

여기에서는 먼저 횡혈식석실분의 연구에서 그 기초가 되는 곽과 실의 구분 문제에 대해 살펴보겠다. 다음으로 영남지방 횡혈식석실분의 도입 배경에 대해 살펴보겠다. 그 다음으로 횡혈식석실분에서 출토되는 기와에 대해 살펴보겠다. 그 다음으로 신라사에서 중요한 신분제에 대한 계층 문제를 살펴보겠다. 마지막으로 #마크에 대해 살펴보겠다.

2. 곽과 실의 구분

한국 고고학의 가장 큰 어려운 점은 기초적인 부분에서 개념 설정의 미비라고 할 수가 있다. 아직까지 석곽과 석실의 구분이 잘 되지 않고 있다. 그 가운데에서 가장 대표적인 견해는 크기에 따른 석관·석곽·석실의 구분이다. 도대체 크기에 따라 구분하는 근거는 어디에서 왔을까?[3]

주변의 중국이나 일본에 있어서도 그 크기로 곽과 실을 구분하는 기막힌 예는 없다.[4] 왜 이토록 당시의 연구 성과조차도 수용하지 못한 견해를 발표해도 우리 학계에서는 이에 대한 구체적인 비판이 없었는지 그 이유가 참으로 궁금하다. 사실 일본학계에서는 이미 1910년대에 문헌사학자와 고고학자 사이에서의 논쟁에서 그 곽과 실의 문제가 어느 정도 윤곽이 잡혔다고 사료된다.[5] 역사시대에 들어와 고분이 축조되었던 시기에 있어

---

3) 이를 대표하는 견해는 윤용진, 「대구의 초기국가 형성과정」 『동양문화연구』 1, 1974와 김종철, 「대가야묘제의 연구-고령지산동 고분군을 중심으로-」 『한국학논총』 9, 1982를 들 수가 있다. 특히 후자에서 묘의 크기에 의한 곽과 실의 구분은 한국고고학에서의 고분 연구를 도리어 후퇴시킨 것이나.

4) 윤용진, 앞의 논문, 1974에 대한 비판은 김창호, 「고분 자료로 본 대구 지역의 신라에의 통합」 『고고역사학지』 11·12, 1996 참조.

5) 고고학자 高橋健自와 문헌사학자 喜田貞吉의 논쟁에 대해서는 小林行雄編, 『論集 日本文化의 起源』 제1권 考古學, 1971 및 喜田貞吉, 『喜田貞吉著作集』 2, -古墳時代年

서 석관은 없다. 이때에는 거의가 석곽과 석실만이 사용되었다고 판단된다. 보통 석관은 청동기시대의 석관묘나 지석묘의 하부 구조에서 나온다. 물론 이때에는 내관과 외곽의 이중구조로 된 석곽은 없었다. 석실과 석곽의 구분의 가장 큰 근거는 공간의 유무이다.[6] 시상대나 관대가 한쪽에 치우쳐 있어서 목곽을 놓고서도 남은 공간이 있을 때에는 당연히 석실로 판단되며, 그렇지 않으면, 대개가 석곽이다.[7] 이러한 구분의 근거를 마련하고서 현재 학계 일각에서 사용되고 있는 이른바 수혈계횡구식석실에 대해 검토해 보자.[8] 이 용어는 원래 일본 九州지방에서 사용되기 시작한 용어를 일인학자에 의해 한국 고고학에 수용되었고,[9] 몇몇 관계전문가에 의해 사용되고 있다. 이 가설 자체는 곽과 실의 확실한 구분도 없이 마구잡이로 사용한 데에서 기인한 것으로 대부분의 수혈계횡구식석실은 횡구식석곽묘로[10] 부르는 쪽이 타당한 듯하다. 나머지 2할 가량은 횡구식석실분으로 판단된다.

代の硏究-, 1979 참조.
6) 이에 대한 요령 있고, 간결한 설명은 北野耕平, 「棺·槨·室·壙について」『羽曳野市史』 2, 1994 참조.
7) 물론 관대나 시상대가 없어도 그 구조에 있어서 연도가 있는 등 이에 준하면 석실로 보아야 될 것이다.
8) 수혈계횡구식이라는 용어는 浦原宏行, 「竪穴系 橫口式石室考」『古墳文化の新視覺』, 1983, 54쪽에 따르면, 1962년 賀川光夫가 처음으로 사용했다고 되어 있다. 그런데 최완규, 「백제지역 횡구식석실분 연구」『백제문화』 27, 1997, 113쪽에서는 영남지역의 고분을 연구하는 학자들 사이에 아무런 여과가 없이 수혈계횡구식석실이란 명칭을 그대로 사용하고 있다는 전제 아래 그 최초의 사용자로 小田富士雄을 들고 있다. 이 용어가 한국 고분 연구에 본격적으로 사용된 것은 龜田修一, 「朝鮮半島南部における竪穴系橫口式石室」『城二號墳』, 1981이다. 위의 최완규는 고려의 횡구식석곽묘를 신라의 횡구식석곽묘와 연결시키고 있으나 8~10세기는 고분이 없는 무고분시대라서 따르기 어렵다.
9) 龜田修一, 앞의 논문, 1981.
10) 김용성, 「대구·경산 지역 고총고분의 연구」, 영남대학교 박사학위 청구논문, 1997.

3. 횡혈식석실의 도입 배경

　경주지역을 비롯한 영남지역에 있어서 5세기의 이른바 수혈계횡구식석실묘 곧 횡혈식석실분은 그 나름대로의 재지 기반을 가진 소국의 집단에서 도입된 것이 거의 대부분이다.[11] 이때 문제가 되는 것은 신라와 가야의 구분이다. 현재 학계 일각에서는 경주를 제외한 모든 영남지역을 가야로 보고 있다. 이 경우 400년경에 편년되는 복천동 10·11호분 단계에 이미 신라가 완전 정복했는지 여부이다. 이를 영남지역의 신라권으로 해석하고 있다. 경산·대구·성주 등의 지역에 있어서도 475~500년 사이에 가장 크고 화려한 고분이 발굴조사되었다. 바꾸어 말하면 신라권인 경산·대구·성주 등의 지역에서 이들이 사용하고 있던 압독국·달구벌국·본피국 등의 소국들이 완전히 소멸되었다면 어떻게 이들 소국의 지배자들이 묻힌 무덤에서의 부장품이 화려해지고, 봉분의 크기가 커질 수 있을까? 오히려 간접 지배 방식에 의한 것으로 잠정적으로 보아 두고자 한다.
　이렇게 공납만을 신라에 지불하고 어느 정도의 자치권을 인정받고 있던 신라권의 소국들에서는 백제, 가야, 고구려 등에서 횡혈식석실을 도입하였고, 아울러 가야의 여러 나라에서도 횡혈식석실 또는 횡구식석곽묘가 유입되어 크나큰 사회적 변화가 초래되었다.
　횡혈식석실분은 추가장이 가능하고, 부장품을 별로 넣지 않은 貧葬으로 종래 5세기에 유행한 경주지역의 적석목곽묘나 가야·신라권 지역의 수혈식석곽묘보다 많은 물자와 인력의 절감을 가지고 왔다. 부장품에서의 빈장과 봉분 크기에서의 소형화보다 더 큰 것은 추가장이 가능하다는 것이다. 추가장의 아이디어가 도입된 것은 그만큼 무덤으로 축조의 수가 전감되었고, 사회적인 변화를 엿볼 수 있다. 이러한 사회적인 변화를

---

11) 이때 신라권에 속하였던 소국들이 어떠한 형태로 나라의 모습을 유지했을 것인가 라는 문제에 대해 일정한 공납만을 내고 독립을 유지하는 간접지배의 방식이었다는 일반적인 학설에 따르고자 한다.

일본에서는 1962년에 마르크스를 신봉하는 한 고고학자에 의해 가부장적 가족제설이라 제창한 바 있다.12) 그 뒤 이 가설 자체는 正倉院의 자료에 의해 많은 비판을 받은 바 있다.13) 적석목곽묘와 수혈식석곽묘의 사회에서 횡혈식석실분으로의 변화는 『삼국유사』의 三古法 중에서 불교식 왕호를 사용했던 중고의 강조나 『삼국사기』의 三代法에서 중대의 강조보다도 훨씬 큰 사회적인 변혁이었다고 판단된다. 왜냐하면 적석목곽묘와 수혈식석곽묘를 축조했던 제의는 횡혈식석실분의 제의와 큰 차이가 있었다고 판단되고 이를 확대 해석하면 많은 분야에서 큰 사회적인 변화상을 엿볼 수 있기 때문이다.

4. 횡혈식 고분의 기와

6세기 후반에 새로이 나타나는 인화문토기의14) 단계가 되면, 종래에 화려한 무구, 마구, 토기, 금공품 등의 부장품들은 거의 소멸되고, 인화문토기 몇 점과 관대, 관고리 등이 겨우 부장품으로서 명맥을 유지하고 있다. 그 가운데에서 눈에 띄는 것은 기와가 이 시기의 고분에서 가끔씩 출토되고 있다는 점이다. 지금까지 횡혈식석실 고분에서 출토되고 있는 기와에 대해서는 구체적인 언급이 없다. 대개 배수용, 시신을 덮는 것, 베개용, 시신 밑에 까는 것 등의 용도로 사용되었으리라 판단하고 있다. 경주의 와총, 방내리, 충효동, 용강동 등에서 출토된 기와들은 대개 6세기 후반에서 7세기에 걸친 기와들로 수키와가 대부분이나 충효리나 월산리처럼 암키와

---

12) 近藤義郎編, 『佐良山古墳群の硏究』 第1冊, 1952, 41~51쪽.
13) 이 점에 대해서는 野上丈助의 교시를 받았다.
14) 지금까지 신라의 모든 미술품은 750년경에 절정을 이룬다. 에밀레종, 석굴암, 불국사, 석가탑 등이 그 좋은 예이다. 인화문토기는 800년경에 종언을 고하게 되고, 9세기에는 줄무늬병, 덧띠무늬병, 편병 등이 나타난다. 왜 인화문토기는 다른 미술품이 정점에 달할 때 종언을 고하게 되는지 앞으로의 연구가 기대된다.

가 출토된 예도 있다.

횡혈식석분에서 기와가 출토되는 것은 적석목곽묘나 수혈식석곽묘에서는 없던 장제이다. 무덤에 묻힌 기와는 보기임이 틀림이 없으나 어느 골품까지 기와를 부장했는지가 문제이다. 금동관이 출토되지 않는 것으로 보아서 횡혈식석실분에서 진골이나 6두품이 기와를 사용했다고 보기가 어렵다. 그러면 어느 골품까지일까? 지금까지 금석문에서 진골은 탁부와 사탁부만이 있고, 6두품은 탁부, 사탁부, 본피부까지이다. 고신라 금석문에서 관등명이 부와 함께 나오는 예는 591년 남산신성비 제2비에서 모탁부가 大鳥, 580년 쌍록보상화문전명에 나오는 한지벌부가 小舍를 가진 것이 전부이다. 이 두 예는 모두 4두품이다. 모탁부, 한지부, 습비부의 부족장들의 관등이 4두품이라고 보기보다는 5두품일 것으로 추정하는 바이다. 따라서 기와가 나오는 고분은 5두품이나 4두품일 가능성이 크다.[15]

5. 계층 문제

영남지역의 석실분에 대한 신분제적 접근은 대단히 어렵다고 사료된다. 출토 유물이 빈장이기 때문에 많지 않고, 신분과 관련된 문자자료가 거의 없고, 도굴로 인하여 석실분의 부장품을 잘 파악할 수 없기 때문이다. 이러한 어려운 여건에도 불구하고 다음과 같이 영남지방의 석실분을 4개의 유형으로 구분하여 그 계층성을 제시한 견해가 나왔다.[16]

제1유형은 횡혈식석실분으로만 구성된 고분이다. 이 유형의 고분군은

---

[15] 지금까지 기와가 나온 횡혈식석실에서 금동관이 나온 예가 드문 점을 주목해야 할 것이다.
[16] 홍보식, 「영남 지역의 횡구식·횡혈식 석실묘 연구」, 부산대학교 박사학위 청구논문, 1992, 59~67쪽.

경주권과 지방권으로 나누어진다. 경주권에는 충효리, 서악리, 용강동고분군 등이 있다. 지방권으로는 합천 저포리 E지구고분군, 삼가고분군, 김해 구산동고분군, 포항 냉수리고분군, 순흥 읍내리고분군 등이 있다.

제2유형은 구릉 정상부를 따라 대형의 고총고분이 입지하고 斜面에 중소형고분군이 입지하는 고분군이다. 양산 북정리, 창녕 교동, 선산 낙산동, 성주 성산동 등의 고분군이 이에 해당된다.

제3유형은 하나의 중형분을 중심으로 주위에 소형분이 배치되거나 구릉의 정상부에 하나의 중형분이 입지하고 어느 정도 간격을 두고 소형분들이 입지하는 고분군이다. 전자는 창녕 A지구, 양산 신기리, 부산 입석, 안동 조탑동 등의 고분군이 있고, 후자에는 창녕 계성 C·D지구, 대덕 주산리, 군포 산본지구, 울산 화산리, 논산 표정리 등의 고분군이 있다.

제4유형은 3~5기의 소형고분이 하나의 무리를 이루고 있는 고분군으로, 동일 고분군내의 탁월한 입지 조건이나 고분의 규모 등에 격차가 나지 않는 고분군이다. 김해 예안리, 합천 창리, 부산 덕천동, 여주 매룡리, 안변 료성리, 안동 수곡동과 지동, 진천 송두리고분군 등의 예가 있다.

이렇게 나눈 고분군 가운데 제1유형의 경주고분군은 중앙귀족, 제1유형의 지방고분군과 제2유형 고분군은 외위체계내의 干群, 제3유형은 고분군의 외위체계내의 非干群, 제4유형의 고분군은 일반 촌락민에 각각 비정하고 있다.17) 이러한 신분제적인 가설은 대담한 가설로 보인다. 우선 이 시기의 석실분을 가진 피장자의 신분은 아무리 낮추어 보아도 지배층으로 판단되어, 제4유형도 지배층이다. 제4유형에 속하는 안동 지동고분군에서는 신라계의 출자형 관이 출토되어 干群에 속하는 신분으로 판단되며, 외위체계 내에서의 비간군은 제3유형과 대비시키고 있으나 따르기 어렵다. 제1유형과 제2유형을 간군으로 보고 있으나 이렇게 되면 해당 지역의 간군이

---

17) 홍보식, 앞의 논문, 1992, 67쪽.

너무 많게 된다. 嶽干, 述干, 高干, 撰干, 上干, 干의 간군은 금동관이 출토되는 고분으로 보고 싶다. 一伐, 一尺, 彼日, 阿尺의 비간군은 어느 단계까지가 그들의 무덤인지 알 수가 없다.

6. ♯마크

횡혈식석실분에는 600년을 전후한 시기에 수많은 문자자료로서 토기에 음각되어 나타나고 있다. 그 가운데에서도 가장 흥미있는 자료로 ♯마크를 들 수 있다. 종래 이 ♯마크에 대해서는 습비부와 관련되어 온 것으로 보았다.[18] 광개토태왕의 상징으로 보기도 했다.[19] 이 ♯마크가 가장 빨리 영남지방에서 나온 예로 호우총의 호우를 들 수가 있다.[20] 호우에 새겨진 명문은 乙卯年國/罡上廣開/土地好太/王壺杅十으로[21] 이 글자들의 위에 있는 ♯마크는 비스듬하게 새겨져 있다. 이 호우의 乙卯年은 415년으로 보아왔다. 이 호우총의 호우 연대가 호우총의 축조 연대가 아니다. 학계에서는 100년 이상의 전세가 된 것으로 보아왔다.[22] 현재 학계에서는 호우총의 연대를 대개 530년경으로 보고 있다.[23] 그렇다면 415년에 고구려 집안에서 제작되었을 것으로 추정되는 청동합이 어떻게 530년경의 호우총에 묻힐 수 있을까?

광개토태왕비에서의 시호는 國罡上廣開土境好太王으로 호우총의 호우

---

18) 망성리와요지에서 680년경에 만들어진 ♯♯習部가 나와서 ♯마크를 습비부의 상징으로 보았다.
19) 소설가 최인호의 주장으로 모 방송국에서 특집으로 보도한 바 있다.
20) 김재원, 『호우총과 은령총』, 1948.
21) 이 호우의 발견으로 고신라 고분에 고구려의 유물이 묻힌다는 확실한 증거가 되었다.
22) 藤井和夫, 「慶州古新羅古墳編年試案」『神奈川考古』 6, 1979, 163쪽.
23) 藤井和夫, 앞의 논문, 1979. 필자는 호우총을 510년경으로 본다.

와 차이가 있다. 이렇게 土地로 된 시호는 모두루총의 묘지명에도 나온다. 모두루총의 묘지명에는 大使者란 관등명이 나오는데 이렇게 비슷한 관등명은 태천 농오리산성석각에 있어서 이를 소개하면 다음과 같다.

 1957년 가을 태천 고급중학교에서 향토사 연구를 목적으로 농오리산성을 조사하던 중에 자연 암벽에서 글자를 발견하고, 신의주 역사박물관에 보고하였다. 이에 동 박물관에서는 1958년 초에 마애석각을 조사하여 학계에 알려지게 되었다. 우선 설명의 편의를 위해 전문을 소개하면 다음과 같다.

③	②	①	
城	小	乙	1
六	大	亥	2
百	使	年	3
八	者	八	4
十	於	月	5
四	九	前	6
間	婁	部	7
	治		8

 이 명문에서 인명은 제①·②행의 前部小大使者於九婁이다. 前部는 출신부명, 小大使者는 관등명, 於九婁는 인명이다. 인명 표기에 대한 분석은 간단하지만, 乙亥年이란 연대가 언제인지가 문제이다. 乙亥年을 대개 충주고구려비에서도 大使者가 나온 점을 참조하면 458년 이전인 435년으로 볼 수 있다. 그렇다면 大使者가 나오는 모두루총 묘지는 435년을 소급할 수가 없다. 모두루총의 연대는 각저총과 무용총이 5세기 초인 점을 고려하면 5세기 중엽으로 보인다. 광개토태왕의 시호 및 호우총의 호우와 모두루총의 묘지에 공통적으로 土地가 나오는 것으로 보아서 호우총의 호우의 乙卯年도 415년이 아닌 475년으로 보인다.

7. 맺음말

　영남지역의 고분 연구에서 가장 큰 장애는 신라와 가야의 구분 문제이다. 현재까지 문헌 쪽에서는 경주 일대를 제외하고는 영남의 대부분 지역을 가야로 보고 있다. 경산, 대구, 성주, 창녕, 선산 등의 지역은 적어도 5세기의 어느 시점에는 신라라고 판단된다. 고령, 합천 등 대가야 지역에서 562년 이전에 많은 석실분들은 이들 나라에서 수용한 것이며, 신라의 수도였던 경주나 신라권에 있었던 상주, 안동, 탑리, 경산, 성주 등의 지역에서도 5세기의 재지세력들이 석실분을 고구려, 백제, 가야 등에서 받아들였던 것으로 판단된다. 6세기 전반이 되면 신라권에 있었던 상주, 안동, 대구, 성주 등의 지역에서는 대형의 고분이 사라지고, 완전히 신라에 복속하게 되며, 대가야를 비롯한 대부분의 가야가 562년 신라에 복속하게 된다. 562년 대가야 멸망 이후에 신라는 북쪽에 관심을 갖고서 진흥왕 때에는 한강 유역과 함흥평야까지 진출한다. 이때의 고고학적인 자료가 영주 어숙지술간묘, 안동의 지동, 영춘 하리, 동해 등의 예로 판단되며, 591년에 작성된 남산신성비 제9비의 역역이 오늘날 영주 일대로 제1·2비와 차이가 있는 점도 주목된다.
　이와는 달리 600년을 전후한 시기의 횡혈식석실분이 종래의 고분이 없던 지역에서 나타난 경우가 있다. 그 대표적인 예로 충주 주암리나 상주 청리를 들 수가 있다. 이곳에서는 재지의 고분과는 전혀 단절된 상황에서 신라의 고분이 갑자기 나타나고 있는 바, 그 성격이 무엇인지가 궁금하지만 잠정적으로 문헌의 사민 정책과 관련되는 것으로 추정해 두고자 한다. 영남지역에서는 횡혈식석실분이 7세기에 절정을 이루다가 8~10세기가 되면 전혀 없다. 그러다가 다시 고려 추가 되면 목곽분이나 석실분(석곽묘)이 나타나고 있다.

제4절 정원2년명저평영암구림리비

1. 머리말

貞元二年銘碑는 예전부터 전남 영암군 군서면에 있었는데, 구림리 사람들은 일찍부터 알고 있었다. 서구림리의 해안 쪽에 위치한 비가 1965년경에 崔正浩씨가 자기집 정원인 서구림리 458번지로 옮겼다.[1] 이 비의 중요성을 처음으로 인식한 이는 향토사학자 朴正雄 先生이었다. 그래서 『光州日報』1988년 3월 21일자에 보도되었고, 成春慶 전라남도 문화재전문위원 등에 의해 판독된 듯하다. 뒤에『月出山』이란 책에 비문이 판독되어 최초로 실리게 되었다.[2] 비의 크기는 현재 높이 128㎝, 너비 28㎝, 두께 27㎝이고, 비는 자연석에 전면과 후면을 조금씩 정면한 뒤에 전면에만 글자를 새기고 있다. 글자 제①행 19자, 제②행 15자, 제③행 10자, 제④행 2자로 모두 46자이다. 각각의 글자 크기는 4㎝정도가 된다.[3]

여기에서는 선학들의 판독문을 발판으로 2차례에 걸친 현지 조사를 통한 조사성과를 더해 먼저 비문을 판독하겠으며, 다음으로 비의 전문을 해석하겠으며, 마지막으로 猪坪에 관해 검토해 보고자 한다.

---

1) 이는 2001년 5월 5일 현지 조사에서 박정웅 선생님의 교시 내용이다. 1988년과 2001년의 두 차례 현지 조사 때 비가 있는 곳을 가르쳐 주시고, 영암의 역사에 대해 교시해 주신데 대해 우선 지면으로나마 감사의 말씀을 전하고 싶다.
2) 성춘경,「월출산의 불교미술」『월출산-바위 문화연구-』, 1988, 187~188쪽.
3) 이 비는 현재 전라남도 문화재 자료 181호로 지정되어 있다.

2. 비문의 판독

1988년 학계에 알려진 이 비석의 전문은 대단히 난해하기 때문에 전남을 중심으로 그 판독문이 학계에 소개되었다. 우선 판독의 전문부터 제시하면 다음과 같다.[4]

① 貞元二年丙寅五月十日儲坪行藏內不忘
② 立處有州夫梵歲△合香十束
③ 入△五人力知焉生右
④ 仁開

그 뒤에 나온 이 비의 조사보고서에서도 전문의 판독문이 제시된 바 이를 제시하면 다음과 같다.[5]

① 貞元二年丙寅五月十日偖坪行藏內不忘
② 立處有州夫楚歲△命香十束
③ 入△五人力知焉生右
④ 仁開

그 뒤에 나온 전라남도의 금석문을 집성한 책에서는 이 비의 판독문을 제시하고 있는 바, 이를 제시하면 다음과 같다.[6]

① 貞元二年丙寅五月十日偖坪祀呑茂△不△

---

4) 성춘경, 앞의 논문, 1988, 188쪽.
5) 송정현·김희수, 「영암 정원명 석비 조사보고서」『지방문화재조사보고서(Ⅰ)』, 1990, 59쪽.
6) 전라남도, 『전남금석문』, 1990, 205쪽.

② 立處有州夫梵歲△合香十束

③ 入△五人力知焉生右

④ 仁開

그 뒤에 간행된 『영암군지』에서는 이 비의 판독 전문을 제시하고 있는 바 이를 소개하면 다음과 같다.7)

① 貞元二年丙寅五月十日?坪行藏內不忘

② 立處有州夫梵歲△合香十束

③ 入△五人力知焉生右

④ 仁開

위와 같은 선학들의 판독문을 발판으로 1998년, 2001년(5월5일)에 실시한 현지 조사를 더하여 전문의 판독을 시도해 보겠다.

제①행은 모두 19자이다. 1~10번째 글자는 선학들의 판독과 동일하게8) 貞元二年丙寅五月十日로 읽는다. 11번째 글자는 偖자로 읽어 왔는데9) 楮자인지 猪자인지 애매했으나 현지 조사의 결과 猪자로 읽는다. 12번째 글자는 선학들의 견해와 같이10) 坪자로 읽는다. 13번째 글자는 行자11) 또는 祀자로12) 읽어 왔으나 外자로 읽는다. 14번째 글자는 香자13) 또는 呑자로 읽어 왔으나14) 삼자로 읽는다. 15번째 글자는 茂자15) 또는 藏자로 읽어

---

7) 영암군군지편찬위원회,『영암군지』상, 1998, 153쪽.
8) 성춘경, 앞의 논문, 1988, 188쪽 ; 송정현·김희수, 앞의 논문, 1990, 59쪽 ; 전라남도, 앞의 책, 1990, 205쪽.
9) 성춘경, 앞의 논문, 1988, 188쪽 등.
10) 성춘경, 앞의 논문, 1988, 188쪽 등.
11) 성춘경, 앞의 논문, 1988, 188쪽 ; 송정현·김희수, 앞의 논문, 1990, 59쪽 ; 영암군지편찬위원회, 앞의 책, 1998, 153쪽.
12) 전라남도, 앞의 책, 1990, 205쪽.
13) 성춘경, 앞의 논문, 1988, 188쪽 ; 영암군지편찬위원회, 앞의 책, 1998, 153쪽.

왔으나16) 여기에서는 후자에 따른다. 18번째 글자는 忘자로 읽어 왔으나17) 여기에서는 毛과 也자가 합쳐진 두 글자로 본다.

제②행은 모두 14자이다. 1번째 글자는 선학들의 판독과 같이18) 立자로 읽는다. 2번째 글자는 處자로 읽어 왔으나19) 자형에 근거해 靈자로 읽는다. 4번째 글자는 州자로 읽어 왔으나20) 三十의 古字인 卅이다. 6번째 글자는 梵자21) 또는 楚자로 읽고 있으나22) 髭자로 읽는다. 7번째 글자는 山자이다. 7번째와 8번째 글자를 합쳐서 歲자로 읽어 왔으나23) 8번째 글자는 茨자이다. 9번째 글자는 자형에 따라 侍자로 읽는다. 10번째 글자는 巾자이다. 12번째 글자와 13번째 글자는 합쳐서 米(=八十八) 또는 舍(=大舍) 추독하기도 했으나24) 여기에서는 두 글자로 나누어서 六자와 口자로 읽을 수 있으나 六口 자체가 두 글자가 아니고, 합쳐서 한 글자로 보아 모르는 글자로 본다. 14번째 글자는 古十의 두 글자로 보는 가설과25) 束자로 읽는 가설이26)

---

14) 전라남도, 앞의 책, 1990, 205쪽.
15) 전라남도, 앞의 책, 1990, 205쪽.
16) 성춘경, 앞의 논문, 1988, 188쪽 ; 송희정·김희수, 앞의 논문, 1990, 59쪽 ; 영암군지편찬위원회, 앞의 책, 1988, 153쪽.
17) 성춘경, 앞의 논문, 1988, 188쪽 ; 송희정·김희수, 앞의 논문, 1990, 59쪽. 영암군지편찬위원회, 앞의 책, 1988, 153쪽.
18) 성춘경, 앞의 논문, 1988, 188쪽 ; 송희정·김희수, 앞의 논문, 1990, 59쪽 ; 영암군지편찬위원회, 앞의 책, 1988, 153쪽.
19) 성춘경, 앞의 논문, 1988, 188쪽 등.
20) 성춘경, 앞의 논문, 1988, 188쪽 등.
21) 성춘경, 앞의 논문, 1988, 188쪽 ; 전라남도, 앞의 책, 1990, 205쪽 ; 영암군지편찬위원회, 앞의 책, 1988, 153쪽.
22) 송희정·김희수, 앞의 논문, 1990, 59쪽.
23) 성춘경, 앞의 논문, 1988, 188쪽.
24) 종래에 香자로 읽어오던 글자로 전후 관계로 숫자이므로 米, 未 등으로 읽어서 각각 八十八 등으로 보기도 했으나 그러한 예가 없고, 大舍의 합자인 舍자의 人 부분을 가로 한 획 더 그은 글자로 볼 수 있으나 관등설은 인명 표기의 위치로 볼 때 성립될 수 없다.
25) 성춘경, 앞의 논문, 1988, 188쪽 ; 송희정·김희수, 앞의 논문, 1990, 59쪽 ; 영암군지편찬위원회, 앞의 책, 1998, 153쪽.

있어 왔으나 여기에서는 후자에 따른다.

제③행은 모두 10자이다. 2번째 글자는 뉬자이다. 3번째 글자는 五자로 읽어 왔으나27) 여기에서는 자형에 따라 平자로 읽는다. 5~10번째 글자는 名力知焉生焉生右로28) 선학들의 견해에 따른다.

제4행은 모두 2자이다. 두 번째 글자는 開자 또는29) 閉자로 읽어 왔으나30) 여기에서는 問자로 읽는다. 이상의 판독 결과를 제시하면 다음과 같다.

① 貞元二年丙寅五月十日猪坪外谷藏內不毛也
② 立靈有卅夫髳山 뉬侍巾合△十束
③ 入뉬平人名力知焉生右
④ 仁問

제①행의 貞元二年丙寅五月十日은 쉽게 해석된다. 貞元二年丙寅은 신라 원성 왕2년(786)이고, 貞元二年丙寅五月十日은 貞元二年丙寅(786) 五月 十日로 해석이 가능할 것이다. 그 뒤 猪坪은 뒤에서 상론하겠지만 국가에 貢物을 바치는 곳이다. 그 뒤는 猪坪外谷藏內不毛也로 끊을 수가 있다. 이는 '猪坪 바깥 谷藏안의 不毛에 비를 세웠다.'로 해석된다. 이 경우 谷藏의 정확한 뜻은 알 수가 없으나 고상 창고를 가리킬 가능성이 있다. 不毛은 지명으로 판단된다. 不毛은 영암 구림리의 비석거리 일대로 짐작되고, 猪坪은 인근의 坪里와 관련될 수도31) 있겠다.

26) 전라남도, 앞의 책, 1990, 205쪽.
27) 성춘경, 앞의 논문, 1990, 188쪽.
28) 성춘경, 앞의 논문, 1988, 188쪽 ; 송희정·김희수, 앞의 논문, 1990, 59쪽 ; 영암군지 편찬위원회, 앞의 책, 1998, 153쪽.
29) 성춘경, 앞의 논문, 1988, 188쪽 ; 송희정·김희수, 앞의 논문, 1990, 59쪽 ; 영암군지 편찬위원회, 앞의 책, 1998, 153쪽.
30) 전라남도, 앞의 책, 1990, 205쪽.

두 번째 단락은 立靈有卅夫髡山荍侍巾△十束이다. 이 부분은 이 비에서 가장 중심이 되는 부분이나 읽을 수 없는 글자가 포함되어 있어서 해석에 많은 어려움이 따르고 있다. 靈자는 『삼국사기』 지리지에 따르면, 경덕왕 17년(758)에 月奈郡을 靈岩郡으로 이름이 바뀐 靈岩을 의미하는 것으로 판단된다. 그 다음 侍巾은 『천자문』에 나오는 구절이다. 곧 '老小異粮 妾御績紡 侍巾帷房 紈扇貞潔'의 부분이다. 이 侍巾은 『좌씨춘추』 僖22에 나오는 '寡君之使 婢子侍執巾櫛 以固字'의 侍執巾櫛의 준말이기도 하다. 이는 '아내가 남편의 좌우에 모시고 헝겊으로 만든 수건과 빗을 가지고 容儀를 가지런히 하는 일'을 가리킨다. 위의 妾御△△△績紡侍巾帷房이란 구절을 '아내는 길쌈을 하고 시건하고 유방(방에 커튼을 치는 것)한다'로 서당에서는 해석해 왔다. 그런데 786년 당시 한문이 아닌 이두로 적던 이 비의 찬자는 위와 같은 고전적인 지식은 없을 것으로 판단된다. 侍巾은 간단히 頭巾으로 해석할 수도 있다. 두건은 말꼬리로 만드는 것도 가능할 것으로 사료된다. 이제 侍巾의 앞 글자인 荍자를 검토할 차례가 되었다. 逃자를 조선시대의 고문서에서는 흔히 초체로 적고 있다. 그렇다면 荍자는 逃자의 초체가 되는 것도 가능하나 현재의 한자사전에는 없는 글자인 점이 문제다. 결국 신라의 造字로 볼 수밖에 없다. 이 글자는 남산신성비와 명활산성비에도 보이고 있다.32) 이 부분을 해석하면 '靈(岩)에 있는 30夫는 곤산의 荍侍巾이 모두 △10束이다.'가 된다.

마지막 단락은 入炏平人名力知右仁問으로 '入炏平人의 이름은 力知, 焉生, 右仁問이다'로 해석된다.

---

31) 평리는 자연부락 명칭이고, 행정 명칭으로는 노갑리2구에 해당된다.
32) 여기에서는 산성에 있는 어떤 건물이나 장소를 뜻하는 것으로 짐작될 뿐이다.

3. 猪坪制

다 아는 바와 같이 고대 중국의 세제는 당나라 때 租庸調로 완성되었다. 租는 수조권을 나타내고 있으며, 보통 地貸로 수확량의 1/10을 내는 什一租가 그것이다. 庸은 軍役과 徭役을 가리키며 보통 丁男(16~60세)이 담당해 왔다. 調는 貢物 또는 特産物 등으로 부르고 있다. 이 가운데 調에 관련된 자료로는 경주 월지 목간에서 그 포문이 열리게 되었다.[33] 우선 설명의 편의를 위해 관계자료인 207호 목간부터 적기하면 다음과 같다.[34]

앞면 ① (缺)△坪捧彡百世一品上(缺)
뒷면 ① (缺)九月五日△△知△△△
     ② 辛 (목간의 크기 11×3.6×0.5㎝)

이는 '△坪에서 牛百世一品上~했는데, 곧 九月 五日에 △△知(인명) △△△했다. 辛=大干이다.'로 해석된다. 이 가운데 彡를 貂의 신라식 약자로 보고서 담비로 해석하고 있으나[35] 청동 사발 문서의 彡尾와 牛百世一品上으로 볼 때 따르기 어렵고,[36] 오히려 가축으로 보아서 말로 보는 쪽이 좋을 듯하다.

위의 연구 성과에 따를 때[37] 猪坪은 신라에서 국가에 바치는 調에 관계되는 두건을 생산하는 곳의 특수한 지역명으로 판단된다.[38] 비문에 나오는

---

33) 윤선태, 「신라 통일기 왕실의 촌락지배」, 서울대학교 대학원 박사학위논문, 2000.
34) 윤선태, 앞의 논문, 2000, 86쪽에 월지 출토 29번 목간으로 부르고 있다. 이에 대한 사진은 고경희, 「신라 월지출토 재명유물에 대한 명문 연구」, 동아대학교 석사학위논문, 1993, 98쪽에 실려있다. 앞면①과 뒷면②는 음각되어 있고, 뒷면① 은 묵서이므로 추기일 가능성도 있다.
35) 윤선태, 앞의 논문, 2000, 115쪽.
36) 彡百世一品을 담비 꼬리의 수라면 당시에는 △坪에서 그 많은 수의 담비를 잡아서 상납할 수가 없다.
37) 윤선태, 앞의 논문, 2000, 86쪽.

合△十束도 '모두 △10束이다.'로 해석되며, 이는 貢物의 양이 된다. 이 공물은 영암에서[39] 바닷길로 울산까지 가서 다시 육로로 경주에까지 운반한 것으로 보인다.

4. 맺음말

먼저 비문의 판독 부분에서는 선학들의 판독문을 바탕으로 두 차례에 걸친 현지조사 내용을 더해 전문을 판독하였다.

다음으로 비문의 내용에서는 비문을 3단락으로 나누어서 해석하였다. 전문을 해석하면 다음과 같다.

> 貞元二年丙寅(원성왕2년, 786) 5월 10일에 猪坪 바깥 谷藏 내의 不毛에 (비를) 세웠다. 靈(岩)에 있는 30명의 夫가 (만든) 곤산 茶侍巾은 모두 △十束이다. 入岺平人의 이름은 力知, 焉生, 右仁問이다.

마지막으로 猪坪은 두건이란 貢物을 생산하는 곳이다. 비석에 있어서 貢物에 관련된 비석은 삼국시대, 통일신라시대, 고려시대 등에도 없으므로 문화재로 지정하여 보호하는 것이 타당할 것이다.

* * *

이 글을 탈고한 뒤 다음과 같이 전문을 판독하고 이를 해석한 견해가 나왔다.[40]

---

38) 전남 담양의 개선사 석등기에 石保坪이란 구절이 보인다.
39) 9~10세기 선승들의 입당 항구가 會津으로 이는 영암 구림리 상대포의 맞은편에 있다.

제①행 貞元二年丙寅五月十日㝎坪行吞藏內不忘
제②행 立處有州夫梵萊△ 合香十束
제③행 入苑三人名力知 烏生 右
제④행 仁開

이를 다음과 같이 행별로 해석하였다.

제①행 '貞元 2年(786, 丙寅年) 5月 10日에 㝎坪이라는 곳에 가서 (향을) 안에 감추어 숨겼다. 잊지 마라.'
제②행 '州에 무릇 梵萊△이 있는데 (그) 곳(處)에 비를 세웠다. 十束의 香을 합하였다.'
제③행 '동산에 (비석을 세우기 위해) 들어간 3인의 이름은 力知 烏生 右이다.'
제④행 '(세상이) 어질 때 열어라.'

이 판독문은 고치지 않고, 전문이 한문이 아닌 이두로 보고서 해석을 시도해보면 다음과 같다.

'貞元二年丙寅(786) 五月 十日에 㝎坪으로 가는 吞藏의 안을 아니 잊고, 서있는 곳에 있는 州의 무릇 梵萊△는 合이 香 十束이다. 들어간 苑의 세 사람 人名은 力知, 烏生, 右仁開이다.'가 되어 埋香과는 관련이 없다.

---

40) 성윤길, 「현존 최고의 매향비 ; 영암 정원명 석비」 『문화재』 91, 2021.

제5절 新羅壽昌郡護國城八角燈樓記의 호국성 위치

1. 머리말

 통일신라 말기 곧 주로 후삼국시대(900~936)에 대구지역의 지배층이나 평민이나 천민 등의 역사나 사람에 대한 자료는 『삼국사기』·『삼국유사』 등의 문헌에는 전혀 보이지 않고 있다. 곧 문헌에서는 대구인 壽昌郡 자체에 대한 것은 『삼국사기』 지리지를 제외할 경우,[1] 관련되는 부분에 대해서는 하나도 언급조차 없다. 통일신라 말기 동아시아의 대학자인 孤雲 崔致遠(857~?)이[2] 효공왕 13년(909)이나 그 이후에[3] 지은[4] 「新羅壽昌郡護國城八角燈樓記」에[5] 대구지방(수창군)의 이때의 상황이 유일하게 잘 표현되어[6] 있다.[7] 이 자료에 대해서는 별로 주목을 받지 못하다가 1980년

---

 1) 『삼국사기』 지리지에 대구지역에 대해서 무엇이 나오는 게 아니고, 지리지의 언급이 후삼국시대의 지명을 포함한다는 뜻으로 하도 그 예가 없어서 억지로 그렇게 보았다.
 2) 孤雲 崔致遠 하면 생각나는 것은 討黃巢檄文뿐이다. 그 내용은 본 적이 없어서 무엇이라고 말하기가 어려우나 이 격문이 당나라 시절에 중국 천지를 뒤흔들었던 명문으로 알려져 있다.
 3) 종래에는 효공왕 12년(908)으로 보아오기도 왔으나 신라수창군호국성팔각등루기의 본문 내용에서 보면 효공왕 13년(909) 11월 4일이후인 것으로 판단된다. 이 등루기를 지은 시기가 909년경으로 보여서 현존하는 최치원이 지은 글 가운데 거의 연대가 확실한 최후의 작품으로 보인다.
 4) 이는 명문장이라고 생각되어서 『東文選』 권64에 採錄되었다.
 5) 이하 특별한 경우가 아니면 新羅壽昌郡護國城八角燈樓記를 전부 등루기라고 줄여서 설명의 편의상 약칭하기로 한다.
 6) 최치원의 해인사 은거는 이문기, 「신라말 대구지역의 호족 실체와 그 행방-신라수창군호국성팔각등루기의 분석을 통하여-」 『향토문화』 9·10, 1995, 77쪽 ; 이기동,

대부터 이 등루기에 대한 언급이 시작되었다. 異才를 6두품 신분으로 수창군 태수로8) 파견되었다가 호족으로9) 변신했다고 본 가설이 있고,10) 나말에 성장한 豪富層이 자위 무장조직을 갖추는11) 하나의 사례로서 언급되기도 하였다.12)

그 뒤에 이재의 정치적 경향이 친신라적이었음을 지적하기도 하였는데,13) 이에 관한 최초의 전론이 대구에서 공부하고 대학교수로 이곳에 살고 있는 한국고대사학자에14) 의해서 드디어 1995년에 나왔다.15) 그

「최치원」, 『한국사시민강좌』 35, 2004, 125쪽 ; 김선주, 「최치원 찬술 국왕 표문의 작성시기와 배경」, 『신라사학보』 56, 2022, 127~130쪽 등에서 모두 898년이라고 했으므로 등루기는 최치원이 해인사에 있을 때 지은 것이다. 해인사 은거 시기인 898년의 근거가 궁금하다.

7) 이 등루기는 3차례에 걸쳐서 번역되었으나 임창순, 「신라 수창군 호국성 팔각등루기」, 『국역 동문선』 IV, 1963을 사용하였다. 여기에서는 주로 이 번역본을 참고하면서 이용하였다.

8) 이재가 수창군태수를 역임했다는 뚜렷한 증거는 없는 것이고, 그렇게 추측할 뿐임으로 재고의 여지가 있다.

9) 이재는 신라에 충성을 했다고 등루기에 나와서 호족설은 문제가 있는 듯하다. 특히 친신라적 호족설은 문제가 더 큰 것 같다. 왜냐하면 900년 전후 아니 통일신라의 멸망 때까지 현재의 대구인 수창군은 신라영토이었기 때문에 더욱 그러하다. 당시 수도였던 경주의 6두품이나 대구의 6두품 모두가 친신라적 호족은 아니고 신라의 충신일 뿐이다. 대구지역은 935년 고려에 통합될 때 고려 영토가 되었고, 그 이전에는 935년까지 신라의 영토였다. 이에 대해서는 「신라수창군호국성팔각등루기의 이재의 호족설 비판」이 곧 발표될 예정이다.

10) 윤희면, 「신라 하대의 성주·장군」, 『한국사연구』 39, 1982 ; 이순근, 「나말여초 '호족'용어에 대한 연구사적 검토」, 『성심여자대학논문집』 19, 1987.

11) 성급한 결론으로 보인다. 등루기 어디에도 호국의영도장이재가 무장을 했다는 구절은 보이지 않기 때문이다.

12) 채웅석, 「고려전기 사회구조와 본관제」, 『고려사의 제문제』, 1986, 347쪽.

13) 김윤곤, 「大邑중심의 군현제도 정비와 대구현의 변천」, 『대구시사』 1, 1995 ; 이문기, 「통일신라시대의 대구」, 『대구시사』 1, 1995 ; 이영호, 「불교의 융성과 대구」, 『대구시사』 1, 1995.

14) 대구지역의 향토사에 대해서는 누구보다도 아는 것이 많을 것인데도 불구하고, 등루기에 대한 5편의 논문 가운데 3편이 등루기에 나오는 호국성에 대한 위치 비정인데도 그 위치가 사뭇 다르기 때문에 그의 가설에 대한 신뢰가 없게 만들고 있다.

뒤에 최근까지 다른 학자들을 포함해서 모두 8편 가까운16) 논문이 새로 더 나왔다.17) 모두가 주로 호국성과 팔각등루로 나누어서 그 위치 비정을 해왔으나,18) 그 가설도 논자마다 다 달라서 어느 것이 진짜로 호국성과 팔각등루의 위치에 합당한지를 헷갈리게 하고 있다. 곧 쟁점이 된 호국성의 위치가19) 多岐한 견해로 나와 있어서 지금까지의 가설에서는 전혀 어디인지를 확실히 알 수 없다. 이러한 상황 속에서 이 논문은 어디까지나 대구지역의 향토사의 일환으로 아주 조금만 연구되는 것일 뿐으로, 귀중한 논문을 썼다고 그렇게 확대해서 해석할 필요는 전혀 없을 것이다. 등루기에 나오는 호국성의 위치 비정에는 과감한 사고방식의 전환이 필요한 것 같다. 왜냐하면 지금 상태로는 새로운 논문이 나와도 9가지 가설에서 크게 벗어날 수 없을 것이고, 호국성의 비정에 대해서는 학자들의 百家爭鳴이기 때문이다.

필자는 지금은 伊西國이20) 있었던 청도 이서 칠곡1리에 살고 있지만21)

---

15) 이문기, 앞의 논문(향토문화), 1995.
16) 이에 대해서는 다음 장에서 지금까지 나온 가설의 간단한 소개와 그것에 관련되는 내용을 요점만 추려서 일일이 매거할 예정이다.
 이밖에 이문기, 「『신라 수창군호국성 팔각등루기』로 본 신라 말 대구 호족 이재」 『신라 하대의 정치와 사회 연구』, 2015 ; 이문기, 「崔致遠의 현실 인식과 新羅壽昌郡護國城八角燈樓記의 찬술 배경」 『신라사학보』 50, 2020 등이 있다.
17) 한기문, 「고려 태조대 '대구 달성'지역의 불교계의 동향」 『한국중세사연구』 52, 2018에서는 등루기에 반영된 통일신라말의 대구지역의 불교 의례·사상과 불교계의 동향에 대해 상세하게 살피고 있다. 여기에서는 대구 수창군의 이재는 927년 11월 공산전투를 할 때 왕건 태조나 후백제 견훤에게 귀부하지 않았다고 한다. 곧 신라정부와 같이 어느 편도 들지 않았다고 한다. 이재가 통일신라말기인 후삼국시대의 신라충신이었음이 실제로 증명된 셈이다.
18) 몇몇 논문에서는 호국성과 팔각등루를 나누어서 그 위치를 찾고 있으나 대부분의 연구에서는 호국성이 어디인지에만 신경을 써서 그 위치만을 언급하고 팔각등루의 위치에 대해서는 언급조차 없는 경우노 있나. 이는 살못된 방법이다.
19) 등루기에서의 호국성의 위치를 중요시하는 까닭은 이것이 대구지방의 후삼국시대 향토사 연구의 일환으로서 궁금할 뿐만 아니라 중요한 주제이기 때문이다.
20) 『삼국유사』권1, 기이1, 味鄒王 竹葉軍조에 이서국이 金城에 쳐들어 와서 싸웠다고 하고 있으나 의외로 청도군 이서면에는 5세기에 멸망한 부여에 고총고분이 없는

반평생에 걸쳐서[22] 대구지역에 살면서 대구를 사랑하기에 나온 옛날의 애향심으로 인해서 쓴 것이다. 그래서 등루기를 연구해야 되는 책임감도 전혀 없고, 의무감도 전혀 없고, 부담감도 전혀 없고, 공부를 조금 했다고 자랑하는 것도 아니고, 그저 좋아서 즐기면서 쓰는 것일 뿐이다.[23]

여기에서는 먼저 지금까지의 연구에서는 호국성에 대한 위치 비정을 중심으로 지금까지의 가설을 전부 소개하겠다. 다음으로 등루기의 주인공인 팔각등루에 대한 것을 등루기의 내용에서 찾아서 검토해 보겠다. 그 다음으로 호국성이 도대체 무엇이기에 등루기에 6번이나 나오고, 거기에 대해서 불교와 관련된 美辭麗句로 적혔는지를 조사하여 그 정체를[24] 정확히 밝히겠다. 마지막으로 호국성의 위치에 대해서는 등루기를 충실히 조사하여 고고학적인 관점에서 언급하고자 한다.[25]

것과 마찬가지로 고총고분이 없어서 고고학적으로는 하나의 수수께끼이다.
21) 정확한 주소는 경북 청도군 이서면 칠곡길212(칠곡1리60-2)이다. 지금도 장차는 대구에 가서 살기 위해서 대구에 아파트를 사 놓고 있다.
22) 40년 이상을 대구에서 살았고, 대구에서 학창시절의 대부분을 보냈고, 대구여자상업고등학교 등에서 직장 생활을 하였다.
23) 신라수창군호국성팔각등루기의 호국성 위치 문제에 대한 필자의 마지막 논문이 되기를 빌 뿐이다. 아직도 금석문이랑 목간이랑 고문서 등 1차 사료에 대한 것도 공부를 다 못했는데 향토사에 얽매어 있을 필요가 없다고 생각하기 때문이다.
24) 지금까지는 호국성을 단순하게 성이나 보로 일률적으로 글자그대로만 파악해왔기 때문에 그 정체를 정확히 아는 데 실패하였다.
25) 허흥식, 『한국금석학개론』, 2020, 603쪽에 '최치원이 지은 문경 봉암사 지증대사비에는 당시의 선종산문의 포괄적인 14산문에 대한 서술을 남겼다. 또한 같은 작가의 신라수창군호국성팔각등루기에는 다수 이론을 제공한 학파에서 실천을 바탕으로 하여 사원의 기반으로 종파를 편성하여 전환하는 과정의 기록이 들어있다'고 하였던 바, 경청할 만한 견해로 보인다.

2. 지금까지의 연구[26]

1) 燕岩山說

등루기에 대한 전론에 관한 논문은 학창시절부터 현재까지 대구에 살고 있는 한국고대사학자에 의해서 1995년 최초로 세상에 나왔다.[27] 여기에서는 등루기의 찬술 당시에 이미 古城으로 인식되었던 達佛城(달성공원)이[28] 호국성의 서쪽에 있고,[29] 그 동쪽에 獐山이 있다는 등의 방위 기록이 비교적 정확한 점에 이끌려 호국성의 후보지로 砧山과 燕岩山을 상정한 후 유보적이긴 하지만 연암산일 가능성을 제기하였다.

팔각등루의 위치에 대해서는 南嶺에[30] 주목하여 '호국성의 남쪽에 위치

---

26) 이 장은 이문기,「대구 수창군 호국성 팔각등루기의 '호국성'과 '팔각등루'의 위치에 대한 신고찰」『역사교육논집』84, 2023에서 간단하게 요점만 발췌하였다. 매거의 순서는 대체로 발표순서인 연대순에 의거해서 논하기로 한다.
27) 이문기, 앞의 논문(향토문화), 1995. 이문기 교수는 현재까지 우리나라에서 신라수창군호국성팔각등루기에 대한 논문 5편을 쓴 이 분야에 대한 최고 권위자이다.
28) 달성공원은 거기에서 3세기 유물도 나와서 유적 자체가 처음부터 천연적으로 대략 달성공원의 모습을 했을 가능성이 있다고 고고학계에서는 보아왔으나 경주의 월성이 금성(금성에 대해서는 조성윤,「고고자료로 본 金城의 위치 시론」『신라문화유산연구』6, 2022 참조)에 있으면서 새로 축성해 488년에 이궁한 것으로 보면 경주 월성과 마찬가지로 4~5세기경에 축성했을 가능성이 더 크다고 생각된다. 종래 달성토성, 신천지류, 비산동·내당동의 고분군과 경주의 읍남고분군, 남천, 북천, 서천의 내, 월성을 각각 3박자로 보아 왔으나 최근의 발굴 성과에서 경주 월성 발굴 결과 인위적으로 축성한 것이 드러나 달성토성도 그 당시의 사람들이 직접 축성한 것으로 보인다. 달성이 4~5세기에 축성했다면 가장 중요한 것은 흙을 구하는 데 주위에 산이 있었는지 여부, 원래 지형이 달성의 외형과 비슷했는지 여부 등이다. 경주 월성에서는 서천쪽에 천연 절벽이 있어서 월성을 현재의 자리에다가 축성하였다. 달성도 축성의 가능성이 높아서 앞으로의 발굴조사가 기대된다.
29) 이는 잘못된 비정이다. 이문기, 앞의 논문, 2023, 212쪽의 호국성과 주변 지명의 상대적 위치 개념도에 따르면 호국성의 서남쪽(?)에 달불성이 있다.
30) 이문기, 앞의 논문, 2023, 217쪽에서는 남령을 '호국성의 성밖 남쪽에 있는 人馬가 오갈 수 있는 고개'로 보았다. 그러면 호국성의 남쪽에 팔각등루가 있게 되나 호국성이 팔각등루를 품지 않아서 잘못된 비정이다.

한 그리 높지 않은 고개'로 추론하여 대구 분지 안에 작은 구릉인 대구시 중구 봉산동에 소재한 連龜山(=月見山=오포산)으로[31] 보았다.[32]

2) 大德山城說

大德山城說은 2001년에 나온 가설이다.[33] 호국성이 대덕산성이고, 그 성안의 고갯길에 곧 팔각등루가 세워진 남령으로 보았다. 여기에서는 호국성 남쪽에 농토가 있다는 사실조차 반영하지 않고 있어서 호국성의 위치나 팔각등루의 위치가 모두 잘못된 것으로 일고의 가치도 없는 것이다.[34] 그러나 등루기의 제기에 의해 제기된 신라 안에 수창군이[35] 있고,

---

31) 連龜山은 종래에 전부 연귀산이라고 하였다. 인터넷에서도 연귀산이라고 해야 나오지 연구산이라고 해서는 나오지 않는다. 고려시대 龜州大捷도 귀주대첩이지 구주대첩이 아니다. 따라서 여기에서는 연귀산이라고 읽는다. 대구제일중학교 교정에 있는 거북바위는 머리를 앞산 쪽으로, 꼬리를 팔공산 쪽으로 하고 있는 紫色 사암으로 만든 거북바위인데, 이곳은 비슬산과 팔공산의 지맥을 통하게 한다는 뜻에서 연귀 또는 연귀산이라 불렀다.

32) 이렇게 호국성과 팔각등루를 다른 곳에 있다고 보면 호국성은 사람들이 살고 있어서 지킬 필요가 없으나 팔각등루는 홀로 건물만 있어서 지키는 사람이 필요하다. 밤낮으로 지켜야 되므로 인건비가 많이 들게 된다. 울타리를 만들어서 잘 지은 팔각등루를 지키면 울타리가 미관을 해치게 된다. 호국성이 등루기의 제기에 따라 팔각등루를 품게 되면 이 문제가 해결될 수가 있게 된다.

33) 김창호, 「신라수창군호국성팔각등루기의 분석」 『고문화』 57, 2001 ; 『한국 고대 불교고고학의 연구』, 2007에 재수록.

34) 항간에 어떤 주제에 대해서 나온 논문들 가운데 다 맞는 논문도 없고, 다 틀린 논문도 없다는 우스개소리를 경청할 필요가 있을 것이다. 곧 지금까지 나온 등루기에 관한 논문도 자기의 주장이 다 맞는 논문은 하나도 없을 것이다. 이문기, 앞의 논문, 2023에서는 자기 논문이 맞다는 것을 주장하기 위해서 지금까지 나온 8편의 논문을 전부 틀렸다고 하고서 자기 논지를 펴고 있다. 비판하고 나서는 자기 주장도 틀릴 수 있다는 생각은 왜 하지 않았는지가 궁금하다. 『성경』에 비판받지 않으려거든 비판하지 말라는 구절이 생각난다.

35) 壽昌郡은 지금의 수성구를 중심으로 대구광역시의 전신이 되는 신라시대 喟火郡의 행정구역으로, 통일신라시대에 존재했던 행정구역이었다. 속현으로는 지금의 대구광역시 중구 일대인 達句火縣, 지금의 대구광역시 북구와 칠곡군 일대인 八居里縣, 지금의 달성군 하빈면을 치소로 하는 河濱縣, 지금의 달성군 화원읍을

수창군 안에 호국성이 있고, 호국성 안에 팔각등루가 있다는 가설은 아직도 생명력이 있는 듯하다.

3) 大邱邑城說

2015년에 한국고대사학자에 의해서 새로 나온 가설로 등루기의 호국성 경관 묘사가 '실제 모습과 상관없이 최치원에 의한 상투적인 수사일 가능성이 크다.'는 가정아래 조선후기의 대구읍성을 호국성으로 비정하였다.[36] 물론 팔각등루는 대구시 중구 봉산동에 소재한 연귀산에 있는 것으로 계속해서 확정적으로 언급하고 있다.[37]

4) 古城洞說

2019년 현재 대구에 살고 있으며, 한국중세사 특히 고려시대를 전공한 사학자에 의해 나온 가설이다.[38] 등루기에서 방위로서 주변 지명 위치를 나타낸 부분을 특별히 주목하여, 호국성이 달불성(달성공원)의 동북쪽, 천왕지(현재 매립되어 서문시장으로 바뀐 천왕당지)의 서북쪽에 위치해 있었다는 전제아래『한국지명유래집』에 전하는 古城洞이라는 행정구역명의 유래를 핵심 근거로 삼아 호국성이 고성동에 있었다고 주장하였다.
팔각등루의 위치는 남령을 찾는데 중요하다고 하면서 고성동과 성불산 사이에 있는 연귀산으로 조선시대 자료를 인용하면서 보았다.[39]

치소로 하는 花園縣이 있었다.
36) 이문기,「신라수창군호국성팔각등루기로 본 신라말 대구 호족 재론」,『동방한문학』63, 2015.
37) 이문기, 앞의 논문(동방한문학), 2015, 178~179쪽.
38) 최정환,「신라 수창군 호국성 팔각등루기의 새로운 고찰」,『대구사학』136, 2019.
39) 최정환, 앞의 논문, 2019, 26~28쪽.

5) 檢丹土城說

2021년에 고려시대 전공인 한국중세사 학자에 의해 새로 나온[40] 이 가설의 주된 논거는 두 가지로 집약된다. 하나는 호국성이 달불성(달성공원)의 동북쪽에 위치해야 한다는 것이고, 다른 하나는 최치원이 등루기에서 묘사한 호국성의 경관이 검단토성과 잘 부합한다는 것이다. 위의 양자를 종합하여 호국성이 위치할 곳의 충족 조건을 4가지로 정리하였다.

첫째로 호국성은 달불성의 동북쪽에 있어야 한다. 둘째로 義堡를 축성하였다고 하므로 堡(작은 성)가 있어야 한다. 셋째로 강물에 임하여 절벽 같은 곳이 있어야 한다. 넷째로 우뚝 솟아 긴 구름같이 보이는 곳이 있어야 한다.[41] 이러한 조건들을 가장 잘 충족하는 곳이 검단토성이므로 호국성을 검단토성에 비정한다는 가설이다.

여기에서는 팔각등루가 건립된 남령을 현재 성광중고등학교 남쪽의 우뚝 솟은 산봉우리에서 대불지(배자못)로 넘어가는 고개로 비정하고 있다.[42]

6) 龍頭山城說

용두산성설은 고대 성곽 연구 전문가에 의해 2022년에 제기된 가설이다.[43] 여기에서는 먼저 등루기에 묘사된 호국성의 성곽으로서의 특징을

---

40) 최정환, 「호국성 팔각등루를 세운 위치 재검토와 그 설립의 필요성 고찰」, 『글로벌 최치원의 호국성 팔각등루기와 선사암』, 2021.
41) 셋째와 넷째의 조건은 다음과 같은 구절에 근거한 것이다. 그 구절을 들면, 물 흐름을 굽어보며, 우뚝 서 있는 모습이 깎아지른 절벽과 같았고, 험한 산을 등지고 곧게 솟은 모습이 긴 구름과 같았다로 번역되는 것으로 한문 특유의 과장법이다. 黃塵萬丈이라고 하지 않는가? 이를 포조의 무성부를 예로 들어가면서 사실이 아니다라고 한 것도 지나치다. 왜냐하면 중국 한문 특유의 과장법이어서 최치원이 스스로 생각해서 지었을 수도 있기 때문이다.
42) 최정환, 앞의 논문, 2021, 165~184쪽.

첫째로 팔각등루의 조성시기 : 908년 10월~11월 4일 이전(신라 하대),[44] 둘째로 축조 위치 : 남쪽 고개, 배후에 산이 이어지고 성곽 옆에는 강이 흐름(강변성),[45] 셋째로 주변 유적 : 서쪽 세 곳의 연못(수리시설), 서남쪽 (?)에 달불성(달성공원), 넷째로 성곽 형태 : 구릉 정상부를 길게 감싼 보루(소규모 보루성), 다섯째로 성내 시설 : 전망 좋은 장소에 만든 팔각등루 시설(積石望樓) 등 5가지로 정리하였다. 대구지역의 고대 성곽들이 조건에 부합하는지 여부를 살핀 결과. 그 가운데 용두산이 가장 많은 조건을 충족하고 있으므로 용두산성이 곧 호국성이라고 주장하였다.[46]

용두산성의 남쪽 모서리에 너비 28m, 높이 8m의 적석망루가[47] 남아 있는데, 이 시설의 기단부가 팔각을 이루고 있다는 점을 근거로 이를 팔각등루라고 보았다.[48] 용두산성의 적석시설은 대구지역의 고대 산성 유적인 문산리성지, 죽곡리성지,[49] 위천리성지 등에서도 발견되었으며,

---

43) 조효식, 「신라 성곽 연구-수창군 호국성의 위치 비정-」『신라문물연구』 15, 2022.
44) 908년 10월에 팔각등루가 건립된 시기이고, 908년 11월 4일은 완공된 팔각등루의 건립을 경축하는 齊가 열렸던 날이다.
45) 강변성이라는 주장은 이문기 교수의 비판과 같이 최치원의 과장법에 속아서 나왔고, 대구에는 신천이 있을 뿐, 금호강이 있으나 남령에서는 너무 멀어서 그쪽에 호국성을 비정할 수는 없다.
46) 조효식, 앞의 논문, 2022, 74쪽에서는 신라하대 유물인 병과 태선문 항아리파편을 지표에서 수습해서 증거로 제시하고 있다. 병은 9세기 유물이라서 908년 유물일 수 있을지 여부는 잘 알 수가 없고, 태선문 항아리파편도 908년경이라고는 단정할 수가 없다. 곧 태선문 항아리파편은 고려 초일 가능성도 있는 듯하다.
47) 적석망루로는 망루에 등루기에 나오는 것처럼 법등을 달아서 불을 밝힐 수가 없고, 호국성을 지킬 수가 없다. 적석망루가 무엇이기에 법등을 달 수도 없고, 올라갈 수도 없는 데에도 불구하고 신라수창군호국성팔각등루기의 기문을 도대체 어디에 단다는 말인지가 궁금하다. 적석망루는 팔각등루가 아니다.
48) 조효식, 앞의 논문, 2022, 75~77쪽. 팔각누부는 지하인 기초부분만 돌로 만들었지만 그 위에 있는 지상은 목재로 만들었을 것이다. 그래서 목재로 만든 지상의 층은 거의 모든 층을 올라갈 수 있었을 것이다.
49) 이 적석시설은 연접한 고총고분의 연대로 볼 때 5세기 중엽~5세기말 경으로 추정된다고 판단될 수가 있다.

비슷한 외형을 가진 적석시설이 확인되었다고 한다.50)

7) 大邱邑治土城遺址說

2023년에 현재 대구에서 살고 있는51) 한국고대사학자에 의해서 3번째로 새롭게 나온 것이며,52) 심혈을 기울여서 쓴 장대한 것으로 그 분량만 해도 71쪽이나 되는, 등루기에 관한 지금까지 나온 논문 가운데 가장 긴 야심찬 논문인 듯하다. 등루기의 재음미를 통해 호국성과 남령 곧 팔각등루의 위치를 비정하였다. 여기에서는 먼저 등루기에 근거하여 호국성과53) 남령(팔각등루)의 위치를 치밀하게 조사하였다. 그에 필요한 사항은 다음과 같다. 첫째로 호국성은 堡로도 칭해지는 작은 규모의 성곽이었다. 둘째로 등루기에 나오는 호국성의 경관은 최치원이 실경을 묘사한 것이 아니라54) 중국 문인의 작품 속 한 구절을55) 차용하여 작문한 것이다.

---

50) 조효식, 「낙동강 중류의 삼국시대 성곽의 분류와 특징」 『고문화』 67, 2006, 85~87쪽.
51) 연암산설, 대덕산성설, 대구읍성설, 고성동설, 검단토성설, 大邱邑治土城遺址說의 6가지 가설은 대구에서 살거나 살았던 사람에 의해 제기된 학설이다. 이것만 보아도 호국성의 위치 문제가 대구향토사와 직결됨을 쉽게 알 수가 있다.
52) 이문기, 앞의 논문, 2023.
53) 이문기, 앞의 논문, 2023, 193쪽에서는 호국성은 9세기말 수창군의 새로운 지배자로 자리 잡은 호국의영도장 이재가 자신과 가족이 거처하는 거성이자 수성군 지역을 통치하는 치소성으로 새로 축조한 성이었다. 그러므로 건축면에서도 위세를 드러내는 政廳 등의 건물이 성내에 필수적으로 존재했다고 보아야 한다고 강조하고 있다. 이재의 공식 직함은 호국의영도장으로 壽昌郡太守도 아니면서 수창군의 치소성을 새로 짓는다고 해석하는 것은 따르기 어렵다. 護國義營都將이란 직함은 護國(城)이란 성을 의롭게 경영하는 都將이란 뜻은 아닌지 궁금하다. 도장을 이문기, 앞의 논문(동방한문학), 2015, 162쪽에서는 將軍과 같은 것으로 보아서 호족으로 보고 있으나 도장이 장군이 되는 그러한 예가 없어서 따를 수가 없는 문제이다. 후삼국시대에 있어서 도장이란 직함은 1차 사료에서는 처음 나온 것으로 주목해야 할 것이다.
54) 이 지적은 필자로 하여금 호국성이 수사법상으로 과장법이라는 결과를 추론하는 데 있어서 결정적인 역할을 했다.

따라서 등루기의 경관 서술이 호국성의 비정의 근거가 될 수는 없다.[56) 셋째로 등루기의 주변 지명인 달불성, 불산, 마정계사 등에 대한 방위 기록은 신빙성이 높은 자료이다. 이를 호국성과 팔각등루의 위치 비정에 적극적으로 활용할 필요가 있다. 넷째로 호국성과 팔각등루의 축조 시기가 각각 898년과[57) 908년인[58) 사실에 유의해야 한다. 이는 고고학적인 조사에서 호국성과 팔각등루의 위치를 확인하는 결정적인 기준이기 때문이다.

호국성의 위치는 지금까지 알려지지 않고 대구읍성보다 앞선 시대의 대구읍치의 土城遺址로 비정하였다.[59) 이 성곽은 18세기 전반에 대구읍성

---

55) 중국 남조 유송대(420~479)의 鮑照(416?~466)의 散文의 한 종류로 보이는 무성부를 들었다. 여기에 나오는 우뚝 서 있는 모습이 깎아지른 절벽과 같았고[崒若斷岸], 곧게 솟은 모습이 긴 구름과 비슷했다[矗似長雲]고 한 것이 그것이다. 이 구절이 등루기에 나오는 臨流而屹若斷岸 自險而矗如長雲과 비슷하다는 것이다. 그래서 등루기의 기술이 호국성의 위치 비정의 근거가 될 수 없다고 해석한 것은 성급한 결론으로 보인다. 그러면 이 등루기에 대한 연구자들 모두가 호국성의 비정을 등루기를 분석해 찾고 있는 것은 등루기의 내용을 믿기 때문일 것이다. 곧 포조의 무성부를 인용했더라도 등루기에 나오는 중요한 지명이 혼란에 빠지도록 하지는 않도록 글을 최치원이 신중하게 지었을 것으로 믿는 바이다.
56) 이러한 비판은 설득력이 있는 듯하나 중국 한문 특유의 修辭法上의 과장법이므로 포조의 무성부를 예로 동원하지 않아도 될 것이다.
57) 898년이 호국성의 축조 시기인 줄은 잘 알 수가 없다. 아마도 추정한 것으로 보인다. 등루기에서 능히 한 경내를 편안히 하는데 겨우 10년이 되었다라고 했으므로 호국성의 축조와는 관계가 없다. 또 등루기에 나오는 날짜를 순서에 따라서 보면 908년 10월, 908년 11월 4일, 909년 6월 26일의 3번밖에 연대가 나오지 않는다. 나름대로 중요한 해로 보인다. 909년에는 날짜까지 나오고, 908년은 10월까지만 나와서 909년 6월 26일이 더 중요한 것 같고, 날짜 가운데에서 909년 6월 26일이 그 당시의 현재에 가장 가까운 것 같고, 이 현재에서 과거를 헤아려야 되는 것 같아서 호국성을 세운 것은 899년경으로 보인다. 여기에서는 호국성의 축조를 900년 전후일 것으로 추정하는 바이다.
58) 10년이란 기간의 사이에는 900년 전후에 있어서 고고학적으로 금석문이나 목간이나 고문서나 묵서 등의 1차 사료가 함께 나오지 않으면 그 구분이 불가능하여 898년, 908년을 주목할 필요가 전혀 없다고 사료된다.
59) 여기에서 10세기 초의 유물이 나왔다는 언급이 없고, 토성유지의 연대가 10세기 초라는 근거가 없어서 커다란 문제가 된다. 고고학에서는 호국성을 비정할 때 유물과 유적을 그 시기가 맞는 것을 보고 비정하는 것이지 그 시기를 조선시대 이전이라고 조선시대 문서나 전적에 나와 있다고 통일신라말기 유적이라고 해석

의 석축을 축조하는 과정에서 그 성의 바깥 북쪽과 동북에서 파괴된 성벽 흔적이 재발견되었다.[60] 호국성은 대략 석축 대구읍성 외부의 동북구역과 그 북쪽과 동쪽의 성 바깥 지역 일부가 합쳐진 작은 규모의 토축 성곽으로 추정된다고 하였다.[61]

팔각등루가 세워진 호국성의 남령은 조선시대에 대구읍기를 진호하는 鎭山이었던 연귀산으로 보았다. 이 산에는 일찍부터 대구읍치의 결함을 비보하기 위해 돌거북을[62] 묻었다는 전승이 전해지고 있어 호국성을 진호하는 팔각등루를 건립하기에 가장 적합한 장소로 보이기 때문이므로 이에 비정한다고 하였다.

8) 기타 가설

한문전문학자에 의해서 2020년에 나온 가설로[63] 등루기의 한 구절인

하여 함부로 호국성이라고 단정하는 것은 아니다. 898~909년으로 볼 수 있는 유적과 유물에 대한 설명은 전혀 없었다. 유적과 유물을 떠나면 고고학이 아니다. 고고학이란 衣·食·住 등의 생활사의 복원이지만 그것은 추상적이라서 가슴에 잘 와닿지가 않고, 유적과 유물을 중심으로 공부하는 것이다라고 하면 쉽게 이해가 된다.

60) 재발견된 大邱邑治土城遺址는 그 시기가 읍성의 축조되는 다른 예로 볼 때 넉넉잡아서 고려시대 이전으로 소급할 수는 없다. 왜냐하면 우리나라 읍성 축조는 왜구의 창궐과 관련되기 때문이다. 우리나라에서 왜구의 침입은 고려말기에 국가의 치안이 혼란했으므로 이때 전국적으로 왜구의 침입을 막기 위해서 가장 많이 읍성을 축조했다. 따라서 대구읍치토성유지는 아무리 빨라도 고려말기일 가능성이 커서 호국성으로 보기가 어렵다.

61) 이렇게 제기한 大邱邑治土城遺址의 비정이야말로 이문기 교수가 잘 쓰는 표현으로 착상 수준의 가설인 듯하다.

62) 龜岩은 청동기시대의 무덤인 지석묘로 보인다. 귀암을 포함하여 1939년에 지석묘 5기가 모두 有光敎一에 의해 발굴조사되었다고 한다. 지금 현재에도 귀암이 대구제일중학교 교정에 남아있어서 거북바위를 땅에 묻었다는 이야기는 어디까지나 전설일 뿐이다.

63) 최영성, 「사상적 관점에서 본 신라수창군호국성팔각등루기」 『대동한문학』 64, 2020.

轍覬神山益海 寧慚撮壤導涓을 '산과 바다에 裨益이 되기를 바란다면, 어찌 흙을 가져다 산을 높이고, 시냇물을 이끌어 바다에 朝會하도록 하는 일을 부끄러워만 하겠는가?'라고 풀이하면서 특히 '촬양도연' 중 '촬양'이 호국성의 土城이고, '도연'은 토성 주변의 작은 시냇물까지도 이끌어 토성의 기능을 높이는데 도움이 되도록 했음을 시사한 것이라고 하였다. 더구나 여기에 보이는 시내를 의미하는 '涓'자는 마정계사의 '溪'자와 통하므로, 호국성은 팔공산과 금호강의 자연지세를 활용한 마정계사(현재의 송림사) 인근 지역에 위치했다는 것이다.

호국성의 위치에 대해서는 언급하지 않았지만 팔각등루가 건립된 남령을 수성구 두산동 산26번지에 위치한 法伊山봉수로 비정한 견해가 있다.[64] 수창군의 치소 위치가 현재 대구시 수성구 상동·중동 일원으로 추정되므로,[65] 그 남쪽에 있는 남령은 법이산봉수로 보아야 한다는 것이다.

이밖에 고고학적 측면에서 사례가 그리 많지 않은 多角 건물의 하나로서 팔각등루를 주목한 연구도 있다.[66]

3. 등루기에 보이는 팔각등루

등루기의[67] 주인공인 팔각등루에[68] 대해서 최치원은 어떻게 이를 인식

---

64) 진성섭·차순철, 「통일신라시대 수창군 치소의 위치 검토」, 『한국고대사탐구』 37, 2021.
65) 협의의 수창군은 수창군만을 가리키지만, 광의의 수창군은 수창군뿐만 아니라 達句火縣, 八居里縣, 河濱縣, 花園縣 등도 포함된다. 여기에서의 수창군은 후자이다. 이에 대해서는 이문기, 앞의 논문, 2023, 194쪽 참조.
66) 차순철, 「최치원의 신라 수창군 호국성 팔각등루기와 다각형건물들」, 『한국의 고고학』 58, 2023.
67) 등루기는 대구의 신라 충신인 이재와 그의 부인의 인품과 돈독한 불교 신앙을 찬양한 단락도 조금 있지만, 많은 단락이 직간접적으로 호국성과 팔각등루에 관한 불교적인 것을 주축으로 해서 서술한 내용으로 구성되어 있다. 등루기의 내용은 유교적인 것이 아니라 불교적인 것이 주축을 이룸이 주목된다. 이 점이

하고 있었는지에 대해 알아보기 위해 이에 관련된 구절을 차례로 제시하여 설명하면 다음과 같다.

新羅壽昌郡護國城八角燈樓記[69]

위의 등루기 題記는 팔각등루가 어디에 있는지를 잘 말해주고 있다. 곧 신라 안에 수창군이[70] 있고, 수창군 안에 호국성이 있고, 호국성 안에 팔각등루가 있어야 한다는 것을[71] 웅변해주고 있다. 이를 지나쳐 버리고 나서 등루기에서 호국성 안에 팔각등루가 있어야 한다고 연구한 예가

  당대 최고의 문장가 고운 최치원의 박학다식함에 새삼 놀라게 된다. 최치원의 儒佛仙에 달통했다는 통설을 긍정적으로 받아들일 뿐이다. 또 등루기는 대략 9개 단락으로 나누어진다는 가설이 있는 바, 이에 대해서는 이문기, 앞의 논문(동방한문학), 2015, 152~154쪽을 참조하기 바란다. 또 한기문, 앞의 논문, 2018, 89~92쪽에서는 13개 단락으로 등루기를 나누고 있는바 이 가설이 더 타당하다고 생각된다.
68) 팔각등루 하면 고고학에서 생각나는 것으로 하남 이성산성의 팔각건물지와 경주 나정의 팔각건물지가 있으며, 이들은 모두 통일신라 말기에 지은 것이라는 조성윤 박사의 교시를 받았고, 또 월정교 앞의 석조팔각기둥 위의 사자상, 황룡사와 불국사의 석조팔각기둥, 6각기둥으로 된 백률사석당기 등이 생각난다고 덧붙이고 있다. 또 팔각탑으로는 고구려 5세기의 평양 정릉사팔각칠층목탑과 고려의 10세기 오대산 월정사팔각구층석탑의 예 등이 있다. 정릉사와 월정사의 탑은 모두 雙塔이 아닌 單塔으로 유명하다.
69) 이에 대해서는 거듭 이야기하지만 팔각등루에 扁額할 신라수창군호국성팔각등루기의 기문의 題記이다.
70) 등루기에 '이미 악인을 숙청하였으니, 이에 기필코 고향(桑梓)으로 다시 돌아가려 하였다.'를 가지고 이재의 골품이 6두품이므로 대구 출신이 아니라 왕경인 경주 출신으로 보고 있으나 673년에 외위제와 행정촌제는 모두 없어져서 지방에서 태어나서 자란 6두품도 있었을 것으로『삼국사기』권40, 잡지9, 외관조와 통일신라 금석문을 통해서 확실하게 이야기할 수가 있다. 가령 김영하,「김해 진례 출토의 十二支像이 새겨진 석관」,『고문화』31, 1987에 따르면, 김해 진례에서 출토된 12지가 浮彫된 석관은 아무리 낮아도 그 신분이 높은 6두품의 무덤으로 보인다. 이재의 고향에 대해서는 곧「호국성의 주인공인 護國義營都將異才의 고향」이 발표될 예정이다.
71) 아무도 등루기에서 팔각등루가 호국성의 안에 있어야함을 인식하지 못하고 팔각등루와 호국성을 각각 다른 곳에서 찾았거나 팔각등루는 남령에 있으므로 제외하고 호국성을 찾는 데에만 몰두하였다. 이는 잘못된 방법이다.

거의 없고,72) 거의 모두가 호국성과 팔각등루를 각각 분리해서 해석해 보았다고 해도 과언이 아니다.

天佑 五年 戊辰年 冬十月에73) 護國義營都將 重閼粲인74) 異才가 南嶺에 八角燈樓를 세웠다. 국가의 경사를 빌고, 전쟁의 화를 물리치기 위한 까닭이다.75)

天佑五年戊辰年冬十月은 908년 10월로76) 護國義營都將77) 重閼粲인 異才

---

72) 호국성 안에 팔각등루가 있다고 본 가설로는 다음의 2예뿐이다. 김창호, 앞의 논문, 2001 ; 앞의 책, 2007 재수록, 393~394쪽. 필자는 호국성을 대덕산성으로, 팔각등루를 대덕산성 범위 안에서의 고갯길로 본 바 있다. 이는 모두 잘못된 비정이므로 철회한다.
  조효식, 앞의 논문, 2022, 75~77쪽에서는 용두산성을 호국성으로 보고서, 용두산성 안에 있는 팔각의 적석망루를 팔각등루로 해석한 것으로서 호국성 안에 팔각등루가 있다고 보고 있다.
73) 908년 10월을 가리킨다.
74) 이 重閼粲이란 관등 때문에 이재가 6두품임을 알게 되었다. 重閼粲이란 표기의 관등명은 신라의 1차 사료에서는 처음으로 나오는 것 같다.
75) 天佑五年戊辰冬十月 護國護國義營都將重閼粲異才 建八角燈樓于南嶺 所以資國慶而攘兵釁也.
76) 이재가 수창군 지역을 평안하게 하는데 10년이 걸렸고, 최치원이 등루기를 찬술했던 908년 11월 이후부터 10년 전 곧 898년 무렵에 이재는 수창군의 호족으로 자립하여 호국성을 쌓고, 이 지역을 지배하기 시작했던 셈이다(이문기, 앞의 논문, 2023, 199쪽). 어차피 호족으로 독립을 할 것이면 호국성은 왜 쌓을까? 기존에 있던 수창군의 치소성은 누구에게 주고서, 만약에 성이 낡았다면 수리하면 새로 쌓는 것보다는 민심을 얻을 것이 아닌가? 이재는 친신라적 호족이 아니라 신라의 충신이다. 곧 '關粲은 집에 들어앉아있는 불·보살이며, 奉國忠臣이다.'(등루기에 나옴)라고 최치원이 파악하고 있어서 신라의 충신임을 쉽게 알 수 있다. 최치원은 등루기 등에서 호국에 대한 굳은 의지를 내비쳤다. 만약에 그가 왕건이나 견훤의 세력을 쫓는 반신라적 인물이었다면 호국의영도장이었던 이재가 그에게 등루기를 지어달라고 부탁하지도 않았을 것이며, 최치원도 감히 지어줄 수가 없었을 것이다. 최치원은 해인사에 은거해 있으면서도 끝까지 신라를 버리지 않았다. 신라를 끝까지 버리지 않는 점에서는 이재도 마찬가지로 판단된다. 왜냐하면 927년 11월 고려와 후백제의 공산전투에 이재는 신라중앙정부와 마찬가지로 어느 편도 들지 않고 중립을 지켰기 때문이다(한기문, 앞의 논문, 2018, 102쪽).
77) 도장을 장군으로 보아서 호국이라는 주장을 펴는데 한 자료로 보기도 하나 이는 등루기에서만 나오는 유일한 예로 장군과 같은 것이 아니다.

가 南嶺에 팔각등루를 세운 달이다.[78] 팔각등루를 세워서 국가의 경사를 빌고, 전쟁의 화를 물리치기 위해서이다라고 밝히고 있다.

경치 좋은 곳을 택하여 높이 樓閣을 세우고, 등불을 켜서 철옹(성)을 지키며, 영원히 등불이 빛을 발하여 적병의 침략을 방어하였다.[79]

이 구절은[80] 등불을 켜서 철옹(성)을[81] 지키며, 영원히 등불이 빛을 발하여 적병의 침략을 방어하였다고 한 이야기는 팔각등루와 호국성이 아주 가까운 위치 곧 한곳에 있음을 말해주고 있다. 등불로 밝힐 수 있는 거리로 보이기 때문이다.

그 해 첫 겨울에[82] 燈樓를 세우고, 十一月 四日에[83] 이르러 公山桐寺의[84] 弘順大德을 맞이하여 座主로 삼고, 齊[法筵]를 베풀어 慶讚하였다. 泰然大德, 靈達禪大德, 景寂禪大德,[85] 持念緣善大德,[86] 興輪寺의[87] 融善呪師[88] 등의

---

78) 908년 10월은 팔각등루를 완성한 것이지 세운 달은 아닐 것이다. 바꾸어 말하면 팔각등루가 약 3개월 만에 세운 것(최영성, 앞의 논문, 2021, 20쪽 ; 이문기, 앞의 논문, 2023, 220쪽)이 아니라 상당 기간을 거쳐서 완성했을 것이다. 3개월여에 완성될 수 있는 팔각등루의 제기를 짓기 위해서 해인사에 은거하고 있는 최치원한테까지 부탁을 했을까 하는 의문이 생기고, 팔각등루는 호국성과 마찬가지로 이재의 야심찬 건물임이 틀림이 없을 것이므로 몇 년은 걸렸을 것이다.

79) 爰憑勝槪 高刱麗譙 蕪以銀釭 鎭於鐵甕 永使燭龍開口 無令燧象焚軀.

80) 이문기, 앞의 논문, 2023, 196쪽 등에서는 다음과 같이 직역하고 있으나 무슨 의미인지 잘 알 수가 없다. 곧 그 해석은 다음과 같다. "은등잔의 불을 밝혀 철옹(성)을 지킴으로써, 燭龍이 입을 열어 영원히 어둠을 내어쫓아내고, 燧象으로 하여금 몸을 태우는 일이 없게끔 하였다."

81) 원문에는 鐵甕이라고 나올 뿐으로 鐵甕城으로 나오는 것이 아니다. 그저 그렇게 해석하고 있을 뿐이다.

82) 908년 10월을 가리킨다.

83) 908년 11월 4일을 가리킨다.

84) 현재의 대구 팔공산 동화사이다.

85) 弘順大德, 泰然大德, 靈達禪大德, 景寂禪大德은 동화사 출신의 유가승으로 보인다.

86) 밀교계의 승려로 보인다.

87) 당시 신라의 수도였던 서라벌인 경주에 있던 절 이름이다. 그 위치는 지금의 흥륜사 자리가 아닌 靈廟寺가 있었던 것으로 알려진 경주공업고등학교 자리에 있었다고 학계에서는 보고 있다. 곧 흥륜사와 영묘사의 자리가 서로 뒤바뀐

고승들이 모두 다 모여들어 법회를 장엄하게 하였다.[89]

908년 11월 4일에는 公山桐寺의 弘順大德을 맞이하여 座主로 삼고, 齊를 베풀어 慶讚하였다. 泰然大德, 靈達禪大德, 景寂禪大德, 持念緣善大德, 興輪寺의 融善呪師 등의 고승들이 다 모여서 法筵를 장엄하게 하였다는[90] 것을 알 수 있다.

龍年(=巳年) 羊月(=未月) 庚申日[91] 밤에 꿈을[92] 꾸었는데, 達佛城 북쪽 摩頂溪寺에[93] 있는 都一大佛像이[94] 앉은 蓮華坐가 하늘 끝까지 솟고, 좌편

것으로 보고 있다. 이에 대해서는 박홍국, 「瓦塼자료를 통한 영묘사지와 흥륜사지의 위치 비정」『신라문화』 20, 2002에 상세하게 언급되고 있다. 흥륜사가 신라 최초의 가람임을 주목해야 할 것이다.
88) 유가종의 승려로 보인다.
89) 其年孟冬 建燈樓已 至十一月四日 邀請公山桐寺弘順大德爲座主 設齊慶讚 有若泰然大德 靈達禪大德 景寂禪大德 持念緣善大德 興輪寺融善呪師等 龍象畢集 莊嚴法筵.
90) 팔각등루가 불교와 관련이 없는 건축물이라면 公山桐寺의 弘順大德 등의 스님들이 성대하게 法筵을 할 수가 있을까하는 생각이 든다. 호국성과 팔각등루는 모두 불교와 관련이 있는 것으로 보아도 좋다고 판단된다.
91) 909년 6월 26일(음력)로 판단된다.
92) 등루기에는 이재가 꾸는 두 번의 꿈 이야기가 나오는데, 이는 최치원이 지은 것이 아니고, 최치원의 등루기를 받으러 갔던 이재가 해인사에서 실제로 꿈을 꾸었던 것으로 보인다. 최치원이 등루기를 쓴 이유는 글을 받으러 직접 이재가 왔고, 같은 6두품이라는 동병상린의 정과 똑같이 기울어져 가는 신라에 대한 충신인 점과 신라수창군호국성팔각등루기를 짓는 글 대금도 넉넉히 가지고 왔기 때문일 것으로 추측된다. 호국성의 축조 시기가 898년이고, 최치원의 해인사 은거가 898년인 점에서 보면, 어떻게 이재가 최치원이 있는 곳을 알고서 해인사로 갔는지 궁금하다. 혹시 두 사람이 등루기 문제 이전에 서로 아는 사이는 아닌지 궁금하다.
93) 현재 칠곡에 있는 송림사로 보인다. 그렇다면 摩頂溪寺의 마정계가 중국 문헌이나 불경에 나오지 않는다면 송림사의 앞에 흐르는 시내를 가리키는 것으로 보인다. 또 마정계사가 송림사임에 대해서는 김창호, 앞의 논문, 2001 ; 앞의 책, 2007, 391쪽에 처음으로 나와 있고, 이에 대한 본격적인 논의는 이상훈, 「칠곡 송림사의 입지조건과 창건배경」『한국고대사탐구』18, 2014 참조. 또 마정계사는 624년에 창건된 대구지역 최초의 가람이다(김창호, 앞의 책, 2007, 281쪽).

에 있는 補處菩薩95) 높이도 역시 그러하였다. 남쪽으로 가다가 시냇가에 이르러서 한 여자를 보고, 불상이 저렇게 되는 이유를 물으니, 優婆夷(우바이)가96) 대답하기를 '이곳은 거룩한 지역입니다.'라고 하였다. 보니 성 남쪽에 있는 佛山97) 위에 7기의 彌勒像이 몸을 포개고 어깨를 밟으며 북으로 향하고 섰는데 그 높이가 하늘까지 닿았다. 뒤에 며칠 밤을 지난 뒤에 다시 꿈을 꾸었는데, 성의 동편 獐山에98) 羅漢僧이99) 털옷을 입고 구름위에 앉았는데 무릎을 안고 얼굴로 可其山의100) 어구를 보고 말하기를, '伊處道가101) 이곳을 경유하여 군사를 거느리고 올 때라'라고 하였다.102)

---

94) 어느 사전에도 보이지 않으나 전후 관계로 보아서 미륵불로 판단되며, 모든 것에서 제일 위대한 불상으로 해석하는 쪽이 타당할 듯하다.
95) 진표의 법상종에서는 주존인 미륵불의 보처보살로 관세음보살을 들고 있다.
96) 범어로 재가 여자 신도를 가리킨다.
97) 현재의 앞산을 가리키는 것으로 보인다. 불산 등을 수창군에 온 적도 없고, 옆에서 지명의 위치를 알려준 사람도 없는데 어떻게 정확하게 할 수가 있을까? 적어도 수창군에 오지는 않았어도 지명과 위치를 알려주는 사람은 있었다고 본다. 아니면 간단한 지도가 있었든지 할 것이다. 記文, 行狀 등 중요한 문장의 서술을 요구할 때에는 요청자가 찬술자에게 지형, 위치, 특징, 주변 환경 등의 기본적인 정보를 이야기해 주는 것이 원칙이다. 이에 대해서는 이문기, 앞의 논문, 2023, 202쪽 참조.
대구도호부의 속현 하빈현에 馬天山의 仙槎菴에 최치원과 관련된 유적이 있으며(『신증동국여지승람』 권26, 대구도호부, 불우조 등), 또 등루기에는 방위와 위치 기록이 매우 정확하므로 최치원이 친히 호국성을 방문하여 그 경관을 실견했다는 견해(최정환, 앞의 논문, 2021, 234~240쪽)가 있고, 등루기의 묘사가 너무도 생생하다는 점을 근거로 '실제 고운 선생이 호국성 현장과 주변을 방문하였고, 지형을 자세히 관찰하여 글을 작성하였다.'라고 하였다(조효식, 앞의 논문, 2022, 64쪽.). 심지어 그가 선사암에 장기간 머물면서 등루기를 찬술했을 것이라고 하였다(최정환, 앞의 논문, 2021, 234~240쪽). 최치원이 호국성을 직접 실견하였다는 증거는 없고, 이재의 구술을 듣거나 지도를 보고 등루기를 지었다고 판단된다.
98) 현재의 경산이라는 지명을 가리킬 수도 있고. 장산이라는 山名을 가리키기도 한다.
99) 阿羅漢의 준말로 부처님의 제자를 뜻한다.
100) 지금까지 이 산에 대해서는 그 누구도 어느 산인지를 모르고 있다.
101) 목숨을 희생하여 불법에 순교한 열사를 뜻한다. 伊處道는 527년에 불교 공인을 위해 순교한 異次頓을 가리키는 것으로 보인다. 伊處道와 異次頓은 음상사이고, 殉命興法之列士也란 구절로 볼 때 그러하다. 우리는 문헌에 따라서 異次頓이라고

등루는 건립하기 위해서는 어려움이 있었음을 말해줌과 동시에 팔각등루 주위에 있는 달불성, 그 북쪽 마정계사가 있고, 성 남쪽에 있는 佛山103) 위에 7기의 彌勒像이 있고, 성의 동편에 있는 獐山의 羅漢僧을 소개하고 있다.

　　(중알찬이) 꿈을 깨고 나서 생각하기를, '하늘이 내리는 화가 아직 끝나지 않고, 땅은 오히려 간악한 무리를 허용하는구나. 시국이 위태하면 생명이 모두 위태하며, 세상이 어지러우면 인심도 어지러운 법이다. 내가 우연히 먼저 깨닫게 되었으니 이에 대책을 신중히 세워야 할 것이다. 나의 혼은 이상스러운 징조에 접하였고, 눈으로 기이한 현상을 목격하였다. 큰 공을 세운 사람이 많은데, 어찌 미약한 힘을 쓰기를 부끄러워 하리오. 임금의 은혜에 보답하는 것을 결심함은 佛事를104) 높이는 것이다. 바라기는 어두운 곳이 생기지 아니하여 두루 미혹한 무리를 깨우치게 하려면 마땅히 法燈을105) 높이 달아서 빨리 병화를 없애는 것이다.'고 하였다. 경치 좋은 곳을 택하여 높이 누각을 세우고 등불을 켜서 철옹(성)을 지키며, 영원히 등불이 빛을 발하여 적병의 침략을 방어하게 하였다.106)

　　부르고 있으나 1차 자료에서의 최초의 예인 등루기에서 10세기에 최치원은 伊處道라고 불렀으므로 伊處道가 異次頓보다는 본래의 이름에 가까운 발음일지도 알 수가 없다.
102) 乃以龍年羊月庚申夜 夢於達佛城北摩頂溪寺都一大像 坐蓮華座 峻極于天 左面有補處菩薩 高亦如之 南行於溪滸 見一女子 因訊晬容所以然 優婆伊答曰 是處是聖地也 又見城南佛山上 有七彌勒像 累體踏肩 面北而立 其高柱空 後踰數夕 復夢於城東獐山 見羅漢僧披氅衣 以玄雲爲座抱膝 面稱可其山云 伊處道(殉命興法之列士也)由此地領軍來時矣.
103) 대덕산 곧 앞산을 가리키는 것으로 보인다.
104) 불법을 알리는 일이란 뜻이다.
105) 팔각등루와 같은 것이나 法燈의 사전적 의미는 부처 앞에 올리는 등불, 세상의 어두움을 밝히는 등불이라는 뜻으로 부처의 가르침을 이르는 말, 부처의 가르침을 서로 전하는 전통의 3가지 뜻이 있으나 여기에서는 2번째의 의미가 타당한 것으로 보아서 이에 따른다.
106) 洎覺 乃念言曰 '天未悔禍 地猶容奸 時危而生命皆危 世難而物情亦亂 而我偶諧先覺 勉愼後圖 今得魂交異徵 目擊奇相 輒覬裨山益海 寧慙撮壤導涓 決報君恩 盖隆佛事

이재가 꿈에서 깨어나 자신의 생각을 말한 구절인데 당시의 혼란한 신라 사회를 바로잡고, 塗炭에 빠진 중생을 구원하기 위해 팔각등루로 불사를 일으켜 철옹(성)을 지키며 적병의 침략을 방어하게 하였음을 말해 주고 있다.

4. 호국성의 정체

호국성의 정체를 알기 위해 등루기에 나오는 호국성에 대한 구절을 조사해 보자. 우선 등루기의 호국성 관련 구절을 제시하면 다음과 같다.

> 新羅壽昌郡護國城八角燈樓記
> 護國義營都將重閼粲異才

이 堡의 서쪽에 못이 있어 佛佐라 하며, 동남방 모퉁이에 佛體라는 못이 있고, 그 동쪽에 또 따로 天王이라는 못이 있으며, 坤維(서남향?)에 옛 성이 있었는데, 達佛이라 하고, 성의 남쪽에 산이 있는데 또한 佛이라[107] 한다.[108]

경치 좋은 곳을 택하여 높이 누각을 세우고, 등불을 켜서 철옹(성)을

所願不生冥處 遍悟迷群 唯宜願擧法燈 亟銷兵火 爰憑勝槪 高刱麗譙 爇以銀釭 鎭於鐵甕 永使燭龍開口 無令熭象焚軀.

107) 이 구절은 堡의 서쪽에 못이 있어 佛佐라 하며, 동남방 모퉁이에 佛體가 있고, 동쪽에 따로 天王이 있고, 서남향(?)에 옛성이 있는데 達佛이라 하고, 남쪽에 산이 있는데 佛이라 하고 있다. 온통 호국성 주위에는 불교적인 지명으로 둘러싸여 있다. 호국성이 왜 불교 관련 지명으로 둘러싸여 있는지를 밝혀야 할 것이다. 호국성[보]도 적을 막는 성과는 관계가 있는 것이 아니라 불교적인 이름일 가능성이 있는 듯하다. 그래야지 類類相從이 되기 때문이다.

108) 是堡兌位有塘號佛座者 巽隅有池號佛體者 其東又有別池號天王者 坤維有古城稱爲達佛 城南有山亦號爲佛.

지키며, 영원히 불등이 빛을 발하여 적병의 침략을 방어하였다.109)

　　살고 있는 곳에서 모든 사람이 감화할 터인즉 어디로 간들 좋지 아니하리오, 드디어 높은 언덕을 택하여 그곳에 義堡를 쌓았다.110)

　　성의 이름을 護國이라 하였으니 그 명칭의 의미가 속일 수 없는 것이며, 덕이 이미 자랑할 만한 곳이므로 문장도 부끄러울 곳이 없다 하리로다.111)

　　호국성 또는 호국의 용례를 보면, 단순히 성곽을 의미하는 것이 아니라는 생각이 든다.112) 堡가 나오는 곳에 佛座, 佛體, 天王, 達佛, 佛 등의 불교와 관련된 것들을113) 자세히 소개하고 있다. 호국성 곧 보가 무엇이기에 그 방향을 제시해 가면서까지 그토록 자세히 불교 관련된 것들인 주변 경관까지 소개를 하고 있을까? 이 시기에 있어서 수창군인 대구를 대표하는 성으로 달불성이114) 있는데 이를 제외하고 특히 등루기의 제기에 護國城이 나오는 것이라든가 이재의 직명에 護國이 들어있는 것이라든가115) 좋은

---

109) 爰憑勝槪 高刱麗譙 爇以銀釭 鎭於鐵甕 永使燭龍開口 無令燧象焚軀.
110) 所居則化 何往不諧 遂乃銓擇崇丘 築城義堡.
111) 城題護國 名亦不誣 德旣可誇 詞無所媿者爾.
112) 護國城으로는 護國이 붙지만 堡로는 義堡 또는 堡로 나올 뿐, 護國이 붙지 않는다. 鐵甕城의 경우에도 원문에 鐵甕으로만 나오지 鐵甕城으로 나오지는 않는다. 이렇게 나오는 데에는 중요한 의미가 있는 듯하다. 의보나 보에는 붙지 않던 호국이 이재의 관직명의 제일 앞에는 나온다. 이는 호국이 단순한 성명이 아님을 암시하고 있는 듯하다. 호국성을 土石으로 쌓은 작은 성인 (의)보로 축소해서 부르는 것은 앞에서 살펴본 호국성의 景觀을 표시하는 과장법과는 사뭇 다르다. 과장법의 표현이라면 護國巨城, 護國大城 등으로 나와야 되지 않을까? 오히려 축소해서 의보나 보로 부르고 있다. 그리고 절대로 護國堡나 護國義堡란 표현은 쓰지 않았다. 여기에는 큰 비밀이 있으나 뒤에서 자동적으로 알게 될 것이다. 우선 변죽만 울린다면 堡라고 불러도 이미 충분히 과장되어있다는 뜻이 된다는 것이다.
113) 호국성 주위에 나오는 불교 관련 지명은 남령을 제외할 때 모두 7곳이 있는 바, 성 1곳(달불성), 못 3곳(불좌당, 불제지, 천왕지), 산 2곳(불산, 장산), 사찰 1곳(마정계사) 등이 그것이다.
114) 이 성은 높이 대략 4m, 둘레는 대략 1.3km로 신라 수도였던 경주에 있어서 월성이 새로 축조해서 금성에서 488년에 이궁한 것으로 보면 4~5세기에 새로 축조된 것으로 보인다.

곳을 택하여 높이 누각을 세우고, 등불을 켜서 철옹(성)을 지키며, 영원히 法燈이 빛을 발하여 적병의 침략을 방어하였다고 한 것은 상징적인 표현으로 일개의 보로서는 할 수가 없는 것이다. 더구나 성의 이름을 호국이라 하였으니 그 명칭의 의미가 속일 수 없는 것이며, 덕이 이미 자랑할 만한 곳이므로 문장도 부끄러울 곳이 없다 하리로다로 문장의 전체의 끝을 맺고 있는 것은 호국성을 보면 성이 아님을 암시하고 있는 듯하다. 또 좋은 곳을 택하여 높이 누각을 세우고, 등불을 켜서 철옹(성)을 지킨다라고 하여 호국성과 팔각등루가 한곳에 있지 않으면 안 되고, 특히 호국성을 다르게 표시한 구절에서는 義堡라고까지 부르고 있다. 만약에 호국성이 대구에 있던 성이나 보라면 의롭다고까지 했을까하는 의문이 든다.

호국성과 관련해서 너무도 좋은 구절들이 나오고 있는 것은 호국성이 성이나 보가 아님을 암시하고 있는 듯하다. 호국성을 좋은 말을 사용하여 수식하고 있으며, 6번이나 나오는 것은 성과 보가 단순히 성으로 보기는 어려울 것 같다. 대구의 909년 당시 대표적인 성인 달불성이116) 주인공으로 나오지 않고117) 호국성이란 성이 주인공으로 나온 것을 아무도 이상하게 생각하지 않았다. 곧 등루기에는 호국성이 팔각등루와 함께 주인공 역할을

---

115) 重關粲 異才가 갖는 직명의 첫머리에 나오는 護國이라는 護國城과 관련된 단어가 있는 것을 아무도 주목하지 않았다. 이는 護國城이 단순한 성이 아님을 암시하고 있다.
116) 3번이나 나오나 호국성과 같이 義堡 등의 미사여구로 수식되지 않고, 古城으로 남쪽에 불산이 있다고 한다든지 달불성의 북쪽 마정계사에서 보았다든지 성의 동쪽에 장산에서 가사를 입은 나한승을 보았다는 등의 이야기가 나올 뿐이다. 곧 달불성에 대한 불교적인 수식은 達佛城이란 이름과 3번의 예에서도 나오나 古城으로 인식되어 3번 모두 성이라고 칭하여 성이 가지는 본연의 기능을 상실하였다. 이렇게 3번 모두 성으로 칭하면서 주변 지역의 위치 설정에 기준이 되고 있을 뿐이라서, 등루기의 주인공은 아니고 호국성과 팔각등루가 주인공이다. 또 호국성은 호국성, 철옹성, 호국으로 부르지만 달불성은 고성 또는 성으로 부르고 있어서 차이가 있고, 호국성의 경우 성의 제목이 호국이다라고 나온 경우에 한하여 성이 나올 뿐이다. 왜 호국성을 성이라고 부르지 않았을까? 그 이유는 중요한 것으로 뒤에서 자동적으로 알게 될 것이다.
117) 900년 전후의 달불성은 이미 성으로서의 기능을 잃어서 고성이라고 불리고 있다.

하고 있어서 이 점이 주목해야 되는데 간과하고 말았다. 단순히 호국성이 성이라면 등루기에 있어서 주인공 역할을 할 수가 있을까? 여기에는 다 그 까닭이 있었을 것이다.

　호국성을 성의 일종인 보 등으로 보아서 팔각등루와 관계없이 호국성의 위치를 비정해 왔다.118) 곧 호국성과 팔각등루를 떨어져서 있는 것으로 보고 그 비정을 해왔다. 그렇게 되면 신라 안에 수창군이 있고, 수창군 안에 호국성이 있고, 호국성 안에 팔각등루가 있다는 등루기의 전제와 어긋나게 된다. 곧 호국성과 팔각등루가 공존하는 곳을 찾을 수가 없게 된다. 바꾸어 말하면 팔각등루를 품은 호국성을 찾을 수가 없게 된다.

　좋은 곳을 택하여 높이 누각을 세우고, 등불을 켜서 철옹(성)을 지키며, 영원히 法燈이 빛을 발하여 적병의 침략을 방어하였다란 구절은 호국성과 팔각등루가 한 곳에 있지 않고서는 불가능한 이야기이다. 6번이나 나오는 호국성은 팔각등루와는 끊을래야 끊을 수 없는 관계로 동전의 앞뒷면과 같은 表裏관계가 아닌가하고 생각된다. 곧 팔각등루가 호국성의 분신과 같은 느낌이 든다.119) 그렇다면 호국성과 팔각등루를 나누어서 비정한 지금까지의 가설들은 제기에서 팔각등루가 반드시 호국성의 안에 있어야 하므로 그 가설들은 전부 다 문제가 있는 듯하다. 호국성은 6번이나 나오는 데 비해서 壽昌郡은 제기에 딱 한번 나올 뿐 더 이상의 언급은 없다.

　이 등루기 논문을 발표하고 나서도120) 호국성을 지명으로 해석하여서 대덕산성으로 보면서도 팔각등루에 대해서는 정확하게 어디인지는 밝히지 못했다. 그런데 등루기의 호국성을 寺名이라고 생각하면 어떻겠느냐는 가르침을 받았다.121) 그때는 하도 엉뚱한 말씀이라고 생각해서 그 이유를

---

118) 이문기, 앞의 논문, 2023, 180~194쪽에 상세하니 이를 참조하기를 바란다. 이 앞의 견해들을 알기 쉽게 간단히 요점만을 발췌한 것이 본고의 제2장이다.
119) 호국성과 팔각등루가 같은 테두리 안에 있는 것이 아니고 별개의 것이라면 등루기에서 호국성에 관한 구절이 6번씩이나 나올 수가 없을 것이다.
120) 김창호, 앞의 논문, 2001 ; 앞의 책, 2007, 394~395쪽.
121) 은사 문경현 선생님의 가르침을 받았다.

여쭈어보지도 못했다. 지금 생각하면 후회가 막급이다. 등루기에는 新羅壽昌郡護國城 八角燈樓 등 호국성과 관련된 용어가 6번이나 나온다. 護國이란 말이 이재의 관직에도 나온다. 이재의 관직에서 護國을 떼어가지고 城자를 붙여서 호국성이라고122) 이재가 지은 寺名을123) 대신해서 불렀을 가능성이 크다.124) 최치원은 호국사를 한문의 修辭法 가운데 하나인 과장법으로 호국성이라고 부르고,125) 호국성을 축소해서 보라고도126) 불렀다. 절대로 호국보나 호국의보라고는 안 불렀다. 그렇게 부르면 호국성이란 과장법의 표현이 제대로 나타낼 수 없기 때문으로 보인다.127) 방형의 가람을 성에 의지하여 호국성이라고 부른 것은 대문호 최치원의 과장된 수사법이라고 생각된다. 따라서 호국성을128) 이재가 세운 절의 이름으로129) 볼 수도130)

---

122) 호국성을 城名으로 보기에는 그 나오는 빈도가 너무 많은 듯하다. 6번씩이나 되어 너무 자주 호국성이 나오는 것 같다.
123) 후삼국시대의 절의 한자인 寺를 다른 글자로 부른 예는 없으나 고려시대에는 있다. 곧 대구 현재 동화사로 널리 알려진 桐寺를 桐藪라고 부르거나 익산 彌勒寺를 彌勒藪로 부른 예 등이 있고, 歷代年表를 간행해 유명한 대구시 달성군 화원읍 布山에 소재한 仁興寺를 仁興社로 부른 예가 있고, 불교정화운동인 결사불교로 유명한 曹溪社, 白蓮社 등의 예가 있다.
124) 등루기에 '임금의 은혜에 보답하는 것을 결심함은 불사를 높이는 것이다.'라고 하였다. 제일 좋은 불사는 절을 짓는 것이므로 900년경에 호국성이라는 절을 지어서 불사를 했다고 해석된다. 또 이 구절을 통해서도 이재가 신라의 충신이지 친신라계 호족은 아니라고 본다.
125) 신라시대에는 王宮도 왕궁이라고 하지 않고, 金城, (半)月城, 新月城, 滿月城으로 불렀다. 호국사를 호국성이라고 부르는 것이 이와 관련되는지도 알 수가 없다. 아무튼 호국사를 호국성이라고 부르는 것은 수사법상의 과장법임에는 틀림이 없다.
126) 그래도 보는 호국사보다는 커서 과장법에 해당되나 절대로 호국보나 호국의보라는 구절이 없어서 호국성이 호국사를 부른 과장법임을 알게 되었다. 논문을 다 작성하고 나서 왜 하필 호국성일까에 대해서 많은 고심을 하다가 등루기의 경관이 과장법이라는 이문기, 앞의 논문, 2023을 보고서 깨닫게 되었다.
127) 등루기에 나타난 과장법을 지금까지는 호국성의 景觀만으로 보아왔다. 그런데 호국사를 호국성이라고 부른 과장법은 가장 심한 과장법이다. 이것을 몰라서 지금까지는 호국성을 찾는데 성이나 보만을 찾아왔다. 그래서 지금까지 호국성을 성명으로 보지 않는 학자는 없었다. 이는 잘못된 것으로 헛고생만 한 것으로 보인다.

있겠다는131) 주장이 옳다고 생각하게 되었다.132) 그래서 등루기에 이재는 집에 들어앉아 있는 불·보살이며,133) 위대한 나라를 받드는 충신이다라고134) 하였다. 불·보살이 인간으로서 할 수 있는 일은 佛事와 절을 지어서 운영하는 것밖에 없을 것이다.135)

5. 호국성의 위치

이제 호국성의 실체를 절로 보면 호국성인 寺域안에 팔각등루가 있어서 그 위치가 동일한 곳이 된다. 물론 호국성내에 팔각등루가 있게 된다.136)

---

128) 八角燈樓는 등루기에서 八角燈樓, 樓閣, 燈樓, 法燈 등으로 나오고, 호국성은 護國城, 護國, 堡, 義堡, 鐵甕(城) 등으로 나온다. 八角燈樓는 燈자나 樓자로 찾으면 되니까 찾기가 쉬우나 호국성에서는 城자와 堡자로 차이가 있어서 찾기가 조금 어렵다.
129) 등루기의 주인공인 이재나 또 다른 주인공인 호국성과 팔각등루에 나타난 불교 냄새는 호국성를 절로 볼 수밖에 없을 것이다.
130) 護國義營都將重閼粲異才는 '호국(사)를 의롭게 경영하는 都將인 중알찬 이재'로 해석할 수가 있을 것이다. 곧 호국(사)의 주인이 이재임을 말하고 있는 것이다.
131) 이렇게 6두품이 절을 세운 예로는 김지성이 통일신라시대인 720년경에 새로 세운 경주 감산사가 있다.
132) 현재까지의 자료에서 보면 수창군에서 절은 마계정사가 제일 먼저 624년 고신라시대에 건립되었고, 그 다음에 동화사, 부인사, 자장사 등이 통일신라시대에 건립되었고, 호국사가 그 다음으로 통일신라말기 곧 10세기초에 건립되었다.
133) 원문에는 大士로 나오며, 이는 범어로서 불·보살로 번역된다. 불·보살은 부처와 보살을 아울러 이르는 말이라고 한다.
134) 閼粲眞是在家大士 蔚爲奉國忠臣.
135) 등루기 전체의 분위기는 유교적인 것이 아니라 불교적인 것이다. 이는 최치원이 유교뿐만 아니라 불교에도 정통했다는 것을 의미하며, 그의 다방면에 걸친 해박함에 새삼 놀라게 된다. 곧 호국성과 팔각등루를 각각 불교 건물로 보아야 함을 말해주고 있는 것이다. 그래서 호국성은 절 이름으로 보고, 팔각등루는 팔각다층목답으로 보는 바이다. 강당시, 금당시, 중문시, 회랑시, 답지 가운데에서 절의 중심에 있으면서 가장 중요한 건물이 탑이므로 그 낙성을 기념하여 公山동사의 홍순대덕 등 여러 고승이 모여서 法筵을 베풀었지, 그냥 불교와 관련이 없는 건물인 팔각등루에 와서 법연을 베풀 수는 없었을 것이다.
136) 등루기에 묘사되어 있는 호국성의 외견은 첫째로 높은 언덕 위, 둘째로 강을

호국성과 팔각등루의 위치에137) 대해서는 建八角燈樓于南嶺이란 구절과 높은 언덕인 崇丘를 택하여 그곳에 의보를 쌓았다란 구절과 호국성 남쪽에 농토가 있었다는 것밖에 없다. 그래서 그 위치 비정에 어려움이 많았다. 지금까지는 호국성을 절의 이름으로 보지 않고 보로 된 城名 등으로 보아 왔으나 단순한 보나 성이라면 등루기에 6번이나 나올 수 있을까하는 의문이 생긴다. 더구나 그것도 성의 이름을 호국이라 하였으니 그 명칭의 의미가 속일 수 없는 것이며, 덕이 이미 자랑할 만한 곳이므로 문장도 부끄러울 곳이 없다 하리로다라고 할 만큼 호국성을 치켜세울 수 있을까? 단순한 호국성이 보나 성이라면 최치원이 이토록 치켜세우고 6번이나 등루기에 나올 수가 있을까? 이는 호국성이 이재가 세운 절 이름일 가능성이 크다고 판단된다.

호국성의 위치는 南嶺과 높은 언덕인 崇丘를 택한 의보와 호국성 남쪽의 농토가 있었다는 점에서 보고 동시에 연귀산을138) 달불성의 위치, 장산의

내려다보는 깎아지른 절벽이 있는 곳, 셋째로 험한 산을 등지고 곧게 솟아 긴 구름처럼 펼쳐져 있는 곳이다. 이러한 곳이 남령 근처에서는 첫 번째 조건 말고는 그러한 예가 없어서 경관의 묘사가 중국 한문 특유의 과장법이라고 생각한다. 흔히 한문의 대표적인 과장법으로 黃塵萬丈이란 구절이 있다. 둘째와 셋째의 구절을 신봉하여 호국성을 찾는 것도 잘못이요. 이를 포조의 무성부를 끌어다가 등루기의 경관 비정을 잘못되었다고 주장하는 것도 잘못이다. 왜냐하면 한문 특유의 과장법이기 때문이다. 실체가 전혀 없는 것을 가지고 한문에서 과장법을 사용하지는 않기 때문이다. 무엇이라도 꼬투리가 있어야 수사법상의 중요한 과장법을 사용한다고 알고 있다. 전혀 아무 것도 없는 데에서 과장법을 사용하지는 않는다. 또 臨流而屹若斷岸 自險而矗如長雲이란 구절을 최치원의 실력이라면 직접 지었을 수도 있다고 판단된다.

137) 호국성과 팔각등루의 위치를 등루기안에서 찾지 않고, 주변 유적과 중국 전적에 먼저 의존하여 찾는 것은 잘못된 방법이었다. 가령 등루기에 의해 호국성을 달성, 문산산성, 죽곡산성, 화원고성, 설화산성, 팔거산성, 봉무동토성, 용암산성, 검단토성, 용두산성, 대덕산성, 하산산성 등의 12개 산성에서 찾는 것은 무리이다. 왜냐하면 호국성을 의보라고 불러서 산성보다는 그 규모가 작기 때문이다. 호국성을 찾는데 있어서 조선시대 문집에 주로 의존하는 것도 잘못이다. 먼저 등루기안과 등루기에 나오는 현재까지 남아있는 유적이름에서 그 단서를 찾아야 할 것이다.
138) 호국성과 팔각등루의 연귀산설은 전적으로 이문기, 앞의 논문, 2023, 216~220쪽 등에 힘입은 바 크다. 덧붙인다면 보의 위치를 설명하는 '崇丘'를 주목할 필요가

위치, 앞산인 불산의 위치, 성당 못인 불좌, 이재의 꿈 이야기 등을 합쳐서 보면 그 일등 후보지로 꼽을 수가 있다. 연귀산에서[139] 주춧돌과[140] 9~10세기로[141] 편년되는 장판타날 와편이 나오는 곳을 찾으면 된다. 신라에서 기와는 고식 단판 (6세기 전반~7세기 전반, 신식 단판 7세기 후반(의봉사년 개토명, 습부명, 한지명 암키와), 중판은 7세기 후반~9·10세기로 판단하고 있다. 지방은 중판이 7세기 후반~8세기에, 경주를 제외한 지방에서는 장판이 9세기 전반부터 출토되고 있으며, 10세기에 걸쳐서 출토되고 있어서[142] 그 구분이 쉽다. 높은 언덕의 지형을 이루는 연귀산 근처에서 주춧돌이 있는 강당지·금당지·탑지·중문지·회랑지 등의 잔재를 찾고, 장판타날 기와가 나오는 것을 찾으면 되나 이미 도시개발로 그 흔적조차 찾기가 어렵게 되었다.

보의 위치를 설명하는 최치원의 등루기에는 고성이 있는데 달불이라 칭한다는 구절에서 坤維를 곤방 곧 서남향(?)으로 보면[143] 호국성은 달성의

있다. 의보를 축성하고 '對從南畝'하여 '按撫安土'하였다는 구절과 建八角燈樓于南嶺이란 구절과 이재의 꿈 내용 등으로 의보 곧 호국성 위치를 추정한다면 팔각등루가 연귀산에 있고, 호국성도 연귀산으로 볼 수밖에 없다. 그래서 호국성이란 절 안에 팔각등루가 있는 것이 된다. 이렇게 鎭山에 절이 들어선 것은 경주의 경주 진산인 낭산에 신라중대의 사격이 가장 높은 사천왕사가 들어선 예가 있다.

139) 대구광역시 중구 봉산동 연귀산에는 대구제일중학교가 위치하고 있으며, 그 주소는 대구광역시 중구 봉산동 명륜로 23길 16이다. 이에 대해서 1917년에 제작된 대구지도에는 月見山과 龜岩으로 표기되어 있다. 곧 연귀산이 월견산이다. 이 월견산은 '달맞이 산' 또는 '달을 보는 산'이란 뜻이고, 정오를 알리는 포를 쏘는 곳이기도 하여 오포산이라고도 불렀다고 한다. 해발고도가 48m인 나지막한 산이라고 한다.

140) 굴립주일 경우에는 주춧돌이 없다. 절에는 강당지, 금당지, 탑지, 중문지, 회랑지 등이 있어야 하므로 쉽게 발견될 가능성이 크다.

141) 대구지역에서는 530~800년의 인화문토기를 별로 본 적이 없으며, 9세기로 편년되는 편호, 줄무늬토기, 덧띠무늬토기도 별로 보지를 못했다. 10세기 토기에 대해서는 고고학계에서는 아직까지 잘 모르고 있다.

142) 기와에 대해서는 조성윤 박사의 교시를 받았다.

143) 이문기, 앞의 논문, 2023, 212쪽의 〈그림 1〉에서 달불성이 호국성의 서남(?)에 있는 것으로 보고 있다. 이는 잘못된 것으로 달성공원은 1917년에 만들어진

동북에[144] 있는 것이 된다. 坤維를 중심으로 해석하면 달구벌의 중심에

---

[144] 지도에서 남령인 연귀산의 동북쪽에 있는 것이 아니라 서북쪽에 있다. 연귀산으로 호국성을 비정해 놓고 보면, 실제로는 호국성은 달성의 동남에 있다. 곧 달성공원은 호국성(남령)의 서북에 위치하고 있다. 등루기에서 坤維 곧 서남방(?)이라고 한 것이 호국성에서 달불성을 바라보는 위치이므로 잘못된 것이다. 그러면 현재의 실제대로가 아니고, 호국성에서 달성공원을 바라보는 위치 곧 坤維이란 말에 의해 호국성이 달불성의 동북에 있으려고 하면, 남령에 팔각등루를 세웠다는 등에 문제가 생긴다. 남령에 팔각등루가 있으므로 남령이 달성공원의 동남에 있지 동북에 있을 수가 없다. 동북에 있으면 남령이 수창군의 중심의 가까이에 있는 남쪽 방향이 아니라 대구의 동북쪽 방향이 될 뿐으로 대구의 남령이 될 수가 없는 문제가 생긴다. 호국성은 달성공원에 대한 위치로 보면 동북방이라고 잘못 비정하고 있다. 호국성에 대한 달성공원의 위치에서 서남방(?)이란 남령의 위치 문제를 잘못이라고 제기한 연구 성과는 아직까지 보지 못했고, 아마도 서남방(?)을 나타내는 坤維가 서북방을 나타내는 乾維를 두고서 잘못 쓴 것으로 보인다. 곤유와 건유는 그 음이 비슷해서 혼동을 일으킨 모양이다. 또 남령 때문에 그 위치를 수창군의 남쪽에 있는 것으로 볼 수밖에 없다. 建八角燈樓 于南嶺이라고 했으므로 남령의 위치나 팔각등루의 위치나 호국성의 위치를 모두 연귀산으로 볼 수밖에 없다. 곧 남령의 위치=팔각등루의 위치=호국성의 위치가 된다.
또 호국성의 서남쪽(?)에 달성공원이 있었다는 것은 달성공원의 동북쪽은 남령에 있던 팔각등루와는 전혀 다른 방향으로 향하는 것이다. 곧 남령과 호국성은 전혀 그 방향이 다르다. 팔각등루는 남쪽인 남령에 있고, 호국성은 달성공원의 동북 방향에 있게 된다. 이렇게 되면 이문기, 앞의 논문, 2023, 212쪽의 〈그림 1〉의 호국성과 주변 지명의 상대 위치 개념도에서 팔각등루(남령)을 호국성의 바로 남쪽에 비정하고 있으나 이는 성립될 수가 없다. 호국성은 달성공원의 동북에 있고, 팔각등루(남령)는 남쪽에 있기 때문이다. 호국성으로부터 달성공원의 방향은 서북방을 나타내는 乾維가 옳다. 그래야지 남령에 있던 팔각등루나 호국성의 위치가 달성공원으로부터의 방향이 모두 동남향이 되고, 남령 등으로부터의 달성공원 방향은 서북 방향이 되어 맞게 되기 때문이다.
문제는 남령(팔각등루)을 남쪽에 호국성을 달성공원에서의 호국성를 그 동북에 두어서 볼 때 새로이 호국성을 비정할 수가 있으나 호국성 안에 팔각등루가 있다는 등루기의 題記와 어긋나서 문제가 되고, 그렇게도 팔각등루와 호국성의 친밀한 관계를 강조해서 가까이에 있을 것으로 짐작했던 기대가 무너지게 된다.
또 경치 좋은 곳을 택하여 높이 누각을 세우고, 등불을 켜서 철옹(성)을 지키며, 영원히 등불이 빛을 발하여 적병의 침략을 방어하였다란 등루기의 구절은 팔각등루는 남령에 호국성을 달성공원의 동북에 두고서는 너무 멀어서 성립될 수가 없다.
또 문장을 달리하여 보와 고성을 각기 설명하는 것으로 보면 坤維를 중심 혹은 사방으로 해석하여 달구벌의 중심에 고성이 있고, 달불이라 칭한다하고, 성 남쪽에

제5절 新羅壽昌郡護國城八角燈樓記의 호국성 위치   529

고성이 있고, 달불이라 칭한다하고, 성 남쪽에 佛山이 있다는 구절에서 성은 곧 호국성(보)을 지칭한다면 佛山 곧 앞산이 되며, 서쪽의 佛佐는 지금의 성당못에 비정할 수가 있다.

그런데 '높은 언덕을 택하여' 의보를 축성하였는데, 흐르는 물에 임하여 斷岸이 높고 험함을 진 것이 긴 구름 같아 西畿를145) 지키고, '對從南畝'하여 '按撫安土'라고 한 구절에서 호국성 남쪽에 농민들의 농토가 전개되는 모습이146) 서술되고 있다. 호국성 남쪽에 농토가 전개되고 있음은 호국성

    佛山이 있다는 구절에서 佛山은 곧 앞산이 되며, 보 서쪽의 佛佐塘은 지금의 성당못에 비정할 수가 있는데, 이렇게 되면 坤維인 서남방(?)이란 해석으로부터 자유롭게 된다. 이를 부연해서 설명하면 다음과 같다.
    최치원의 등루기의 보와 고성 관련 다음의 단락구분과 해석은 최영성, 『역주 최치원전집2-고운문집-』, 1999, 295~296쪽 및 301쪽을 주로 참조하였다.
        是堡兌位有塘號佛佐者 巽隅有池號佛體者 其東又有別池 號天王者
        坤維有古城 稱爲達佛 城南有山 亦號爲佛
        名非虛設 理必有因 勝處所與 良時斯應
위의 등루기 구절은 3개 문장으로 구성된 것으로 보인다. 첫 문장은 보 주위의 塘과 池 이름에 佛과 天王 이름이 나온다는 것을 강조한 것으로 보인다. 다음 문장은 땅의 중심에坤維 고성이 있는데 達佛이라 칭하며, 그 성의 남쪽 山 이름에 또한 佛이라 한다고 하여 고성 이름이 達佛, 남쪽 산이 佛山이라 한다고 하여 성이름과 산이름에 佛이 들어간 것을 강조한 셈이다. 따라서 保와 古城 두 곳의 佛과 天王 지명을 강조하기 위한 것일 뿐, 보와 고성의 상대 위치를 설명하는 것은 아니며 무관한 것으로 해석된다. 달성과 연관지어서 보 곧 호국성의 위치를 설명할 필요가 없다고 생각된다. 다만 보 주위에 서쪽 불좌 塘號, 동남쪽에 불체 지호, 동쪽에 천왕 지호가 있을 뿐이다. 그리고 달성 남쪽에 불산이 있을 뿐이다. 그 다음 문장은 명칭이 아무렇게나 생긴 것이 아니요. 이치는 반드시 원인이 있을 것이다. 환경이 이렇게 좋은 것은 좋은 시기와 서로 맞게 된다는 뜻으로 해석하였다. 결국 坤維를 서남방(?)으로 보는 해석은 절대적인 것이 되지 못한다. 그렇다면 등루기에서는 남령에 팔각등루가 있다고 밝히고 있으나 호국성의 위치에 대해서는 일언반구의 언급도 없을까? 호국성이라는 절안에 팔각등루가 있으므로 팔각등루의 위치가 建八角燈樓于南嶺이라고하면 팔각등루와 호국성은 동일 지역이므로 당연히 알 것도 생각한 것으로 판단된다. 900년 전후에 있어서는 호국성의 위치를 현재저럼 의식하지 않고, 수장군사람이면 누구나 남령이라고 알고 있었을 것이다. 塘은 지금의 성당못에 비정할 수가 있다.

145) 지금의 대구가 아닌 통일신라시대의 넓은 의미의 壽昌郡을 가리키는 것으로 보인다.
146) 이렇게 호국성 남쪽에 농토가 있어서 농민들이 농사를 짓는 모습을 상상할 수가

이 앞산에 있음을 표현하는 것이[147] 아니라는 결정적인 증거로 호국성의 위치 추정에 중요하다.

지금의 대구 현대백화점 8층에서[148] 앞산을 바라보면 이재의 꿈에 보이는 7불이 앞산 능선에서 그렇게 보일 수가 있다. 이재는 호국성에서 미륵상을 바라보는 꿈을 꾸고 남령에 팔각등루를 세웠으므로 남령을 연귀산으로 비정하면 그 일대가 호국성이 되어 앞산까지 남으로 농토를 대하는 호국성의 위치도 이재의 꿈 이야기와 부합된다. 결국 호국성과 팔각등루의 위치를 모두 연귀산으로 보게 되었다. 곧 호국성과 팔각등루가 모두 남령인 연귀산에 있으며, 호국성 안에 팔각등루가 있는 것은 두말할 필요도 없다.

6. 맺음말

먼저 지금까지 나온 9가지 견해에 대해서 부득이한 경우를 제외하고 비판은 생략하고 호국성의 위치를 중심으로 전부 소개하였다. 각기 다른 주장을 하고 있어서 어느 가설이 맞는지도 잘 알기가 힘들다. 곧 등루기에 충실할 때 호국성 안에 팔각등루가 있다고 보는 가설은 9가지 가설 가운데 2예를 제외하고, 거의 없는 점이 눈에 띄었다.

다음으로 등루기의 주인공인 팔각등루를 등루기의 안에서 6번이나 언급한 것을 중심으로 전부 찾아서 그 내용들을 상세하게 조사하여 등루기의 주인공이 팔각등루로 보기에 전혀 손색이 없음을 알 수가 있었다.

그 다음으로 6번이나 堡나 호국성 등으로 나오는 호국성을 종래에는

있음으로 볼 때, 호국성은 연귀산으로 볼 수밖에 없다. 2017년 지도에 연귀산 근처에서 산명이 나오는 산은 없었다. 연귀산은 신라시대에는 대구의 진산이 아니라서 절을 지을 수가 있었을 것이다.
147) 김창호, 앞의 논문, 2001. 이는 잘못된 가설이다.
148) 대구시 중구 달구벌대로 2077(계산동2가200번지)에 위치해서 여기에서는 주의를 깊게 하여 볼 경우 불산(앞산)의 7기 미륵상의 형체를 볼 수가 있다.

보나 성으로 보아왔다. 호국성이 나오는 구절을 보면 단순한 성이나 보가 아님을 암시하고 있고, 최치원이 너무 호국성을 불교적인 미사여구로 이야기하고 있고, 등루기에서 보에는 호국이란 단어가 붙지 않고, 성에만 붙고 있는 점 등에서 절로 보았다. 특히 방형의 호국사를 호국성으로 과장한 것은 호국성의 景觀을 과장해서 표현한 것과 마찬가지로 최치원의 수사법상의 하나인 과장법으로 보인다. 또 팔각등루는 팔각다층목탑으로 보았다.

마지막으로 팔각등루는 南嶺에 있고, 높은 언덕인 崇丘에 소재하고 있고, 호국성의 남쪽에 농토가 있다고 하였다. 강당지·금당지·탑지·중문지·회랑지 등의 유적과 주춧돌과 9~10세기로 편년되는 장판타날 평기와를 찾으면 쉽게 발견될 수가 있으나 도시로 개발되어서 찾을 수가 없다. 호국성과 팔각등루 모두를 연귀산으로 보면 등루기의 내용이나 이재의 꿈 이야기와 거의 일치하게 된다.

* * *

부기 :

호국성을 호국사로 본 것은 은사 문경현 선생님의 가르침 덕분이고, 호국성이 호국사의 과장법이라는 데에는 이문기 교수가 호국성의 경관을 중국 포조의 무성부에 나오는 과장법에서 따왔다는 데에서 힌트를 얻었다. 난삽한 초고를 읽고서 날카로운 비판과 교시로써 호국성이 호국사의 과장법이라는 결론에 이르는 데에는 한기문 교수의 힘이 컸다. 세 분에게 사의를 표하는 바이다.

제6절 양주 대모산성 출토 태봉 목간의 토착신앙

1. 머리말

한국의 목간은 1975년 경주 월지 유적에서 처음으로 출토되어 지금은 고신라, 사비성시대 백제, 통일신라 목간 등이 나왔다. 목간이 나오지 않는 시기로는 고구려시대, 한성시대 백제, 웅진성시대 백제를 들 수 있다. 이번에 출토된 대모산성 목간은[1] 정말로 뜻밖의 소득이었다. 태봉은 900년에 건국해 918년에 망한 우리나라에서 가장 단명의 나라이기 때문이다.

글자 수도 124자나 되어 단일 목간으로서는 그 글자 수가 가장 많다. 면수도 6면으로 가장 많다.[2] 띄어쓰기를 하지 않은 목간은 읽기가 힘들다.

---

1) 경기도 양주시 백석읍 방성리 789번지에 위치한다. 양주 대모산성은 양주산성이라고 불리기도 하는데, 해발 212m의 대모산 정상에 있다. 분지형을 이루고 있는 대모산의 산꼭대기를 돌아가면서 돌로 성을 쌓은 테뫼식 산성이다. 이곳은 수락산 봉수대와 연결되는 교통의 요지이자 양주를 포함한 여러 지역을 방어할 수 있는 전략적 요충지이다. 5세기 중엽까지 백제의 영역이었다가, 고구려 장수왕의 남하정책으로 6세기 중엽까지 고구려에 속하였고, 그 이후에는 신라 땅이 되었다. 이런 지정학적인 위치를 중심으로 살펴볼 때 양주 대모산성은 삼국시대에 만들어진 '매초성'으로 추정된다. 타원형을 이룬 성벽의 둘레는 1,400m 쯤 되며, 북쪽의 문터로 짐작되는 곳에는 성벽이 잘 남아있지만 다른 곳은 대부분 무너졌다. 현재 성벽의 높이는 4~5m 안팎이나, 너비는 주변의 지세에 따라 가파른 남쪽은 6m, 완만한 북서쪽은 8m쯤 된다. 50° 정도의 각도로 경사지게 들여쌓기를 하였는데, 이러한 방식은 삼국시대에서 고려시대까지 주로 이용된 것이다. 성 내부에는 건물터로 추정되는 평지가 여러 곳 있으며, 지표에는 둥근 주춧돌 여러 개가 노출되어 있고 또 주변에는 많은 토기조각과 기와조각이 흩어져 있다. 목간은 원형집수시설에서 단 1점만 출토되었다. 제2면에서 大龍이 산 곳은 大井이라고 했으므로 원형집수시설을 大井이라고 불렀다고 본다.
2) 1면은 글자가 없고, 인물화가 있을 뿐이다.

우리나라에서 목간으로 나온 것 가운데에서 6면의 목간은 처음이다. 그 가운데 5면은 3행으로 이루어져서 글자는 8행에 걸쳐서 적힌 셈이다.

여기에서는 먼저 글자가 있는 7면 모두의 글자를 판독하겠다. 다음으로 목간을 해석하겠다. 마지막으로 태봉 목간의 인물상을 중심으로 우리나라의 토착신앙에 대해 살펴보겠다.

2. 목간의 판독

우선 7면 사진 전부를 제시부터 하면 다음과 같다.

(제2면) (제3면) (제4면) (제5면) (제6면) (제7면) (제1면)

이중 제2면이 모두 19자로 가장 길다. 5번째 글자인 丙자는 초두머리(艹) 밑에 丙자를 쓰고 있어서 판독의 어려움을 말해주는 듯하다. 15번째 글자는 名자로 보인다. 18번째 글자는 亦자로 읽고 있으나 示자일 가능성도 있다.

세3번은 모두 15사이다. 1번째 글자는 民자로 보인다. 4번째 글자는 冊자로도 보이나 肉으로 읽어야 의미가 통한다.

제4면은 모두 16자이다. 10번째 글자는 이 명문의 내용을 아는데 핵심이 되는 글자이나 읽을 수 없다.

　제5면은 모두 3행으로 되어 있다. 제①행은 모두 16자로 되어 있다. 2번째 글자는 化로 보인다. 3번째 글자는 强자이다. 4번째 글자는 共자로 보인다. 5번째 글자는 內자로 보인다. 7번째 글자는 卄자이다. 8번째 글자는 八자로 읽어 왔으나3) 人자이다. 9번째 글자는 在자로 읽고 있으나 山자로 보인다. 11번째 글자는 手자로 보인다.

　제5면 ②행은 모두 16자로 되어 있다. 16번째 글자는 傳자4) 또는 云자로 읽고 있으나5) 云자로 읽는다.

　제5면 ③행은 모두 13자로 되어 있다.

　제6면은 모두 15자로 되어 있다. 6번째 글자는 十자로 보인다. 7번째 글자는 日자로 보인다. 8번째 글자는 而자로 보인다.

　제7면은 모두 14자이다. 7번째 글자는 弃자6) 또는 舂자로 읽고 있으나7) 후자로 읽는다. 10번째 글자는 𠃊자이다. 11번째 글자는 內자이다. 12번째 글자는 年자이다. 13번째 글자는 半자이다. 14번째 글자는 舂이다.

　글자의 총수는 124자이다.

제7면	제6면	제5면			제4면	제3면	제2면	제1면	
		제③행	제②행	제①행					
午	月	閑	今	△	辛	(民)	政	상면에 남자인 물상	1
牛	朔	人	月	(化)	亥	口	開		2
買	井	尚	此	强	歲	送	三		3
△	一	不	時	(共)	卄	(肉)	年		4
人	者	爲	以	(內)	六	手	丙		5
△	(十)	弥	答	(城)	茂	爻	子		6
弃	(日)	用	從	(卄)	登	味	四		7
本	(而)	敎	△	(人)	此	亦	月		8

---

3) 『연합뉴스』, 인터넷판, 2023. 11. 28일자의 판독문 및 판독전문가들의 판독문.
4) 『연합뉴스』, 인터넷판, 2023. 11. 28일자의 판독문.
5) 판독전문가들의 판독문.
6) 『연합뉴스』, 인터넷판. 2023. 11. 28일자의 판독문.
7) 판독전문가들의 판독문.

人	(不)	△	(幻)	△	人	祭	九		9
﹅	△	(九)	史	(山)	孤	者	日		10
內	△	△	九	二	者	能	城		11
年	陰	(如)	重	人	使	△	大		12
牛	內	下	齊	几	弥	△	井		13
春	去		敎	肉	用	△	住		14
	者		德	△	敎	者	(名)		15
			云	△	矣		大		16
							龍		17
							亦		18
							牛		19

3. 목간의 해석

단락을 나누어서 해석해 보기로 하자. 제1단락은 제2면이 하나의 단락이다. 제1단락인 政開三年丙子四月九日城大井住名大龍亦牛는 '政開三年丙子(916) 四月九日에 城의 큰 우물에 살고 있는 것의 이름은 大龍이었고 역시 소였다.'

2단락은 제3·4면이다. 제2단락인 (民)口送肉手爻味亦祭者能△△△者辛亥歲卄六茂登此人孤者使弥用敎矣이다. 이는 '백성의 입으로 고기를 손으로 엇갈리게 하는 맛 또한 제사하는 자와 …자와 辛亥(891)에 태어나 26세인 무등이라. 이 사람이 홀로 있는 者에게 시키며 쓴 敎이다.'가 된다.

3단락은 5면 제①행인 △(化)强(共)(內)(城)(卄)(人)△追手人几肉△△이다. 이는 '…되어 강하게 함께 內城의 20인과 △追手人이 무릇 고기를 ….'가 된다.

4단락은 5면 제②행과 제③행인 今月此時以咎△(幻)史九重齊敎德云閑人当不爲弥用敎△(九)△(如)下이다. 이를 해석하면 '今月(四月)의 이 시가으로써 허물을 따라서 …하고, 미혹하는 역사를 아홉 겹 가지런히 한 敎의 德에 이르되 閑人이 마땅히 아니하며 쓴 敎는 △(九)△하여 …아래와 같았다.'가 된다.

4단락은 6면과 7면인 月朔井一者(十)(日)(而)(不)△△陰內去者午牛買△人 △舂本人ㆍ內年半舂이다. 이를 해석하면 '4월 1일에 우물에 한 사람이 10일 동안에 아니 …하고 음으로 안으로 간 자는 午時에 소고기를 사고 어떤 사람은 감추어서 本이고, 사람들이 內의 年에 (고기를) 반이나 감추었다.'가 된다.

4. 토착신앙

4월 8일 부처님오신날 다음인 4월 9일에 大龍이라고 불리던 소를 잡아서 나누는 것은 불교와는 관련이 없다.[8] 1면에 나오는 상반신만 있는 인물상은 목간의 주인공인 무등일 가능성이 크다. 용 그림도 음각되어 있는 535년의 울주 천전리서석 을묘년명에는 토착신앙과 관련된 구절이 나오는 바, 이를 소개 검토하면 다음과 같다.

울산광역시 울주군에 소재한 蔚州川前里書石은 1970년 동국대학교 울산지구 불적조사단에 의해 발견되었다.[9] 울주 천전리서석이라고 명명된 가로 약 10m, 세로 약 3m의 커다란 거석에는 청동기시대부터 통일신라시대 말까지의 것으로 추정되는 많은 문양과 그림 그리고 명문들이 새겨져 있다. 특히 서석의 오른쪽 아랫부분에는 原銘과 追銘이라고 각각 이름이

---

8) 물론 불교에서도 용이 나온다. 문무대왕이 죽어서 동해의 용이 되어서 왜구를 지키겠다고 해서 감은사를 만들었는데, 그 금당 구조가 특이하여 이 전설이 사실이었음은 주지의 사실이다. 하지만 4월 8일의 다음날에 大龍으로 간주되었던 소를 잡는 것으로 추정되는 풍습은 불교와 관련이 멀다. 유교사상이라면 忠孝사상이 넘쳐야 한다. 도교라면 #마크, 육박문, 8괘문, 봉래산의 산 등이 있어야 한다. 이 목간에는 남자성인반신상과 소고기이야기가 고작이다. 916년에도 大龍으로 간주되었던 소를 잡아서 나누어 먹은 것으로 보인다. 肉자가 나오는 회수만 해도 3번이나 된다. 소고기를 먹는 풍습은 구석기시대부터 있어온 고유한 우리의 토착신앙이다.

9) 황수영, 「新羅의 울주서석」, 『동대신문』, 5월 10일자, 1971.

붙여진 약 300자가량의 명문이 있다. 이 명문에는 6세기 전반 신라의 王과 王妃를 비롯한 많은 인물들이 등장하고 있어서 학계에서 크게 주목을 받게 되었다.

지금까지 천전리서석의 연구는 원명과 추명에만 집중되어 왔다.[10] 원명과 추명의 주위에 있는 암각화, 선각화와 다른 명문들에 대해서는 거의 연구가 되지 않고 있다.

신라 금석문 가운데 불교와 관련되는 금석문으로서 가장 이른 시기의 것으로 울주 천전리서석을묘명을 들 수 있다. 이에 대해서는 지금까지 몇몇 단편적인 연구가 행해지고 있다. 여기에서는 우선 설명의 편의를 위해 관계 전문부터 제시하면 다음과 같다.

④	③	②	①	
先	僧	道	乙	1
人	首	人	卯	2
等	乃	比	年	3
見	至	丘	八	4
記	居	僧	月	5
	智	安	四	6
	伐	及	日	7
	村	以	聖	8
	衆	沙	法	9
	士	弥	興	10
			太	11
			王	12
			節	13

이 명문에 나오는 乙卯年에 대해서는 535년(법흥왕 22)설과[11] 595년(진평왕 16)설이[12] 있다. 후자에서는 제①행에 나오는 節자를 기념일을 가리키

---

10) 김용선,「울주 천전리서석 명문의 연구」『역사학보』81, 1979 ; 이문기,「신라중고 6부에 관한 일고찰」『역사교육논집』1, 1980 ; 문경현,「울주 신라 서석명기의 신검토」『경북사학』10, 1987 ; 武田幸男,「蔚州書石谷における新羅·葛文王一族」『東方學』85, 1993 ; 김창호,「울주천전리서석의 해석 문제」『한국상고사학보』19, 1995 ; 김창호,「울주 천전리서석의 원명과 추명」『고신라 금석문과 목간』, 2018.
11) 현재 학계에서 일반적으로 통용되고 있는 학설이다.

는 것으로 보아 불교 기념일을 적은 명문으로 해석하고 있다. 나아가서 『삼국사기』 법흥왕 28년조의 王薨 諡曰法興에 근거하여 법흥왕은 재위 시에는 牟卽智寐錦王 등으로 불렀을 뿐이고, 법흥왕은 시호이므로 법흥왕의 재위 시에는 사용이 불가능하다는 전제 아래 乙卯年은 595년이 되어야 한다고 주장하고 있다. 이러한 방법에 따라서 540~576년에 재위한 진흥왕의 경우를 조사해 보자. 마운령비에는 眞興太王이라고 명기되어 있고, 『삼국사기』 진흥왕 37년(576)조에는 秋八月王薨 諡曰眞興이라고 되어 있어서 마운령비의 건립 연대도 568년보다 한 甲子 내려서 628년으로 보아야 될 것이다. 지금까지 마운령비의 건립 연대를 628년으로 본 가설은 학계에서는 제기된 바 없다. 여기에서는 乙卯年을 535년으로 본다.

　이 명문 가운데에서 제①행에 나오는 聖자를 신라 골품제 가운데 聖骨을 가리킬 가능성을 제시한 견해가 있다.13) 朗慧和尙碑에서 聖骨을 聖而라고 표현한 점에서 보면 그럴 개연성도 있는 듯하다.

　제③행의 居智伐村을 『삼국사기』 地理志, 良州조의 巘陽縣 本居知火縣 景德王改名 今因之란 구절과 대비시켜서 居智伐=居知火로 본 견해가 있다.14) 헌양현의 위치가 궁금하다. 『고려사』 志卷11, 地理2에 巘陽縣 本居知火縣 景德王改今名 爲良州領縣 顯宗九年來居 仁宗二十一年 監務後改彦陽이라고 되어 있어서 오늘날 彦陽지역이 居智伐村임을 알 수 있다.

　이 을묘명 분석의 핵심은 제②·③·④행에 걸쳐서 나오는 道人比丘僧安及以沙弥僧首乃至居智伐村衆士仙人의 인명 분석이다. 이 부분을 道人比丘僧安及以와 沙弥僧首乃至와 居智伐村衆士仙人으로 나누어서 해석한 견해가 있다.15) 이에 대해 명문 가운데 及以와 乃至란 구절은 漢譯佛典에 자주 나오는

---

12) 문경현, 「新羅 佛敎 肇行攷」 『신라문화제학술발표회논문집』 14, 1993, 141쪽.
13) 이종욱, 「신라 중고시대의 성골」 『진단학보』 59, 1980.
14) 木村誠, 「新羅郡縣制の確立過程と村主制」 『朝鮮史研究會論文集』 13, 1976, 11쪽.
15) 이문기는 국사편찬위원회 한국사데이타베이스 역주 한국고대금석문에서 道人 比丘僧 安及以와 沙彌僧 首乃至, 居智伐村의 衆士, △人들이라고 해석하였다.

용어로 及, 倂과 같은 뜻이란 점을 근거로 比丘 僧安과 沙彌 僧首만을 인명으로 분석한 견해가 있다.16)

중국 남북조시대나 우리나라의 삼국시대에는 單字의 승명이 보이지 않고, 僧法名에 僧자가 붙는 僧演, 僧肇, 僧實, 僧柱 등의 예가17) 있음을 볼 때,18) 후자쪽이 설득력이 있는 듯하다.

이렇게 되면 道人比丘僧安及以沙彌僧首乃至居智伐村衆士仙人等에서 及以와 乃至는 병렬의 뜻을 가진 조사이므로 比丘(직명류)인 僧安(법명), 沙彌(직명류)인 僧首(법명)가 된다. 나머지 부분인 居智伐村衆士仙人等도 앞에서와 같이 직명+인명으로 볼 수 있는지가 문제이다. 居智伐村은 촌명이므로 인명 분석을 어렵게 하고 있다. 어색하긴 하지만 居智伐村을 출신지명으로 보고서 衆士를 직명, 仙人을 인명으로 볼 수가 있다. 이때에는 출신지명이 직명보다 앞서서 이상하고, 이 인명의 마지막에 복수를 나타내는 等자가 붙고 있어서 衆士인 仙人이 두 명이상의 인명 표기가 되어야 한다. 부연해서 설명하면 마지막의 仙人만을 인명으로 볼 때에는 그 뒤에 等자가 붙어 있기 때문에 衆士와 仙人이 두 사람이상의 인명 표기가 되어야 한다. 따라서 뒤의 仙人을 인명으로 볼 수가 없다. 남은 해석 방법은 衆士와 仙人을 모두 직명으로 보는 방법이다.

지금까지 분석해 온 道人比丘僧安及以沙彌僧首乃至居智伐村衆士仙人等을 해석해 보기로 하자. 及以와 乃至는 병렬의 뜻의 조사로 볼 경우에 道人은 당연히 比丘를 가리키게 되고, 沙彌인 僧首와는 관계가 있게 되어 '道人 比丘인 僧安과 沙彌인 僧首와 居智伐村의 衆士·仙人들이'라고 해석된다.

위의 구절 가운데 주목되는 용어는 道人이다. 道人이란 용어는 이 시기의

---

16) 深津行德, 「法體の王-序説 ; 新羅の法興王の場合」『學習院大學 東洋文化研究所調査研究報告』 39, 1993, 55쪽.
17) 이들 4명의 승려는 中觀派(三論宗)로 보인다.
18) 김영태, 「연가7년명 고구려불상에 대하여」『한국불교학회제9회학술연구발표회 발표요지』, 1986, 6쪽.

다른 금석문에도 나오고 있는 바, 이를 뽑아서 적기하면 다음과 같다.

㉠ ~見道人△居石窟~ (북한산비)
㉡ 于時隨駕沙門道人法藏慧忍 太等居柒夫智伊干~ (마운령비)
㉢ ~于時沙門道人法藏慧忍~ (황초령비)

위의 금석문 자료 가운데 북한산비는 567년에 건립되었고, 마운령비와 황초령비는 568년에 건립되었다. 북한산비, 마운령비, 황초령비는 그 당시 신라의 진흥왕과 그의 신하들이 함께 지방을 순수하고 세운 비석들이다. 비슷한 시기에 세워진 금석문인데도 북한산비의 道人은 북한산비가 서 있던 북한산 비봉의 석굴에 살고 있었던 것으로 명기되어 있을 뿐, 인명표기가 북한산비에는 기록되지 않고 있다. 이에 비해 마운령비와 황초령비의 道人은 신라 정치의 중핵적인 역할을 담당했던 大等보다 앞서서 인명표기로 기록되어 있다. 이들 비문에 나타난 것으로 보면, 북한산비의 道人과 마운령비·황초령비의 道人 사이에는 어떤 관계가 있는 듯하다. 북한산비의 건립은 마운령비와 황초령비에 앞서고 있다. 북한산비에서 북한산의 비봉 석굴에 살고 있던 道人이 신라에 歸附되어 마운령비와 황초령비의 道人이 되었을 가능성은 없었을까?

북한산비가 서 있던 한강 유역과 마운령비·황초령비가 소재한 함흥 근처는 모두 고구려의 땅이었다. 고구려의 옛 땅에 가면서 신라 출신의 道人이 함께 가는 것보다는 북한산 비봉의 고구려 출신 승려를 데리고 가는 쪽이 고구려계 지방민의 위무에는 훨씬 도움이 되었을 것이다.

이상에서 보면 을묘명에 나오는 道人인 比丘 僧安은 居智伐村과는 관계가 없는 중앙의 고급 승려로 판단된다. 그 뒤에 나오는 沙彌 僧首도 중앙인 徐羅伐의 승려로 보인다. 이에 뒤이어 나오는 居智伐村의 衆士와 仙人의 성격이 궁금하다. 이에 대해서는 다음과 같은 선학들의 견해가 있다.

첫째로 居智伐村의 衆士와 仙人을 일반 촌민으로 보는 견해이다.[19]

둘째로 衆士와 仙人 중 衆士를 『삼국사기』에 보이는 文士·烈士·國士 등과 같이 士로 표현되는 계층으로 보고서 이를 下級宮人, 나중에 外位 소지자가 되는 모집단으로 이해하는 견해가 있다.[20]

셋째로 乙卯年(535) 당시 서울에서 興輪寺 창건 공사가 시작되어 이해에 比丘僧安과 沙弥僧首 등이 천전리를 방문하여 작성했다는 전제아래 比丘僧安과 沙弥僧首는 흥륜사 창건에 기술로써 봉사하고, 衆士·仙人은 노동력으로 참가했다고 주장하는 견해가 있다.[21]

위의 어느 견해도 을묘명의 衆士와 仙人에 대한 깊이 있는 검토는 뒤따르지 않고 있는 듯하다. 이 시기 신라의 금석문인 중성리비, 냉수리비, 봉평비, 적성비, 창녕비에서 기본적인 비문의 구성은 왕이 나오고, 그 다음으로 왕경인(6부인)이 나오고, 마지막으로 지방민이 나오는 형식이다. 을묘명처럼 중앙의 승려에 뒤이어 지방 출신의 직명만이 나오는 예는 없다. 을묘명을 앞에서 예로 든 중성리비, 냉수리비, 봉평비, 적성비, 창녕비 등과 비교해서 衆士와 仙人의 성격을 규명할 수는 없다.

居智伐村의 衆士와 仙人에 앞서서 나오는 比丘僧安과 沙弥僧首가 중앙 불교계의 인물들이므로 衆士와 仙人을 거지벌촌에 있던 지방 불교와 관련된 인물로 볼 수도 있다. 이때에는 535년 당시의 지방 사원이 존재했는지가 문제가 된다. 신라에서 지방 사원과 관련된 승관제는[22] 州統·郡統이 알려져 있으나 이들은 대개 685년 신라의 지방제도인 州郡縣制의 완성과 맥을 같이하는 것으로 이해되고 있다. 이 을묘명에 나오는 거지벌촌은 州나 郡보다 더 하급행정기관인 縣에 해당되는 촌명이어서 지방 사원과 관련될

---

19) 한국고대사회연구소, 『역주 한국고대금석문』Ⅱ, 1992, 165쪽.
20) 남희숙, 「신라 법흥왕대 불교 수용과 그 주도세력」, 『한국사론』 25, 1991.
21) 深津行德, 앞의 논눈, 1993.
22) 이홍직, 「신라승관제와 불교정책의 제문제」, 『백성욱박사송수기념불교학논문집』, 1959 ; 中井眞孝, 「新羅における佛教統制について」, 『朝鮮學報』 59, 1971 ; 이수훈, 「신라 승관제의 성립과 기능」, 『부산사학』 14, 1990 ; 채상식, 「신라 승관제 이해를 위한 시론」, 『한국문화연구』 6, 1993.

가능성은 그만큼 적어지게 된다. 더구나 당시의 서울이었던 서라벌에서조차 을묘명이 작성되었던 해인 535년에 비로소 신라 최초의 사원인 흥륜사가 창건되기 시작하고 있어서 535년에 거지벌촌에 지방 사원이 있었을 가능성은 거의 없다. 따라서 衆士와 仙人을 거지벌촌에 있던 지방 사원과 관련되는 불교계통의 직명으로 볼 수는 없다.

을묘명에서 제②·③·④행에서 道人·比丘僧安·及以·沙弥僧首·乃至 등은 모두 불교와 관련된 용어이다. 이들과 병렬로 연결되어 있는 거지벌촌의 衆士와 仙人도 불교와 관련된 漢譯佛典이나 조상기 등의 자료에 나올 가능성이 엿보이지만 지금까지 그러한 예는 발견된 바 없다. 제②·③·④행의 인명 표기 가운데 병렬로 연결되어 있는 3부분 가운데에서 첫 번째와 두 번째는 불교와 관련된 용어이고, 나머지 세 번째 부분은 불교와 관련된 용어가 아니다. 衆士와 仙人 부분은 인명 표기에서도 직명+인명식이 아닌 직명만으로 나열되어 있어서 그 성격이 참으로 궁금하다. 거지벌촌에 살고 있는 계층인 衆士와 仙人은 중사와 선인으로 나누어져 있고, 중앙 불교계의 최고 지도층인 道人과 어깨를 나란히 할 수 있는 계층은 누구일까? 이들은 거지벌촌의 최고의 계층으로 볼 수가 있다.

지금까지 신라 금석문에서 행정촌의 최고 계층이 누구인지를 단정하기 어렵지만, 村主, 作上, 城上 등을 들 수가 있다. 촌주, 작상, 성상 등의 경우는 직명+출신지명+인명+외위명의 인명 표기 방식으로 기재되어 있다. 衆士와 仙人이 거지벌촌의 최고 계층이라면 524년에 작성된 봉평비에 下干支, 一伐, 一尺, 彼日(旦), 阿尺 등의 외위가 나오고 있어서 외위를 갖는 인명 표기로 비문에 적힐 가능성이 클 것이다. 居智伐村의 衆士와 仙人의 형식으로 표기된 인명은 신라의 어느 금석문에서도 그 유례를 찾을 수가 없다.

衆士와 仙人은 을묘명 자체에서는 두 개의 직명이 나열되어 있다는 것 이외에는 그 실체 파악의 실마리를 찾을 수 없다. 좀 우회적인 방법이겠지만 을묘명과 같이 있는 원명과 추명을 통해 검토해 보자. 원명과 추명은 각각 525년과 539년에 작성된 것이고, 양자에서는 沙喙部徙夫知葛文王과 妹가 주인공으로 함께 동행하고 있다. 원명의 작성 연대는 525년이므로 신라에서 불교가 공인된 527년보다 2년이 앞서고 있다.

원명과 추명의 주인공들은 추명의 앞부분에 過去乙巳年六月十八日昧 沙喙部 徙夫知葛文王妹於史鄒安郎三共遊來以後六△十八日年過去라고 표기된 것처럼 옛날에 525년 6월 18일에 이곳에 온 후에도 6월 18일에는 해마다 이곳을 왔다가 갔다고 명기하고 있다. 이는 6월 18일 沙喙部徙夫知葛文王의 男妹에게는 대단히 중요한 날짜로 판단된다. 그 이유를 알아보기 위해 추명의 관계 부분을 적기하면 다음과 같다.

① 過去乙巳年六月十八日昧 沙喙
② 部 徙夫知葛文王妹於史鄒安郎
③ 三共遊來以後六△十八日年過去妹王考
④ 妹王過人乙巳年王過去其王妃只沒尸兮妃
⑤ 愛自思己未年七月三日其王与妹共見書石叱見來谷

위의 추명에서 해마다 6월 18일에 이곳을 왔다 갔다고 명기된 부분은 제③행의 ~遊來以後六△十八日年過去이다. 해마다 6월 18일에 이곳을 다녀간 구체적인 이유는 제④·⑤행의 乙巳年王過去其王妃只沒尸兮妃愛自思이다. 이 부분의 해석에는 크게 두 가지 방법이 있다.

첫째는 '乙巳年(525)에 (徙夫知葛文)王은 옛날의 其王妃인 只沒尸兮妃를 愛自思했다.'로 해석하는 것이다. 過去를 옛날의 뜻으로 보고 이 부분을 해석하면 옛날의 其王妃인 只沒尸兮妃를 愛自思했고, 지금의 其王妃인 只沒尸兮妃는 愛自思하지 않는다는 이야기가 되어, 6월 18일에 해마다 이곳을 찾는 이유에 대한 뚜렷한 근거를 제시할 수 없다.[23]

---

23) 김창호,「울주천전리서석의 해석 문제」『한국상고사학보』 6, 1995, 393쪽.

둘째로 過去를 永泰二年銘石造毗盧遮那佛造像記에서 過去爲飛賜豆溫哀郞 願爲를 '돌아가신 豆溫哀郞의 願을 위하여'라고 해석한 점에 따라 '돌아가시다.'란 뜻으로 보고 해석하는 방법이 있다.[24] 이때에는 '乙巳年에 (徙夫知葛文)王은 돌아가신 其王妃인 只沒尸兮妃는 愛自思했다.'로 해석된다. 이렇게 해석하면 6월 18일에 해마다 沙喙部徙夫知葛文王이 이곳을 찾는 이유는 其王妃인 只沒尸兮妃의 6월 18일이 제삿날이기 때문이다.

둘째의 방법을 따를 때에도 이 시기의 신라에서 해마다 같은 날짜에 특정 지역을 찾는 관습이 있었는지가 궁금하다. 이에 대한 구체적인 실례를 찾기 어렵지만 백제 무령왕릉 출토의 매지권에 따르면 무령왕과 그 왕비는 모두 죽은 지 27개월 만에 장사를 지내는 3년상을 시행하고 있다고 한다.[25]

곧 523년 5월 27일에 죽은 무령왕은 525년 8월 12일에 장사를 지냈고, 526년 12월에 죽은 무령왕의 왕비는 529년 2월 12일에 장사를 지내고 있다. 27개월의 3년상이 6세기 전반 백제에 도입되었다면 같은 시기의 신라에서도 해마다 같은 날짜인 제삿날에 특정 지역을 찾는 관례에 대한 상정이 가능할 것이다.

원명과 추명의 주인공인 沙喙部徙夫知葛文王의 男妹가 해마다 천전리서석을 찾는 이유는 갈문왕의 왕비가 죽은 제삿날이기 때문이다. 천전리에 오는 이유가 궁금하다. 그것은 천전리서석의 암각화나 선각화와 관련하여 보면 이곳 자체가 신앙적인 장소였기 때문이다.

그 신앙은 장송 의례를 근간으로 한 토착신앙으로 보인다. 중앙의 불교 국가에서 가장 높은 道人과 병칭되는 중사는 토착신앙의 우두머리로 보인다.

---

24) 남풍현, 「永泰二年銘 石造毗盧遮那佛造像記의 吏讀文 考察」『신라문화』 5, 1988, 11쪽.
25) 김창호, 「고신라의 불교관련 금석문」『영남고고학』 16, 1995, 52쪽.

5. 맺음말

먼저 7면 9줄로 된 목간 124자를 사진을 보고 판독하였다. 빈칸이 한자도 없는 특징을 지니고 있다.

다음으로 4단락으로 나누어서 해석하였다. 가장 주목 띠는 것은 여러 군데에 소의 고기가 등장하는 점이다.

마지막으로 535년 울주 천전리서석 을묘명의 토착신앙 주관자로 衆士와 仙人이 등장하는 바 이를 상세히 조사하여 대모산성의 무등의 역할이 이와 유사하며, 목간 1면의 그림도 그의 것으로 보았다.

제7절 일본 稻荷山고분 출토의 철검명문

1. 머리말

일본의 5세기 전방후원분 편년의 가장 중요한 잣대는 두말할 필요도 없이 埼玉縣의 稻荷山고분 출토 철검명문이다.[1] 이 명문에 나오는 辛亥年을 대개 일본에서는 471년으로 보아왔다. 이를 확실하게 뒷받침하는 많은 연구 성과가 일본에서는 나와 있다.[2] 만약에 이를 531년이나 그 이후로 본다면 일본의 5세기 대표적인 묘제인 전방후원분의 편년 전체가 흔들릴 수가 있다.[3] 그래서 고고학자가 471년으로 보지 않는 경우는 거의 없다. 『稻荷山古墳出土鐵劍金象嵌銘槪報』에서[4] 나온 獲加多支鹵大王을 雄略(武)[5]

---

1) 일본 고분시대 중기의 명문 전문이 있는 것 가운데에서 年干支가 나오는 유일한 예이다. 더구나 일본의 고분시대 중기의 유물 가운데에서는 年號가 나오는 예는 없다.
2) 우리나라에서는 단 1편의 논문도 없다 일본 학자들의 우리 금석문에 대한 논문이 많은 것과는 대조적이다. 이는 우리 학계의 후진성을 나타내는 것이다.
3) 가령 오사카의 陶邑(쓰에무라)에서 출토된 須惠器편년부터 그 편년 잣대가 없어서 새로이 편년안을 내어놓아야 한다. 보통 20년을(?) 단위로 하는 스에키 편년에서 결론부터 말하면 이나리야마 철검명문의 辛亥年을 531년으로 보면 60년이란 격차가 생긴다.
4) 이 논문을 쓰는데 참고한 자료는 다음과 같다.
埼玉縣敎育委員會, 『稻荷山古墳出土鐵劍金象嵌銘槪報』, 1979 ; 直木孝次郞, 「稻荷山古墳鐵劍銘に關する一試論-斯鬼宮と磐余宮-」 『人文硏究』 32-9. 1980 ; 竹谷俊夫, 『布留遺蹟出土の初期須惠器と韓式系土器』, 1983 ; 西山要一, 「東アジアの古代象嵌銘文大刀」 『文化財學報』 17, 1999 ; 埼玉縣敎育委員會, 『武藏埼玉稻荷山古墳』, 2007 ; 山田俊輔, 「雄略朝期の王權と地域」 『史觀』 158, 2008 ; 義江明子, 「鐵劍銘〈上祖〉考」 『國立歷史民俗博物館硏究報告』 152, 2009 ; 荊木美行, 「稻荷山古墳出土鐵劍銘の再檢討」 『皇學館論叢』 46-5, 2013 ; 馬場 基(김도영역), 「埼玉縣 稻荷山古墳 출토 철검을

의 이름인 若建의 훈과6) 일치시키는 견해는7) 움직일 수 없는 통설이 되어 왔다.8) 이에 대해 신라의 금관총 도초끝부속구에서9) 나온 명문인 尒斯智王을 훈독과10) 반절로써 넛지왕이라고 읽고서 이를 마립간시대의 왕들 가운데에서 訥祗王과 음상사로 보아 금관총의 연대를 458년으로 보았다.11) 그래서 신라 고분 편년을 30년가량을 소급시켜야 한다는 가설이

둘러싸고」,『일본고대목간론』, 2021 ; 吉田修太郎,「稻荷山鐵劍の銘文に關する一考察-乎獲居臣をめぐる諸問題を中心に-」『埼玉縣立史跡の博物館紀要』16, 2023.
5) 왜의 5왕(讚, 珍, 濟, 興, 武) 가운데 마지막 임금이다.
6) 音相似가 만병통치약은 아니다. 561년 창녕비에 있어서 감문군주의 이름인 心麥夫가 진흥왕 이름의 한자명인 深麥夫와 한자 발음이 꼭 같다. 또 埼玉縣敎育委員會, 앞의 책, 1979에서는 獲加多支鹵大王을 와가다게루(ワカタケル)大王이라고 읽고,『日本書紀』의 大泊瀨幼武日王의 幼武와『古事記』의 大長谷若建命의 若建을 와가다게(ワカタケ)로 읽어서 雄略(456~479)과 동일인으로 보았다. 若建命의 경우는 命자를 무시하고 若建만을 가지고 읽고 있으며, 鹵자의 탈락에 대한 1차 사료의 예가 전혀 없는 점이 문제로 지적될 수가 있다. 또 와가다게루의 끝자인 루를 累 등으로 쓰지 않고, 한국 삼국시대에서 나온 적이 없는 鹵로 썼을까하는 의문이 생긴다. 금석문에서 한 글자 한 글자는 대단한 의미를 가지고 있어서 그 어려운 鹵자를 虛辭로 사용했다는 것은 언뜻 이해되지 않는다. 이것이야말로 흔히 말하는 牽强附會이다.
7) 岸 俊男(기시 도시오)의 가설로 埼玉縣敎育委員會, 앞의 책, 1979에 이미 잘 반영되어 있다.
8) 그러나 1차 사료의 예는 없고, 전설적인 사료의 예만 있다. 곧 埼玉縣敎育委員會, 앞의 책, 1979, 16쪽에서는 景行(B.C.71~130)記에 出運建을 伊豆毛多祁流라고 읽고, 神武(B.C.660~585)卽位전에 八十梟師를 多稽屠라고 細注하고 있는 것같이 본래는 '루'를 생략하고 읽는다고 생각된다고 하였다. 그러나 鹵자는 字音 '로'로 繼體二十三年(529)紀, 欽命五年(544)紀에 麻鹵, 阿鹵旱崎 등 조선인의 인명 표기에 사용되고 있지만 記紀, 萬葉集에는 字母를 사용한 예가 없다고 하였다. 계속해서 이 경우 鹵도 '루'에 가깝게 발음될 가능성이 있다고 생각된다고 하였다. 鹵자는 鹽자가 인공소금을 나타낸 것과는 달리 천연소금을 나타내는 것으로 한국고대의 금석문이나 목간 자료에서 인명 표기에는 물론 그 글자 자체를 본적이 없는 듯하다. 鹽자는 561년 창녕비에서, 塩자는 함안 성산산성 5번 목간에서 각각 보인다.
9) 종래 일본식으로 劍鞘尻金具라고 부르넌 것이나.
10) 고신라 마립간시대에 있어서 훈독의 예는『삼국유사』의 毘處麻立干을『삼국사기』에서는 照知麻立干이라고 해서 照자의 훈이 비칠 조(비처라의 비처)이므로 동일하다고 한 丹齋 申采浩의 유명한 증명이 있다.
11) 김창호,「신라 금관총의 尒斯智王과 적석목곽묘의 편년」『신라사학보』32, 2014 ;

나왔는데도 우리 학계에서의 침묵으로 일관하는 냉담한 반응인 점과는 정반대 현상이다.

일본에서 5세기의 금석문이 거의 없는데도 불구하고, 471년이라는 연대는 중기 고분 편년에12) 있어서 이보다 더 편리하고 확실하게 근거가 되는 자료는 1차 사료에서는 없었다. 곧 전방후원분에서 나왔지,13) 토기와 마구와 삼환령, 須惠器, 土師器, 하니와 등의 각종 유물이14) 반출되었지, 이보다 더 확실한 편년 잣대는 없었다. 이를 한국 삼국시대의 금석문과 목간 자료를 통해서 한 번 검토해 보아서 그 잘잘못을 가리는 것이 본고의 목적이다.

여기에서는 먼저 이나리야마철검 명문에 대한 연구 약사를 초 미니급으로 아주 간단히 살펴보겠다. 다음으로 명문을 제시하겠다. 그 다음으로 한국 고대 문자자료에서 본 연대를 살펴보겠다. 그 다음으로 동아시아

김창호, 「신라 금관총의 尒斯智王명문의 재검토」, 『신라 금석문』, 2020 ; 김창호, 「신라 금관총의 尒斯智王삼론」, 『신라 금석문』, 2020.

12) 일본 고분은 그 편년에 근거하여서 4세기 고분을 전기, 5세기 고분을 중기, 6세기 고분을 후기라고 각각 부르고 있다. 우리는 적석목곽묘에서 지금까지는 대개 4세기의 것은 없고, 5세기의 것이 있다는 일본학자의 가설을 받아들였고, 일본의 전방후원분이 4세기에 있다는 것으로 보았다. 그러면 신라의 고총고분은 일본보다 훨씬 늦게 된다. 미추왕이 太祖星漢王이고, 그의 무덤을 흥륜사 동쪽에 있다고 하고, 『삼국유사』, 미추왕 죽엽군조에 나오고, 『삼국유사』, 기이편 등에 미추왕릉을 각각 大陵, 竹長陵, 竹現陵이라고 부르고 있어서 284년에 죽은 미추왕릉은 고총고분으로 경질토기와 이식이 세트를 이루는 유적으로 보인다. 이에 대해서는 김창호, 「금석문 자료로 본 적석목곽묘의 등장과 소멸」, 『신라고분』, 2026 참조.

13) 이는 일본에만 있는 것으로 山을 이용해 만들기 때문에 그 크기가 대단히 크다. 정상부에 筒型하니와가 줄을 세워서 출토되고 있는데, 여기에서 首長權의 계승 의식도 이루어졌다고 한다.

14) 일본 고분에서 f字形轡와 劍稜形杏葉이 세트를 이루면 그 시기는 6세기 전반이다. 이 세트가 이나리야마고분에서도 나왔다. 삼환령도 영이 몸에 떨어져서 한쪽만 환형대롱에 붙으면 5세기이고, 몸의 부분이 상당수가 영과 공유하고 있으면 6세기의 유물이다. 이나리야마고분에서는 6세기의 삼환령이 출토되었다. 하니와의 편년은 일본의 고고학자가 아니라서 잘 알지 못하고 있다. 山田俊輔, 앞의 논문, 2008에 따르면 TK47型式의 須惠器를 이나리야마고분의 周溝에서도 나왔다고 하고, 105쪽의 第一圖 -7에서 圓筒하니와가 나왔다고 되어 있다.

4세기 금석문에 대해서 살펴보겠다. 마지막으로 철검 명문 전체를 熊本縣 江田船山고분 철도 명문과 함께 해석하겠다.

2. 연구 약사

1978년에 발견된 이나리야마고분 출토 철검에 대한 연구 성과는 아직도 50년이 되지 않았지만 그 성과가 너무 많아서[15] 이를 다 정리하기란 대단히 어렵고, 그 자료를 한국에서는 모두 다 구할 수도 없어서 여기에서는 이에 대한 기왕의 업적을[16] 토대로 하여 아주 간단하게 소개하고자 한다.[17]

이나리야마철검 명문에 대한 原文과 解讀文은 대체로 모두에게 인정되고 있는 것이다. 연구자에 의해서 철검 명문을 그것의 釋文(原文)의 단계에서 異論이 있는 경우와 인명과 語句의 해석에서 틀리는 경우도 있다. 115문자의 명문에도 크게 그 이해가 다르게 되는 경우도 있고, 그 가운데에서는 일치하는 경우도 있다. 예를 든다면 獲加多支鹵大王(와카다게루)는 『일본서기』에는 大泊瀨幼武, 『고사기』에는 大長谷若建이라고 표현되어 있어서 5세기 후반의 雄略日王이라고 보이는 오호하츠세노와카다게루에 해당되는 것으로 대개 이해하고 있다.

다만 辛亥年을 531년으로 볼 때 欽明일왕의 宮이 師木嶋大宮, 磯城嶋金刺宮인 것에서 와카다게루大王을 欽明이라고 한 견해가 있다.[18] 다만 欽明의 이름은 天國押波流岐廣廷, 天國排開廣廷으로 와카다게루와 연결하는 것이 곤란한 점과 와카다게루라고 부르는 사례는 존재하지 않는 점에서 성립이

---

15) 실제로 주3)의 논문이외에는 구하기도 힘들어서 구하는 것을 포기했다.
16) 吉田修太郞, 앞의 논문, 2023, 1~2쪽에 있는 연구사를 서투른 일본어 실력으로 살을 조금 붙여서 번역하는 수준에서 전제하였다.
17) 동아시아의 보존과학적인 견해들을 포함하여 상감 칼 명문의 전반에 대한 요령 있는 연구사는 西山要一, 앞의 논문, 1999 참조.
18) 池上 巖, 「獲加多支鹵大王=雄略天皇說への疑問」 『東アジアの古代文化』 19, 1979.

곤란하다는 점에서 따르기 어렵다는 비판이[19] 있다.

오호하츠세루는 雄略이 거주하던 궁의 소재지를 가리키기 때문에(武烈 일왕도 하츠세에 살았기 때문에, 雄略의 경우는 오호하츠세로서 구별된다.), 그것을 배제하여 와가타게루가 명칭(實名인 尊號)이 되어, 稻荷山鐵劍의 명문에 의해 그의 명칭은 記紀 이외의 사용이 확인되고 있다. 대체로 같은 시기의 중국 사서인『송서』, 왜국전에 나오고 있는 武는 그 實名의 일부인 武(타게루)의 표기에 의해서 이름이 같기 때문에 武와 雄略을 동일 인물로 보고 있다.

또 杖刀人에 대해서도 문자 그대로 武官이고, 大王의 身邊保護的인 일을 하는 것으로 보는 점은 거의 異論이 없다. 장도인의 우두머리인 요와케를 一部隊長이라고 보는 견해와 全部隊長이라고 보는 견해로 나누어지지만,[20] 모두 親衛隊長이라고 보고 있다. 바꾸어 말하면 이러한 점 이외에서는 여러 가지 해석이 나누어지고 있다. 주요한 쟁점을 몇 개만을 소개하기로 한다.

1) 辛亥年은 471년이 거의 정설화되어 왔지만 531년설도 끈질기게 이어 왔다. 그러나 531년설은 어디까지나 소수의 가설일 뿐이었고, 雄略=獲加多支鹵大王임을[21] 부정하지는 않았다.

2) 臣의 해석이다. 臣은 아니고, 巨, 直으로 보는 견해도 나오고 있고, 表記를 臣으로 하여 오미, 신으로 읽고 있어서, 그 해석에 있어서는 의견의 차이가 있다.

---

19) 篠川 賢,「鐵刀銘の世界」『古代を考える 雄略天皇とその時代』, 1988.
20) 一部隊長과 全部隊長은 일본어가 어려워서 잘 이해가 되지 않는다. 이것이 각각 地方豪族과 中央豪族에 관한 것이라면 요와케는 중앙호족의 역할을 한 지방호족으로 해석되어야 할 것이다. 그렇지 않고서는 이나리야마고분에 묻힌 이유를 설명할 수가 없다. 만약에 一部隊長이 臣僚 일부만의 隊長이고, 全部隊長은 臣僚 全部의 隊長을 뜻한다면 요와케는 당연히 全部隊長이다.
21) 가령 荊木美行, 앞의 논문, 2013 등에서는『송서』, 昇明元年(477)조의 遣使가 興(雄略)으로 보기에는 무리가 있어서 獲加多支鹵大王寺在斯鬼宮時를 과거형으로 보아서 辛亥年을 531년으로 보았을 뿐이다.

3) 오호히코~구사키와케까지 계보의 이름은 실재하는가?[22] 아닌가? 곧 요와케의 계보해석이다.

4) 요와케는 누구인가? 中央豪族인가? 地方豪族인가?[23] 또 礫槨피장자와의[24] 관계는?

5) 斯鬼宮의 소재지는 어디인가? 사귀궁의 소재에 대한 견해는 크게 4가지가 있다. 먼저 雄略의 居所인 朝倉宮은 磯城(시키)라고 말하는 넓은 의미의 지명의 범위(後의 大和國 磯城郡)에 포함되는 곳으로 보고, 大和泊瀬 朝倉에 있는 것으로 보고 있다.[25] 이와 관련되는 학설로서는 大和國磯城의 범위에 조창궁과 시키의 궁의 2개의 雄略 居所로서 존재한다고 한 가설이 있다.[26] 다음으로 5세기의 왕궁이 大和에 있는 것이 맞지만, 분묘 등 그것의 奧津城은 河內에 집약되는 점에서 大和=정치적 센터, 河內=奧津城과 같은 것으로 보는 것이 가능하다고 보았다.[27] 그 다음으로 河內說이 있다.[28]

---

22) 고구려 광개토태왕비에 고구려의 계보를 추정할 수 있는 구절이 문헌과 동일하고, 신라 태조 성한왕의 경우도 682년 문무왕릉비의 十五代祖星漢王이란 구절에 의해서 김씨 왕의 시조인 미추왕까지의 계보와 맞아떨어져서 신봉하고 있어서 요와케의 계보를 믿을 수가 있다. 이에 대해서는 김창호, 「신라 태조성한의 재검토」, 『역사교육논집』 5, 1983 참조.

23) 중앙호족이라면 사이타마현 이나리야마고분에 묻힐 수가 없었을 것이다. 따라서 요와케는 지방호족이다.

24) 礫槨이 요와케의 무덤으로 해석해야 될 것이다. 만약에 요와케의 무덤이 아니라면 명문이 있는 철검을 가지고 역곽에 묻힐 수 있는 피장자는 없다.

25) 井上光貞, 「鐵劍の銘文-五世紀の日本を讀む-」 『井上光貞著作集』 5, 1978 ; 岸 俊男, 「稻荷山古墳出土鐵劍銘の解讀」 『遺蹟·遺物と古代史學』, 1978 ; 直木孝次郎, 「稻荷山古墳出土鐵劍銘の問題点」 『古代研究』 16, 1978 ; 田中 卓, 「刀銘――五文字の解讀」 『邪馬台國と稻荷山刀銘』, 1985 ; 篠川 賢, 앞의 논문, 1988 ; 狩野 久, 「稻荷山鐵劍銘をどう讀むか」 『ワカタケル大王とその時代』, 2003 ; 吉村武彦, 「ワカタケル大王と杖刀人首ヲワケ」 『ワカタケル大王とその時代』, 2003 ; 荊木美行, 「稻荷山古墳出土鐵劍銘の再檢討」 『金石文と古代史料の研究』, 2014.

26) 黛 弘道, 「鐵劍銘に見える〈斯鬼宮〉について」 『歷史手帖』 7-3, 1979.

27) 吉村武彦, 「ワカタケル大王と杖刀人ヲワケ」 『ワカタケル大王とその時代』, 2003.

28) 門脇禎二, 「まず地域史から考える-新發見の直刀銘文について-」 『歷史と人物』 89, 1979 ; 吉田 晶, 「稻荷山古墳出土鐵劍銘に關する一考察」 『日本古代の國家と宗敎』 下, 1980 ; 山尾幸久, 「稻荷山古墳出土鐵劍の銘文」 『日本古代王權形成史論』, 1983 ; 上田正

뒤의 河內國에는 旨記郡 旨記鄕 旨記가 있고, 그 旨記(本紀)에 雄略이 出向하는 說話가 그것을 말하는 중요한 근거가 되고 있다. 마지막으로 武烈의 泊瀨列城宮은 朝倉宮과 같고, 泊瀨(지명)에서 雄略의 궁전과 같은 곳에 있는 宮이 있고, 泊瀨에 있던 宮에도 城柵을 한 城柵式宮殿을 列城宮이라고 불렀고, 校倉式의[29] 궁전을 朝倉宮이라고 한 설이 있다.[30]

6) 世々의 해석-요와케가 복수로 數代 大王의 장도인으로서 봉직한 것으로 해석하지만 그것도 요와케일족이 대대로 장도인으로서 역대의 대왕에게 봉직한 것으로 해석할 것인가?[31]

7) 寺의 해석 곧 朝廷의 의미로 해석하는가? 表記를 侍의 약체로 보아서 모시고의 뜻으로 볼 것인가?[32]

寺의 명문은 고유명사 부분을 제외하면 5자와 7자로 구성되어 있다. 그 이유에 대해 와카다게루大王의 寺로 읽어 왔고, 寺는 官舍, 朝廷을 의미하는 것이지만 寺를 侍의 약체로 보아서 해석한 견해가 있다. 위 견해에 의하면 명문은 와카다게루大王으로 끊어지는 쪽이 한문으로서는 자연스럽다. 명문의 주어가 와카다게인 점에서 명문의 奉事來至今獲加多支

昭, 「辛亥銘鐵劍の意義」『上田正昭著作集-古代國家と東アジア-』 2, 1988.
29) 우리말로 고구려의 栲京에 해당된다. 이는 삼국시대에는 椋자로 적고 있다. 이에 대해서는 김창호, 「한국 고대 국자 椋·失·丑·奴에 대하여」『한국고대의 금석문과 목간』, 2024 참조.
30) 藤澤一夫, 「稻荷山鐵劍の金象嵌銘-その讀みと解と-」『古代硏究』 16, 1978.
31) 철검 명문에 나오는 其兒名이 나오고 있어서 후술할 고신라 금석문에 나오는 其자의 용법에 따를 때 요와케의 직계조상들이 대대로 장도인을 한 것으로 해석된다.
32) 절 이름으로 보아야 한다고 생각한다. 534년이나 그 이후에 작성된 울주 천전리서석 갑인명에는 甲寅大王寺中/安藏 許作이란 구절이 나오고 있다. 여기의 大王寺는 신라 최초의 가람인 경주 興輪寺를 가리키는 것으로 보인다. 흥륜사의 위치는 지금의 흥륜사의 자리가 아닌 靈廟寺가 있었던 것으로 알려진 경주공업고등학교 자리에 있었다고 학계에서는 보고 있다. 곧 흥륜사와 영묘사의 자리가 서로 뒤바뀐 것으로 보고 있다. 이에 대해서는 박홍국, 「瓦塼자료를 통한 영묘사지와 흥륜사지의 위치 비정」 『신라문화』 20, 2002에 상세하게 언급되고 있다. 흥륜사가 신라 최초의 가람임을 주목해야 할 것이다.

鹵大王寺在斯鬼宮을 봉사하여 왔고, 지금의 와카다게루의 大王에 이르렀다. 모시고 시키의 궁에 있는 때로 읽어 요와케를 주어로 하고 동사로도 볼 수가 있다.

8) 系譜는 父子系譜의 것인가? 地位繼承系譜의 것인가? 한국의 신라 금석문에 비슷한 예가 있어서 이를 제시하면 다음과 같다.

別敎 節居利若先死後△ 其弟兒斯奴 得此財敎耳 (443년, 포항 냉수리비)
王過去其王妃只沒尸兮妃愛自思 己未年七月三日其王与妹共見書石 (539년, 울주 천전리서석 추명)
赤城也尒次…力使作人是以後其妻三…事若其生子女子年少…兄弟也 (545년 이나 그 직전, 단양 적성비)

이상에서 보면 其자는 한국의 고신라 금석문에서는 차례대로 兄, 男便, 오빠, 남편, 부모 등을 가리켜서 모두가 지위 계승과는 관계가 없이 가족을 지칭하고 있어서 지위계승이 아닌 가족관계로 보아서 부자계보로 보아야 할 것이다.

9) 요와케의 出身에 대해서는 중앙호족이었던 그가 그 일족과 함께 北武藏에 파견되어 그곳에서 사망해 철검과 함께 묻혔다는 중앙호족파견설,[33] 중앙호족이었던 요와케가 北武藏의 호족으로서 철검을 하사받았다는 중앙호족하사설,[34] 요하케가 지방호족으로서 礫槨의 피장자이고, 죽어

---

33) 藤澤一夫, 앞의 논문, 1978 ; 田中 卓, 앞의 논문, 1985 ; 熊倉浩靖,「辛亥銘鐵劍と東國六腹朝臣の成立」『稻荷山古墳の鐵劍を見直す』, 2001 ; 小林敏男,「一一五文字の銘文が語る古代東國とヤマト王權」『稻荷山古墳の鐵劍を見直す』, 2001 ; 和田 萃,「ヲワケ臣とワカタケル大王」『稻荷山古墳の鐵劍を見直す』, 2001 ; 吉川敏子,「稻荷山鐵劍の系譜と氏族」『氏と家の古代史』, 2013 ; 荊木美行, 앞의 논문, 2014.

34) 原島礼二,「稻荷山古墳鐵劍硏究の問題點」『辛亥銘鐵劍と埼玉の古墳群 增補版』, 1978 ; 金井塚良一,「辛亥銘鐵劍をめぐって」『埼玉民衆史硏究』5, 1979 ; 鈴木靖民,「稻荷山古墳鐵劍銘 乎獲居臣の硏究史的檢討」『國學院雜誌』80-11, 1979 ; 黛 弘道, 앞의 논문, 1979 ; 岸 俊男,「稻荷山古墳出土鐵劍銘の解讀」『遺跡·遺物と古代史學』, 1980 ; 江上

서 자신이 만든 철검을35) 부장했다는 지방호족설,36) 上毛野氏出身者說37) 혹은 紀氏出身者說로38) 보는 기타설이 있다.39) 중앙호족파견설이나 중앙호족하사설은 歸葬과 위배되므로 따를 수 없고, 철검을 요와케가 만들었다는 지방호족설도 따르기 어려워서, 여기에서는 北武藏 출신의 요와케가 중앙에서 杖刀人으로 활약하다가 죽어서 평생을 지니고 있던 철검을 가지고 歸葬이란 풍습에 의해서 고향에 묻힌 것으로 본다.

波夫,「金石文としての鐵劍銘」『新編埼玉縣史 別冊 辛亥銘鐵劍の金石文』, 1983 ; 山尾幸久, 앞의 논문, 1983 ; 森田 悌,「武藏國造と辛亥銘鐵劍」『古代の武藏 稻荷山古墳の時代とその後』, 1988 ; 白石太一郞,「五世紀の有銘刀劍」『古墳と古墳時代の文化』, 1997 ; 增田逸郞,「辛亥銘鐵劍と武藏國造-乎獲居臣と笠原直使主-」『古代王權と武藏國の考古學』, 1999 ; 鎌田元一,「部民制の構造と展開」『律令公民制の研究』, 2001 ; 坂本和俊,「考古學からみた稻荷山古墳の出自」『稻荷山古墳の鐵劍を見直す』, 2001 ; 高橋一夫,『鐵劍銘――五字の謎に迫る-埼玉古墳群』, 2005 ; 森 公章,「倭の五王とその時代」『古代豪族と武士の誕生』, 2013 ; 利根川章彦,「稻荷山古墳と武藏の政權」『歷史讀本』 60-1, 2015.

35) 철검 명문에는 요와케의 솜으로 철검을 만든 것으로 되어 있으나 한국고대에서는 과장법을 쓰는 경우가 있다. 909년경 崔致遠에 의해 찬술된 신라수창군호국성팔각등루기에 護國寺를 護國城이라고 과장해서 호국성을 찾는 데 상당한 어려움이 있었다. 이렇게 과장법을 사용한 것으로 해석한 것은 김창호,「신라수창군호국성팔각등루기의 호국성 위치」『신라의 목간과 금석문』, 2025 참조. 6세기 철검에 명문을 새길 수 있는 것은 야마토 조정밖에는 없다고 사료된다.

36) 井上光貞, 앞의 논문, 1978 ; 直木孝次郞, 앞의 논문, 1978 ; 佐伯有淸,「臣か直か-銘文と武藏の豪族」『歷史と人物』89, 1979 ; 吉田 晶, 앞의 논문, 1980 ; 篠川 賢, 앞의 논문, 1988 ; 杉山晉作,「有銘鐵劍にみる東國豪族とヤマト王權」『新版 古代の日本 關東』 8, 1992 ; 熊谷公男,「〈治天下大王〉の登場」『大王から天皇へ』, 2001 ; 佐藤長門,「倭王權の轉成」『日本の時代史2, 倭國と東アジア』, 2002 ; 狩野 久, 앞의 논문, 2003 ; 吉村武彦,「ワカタケル大王と杖刀人首ヲワケ」『ワカタケル大王とその時代』, 2003 ; 仁藤敦史,「〈辛亥〉銘鐵劍と〈武藏國造の亂〉」『古代王權と支配構造』, 2012 ; 田中史生,「倭の五王と列島支配」『岩波講座 日本歷史 原始古代1』1, 2013 ; 大橋信弥,「阿倍氏と稻荷山古墳出土鐵劍銘-大彦命の原像を求めて-」『阿倍氏の研究』, 2017 ; 馬場 基,「埼玉縣稻荷山古墳出土鐵劍銘をめぐって」『日本古代木簡論』, 2018 ; 平林章仁,「埼玉縣稻荷山古墳出土鐵劍銘文から描く雄略天皇とその時代」『雄略天皇の古代史』, 2021.

37) 島辻義德,「稻荷山鐵劍は何を證明したか」『東アジアの古代文化』19, 1979.

38) 松本淸張,「辛亥銘鐵劍の一假說」『新編埼玉縣史 別冊 辛亥銘鐵劍と金石文』, 1983.

39) 吉田修太郞, 앞의 논문, 2023, 5쪽 참조.

3. 명문의 제시

명문의 판독에는 어려운 글자가 벽자 몇 자를 제외하고는 없어 거의 쉽게 읽을 수 있다. 먼저 판독문부터 제시하면 다음과 같다.

후면	전면		후면	전면	
			其	辛	1
支	工	30	兒	亥	2
鹵	巳	31	名	年	3
大	加	32	加	七	4
王	利	33	差	月	5
寺	獲	34	披	中	6
在	居	35	余	記	7
斯	其	36	其	乎	8
鬼	兒	37	兒	獲	9
宮	名	38	名	居	10
時	多	39	乎	臣	11
吾	加	40	獲	上	12
在	披	41	居	祖	13
治	次	42	臣	名	14
天	獲	43	世	意	15
下	居	44	々	富	16
令	其	45	爲	比	17
作	兒	46	杖	垝	18
此	名	47	刀	其	19
百	多	48	人	兒	20
練	沙	49	首	(名)[40]	21
利	鬼	50	奉	多	22
刀	獲	51	事	加	23
記	居	52	來	利	24
吾	其	53	至	足	25
奉	兒	54	今	尼	26
事	名	55	獲	其	27
根	半	56	加	兒	28
原	弖	57	多	名	29
也	比	58			

---

40) 필자가 복원해 넣은 것이다. 이렇게 금석문에서 글자가 빠진 확실한 예로는 평양성석각 제三石 등이 있다.

명문의 115자 가운데 읽을 수 없는 글자가 1자도 없다.[41] 전면에 있어서 18번째 글자인 堍는 처음 보는 글자이다. 26번째 尼자는 한국의 삼국시대 금석문에서는 尼로[42] 나온다. 57번째 글자인 ⋯도[43] 처음 보는 글자이다.

후면에 있어서 6번째 글자인 인명에서 披은 본 적이 없고, 16번째 글자인 ⋯에 대해서는 뒤에서 따로 언급하겠다. 31번째 글자인 卤도 卤로 쓴 것도[44] 처음이다. 전체 명문의 글자수는 전면 57자, 후면 58자 총 115자이다.

4. 한국 고대 문자자료에서 본 연대

1) ~月中명문

한국 삼국시대의 금석문 목간과 비교하면 다음과 같이 七月 다음에 中자가 있어서 이를 중점적으로 한국 삼국시대와 倭의 예를 조사해 보자.

고구려
延壽元年太歲在辛卯三月中 (451년, 서봉총 출토 은합 명문)
五月中⋯ (458년경, 충주고구려비)
丙戌十二月中 (506년, 평양성 석각 제4석)

---

41) 후면에서 두 번 나오는 刀자는 劍자의 잘못이다. 고고학에서 劍은 兩刃이고, 刀는 單刃 또는 片刃이기 때문이다. 곧 식칼을 食刀라고 하지 食劍이라고는 하지 않는다.
42) 578년의 대구무술명오작비에서는 尼로 나온다.
43) 414년 광개토태왕비 제1면과 제3면에서 각각 幹⋯利城으로 나와서 고구려의 국자로 보인다. 일본의 에다후나야마고분의 철도명문에서도 나오며, 『일본서기』에서도 그 예가 있다. 이상하게도 백제나 신라의 금석문과 목간에서는 그 예가 없다.
44) 한국 삼국시대에 있어서 卤자가 금석문, 목간, 고문서 등에 나오는 것을 별로 보지 못했다.

백제

戊寅年六月中固淳夢三石… (618년, 좌관대식기 목간)

신라[45]

---

[45] 함안 성산산성 목간의 연대는 여러 가지 가설이 있으나 필자는 540년경인 召參停의 설치가 543년이고, 소삼정이 함안 성산산성이므로 그 시기를 540~542년으로 본다. 그러면 함안 성산산성에서 ~月中으로 된 목간 5예를 뽑아서 제시하면 다음과 같다.

Ⅳ-597(183) 목간
正月中比思(伐)古尸次阿尺夷喙(앞면) 羅兮落及伐尺幷作前瓷酒四斗瓮(뒷면)
'正月에 比思(伐)의 古尸次 阿尺의 夷(무리)와 喙(部) 羅兮落 及伐尺(경위명)이 아울러 前瓷酒 四斗瓮을 만들었다.'

Ⅳ-600번 목간
① 六月中△色馮城六看村主敬日之烏朽△成令之(제1면)
② △△智一伐大△△也 攻六△大城從人丁本日(제2면)
③ 一几彡(走)石日(率此)用卄更素母嘉△(제3면)
④ 本日治之人(此)人烏(馮)城置不行遣之白(제4면)
'六月에 △色馮城의 六看村主인 敬日이 가서 烏朽△를 이룰 것을 명령하셨습니다. △△智 一伐은 大△△이다. 공격하여 六△大城을 따르는 人丁이 60일에 한 사람의 터럭을 달리게 했던 石日은 거느리고 이것을 써서 卄更에 素母嘉△하여 60일 동안 다스리는 사람들이다. 이 사람들은 烏(馮)城에 두고서 보내지 않았음을 사룁니다.'

Ⅳ-602(188) 목간
十一月(中)△定六十月一卄月十一△五叉(제1면)
△奇(旅)△△△△△久△△筝及△△△(제2면)
해석 불능

Ⅴ-164(190) 목간
三月中鐵山下麥十五斗(앞면)
王私 △河礼村 波利足(뒷면)
'三月에 鐵山 下의 麥 十五斗를 王私(땅 이름)인 △河礼村(행정촌명)의 波利足가 낸 것이다.'

2016-W150(218) 목간
三月中 眞乃滅村主 憹怖白(제1면)
大(城)在弥卽介智大舍下智(前)去白之(제2면)
卽白先節六十日代法稚然(제3면)
伊毛罹及伐尺寀言廻法卅代告今卅日食去白之(제4면)
'三月에 眞乃滅村主인 憹怖白이 大城에 있는 弥卽介智 大舍下智의 앞에 가서 아뢰었습니다. 곧 아뢴 앞선 때에 六十日代法은 稚然하였습니다. 伊毛罹 及伐尺께 〈寀(祿

△△△△月中 (545년이나 그 직전, 적성비)
乙丑年九月中 (545년, 울주 천전리서석 을축명)
辛未年十一月中 (551년, 명활산성비)

일본
辛亥年七月中 (531년?, 蹈荷山古墳의 鐵劍 명문)
…八月中 (530년경 전후?, 江田船山古墳의 鐵刀 명문)
…癸未年三月中 (623년, 法隆寺金堂釋迦三尊佛 명문)

울주 천전리서석 신해명에 다음과 같은 자료가 나온다.

辛亥年九月中芮雄妻幷行

妻와 같은 婦가 나오는 것의 인명 표시가 나오는 자료로 울주 천전리서석 계해명이 있다. 이를 제시해 보면 다음과 같다.

④	③	②	①	
行	婦	沙	癸	1
時	非	喙	亥	2
書	德	路	年	3
	刀	凌	二	4
	遊	智	月	5
		小	六	6
		舍	日	7

이 명문은 543년으로 보기도 하나[46] 小舍에 帝智, 苐 등이 붙지 않아서 603년이다.[47] 이는 '癸亥年(603) 2월 6일에 사탁부 路凌智小舍의 婦인 非德刀

俸)에 말하기를 法을 피해 卅代를 고하여 이제 卅日食을 먹고 갔다.)고 아뢰었습니다.'
46) 국사편찬위원회 한국사데이터베이스의 울주 천전리서석 계해명조 참조.

가 놀러갈 때에[48] 썼다'가 된다. 이 명문으로 인해서 603년까지는 인명 표기에 부명이 있었다고[49] 보아도 좋다. 울주 천전리서석 신해명은 辛亥年九月中芮雄妻幷行으로 '신해년 9월에 芮雄과 처가 아울러(함께) 다녀갔다'로 해석되고, 芮雄이 인명이다. 처의 인명 표기는 없다. 그렇다면 辛亥年은 부명 표기가 없어서 651년이 아닌 711년이나 그 이후로 보인다. 이것이 마지막 통일신라의 예이다.[50]

某年某月中에서 中자가 탈락한 예가 있다. 김해 양동산성의 목간 3점 가운데 1점이 그러하다. 그 예를 제시하면 다음과 같다.[51]

癸卯年七月栗村爲刀了破日除麥石[52] '계묘년(583) 7월에 율촌의 爲刀了와 破日除가 낸 麥 1石이다.'로 해석된다.

癸卯年이란 연대는 양동산성 집수지의 출토 유물의 연대가 6세기 후반에서 7세기 초이므로[53] 583년으로 보았다.

그런데 농오리산성에서 月자 다음에 中자가 없는 자료가 나왔다. 1957년 가을 태천 고급중학교에서 향토사 연구를 목적으로 농오리산성을 조사하

---

47) 武田幸男, 「金石文からみた新羅官位制」 『江上波夫敎授古稀記念論集』, 歷史篇, 1977.
48) 遊行이란 말의 遊자는 울주 천전리서석 원명(525년)과 추명(539년)에도 나오는 바, 단순히 놀러온 것이 아니라 사람이 죽어서 장송의례를 하러온 것으로 해석되어야 할 것이다.
49) 부명이 인명 표기에서 사라진 것은 662년 태종무열왕릉비에서 시작되어서 673년 계유명아미타삼존불비상부터는 완전히 없어졌다.
50) 戴衛紅, 「한국 목간에 보이는 "某月中"」 『목간과 문자』 23, 2019, 118쪽에 고려국졸대사 삼중대 광내사령 최정숙공(사위)묘지에는 '…戊午年十二月中契丹國兵馬發來入境'이란 예를 소개하고 있으나 中을 '어느 달의 어느 시점을 가리키는 것이다'로 볼 수는 없다. 왜냐하면 순흥벽화고분에 己未中이란 연간지 다음에 中자가 나오기 때문이다.
51) 이수훈, 「김해 양동산성 출토 목간의 검토」 『역사와 세계』 58, 2020 ; 하시모토 시게루, 「김해 양동산성 목간 판독문의 재검토」 『목간과 문자』 32, 2024.
52) 하시모토 시게루, 앞의 논문, 2024, 139쪽에서는 破日로 읽어서 波(彼)日과 같은 외위로 읽고 있으나 외위 11관등명은 그 외위가 『삼국사기』와 다른 글자로 된 예가 나온 적이 없다. 따라서 破日의 외위설은 성립되기가 어렵다. 결국 인명의 일부로 본 이수훈, 앞의 논문, 2020이 옳다.
53) 대성동고분박물관, 『김해 양동산성 집수지 유적』, 2020.

던 중에 자연 암벽에서 글자를 발견하고, 신의주 역사박물관에 보고하였다. 이에 동 박물관에서는 1958년 초에 마애석각을 조사하여 학계에 알려지게 되었다. 우선 설명의 편의를 위해 전문을 소개하면 다음과 같다.

③	②	①	
城	小	乙	1
六	大	亥	2
百	使	年	3
八	者	八	4
十	於	月	5
四	九	前	6
間	婁	部	7
	治		8

이 명문에서 인명은 제①·②행의 前部小大使者於九婁이다. 前部는 출신부명, 小大使者는 관등명, 於九婁는 인명이다. 인명 표기에 대한 분석은 간단하지만, 乙亥年이란 연대가 언제인지가 문제이다.

乙亥年이란 연대를 추정할 수 있는 문헌자료나 다른 금석문 자료가 없어서 그 연대 추정은 상당한 모험이 따를 수밖에 없다. 乙亥年을 고구려 유리왕 34년(15)으로 추정한 견해가 있다.[54] 여기에서의 중요한 근거는 다음과 같다. 농오리산성이 소재한 대령강 이북이 고구려의 영토가 되고, 대령강 일대가 고구려의 남쪽으로 되었던 시기는 고구려가 남쪽으로 영토를 적극 확대하여 나갔던 때에 찾아야 할 것으로 보면서 태조왕 4년(56)에 고구려의 영역이 남쪽으로 청천강에 이르렀기 때문에 대령강 일대의 소유는 이보다 앞서리란 점이다.

乙亥年을 고구려 양원왕 11년(555)으로 본 견해가 있다.[55] 여기에서는 평양성 석각의 丙戌年이 556년인 점과 충주고구려비의 건립 연대가

---

54) 손량구, 「태천군 롱오리산성을 쌓은 년대에 대하여」, 『조선고고연구』, 1987, 20쪽.
55) 민덕식, 「고구려 농오리산성 마애석각 乙亥年에 대하여」, 『한국상고사학보』 3, 1990, 110쪽.

449~519년 사이인 점을 근거로 乙亥年을 문자왕 4년(495)과 양원왕 11년 (555)으로 좁혔다. 문자왕 4년은 고구려가 남쪽으로 죽령과 계립현까지 영토를 확장한 전성기이며, 양원왕 11년은 동왕 7년(551)에 서북쪽으로 돌궐의 침입을 받고, 남쪽으로 백제와 신라의 공격을 받아 한강 유역을 상실하고, 임진강선으로 후퇴했던 직후로써 고구려는 방어체제를 재정비할 필요가 있기 때문에 乙亥年을 555년으로 보았다.

　乙亥年의 연대 문제를 여기에서는 小大使者란 관등명에 의해 접근해 보고 싶다. 小大使者를 小使者나 大使者의 별칭으로 볼 수도 있으나 小大使者는56) 小使者나 大使者가 분화되기 이전의 관등명으로 해석된다. 그렇다면 乙亥年은 太使者가 나오는 충주고구려비의 건비 연대인 458년경보다 앞서는 시기인 435년으로 보고자 한다. 375년은 아직까지 고구려에서 석문이 4세기의 것은 알려진 바가 없고, 4세기의 금석문 자료로서는 기와와 전의 명문밖에 없고, 4세기의 관등명 자료도 동시대 자료로서는 알려진 예가 없다. 곧 357년 안악3호분의 묵서명에서 관등은 없고, 3세기의 고구려 관등이라고 『삼국지』위지, 동이전, 고구려조에 나오는 主簿, 優台, 丞, 使者, 皁衣, 仙人 등의 금석문 등에서 보이지 않고 있어서 농오리산성 마애석각을 4세기로 보기 어렵다. 여기에서는 그 마애석각을 435년으로 본다. 435년에서 451년 사이에 中자가 사용되기 시작한 것으로 보인다. 농오리산성 마애석각 전문을 해석하면 다음과 같다. '乙亥年(435) 8월에 前部 小大使者인 於九婁가 城 64間을 治하였다(쌓았다).'

　따라서 고구려의 서봉총 은합 명문보다는 늦다. 이나리야마고분의 명문의 中용법은 고구려의 서봉총보다는 20년이 늦고, 백제보다는 147년이나 빠르고, 신라보다는 74년이나 빠르다. 왜가 가장 가까운 나라가 삼국 가운데 백제인 점에서 보면 문제는 더욱 커진다.

---

56) 이와 비슷한 예로 408년 덕흥리벽화고분 묵서명에 나오는 小大兄을 들 수가 있다.

2) ⺀표시의 경우

고구려의 금석문이나 목간에서는 없고, 백제와 신라의 금석문이나 목간에서 나온다. 이를 알아보기 위해서 가장 먼저 나오는 예로 대구 팔거산성 7번 목간으로 486년으로 추정되는데 다음과 같은 내용의 목간이 있다.57)

丙寅年次谷鄒⺀下麥易大(豆)石
'丙寅年(486)에 次谷鄒⺀(군명) 아래의 보리를 易大(豆)가 1石을 냈다.'

그 다음으로 빠른 525년에 만들어진 울주 천전리서석 원명의 명문 전체를 제시하면 다음과 같다.58)

(원명)

⑫	⑪	⑩	⑨	⑧	⑦	⑥	⑤	④	③	②	①	
作	貞	宋	悉	食	鄒	幷	⺀	之	文	沙	乙	1
書	宍	知	淂	多	安	遊	以	古	王	喙	巳	2
人	智	智	斯	煞	郞	友	下	谷	覓	部	(年)	3
弟	沙	壹	智	作	三	妹	爲	无	遊	(葛)		4
⺀	干	吉	大	切	之	麗	名	名	來			5
尒	支	干	舍	人		德	書	谷	始			6
智	妻	支	帝	尒		光	石	善	淂			7
大	阿	妻	智	利		妙	谷	石	見			8
舍	兮	居		夫		於	字	淂	谷			9
帝	牟	知	作	智		史	作	造				10

---

57) 김창호, 「대구 팔거산성 출토 목간 3론」, 『한국고대의 금석문과 목간』, 2024. 이를 학계에서는 546년으로 보고 있다.

58) 원명 전체를 해석하여 제시하면 "乙巳年(525)에 沙喙部葛文王이 찾아 놀러 오셔서 비로소 谷을 보았다. 古谷이지만 이름이 없었다. 谷의 善石을 얻어서 만들었고, …以下를 書石谷이라고 이름을 붙여 字作△했다. 아울러 놀러(온 이는) 妹인 麗德光妙와 友인 於史鄒安郞의 3인이다. 이때 作切人은 尒利夫智奈廠와 悉淂斯智大舍帝智이다. 作食人은 宋知智壹吉干支의 妻인 居知尸奚夫人과 貞宍智沙干支의 妻인 阿兮牟弘夫人이다. 作書人은 弟⺀尒智大舍帝智이다."가 된다.

智	弘	尸	食	奈		△	△			11
	夫	奚	(人)	(麻)						12
	人	夫								13
		人								14

제⑤행 1번째 글자와 제⑫행 5번째 글자가 그것이다. 이외에 금석문의 자료로는 578년에 만들어진 오작비가59) 있을 뿐이다. 의외로 540~542년에 만들어진 함안 성산산성 목간에는 4예가 있다. 이를 제시하면 다음과 같다.

    68(038)   居珎只ㆍ支~
                '居珎只ㆍ支~이다.'
    2006-9(073) 次ㆍ支村知你留(앞면) 稗石(뒷면)
                '次ㆍ支村의 知你留가 낸 稗 1石이다.'
    Ⅳ-595(181) 古阤一古利村本波(앞면) 阤ㆍ支稗發(뒷면)
                '古阤 一古利村의 本波(본 방죽)이며, 阤ㆍ支가 낸 稗 1바리(1석?)이다.'
    Ⅴ-163(189) 古阤一古利村本波(앞면) 阤ㆍ只稗發(뒷면)
                '古阤 一古利村의 本波(본 방죽)이며, 阤ㆍ只가 낸 稗 1바리(1석?)이다.'

백제 금산 백령산성 기와 명문 栗峴ㆍ丙辰瓦가 있다. 이는 '栗峴ㆍ가60) 丙辰年에 만든 기와이다.'란 뜻이다. 丙辰年은 596년이다.61)

한국 고대 금석문에서 ㆍ자가 나오는 예는 고구려는 단 1예도 없고, 백제의 1예와 신라의 8예가 있을 뿐이다.62) 곧 신라에서 금석문에서 3예와

---

59) 이를 乙자로 잘못 읽어왔다.
60) 기와를 만든 기술자인지 아니면 감독자인지는 후고를 기다린다.
61) 김창호, 「금산 백령산성 출토 문자 자료」, 『한국고대와전명문』, 2022.

목간에서 5예가 있으나 486년의 대구 팔거산성 7번 목간이 모든 예 가운데에서 가장 빠르다.

3) 寺의 時자설

한국 삼국시대 금석문에서는 橋本市 八幡神社의 화상경처럼 약체인 투(桿), 同(銅), 竟(鏡) 등과 같은 예는 없고,[63] 寺의 의미가 時 또는 侍로 되는 경우도 보지 못했다.[64] 官舍 또는 朝廷의 뜻으로 보기도 하나[65] 너무 당시의 일본의 한자에 대한 이해 정도를 높이 평가한 것으로 문제가 있는 듯하다. 寺는 절을 나타낸 것으로 일본의 백제 불교 전래가 552년보다 앞설 수도 있을 것이다.

4) 大王의 사용 예

고구려 금석문에 나타난 太王과 王의 사용 예를 제시하면 다음 〈표 1〉과 같다.

광개토태왕비의 건립 연대는 414년이다. 太王과 王이 공존하고 있다. 414년경으로 보이는 太王陵명 전은 414년경에 만들어진 것으로 太王이 무덤을 조성한 왕명이 아니라 장수왕의 죽은 父王의 왕명임을 가르쳐주는 최초의 예이다. 모두루묘지는 문자왕대에 작성된 것으로 보아 왔으나,[66]

---

62) 이외에 6세기 중엽의 토기인 합천 저포리 E지구 제4-1호분 출토 환저단경호의 口脣에 새겨진 「下部思利ヾ」란 명문이 있다. 이는 대가야의 것으로 부명이 처음으로 나와서 지방을 上部와 下部 등으로 구분하고 있는 것으로 추정되어 중앙에도 部가 있었음을 알 수가 있다.

63) 김창호, 앞의 논문, 2024.

64) 寺자가 時 또는 侍와 같은 뜻이 되려고 하면, 時자나 侍자가 이나리야마 철검 명문 자체에서 寺자보다는 먼저 나와야 될 것이다. 時자가 寺의 뒤에서 나오고 있어서 문제이다.

65) 荊木美行, 앞의 논문, 2013, 14쪽.

〈표 1〉 고구려 금석문의 太王과 王의 사용 예

資料名		用字例		備考
廣開土太王碑(414년)	太王	國罡上廣開土境平安好太王	(1회)	
		永樂太王	(1회)	廣開土太王 지칭
		國罡上廣開土境好太王	(3회)	
		太王	(3회)	廣開土太王 지칭
	王	鄒牟王	(3회)	
		王	(3회)	鄒牟王 지칭
		儒留王	(1회)	
		大朱留王	(1회)	
		王	(8회)	
		王幢	(1회)	
		祖王先王	(1회)	
		祖先王	(2회)	
牟頭婁墓誌(5세기 중엽)		鄒牟聖王	(1회)	
		聖王	(2회)	鄒牟聖王 지칭
		國罡上聖太王	(1회)	故國原王 지칭
		國罡上廣開土地好太聖王	(1회)	
太王陵 출토 塼銘(414년)		願太王陵安如山固如岳	(1회)	廣開土太王 지칭
太王陵 銅鈴 명문(451년)		好太王	(1회)	廣開土太王 지칭
壺杅塚 壺杅 명문(475년)		國罡上廣開土地好太王	(1회)	
忠州高句麗碑(458년경)		高麗太王	(1회)	長壽王 지칭
集安高句麗碑(492~500년)		元王	(1회)	
		鄒牟王	(1회)	
		美川太王	(1회)	
		國罡上太王	(1회)	故國原王 지칭
		國平安太王	(1회)	廣開土太王 지칭
		明治好太聖王	(1회)	文咨王의 휘호

여기에서는 이보다 형식상으로 앞서는 무용총과 각저총의 연대가 5세기 초이므로 5세기 중엽으로 편년한다. 모두루묘지명의 광개토태왕의 시호가 國罡上廣開土地好太聖王으로 475년인 호우총의 시호와 함께 土地가 들어 있다. 따라서 모두루총의 연대는 5세기 중엽으로 편년되어야 한다.

太王陵 출토의 농령 명문은 好太王이[67] 분명히 광개토태왕을 가리킨다는

---

66) 田中俊明, 「高句麗の金石文」 『朝鮮史研究會論文集』 18, 1981, 138쪽 참조.
67) 好太王은 고국양왕을 가리키고, 그 연대를 391년으로 본 견해도 있으나 태왕릉에 소속된 무덤에서 나와서 國罡上廣開土境好太王이란 시호에서 끝글자를 따온 것으

중요한 자료이다. 壺杅塚의 壺杅 명문은 乙卯年의 연대 비정이 문제이다. 종래에는 광개토태왕비와 호우총의 壺杅 명문에서 그 글씨가 거의 똑같아서 동일인이 쓴 것으로 해석하고, 명문이 乙卯年國罡上廣開土地好太王壺杅十에서 광개토태왕의 시호가 나와서 415년으로 보았다. 그러나 먼저 광개토태왕비와 호우총의 壺杅에서 好자를 비교하면 동일인이 아니라고 판단할 수밖에 없다. 다음으로 명문의 위쪽에 있는 #마크는 도교의 벽사 마크로 신라에서는 횡혈식석실분에서 많이 나오고, 횡혈식석실분의 시작 연대는 520년으로 너무 시기 차이가 크다. 그 다음으로 모두루묘지에 광개토태왕의 시호에 근거해서 5세기 중엽으로 편년되고 있으며, 모두루묘지와 호우 명문에는 土地란 단어가 시호에 똑같이 들어 있다. 마지막으로 호우총은 510년경으로 편년되어[68] 乙卯年을 415년으로 보면, 전세 기간이 한세대를 뛰어넘어 95년이나 되어 너무 길게 된다. 따라서 호우총의 乙卯年을 475년으로[69] 볼 수밖에 없다.[70]

忠州高句麗碑의 연대는 여러 가지 견해가 있으나 7번이나 나오는 寐錦의 인명 표기가 단 한 번인 寐錦忌로 나온다. 이는 訥祗寐立干이므로[71] 눌지왕의 사후인 458년경으로 본다. 이 충주비에 나오는 高麗太王은 장수왕이다.

集安高句麗碑의 연대는 491~500년 사이로 여기에서는 왕이 6번이나 나온다. 가장 먼저 나오는 元王은 누구인지 불확실하나 광개토태왕비에서 그 시조가 추모왕이지만 그의 출신인 북부여라고 해서 이를 들고 있다. 이 북부여가 元王을 해결할 수 있는 단초로 보인다. 鄒牟王은 고구려의 始祖이고, 그 다음의 美川太王은 미천왕이고, 國罡上太王은 고국원왕이고,

---

    로 해석해서 451년으로 본다.
68) 김창호, 「신라 금관총의 尒斯智王 명문」, 『신라고분』, 2025.
69) 이는 광개토태왕의 장례를 치른 414년에서 61년 주년이 되는 해이다.
70) 모두루총에서는 大使者가 나오고, 435년의 농오리산성 마애석각에서는 小大使者가 나와서 모두루총은 435년을 소급할 수가 없어서 모두루총의 묵서명 연대는 5세기 중엽으로 본다.
71) 김창호, 「중원고구려비의 재검토」, 『한국학보』 47, 1987.

國平安太王은 광개토태왕이고, 明治好太聖王은 문자왕의 휘호이다.

백제에서는 525년 무령왕릉의 묘지명에 나오는 斯麻王, 567년 부여 능사출토 석조 사리감 명문의 昌王, 577년 부여 왕흥사 동합 명문의 王昌,[72] 579년 미륵사지 서탑 금제사리봉안기의[73] 大王 등이 있다.

신라에서는 443년 포항 냉수리비의 斯夫智王과 乃智王, 458년 신라 금관총의 尒斯智王 명문, 535년 울주 천전리서석 을묘명의 法興太王, 539년 울주 천전리서석 추명의 另卽知太王, 567년 북한산비의 眞興太王과 新羅太王, 568년 마운령비의 眞興太王, 568년 황초령비의 眞興太王, 662년[74] 태종무열왕릉비의 이수에 적힌 太宗武烈/大王之碑의 大王이 있다. 大王은 백제 금제사리봉안기와 무열왕릉비의 이수에만 나오고 있다. 그 연대는 각각 579년과 662년이다.

대가야의 토기 가운데 大王이 뚜껑과 몸체에 거울문자로 찍힌 유개장경호가 있고,[75] 최근에 大王으로 복원되는 토기편이 대가야 傳 왕궁지에서 발견되어서[76] 대가야의 정치세력이 커서 大王의 칭호를 사용했다고 보았다. 이 역시 거울문자로 되어 있어서 제사 유물일 뿐으로 대가야가 4국시대로 불릴 정도로 세력이 커진 것은 아니라고 본다. 곧 이 大王은[77] 인명에 붙어서 나오거나 문장 속에서 나오지 않고, 단독으로 나왔다. 그래서 大干=六干=辛과 같은 것으로[78] 신라에서 외위를 받지 못한 계층에 해당되

---

72) 백제 금석문에서는 직명, 부명, 관등명, 인명의 순서로 기재되어 王이 관등명류이므로 百濟王昌이라고 하고 있어 인명 표기상으로 볼 때 매우 중요한 예이다.
73) 학계에서는 『삼국유사』, 무왕조를 중시하여 639년으로 보고 있다. 이에 대해서는 김창호, 「미륵사 서탑 사리봉안기」 『고신라 금석문과 목간』, 2018 참조.
74) 태종무열왕은 661년에 죽었고, 그 비는 1년의 殯葬을 거쳐서 662년에 묻힐 때에 만든 것이다. 1년의 빈장은 문무왕릉비나 『삼국사기』, 김인문전에서도 알려진 바가 있다.
75) 田中俊明, 『大加倻聯盟の興亡と任那』, 1992, 191쪽.
76) (재)대동문화유산연구원, 『대가야 궁성지 출토 명문토기 해석을 위한 학술토론회』, 2024.
77) 이렇게 干과 王이 같은 경우로는 포항냉수리비의 七王등이 있다.
78) 김창호, 「창녕 계성 고분 출토 토기명문-辛·辛番·辛審의 해석을 위하여-」 『신라고

며, 큰 우두머리란 뜻으로 보이고, 그 시기는 562년에 대가야가 멸망 직전이나 멸망되고 나서 곧바로 만든 토기일 것이다.79)

5. 동아시아 4세기 금석문

동아시아에서 4세기의 금석문에 대해서 알아볼 차례가 되었다. 먼저 중국은 한자의 나라이고, 後漢말부터80) 魏晉南北朝時代의 초기까지이므로 한국의 3국이나 일본과는 비교도 되지 않게 발달되어 있었다. 다음으로 고구려는 卷雲文인 수막새가 몇 종 출토되고 있다. 곧 325년의 太寧四年명수막새, 338년(?)의 歲△戌年명수막새, 357년의 丁巳명수막새, 4세기 중엽 이전의 十谷民造명수막새편과81) 천추총 출토 전명82) 등이 있다.

백제의 금석문에 대해서는 4세기의 금석문이나 목간이 없고, 5세기의 금석문이나 목간도83) 출토된 바가 없다. 그런데도 불구하고 백제 七支刀는

분』, 2025.
79) 삼국시대의 자료인 미륵사지 서탑 금사리봉안기가 579년인 점에서 보면 이나리야마철검 명문은 591년을 소급할 수가 없다. 591년으로 보면 일본의 모든 고고학자가 120년이나 고분 편년을 잘못한 것이 된다. 그런 일은 있을 수가 없다. 한국 삼국시대의 모든 자료가 출토되지 않았다는 전제아래 이나리야마철검 명문의 辛亥年을 531년으로 높게 잡는다.
80) 전한대에 이미 司馬遷의 역사서인 『史記』가 편찬되었고, 班固의 역사서인 『漢書』가 편찬되었다. 이는 현전하고 있다.
81) 이에 대해서는 高正龍,「軒瓦に現れた文字-朝鮮時代銘文瓦の系譜-」『古代文化』56-11, 2015를 주로 참조하였다.
82) 천추총은 소수림왕릉으로 보이고, 그것에서 나온 전명은 千秋萬歲永固·保固乾坤相畢로 384년경에 만들어진 것이다.
83) 5세기 목간이 웅진성시대의 수도였던 공주에서 출토되지 않는 것은 하나의 수수께끼이다. 그런데 近藤浩一,「부여 능산리 나성축조 목간의 연구」『백제연구』39, 2004에서는 능사 출토 목간을 사비성 천도 이전의 나성을 쌓으면서 만든 웅진성시대의 목간으로 해석하고 있다. 앞으로 신중히 재검토할 필요가 있다. 필자는 능산리 목간을 사비성시대의 목간으로 보고 있다.

369년으로 보고 있다. 이것이 일본 국수주의자들이 虛構를 합리화하지 않았다면 과연 가능할까? 그래서 泰和四年의 태화를 東晋 연호로 보거나 칠지도 해석에 있어서 東晋을 끌어들이고 있다. 칠지도의 연대를 5세기인 445년이나 460년으로 백제 인명 표기에 근거하여 본 적이 있으나[84] 한국학계나 일본학계의 반응은 냉담했다. 백제 칠지도를 369년으로 보는 것은 일종의 학문적인 속임수이다. 우리의 학계가 하루빨리 정신 차리기를 바랄 뿐이다.

　3세기에 있어서 정치를 담당하던 히미코(卑彌呼)[85] 등의 여자 제사장이 주도했던 정치를 4세기가 되면 남계의 수장이 등장하여, 거울이 필요가 없어져서 4세기의 무덤에 묻었다고 한다. 大和(倭)의 4세기 금석문은 三角緣神獸鏡의 명문으로[86] 그 자료가 차고도 넘친다. 이에 대한 고고학에서의 고전적인 연구의 뼈대는 舶載鏡說과 分與說이다.[87] 삼각연신수경의 박재설은 방제되기 이전의 원거울 자체는 중국이나 백제 등 조선 삼국에서 만든 것을 수입했다는 것이다. 삼각연신수경 자체가 왜 이외의 지역에서는 거의 출토되지 않고 있어서 박재경설은 성립될 수가 없다. 분여설은 박재경을 京都 山城고분의 피장자가 수입해서 神戶 車塚고분을 매개로 1차 방제경,

---

84) 김창호,「백제 칠지도 명문의 재검토-일본학계의 임나일본부설에 대한 반론(3)-」『역사교육논집』 13·14, 1990 ;『삼국시대 금석문 연구』, 2009 재수록.

85) 『삼국지』魏書, 倭人傳에 의하면 2세기 후반 왜국에서 분쟁이 계속적으로 일어나자 왕으로 옹립되었는데 남편은 없고 남동생이 보좌했다고 한다. 사람들 앞에 모습을 나타내지 않고 鬼道를 사용해 정치를 행했다고 한다 239년과 244년에 위나라에 사신을 보냈으며, 위나라로부터 親魏倭王이라는 봉호와 金印紫綬, 銅鏡 100매를 하사받기도 했다. 『삼국사기』 신라본기에는 아달라왕 20년(173)에 신라에 사신을 보내어 예방했다는 기록이 있다. 비미호가 죽자 크게 무덤을 만들었는데 지름이 100여m로 보이고, 노비 100여 명을 순장했다고 한다. 비미호가 통치했다는 邪馬臺國의 위치에 대해서는 九州 지역설과 긴키 지역설로 나뉘어 있다. 비미호의 실체에 대해서는 구마조 지역의 여성통치자로 보는 견해와, 태양의 여신 아마테라스의 실존 모델이었다는 설, 神功皇后 설 등이 있다.

86) 4세기의 삼각연신수경이 폭발적으로 출토된 이유는 일본의 토착신앙과 관련될 것이다. 그래서 명문의 내용은 중요시하지 않았다.

87) 小林行雄(고바야시 유키오)의 연구업적을 들 수가 있다.

2차 방제경, 3차 방제경이 만들어졌는데, 야마시로고분에서 멀리 떨어질수록 3차 방제경을 만들어서 분여를 통해서 받았다는 것이고, 이 방제경의 1차를 받을수록 야마토정권과의 친밀성에 의해 정치력이 강함을 의미한다는 것이다. 그런데 奈良縣 星塚고분에서 원거울이 야마시로고분보다 많이 나와서 문제가 되고 있다. 곧 분여론은 믿을 수 없다는 것이다.

문제는 年號가 포함된 삼각연신수경의 명문 내용이다. 그 내용은 大和조정의 정치 지배와는 관계가 없이 吉祥句 등 시시껄렁한 이야기가 나올 뿐이고, 연호만을 중시하여 4세기 전방후원분의 편년이나 전방후원분과는 다른 방형주구묘 편년 등에 이용해 왔다. 그래서 왜의 4세기 고분 편년에 대한 1급 자료가 삼각연신수경이었다. 4세기에 그토록 활발하던88) 금석문의 제작이 5세기에는 만들어지지 않았는지 궁금하다. 가령 橋本市 八幡神社의 인물화상경은 503년 이전으로는 소급할 수가 없는데도 443년이나 383년으로 보고 있다.89) 고구려에서 가장 오래된 금문은 451년에 각각 제작된 신라 서봉총 은합 명문과 호태왕릉 출토 好太王명청동령이 있기90) 때문이다.

6. 전문의 해석

전문의 해석을 위하여 금으로 상감된 115자의 전면과 후면 전체 명문을 다시 한번 제시하면 다음과 같다.

전면 : 辛亥年七月中記乎獲居臣上祖名意富比垝其兒(名)多加利足尼其兒名工巳利獲居其兒名多加披次獲居其兒名多沙鬼獲居其兒名半弖比91)

---

88) 삼각연신수경은 중국의 위진남북조 초기의 중국이 혼란된 틈을 타서 망명한 중국계 渡來人이 일본에서 만든 것으로 판단된다.
89) 김창호, 「隅田八幡神社 人物畵像鏡의 진짜 여부」 『한국고대의 금석문과 목간』, 2024.
90) 김창호, 「고구려 太王陵의 주인공」 『신라고분』, 2025.

후면 : 其兒名加差披余其兒名乎獲居臣世 〻 爲杖刀人首奉事來至今獲加多支
鹵大王寺在斯鬼宮時吾左治天下令作此百練利刀記吾奉事根原也

이를 해석하면 다음과 같다.

'辛亥年 七月에 乎獲居 臣(관등?)의 윗조상의 이름은 意富比垝이고, 그 아들(의 이름)은 多加利 足尼이고,[92] 그 아들의 이름은 工巳利 獲居(관등?)이고,[93] 그 아들의 이름은 多加披次 獲居(관등?)이고, 그 아들의 이름은 沙鬼 獲居(관등?)이고, 그 아들의 이름은 半㲇比이고, 그 아들의 이름은 加差披余이고 그 아들의 이름은 乎獲居 臣(관등?)이다. 世 〻 토록(代 〻 로) 杖刀人의[94] 우두머리가 되어서 奉事하여 왔다. 至今에 이르러 獲加多支鹵大王寺가[95] 소재한 斯鬼宮에 있을 때에 吾인 乎獲居 臣이 天下를 낮추어[96]

---

91) ( )속의 名자는 필자가 복원해서 넣은 것이다.
92) 多加利足尼에서 多加利가 인명이고, 足尼가 관등명류일 가능성이 있다.
93) 獲居가 관등명이라면 이 인명 표기는 고구려나 백제의 방식이 아니라 신라의 방식이다. 왜냐하면 인명의 뒤에 관등명(?)이 오기 때문이다. 이는 7~8세기의 일본 上野 3石碑처럼 신라적인 요소이기 때문에 신라에서 상감칼이 없는 점과는 차이가 있다.
94) 칼을 지팡이로 삼는 사람이란 뜻의 직명이다.
95) 신라에는 왕명에 붙어있는 사찰로 成典寺院인 眞智大王寺란 절(이영호,「신라 중대 왕실의 관사적 기능」『한국사연구』43, 1983)이 있었는데, 奉恩寺의 다른 이름이 그것이다. 일본의 불교 전래에 대해서는 일반적으로 552년 백제 奴唎斯致契가 전래한 것으로 보고 있다. 이를 좀 더 부여해서 설명해 보면 백제 西部의 姬氏로서 관등은 達率이었다. 奴唎斯致契는 552년 성왕의 명을 받고 일본에 釋迦佛의 金像 1구, 幡蓋 약간, 經論 몇 권을 전하였다. 그 과정에서 전하는 글에 "이 법은 모든 법 가운데에서도 가장 뛰어난 것이다. 깨치기 어렵고, 들어가기 어렵다. 周公·孔子도 오히려 능히 알지 못하였도다. 이 법은 능히 헤아릴 수 없고, 假도 없으며, 福德果報를 낳고 곧 위없는 보리(菩提)를 이룬다. 그리고 이것은 天竺으로부터 이곳 三韓에 이르기까지 가르침에 의해서 받들어 모시고 존경하지 않는 곳이 없다. 이 때문에 일본에 전하여 주는 것이다."라고 하며 불교의 예배공덕의 훌륭함을 기술하였다. 이에 일본 왕이 크게 기뻐하여 극찬하며 蘇我大臣 稻目이 주장하는 바를 받아들여 일본 불교가 시작되었다고 한다.
96) 지배를 하는 데 있어서 惑世誣民을 하지 않고서 선정을 했다는 뜻이다.

다스려서 하여금 이 百練한 날카로운(利) 刀를 만들라고 영을 내린 것을 기록한다. (이것이) 吾의 奉事의 근본 원칙이다.'97)

아울러 거의 같은 시기에 만들어진 것으로 추정되고 있는98) 일본 구마모토縣 에다후나야마 고분 출토 銀象嵌大刀명문을 소개하고 해석해 제시하면 다음과 같다.

△△(年)治天下獲△△△鹵大王世奉事典曹人名无利弖八月中用大鐵釜幷四尺廷刀八十練九十振三寸上好△刀服此者長壽子孫洋〻得也不失其所統作刀者名伊太和書者張安也

이를 해석하면 '△△(年)99) 獲(加多支)鹵大王의 때에 奉事하는 典曹人의 이름은 无利弖이고 八月에 大鐵釜를 사용함과 아울러 4尺의 廷刀를 八十練하고, 九十振하고, 三寸을 위로 하고, 좋고 ~한 칼을 着服하는 이 사람은 長壽하고, 子孫이 번성함을 얻을 것이다. 잃지 않고 그것을 다스렸던 바, 칼을 만든 자의 이름은 伊太和이고, 글을 쓴 자는 張安이다.'가 된다.

여기에서 중요한 것은 世자가 때를 나타낸다는 사실이다. 443년 한국 신라 냉수리비에 나오는 前世二王의 뜻이 앞선 世代가 아니라 앞선 때에로도 해석될 수 있다는100) 것이다. 다음으로 〻자가 나온다는 사실이다. 이 글자는 거듭 이야기하지만 한국 삼국시대 자료로 보면, 486년을 소급할

---

97) 이 칼의 제작은 일본에서는 야마토정권에서 만들어 東國의 首長에게 준 것으로 해서 471년으로 해석할 때 야마토정부에서 사용한 문자 자료인 목간 등이 5세기의 것은 전혀 발견되지 않는 점이 문제이다.
98) 이 칼의 명문을 稻荷山고분 출토 辛亥명철검 명문이 일본의 고고학계에서는 알려지기 전까지는 500년 전후로 보아왔다.
99) 이렇게 冒頭에 연간지만 나오는 예로서는 신라의 441년 포항 중성리비와 고구려의 451년 好太王명청동방울이 있다.
100) 이렇게 되면 포항 냉수리비의 癸未年은 503년이 아닌 443년으로 볼 수 있는 중요한 증거가 되는 자료이다.

수 없다는 사실이다. 大王이란 왕호로 보면 579년을 소급할 수가 없다. 지금까지 나온 자료가 전부가 아니므로 그 연대를 591년으로 보지 않고, 올려다 잡아서 531년으로 본다. 따라서 江田船山고분 출토 철도도 이나리야마철검 명문에서 보면, 그 제작 연대가 530년경일 가능성이 있다.

7. 맺음말

埼玉縣 이나리야마철검은 일본 고분 편년에서 가장 중요한 잣대이다. 그래서 일본 고분 연구자들은 일치단결하여 그 시기를 471년으로 보아왔다.[101] 한국 측 자료에서 ㆍ자로 보면 486년을 소급할 수 없고, ~中으로 보면 고구려에서 제작한 서봉총 은합 명문에 의해 451년을[102] 소급할 수가 없다. 이나리야마철검 명문의 경우 금상감철검명이고, 서봉총 은합 명문은 가는 끌로 새겼다는 점에 비추어 시기 비정에서 동일한 잣대를 적용할 수가 없어 연대 부여에 차이가 심할 수밖에 없다. 상감명문칼에 있어서 고구려에서의 예는 없고, 중국 漢과 백제·가야(창녕)의 예가[103] 있어서 그 시기를 618년 이후로 볼 수도 있다. 大王이라는 용어의 사용을 백제의 예만으로 보면, 579년을 소급할 수가 없다. 寺가 절을 나타낸다면 552년을 소급할 수가 없다. 江田船山鐵刀 명문에 의해 獲加多支鹵大王世가 나오지만 그 시기를 아무리 올려다 잡아도 한국 삼국시대의 금석문 자료로는 531년으로 볼 수밖에 없다.

---

101) 고분을 중심으로 연구하는 고고학자가 471년이 아닌 531년으로 보는 예는 보지 못했다. 문헌사학자는 가끔 531년으로 보기도 했으나 극히 일부분의 소수에 의해서이다.
102) 이것도 단순히 글자로만 비교해서이지, 금상감철검과 끌로 새긴 은합 명문은 그 자체가 연대로서는 비교의 대상이 될 수가 없다. 왜냐하면 두 자료에서는 명문의 제작 기술 자체에서 벌써 엄청난 차이가 있기 때문이다.
103) 西山要一, 앞의 논문, 1999.

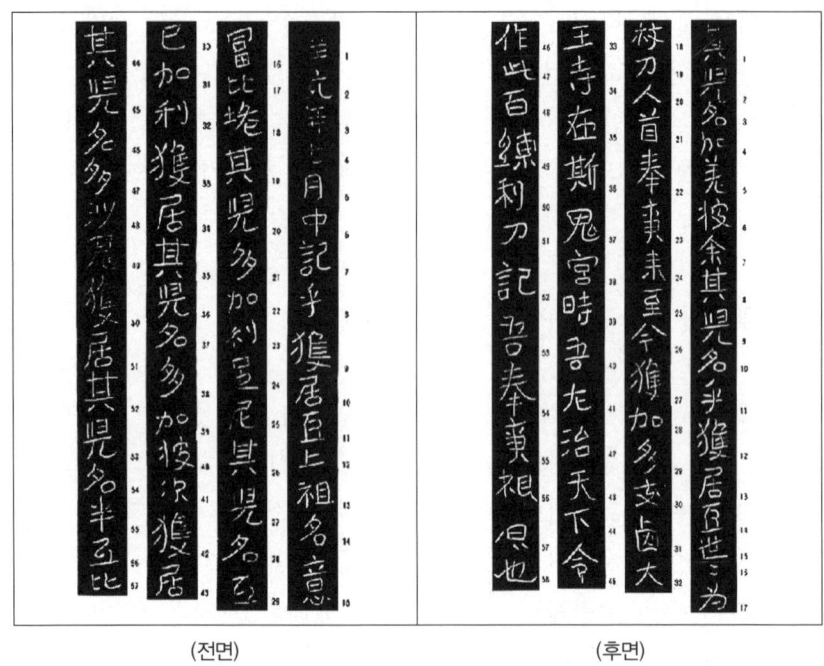

(전면)　　　　　　　(후면)

獲加多支鹵大王을 雄略으로 보고서104) 辛亥年을 471년으로 본 것은 1978년에 철검이 발견되어서 1979년에 관계 전문가 3사람이 협의해서 결론으로 낸 것이 움직일 수 없는 정설로 보였지만, 한국 삼국시대의 금석문과 비교해 보면 531년도 빠르게 본 것이다. 이나리야마의 철검이나 에다후나야마 철도의 명문에 있어서 그 만든 주체를 大和조정의 왕이라고 보아 왔으나 두 명문 모두에서 그러한 요소는 보이지 않는다. 그렇지만 칼의 명문을 새긴 주체가 지방민일 수는 없다. 그렇다면 제작의 주체가 야마토정권이라면 이에 대응되는 그 중심지인 京都나 奈良의 近畿지방에서 이러한

---

104) 이는 음상사에 근거한 것으로 한국에서도 443년 냉수리비의 沙喙部至都盧葛文王을 智證麻立干과 동일 인물로 보아서 그 시기를 503년으로 보고 있다. 이는 음상사와 함께 前世二王의 해석에 근거했으나 에다후나야마철도에서 世가 때를 나타내어서 어느 정도 해결이 된 것 같다. 신라사에 있어서 금석문 자료는 갈문왕, 대등, 6두품 문제 등도 새롭게 해석하기를 기다리고 있다.

종류의 명문칼의 출토가 없는지 궁금하다. 칼이 없으면 이에 대응되는 비석의 석문,105) 금속기의 금문, 고문서, 목간 등이 왜 없는지 하는 의문을 떨쳐버릴 수가 없다.

　한국의 고대 문자자료를 공부한 사람으로서 이를 곰곰이 생각해 보면, 두 칼 모두가 그 출토된 고분들이 파괴되어 이미 도굴된 무덤에서 나왔다는 공통점이 있어서 과연 진짜일까 하는 의문도 생긴다. 앞에서 잠깐 언급했듯이 백제 칠지도의 연구에서 369년설은 백제의 금석문 출토 자료들과106) 비교해 보면 성립될 수가 없는 데에도 그렇게 보지 않는 일본 학자는 거의 없다. 이 상감 명문 두 칼은 隅田八幡神社 인물화상경이 가짜일 가능성이 크므로 두 칼의 명문도 진짜일지 여부가 문제시된다. 물론 칼 자체는 진짜이지만 甲寅年銘釋迦像光背처럼107) 상감명문은 가짜일 가능성도 있다. 그래서 일본의 금석문 연구자들이 너무 우물 안의 개구리처럼 자국의 사료에만 신경을 쓰지 않았나 하는 생각이 든다. 앞으로의 과학적인 고분시대 상감철검·상감철도에 대한 보존과학적인 연구와 동아시아의 금석문과의 비교가 진행되어서 이러한 의문들이 불식되어 앞에서 언급한 의문들이 杞憂로 끝나기를 바랄 뿐이다.

---

105) 일본의 고대 석문으로서 가장 오래된 것은 前澤和之, 「일본 초기 석비의 형태에 대한 검토」, 『목간과 문자』 18, 2017에 따르면 일본에서 646년 이후의 京都府의 字治橋碑이다. 그리고 유명한 上野三碑로는 群馬縣의 山上碑(681년), 多胡碑(711년 경), 金井澤碑(726년)가 있다. 이때 신라에서는 567년 북한산비에서 불기 시작한 어려운 한문 열풍으로 된 문장이 있고, 그 한문으로 된 비석은 568년의 마운령비와 황초령비를 거쳐서 662년 태종무열왕비와 682년 문무왕릉비에서 절정을 이룬다. 후자 2예에서는 龜趺와 螭首를 갖추고 있고, 그 문장이 세련되었고, 인명 표기도 완전히 중국식으로 姓이 나오고 있다.
106) 백제 금석문 자료에서는 4세기는 물론 5세기 자료도 없다.
107) 이러한 예로 일본의 甲寅年銘釋迦像光背가 있다. 광배는 진짜가 틀림이 없으나 명문은 金銅이란 말이 나오는 등에서 가짜이다. 이에 대해서는 김창호, 「갑인년석가상광배명문의 제문제-6세기 불상조상기의 검토와 함께-」 『미술자료』 53, 1994 ; 『한국 고대 불교고고학의 연구』, 2007에 재수록 참조.

책을 마무리하며

　1950년 범띠니까 올해로 75세가 되어서 학회의 학술지에 실으려고 하니 심사료 60,000원, 게재료 100,000원이 들어서 30편을 실으려고 하면 연금을 받는 사람으로서는 제법 큰 돈이 든다. 나이 이야기가 나왔으니 말인데 큰 학회의 좌장도 많이 한 N교수는 1949년생이면서 우리들에게는 어른노릇을 하려고 하는 사람이었다. 그는 공부도 많이 하지 않고, 입으로만 먹고 산 것 같았다. 이에 비해 박사학위를 하고 국립박물관에 재직하고 있다가 삼강문화재연구원을 만들어서 책임자가 된 최종규 원장은 그간의 발굴 경험을 토대로 『鐵箱集』 I 을 냈다. 철상집은 발굴 현장의 어디에서나 있는 컨테이너의 한국식 조어라고 한다. 책의 내용도 고고학에서는 한국 최고의 수준이라고 생각된다.
　금석문은 40여 년간 꾸준히 해왔으나 목간에 대해 공부하기 시작한 것은 2018년부터였다. 새로 시작했지만 돈이 들어서 자료를 볼 수가 없었다. 목간은 판독을 잘하는 것이 연구의 첫걸음이다. 그러기 위해서는 책을 사고, 교통비를 포함한 경비를 부담해야 된다. 이 무렵 이경섭 교수로부터 받은 자신의 論文 몇 편은 두고두고 고마운 마음을 잊을 수가 없다. 공부를 시작할 수 있도록 노트북을 사준 사위에게도 거듭 고맙게 생각한다.
　금석문과 목간은 1차 사료이기 때문에 역사를 복원하는 방법론에서 비슷한 점이 많다. 고신라를 한정하고 이야기한다면 그 푸는 방법에서 인명 표기를 비롯하여 유사한 점이 너무나도 많다. 그래서 仇利伐 목간에만 12점이 나오는 奴(人)의 인명 표기 해석을 통설과는 다르게 했던 것이다. 고신라 금석문에서 다루어본 경험이 없었다면 奴人 목간의 인명 표기에서 누가 노인인지조차도 찾아낼 수가 없었을 것이다. 구리벌 목간에서 나오는 두 사람 가운데 앞사람은 노인이고 동시에 負의 주인이고, 뒷사람은 짐꾼(종)으로 짐을 지고, 구리벌의 바닷가에서 성산산성인 召參停까지 가는 사람이다. 이러한 노인 목간의 내용을 무시하고 노인을 사노비나 피정복민으로 보는 것은 명백한 잘못이다. 12명 가운데 4명의 노인은 외위를 가지고 있다. 짐꾼을 거느리고 사는 노비를 본 적이 있는지 궁금하다. 노인은 결코 사노비가 아니고, 일반 평민보다 더 큰 사회적 지위를 누리고 있었던 평민들이다.

  문헌과 금석문의 관련성을 지어서 금석문의 연대를 결정짓는 것은 문제가 있다고 생각되는 바 광개토태왕비, 충주고구려비, 집안고구려비, 사택지적비, 중성리비, 냉수리비, 봉평비, 창녕비, 북한산비, 마운령비, 황초령비 등에 대한 언급이 문헌에는 없다. 실제로 충남 부여군 규암면 신리에 위치한 사적 제427호 부여 왕흥사는 백제의 대표적인 왕실 사찰이다. 2007년 목탑터에서 발견한 왕흥사지 사리기(보물 제1767호)에는 백제 昌王이 죽은 왕자를 위해 丁酉年 二月 十五日에 절을 창건했다는 명문이 새겨져 있어서 학계의 주목을 받았다. 우선 설명의 편의를 위해 왕흥사 청동합 명문의 전체를 제시하면 다음과 같다.

王興寺舍利盒 명문

⑥	⑤	④	③	②	①	
神	利	子	王	十	丁	1
化	二	立	昌	五	酉	2
爲	枚	刹	爲	日	年	3
三	葬	本	亡	百	二	4
	時	舍	王	濟	月	5

이 명문의 전체부터 해석하면 '丁酉年(577) 二月 十五日에 백제 昌王이 죽은 왕자를 위해 사찰을 세웠는데 본래 장사시에 舍利 2매를 넣었는데 신이 조화를 부려 3매가 되었다.'가 된다.
　왕흥사 목탑 사리공에서 출토된 청동사리함 명문에 丁酉年이란 연간지가 나와 577년이란 절대 연대를 갖게 되었다. 왕흥사 목탑은 『삼국사기』 권27, 백제본기 5에 무왕 즉위 1년(600)~무왕 35년(634) 사이에 건립된 것으로 되어 있어서 문헌을 믿을 수 없게 한다. 이 점은 중요한 것으로 문헌을 중심으로 한 연구의 한계를 밝혀주는 것이다. 그 대표적인 예가 미륵사서탑금제사리봉안기의 연대인 己亥年을 『삼국유사』 권2, 무왕조에 의거해 639년으로 보고 있으나 579년으로 보아야 한다.
　금석문을 공부하면서 하나는 꼭 지켜야겠다는 것은 판독과 함께 어떤 내용이 적혀 있는지를 밝히려고 한 것이다. 가령 그렇지 않은 예로서 眞興王이 나온다고 眞興王이나 그 시기가 진흥왕시대가 아니라는 것이다. 眞興王이 울진 성류굴 암각 명문에 등장하려고 하면 大等집단이 등장해야 되고, 軍主도 등장해야 되고, 眞興王의 명칭도 眞興王이 아닌 眞興太王이 되어야 하고, 喙자가 들어가는 인명 표기가 나와야 한다. 울진 성류굴 암각명문에서는 고신라의 것은 없고, 통일신라의 것이 조금 나오는 듯하다.
　경주 사천왕사지 사적비편의 次壬辰과 황복사금동사리기함의 天授三年 壬辰(692)七月二日昇天에 근거하여 사천왕사지 사적비편을 神文王陵碑로 보았다. 문무왕릉비에서 문무왕의 죽음과 장례 사이에는 1년의 시차가 있었다. 문무왕은 681년에 죽었고 682년에 동해 대왕암에서 산골했다. 이러한 예가 『삼국사기』, 김인문전에 의하면 김인문도 죽음과 장례 사이에는 1년의 시차가 있어서 사천왕사지 5편의 비편은 신문왕릉비가 아니라 사천왕사사적비이다.
　광개토태왕비는 100년 이상의 연구가 축적되어 있다. 지금은 이른바 辛卯年조에서 벗어나 연구하고 있으나 노력에 비해 성과는 적다. 4세기 말~5세기 초에 있어서 倭는 배를 만드는 기술이나 무기를 만드는 기술이 없어서 대군단이 한반도 남부까지 올 수가 없다. 전남 마한으로 불리는 나주 복암리 고분이나 신촌리 고분을 축조했던 사람들이라면 쉽게 올 수가 있었을 것으로 이들이 왜일 수가 있다.

673년에 건립된 계유명아미타삼존불비상의 경우에 33명의 백제 연기 지방의 인명이 나오는데 모두 三久知乃末처럼 인명＋관등명으로 나오나 유독 達率身次는 백제식으로 관등명＋인명으로 적혀 있다. 達率身次는 금석문에 나오는 백제 최후의 유일한 애국자로 보인다. 신라에서 감시도 심하게 했을 터인데 어떻게 신라의 관등도 받아서 쓰지 않고 백제의 관등을 사용했는지 알 수가 없다.

김공순신도비는 天靈郡(太守)라는 직명밖에 없어서 건립 연대가 768년인지 790~800년 사이인지 아니면 8세기 말인지 알 수가 없다. 신도비로서는 유일하고 그 연대를 알 수 있는 확실한 근거도 없어서 후대에 만들어졌을 가능성도 있다. 가령 낭혜화상비의 경우는 890년에 비문을 찬술하라는 명을 최치원이 신라 진성여왕에게서 받았고, 그에 의해 890년에서 897년 사이에 비문이 완성되었다. 최인연에 의해 943년에서 945년 사이에 비문의 글씨가 써졌고, 고려 현종대인 1010년에서 1031년 사이에 비가 건립되어졌다.

신라에서 고식 단판 6세기 전반~7세기 전반, 신식 단판 7세기 후반(의봉사년개토명, 습부명, 한지명 암키와), 중판은 7세기 후반~9·10세기로 판단하고 있다. 지방은 중판이 7세기 후반~8세기에, 경주를 제외한 지방에서는 장판이 9세기 전반부터 출토되고 있고, 10세기까지 계속된다. 그런데 익산 미륵사지 출토 景辰年기와는 656년으로 장판 타날의 기와라서 문제가 된다.

부여 부소산성의 677년의 儀鳳二年, 847년의 會昌七年명기와, 850년(?)의 城명수막새, 850년(?)의 大△△午年末城명암막새, 명문불명암막새, 847년의 會昌七年丁卯末印명기와(거울기와와 3자씩으로 된 인각와) 등 6종의 명문와가 나왔다. 이들 명문와는 관수관급제에서는 국가의 허락을 받아야 하므로 기와를 만드는 기술이나 국가에 협력하는 정도가 매우 우수했기 때문으로 보인다. 그래서 국가에서는 그 보상으로 6종류의 문자 기와를 만들도록 허락했을 것이다. 이 시기 기와는 광주 선리 출토 기와에서 보면 한주에 집중되어 있어서 주를 단위로 기와를 생산하는 것으로 알려져 있다. 부여가 모든 통일신라 지방 기와 생산의 중심지로 보인다. 이러한 사실도 문자 기와가 없었으면 알 수가 없었다.

   그래서 와전 명문에 대한 논고는 필요한 것이었다. 고려시대 평기와는 대체로 橫帶가 있고, 그 문양에 초화문, 거치문, 거륜문, 타래문, 사격자문, 격자문, 화문, 어골문 등의 문양이 있고, 그 시기 구분은 다음과 같다. 고려기와를 Ⅰ단계(965~1027년)는 토수기와와 내면에 윤철흔이 없는 암키와, Ⅱ단계(1028~1112년)는 미구기와와 윤철흔이 없는 암키와, Ⅲ단계(1113년 이후)는 미구기와와 윤철흔이 있는 암키와로 3분하는 것도 문자와의 연호명의 덕이다. 이들 와전 명문은 명문 자체에 대한 해석이 중요한 것이 아니라 와전에 대한 편년을 제시하는데 기초로서 중요하다. 이렇게 하려고 하면 금석문도 좀 알고, 기와 편년도 좀 알아야 한다. 더 공부를 많이 한 학자가 나와서 디딤돌 역할을 하기를 바랄 뿐이다.

참고문헌

Ⅰ. 史料

『삼국사기』　　　　　『삼국유사』
『조선금석총람』　　　『한국금석문추보』
『한국금석문유보』　　『한국금석전문』

Ⅱ. 저서

국립경주박물관,『신라와전』, 2000.
국립부여문화재연구소,『彌勒寺遺蹟發掘調査報告書』Ⅱ, 국립부여문화재연구소, 1996.
경남고고학연구소,『창녕 계성 신라 고분군』, 경남고고학연구소, 2001.
김창호,『고신라 금석문의 연구』, 서경문화사, 2007.
김창호,『한국 고대 불교고고학의 연구』, 서경문화사, 2007,
김창호,『한국 고대 목간』, 주류성, 2020.
김창호,『신라 금석문』, 경인문화사, 2020.
김창호,『고구려와 백제의 금석문』, 주류성, 2022.
김창호,『한국 고대의 금석문과 목간』, 혜안, 2024.
문화공보부 문화재관리국,『안압지발굴조사보고서』, 1978, 문화공보부 문화재관리국.
박천수,『비화가야』, 진인진, 2019.
부산대학교 박물관,『창녕계성고분군』, 부산대학교 박물관, 1995.
윤재석 편저,『한국목간총람』, 주류성, 2022.
이경섭,『신라 목간의 세계』, 경인문화사, 2013.
이남규 등,『고려시대 역연대 자료집-기년명 기와 자료를 중심으로-』, (재)세종문화재
　　　　연구원, 2015.

이병도 편, 『한국사』-고대편-, 을유문화사, 1959.
이병도, 『한국고대사연구』, 백문당, 1976.
이용현, 『한국목간기초연구』, 신서원, 2006.
(재)신라문화유산연구원·경주시, 『황룡사 광장과 도시Ⅰ-황룡사 대지와 후대 유구-』, 신라문화유산연구원, 2018.
(재)신라문화유산연구원·경주시, 『경주 황룡사 광장과 도시Ⅱ-방 도로와 광장-』, 신라문화유산연구원, 2020.
정중환·정징원·김동호·심봉근, 『창녕계성고분군발굴조사보고서』, 동아대학교 박물관, 1977.
진홍섭, 『한국의 불상』, 일지사, 1993.
韓國古代社會硏究所編, 『譯註 韓國古代金石文』, 駕洛國事蹟開發硏究院, 1992.
허흥식, 『고려불교사연구』, 일조각, 1986.
호암미술관, 『창녕 계성 고분군(상)·(하)』, 호암미술관, 2000.
葛城末治, 『朝鮮金石攷』, 大阪屋書店, 1935.
高橋一夫, 『鐵劍銘——五字の謎に迫る-埼玉古墳群』, 新皇社, 2005
橋本 繁, 『韓國古代木簡の硏究』, 吉川弘文館, 2014.
今西龍, 『新羅史硏究』, 近江書店, 1933.
埼玉縣敎育委員會, 『稻荷山古墳出土鐵劍金象嵌銘槪報』, 埼玉縣敎育委員會, 1979.
旗田 巍, 『朝鮮中世社會史の硏究』, 法政大學出版局, 1972.
末松保和, 『新羅史の諸問題』, 東洋文庫, 1954.
小野山節編, 『古代史發掘』6-古墳と國家の成立ち-, 講談社, 1975.
野上丈助, 『日本古代史の考古學的硏究』, インマヌエル野上, 2005.
田中俊明, 『大加倻聯盟の興亡と任那』, 堺女短期大學, 1992.
竹谷俊夫, 『布留遺蹟出土の初期須惠器と韓式系土器』, 天理時報社, 1983.
陳新會, 『史諱擧例』, 文史哲出版社, 1987.

Ⅲ. 논문

강나리, 「신라 중고기의 '代法'과 역역동원체제-함안 성산산성 출토 218호 목간을 중심으로-」 『한국고대사연구』 93, 2019.
권덕영, 「신라 관등 아찬·나마에 대한 고찰」 『국사관논총』 21, 1991.
김규동 성재헌, 「선리 명문와 고찰」 『고고학지』 17-2, 2011.
김두진, 「낭혜와 그의 선사상」 『역사학보』 57, 1973.
김선주, 「최치원 찬술 국왕 표문의 작성시기와 배경」 『신라사학보』 56, 2022.
김성구, 「다경와요지 출토 신라와전소고」 『미술자료』 33, 1983.
김수태, 「통일신라시대의 洗宅 재론」 『영남학』 73, 2020.

김영태, 「연가7년명 고구려불상에 대하여」, 『한국불교학회제9회학술연구발표회발표요지』, 1986.
김용선, 「울주 천전리서석 명문의 연구」, 『역사학보』 81, 1979.
김용성, 「대구·경산 지역 고총고분의 연구」, 영남대학교 박사학위 청구논문, 1997.
김원룡, 「경주 금척리 고분 발굴 조사 약보」, 『미술자료』 1, 1960.
김원룡, 「사로 6촌과 경주고분」, 『역사학보』 70, 1976.
김윤곤, 「大邑중심의 군현제도 정비와 대구현의 변천」, 『대구시사』 1, 1995.
김재홍, 「신라 왕경 출토 명문토기의 생산과 유통」, 『한국고대사연구』 73, 1992.
김재홍, 「新羅 中古期 村制의 成立과 地方社會構造」, 서울대학교 박사학위논문, 2001.
김재홍, 「신라 각석 명문에 보이는 화랑과 서약」, 『신라사학보』 45, 2019.
김종철, 「대가야묘제의 연구-고령지산동 고분군을 중심으로-」, 『한국학논총』 9, 1982.
김창석, 「신라 中古期의 奴人과 奴婢」, 『한국고대사연구』 54, 2009.
김창석, 「함안 성산산성 목간을 통해 본 신라의 지방사회 구조와 수취」, 『백제문화』 54, 2016.
김창석, 「함안 성산산성 17차 발굴조사 출토 四面木簡(23호)에 관한 시고」, 『한국사연구』, 2017.
김창석, 「부여 동남리 49-2 번지 출토 백제목간의 내용과 용도-목간1·2호를 중심으로-」, 『한국고대사연구』 111, 2023.
김창호, 「신라중고 금석문의 인명 표기(1)」, 『대구사학』 22, 1983.
김창호, 「신라중고 금석문의 인명표기(Ⅱ)」, 『역사교육논집』 4, 1983.
김창호, 「新羅 太祖星漢의 재검토」, 『역사교육논집』 5, 1983.
김창호, 「단양적성비문의 구성」, 『가야통신』 11·12, 1985.
김창호, 「문무왕릉비에 보이는 신라인의 조상 인식」, 『한국사연구』 53, 1986.
김창호, 「백제 칠지도 명문의 재검토-일본학계의 임나일본부설에 대한 반론(3)-」, 『역사교육논집』 13·14, 1990.
김창호, 「金石文 자료로 본 古新羅의 村落構造」, 『鄕土史硏究』 2, 1990.
김창호, 「울주천전리서석의 해석 문제」, 『한국상고사학보』 19, 1995.
김창호, 「고분 자료로 본 대구 지역의 신라에의 통합」, 『고고역사학지』 11·12, 1996.
김창호, 「咸安 城山山城 出土 木簡에 대하여」, 『咸安 城山山城』 Ⅰ, 1998.
김창호, 「익산 미륵사 경진명 기와로 본 고신라 기와의 원향」, 『한국학연구』 10, 1999.
김창호, 「고고 자료로 본 신라 삼국 통일의 원동력」, 『한국고대사와 고고학』, 2000.
김창호, 「후삼국 기와에 보이는 여·제 지명」, 『한국 중세사회의 제문제』, 2001.
김창호, 「신라수창군호국성팔각등루기의 분석」, 『고문화』 57, 2001.
김창호, 「고고 자료로 본 신라고대 국가의 성립 시기」, 『신라문화』 21, 2003.
김창호, 「신라 적석목곽묘 출토 山자형 관의 계보」, 『부대사학』 30, 2006.
김창호, 「신라 금관총의 尒斯智王과 적석목곽묘의 편년」, 『新羅史學報』 32, 2014.
김창호, 「집안고구려비를 통해 본 麗濟 王陵 비정 문제」, 『考古學探究』, 2015.

김창호, 「울주 천전리서석의 원명과 추명」『고신라 금석문과 목간』, 2018.
김창호, 「미륵사 서탑 사리봉안기」『고신라 금석문과 목간』, 2018.
김창호, 「廣州 船里遺蹟에서 出土된 蟹口기와의 生産과 流通」『문화사학』 52, 2019.
金昌鎬, 「나말여초의 기와 명문」『신라 금석문』, 2020.
김창호, 「신라 금관총의 尒斯智王명문의 재검토」『신라 금석문』, 2020.
김창호, 「신라 금관총의 尒斯智王삼론」『신라 금석문』, 2020.
김창호, 「경주 성건동 677-156번지 출토 토기 명문」『고구려와 백제의 금석문』, 2022.
김창호, 「금산 백령산성 출토 문자 자료」『한국고대와전명문』, 2022.
김창호, 「대구 팔거산성 출토 목간에 대하여」『한국고대와전명문』, 2022.
김창호, 「함안 성산산성 城下麥 목간의 재검토」『한국고대와전명문』, 2022.
김창호, 「고신라 목간에 보이는 王私에 대하여」『한국고대와전명문』, 2022.
김창호, 「호우총의 호우 명문」『고구려와 백제의 금석문』, 2022.
김창호, 「고구려 금석문의 인명 표기」『고구려와 백제의 금석문』, 2022.
김창호, 「월성해자 목간 신8번의 재검토」『고신라목간』, 2023.
김창호, 「청주 쌍청리 7중환호 출토 양호가불촌주명 기와에 대하여」『고신라목간』, 2023.
김창호, 「儀鳳四年皆土명 기와의 또 다른 의미」『고신라목간』, 2023.
김창호, 「목간과 와전명으로 본 고신라의 도성제」『고신라목간』, 2023.
김창호, 「갑진성년말촌주민양명기와의 제작 연대」『고신라목간』, 2023.
김창호, 「백제 동남리 49-2번지 출토 주요 목간에 대하여」『고신라목간』, 2023.
김창호, 「부여 부소산성 출토 乙巳명 토기명문에 대하여」『고신라목간』, 2023.
김창호, 「경주 월지 출토 목간의 洗宅」『한국고대의 금석문과 목간』, 2024.
김창호, 「경주 월지 목간의 洗宅에 관등명이 없는 까닭」, 2024.
김창호, 「한국 고대 國字 椋·失·丑·奴에 대하여」『한국고대의 금석문과 목간』, 2024.
김창호, 「대구 팔거산성 출토 목간 삼론」『한국고대의 금석문과 목간』, 2024.
김창호, 「대구 팔거산성 출토 목간 3론」『한국고대의 금석문과 목간』, 2024.
김창호, 「隅田八幡神社 人物畵像鏡의 진짜 여부」『한국고대의 금석문과 목간』, 2024.
김창호, 「대구 팔거산성 출토 목간-이수훈박사의 반론에 답함-」『한국고대의 금석문과 목간』, 2024.
김창호, 「포항 냉수리비의 건립 연대」『신라 목간과 금석문』, 2025.
김창호, 「고구려 太王陵의 주인공」『신라고분』, 2025.
김창호, 「창녕 계성 고분 출토 토기명문-辛·辛番·辛審의 해석을 위하여-」『신라고분』, 2025.
김철준, 「한국고대국가발달사」『한국문화사대계』 1, 1964.
남풍현, 「第二新羅帳籍에 대하여」『미술자료』 19, 1976.
남풍현, 「永泰二年銘 石造毘盧遮那佛造像記의 吏讀文 考察」『신라문화』 5, 1988.
남희숙, 「신라 법흥왕대 불교 수용과 그 주도세력」『한국사론』 25, 1991.

戴衛紅, 「한국 목간에 보이는 "某月中"」 『목간과 문자』 23, 2019.
손량구, 「태천군 롱오리산성을 쌓은 년대에 대하여」 『조선고고연구』, 1987.
馬場 基(김도영 역), 「埼玉縣 稻荷山古墳 출토 철검을 둘러싸고」 『일본고대목간론』, 2021.
문경현, 「울주 신라 서석명기의 신검토」 『경북사학』 10, 1987.
문경현, 「新羅 佛教 肇行攷」 『신라문화제학술발표회논문집』 14, 1993.
문경현, 「신라 왕경고」 『신라문화제학술논문집』 16, 1995.
문명대, 「신라사방불의 전개와 칠불암 불교조각의 연구」 『미술자료』, 1980.
민덕식, 「고구려 농오리산성 마애석각 乙亥年에 대하여」 『한국상고사학보』 3, 1990.
박남수, 「울주 천전리 서석명에 나타난 진흥왕의 왕위계승과 입종갈문왕」 『한국사연구』 141, 2008.
박성현, 「월성 해자 목간으로 본 신라의 왕경과 지방」 『동아시아 고대 도성의 축조의례와 월성해자 목간』-한국목간학회 창립 10주년 기념 국제학술회의-, 2017.
박성현, 「월성 해자 목간으로 본 신라의 왕경」 『목간과 문자』 20, 2018.
박종기, 「한국 고대의 노인과 부곡」 『한국고대사연구』 43, 2006.
박종익, 「함안 성산산성 발굴조사와 목간」 『한국고대사연구』 19, 2000.
박종익, 「함안 성산산성 목간의 성격검토」 『한국고고학보』 48, 2002.
박홍국, 「월성군 내남면 망성리 요지와 출토와에 대한 고찰」 『영남고고학』 5, 1988.
박홍국, 「경주 나원리 5층석탑과 남산 칠불암의 조성시기-최근 수습한 명문와를 중심으로-」 『과기고고연구』 4, 1998.
백미선, 「백제 무령왕릉대의 急使」 『사림』 65, 2018.
백승충, 「문헌을 통해 본 고대 창녕의 정치적 동향」 『고대 창녕지역사의 재조명』, 2011.
서영일, 「포천 반월산성 출토 馬忽受解空口單명 기와의 고찰」 『사학지』 29, 1996.
선석렬, 「창녕지역출토토기명문'大干'의 검토」 『지역과 역사』 3, 1997.
성윤길, 「현존 최고의 매향비 : 영암 정원명 석비」 『문화재』 91, 2021.
성춘경, 「월출산의 불교 미술」 『월출산-바위 문화연구-』, 1988.
辛鍾遠, 「道人 使用例를 통해 본 南朝佛教와 韓日關係」 『韓國史研究』 59, 1987.
심상육, 「백제 인각와에 대하여」 『목간과 문자』 5, 2010.
요시이 히데오, 「광주 선리 명문기와의 고고학적 재검토」 『정인스님 정년퇴임 기념 논총-佛智光照-』, 2017,
유환성, 「경주 출토 통일신라시대 인각와의 검토」 『고고학지』 17, 2011.
윤상덕, 「함안 성산산성 축조 연대에 대하여」 『목간과 문자』 14, 2015.
윤선태, 「正倉院 所藏 '佐波理加盤附屬文書'의 新考察」 『국사관논총』 74, 1997.
윤선태, 「함안 성산산성 출토 신라 목간의 용도」 『진단학보』 88, 1999.
윤선태, 「신라 통일기 왕실의 촌락지배」, 서울대학교 대학원 박사학위논문, 2000.
윤선태, 「신라 중고기의 村과 徒」 『한국고대사연구』 25, 2002.

윤선태, 「함안 성산산성 출토 신라 하찰의 재검토」, 『사림』 41, 2012.
윤선태, 「함안 성산산성 출토 신라목간의 연구성과와 과제」, 『한국의 고대목간Ⅱ』, 2017.
윤선태, 「월성 해자 목간의 연구 성과와 신출토목간의 판독」, 『동아시아 고대 도성의 축조의례와 월성해자 목간』-한국목간학회 창립 10주년 기념 국제학술회의-, 2017.
윤선태, 「고대 목간 및 금석문에 보이는 고유한자의 양상과 구성 원리」, 『동양학』 80, 2020.
윤선태, 「대구 팔거산성 출토 신라 지방목간」, 『신라학리뷰』 1, 2022.
윤선태, 「백제 동남리 49-2번지 출토 백제 목간의 재검토」, 『목간과 문자』 30, 2023.
윤용진, 「대구의 초기국가 형성과정」, 『동양문화연구』 1, 1974.
윤희면, 「신라 하대의 성주·장군」, 『한국사연구』 39, 1982.
이경섭, 「함안 성산산성 목간의 연구 현황과 과제」, 『신라문화』 23, 2004
李京燮, 「城山山城 出土 荷札木簡의 製作地와 機能」, 『韓國古代史研究』 37, 2005.
이경섭, 「城山山城 出土 荷札木簡과 新羅 中古期의 收取體系」, 『古代 東아시아 世界의 物流와 木簡』(동국대학교 문화학술원 동아시아문화연구소주최 제2회 국제학술회의 자료집), 2008.
이경섭, 「성산산성 출토 신라 짐꼬리표[荷札] 목간의 地名 문제와 제작 단위」, 『신라사학보』 23, 2011.
이경섭, 「新羅의 奴人-城山山城 木簡과 〈蔚珍鳳坪碑〉를 중심으로-」, 『한국고대사연구』 68, 2012.
이경섭, 「함안 성산산성 출토 신라목간의 흐름과 전망」, 『목간과 문자』 10. 2013.
이기동, 「신라 태조 성한 문제와 흥덕왕릉비의 발견」, 『대구사학』 15·16, 1978.
이기동, 「최치원」, 『한국사시민강좌』 35, 2004.
이기백, 「신라 6두품 연구」, 『성곡논총』 2, 1971.
이기백, 「상대등고」, 『신라정치사회사연구』, 1974.
이기백, 「황룡사와 그 창건」, 『신라시대의 국가불교와 유학』, 1981.
이기백, 「蔚珍 居伐牟羅碑에 대한 고찰」, 『아세아문화』 4, 1988.
이도학, 「포천 반월산성 출토 고구려기와 명문의 재검토」, 『고구려연구』 3, 1997.
이도학, 「제천 점말동굴 화랑 각자에 대한 고찰」, 『충북문화재연구』 2, 2009.
이동주, 「경주 화곡 출토 在銘土器의 성격」, 『목간과 문자』 10, 2013.
이문기, 「신라중고 6부에 관한 일고찰」, 『역사교육논집』 1, 1980.
이문기, 「울진봉평신라비와 중고기 6부 문제」, 『한국고대사연구』 2, 1981.
이문기, 「금석문 자료를 통하여 본 신라의 6부」, 『역사교육논집』 2, 1981.
이문기, 「울주 천전리 서석 원·추명의 재검토」, 『역사교육논집』 4, 1983.
이문기, 「신라말 대구지역의 호족 실체와 그 행방-신라수창군호국성팔각등루기의 분석을 통하여-」, 『향토문화』 9·10, 1995.

이문기, 「통일신라시대의 대구」, 『대구시사』 1, 1995.
이문기, 「포항중성리신라비의 발견과 그 의의」, 『한국고대사연구』 56, 2009.
이문기, 「안압지 출토 木簡으로 본 新羅의 洗宅」, 『한국고대사연구』 65, 2012.
이문기, 「新羅 洗宅(中書省)의 機能과 官制의 位相의 變化」, 『역사교육논집』 51, 2013.
이문기, 「「신라 수창군호국성 팔각등루기」로 본 신라 말 대구 호족 이재」, 『신라 하대의 정치와 사회 연구』, 2015.
이문기, 「신라수창군호국성팔각등루기로 본 신라말 대구 호족 재론」, 『동방한문학』 63, 2015.
이문기, 「崔致遠의 현실 인식과 新羅 壽昌郡護國城八角燈樓記의 찬술 배경」, 『신라사학보』 50, 2020.
이문기, 「대구 수창군 호국성 팔각등루기의 '호국성'과 '팔각등루'의 위치에 대한 신고찰」, 『역사교육논집』 84, 2023.
이문형·이다운, 「상부상항명 인각와에 대한 연구」, 『중앙고고연구』 28, 2019.
이민형, 「삼국시대 황룡사 일대 논 경작지에 대한 검토」, 『신라문화유산연구』 7, 2023.
이병도, 「진흥대왕의 위업」, 『한국고대사연구』, 1976.
이병호, 「금산 백령산성 출토 문자기와의 명문에 대하여-백제 지방통치체제의 한 측면에서-」, 『백제문화』 49, 2013.
이성시, 「한국목간연구의 현황과 함안 성산산성 출토의 목간」, 『한국고대사연구』 19, 2000.
이수훈, 「신라 중고기 군의 형태와 성(촌)」, 『고대연구』 1, 1988.
이수훈, 「신라 승관제의 성립과 기능」, 『부산사학』 14, 1990.
이수훈, 「新羅 村落의 성격-6세기 금석문을 통한 행정촌·자연촌 문제의 검토-」, 『한국문화연구』 6, 1993.
이수훈, 「함안 성산산성 출토 목간의 稗石과 負」, 『지역과 역사』 15, 2004.
이수훈, 「新羅 中古期 行政村·自然村 문제의 검토」, 『한국고대사연구』 48, 2007.
이수훈, 「성산산성 목간의 本波와 末那·阿那」, 『역사와 세계』 38, 2010.
이수훈, 「성산산성 목간의 '城下麥'과 수송체계」, 『지역과 역사』 30, 2012.
이수훈, 「함안 성산산성 출토 4면 목간의 '代'」, 『역사와 경계』 105, 2017.
이수훈, 「김해 양동산성 출토 목간의 검토」, 『역사와 세계』 58, 2020.
이수훈, 「정창원 좌파리가반부속문서의 검토」, 『역사와 경계』, 2022.
이수훈, 「대구 팔거산성 출토 목간의 검토」, 『역사와 경계』 64, 2023.
이순근, 「나말여초 '호족'용어에 대한 연구사적 검토」, 『성심여자대학논문집』 19, 1987.
이영호, 「신라 귀족회의와 상대등」, 『한국고대사연구』 61, 1992.
이영호, 「불교의 융성과 대구」, 『대구시사』 1, 1995.
李泳鎬, 「新羅의 新發見 文字資料와 硏究動向」, 『한국고대사연구』 57, 2010.
이영호, 「울진 성류굴 암각 명문의 검토」, 『목간과 문자』 16, 2016.
이용현, 「함안 성산산성 출토 목간에 대한 종합적 고찰」, 고려대학교 박사학위 청구

논문, 2001.
이용현, 「함안 성산산성 출토 목간과 6세기 신라의 지방 경영」, 『동원학술논집』 5, 2003.
이용현, 「함안 성산산성 목간의 연대-壬子年을 중심으로-」, 『신라사학보』 50, 2020.
이용현, 「성산산성 목간에 보이는 신라의 지방경영과 곡물·인력 관리-城下麥 서식과 本波·喙의 분석을 중심으로-」, 『동서문화』 17, 2021.
이용현, 「신라 왕도 출납 문서의 1예-부여 동남리49-2 유적 목간①·②의 분석시론」, 『목간에 반영된 고대 동아시아의 법제와 행정제도』, 경북대학교 인문학술원 HK+사업단 제5회 국제학술회의, 2023.
이인숙, 「고려시대 평기와 제작기법의 변천」, 『고고학』 6-1, 2007.
이재환, 「新羅의 宦官 官府에 대한 試論-洗宅(중서성)의 성격에 대한 재검토-」, 『목간과 문자』 21, 2018.
이종욱, 「남산신성비를 통하여 본 신라의 지방통치체제」, 『역사학보』 64, 1974.
이종욱, 「신라 중고시대의 성골」, 『진단학보』 59, 1980.
이주헌, 「함안 성산산성 부엽층과 출토유물의 검토」, 『목간과 문자』 14, 2015.
이홍직, 「정원20년재명 신라범종-양양설산출토품-」, 『백낙준박사환갑기념국학논총』, 1955.
이홍직, 「신라승관제와 불교정책의 제문제」, 『백성욱박사송수기념불교학논문집』, 1959.
전경효, 「2018년도 출토 월성해자 삼면목간에 대한 기초적 검토」, 『목간과 문자』 27, 2021.
전경효, 「대구 팔거산성 출토 목간 소개」, 『新出土 文字資料의 饗宴』, 2022.
전경효, 「대구 팔거산성 출토 목간 소개」, 『목간과 문자』 28, 2022.
전덕재, 「서울대학교박물관소장 명문기와 고찰」, 『서울대학교박물관 소장 명문기와』, 2002.
전덕재, 「함안 성산산성 목간의 내용과 중고기 신라의 수취체계」, 『역사와 현실』 65, 2007.
전덕재, 「함안 성산산성 출토 목간의 연구현황과 쟁점」, 『신라문화』 31, 2008.
전덕재, 「중고기 신라의 대와 대법에 관한 고찰-함안 성산산성 17차 발굴조사 출토 사면 문서목간을 중심으로-」, 『역사와 현실』 105, 2017.
조성윤, 「신라 고분의 종말과 도시의 재편」, 『신라학연구』 18, 2015.
조성윤, 「고고자료로 본 新羅六部의 범위와 성격」, 『신라문화유산연구』 2, 2018.
조성윤, 「신라 習부명 명문와의 의미」, 『신라문화유산연구』 3, 2019.
조성윤, 「신라 瓦의 시원 문제」, 『신라문화』 58, 2021.
조성윤, 「고고자료로 본 신라 금성의 위치 시론」, 『신라문화유산』 6, 2022.
조성윤, 「경주 출토 신라 干支銘 瓦에 대하여」, 『한국기와학보』 9, 2024.
조원창, 「기와로 본 백제 웅천기의 사비경영」, 『선사와 고대』 23, 2005.

조효식, 「낙동강 중류의 삼국시대 성곽의 분류와 특징」, 『고문화』 67, 2006.
조효식, 「신라 성곽 연구-수창군 호국성의 위치 비정-」, 『신라문물연구』 15, 2022.
주보돈, 「신라중고의 지방통치조직에 대하여」, 『한국사연구』 23, 1979.
주보돈, 「한국 고대의 토기명문」, 『유물에 새겨진 고대문자』, 1997.
주보돈, 「함안 성산산성 출토목간의 성격」, 『한국고대사연구』 19, 2000.
주보돈, 「함안 성산산성 출토 목간의 기초적 검토」, 『한국고대사연구』 19, 2000
주보돈, 「울주 천전리서석 명문에 대한 검토」, 『금석문과 신라사』, 2002.
주보돈, 「신라의 부와 부체제」, 『부대사학』 30, 2006.
진성섭·차순철, 「통일신라시대 수창군 치소의 위치 검토」, 『한국고대사탐구』 37, 2021.
진홍섭, 「남산신성비의 종합적 고찰」, 『역사학보』 36, 1965.
차순철, 「최치원의 신라 수창군 호국성 팔각등루기와 다각형건물들」, 『한국의 고고학』 58, 2023.
채상식, 「신라 승관제 이해를 위한 시론」, 『한국문화연구』 6, 1993.
채웅석, 「고려전기 사회구조와 본관제」, 『고려사의 제문제』, 1986.
최민희, 「儀鳳四年皆土 글씨기와의 개토 재론-納音五行論 비판-」, 『한국고대사탐구』 30, 2018.
최영성, 「사상적 관점에서 본 신라수창군호국성팔각등루기」, 『대동한문학』 64, 2020.
최완규, 「백제지역 횡구식석곽분 연구」, 『백제연구』 27, 1988.
최정환, 「신라 수창군 호국성 팔각등루기의 새로운 고찰」, 『대구사학』 136, 2019.
최정환, 「호국성 팔각등루를 세운 위치 재검토와 그 설립의 필요성 고찰」, 『글로벌 최치원의 호국성 팔각등루기와 선사암』, 2021.
최정혜, 「고려시대 평기와의 편년연구-문양 형태를 중심으로-」, 『박물관연구논집』, 1996.
최태선, 「평와제작법의 변천에 대한 연구」, 경북대학교 석사논문, 1993.
平川 南, 「함안 성산산성 출토 목간」, 『함안 성산산성 출토목간의 내용과 성격』, 1999.
하승철, 「창녕 계성고분군의 성격과 정치체의 변동」, 『야외고고학』 18, 2013.
하시모토 시게루, 「월지(안압지) 출토 목간의 연구 동향 및 내용 검토」, 『한국고대사연구』 100, 2020.
하시모토 시게루, 「신라 문서목간의 기초적 검토-신 출토 월성해자 목간을 중심으로-」, 『영남학』 77, 2021.
하시모토 시게루, 「釜山 盃山城木簡의 기초적 검토-佐波理加盤附屬文書와의 비교를 중심으로-」, 『신라사학보』 52, 2021.
하시모토 시게루, 「함안 성산산성 목간의 왕사와 성하맥」, 『신라사학보』 54, 2022.
하시모토 시게루, 「신라 지방제도와 목간-대구 팔거산성목간의 기초적 검토를 중심으로-」, 『목간에 반영된 고대 동아시아의 법제와 행정제도』, 경북대학교 인문학술원 HK+학술단 제5회 국제회의, 2023.
하시모토 시게루, 「배산성 출토 목간과 고대 조세제도」, 『국가사적 지정을 위한 배산성지

학술대회』, 2023.
하시모토 시게루, 「김해 양동산성 목간 판독문의 재검토」 『목간과 문자』 32, 2024.
홍보식, 「영남 지역의 횡구식·횡혈식 석실묘 연구」, 부산대학교 박사학위 청구논문, 1992.
홍승우, 「함안 성산산성 목간의 물품 기재방식과 성하목간의 서식」 『목간과 문자』 21, 2018.
홍승우, 「창녕 계성 고분군 출토 토기 명문의 재검토」 『신라문화』 57, 2020.
홍승우, 「대구 팔거산성 출토 신라 목간 검토」 『대구사학』 149, 2022.
황수영, 「고려 청동은입사 향완의 연구」 『불교학보』 1, 1963.
황수영, 「신라의 誓(書)石」 『동대신문』, 1971(1971년 5월 10일자).

江上波夫, 「金石文としての鐵劍銘」 『新編埼玉縣史 別冊 辛亥銘鐵劍の金石文』, 1983.
鎌田元一, 「部民制の構造と展開」 『律令公民制の研究』, 2001.
高正龍, 「軒瓦に現れた文字-朝鮮時代銘文瓦の系譜-」 『古代文化』 56-11, 2004.
高正龍, 「百濟刻印瓦覺書」 『朝鮮古代研究』 8, 2007.
高正龍·熊谷舞子·安原葵, 「關西大學博物館所藏朝鮮瓦-文字瓦を中心として-」 『關西大學博物館紀要』 20, 2014.
吉田 昌, 「稻荷山古墳出土鐵劍銘に關する一考察」 『日本古代の國家と宗教』 下, 1980.
橋本繁, 「城山山城木簡と六世紀新羅の地方支配」 『東アジア古代文字資料の研究』, 2009.
橋本繁, 「韓國·咸安城山山城木簡研究の最前線」 『古代文化』 70-3, 2018.
橋本繁, 「蔚州川前里書石原銘·追銘にみる新羅王權と王京六部」 『史滴』 40, 2018.
龜田修一, 「朝鮮半島南部における竪穴系橫口式石室」 『城二號墳』, 1981.
金井塚良一, 「辛亥銘鐵劍をめぐって」 『埼玉民衆史研究』 5, 1979.
吉田修太郎, 「稻荷山鐵劍の銘文に關する一考察-乎獲居臣をめぐる諸問題を中心に-」 『埼玉縣立史跡の博物館紀要』 16, 2023.
吉川敏子, 「稻荷山鐵劍の系譜と氏族」 『氏と家の古代史』, 2013.
吉井秀夫, 「扶蘇山城出土會昌七年銘文字瓦をめぐって」 『古代文化』 56-11, 2004.
吉村武彦, 「ワカタケル大王と杖刀人首ヲワケ」 『ワカタケル大王とその時代』, 2003.
大橋信弥, 「阿倍氏と稻荷山古墳出土鐵劍銘-大彦命の原像を求めて-」 『阿倍氏の研究』, 2017.
島辻義德, 「稻荷山鐵劍は何を證明したか」 『東アジアの古代文化』 19, 1979.
東野治之, 「古代稅制と荷札木簡」 『ヒストリア』 86, 1980.
藤井和夫, 「慶州古新羅古墳編年試案」 『神奈川考古』 6, 1979,
藤澤一夫, 「稻荷山鐵劍の金象嵌銘-その讀みと解と-」 『古代研究』 16, 1978.
木村誠, 「新羅郡縣制の確立過程と村主制」 『朝鮮史研究會論文集』 13, 1976.
木村誠, 「新羅上大等の成立過程-上臣史料の檢討」 『末松保和記念古代東アジア史論集』 上, 1978.
木村誠, 「統一期新羅村落支配の諸相」 『人文學報』 368, 2006.

武田幸男,「金石文からみた新羅官位制」『江上波夫敎授古稀記念論集』歷史篇, 1977.
武田幸男,「眞興王代における新羅の赤城經營」『朝鮮學報』93, 1979.
武田幸男,「蔚州書石谷における新羅・葛文王一族」『東方學』85, 1983.
武田幸男,「伽耶~新羅の桂城〈大干〉-昌寧・桂城古墳群出土土器の銘文について-」『朝鮮文化硏究』1, 1994.
武田幸男,「新羅・蔚珍鳳坪碑の敎事主體と奴人法」『朝鮮學報』187, 2003.
門脇禎二,「まず地域史から考える-新發見の直刀銘文について-」『歷史と人物』89, 1979.
弥永貞三,「古代史料論-木簡-」『岩波講座 日本歷史』25, 1976.
白石太一郞,「五世紀の有銘刀劍」『古墳と古墳時代の文化』, 1997.
山尾幸久,「稻荷山古墳出土鐵劍の銘文」『日本古代王權形成史論』, 1983.
山田俊輔,「雄略朝期の王權と地域」『史觀』158, 2008.
森 公章,「倭の五王とその時代」『古代豪族と武士の誕生』, 2013.
杉山晉作,「有銘鐵劍にみる東國豪族とヤマト王權」『新版 古代の日本 關東』8, 1992.
森田 悌,「武藏國造と辛亥銘鐵劍」『古代の武藏 稻荷山古墳の時代とその後』, 1988.
上田正昭,「辛亥銘鐵劍の意義」『上田正昭著作集-古代國家と東アジア-』2, 1988.
西谷 正,「朝鮮三國時代の土器の文字」『古代のアジア』, 1991.
西山要一,「東アジアの古代象嵌銘文大刀」『文化財學報』17, 1999.
小林敏男,「一一五文字の銘文が語る古代東國とヤマト王權」『稻荷山古墳の鐵劍を見直す』, 2001.
松本淸張,「辛亥銘鐵劍の一假說」『新編埼玉縣史 別冊 辛亥銘鐵劍と金石文』, 1983.
狩野 久,「稻荷山鐵劍銘をとう讀むか」『ワカタケル大王とその時代』, 2003.
深津行德,「法體の王-序說:新羅の法興王の場合」『學習院大學 東洋文化硏究所調査硏究報告』39, 1993.
岸 俊男,「稻荷山古墳出土鐵劍銘の解讀」『遺蹟・遺物と古代史學』, 1978.
岸 俊男,「稻荷山古墳出土鐵劍銘の解讀」『遺跡・遺物と古代史學』, 1980.
鈴木靖民,「正倉院佐波理加盤附屬文書の解讀」『末松保和博士古稀記念 古代東アジア史論集』上, 1978.
鈴木靖民,「稻荷山古墳鐵劍銘 乎獲居臣の研究史的檢討」『國學院雜誌』80-11, 1979.
熊谷公男,「〈治天下大王〉の登場」『大王から天皇へ』, 2001.
熊倉浩靖,「辛亥銘鐵劍と東國六腹朝臣の成立」『稻荷山古墳の鐵劍を見直す』, 2001.
原島礼二,「稻荷山古墳鐵劍硏究の問題點」『辛亥銘鐵劍と埼玉の古墳群 增補版』, 1978.
義江明子,「鐵劍銘〈上祖〉考」『國立歷史民俗博物館硏究報告』152, 2009
利根川章彦,「稻荷山古墳と武藏の政權」『歷史讀本』60-1, 2015.
仁藤敦史,「〈辛亥〉銘鐵劍と〈武藏國造の亂〉」『古代王權と支配構造』, 2012.
田中史生,「倭の五王と列島支配」『岩波講座 日本歷史 原始古代1』1, 2013.
田中俊明,「高句麗の金石文」『朝鮮史硏究會論文集』18, 1981.
田中俊明,「新羅の金石文-蔚州川前里書石・乙巳年原銘-」『韓國文化』59, 1984.

田中俊明,「新羅の金石文-蔚州川前里書石·己未年追銘(一)-」『韓國文化』61, 1984.
田中俊明,「新羅の金石文-蔚州川前里書石·己未年追銘(二)-」『韓國文化』63, 1985.
田中俊明,「廣州船里出土文字瓦銘文の解釋と意義」『古代文化』56-11, 2004.
田中 卓,「刀銘一一五文字の解讀」『邪馬台國と稻荷山刀銘』, 1985.
井上光貞,「鐵劍の銘文-五世紀の日本を讀む-」『井上光貞著作集』5, 1978.
篠川 賢,「鐵刀銘の世界」『古代を考える 雄略天皇とその時代』, 1988.
中井眞孝,「新羅における佛敎統制について」『朝鮮學報』59, 1971.
增田逸郎,「辛亥銘鐵劍と武藏國造-乎獲居臣と笠原直使主-」『古代王權と武藏國の考古學』, 1999.
池上 巖,「獲加多支鹵大王=雄略天皇說への疑問」『東アジアの古代文化』19, 1979.
直木孝次郎,「稻荷山古墳出土鐵劍銘の問題点」『古代硏究』16, 1978.
直木孝次郎,「稻荷山古墳鐵劍銘に關する一試論-斯鬼宮と磐余宮-」『人文硏究』32-9, 1980.
佐藤長門,「倭王權の轉成」『日本の時代史2, 倭國と東アジア』, 2002.
佐伯有淸,「臣か直か-銘文と武藏の豪族」『歷史と人物』89, 1979.
村上四男,「新羅眞興王と其の時代」『朝鮮古代史硏究』, 1978.
坂本和俊,「考古學からみた稻荷山古墳の出自」『稻荷山古墳の鐵劍を見直す』, 2001.
平林章仁,「埼玉縣稻荷山古墳出土鐵劍銘文から描く雄略天皇とその時代」『雄略天皇の古代史』, 2021.
平川 南,「正倉院佐波理加盤附屬文書の再檢討-韓國木簡調查から-」『日本歷史』750, 2010.
浦原宏行,「堅穴系 橫口式石室考」『古墳文化の新始覺』, 1983.
荊木美行,「稻荷山古墳出土鐵劍銘の再檢討」『皇學館論叢』46-5, 2013.
荊木美行,「稻荷山古墳出土鐵劍銘の再檢討」『金石文と古代史料の硏究』, 2014.
和田 萃,「ヲワケ臣とワカタケル大王」『稻荷山古墳の鐵劍を見直す』, 2001.
黛 弘道,「鐵劍銘に見える〈斯鬼宮〉について」『歷史手帖』7-3, 1979.

찾아보기

ㄱ

加古波孕　145, 230
加本斯　121
加本斯(稗)一石之　121, 240
가부장적가족제설　486
가부장제　338
嘉實　417
加差披余　571
干支　319
干支岑　383
干支岑喙部　383
干好律村　242, 243
葛文王　319, 373
葛文王妃(只召夫人)　298
葛尸條村使人　28, 29
勘檢　161
甘文　24, 78, 154, 161
甘文城　24, 78, 119, 120, 152, 192, 240
甘文州　223
甘文村　24
甘山寺彌勒菩薩造像記　400
甘山寺阿彌陀如來造像記　400
甲辰城年末村主敏亮　432, 451
舡麥　233
强首　406
改大村　246
盖山　150, 231

開元四年丙辰명기와　368
皆土　41, 95
居禮知△干支　43, 311
居利支　144, 145, 230
居伐干支　319
居伐牟羅　207, 383
居伐尺　151, 215, 242
居助支　220
居智伐村　291, 538, 539, 540
居知尸奚夫人　43
居村旦利村　240, 241
거치문　435
居柒夫　330
居湏智　245
鞬吉支　325, 383
巾夫支城　148, 151, 231
建通法師　289
乞利　130, 234
乞負支　212, 247
검단토성　508
檢丹土城說　508
격자문　435
堅奠沙干新知縣　431
卿　406
椋　63
경덕왕대화엄경사경　400, 423
京都山城고분　569
경산 소월리 목간　69

敬日 219
經題筆師 401
경주 명활산성 85
景辰 358
癸卯年 100
癸卯年十月 108
癸未年 317
계성고분군 57
桂陽山城 448
癸酉銘阿彌陀三尊佛碑像 287, 351, 394, 396, 398
鷄足山城 445
癸亥年 394
高干 62, 489
高句麗系服屬民 380
고국원왕 566
古刀羅只豆支 145, 243
고두름고개 155
高頭林城 34, 385
高頭林城在軍主等 33, 34, 155, 385
고드름재 34
高峰山城 452
古沙夫里城 454
古城洞說 507
古尸山郡 423, 430
古尸山郡仁近大乃末 423
古尸次 218, 250
고식 단판 348
古鄒加 373
古陁 130, 144, 154, 160, 164, 192, 238, 372
穀壤縣 421
坤維 520, 527
骨品制 377
貢物 498
貢物 문서 105
供奉機構 50
工巳利 571
公山桐寺 517
公山城 446
관고리 486
관대 486

관수관급제 40, 61, 430, 434
광개토태왕 567
광개토태왕비 564
광주 선리 기와 455
교동고분군 57
구고구려계 복속민 190
仇礼支 131, 234
仇利稿支 147, 239
仇利伐 127, 131, 155, 191, 203, 210, 228, 236, 274
丘利伐 129, 192, 203, 205
仇利伐郡 132, 209, 261
仇利伐 목간 70, 125, 152, 201, 276
仇利城 371
九命(급벌찬) 411
丘伐 215, 232
仇伐城 155
39, 40
#마크 75, 341, 348, 438, 489
#習府 39, 40, 41, 348
#習部 39, 40, 41, 75, 348
#習府명 438
#習部習명 75
#習部명 438
仇失了 133, 202, 216, 238
仇失了一伐 217
仇智支 151
仇之毛羅 151, 231
仇叱珎兮縣 430
仇陁知 129, 130, 192
國罡上廣開土境好太王 489
國罡上廣開土地好太聖王 565
國罡上太王 566
國統 289
國平安太王 567
國學少卿 399
郡上人 55
君若小舍 76, 356, 357
軍役 498
軍籍 270, 274
軍主 344
郡中上人 55

屈仇△△村　144
굴립주건물지　36
屈斯旦利　216
宮(居館)　40
倦盆尒利　146
貴干　62
貴珎一尺干　415
竅興寺鍾銘　414
近水△水(吳)　441
今(部)牟者足△　216
금관총　85, 117, 334, 479
금동관　489
金郎　289
金山加利村(漢祗部)　463, 465
금성　23
금척리고분군　47, 461, 470, 471
金川　34, 54
金川一伐　34
衿荷臣　377
及干支　32
급량부　473
伋伐郡　154
及伐山郡(岌山郡)　443
及伐城　145, 146, 148, 154, 221, 228
急伐尺　148
及伐尺　216
及伐尺干支　264
긔ᄎ　325
記本礼支　132, 203
磯城鵤金刺宮　549
其芼兒斯奴　321
吉士　55
吉之智　345
金武力　410
金良相　402
金體臣　402
金邕　402
金龍樹(龍春)　288
金志誠　372, 400
金志全　372
金春秋　288
김해 양동산성　69

김헌창의 난　411

ㄴ

那△豆于利智　144, 218
那△豆兮利智　239
奈良縣 星塚고분　570
那利村　30
奈廝　321, 412
那音支村　354
羅漢僧　519
羅兮落　218, 251, 255
南堂會議　377
南郎　286
南嶺　516, 526
男弥只　207, 383
男弥只村使人　28, 29
南山城　447
남산신성비　45, 319
南川官　450
南漢山城　450
납음오행　436
郎△△夫知　43, 44, 309, 311
朗慧和尙 無染　406, 441
朗慧和尙碑　538
內旦利　244
乃末　422
奈生郡　423
內侍省　50
內恩知　220
乃智王(訥祗麻立干)　319, 324, 325, 328, 567
乃兮支　239
內欣買子　231, 242
냉수리비　45, 341, 472
奴　63
奴能利智　215, 242
路凌智小舍　558
奴人　70, 125, 129, 130, 131, 136, 156, 190, 192, 201, 207, 221
奴人法　207
祿俸문서　106, 116

농오리산성   490, 559
儂怖白   216, 219
訥祇痲立干   85, 566
廩典   54
廩典太等   31, 32, 34
廩太典   32
能達毛   442

ㄷ

多加利   571
多加披次   571
다산 숭배   339
단곽묘   341
단양적성신라비   345
단장묘   341
달구벌   528
달구벌국   485
達佛   521
달불성(달성공원)   508, 519, 521, 522, 526
달성군   94
達率身次   353, 398
達溫心村主   432
擔稅者   113
荅大支村道使   44
堂大等   377
唐白   428
唐城   450
幢主   31, 32, 387, 388
幢主使人   31
大△△午年末城   369
大干   56, 57, 59, 61
大干=六干=辛   567
大干명토기   58
大京   412
대구 팔거산성   69
大邱邑城說   507
대구읍치의 土城遺址   511
大奴村   384
大德山城說   506
大豆   25

大豆捌石   34
大等   377
大龍   535
大母山城   452
대불지(배자못)   508
大舍   31, 65, 106
大舍臣韓訥儒   357
大使者   104, 490, 561
大舍苐   30, 264
大舍帝智   284
大舍下智   219, 264
大阿干支   345
大阿湌   406
大曆庚午年末城   438
大曆戊午年末城   438
大鳥   31
大鳥苐   30
大藏(堂)   442
大中庚午年末城   438
大衆等   385
大和=정치적 센터   551
稻   25, 73
道谷兄   286
도교   40
刀礼奴   242
稻米   100
道使   344, 387, 388
道人   540
稻參石   34
本波   97, 121, 201, 239, 563
本波部   382
本波部△大智五△   382
稻荷山고분 출토 철검명문   546
突山高墟村(沙梁部)   462, 464
東京   412
東固山城   453
同伐支   132
冬夫知乃末   356
童城   429
東窯·官瓦명기와   443
同智大舍   401
東枕   339

豆留只 233
豆物烈智 239
頭腹智 319
頭腹智干支 331, 380
豆射所馬 428
斗石 80, 82, 84, 89, 96
豆幼去 215, 216
豆只 147, 245
豆智沙干支 40, 354
둔전문서 46
淂 30, 81, 83
得難 406, 410
登伎礼 54
登伎礼智 34, 35

ㅁ

馬老山城 454
마립간 478
麻山亭子瓦草 451
馬城 428
馬於內 105
마운령비 42, 95, 135, 285, 292, 409, 468, 473, 540
마정계사 513, 519
馬忽受蟹口草명기와 428
末鄒斫申支 321
末那 80, 81, 89, 97, 147, 197, 201, 239
末城 438
末印 439
末鄒 326
망성리 와요지 39, 41
望夷山城 449
買谷城 221
買谷村 146, 155, 162, 228
寐錦忌 369, 566
妹王(법흥왕) 43
麥 73
(麥)米十一(斗)石 98
麥十五斗 98, 198
麥十五斗石 98, 197
명부·명적설 253, 270

名籍 226, 271, 275, 278
溟州城 453
溟州城명와당 453
明治好太聖王 567
明活山高耶村(習比部) 463, 465, 470
명활성 23
牟旦伐 40, 354, 356
毛羅次尸智 145, 239
慕郎 286
牟梁部 134, 355, 473
毛利只 119, 120, 240
毛利支 129, 192, 220
牟利之 132, 203
牟卽智寐錦王 308, 336, 369, 384, 478, 538
牟喙 38
牟喙部 31, 44, 356
无利弓 572
茂山大樹村(牟梁部 또는 漸梁部) 463, 464
무악식암막새 349, 359
戊午瓦耳淂辛명기와 366
무와통기와 374
무장사아미타여래조상사적비 403
武珍古城 454
문경 고모산성 85
文利村 78, 240
문무대왕기와 41, 94
문무왕릉비 357, 368
『文賦』 410
文尸伊 148, 162, 255
文尸只 230
文人 55
文人周公智吉士 55
문자왕 567
文作人 55
文尺 34, 35, 54, 55
文尺智重一尺 34
文僉郎 289
文翰기구 50
문호 목간 23
物礼利 162
勿利村 146

勿思伐　147, 192, 245
勿思伐城　155
勿思伐城幢主　30, 155, 245
勿思伐城幢主使人　28, 30, 32
物品付札　272
미구기와　435
未那早尸智　215, 242
彌勒像　519, 530
米十一斗石　197
弥伊△久　239
米一石稻　75
米一石私　74, 80, 91, 98, 99, 199
米一石一私　197
弥卽尒智　216, 219
未知大奈末　390
弥次　78, 88, 243
弥次分　147, 242
미천왕　566
美川太王　566
味呑명　363
味呑寺　362
味呑寺址　374

ㅂ

薄葬　334
舶載鏡說　569
朴正雄　492
半月山城　452
半弓比　571
鉢形土器　58
방리제　354
北枕　339
百刀公　101
範淸　410
法幢軍團　79
法私　79
法惠郞　288
法興太王　369, 479
別敎　207, 326
丙寅年　73, 78, 86, 87
保寧　442

保刀夫人　297
보상화문전　76
보은 삼년산성　85
卜今智　129, 192, 203, 205, 215, 221
卜利古支　238
福勝葛文王　369, 373
卜只次持去　102, 120, 240
복합묘　341
卜兮　230
本宮審番　61
本波　78, 80, 81, 89, 197
本彼官　454
본피국　485
本彼宮　79
本彼頭腹智干支　319
本彼명기와　449
本彼部　42, 95, 134, 376, 380, 473
本彼部 夫△智 及尺干　410
本彼部△△村　77
本彼部夫△智及尺干　388
鳳儀山城　453
夫乞支妃　43, 281, 293, 297, 311, 313
夫及知　129, 192, 215, 221
부산 배산산성　69
扶蘇山城　439, 446
夫酒只　148, 231
夫知　287
北武藏　553
북한산비　42, 95, 135, 409, 468, 473, 540
北漢受國蟹口명기와　428
北漢受國蟹口船家草　430, 435, 456
分輿說　569
弗德智　54, 114
佛山　519
佛佐　520
佛座　521
佛體　521
比多智　220
比多湏　127, 191, 202, 234
非德刀　558
飛鳳山城　449

比思伐 218, 246, 250
卑西牟利 28
비석수노 130
比夕湏 220
卑尸 242
比尸河村 244
比子伐軍主 30, 31
比子伐停助人 30, 31

ㅅ

四(王)子 53
四△子 53
沙干 431
沙干支 28, 284
사격자문 435
沙見日糸利 148, 239
沙鬼 571
私奴婢 252, 380
沙刀(礼)奴 147
沙刀城 371
斯羅 324
사량부 473
斯盧 324
思林 55, 65
沙毛 148
私母 79, 87, 196
師木鳰大宮 549
四方軍主 387
徙夫知葛文王 43, 135, 297, 300, 479
徙夫智葛文王 478
徙夫知王 297, 302, 308
士斯石村 243
士斯介利知 230
私屬人 74, 88, 90, 95, 97, 197
私臣 43, 79, 87, 196, 377
私臣·私母 74
使人 26, 28, 31, 32
使人卑西牟利 28
使者 63, 561
仕丁 113
邪足智 345

四重阿湌 406
沙湌薛烏儒 414, 417
沙喙 322
沙喙另力智迊干 307
사탁부 42, 47, 94, 95, 134, 410, 470
沙喙部 30, 31, 54, 114, 134, 160, 285, 380, 382
沙喙部(沙梁部) 376
沙喙部葛文王 284, 299, 301, 305
沙喙部另力智迊干 307
沙喙部武力智(阿干支) 307
沙喙部負 135, 256
沙喙部弗德智小舍 31, 34
沙喙部徙夫智葛文王 382
沙喙部徙夫知葛文王 43, 44, 135, 281, 292, 296, 298, 300, 301, 306, 308, 311, 320, 373, 543
沙喙部屬長池馴升達 160, 165, 445
沙喙部至都盧葛文王 331
沙喙部只沒尸兮妃 298
沙喙蘇那支 321, 322
沙喙至都盧葛文王 319, 324, 329
斯彼暮斯彼暮智干支 319, 331, 380
沙戶城 371
沙爻功夫人 43, 311
薩下支村 79
三角緣神獸鏡 569
『삼국사기』 61, 79, 131, 155, 158, 210, 223, 231, 236, 247, 265, 266, 288, 296, 330, 351, 369, 377, 389, 396, 408, 426, 444, 482, 538
『삼국유사』 288, 313, 362, 392, 396, 407, 416, 471, 482
三年山城 444
三重沙干堯王 415
삼환령 548
上干 62, 130
上干支 205, 240
上黨山城 445
上莫村 144, 230
上米 115
上弗乃你村 145

上弗刀你村　230, 231
裳四里　444
上彡者村　130, 158, 202, 210, 236, 247, 261
上三者村　133, 203
上元二年銘　399
上人 집단　270, 274
上州行使大等　387
西畿　529
西林郡官瓦作　447
西林郡官瓦草　447
서봉총 은합 명문　96
書尺　55
書牒　63
석관묘　484
石蜜日　145
石私　71, 80, 82, 84, 89, 95, 96
石城山城　447
先能支　127, 191, 202, 220, 234
船里기와　425, 429, 430
선리지　130
선림원　432
先人　292
仙人　542
薛罽頭　413
雪峰山城　450
설씨녀　417
薛原郞　415
舌只　242
聖德大王神鐘　402
성류굴　392
성산산성　110
聖而　410, 538
聖住寺　441
成春慶　492
城下麥　74, 80, 86, 109, 111, 121, 197
城下麥 목간　110, 112, 118, 119, 160, 201
歲△戌年명수막새　568
世達村主奈生縣　431
稅物　161
稅物集荷地　152

洗宅　50, 64, 65
세택 목간　23
소금[塩]　129, 222
소금생산자설　252
소금 축제　29
蘇那支　322
小南兮城　121
小大使者　104, 490, 560, 561
蘇豆古利村　354
所利(珎)習　78
所白人　34, 35, 54, 114
所白人登彼礼智一尺　34
小舍　31, 54
小使者　104, 561
小舍弟　30
小舍帝智　345
召參停　266
召彡縣　210
小鳥　30
小鳥帝智　345
小伊伐支　230
所叱△知　44
粟　25
粟壹石　34
率土皆我國家　436
松岳　429
宋知智　284
宋知智壹吉干支　43
須仇你　322
秀乃巴　144
須伐　155
『隋書』　408
輸送者　113
首介忽　429
須支壹今智　322, 328
수창군　514, 523
水品　288
須果　358
수혈계횡구식석실　484
수혈식석곽묘　485, 487
수혈 주거지　36
須惠器　548

逑干　57, 62, 489
逑郎　286
習彤村　132, 203
習陵　369
習명　438
習寶葛文王　297
習部　359
習部명기와　354
習比部　38, 44, 76, 320, 473
습서 목간　23
丞　561
僧首　291, 539, 541, 542
僧實　539
僧安　288, 291, 539, 541, 542
僧演　288, 539
僧肇　539
僧柱　288, 539
侍巾　497
侍郎　406
食多煞　283
식품부찰 목간　23
神衿城　447
「新羅壽昌郡護國城八角燈樓記」　501
新羅太王　479, 567
신라화엄경사경　412, 430, 432
神龍二年銘金銅舍利方函　368
辛卯年　103
辛番　49
辛番 목간　23
辛番東宮洗宅　61
辛番洗宅　61
신분증설　253, 270
辛巳年　103
辛審龍王　61
神戶車塚고분　569
失　63, 115
珎德智　319
珎德智阿干支　319, 331, 380
悉淂斯智　284
悉淂斯智大舍帝智　43, 284
珎夫智王　328, 567
珎夫智王(實聖王)　324, 325

珎申支　326
悉支(삼척)　387
失火遶城　207, 384
深△夫知　302
深昧夫知　298
心麥夫　329
深麥夫　329
十谷民造명수막새편　568
十一(斗)石　102
12지신상　480
쌍둥이 목간　195, 276, 277
쌍록보상화문전　349, 399

— ㅇ

阿干支　319
阿那　80, 81, 89, 97, 197, 239
阿旦兮村　371
阿大兮村　46, 371
阿大兮村使人　28, 29
阿郎　287
兒斯奴　320, 321, 326
阿上智村　233
阿尸良國　265
阿且山城　448
阿湌　406
阿湌薛秀眞　414, 417
阿尺　29, 55
阿尺山△　55
阿兮牟呼夫人　43
阿兮牟弘夫人　43, 284
嶽干　62, 489
악부인동문암막새　76
安詳　286
安興寺瓦草　441
關川陽山村(及梁部)　462, 463
嚴鹽　157
壛主　404
압독국　485
약제 목간　23
易吾加苐村主　432
어골문　435

於九婁　104, 490, 560
於史鄒安郎　43, 281, 283, 284, 285, 297, 301, 303, 305, 311
於史鄒女郎　298, 299
於史鄒女郎王　301, 302
於宿知述干묘　62
에다후나야마 고분 출토 銀象嵌大刀명문　572
麗德光妙　43, 281, 283, 284, 285, 297, 299, 301, 303, 305, 306, 307, 308, 311
余子　79
易大(豆)　102, 120, 562
役人　226
力只　422
另郎知太王妃夫乞支妃　297, 298
另力智迊干　410
另卽智太王　281
另卽知太王　290, 293, 307, 369, 478, 567
另卽知太王妃　43, 309, 311
另卽智太王妃夫乞支妃　136
另卽知太王妃夫乞支妃　44, 134, 135, 301, 307, 308, 312, 313
另卽知太王妃夫乇支妃　302
연가7년명금동여래입상　288
連龜山(=月見山=오포산)　506, 526
燕岩山　505
熱△山 大舍　106
熱△山 畚　116
塩井　157
鹽湖　157
永郎　286
영천청제비 병진명　26, 28, 29, 318
永泰二年銘石造毗盧遮那佛造像記　544
永忽知　105
永忽知 乃末　116
永興寺　442
礼彡利村　148
烏(馮)城　219
烏多　78
烏頭山城　451
烏列支　121, 243

烏利礼　147
오호하츠세루　550
烏朽△　219
烏欣弥村　230
雍正　63, 65
와카다게루　549
완주군　93
왕경인(6부인)　28
王敎事　312
王私　69, 71, 73, 74, 75, 77, 78, 80, 86, 87, 95, 97, 113, 196, 201, 245
王私巴琢兮村　77
王子年　246
王村文利村　241
왕흥사　295
왕흥사지사리기　295
徭役　498
龍頭山城說　508
龍王辛審　61
于牟支　144
于抽悉支河西阿郡使大等　387
優台　561
울주 천전리서석　281
울주 천전리서석 을축명　103, 108
蔚州川前里書石　536
蔚珍大國　392
울진 봉평비　26, 42, 95, 103, 125, 190, 207, 285, 409, 467, 473
울진 봉평염제비　131
雄略(武)　546
雄略=獲加多支鹵大王　550
圓光　406
원시모골기와　374
元曉　415
越境地　93, 95
月城　23, 36
월성해자 발굴조사보고서Ⅱ　38
월지　37
爲刀了　108
遊娛山川　293
臾支　328
六干　61

六看村主　219
6두품　406, 412
六頭品父吉得阿湌　412
宍巴礼　129, 192, 221
宍巴利△　203
율령공포　472
栗村　232
栗峴 ' 丙辰瓦　366, 563
乙卯年於宿知述干　61, 103, 108
乙亥年　104
읍남고분군　461, 471
衣冠子孫　413
義堡　521, 522
儀鳳四年皆土명기와　39, 40, 41, 94, 95, 348, 349, 358, 436, 438
意富比垝　571
伊骨利村(一古利村)　144, 238, 254, 371, 372
伊骨村　147, 239
이나리야마고분 철검　549, 573
2단투창고배　470
伊大兮村　148, 231, 232
耳淂辛丁巳瓦명기와　366
尒礼負　233
尒利△支　216, 234, 238
尒利牟利　244
尒利夫智　283
尒利夫智奈廉　43, 284
伊面於比支　132, 203
伊毛罹　216, 219
伊未妍　215, 216, 217
伊伐支　78, 146, 147, 212, 230, 248
尒夫智　319
尒夫知居伐干支　43, 311
尒夫智壹干支　380
利沙礼　239
異斯夫　330
尒斯智王　85, 330, 334, 478, 547, 567
尒斯智王刀명명문　478
尒斯智王명도초끝부속구　334
尒斯智王명문　85, 117
伊西國　503

尒先(利)支　220
已世大阿干　399
伊息知　233
尒耶界城　383
異才　502, 515, 524, 530
伊竹伊　240
伊智支村　231
夷津　145, 155
夷津支　145, 230, 243
夷津支城　78, 88, 119, 120, 121, 243
伊次只去之　121
伊處道　518
伊太和　379, 572
仁近　423
人身供犧　48
印花紋土器　73, 337, 340, 486
壹干支　319, 344
一古利村　145, 147, 164, 239, 254, 372
一古西支　131, 202, 234
一吉干　431
壹吉干支　284
一大今伐豆幼去　240
一大伐　215, 216
一利等次夫人　43, 311
一万買　231, 242
一命(이벌찬)　411
一伐　34, 54, 130, 192, 202
壹伐　344
壹夫智　321
日夫智　40, 354
日沙利　150
一日夫智　289
一尺　34
壬戌年　73, 86, 87
壬戌大介山竹州　449
林元郎　289
任存城　445
立龍　230
立宗葛文王　44, 135, 296
仍大內명암키와　424
仍伐乃　421
仍伐內力只乃末△△(源)　421, 430

ㅈ

子郎梁畝夫知　297
觜山珍支村(本彼部)　463, 464
子宿智　319
子宿智居伐干支　319, 331, 380
자연촌설　229
作康　76
作民　27, 28
作書人　43, 284
作食人　43, 311
作切臣　43, 311
作切人　43, 283
杖刀人　550
장부 목간　196
張安　379, 572
杖六十　29
匠人本彼部强古乃末　400, 401
長池馹　160
掌天窟　392
杖刑　29
猪坪外谷藏內不毛也　496
적석목곽묘　334, 335, 336, 337, 338, 339, 340, 341, 403, 461, 470, 472, 478, 479, 485, 487
적성비　26, 42, 95, 135, 285, 409, 468, 473
赤城也介次　320
적심건물지군　36
前那牟只村　244
典大等　31, 54, 55
典人佥　55, 65
前部　560
典事人　328
典事人沙喙壹夫智奈麻　321, 322
磚日除　101
前瓮酒　251, 255
全州城명와당　453
典中大等　55
箭居利　317, 319, 321, 326, 330
折盧(智王)　478
貞光郎　289

定林寺　442
丁巳명수막새　568
丁巳·習陵　373
丁巳·習陵 명문　363
丁巳·習陵명 인각와　362
貞元二年丙寅　496
貞宍智　284
貞宍智沙干支　43
貞宍知波珎干支　43, 311
丁乙介知奈麻　43, 311
正倉院 佐波理加盤附屬文書　105, 114, 115, 116
除麥　100, 101, 104, 108
第三村主及干　415
第二村主龍河　415
제정미분리　341
弟ゝ介智大舍帝智　43
祭智壹伐使人　27
調露二年　399
調露二年명쌍록보상화문전　39, 44, 348, 350, 356, 358, 360
調露二年漢只伐部명전　349
調府　193
早尸智　151
皁衣　561
助人　31
鳥欣弥村　144
主　83, 97
周公智　55
州郡縣制　541
主刀里　45
主簿　561
周川　410
竹尸弥　144
竹尸弥于乎支　229
竹州山城　449
竹烋弥支　147
俊豊四年　449
衆士　292, 542
중성리비　26, 44, 103, 318, 472
重阿湌　400, 406
重闕粲　515

衆智　238
衆智卜利古支　144
중판연화문수막새　349
只邢公末　243
知你留　146, 563
至都盧　319
至都盧葛文王　328, 380
智度路王　329
知禮夫知沙干支　43, 311
智利知　144, 218, 239
知利兮負　240
只没尸兮妃　43, 281, 292, 298, 300, 301, 373, 543, 544
지석묘　484
只心智　319
只心智居伐干支　319, 331, 380
紙作人　430
智重　34, 54
只卽智　220
智證王　297
之直奊　116
知珎留　230
眞骨　410
眞骨大等　377
眞乃滅村主　216, 219
陳城　145
珎而麻村　319, 328
珎而麻村節居利　319
眞興太王　479, 538, 567
執事部　377
澄曉大師寶印塔碑　423

_ ㅊ

次谷鄒ㄟ　102, 120, 562
此其知村　101
此其智村　108
此時△　283
次尒利△尒　147
次ㄟ支村　146, 563
撰干　489
창녕비　42, 95, 135, 285, 409, 468, 473

天國排開廣廷　549
天國押波流岐廣廷　549
天王　521
泉井口　429
千竹利　252, 256, 276, 278
천추총 출토 전명　568
鐵山　192, 255
철옹성　519, 522
淸海鎭城　455
촌주　211
村主臾支干支　322
崔正浩　492
崔致遠　406, 501, 508, 526
추가장　336, 485
鄒牟王　566
鄒文村　155
鄒文村幢主　32, 155
鄒勿負　150, 231
秋彡利村　231
丑　63, 115
忠州高句麗碑　566
陁ㄟ只　239, 563
陁ㄟ支　563
柒陵郎　289
칠불암　348
七王等　341, 380
七重城　452
砧山　505

_ ㅋ

컵형토기　443

_ ㅌ

타래문　435
喙　27, 28
(喙)大村　102
탁부　42, 47, 94, 95, 134, 470
喙部　28, 41, 45, 376, 380, 382
喙部葛文王　43
喙部 夫乞支妃 另卽知太王妃(巴刀夫人)

298
喙部另卽智寐錦王　329, 330
喙部牟卽智寐錦　382
喙部牟卽智寐錦王　478
喙部㳑夫智王　331
喙部王(訥祗王)　331
喙部主刀里　46
喙沙夫那㳑利　322
喙㳑夫智王(實聖王)　318, 319
喙尒夫智壹干支　319
喙作民沙干支　27
喙耽須道使心訾公　321, 322
耽須道使　321
太寧四年명수막새　568
太等　390
殆利夫　147, 239
太使者　104
太王陵　565
太祖星漢王　479
太宗武烈/大王之碑　567
태종무열왕릉비　357
태천 농오리산성 마애석각　103
太平八年戊辰定林寺大藏堂草　446
太平興國五年庚辰六月　442
太平興國七年…, △德進楎宮　449
太平興國七年壬午年　441
土莫村　145
土師器　548
토수기와　435
土鹽　207
土俑　339
동형고배　443
퇴뫼식산성　69
투조 광배　338
透彫행엽　338
特産物　498

ㅍ

波婁　234
波利足　78, 246, 255
破日　100

破日除　108
跛智(福)△古　216
巴珎兮城　120, 192, 247
巴珎兮村　78, 88, 120, 243, 247
巴川村　105
波阤密村　148
巴兮支　145, 230
팔각등루　503, 505, 507, 510, 511, 512, 513, 514, 516, 520, 522, 523, 525
팔거산성　72, 83, 86, 110, 117
팔거산성 출토 목간　85
八幡神社의 화상경　564
稗　25
(稗)一石之　121
稗發　153
稗發목간　163, 165
稗石　272, 273
稗一石　212, 272
稗參石　34
포곡식산성　69
포항 냉수리비　378
포항 중성리비　353
彼日　100
피정복민설　252
피휘　368
必山毛　440

ㅎ

下干支　264
하남 이성산성　69
河內=奧律城　551
下麥　73, 87
河西阿(강릉)　387
下州行使大等　387
荷智大奈麻　404
荷札　195, 253, 269, 271
하찰·물품부작설　270
郝豆智　127, 191, 202
漢　94
『한국목간자전』　38
韓奈麻　412

한우물 420
漢州 426
漢只 39, 94
漢只伐部 76, 94, 349, 350, 355, 356, 357, 399
漢只伐部君若小舍 357
漢只部 44, 354, 359, 473
漢只·漢명기와 348, 360
漢只·漢명평기와 349, 358, 359
韓粲 410
割書 201
함안 성산산성 69, 252
蟹口 425
蟹口開城 426
行使大等 153
현곡 다경요 94
縣令 414
惠訓 288, 289
護國 512, 526
護國城 503, 507, 510, 511, 512, 521, 522, 525, 526, 529, 530
護國義營都將 515
護國義營都將重關粲異才 415, 418
虎弥 150, 231
好世 288
虎岩山城 419, 448
壺杅塚 40, 341, 566
好太王명청동방울명문 103
乎獲居 571
弘順大德 517
화문 435
和白會議 376, 389, 390
禾耶界城 207
황남대총 482
황남동109호 478
황룡사9층목탑찰주본기 402
黃珎知 430
황초령비 42, 95, 135, 285, 292, 409, 468, 473, 540
湏△只 231
湏礼支 220

湏伐 192, 245
會津城 454
會津縣大城子蓋雨 455
會昌七年丁卯年末印 440
會昌七年丁卯年末引 446
獲(加多支)鹵大王 572
獲加多支鹵大王 546, 549
獲加多支鹵大王寺 571
횡구식석곽묘 484, 485
횡구식석실분 484
횡혈식석실분 334, 335, 336, 337, 338, 339, 340, 341, 472, 479, 483, 485, 486
후삼국기와 429
후삼국시대 93
『訓蒙字會』 307
休智 145
興寧寺澄曉大師碑 431
흥덕왕릉 480
興輪寺 441, 541
히미코(卑彌呼) 569

△
△△夫知 301
△△村在幢主 31, 33, 34, 54, 114
△△涿伐部 355
△△瓮 64
△休 78
△刀只 246
△利兮△ 78
△勿大兮 239
△國巳舌林刺史行邨色羅春李富李石 447
△峯兄 289
△河礼村 121
△泊六知居伐干支 43
△泊六知居伐干支. 311
△負支 78
△那 100
△那只稻米 100
△金川一伐 25
△阿礼村 78, 245